KB138193

순암 안정복의
서학인식과 교육사상

순암연구총서 — 5

순암 안정복의 서학인식과 교육사상

—— 금장태 · 정순우 외 지음

성균관대학교 출판부 순암선생 탄신 300주년 기념사업회

　금년은 순암順菴 안정복安鼎福 선생 탄신 300주년이 되는 해이다. 선생은 명문인 광주廣州 안씨安氏 가문에서 태어나 영특한 자질에도 불구하고 자신의 경륜을 펼칠만한 관직에 오를 기회를 얻지 못하고 평생을 재야에서 학문에 전념한 학자였다. 선생은 35세 때부터 성호星湖 이익李瀷 선생을 사사師事하여 성호 선생이 개창開創한 경세치용학經世致用學을 이어받아 근기실학近畿實學의 지평을 넓힌 실학자였다.

　선생의 학문의 자취와 결과물은 다행히 초서농抄書籠과 저서농著書籠으로 남아 있어 후학들이 선생의 학문과 사상을 연구하는 데에 결정적인 자료가 되고 있다. 초서농과 저서농을 통하여 볼 때 선생은 80평생을 한 결 같이 연구와 저술에 몰두했음을 알 수 있다. 선생은 『성호사설유선星湖僿說類選』을 편찬하여 성호의 학문을 요약, 정리하는 한편, 『성호사설』에 비견되는 『잡동산이雜同散異』라는 백과전서적 찬록물纂錄物을 남기기도 했다. 뿐만 아니라 『동사강목東史綱目』, 『열조통기列朝通紀』, 『임관정요臨官政要』, 『하학지남下學指南』 등의 저술을 통하여 역사학, 지방행정, 교육 등 다방면에 걸쳐 괄목할만한 업적을 남겼다. 이 중 『동사강목』은 선생 필생의 역작으로 우리나라 민족사학民族史學의 토대가 되어 후일 박은식朴殷植, 신채호申采浩 등의 민족사학 수립에 커다란 영향을 미쳤다.

　이와 같이 한국 사상사에 거대한 족적을 남긴 선생의 탄신 300주년을 맞아 2011년에 '순암선생 탄신 300주년 기념사업회'가 결성되었다. 기념사업회에서는 탄신 300주년을 기념하기 위한 여러 사업을 기획하고 있거니와 이번에 출판되는 순암연구총서順菴研究叢書는 그 기념사업의 일환이다. 순암연구총서는 지금까지 출판되었던 2권의 단독저서와 학계에 발표되었던 논문들 중에서 63편을 엄선하여 수록했다. 여기에는 1965년에 발표된 논문부터 최근의 논문들이 망라되어 있으며 외국 학자와 북한 측 학자의 논문 3편도 함께 수록되어 있다. 이제는 쉽게 찾아보기 어려운 초창기 논문을 포함해서 여기저기 흩어져 있던 순암연구 논문들을 한데 묶음으로써 앞으로의 순암연구를 위한 하나의 초석이 될 것이라 감히 자부해 본다.

이 연구총서를 간행하는 데에 물심양면으로 아낌없는 도움을 주신 광주廣州 안씨安氏 광양군파廣陽君派 종중과 논문의 게재를 허락해 주신 필자 여러분들께 깊은 감사의 뜻을 전한다. 그리고 연구총서 출판의 편집을 맡아 고생한 함영대 간사와 성균관대학교 출판부의 현상철 팀장에게도 고마운 마음을 전한다.

2012년 10월

성균관대학교 명예교수, 순암선생 탄신 300주년 기념사업회 회장

송 재 소宋載邵

제1부

서학 분야

안정복의 서학비판에 관한 연구

최동희

1. 생애와 학문

안정복(자는 백순, 호는 순암)은 1712년(숙종 38년 임진) 12월 25일에 충청도 제천 유원楡院, 곧 지금의 충청북도 제천군 금성면 대랑리 느르번 마을에서 안극安極 (1696~1754)의 맏아들로 태어났다. 이 무렵에 그의 할아버지 안서우安瑞羽 (1664~1735)는 서울에서 비교적 낮은 벼슬살이를 하면서 남대문 밖 청파리靑坡里 에 셋집을 얻어 살고 있었다. 그는 이해 10월에 제천 유원에 사는 친척 윤훈갑 尹訓甲의 집으로 이사하게 되었는데 얼마 뒤에 여기서 순암이 태어났던 것이 다.[1] 안서우는 일찍부터 문명을 떨쳐 1694년(갑술)에 문과에 급제하였으나 남인

---

1 『順菴年譜』, 一張前面.

에 속하는 탓으로 벼슬길이 막혀 있었다. 바로 1694년의 이른바 갑술옥사甲戌獄事 이후로 남인은 정계에서 그 세력을 아주 잃어버렸기 때문이었다. 그러므로 비교적 낮은 벼슬이나마 자주 잃게 되었고 이에 따라 몇 번이나 낙향하게 되었다.

이러한 집안 사정 때문에 순암은 어린 시절을 이곳 저곳으로 옮아가면서 지내게 되었다. 4세 때 그는 어머니를 따라 서울 건천동乾川洞에 있는 외가에 와서 살게 되었고, 6세 때 외할머니가 돌아갔으므로 어머니를 따라 전라남도 영광에 있는 외가 농막農幕에 가서 살게 되었다. 9세 때 어머니를 따라 서울에 올라오게 되었다. 그의 할아버지가 남대문 밖 남정동藍井洞에 집을 마련했기 때문이었다. 이때부터 한동안 집안이 좀 안정되었으므로 순암은 다음해에 공부하기 시작하였다. 집안 사정으로 비교적 늦게 공부를 시작하였다. 그러나 먼저 『소학』을 읽기 시작했는데 문장의 이해가 분명하고 의미의 파악이 정밀하여 몇 해 동안에 기초실력을 튼튼히 다질 수 있었다. 14세 때 그의 할아버지가 다행히 울산부사로 임명되었다. 그도 할아버지를 따라 경상남도 울산으로 옮아갔다. 그러나 바로 다음해에 그의 할아버지는 뜻밖으로 파면되었다. 관내의 민폐를 없애기 위해 울산에 있던 호정虎穽을 없애 버린 것이 화근이 되었다. 이렇게 되자 그의 할아버지는 아주 벼슬을 단념하고 서울에서 멀리 떨어져 있는 전라북도 무주군 적상산赤裳山 밑으로 옮아갔다. 온 가족은 할아버지를 따라 이곳으로 이사하여 할아버지가 72세로 세상을 떠날 때까지 10년 동안 이곳에서 살게 되었다.

1694년(숙종 20)에 남인이 정계에서 완전히 밀려나자 노론과 소론이 서로 정권을 다투는 세상으로 되었다. 순암의 할아버지는 이러한 세상에서 벼슬이 겨우 울산부사에서 그치고 말았다. 그의 아버지 안극은 과거를 볼 수 있는 자격을 정지하는 처벌을 받았다. 뒤에 이 처벌이 풀리기는 했으나 끝내 과거를 보지 않았다. 그는 화리貨利를 말하지 않고 여색을 말하지 않고 남의 허물을 말하지 않는 것을 신조로 삼고 있었다. 노론과 소론이 싸우는 소용돌이 속에서 그는 끝까지 가난한 선비로서 세상을 마쳤다. 순암도 이러한 집안에서 이러한 세상을 바라보고 일찍부터 벼슬에 뜻을 두지 않게 되어 과거를 끝까지 보지 않았다. 그는 17세 때 피비린내나는 당파싸움의 한 장면을 보게 되었다. 곧 1728년(영조 4) 3월에 소론의 일파인 이인좌李麟佐가 밀풍군密豊郡을 왕으로 세워 왕통을 바로잡는다는 구실로써 난을 일으켰다. 이 난은 짧은 기간이었으나 청주를 중심으로 진천鎭川·죽산竹山·안성安城 등지는 한동안 위급하였다. 이때 순암은 집에서 동쪽 하늘을 바라보다가 검은 기가 험악하게 서린 가운데 붉은 기가 가로 지르고 있는 것을 보았다. 그는 이것을 천문서天文書에서 말하는 '전란을 상징하는 기'라고 보았다. 그리고 이것을 천문서에서 말하는 '주가 객을 이기는 전조'라고 풀이하였다. 다른 사람들은 이것을 믿지 않았다고 한다. 그러나 곧 반란이 평정되니 그 말이 과연 맞았다고 하여 사람들이 탄복했다고 한다.[2] 이것으로 이 무렵에 순암이 천문서에까지 손을 대고 있었다는 것과 이른바 탕평에 힘쓰는 영조에 은근히 희망을 걸고 있었다는 것을 짐작할 수 있다. 그는 18세 때 결혼하여 21세 때 첫 아들을 보게 되었다.

그는 24세 때 병 때문에 처가에 머물러 있게 되었는데 이때 퇴계가 엮은 『주자서절요』를 보았고 이해 6월 29일에 주자를 만나는 꿈을 꾸었다. 꿈속에서 그는 주자에게 『자치통감강목』 가운데서 의심스러운 곳과 잘 모르는 곳을 따지고 물었다고 한다. 이것으로 이 무렵에 그가 꿈속에서 만날 정도로 주자를 사모하고 있었다는 것을 알 수 있다. 그리고 특히 주자가 지은 『자치통감강목』에 깊은 관심을 기울이고 있었다는 것이 주목된다. 이것이 그가 뒷날 저 『동사강목』을 짓게 된 계기가 되었을는지도 모른다. 이해 11월에 그의 할아버지가 72세로 세상을 마쳤다. 이것으로 말미암아 그의 집안 사정이 다소 달라지게 되었다. 그 뒤에 집안을 다스려 나아갈 그의 아버지는 이때 나이 40이었다. 이렇게 새 가장을 맞이한 그 집안은 다음해 10월에 경기도 광주 경안면慶安面(지금의 광주군 광주면)에 있는 선산 영장산靈長山 밑 덕곡德谷에 집을 마련하였다. 그 다

2 위의 책, 二張前面.

음해인 1737년 봄에 온 가족이 무주로부터 이곳으로 이사하였다. 순암은 그 뒤 80세로 세상을 떠날 때까지 길이 이곳에 안주安住하였다. 그동안 관직 때문에 상경上京한 때와 말년에 목천현감으로 부임한 때를 빼고는 언제나 이 집에서 연구와 저술에 전념하였다.

순암은 광주로 이사해 온 해 봄에『성리대전』을 읽었고 이해 5월에는『심경』을 읽었다. 이것은 그가 이 무렵에 성리학을 본격적으로 연구하기 시작했다는 것을 말해 준다. 이리하여 1740년에『하학지남』을 짓게 되었는데 이때 그의 나이 29세였다.

학이란 지와 행을 통틀어 부르는 이름이다. 그 배운다는 것은 곧 성인을 배우는 것이다. 성인은 나면서부터 알고 편한 마음으로 행하여 인류의 극치를 이룬다. 성인의 도를 배운다는 것은 바로 성인의 지와 행을 바라는 것에 지나지 않는다. 따라서 일상적인 인류을 벗어나지 않는다.『중용』에서 순舜을 칭찬하여 온갖 사물에 밝고 인류에 밝다고 하였다. 이것은 온갖 사물의 이치를 밝게 알고 더욱이 인류에 있어서 아주 자세히 안다는 것을 말한다.『대학』은 격물과 치지의 뜻을 따진다. 그리고 먼저하고 뒤에 할 바를 알면 곧 도에 가깝다고 말한다. 알아야 할 것이 많기는 하지만 마땅히 먼저 알아야 할 것은 바로 일상적인 인류일 뿐이라는 뜻이다. 맹자도 요순의 지知가 모든 것에 다 미치지 않는 것은 선무先務를 서둘러 알아야 하기 때문이라고 말했다. 그 선무란 무엇을 가리키는 것일까? 공자孔子는 '아래로부터 배워 위로 올라간다'라고 말했다. 여기서 아래란 낮고 가까운 것을 말한다. 낮고 가까워 알기 쉬운 것이란 일상적인 인류이 아니고 무엇이랴. 여기서부터 공부하여 끊임없이 그 공을 쌓아 나아가야 한다. 그리하여 많은 맵고 쓴 경지를 다 겪은 뒤에 비로소 마음과 몸이 하나가 되어 어렵고 서로 엇갈리는 괴로움이 없어지고 즐겁고 산뜻한 경지를 보게 될 것이다. 위로 올라간다는 것은 곧 이것이다. 그러므로 이른바 배운다는 것은 오직 이 아래로부터 배우는 것일 따름이다. 성인의 언행은『논어』한 책에 갖추어져 있다. 『논어』의 말은 모두 아래로부터 배우는 것을 내용으로 삼고 있다. 곧 낮고 가까운 곳과 알기 쉽고 행하기 쉬운 일을 내용으로 삼고 있다. 『논어』의 말에는 너무 높고 행하기 어려운 일은 없다. 후세에 학문이라고 하면 반드시 마음에 관한 학문을 말하고 이치에 관한 학문을 말한다. 심心과 리理의 두 글자는 형체도 그림자도 없는, 그리고 더듬어 걷잡을 수도 없는 아주 허공에 달려 있는 말(개념)이다. 공자는 몸가짐이 공손하고 일함이 정성스럽고 다른 사람에게 성실하면 (⋯) 라고 말했다. 또 말이 성실하고 믿음직하며 행동이 친절하고 조심스러우면 (⋯) 라고 말하였다. 과연 이와 같이 이런 일에 힘써서 잠시도 그치지 않고 오랫동안 거듭 익혀 나가면 몸에는 맑고 밝은 마음이 깃들고 기질과 의지는 신과 같아진다. 이리하여 스스로 상달의 경지에 이르게 된다. 후세에 배우는 사람들이 오히려 아래로부터 배우는 것을 낮고 얕은 일이라고 하여 대수롭지 않게 여긴다. 늘 하늘과 사람의 관계, 만물의 본성, 리와 기, 사단四端과 칠정七情에 관한 이론에만 힘쓴다. 그러나 그 행동을 잘 살펴보면 대체로 들어 말할 만한 것이 없는데 다만 상달上達의 경지를 모르는 것만을 부끄럽게 여길 뿐이다. 죽을 때까지 공부를 하지만 도덕적인 본성을 끝내 튼튼히 세우지 못하고 재능을 끝내 완성하지 못한다. 예나 다름없이 학자의 모습을 이루지 못하니 과연 무엇에 도움이 되리오. 이것은 아래로부터 배우는 공로를 알지 못하는 데서 오는 결과다.

　나는 어려서는 배울 기회를 잃었고 자라서는 스승과 벗의 도움이 없었다. 하늘이 주신 참된 마음이 날마다 허물어져 가는 것을 눈으로 보면서도 막을 길을 알지 못했다. 하는 일 없이 시간은 흐르고 흘러 보람 없이 흐리멍텅하게 살아갔으므로 금수禽獸와 무엇이 달랐으랴. 이렇게 사는 것을 두렵게 여겨, 고금의 좋은 말과 착한 행실을 찾고 모아 『소학』의 예를 본따 대충 제목별로 나누어 이 책을 만들었다. 스스로 경계하는 하나의 단서로 삼으려고 했기 때문이다. 때는 바로 1740년 여름이었다. 그 뒤 거의 50년이 지난 지금 겉모양은 그럭저럭 버젓하지만 사람됨은 아직 예나 같다. 이책을 더듬어 뒤적거리는 동안에 문득 쓸쓸하고 슬퍼진다. 그러므로 이『하

학지남』의 「제사題辭」를 써서 또 스스로 경계하는 바이다. 죽기 전에 하고
자 하는 바를 이룩하는 데 조그만 도움이나마 있기 때문이다. 그러나 지난
날 이 책으로써 스스로 경계한 것이 말은 잘하나 실천은 잘못하는 결과를
벗어나지 못했다. 그러므로 지금 이렇게 스스로 경계하는 것이 어찌 저 연
자매를 끌어 돌리는 나귀의 자취가 되지 않으랴. 오두막집의 신세를 슬퍼
하고 탄식해도 다시 돌이킬 수 없으리라고 타이른 제갈량의 말을 몇 번이
고 되풀이하면서 헛되이 한숨 쉴 뿐이다.

1784년 10월 18일[3]

이것은 『하학지남』을 지은 지 44년이 되는 해에 73세의 노경에 이른 순암이
스스로 이 『하학지남』의 의의를 밝힌 글이다. "성인의 도를 배운다는 것은 바
로 성인의 지와 행을 바라는 것에 지나지 않는다"고 거침없이 말하는 노경의
순암은 무르익은 실학자다운 풍모를 여지없이 드러내고 있다. 이렇게 그는 성
인의 지와 행을 갖춘 이상적인 인간 곧 참된 인간이 되려는 노력을 학이라고
본다.
　순암은 『하학지남』의 「입지장立志章」에서 다음과 같은 안자顏子의 말을 들고
있다.

　　순은 어떠한 사람이었으며 나는 어떠한 사람인가.

　순이 성인이었다면 나도 성인이 될 수 있다는 것이다. 이와 같이 성인은 누
구나 될 수 있는 참된 인간이다. 곧 누구나 가능한 참된 인간 다시 말하면 참
된 자기가 될 수 있는 것이다. 결국 이렇게 참된 자기를 스스로 실현하는 것이
곧 학이라고 보는 것이 순암의 실학적인 입장이다. 이러한 실학적인 입장에서

---

3 『順菴叢書』 上, 성균관대학교 대동문화연구원, 663면.

"심과 리理의 리理 자는 형체도 그림자도 없는, 그리고 더듬어 걷잡을 수도 없는 아주 허공에 달려 있는 말"이라고 잘라 말할 수 있게 된다. 여기서 '허공에 달려 있는 말懸空談話'이란 앞뒤의 문맥상으로 보아 '추상적인 개념'을 뜻한다. 현실적으로는 몸가짐을 공손히 하려는 마음, 정성껏 일하려는 마음, 타인에게 성실하려는 마음이 있을 뿐이다. 이러한 일상적인 마음들을 떠나서 따로 심이라는 것이 실재하는 것은 아니다. 다만 이러한 일상적인 마음들을 통틀어서 부르는 말 곧 추상적인 개념이 곧 심이다. 따라서 예컨대 몸가짐이 공손하고 정성껏 일하고 타인에게 성실하다면 심은 굳이 다잡지 않아도 바로잡혀 있는 것으로 된다. 마찬가지로 현실적으로는 구체적인 사물의 리가 있을 뿐이다. 이러한 하나하나의 사물의 리를 떠나서 따로 리가 실재하는 것은 아니다. 따라서 하나하나의 사물을 잘 처리하고 다스린다면 리는 굳이 탐구하지 않아도 밝혀지게 된다. 그러므로 이러한 추상적인 개념을 그저 추상적으로 캐고 따지는 설부른 학문은 실질적으로는 쓸모가 없다. 예컨대 '하늘과 사람의 관계, 만물의 본성, 리와 기, 사단과 칠정에 관한 이론'에만 빠져 있는 따위가 그러하다. 이러한 문제를 위해 죽을 때까지 아무리 애써도 끝내 자신의 덕성과 재능은 제대로 이룩하지 못할 것이다.

이러한 입장에 서 있는 노경의 실학자가 29세 때 지은 『하학지남』을 다시금 스스로 경계하는 거울로 삼게 되었다. 여기에 『하학지남』의 의의가 엿보인다고 볼 수 있다. 바로 『하학지남』은 일상적인 실천을 통해 성인이 되기 위한 지침이었다. 성인이라는 너무나 높은 이상을 위한 지침이기 때문에 원숙한 노경에 있어서도 여전히 스스로 경계하는 거울이 될 수 있었다. 물론 29세 때 이미 저 노경에 있어서와 같은 실학적인 입장이 자각되었다고 말할 수는 없다. 오히려 순암은 그가 지금까지 공부한 것을 전체적으로 정리하는 뜻에서 『하학지남』을 엮었다고 볼 수 있다. 그러나 과거의 결산은 동시에 미래의 계획일 수 있다. 이렇게 『하학지남』은 순암 자신의 미래를 위한 설계도라고도 볼 수 있다. 그러므로 여기에 이미 실학적인 방향이 은근히 깔려 있다고 볼 수 있다. 과연 『하학지남』은 일상적인 실천을 통해 이상적인 자기를 실현하는 방향을 깔고 있다. 물론 이 방향은 바로 성리학의 참된 정신이라고 볼 수 있다. 그러나 현실적으로는 성리학이 천리와 인성을 꼬치꼬치 따지는 방향을 돋보이고 있는 것도 부인할 수 없다. 원래 사람에게는 이론적으로 따지는 것에 매력을 느끼는 경향이 있기 때문이다. 특히 순암 시대의 우리 사회에서 더욱 그러했다. 이러한 상황 속에서 『하학지남』은 새삼스럽게 일상적인 실천을 강조하고 있다.

그 목차를 살펴보면 수권首卷은 일용편만으로 되어 있고, 상권은 독서·위학·심술의 세 편으로 되어 있고, 하권은 위의威儀·정가正家·처기處己·접인接人·출처出處의 다섯 편으로 되어 있다.[4] 그 편명이나 장명章名은 성리학자들의 그것과 거의 같다. 특히 『소학』과 율곡의 『격몽요결擊蒙要訣』의 예例를 따른 점이 많다. 그러나 그 실질적인 내용은 다소 이색적이다. 상권과 하권의 요지를 간단히 밝히고 각 편의 의의를 간단히 설명하는 부분만이 저자의 말이고, 그 나머지는 모두 고금의 '좋은 말과 착한 행실'로 이루어져 있다. 이를테면 누구를 위한 것이 아니라 순암 자신이 스스로 거울삼기 위해 고금의 '좋은 말과 착한 행실'을 널리 모아 정리 배열한 것이다. 이 점에서는 『소학』의 예를 본뜨고 있다. 그러나 그 내용의 범위는 『소학』 정도가 아니라 성리학자들이 보통 관심을 두는 범위 전체에 걸쳐 있다. 따라서 장수가 비교적 많을 수밖에 없다. 이렇게 범위가 넓은 내용을 수권·상권·하권으로 크게 분류하였다. 그런데 상권은 하권의 체體가 되고, 하권은 상권의 용用이 되도록 마련되어 있다.

생각건대 이 편은 처기處己·사친事親·처사處事·접물接物을 대략 들고 있다. 이러한 일상적으로 마땅히 해야 할 일들이 따로 수권에 갖추어져 있다. 그 자세한 것은 각각 상하의 두 권에 배열되어 있다.[5]

---

4 위의 책, 664~667면.
5 『下學指南』 首卷, 「日用篇」. "安此篇略擧處己事親處事接物日用當行之事則別具於首卷其詳各列于上下二卷."

이렇게 상하의 두 권이 다시 요약되어 수권에 갖추어져 있다는 것이다. 수권은 바로 하루 12시간 동안에 마땅히 실천해야 할 일들을 차례로 들고 있다. 이와 같이 성리학자들이 공부하는 거의 모든 내용을 순암은 바로 하루 12시간 동안의 생활 내용으로 삼으려고 했다. 곧 성리학의 모든 내용을 하루하루의 생활 내용과 밀접하게 결부시키려고 했다. 그러한 그의 학문적인 태도가 이미 실학적이라고 볼 수 있다.

『하학지남』 상권 제1편에 책을 읽는 순서를 밝힌 장이 있다. 여기에 책을 읽는 순서를 한눈으로 볼 수 있는 도표圖表가 있다. 이것에 의하면 먼저 읽어야 할 책들은 다음과 같다.

> 小學・大學兼或問・論語兼或問・孟子兼或問・中庸兼或問・近思錄・
> 家禮・心經

이러한 책들을 먼저 읽어 근본원리를 세워야 한다는 것이다. 다음으로 읽을 책들은 다음과 같다.

> 詩傳・書傳・周易兼啓蒙・春秋兼三傳・禮記兼儀禮及通解周禮・二程
> 全書・朱子大典兼語類・伊洛淵源錄兼理學通錄・性理大典

이러한 책들을 읽어 근본원리를 널리 적용할 수 있는 능력을 키워야 한다는 것이다. 그리고 이들과 아울러 읽어야 할 책들은 다음과 같다.

> 綱目・續綱目・明史綱目・資治通鑑等諸編年史・歷代正史・東國諸史

이러한 책들을 읽어 근본원리를 다시 역사적인 변천, 사회적인 변화를 통해 현실적으로 체득해야 한다는 것이다. 이렇게 순암이 들고 있는 책들은 대체로 그가 읽었거나 혹은 읽고 있었던 것이며 적어도 곧 읽을 책들이라고 볼 수 있다. 이것을 통해 30세 전후의 순암이 읽은 문헌의 범위를 어느 정도 엿볼 수 있다. 또 이것은 그가 이 무렵에 이미 성리학의 기초를 비교적 넓고 튼튼하게 다져 놓았다는 것을 뜻한다. 그리고 성리학의 넓은 내용들을 하루 열두 시간의 생활과정에 직결시키려고 한 순암은 현실적인 실천을 결정적인 것으로 보는 점에서 저 실학정신과 통하는 것이라고 볼 수 있다. 그가 『하학지남』을 지은 다음해에 『내범』을 지었다는 것도 역시 같은 방향을 암시한다. 이 6편으로 된 『내범』은 여자의 일상생활을 위한 지침이기 때문이다.

순암의 이러한 방향은 그 뒤 실학파의 정신풍토 속에서 좀 더 자각적으로 전개되어 갔다. 이렇게 순암을 새로운 정신풍토 속으로 이끌어 준 사람이 곧 성호 이익(1681~1763)이었다.

나는 어려서 시골에 내려가 있었고 좀 나이 들어서는 질병에 걸려 공부할 기회를 잃었다. 그러므로 성호를 예방禮訪하려는 생각을 오랫동안 가졌다. 26세 때 비로소 나는 무주로부터 광주군 경안면(지금의 광주면) 덕곡에 있는 조상의 무덤 곁에 와서 살게 되었다. 그러나 가난의 괴로움과 병 걱정 때문에 편한 날이 없었다. 1746년 10월 17일에 비로소 성호를 찾아뵙고 하룻밤을 지내고 돌아왔다. 1747년 9월 20일에 또 찾아뵙고 하룻밤을 지내고 떠나왔다. 1748년 12월 14일에 또 찾아뵙고 하루를 묵어 16일에 돌아왔다. 그러므로 전후에 걸쳐 스승님의 말씀을 받들어 들은 것은 모두 4일이었다. 그 뒤 1751년(辛未) 7월에 찾아가서 형 문안을 드렸는데 때마침 종묘대제宗廟大祭가 있어 나는 제관祭官의 일을 맡게 되었다. 그러므로 다음날 지레 돌아왔다. 1753년 3월에 아산으로부터 찾아가 뵈려고 하였다. 그러나 도중 진위주점振威酒店(용인군 진위면)에 이르자 종복從僕이 심하게 앓았다. 바로 이때 나쁜 전염병이 그 일대에 퍼져 있었다. 종복의 병증이 전염병 같으므로 또 지레 되돌아왔다. 그 뒤에는 서울의 관위에 있었는데 그 사무가 번거롭고 힘겨웠다. 1754년에 부친상을 만나 시골로 내려왔는데 이어 병으로 몸을 제대로 쓰지 못하게 되었다. 바깥출입을 안 한

지 10년이 되어 끝내 아침저녁으로 가르침을 받을 계획을 이루지 못했는
데 선생은 돌아가셨다. 평소에 깊은 사랑을 받았고 은혜도 많았고 의리도
두터웠던 것을 더듬어 생각하면 대들보가 꺾어진 느낌이 해가 갈수록 간
절하다. 그러므로 낡은 상자를 뒤져 4일 동안의 일기를 찾아내어 다음에
신기로 한다. 이렇게 함으로써 나의 성의를 나타내는 바이다(『순암문집』 권
16, 「함장록」).

이와 같이 순암은 그가 35세 되던 1746년에 비로소 그토록 사모하던 성호를
찾아뵙게 되었다.[6] 이때 마침 성호는 광주에서 가까운 안산군(지금의 시흥군 수암
면) 첨성촌瞻星村이라는 조용한 마을에서 넓고 새로운 그의 학문세계를 다듬어
다지면서 후진을 가르치고 있었다.

『대학』에 본래 격치장이 있었는데 없어졌다고 하여 주자가 보충한 것에
대해 선배들이 흔히 꼭 그렇지는 않다고 하는데 과연 그렇지 않습니까?[7]

이것은 순암이 성호에게 물은 첫 질문이다. 이에 대한 성호의 대답은 다음
과 같다.

나는 그렇다고 인정할 까닭을 알지 못합니다. 주자가 본말의 순서를 정
하여 따로 일장一章을 만드는 뜻을 아직 알 수 없습니다. 회재(이언적)의 이
론도 마찬가지로 아주 온당한지 알지 못합니다. 그리고 요새 한 선비(신진
사愼進士 후담後聃을 가리킴)가 있어 또 이에 대한 학설을 내세우지만 그것을
따지지 않겠습니다. 그러나 다만 지금 있는 문장으로 읽어도 나머지가 있

---

6 『順菴年譜』, 四張後面.
7 "先儒多以大學格致章本存而朱子補亡未必其然是否."

게 되는데 어찌 또 이에 대한 학설을 따로 세울 필요가 있습니까?[8]

주자는 『대학』에 본래 격치장이 있었는데 지금은 없어졌다고 보았다. 그러므로 그는 없어진 부분을 보충하여 한 장을 따로 만들었다. 그러나 성호는 주자가 이렇게 격치장을 따로 만든 근거를 알 수 없다고 말한다. 이것은 곧 주자의 의견을 받아들일 수 없다는 것을 뜻한다. 그렇다고 회재의 이론도 아주 온당하다고 볼 수는 없다고 말한다. 회재는 격치장이 아주 없어진 것이 아니고 경일장의 앞부분에 잘못 끼어 있다고 보았다. 또 근래에 신후담이 이에 대한 또 하나의 학설을 내세우고 있는데 이것도 어떤 결정적인 근거는 없다고 성호는 비판한다.

이렇게 성호는 결정적인 근거가 없는 어떠한 학설도 거리낌 없이 비판한다. 그리고 저서의 결정적인 의미를 파악하는 데 필요한 것 이외의 것을 지나치게 따지는 일을 달갑게 여기지 않는다. 그리고 성호는 과거의 어느 누구도 경서의 결정적인 의미를 의문의 여지 없이 밝히지는 못했다고 본다. 그러므로 순암에게 그는 다음과 같이 말하게 된다.

세상 사람은 모두 정자와 주자 이후에 경서의 글 뜻이 크게 밝혀져 다시 손댈 여분이 없고 오직 그것에 마땅히 따라야 할 뿐이라고 말한다. 이 말은 대체로 옳기는 하나 아직 충분하지는 못합니다. 성현들이 후세 사람에게 기대한 것은 그 의미를 연구하여 밝혀 주기를 바랐기 때문입니다. 그 뜻이 어찌 다시 손댈 여분이 없다고 하여 후세 사람으로 하여금 말하지 못하게 하는 데 있었으랴! 이것은 정자와 주자의 본의가 아닙니다.[9]

---

8 "余不知其然也第本未別爲一章之義有未可知也晦齋論亦不知十分穩當而近有一士人(指愼進
士後聃)又爲之說而未知其果得當否也盖格致章之有無姑不卞而但因今文讀之亦自有餘何必
別爲之說乎."
9 "世人皆謂程朱以後經書文義大明無復餘蘊只當遵之而已此說大概然矣猶有未安聖賢之所求

성현들이 후세 사람에게 기대한다고 말하였는데 성호는 이것을 글자 그대로 받아들인다. 그러므로 정자나 주자가 아직 밝히지 못한 것을 뒷날의 학자가 밝혀내야 한다고 순암에게 은근히 타이르는 것이다.

이어 맹자에 대해 언급하였다. 『맹자질서』를 내놓고 춘왕정월春王正月 및 정지井地를 따지고 비판하였다. 그리고 『맹자질서』의 이 부분을 보여 주고 웃으면서 다음과 같이 말하였다. '이것은 주자를 반박한 중대한 망론입니다. 그러나 주자를 충신으로 만들려고 한 뜻이므로 아마 주자가 이것을 보아도 크게 나무라지는 않을 것입니다.'[10]

성호는 그가 지은 『맹자질서』에서 주자의 해석을 반박한 부분을 순암에게 보여 주면서 은근히 자유로운 연구태도를 강조하였다. 이것은 첫 대면에서 성호가 순암에게 그의 실학정신을 은근히 가르쳤다는 것을 뜻한다.

순암이 처음으로 성호를 찾아뵙고 그 말씀을 들은 시간은 그렇게 길지는 않았다. 1746년 10월 17일 오후에 첫 인사를 드리고, 그 다음날 아침식사를 마치자 곧 작별의 인사를 드리고 돌아왔기 때문이다. 그러나 적어도 『대학』・『중용』・『맹자』・『시경』・『역경』 등이 언급되었고 또 예론禮論에도 언급되었다. 이러한 언급들이 그렇게 자세할 수는 없지만 성호의 학문적인 태도만은 비교적 잘 드러났다고 볼 수 있다. 이 이후의 순암은 이러한 태도를 지향함으로써 새로운 학문세계를 개척할 수 있었다. 이에 따라 인적 관계도 새로워졌다. 예컨대 1747년부터는 성호가 소개한 윤동규와 편지를 통해 학문에 대한 토론을 계속하게 되었다. 뒤에 역시 성호가 소개한 이병휴李秉休(성호의 조카)와 편지를

於後人者欲以講明此義理其意豈謂之無復餘蘊而不使後人言之耶此非程朱之本意也."
10 "因論孟子出疾書論春王正月及井地辨以示之笑曰此駁朱子一大妄論卽欲爲朱子忠臣之意也恐朱子見之不大非斥也."

통해 학문의 토론을 계속하게 되었다.

처음으로 성호를 찾아뵌 다음해에 순암은 다시 성호를 예방하였고 두 차례의 편지를 통해 질문하였다. 관례冠禮에 관한 문목에 대하여 성호는 각 조목에 따라 친절히 교시敎示하였다. 봉변封變의 뜻에 대한 질문에 대해서도 성호는 다음해에 역시 친절히 교시하였다. 그리고 이 답서에서 앞서 순암이 일생을 통해 실천할 수 있는 일언을 요청한 데 대해 다음과 같이 교시하였다.

그러므로 뜻있는 선비는 반드시 먼저 주정主靜과 지경持敬에 힘써야 합니다. 바로 이것이 수행修行과 입명立命의 터전입니다.[11]

이렇게 순암은 성호를 길이 스승으로 받들었고 성호도 변함없이 그를 친절하게 이끌어 주었다. 1749년 1월에 성호는 순암에게 편지를 통해 방술方術을 한다는 소문의 진부眞否를 묻고 이러한 소문을 은근히 걱정하여 이름을 고치는 것이 좋을 것이라고 비추기까지 하였다. 이토록 순암의 신상을 걱정하고 있었다. 이에 대하여 순암은 다음과 같이 회답하였다.

재능을 감추어 남에게 알리지 말라는 구절은 삼가 마땅히 잘 지키겠습니다. 그러나 이름을 고치는 일은 그렇게 올바른 길은 아닌 듯합니다. 이름이 고쳐진다고 하더라도 이 몸은 여전히 같은 사람이기 때문입니다.[12]

순암은 앞으로 방술을 한다는 소문이 나지 않게 삼가고 조심할 것을 굳게 다짐하면서 이름을 고치는 일은 그렇게 올바른 길은 아니라고 말한다. 성호가

---

11 『星湖先生文集』卷14,「答安百順 戊辰」. "然則有志之士必先從主靜持敬上用力方是修行立命之基."

12 『順菴文集』卷2,「答上星湖先生書 己巳」. "韜晦一節謹當服膺而改名事終欠平正道理名雖改而此身則猶夫人也."

자기 신상을 그토록 걱정하는 데 대해 너무나 고맙게 생각하기 때문에 이름을 고치는 방법보다 더 근본적인 방법을 굳게 다짐하는 것이다. 성호는 다음 편지를 통해 순암의 말이 옳다고 하면서 그를 은근히 격려하였다. 이것은 그 깊은 사제의 관계를 잘 보여 주고 있다.

이러한 사제의 관계는 1763년 12월에 성호가 세상을 떠날 때까지 변함이 없었다. 이것은 순암이 35세로부터 52세까지 18년 동안 성호를 스승으로 모셨다는 것을 뜻한다. 그동안에 직접 찾아뵌 것은 세 번뿐이지만 그가 성호에게 올린 편지는 『순암집』권2에 25통이나 실려 있다. 이에 대한 성호의 답서는 20통이나 『성호문집』에 실려 있다. 이 답서에는 거의 긴 별지가 붙어 있어서 순암을 가르치려는 성호의 성의가 잘 드러나 있다. 이러한 편지들을 통해 묻고 대답한 내용은 주로 경학과 예에 관한 것들이다. 이 밖에 역사·역법·음운에 관한 것도 있고 서양서(그리스도교서)에 관한 것도 있다. 이것은 순암의 학문적인 관심의 중심과 범위를 말해 준다고 볼 수 있다.

2. 관직과 인품

순암이 벼슬길에 오르게 된 것은 영조 25년(1749)부터다. 이해에 성호에게 올린 편지에 다음과 같은 구절이 보인다.

일명一命의 벼슬이 내려지게 된 것은 참으로 뜻밖입니다. 제목除目이 처음으로 왔는데 무슨 주를 달았는지 알지 못했습니다. 뒤에 들으니 전일의 동몽교관은 경학으로써 추천되었다고 합니다. 이번의 후릉참봉은 부조父祖의 여덕餘德 때문이라고 주를 달았습니다. 경학으로 말하면 그 실적이 없고 부조의 여덕으로 말하면 그 순서를 잃었습니다. 그러므로 두 벼슬은 모두 무턱대고 받을 수는 없습니다.[13]

순암은 10세에 『소학』을 읽기 시작하여 변함없이 학문에 몰두하였으나 과거에는 뜻이 없었다. 따라서 벼슬도 자연히 바라지 않은 듯하다. 그러므로 그에게 벼슬이 내려지게 되자 그는 참으로 뜻밖의 일이라고 생각하였던 것이다. 그동안 순암의 학덕이 세상에 알려지게 되자 조정에서는 그 인물을 아깝게 여겨 그에게 벼슬의 길을 열어 주었다. 물론 과거에 의해서만 벼슬의 길이 열리는 것은 아니지만 학덕에 의해서만 벼슬의 길에 오르는 것은 매우 어려운 예외의 경우임에 틀림없다.

이해 3월에 동몽교관으로 추천되었고 다시 5월에는 후릉참봉의 벼슬이 내려지게 되었다. 그러나 순암은 경학에 밝다고 하여 추천된 동몽교관은 경학으로써 자처할 수 없기 때문에 맡을 수 없다고 생각했다. 부조의 여덕 때문에 내려진 후릉참봉은 오히려 부친이 받아야 한다고 생각했기 때문에 역시 맡을 수 없었다. 그러나 이해 11월에 장사랑將仕郎 만녕전참봉萬寧殿參奉의 관직이 내려지자 그는 드디어 벼슬길에 올랐다.[14] 이때 순암은 38세였다. 그 뒤 40세 때 의영고 참봉義盈庫參奉이 되었고, 다음해에 정릉직장靖陵直長이 되었고, 그 다음 해에는 귀후서별제歸厚署別提가 되었다. 그는 43세 때 서정庶政과 백관百官을 감독하는 사헌부감찰司憲府監察이 되었으나 몇 달 뒤에 부친상을 계기로 벼슬길을 떠나게 되었다.[15] 시골에 돌아온 순암은 학문의 연구와 저술에 힘쓰는 한편 후진의 양성에 힘을 기울였다. 그가 54세 때 제용감주부濟用監主簿의 벼슬이 내렸으나 신병身病을 이유로 부임하지 않았다. 다시 의금부도사義禁府都事의 벼슬이 내렸으나 역시 부임하지 않았다.

그러나 61세 때 세자익위사世子翊衛司의 익찬翊贊 벼슬이 내리자 순암은 다시

---

13 『順菴文集』 卷2, 「上星湖先生書 己巳」. "一命之除誠出慮外除目初來不知以何懸註後聞前日蒙師擬以經學今者寢郎註以門蔭經學則無其實門蔭則失其序二者皆不可出."

14 『順菴年譜』, 六張後面.

15 위의 책, 十一張前面.

벼슬길에 오르게 되었다. 곧 이해(1772년) 5월에 병조판서兵曹判書 채제공蔡濟恭의 추천으로 순암에게 익찬의 벼슬이 내려지게 된 것이다.[16] 이 벼슬은 세자익위사世子翊衛司에 속하는 정육품正六品의 무관武官이다. 이조의 직제상으로 세자익위사는 병조에 속해 있으며, 그 관청의 직위도 정오품正五品이므로 비교적 낮은 편이었다. 그러나 '왕세자를 따라다니면서 ·호위하는 일을 맡은' 관청이기 때문에 여기에는 세자의 모범이 될 수 있는 학식과 인격을 갖춘 선비를 임명하는 것이 상례로 되어 있었다. 이때의 왕세자는 바로 4년 뒤인 1776년(영조 52)에 왕위에 오른 저 명군 정조가 될 인물이었다. 순암은 그동안 신병으로 몸이 허약해졌을 뿐만 아니라 부모를 잃은 비통 때문에 벼슬에는 뜻이 없었다. 그러나 이 벼슬에만은 한번 나아가 보기로 하고 5월 하순에 부임하였다. 그는 서연에서 이 영특한 세자와 문답을 하면서 그의 넓고 깊은 학문의 세계를 과시할 수 있었다. 그러나 객지의 6월 무더위에 그의 건강상태는 더 이상 직무를 수행할 수 없게 되었다. 결국 이해 7월 하순에 사임하고 8월에 집으로 돌아왔다.

다음해 12월에 다시 세자익위사의 위솔衛率(종육품) 벼슬이 내리게 되었다. 경험이 있는 사람이 필요했기 때문이었다. 순암은 다음해 1월에 부임하여 역시 서연에서 세자의 질의에 응답하게 되었다. 이때 세자는 나이 많은 임금을 늘 보살펴야 했기 때문에 서연에서 서두르는 편이었다. 서연을 열지 못하는 때도 있었다. 그러나 서연에서는 번번이 세자와 문답을 하게 되었다. 세자도 순암의 학식이 넓다는 것을 알고 그를 가까이하려고 했기 때문이었다. 그러나 순암은 주로 건강사정 때문에 역시 이해 7월에 사임하게 되었다. 다음해 윤 10월에 또다시 세자익위사의 익찬으로 임명되었다. 그러나 이때 임금(영조)은 이미 병석에서 떠날 수 없게 되었다. 세자는 관례에 따라 숙직하여야 하기 때문에 서연을 열지 못했다. 그러므로 순암은 몇 번이나 입번하였으나 한 번도 서연에 참

---

16 『順菴文集』 卷16, 「壬辰桂坊日記」. "是年五月十四日兵判蔡濟恭爲政擬余翊衛司翊贊首望 (副望鄭杺末望丁載遠)蒙點十五日司隸持政目教旨來."

가하지 못했다. 이해 12월에 세자가 임금을 대신하여 정무를 보게 되어 경현당에서 백관의 조참을 받았다. 이때 순암은 시위에 참가하였다.[17] 이달에 그는 신병으로 말미암아 집으로 돌아갔다.

순암이 65세 때(1776년)의 3월에 영조가 돌아가고 왕세자가 왕위에 올랐다. 이제 세자를 돕는 일은 다 끝난 셈이다. 이해 9월에 목천현감의 벼슬을 받고 순암은 이어 부임하였다. 이 목천현은 충청도에서도 가장 작은 고을이며 이곳 현감은 대체로 중앙에서 벼슬하다가 물러나기 전에 잠시 맡던 외직이었다. 이러한 사정으로 벼슬길에서 떠나는 순암에게도 목천현감의 벼슬이 내리게 되었던 것이다. 그러나 순암은 목천현감으로 부임하자 그가 60평생을 배우고 닦은 유교의 이념을 실천하여 보려고 했다. 그는 부임하자마자 각 면에 유시하는 글을 보냈는데 이 글에서 교화를 강화하고 명분을 바로잡을 것을 강조하였다.

> 본관이 부임한 지 10일도 못 되었는 데 몰려든 백성의 공사는 어지러워진 풍속과 명분을 어기는 짓 따위가 아님이 없다. 그중에는 더럽고 추한 말과 마음을 놀라게 하고 놀랍게 들리는 일도 많이 있다. 이것은 실로 교화가 밝지 못하고 명분이 바르지 못해서 그렇게 된 것이다.[18]

순암은 그동안의 공사를 통해 풍속이 어지러워져 있고 명분이 지켜져 있지 않다는 것을 알게 되었다. 이러한 경향이 심해진다면 금수의 세상이 되어 버릴 것이라고 힘주어 타일렀다.

> 본관이 조정의 명령을 잘못 받고 이곳 원이 되기는 하였다. 그러나 비

---

17 『順菴年譜』, 四十六張後面.

18 『順菴文集』卷16, 「木州政事」, 到任初諭各面文. "當職到官未浹一旬而民訟之沓至者莫非敗俗犯分之類而間多有猥說醜談驚心駭聽之事此實由於敎化之不明名分之不正而然也."

록 재능이 없고 늙고 병들어 사리에 어둡기는 하더라도 은덕을 입고 선정을 베풀어 임금이 위임한 뜻을 받드는 데 있어서는 어찌 조금이라도 소홀히 하랴. 그러나 그 길도 교화를 강화하고 명분을 바로잡는 일밖에 따로 없다. (…) 각동의 여러분이 동의 규칙을 다듬어 밝혀서 이 두 가지를 반드시 행해야 할 급무로 삼기를 은근히 바라 마지않는다. 만일 이 두 가지에 있어서 죄를 짓고 끝내 가르침에 따르지 않는 사람이 있다면 관으로부터 역시 엄하게 징계하는 방법이 있다. 이것은 예로부터 수령이 된 사람들이 으레 하는 말이지만 진실로 이것을 행할 수 있다면 그 보람이 곧 나타날 것이다. 두 가지의 세목을 후록에 적어 둔다. 이것을 밑에 있는 사람들에게 각각 한 통씩 쓰게 하여 각 리의 두목들에게 나누어 주게 하고 그들로 하여금 마땅히 행해야 할 옳은 길이 어디에 있다는 점을 분명히 알게 한다면 어찌 좋은 일이 아니랴.[19]

순암은 임금이 벼슬을 내려준 은덕에 보답하여 선정을 베풀어야 한다고 다짐한다. 그리고 선정을 베푸는 길은 곧 교화를 강화하고 명분을 바로잡는 것이라고 타이른다. 그러므로 각 동의 규칙을 마련하여 이 두 가지를 가장 중요한 실천요목으로 삼도록 권장하여 마지않는다. 순암은 다시 이 두 가지의 세목을 마련하여 이것을 각 리의 두목들에게 분명히 이해시킬 것을 바라고 있다. 그 두 가지 실천요목의 세목은 다음과 같다.

　　부모에 효순할 것
　　웃사람을 존경할 것

---

19 위의 책, "當職謬膺朝命來守玆土雖無才無能老病昏劣其於承流宣化奉副我聖上委任之意豈敢少忽而其道亦不外於敦教化正名分而已 (…) 各洞諸君子修明洞憲以此二者爲必行之急務如有得罪此二者而終不率教者則自官亦有懲勵之道此雖自古爲官長者之例談而苟能行之其效立見各件節目書于後錄使下任輩各書一通分給各里頭目使之曉然知義理之所在豈不善哉."

이웃과 화목할 것

자손을 교훈할 것

각각 생업을 지킬 것

나쁜 일을 하지 말 것

위 6조는 대명고황제大明高皇帝가 천하를 깨우쳐 타이른 것이다. 곧 각리의 두목으로 하여금 백성들을 모아 놓고 날마다 이른 아침에 먼저 이 6조를 읽은 뒤에 저마다 일터로 가게 하였다. 이것이 일대의 치적을 올려서 어디서나 후세의 규범이 될 만한 것으로 되는 까닭이다.

부모에게 불순하는 것

형제가 화합하지 못하는 것

이웃이 정답지 못한 것

웃사람을 범하는 것

술주정과 실없는 짓

도둑질과 간사한 짓

위 6조는 모두 교화에 있어서 마땅히 엄금하고 엄하게 다스려야 할 바다.

명나라의 태조가 온 중국의 백성들을 깨우쳐 다스린 6조로써 면민들을 가르치려고 하는 점이 특히 주목된다. 순암은 조그만 시골 원이라는 것을 잊고 유학의 이념을 가르치고 실현하는 당당한 선비로서 자임한다. 이렇게 명 태조의 6조로써 그 면민을 가르치려는 순암의 포부는 학문에 대한 진지한 태도에서 유래한다. 그는 학문이 다루는 진리는 어디서나 실현될 수 있는 가장 가까운 진리라고 믿는다. 명 태조의 6조는 목천현에서도 실현될 수 있는 가장 가까운 진리라고 그는 굳게 믿고 있다.

그렇다고 순암이 명 태조가 다스리는 중국과 목천현의 현실을 혼동한다는 것은 아니다.

> 날마다 읽고 다짐하는 것은 너무 잦아 번거로울 듯하다. 매달 초하루에 각 동의 위 직원이 밑 직원에 명령하여 각 리의 두목으로 하여금 백성들을 모아 놓고 읽고 다짐하고 친절히 깨우치도록 하라.[20]

이렇게 목천의 현실에 비추어 매달 초하루에 각 리의 두목으로 하여금 백성들을 모아 놓고 6조를 읽고 다짐하고 음미하도록 하였다. 그리고 이 6조를 실현하기 위해 엄하게 금지하고 다스리는 6조를 더 부가한 것도 역시 순암의 현실파악에서 유래했다고 볼 수 있다. 분명히 순암은 목천의 현실을 잘 살피고 이에 맞는 좋은 정치를 하려고 애썼다.

> 명령을 내린 지 몇 달이 되지만 아직 그 효과를 보지 못하고 아직 품행을 힘써 닦는 사람이 있다는 말을 듣지 못했다. 송사訟事는 날로 많아지고 백성의 풍습은 날로 어지러워져 간다. 이것은 다른 탓이 아니라 관리들이 덕이 부족하고 재능이 떨어지고 성의가 아직 믿음직하지 못하기 때문이다.[21]

관리들의 재능과 성의가 부족하다고 지적하고 서로 권하고 경계하여 재덕을 닦는 데 힘쓰도록 타일렀다. 또 아전들의 비행을 다음과 같이 지적하고 엄하게 경고하였다.

> 창리倉吏가 불법을 구실로 곡식을 빼앗고 서원이 지세의 면적단위를 속

---

20 위의 책, "逐日讀約似涉煩數每月朔各洞上員分付下任令各里頭目聚會讀約丁寧曉諭."
21 『順菴文集』卷16, 「木州政事」, 諭各面結洞文. "令出數月未見其效而未聞有興行者詞訟日繁民習日渝此無他爲官者德薄才劣誠意未孚之致也."

이고 모든 아전들이 명목을 교묘히 만들어 어민들을 침해하고 형방 아전이 관원의 뜻을 몰래 살펴 송사를 가감하여 그 폐단이 적지 않다. 이것이 각 고을의 고금의 공통된 폐단이다. (…) 관의 금하는 바는 큰 것에 있다. 만일 무거운 법규를 범하여 백성의 좀이 되는 사람은 단연코 용서치 않는다. 너희들은 내가 그 작은 것을 눈감아 주는 것을 다행으로 여기고 그 큰 것을 범하여 스스로 죄를 불러들이지 말라. 세상은 아전이라면 반드시 간사하고 교활하다고 일컫는다. 간·활 두 자가 얼마나 나쁜 이름인데 너희들은 이것을 범하려고 하는가?[22]

순암은 당시 아전들의 처지를 이해하고 있으므로 '그 작은 것'을 눈감아 주겠다고 다짐하였다. 그러나 백성의 좀이 되는 것은 관이 반드시 금하는 '큰 것'이므로 결코 용서치 않겠다고 엄하게 경고하였다.

그러나 순암은 이러한 타이름이나 경고에 그치지는 않았다. 적극적으로 백성들을 보살피려고 애썼다.

그 한 목비木碑의 글 내용은 다음과 같다. 관이 스스로 얼음장을 떠내니 그 정치가 얼음과 같이 맑고 관이 스스로 호적을 정리하니 그 정치는 사적에 실을 만하다.[23]

순암이 목천고을에 부임한 지 몇 달이 지나자 백성들은 그 혜택을 입고 고맙게 여겨 곳곳에 목비를 세워 그를 칭송하였다. 그러나 목비 중 하나에 위와

---

22 『順菴文集』卷16,「木州政事」, 諭作廳文. "倉吏之乾沒穀粟書員之偸漏結卜諸吏之巧作名目侵漁民人刑史之伺察官意扶抑訟獄其弊不一而足此列邑古今之通弊也 (…) 官之所禁在于大者若冒重禁而爲民蠹者斷不容貸爾輩無以余不察其小者爲幸而犯其大者自速其辜也世稱官吏必曰奸曰猾奸猾二字是何等惡名而爾輩犯之耶."
23 『順菴年譜』, 四十八張後面. "其一碑書面曰官自伐氷政淸如氷官自書籍政可載籍."

같은 구절이 있었다. 순암은 종래 고을 백성을 동원하여 며칠이나 얼음을 떠내던 것을 관에서 사람을 사서 하루에 다 끝내게 하였다. 이때부터 백성을 동원하여 얼음을 떠내는 폐단이 없어졌다. 그리고 4년마다 호적부를 새로 정리하게 되었는데 순암은 구실아치[吏屬]에게 나누어 정리케 하여 그 서사조書寫租 100여석을 얻게 되었다. 이 쌀과 또 따로 마련된 300여 두의 쌀을 팔아 200냥을 기금으로 세웠다. 이 기금의 이자로 신・구관이 바뀔 때의 모든 비용을 메움으로써 백성들의 부담을 덜게 하였다. 위의 목비는 바로 이 두 가지 일을 칭송한 것이다. 1779년 2월에 순암은 자기 녹봉을 줄여서 이 고을의 굶주린 백성을 구제하였다. 이해 2월부터 4월까지 구제를 받은 사람은 거의 2,000여 인이나 되었다고 한다.[24]

이 밖에도 이 고을에서 효행이 높은 소년을 표창함으로써 사민에게 선행을 권장하려고 했다. 곧 이곳 소년 이인갑李仁甲의 효행을 감사에게 보고하여 조정에 알리도록 힘썼다. 그리고 백성들을 타일러 농업에 힘쓰도록 하는 한편 농사를 지도하는 데 마음을 썼다.

지금 본읍으로 말하면 원래 생활이 넉넉한 지방이라고 일컬어 왔는데 토지가 메마르고 귀하며, 민가가 가난하고 피폐하게 되었다. 그 까닭을 따지고 보면 모두 바로 농사에 힘쓰지 않았기 때문이다.

1. 이 읍의 전례는 마을마다 각각 농감農監을 한 사람씩 두게 되었는데 그 뜻은 매우 좋다. 그러나 그 이름만 있고 그 실속이 없다면 옳다고 하겠는가? 만약 그 마을에 거친 논밭이 있거나 때를 맞춰 갈고 김매지 않는 일이 있으면 처벌한다. 곡식의 씨앗을 마련치 못하는 사람에게는 관에 알려서 마련해 주고, 소를 빌려 주지 않는 사람은 관에 알려서 다스리고, 함께 쌓아야 할 둑은 미리 먼저 쌓고, 함께 손질해야 할 도랑은 때를 맞춰 손질

---

24 『順菴年譜』, 五十張前面.

해야 한다. 이것을 못하면 농감은 마땅히 중벌을 받을 것이다.

　1. 농감은 그 마을의 소 있는 사람을 잘 살피고 논밭을 갈 때 소 임자를 먼저 갈게 하고 차례로 소 없는 사람에게 빌려 주게 하라. 날짜를 잘 배정하여 때를 잃고 논밭을 묵힐 염려가 없게 하라.

　1. 고인이 중요하게 여긴 것은 농상이었다. (…) 만약 10수(뽕나무)가 못 되면 본인이 처벌을 당할 뿐만 아니라 농감도 마땅히 벌을 받아야 한다.

　1. 갈고 김맬 때 남자와 여자를 가리지 않고 모두 논밭에 있되 남녀의 분별은 예로부터 매우 엄하다. 김맬 때에도 여자는 한쪽 갓에 있고 남자는 다른 쪽 갓에 있어서 뒤섞여 농지거리나 점잖지 못한 짓을 해서는 안 된다 (『순암문집』 권16, 「목주정사」, 권농문).

이렇게 농민에게 온정을 가지고 세심하게 지도하였다. 특히 농민이 논밭에서 일하는 동안에도 남녀의 분별 같은 예를 지키라고 한 것은 순암의 평소의 관심을 잘 나타내고 있다.

순암은 유학을 닦은 선비로서 백성을 가르치고 지도하여 예를 지키게 하는 것이 그 사명이라고 믿었다. 이러한 예속을 위해 그는 향약을 민간에 권장하였다.

　이것이 여씨呂氏가 향약을 만든 까닭이다. 그리고 주자가 가감하고 알맞게 매만져 후세에 반드시 행해야 할 좋은 법으로 만들었다.[25]

순암은 역시 주자의 사상이 스며 있는 『여씨향약呂氏鄕約』을 후세에 반드시 행해야 할 좋은 법이라고 강조한다. 순암은 여기서도 주자학과 이어져 있다.

---

25 『順菴文集』 卷16, 「木州政事」, 勸行鄕約八面下帖. "此呂氏鄕約之所以作而朱夫子增損適宜 爲後世必可行之良法也."

그러나 주자가 그 시대의 중국에 알맞도록 마련한 향약을 그대로 목천고을에 실시하려고 하지는 않았다.

전일에 나누어 준 「동회의洞會儀」는 간단하고 쉬워 행하기 쉽다. 이것으로 점점 감화되고 뭉쳐져 민심이 좀 안정된 뒤에 비로소 여씨의 본조를 참작하여 품행을 닦아 일으킨다면 어찌 훌륭하지 않으랴.[26]

순암은 이렇게 「동회의洞規約」를 마련하여 우리의 현실에 맞는 생활지도를 꾀하였다. 이리하여 민심이 어느 정도 안정된 뒤에 주자가 매만진 저 『여씨향약』을 참고로 하여 민중의 품행을 닦아 일으켜야 한다는 것이다. 여기에는 현실적인 민정을 중시하는 실학자의 모습이 나타나 있다. 순암은 또 교육에도 깊은 관심을 가졌다. 이 목천고을에는 글을 배우고 익히는 사마소司馬所가 세워진 적이 있었으나 중간에 없어졌다. 순암은 관의 힘으로 이 사마소를 다시 세우고 규약을 마련하여 고을 자제들을 가르치는 데 힘썼다.

1779년(정조 3)에 순암은 드디어 관직을 버리고 집으로 돌아왔다. 72세 때 돈녕주부敎寧主簿·장릉령長陵令·헌릉령獻陵令의 벼슬을 받았고, 73세 때 의빈도사儀賓都事·세자익위사익찬世子翊衛司翊贊의 벼슬을 받았고, 78세 때 첨지중추부사僉知中樞府事의 벼슬을 받았고, 79세 때 동지중추부사同知中樞府事의 벼슬을 받았다. 그러나 이러한 벼슬들은 푸대접할 수 없는 늙은 사람에 대한 형식적인 예우에 지나지 않는다. 이렇게 순암은 1791년(종조 15) 7월 20일에 80세로 세상을 떠날 때[27]까지 정치적인 영향력이 있는 벼슬자리에 앉아 본 적이 없다. 그 자신도 벼슬에 별로 관심을 가지지 않았다.

---

26 위의 책, "前日所頒洞會儀簡易易行以此漸摩團結民心稍定然後始以呂氏本條參酌興行豈不美哉."
27 『順菴年譜』, 六十五張前面.

위에서 본 바와 같이 순암은 38세로부터 43세까지 중앙관서의 낮은 벼슬자리에 있다가 일단 관계官界에서 물러났다. 그 뒤 61세 때 세자익위사의 익찬이 되어 서연에서 장차 정조가 될 세자를 가르치게 되었다. 63세 때에도 서연에서 세자에게 평소에 닦은 학문을 가르쳤다. 65세로부터 68세까지 목천현감으로 조그만 고을을 직접 다스려 보았다. 이렇게 60세 이후의 벼슬은 오히려 그의 학문을 가다듬고 시험해 본 학문연구의 한 과정이라고 볼 수 있다. 이렇게 순암은 결국 학문의 연구와 발전에 이바지한 학자로서 일생을 마쳤다.

3. 서학비판의 형성과정

순암이 1757년(영조 33)에 그의 스승인 성호에게 올린 편지 속에 다음과 같은 구절이 보인다.

> 요즈음 서양서를 읽었습니다. 그 학설이 비록 정밀하고 분명하기는 하지만 결국 이단의 학문입니다.[28]

순암은 여기서 근래에 서양서를 읽었다고 말하고 있다. 그리고 바로 이 편지 속에서 『관계官界』, 『기인십편畸人十篇』의 말을 인용하고 있다. 또 『변학유독辯學遺牘』에 관해서 새삼스럽게 언급하고 있다.

> 또 『변학유독』은 곧 연지화상蓮池和尙과 이마두利瑪竇가 학문을 따진 글입니다. 그 밝혀 나가는 논술이 정확하고 때때로 창을 움켜잡고 방안으로 들어갑니다. 마명馬鳴·달마達摩 등 여러 사람들과 보루를 구축하고 깃발

---

28 『順菴文集』卷2,「上星湖先生別紙 丁丑」. "近觀西洋書其說雖精覈而終是異端之學也."

을 세워 놓고 서로 가리고 다투지 않는 것이 유감스럽습니다. 선생은 이미
이 책을 보셨습니까?[29]

순암이 46세 때 쓴 이 편지 속에서 처음으로 서학이 언급되어 있다. 그는
"요즈음 서양서를 읽었습니다"라고 말하면서 『천주실의』·『기인십편』·『변학
유독』에 대해 언급한다. 이것은 순암이 이 무렵에 적어도 이 세 가지 서양서를
읽었다는 것을 말해 준다.

순암이 다음해에 성호에게 올린 편지에도 역시 서학에 대한 언급이 있다.

귀신에 대한 학설은 계사繫辭·제의祭義 및 염락濂洛의 여러 선생의 학
설로써 본다면 그 내용을 볼 수 있지만 끝내 의심할 바가 있다. 여기에 나
타난 귀신에 세 가지가 있다. 곧 천지의 귀신, 사람이 죽은 귀신, 백물百物
의 귀신이 있다. 사람이 죽은 귀신이 그 이치를 밝히기가 가장 어렵다. 후
세의 학설에 세 가지가 있다. 유자는 다음과 같이 말한다. 곧 기가 모이면
생하고 흩어지면 죽어서 공무空無로 돌아간다. 서사西士는 다음과 같이 말
한다. 곧 기가 모여 사람이 되고 이미 사람이 된 뒤에 따로 일종의 영혼이
있어서 죽어도 없어지지 않고 본신의 귀신이 되어 영원히 존재한다. 불씨
佛氏는 다음과 같이 말한다. 곧 사람이 죽어서 귀가 되고 귀가 다시 사람
이 되어 그치지 않고 돌고 돈다.[30]

여기서 순암은 귀신에 관한 문제를 다루면서 서학의 영혼설을 언급하고 있

---

29 위의 책. "又辨學遺牘者卽蓮池和尙與利瑪竇論學書也其辨論精礮往往操戈入室恨不與馬鳴
達摩諸人對壘樹幟以相辨爭也先生其已見之否."

30 위의 책, 卷2, 「上星湖先生書 戊寅」. "鬼神之說以繫辭祭義及濂洛諸先生之說觀之其情狀可
見而終有所疑其等有三有天地之鬼神有人死之鬼神有百物之鬼神人死之鬼神其理最難明後世
論說有三儒者謂氣聚則生散則死而歸於空無西士謂氣聚爲人旣而爲人之後別有一種靈魂死而
不滅爲本身之鬼神終古長存佛氏謂人死爲鬼鬼復爲人輪廻不已."

다. 서학이 '영혼은 영원히 존재한다'고 주장하는 데 대하여 순암은 다음과 같이 비판한다.

 이것을 흩어지는 데 지속遲速이 있다고 말하면 옳다. 이것을 영원히 흩어지지 않는다고 말한다면 옳지 않다.[31]

순암은 서학에서 말하는 영혼을 귀신이라고 본다. 그리고 귀신을 사람이 죽은 뒤에도 아직 흩어지지 않고 있는 기라고 본다. 기는 본래 늦고 빠른 정도의 차이는 있지만 흩어지고 만다. 그러므로 영혼이 영원히 흩어지지 않는다는 주장은 옳지 않다는 것이다. 그러나 순암은 여기서 서학의 영혼설을 비판하는 것은 아니다. 그럴듯한 측면은 인식하려고 하는 진지한 태도도 보이고 있다.

 그중에 또 혹은 흩어지지 않는 것이 있음은 서사의 말과 같다. 마치 진금眞金이 불 속에 들어가 은덩어리가 녹아 없어지나 한 점의 정광精光이 아직 남아 있는 것과 마찬가지다. 그중에 또 혹은 윤회輪廻가 있음이 석씨釋氏의 말과 같다. 만일 아직 흩어지지 않는 기가 있다면 그것이 모여서 다시 태어남도 또한 이상할 것이 없다.[32]

순암은 사람의 생사를 대체로 기의 취산聚散이라고 본다. 그러나 기 중에는 흩어지지 않는 것이 있을 수 있다는 것이다. 마치 진정한 황금이 불 속에 들어가면 녹아 없어지나 한 점의 밝은 빛이 아직 남아 있는 것과 같다는 것이다. 이것은 서학의 영혼불멸靈魂不滅이 그럴듯한 측면이 있다는 것을 인식하는 것이

---

31 위의 책. "謂之散有遲速則可謂之永世不散則不可矣."
32 위의 책. "其中亦或有不散者如西士之說如眞金入火混體消瀜而一點精光猶有存焉其中亦或有輪廻如釋氏之說矣若有未散之氣則其聚而復生亦不異矣."

다. 뿐만 아니라 만일 아직 흩어지지 않는 기가 있다고 하면 불교의 윤회설도 인식될 수 있다는 것이다. 아직 흩어지지 않는 기가 모여서 다시 살아날 수 있기 때문이라고 한다.

순암이 47세 때 성호에게 올린 이 편지를 통해 이 무렵에 순암은 '서양서'를 연구하고 있었다는 것을 알 수 있다. 뿐만 아니라 이 '서양서'로부터 상당히 영향을 받고 있었다는 것도 알 수 있다. 순암이 새삼스럽게 귀신에 관한 문제에 관심을 가지게 된 것부터가 바로 서학의 영향이라고 말하지 않을 수 없다. 그리고 귀신에 관해서는 정주의 학설도 의심의 여지가 있다고 말한다는 것은 그만큼 서학의 영향이 크다는 것을 말해 준다. 이렇게 순암은 적어도 귀신에 관해서는 정주程朱의 학설에 얽매이지 않을 수 있었다. 그러므로 서학·불교·서경덕(화담花潭)의 입장을 어느 정도 공평하게 평가하려고 했다. 적어도 귀신에 관해서만은 정주가 비판하는 불교의 입장과 퇴계가 비난하는 화담의 입장을 정당하게 이해하여 보려는 태도를 보이고 있다. 이것은 결국 서학의 영향이라고 말할 수 있다. 서학의 영혼설을 통해 불교와 화담의 입장이 재고되었다고 볼 수 있기 때문이다.

물론 이 편지에 있어서도 순암은 서학을 전체적으로는 이단이라고 본다.

대저 천하의 도가 한가지만은 아니지만 유교 이외에는 모두가 이단이다. 유자의 도는 상도를 말하고 변이變異를 말하지 않는다. 변이는 본래 헤아릴 수 없으므로 변이를 말하여 그치지 않으면 결국 터무니없고 떳떳하지 못하여 이단의 무기탄으로 돌아간다. 그러므로 성인이 괴이를 말하지 않을 뿐이다. 괴이가 일찍부터 없는 것은 아니다. 『시경』·『서경』을 보면 군신이 서로 반드시 상제조고上帝祖考의 귀령을 말하여 경계한다. 만일 그 사실이 없다면 성인이 무슨 까닭으로 사람들이 보지 못하고 얼떨떨하여 믿기 어려운 일로써 사람들을 속이며 사람들이 또한 이것을 믿고 이것에 따르겠는가? 분명히 이 사실이 있으므로 그 말이 또한 이와 같은 것이다.[33]

유교 이외의 모든 도가 이단이라고 말하는데 이 이단 속에 서학이 포함되어 있다는 것은 의심할 여지가 없다. 그러나 순암은 "괴이怪異가 일찍부터 없는 것은 아니다"라고 단정한다. 그리고 이에 대하여 『시경』과 『서경』을 증거로 내세운다. 이렇게 순암이 확신하고 있는 괴이란 귀신 혹은 서학에서 말하는 영혼 같은 것을 말한다. 그러므로 이 무렵에 순암은 적어도 서학에서 말하는 영혼 같은 것이 실제로 존재한다고 믿었다고 말하지 않을 수 없다.

그 뒤 1784년(정조 8)에 순암은 권철신(호는 녹암)의 편지에 대한 답장에서 서학을 언급하였다. 지금의 『순암문집』에 따르면 26년 뒤에 처음으로 서학에 대해 언급하는 것으로 된다. 이때 순암은 이미 73세였다.

이 편지에 또 '죽기 전에 말없이 스스로 수행하여 대악大惡에 떨어지지 않는 것을 최상의 법으로 삼는다'고 말했습니다. 이것은 소림사에서 벽을 향해 앉아 아침저녁으로 아미타불阿彌陀佛을 염念하며 이미 지은 허물을 뉘우치고, 부처님 앞에 천당에서 태어나기를 간절히 빌고 지옥에 떨어지는 것을 면하기를 구하는 뜻과 무엇이 다릅니까? 나는 이러한 점에서 공이 이 말을 하는 것을 정말 알 수 없습니다.[34]

순암에게 권철신(1736~1801)이 "죽기 전에 말없이 수행하여 대악에 떨어지지 않는 것을 최상의 법으로 삼는다"고 말하게 되었다. 이것은 천주교의 신앙생활을 하겠다는 것을 밝힌 것이다. 순암은 이에 대해 놀라움을 감추지 못한다. 우

---

33 위의 책, "夫天下之道非一而儒外皆異端也儒者之道語常不語變變固不可測語變不已則將荒誕不經而歸於異端之無忌憚也是以聖人不語怪而已怪未嘗無也以詩書觀之君臣交戒必以上帝祖考神靈言之若無其實則聖人何爲以人所不見怳惚難信之事証誦於人而人亦信從之乎明有是事故其言亦如是矣."

34 『順菴文集』卷6, 「答權旣明書 甲辰」, "來書又云未死之前嘿以自脩毋陷太惡爲究竟法此何異於少林面壁朝夕念阿彌陀佛懺悔前過懇乞佛前得生天堂求免墮落地獄之意耶愚於此誠不知公之有此言也."

선 저 중국 하남성 등봉현의 서북에 있는 소림사에서 달마가 벽을 향해 앉아 수행한 뜻과 무엇이 다르냐고 좀 성급히 비판한다.

이해에 순암은 권철신에게 답장을 다시 썼다. 지난번 답장에서 우선 언급한 서학에 대한 비판을 보충하기 위해서였다. 이 편지에서 순암은 서학을 불교와 같은 것이라는 점을 좀 더 구체적으로 밝히고 있다.

지금 이른바 천학天學은 불씨佛氏를 그 이름만 바꾼 것입니다. 나도 그 대의를 대충 살펴보았습니다. 천당과 지옥도 같고 마귀도 같습니다. 재계를 지키는 것도 같고, 군신·부자·부부의 도가 없는 것도 같고, 십계十誡와 칠계七戒도 다름이 없고, 사행四行과 사대四大도 같습니다. 그 나머지는 일일이 들 수가 없습니다.[35]

이렇게 순암은 서학은 불교가 그 이름을 바꾼 것에 지나지 않는다고 말한다. 서학이 불교와 같은 것이라는 점을 이렇게 강조할 만한 까닭이 있는 듯하다.

지금 천주의 학을 하는 사람들이 밤낮으로 빌고, 지옥에 떨어지는 것을 면하기를 간절히 빌고 있는데 이것은 모두 불학이다. 제군은 평소에 불학을 물리쳐 왔는데 지금 이 천주학에 순종한다면 반드시 사람들을 감동할 만한 색다른 문자가 있어서 그렇게 된 것이다. 그러므로 전서前書를 빌려 달라고 한 것이 까닭이 있었다.[36]

---

35 『順菴文集』卷6, 「答權旣明書 甲辰」. "今所謂天學是佛氏之變其名者爾愚亦嘗觀大意天堂地獄一也魔鬼一也齋素一也無君臣父子夫婦之倫一也十誡與七戒不異四行與四大亦同其餘不能枚擧."

36 위의 책. "今爲天主之學者晝夜祈懇祈免墮於地獄是皆佛學也諸君平日常斥佛而今束手於此則必有別般文字可以動人者而然也是故前書之請有以也."

여기서 '전서前書를 빌려 달라고 한 것'이란 이기양李基讓(사흥士興, 1744~1802)이 순암에게 『칠극七克』이라는 서양서를 빌려 달라고 한 사실을 가리키고 있다. 그리고 이 편지에 이벽李蘗(덕조德操, 1754~1786)의 이름도 보인다. 그러므로 여기서 "지금 이 천주학에 순종한다"고 하는 제군이란 1780년 전후에 천주학의 신앙운동을 벌인 이벽·권철신·권일신權日身·이가환李家煥·정약전丁若銓·정약종丁若鍾·정약용丁若鏞·이승훈李承薰·이기양 등의 남인과 소장少壯들을 가리키고 있다. 순암은 이들을 설득하기 위해 이들이 평소에 배척해 온 불교가 서양과 같다는 것을 새삼스럽게 강조한 듯하다. 이 서학의 신앙운동을 벌인 사람들 가운데서 권일신은 바로 순암의 사위고 권철신은 그 친형이다. 이들은 서로 사제·친척·인척의 관계로 얽혀 있었다. 남인의 한 원로로서 순암은 남달리 이 소장들의 움직임을 걱정하지 않을 수 없었다.

순암은 이해에 또 세 번째로 권철신에게 편지를 써 보냈다. 이것은 2,300자가 넘는 긴 편지로서 그 내용은 거의 서학에 대한 비판과 경계로 되어 있다. 이 편지를 통해 순암이 그토록 서둘러 서학을 비판하게 된 까닭을 어느 정도 알 수 있다.

> 서국西國이 일찍이 이 천주학을 금지하여 무찔러 죽이기를 천만 인에 그치지 않았다. 그래도 끝내 금지할 수 없었다. 일본도 천주학을 금지하여 무찔러 죽인 것이 또한 수만 인이라고 한다. 우리나라에도 이런 일이 없다는 것을 어찌 알 수 있으랴. 더욱이 이 당의黨議가 갈라져 서로 틈을 엿보고 선을 가리고 악을 들추어내는 시기에 만일 남이 일망타진一網打盡의 수를 서서 몸을 망치고 이름을 더럽히는 욕을 보게 된다면 이때에 천주가 구해 줄 수 있을까.[37]

---

37 『順菴文集』卷6,「與權槪明書 甲辰」."西國嘗禁此學誅殺不啻千萬人而終不能禁日本亦禁此學誅殺亦數萬人云安知我國亦無此事乎況此黨議分裂彼此伺釁掩善揚惡之時設有人爲一網打

이렇게 순암은 서학(천주교)이 서양에서 박해를 받아 수천 혹은 수만의 인명이 희생되었다는 것을 알고 있다. 일본에서도 서학 때문에 수만의 인명이 희생되었다는 것을 알고 있다. 그러므로 순암은 우리나라에서도 이러한 끔찍한 사태가 벌어질 수 있다고 생각하여 은근히 걱정하고 있다. 더욱이 그는 당파싸움 때문에 서학을 믿고 있는 자기 당파의 소장들이 일망타진되어 패가망신할지도 모른다고 예감하고 있었다. 순암이 그토록 안타깝고 초조한 마음으로 서학을 비판하고 또 경계하여 마지않는 까닭을 이것으로 짐작할 수 있다.

이 편지에서도 순암은 서학을 역시 불교의 한 분파라고 믿고 있다.

그리고 내가 보기에는 서사의 말이 번거롭게 길고, 짜임새가 있고 내용이 넓기는 하나 모두 석씨의 조잡한 자취일 뿐이다. 그것은 선가禪家의 정밀한 이론에 반도 못 미친다. 차라리 달마達摩·혜능慧能의 '마음을 알고 본성을 깨달으라'는 말에 따를지언정 어찌 밤낮 무당처럼 기도하는 서사의 거동에 따르랴.[38]

순암도 서학의 이론이 매우 자세하고 논리적으로 짜임새가 있다는 것을 인정한다. 그러나 그 이론은 불교에 속해 있는 한 조잡한 이론에 지나지 않는다는 것이다. 곧 달마나 혜능 같은 선가의 정밀한 이론에 절반도 못 따라가는 조잡한 이론이라는 것이다.

어제 유옥경柳玉卿이 전목재錢牧齋의 『경교고景教考』 일절一節을 필사하여 보여 주었다. 거기에 다음과 같은 말이 있다. "대진大秦은 지금은 서양

盡之計而受敗身汚名之辱則到此之時天主其能救之乎."

38 위의 책. "以愚觀之西士之言雖張皇辯博而都是釋氏之粗迹半不及於禪家精微之論寧從達摩慧能識心見性之言豈可爲西士畫夜祈懇無異巫祝之擧乎."

西洋이다. 약삭빠르게 문자를 읽힌 오랑캐 중이 입술에 기름을 바르고 혀를 닦아 나불나불 함부로 말한다. 비록 묘한 풀이 가운데는 받아들인 것이 있기는 하지만 그 행동하고 가르치는 바는 서쪽 오랑캐의 짓임에 지나지 않는다. 분명히 이것은 불교의 분파 중에서도 등급이 낮고 가장 졸렬한 것이다."

이 말은 바로 내 주장과 일치한다.[39]

여기서 목재牧齋는 청대淸代 사람인 전겸익錢謙益의 호다. 그가 지은『경교고』의 일절을 들어 순암은 서학이 불교의 한 분파라는 자기 주장을 뒷받침하고 있다. 순암이 서학을 불교의 한 분파라고 강조하는 것은 물론 그가 그렇게 알고 있기 때문이다. 그러나 한편으로는 그가 자기 당파의 소장들을 효과적으로 설득하려는 의도도 숨어 있다.

그 학이 허황하고 이상함이 이씨二氏와 다름이 없다. 지금의 선비들이
이씨를 배척하여 이단이라고 하면서 도리어 이것을 진학眞學이라고 한다.
인심의 미혹과 치우침이 바로 여기까지 이르렀다.[40]

여기서 이씨는 도가와 석씨를 가리킨다. 그 당시의 선비들은 도교와 불교를 이단이라고 배척하였다. 그러므로 순암은 서학이 바로 불교의 한 분파라는 것을 강조하여 서학을 배척하려고 했다. 이 편지의 말미에『천학설문天學設問』이라는 말이 보인다. 이것은 그가 지은 천학에 관한 글임에 틀림없다.

---

39 위의 책. "昨日柳玉卿錄示錢牧齋景敎考一節其言曰大秦今西洋夷僧之黠通文字者膏唇拭舌妄爲之辭雖有妙解可取其所行敎不過西夷之事明是竺敎之一支下乘最劣者其言正與鄙說合."
40 위의 책. "其學之荒誕靈怪實與二氏無異今之儒者斥二氏爲異端而反以此爲眞學人心之惑溺一至於此."

『천학설문』을 베껴서 보내려고 하였지만 필사하기가 매우 어려워서 보내 드리지 못합니다. 우사가 베껴 갔으므로 볼 수 있는 길이 있을 듯합니다. 그러나 모든 내 주장이 어찌 공들의 이미 정해진 학문을 움직일 수 있겠습니까?[41]

이 편지를 쓰기 전에 『천학설문』이라는 글이 완성되어 있었다. 그것을 베끼기가 매우 어렵다는 말로써 상당히 긴 저술이라는 것을 알 수 있다. 순암은 다음해에 『천학문답天學問答』을 지었다고 한다. 아마도 이 『천학설문』을 다시 퇴고하고 보충하여 세상에 내놓은 것이 곧 『천학문답』인 듯하다. 순암은 이제 2,300자가 넘는 긴 편지로도, 그리고 『천학설문』이라는 자세한 저술로도 자기 당파의 소장들을 설득할 수 없을 것이라고 예감한다. 사실상 그들은 이미 본격적인 천주교 신앙생활을 하고 있었다. 곧 1784년 1월에 이승훈은 북경에서 한국 사람으로서는 처음으로 성세를 받아 우리나라 최초의 천주교인이 되었다. 이리하여 이어 이벽을 비롯하여 권철신·권일신 그리고 정약전·정약종·정약용 등이 차례로 천주교의 본격적이 신앙생활을 하게 되었다. 위에서 본 바와 같이 순암이 권철신에게 세 번이나 편지를 내어 서둘러 설득하려고 한 것은 바로 권철신이 순암에게 편지로 이를테면 신앙고백을 했기 때문이었다. 그러므로 순암도 곧 자기 당파의 누구누구가 천주교의 신앙생활을 하고 있다는 것을 알게 되었다. 순암이 자기가 지은 『천학설문』으로도 그들을 움직일 수 없다고 단념하는 빛을 보이는 까닭이 여기에 있었다.

순암의 「연보」에 따르면 1785년(정조 9) 3월에 순암은 『천학고天學考』와 『천학문답』을 지었다. 그 바로 전 해에 순암이 권철신에게 보낸 편지 속에 『천학고』와 관계가 있다고 볼 수 있는 '전목재의 『경교고』'가 언급되어 있다. 같은

---

41 위의 책. "至可至可天學設問欲爲錄送而書出甚難不得送呈于四謄去則似有可見之路然皆妄說何能動公輩已定之成學耶."

편지 속에서 언급되어 있는 『천학설문』이 『천학문답』의 초고인 듯하다. 이렇게 본다면 『천학고』와 『천학문답』은 1784년부터 구상되어 1785년 봄에 완성된 것이라고 볼 수 있다. 『천학고』는 천학(곧 서학)이 중국에 들어온 지 오래되었으며 우리나라에 들어온 지도 오래되었다는 것을 밝히려고 한 저술이다.[42] 이 저술에는 순암의 넓은 역사지식이 잘 발휘되어 있다. 이른바 서사西士가 지은 『직방외기職方外紀』·『천주실의天主實義』를 통해 예수(야소耶蘇)가 태어난 나라와 연대를 먼저 소개한다. 다음으로 중국과 우리나라 문헌을 통해 서학이 중국 및 한국에 알려지고 혹은 흘러 들어오게 된 과정을 고증한다. 『한서』·『열자列子』·『통전通典』(당唐 두우杜佑 찬撰)·『후한서』·『북사北史』·『자치통감資治通鑑』·『홍서원시비서鴻書原始秘書』·『오학편吾學篇』(정효鄭曉 저著)·『명사明史』·『경교고景教考』·『일지록』(고염무 저) 등의 중국 문헌과 『지봉유설』·「성호천학실의발문星湖天學實義跋文」 등의 한국 문헌이 동원되어 있다. 『천학고』는 거의 전부가 이러한 문헌의 인용문들로 구성되어 있다. 이렇게 한갓 사료의 배열인 것같이 보이는 『천학고』도 서학을 비판하려는 순암의 의도를 잘 반영하고 있다. 『천학고』 전체가 은근히 서학의 이단적인 속성을 보여 주고 있기 때문이다.

그러나 『천학고』는 순암이 직접적으로 서학을 비판한 저술이 아니다. 역시 순암 자신의 직접적인 서학비판을 위한 준비작업이라고 볼 수 있다. 이에 비하여 『천학문답』은 순암이 직접 모든 심혈을 기울여 이론적으로 서학을 비판한 저술이다. 지금 『순암문집』 권17에서 볼 수 있는 『천학문답』은 부록까지 넣어서 약 7,000자나 되는 비교적 긴 저술이다. 이 『천학문답』은 순암의 서학에 대한 이해와 비판을 전체적으로 파악할 수 있는 결정적인 저술이다. 그 내용의 사상적인 분석은 뒤로 미루고 본문 마지막 일절을 통해 이 저술의 기본입장을 엿보기로 한다.

---

42 李元淳,「安鼎福의 天學論考」,『李海南博士華甲紀念 史學論叢』, 141면 참조.

혹은 말한다. 지금 당신의 말을 들으니 그것이 이단이라는 것은 의심할 나위가 없습니다. 우리 선비들의 명덕明德·신민新民의 공은 무도 현세에 관한 말이며, 서사의 위선爲善·거악去惡이란 모두 후세를 두고 하는 말입니다. 사람이 이미 이 현세에 태어났으면 마땅히 현세의 일을 다 하고 그 지선至善을 추구할 따름입니다. 어찌 조금이라도 복을 후세에 구할 뜻이 있을 수 있으랴. 서학은 들어가는 첫 길부터 우리 유학과 크게 다르고 그 뜻은 오로지 자기 한 몸의 사사로운 일에서 나왔습니다. 우리의 공정한 유학이 어찌 이와 같으랴. 이제부터는 마땅히 당신의 말을 기준으로 삼아야 합니다.[43]

이렇게 서학은 자기 한 몸이 내세(후세)에 천당에서 복을 누리는 것을 바라는 사적인 것인 데 반해 유학은 수기와 치인의 이상을 실현하는 공적인 것이라는 것을 깨우치려는 것이 바로 『천학문답』의 기본입장이다.

『천학고』와 『천학문답』을 지은 다음해인 1786년(丙午)에 순암이 채제공(번암)에게 보낸 편지 속에도 서학에 대한 언급이 보인다.

요즈음 우리 당의 젊은 사람들 중 평소에 재주가 있다고 자처하는 사람들이 많이 신학新學으로 돌아가 이것을 참된 도라고 생각합니다. 그러므로 초목이 바람에 쏠리듯이 이것에 따르니 어찌 한심하지 않으리오. 그 뒤집히고 깊이 빠져 있는 꼴을 차마 볼 수 없어 대충 타일러 바로잡아 보았습니다.[44]

---

43 『順菴文集』 卷17, 「天學問答」. "或曰今聞吾子之言其爲異端無疑吾儒明德新民之功皆以現世而言也西士爲善去惡之事皆爲後世而言也人旣生此現世則當盡現世之事求其至善而已豈可有一毫邀福於後世之意乎其學之入頭門路與吾儒大錯而其意專出於一己之私吾儒公正之學豈如是乎自今當以吾子之言爲正."

44 『順菴文集』 卷5, 「與樊巖書 丙午」. "近來吾黨小子之平日以才氣自許者多歸新學謂以眞道在是靡然而從之寧不寒心不忍目睹其顚倒陷溺之狀畧施規箴."

이것은 세 차례의 편지를 통해 권철신으로 하여금 남인의 소장들을 타일르도록 한 것을 가리키는 듯하다. 그리고 채제공에게 좀 더 적극적으로 소장들을 타이르고 경계할 것을 요청하고 있다.

1789년(기유)에 이헌경李獻慶에게 보낸 답서에서 순암은 이헌경이 지은 『천학문답』을 훌륭하다고 칭찬하여 마지않는다. 이 『천학문답』은 2,260자로 된 저술인데 처음부터 끝까지 서학을 비난하고 있다. 이론적인 비판은 거의 찾아볼 수 없다. 순암도 이런 점을 느낀 듯하다. 그가 자기 『천학문답』의 초본이나마 보내 주는 것이 이것을 뒷받침해 준다. 이 밖에도 1788년(무신)에 황덕일黃德壹에게 보낸 답서와, 같은 해에 이기경李基慶에게 보낸 답서에서도 순암은 서학에 대해 언급하고 있다. 그러나 전서에서는 성호가 서학을 하지 않았다는 것을 밝힌 것이고, 후서에서는 다만 "천학의 해가 불로佛老보다 더 심하고 속학俗學의 해가 천학보다 더 심하다"고 언급한 데 그쳤다.

4. 서학비판의 이론적 내용

이제 서학에 대한 순암의 모든 언급을 종합하여 순암이 서학을 비판하는 이론적인 내용을 찾아보기로 한다. 순암은 하빈河濱(신후담愼後聃)과는 달리 의식적으로는 서학을 천학이라고 부른다. 그는 서학이란 천주를 믿고 받드는 것이기 때문에 천학이라고 불러야 한다고 믿기 때문이다. 순암은 그와 가까운 소장들이 본격적인 신앙생활을 하고 있었기 때문에 종교로서의 서학을 비교적 자기 살갗으로 느낄 수 있었다. 이 점도 거의 서적만으로 서학을 알게 된 하빈과 좀 다르다. 그러나 서학비판의 이론적인 측면은 역시 순암도 이른바 서양서를 통해서 이룩하였다. 그리고 이 이론적인 측면의 전체적인 방향은 역시 스승인 성호의 영향을 전제하고 있다.

그러나 그 불교를 물리치는 바가 지극하지만 오히려 결국 마찬가지로

허망한 것으로 돌아간다는 것을 깨닫지 못한다.[45]

성호는『천주실의』의 저자인 이마두가 불교를 심하게 비판하지만 결국 이마두의 학설도 불교와 같은 허망한 학설이라고 비판하였다. 순암도 처음부터 서학을 이단이라고 규정하면서 그것이 불교와 같은 허망한 것이라는 것을 전제하고 있다. 이렇게 순암이 서학을 불교와 같은 허망한 것이라고 보는 까닭은 주로 그 천당지옥설 때문인 듯하다.

　　서학으로 말하면 그 수신하는 까닭이 오로지 천대天臺의 심판을 위해서
　　다. 이것이 우리 유교와 크게 서로 다르다.[46]

유교에서 수행하는 것은 사람으로서 '마땅히 해야 할 것[所當爲]'을 하는 데 불과하다. 이에 대하여 서학은 죽어서 천당으로 가기 위해 수행한다는 것이다. 그러므로 순암에 의하면 서학은 이단이고 또 불교와 같은 허망한 것이다.

더 나아가서 순암은 서학을 불교의 한 분파라고 보게 되었다. 한편으로 그는 그의 주변에서 서학의 종교적인 의식을 좀 더 구체적으로 알게 되었고, 또 한편으로 그는 자기 당파의 소장들에게 서학을 서둘러 경계하지 않으면 안 되었다. 이리하여 순암은 종파적인 의식에 있어서 서학과 불교의 비슷한 점을 더 많이 찾아낼 수 있었고 또 서학을 불교의 한 분파라고 밝히는 것이 설득력이 있을 것이라고 생각하게 되었다. 여기에 또 청의 문장가인 전겸익의『경교고』를 읽게 되어 순암은 드디어 서학을 불교의 한 분파라고 굳게 믿었다. 그러나 서학에 대한 순암의 모든 언급을 통해 역시 순암은 서학의 불교에 대한 독자성

---

45 『星湖先生全集』 卷55,「跋天主實義」. "然其所以斥竺乾之教者至矣猶未覺畢竟同歸於幻妄也."

46 『順菴文集』 卷2,「上星湖先生別紙 丁丑」. "西學則其所以修身者專爲天臺之審判此與吾儒大相不同矣."

을 은근히 인식하고 있다. 특히 이론적이 측면에서 더욱 그러하다. 예컨대 순암은 서학이 천주를 믿고 받드는 종교라는 것을 알고 있다.

> 도가道家가 노군老君을 존경하고, 석씨釋氏가 석가釋迦를 존경하고, 서사西士가 야소를 존경하는 것은 그 뜻이 같다. 삼가三家의 학은 모두 그 사람들이 마땅히 해야 할 것이지 우리 선비가 배울 바는 아니다.[47]

여기서는 도가·불가와 아울러 서사의 독자적인 학을 전제하고 있다. 이 삼가는 저마다 존경하는 바가 다르다는 것을 너무나 잘 알고 있다. 그러므로 순암이 심지어 서학을 불교의 한 분파라고 본다 하더라도 적어도 이론적인 측면에서는 서학이 불교와는 다른 그 독자적인 내용을 가지고 있다는 것을 은근히 전제하고 있다.

순암은 그의 서학에 대한 언급을 통해 서학을 여러 가지 측면으로 비판하였다. 그 비판들 중에서 주로 이론적인 측면만을 여기서 다루기로 한다. 역시 편의상 문제를 두 가지로 요약하여 다루기로 한다. 그 하나는 천주에 관한 문제이고, 다른 하나는 영백에 관한 문제이다.

1) 천주天主에 대한 비판

순암은 서학에서 말하는 천주의 존재를 시인한다. 서학의 천주는 곧 유교에서 말하는 상제라고 믿기 때문이다.

---

47 『順菴文集』卷6,「與權旣明書 甲辰」. "夫道家之尊老君釋氏之尊釋迦西士之尊耶蘇其義一也三家之學皆當其人爲之耳非吾儒之所學也."

그는 천주天主가 있다고 말한다. 나도 천주가 있다고 말한다. 천주는 곧 상제다. 『시詩』·『서書』가 상제를 말하고 성인聖人이 천을 말하였다. 분명히 그 글이 있다면 어찌 그 사실이 없는데 핑계로 말하랴.[48]

순암은 천주는 곧 상제라고 알기 때문에 천주는 존재한다고 자신 있게 말한다. 『천주실의』의 저자가 그 서문 첫머리에서 "천주란 무엇인가? 상제다天主何上帝也"라고 말하였다. 성호도 『천주실의』의 발문에서 "천주는 곧 유가의 상제이다天主者卽儒家之上帝"라고 말하였다. 이렇게 천주가 곧 상제라면 『시경』이나 『서경』에서 상제를 자주 말하고 있는 점으로 보아 천주의 존재는 의심할 여지가 없다. 순암은 한 걸음 더 나아가서 공자나 맹자 같은 성인이 말하는 '천'도 천주를 가리키는 것이라고 말한다.

이렇게 상제 혹은 천을 가리키는 천주는 분명히 어떤 의지적인 신이다. 순암이 『서경』에서 인용한 구절은 다음과 같다.

오직 거룩한 상제가 백성들에게 착한 본성을 내려주셨다.[49]

이렇게 백성들에게 착한 본성을 내려주는 어떤 의지적인 상제가 곧 천주다. 그는 또 공자의 "천명을 두려워한다畏天命"는 말도 인용하였다. 이렇게 두려워한다는 것은 상벌 같은 것을 내려줄 수 있는 의지적인 존재라는 것을 전제한다.

혹은 말한다. 우리 유학이 과연 천을 섬길 뿐이라고 한다면 당신이 서

---

48 위의 책. "彼日有天主吾亦日有天主天主卽上帝也詩書之言上帝聖人之言天明有其文則豈無其實而假託以言耶."
49 『西京』, 「湯誥」. "惟皇上帝降衷下民."

학을 물리치는 것은 무엇 때문인가? 나는 대답한다. 그 이른바 천을 섬기는 것은 같다. 그러나 유학이 바르고 서학이 그르다. 이것이 내가 서학을 물리치는 까닭이다.[50]

순암은 서학만이 천주를 받드는 것이 아니라 유학도 천주를 받드는 데 불과하다는 것이다. 물론 순암은 '섬긴다[事]'라는 말을 쓴다. 그러나 이 말도 받든다는 말과 같은 말이며, '어버이를 섬긴다[事親]'는 말이 그러하듯이 섬김을 받는 대상은 어떤 의지적인 것이어야 한다. 이 '천을 섬긴다'는 순암의 표현으로도 그가 천주를 어떤 의지적인 신이라고 본다는 것은 의심할 여지가 없다.

서학도 유학도 다 같이 천주를 섬긴다고 하면 서학이 그르고 유학이 옳다는 것은 무엇 때문일까?

오직 이 일심이 천성에 뿌리를 박고 있다. 만일 이 마음을 다 잡아 지키고 그 천성을 보존하여 우리 상제가 부여한 사명을 잊지 않을 수가 있다면 천을 섬기는 길이 이 밖에 없을 것이다. 어찌 반드시 서사가 아침 낮으로 그 낡은 허물을 용서할 것을 기구祈求하고 지옥을 벗어나기를 바라며 마치 무당이 기도祈禱를 하는 것처럼 1일에 다섯 번 배천拜天하고 7일에 한 번 재계하는 것같이 해야만 천을 섬기는 길을 다할 수 있으랴.[51]

우리 인간의 마음은 원래 천성에 뿌리를 박고 있다. 그러므로 이 마음을 다 잡아 잘 지키고 인간의 천성을 보존하여 상제가 부여한 인간의 사명을 잊지 않

---

50 『順菴文集』 卷17, 「天學問答」. "或日吾儒之學果不外於事天則子斥西士之學何也日其所謂事天則一也而此正彼邪此吾所以斥之也."

51 위의 책. "惟此一心本乎天性若能操此心保有其性無忘吾上帝所賦之命則事天之道無過於是何必如西士朝晝祈懇赦其舊過求免地獄如巫祝祈禱之事一日五拜天七日一齋素然後可以盡事天之道乎."

는다면 이것이 곧 천주를 섬기는 길이라는 것이다. 서학에서 마치 무당이 여러 가지 기도를 하듯이 늘 자기 허물을 용서하고 지옥을 면해 줄 것을 안타까이 빌고 있는 것은 천주를 섬기는 바른 길이 아니라는 것이다. 이렇게 순암은 서학에서 천주를 섬기는 방법이 그릇된 것이라고 비판한다.

순암은 또 서학은 천주를 섬기는 동기가 옳지 않다고 비판한다.

야소가 세상을 구하는 뜻은 오로지 후세에 있으며 천당과 지옥으로써 선을 권하고 악을 경계한다. 성인이 도를 행하는 뜻은 오로지 현세에 있으며 명덕과 신민으로써 교화를 한다. 그 공과 사의 구별이 자연히 같지 않다. 설사 그가 말하듯이 정말 천당과 지옥이 있다고 하더라도 사람이 현세에 있어서 선을 하고 악을 버려 행실이 온전하고 덕이 갖추어지면 반드시 천당으로 갈 것이다. 선을 버리고 악을 행하여 행실이 부족하고 덕이 없으면 반드시 지옥으로 갈 것이다. 사람은 마땅히 현세 안에서 부지런히 힘써서 선을 하고 상제가 내려준 나의 천성을 저버리지 말아야 한다. 어찌 조금이라도 복을 후세에 바라는 생각이 있으랴.[52]

예수가 세상을 구하는 뜻이 내세의 행복에 있고, 유교의 성인이 도를 행하는 뜻은 현세의 교화에 있다는 것이다. 그런데 예수의 가르침이나 유교의 도는 순암에 의하면 결국 천주를 섬기는 길일 뿐이다. 이렇게 본다면 서학에서 천주를 섬기는 것은 내세의 행복을 얻기 위한 것이다. 이에 대하여 유교에서 천주를 섬기는 것은 천주가 우리에게 내려준 천성을 저버리지 않기 위해서다. 순암이 유교가 공적이고 서학이 사적이라고 강조하는 말이 결국 이것을 뜻한다고 해석된다. 물론 표면적으로는 세상을 교화하는 것이 공적公的이고 개인의 내세의

---

52 위의 책. "耶穌救世專在後世以天堂地獄爲勸懲聖人行道專在現世以明德新民爲教化其公私之別自不同矣假使信有堂獄如彼之說人在現世爲善去惡行德備則必歸天堂去善爲惡行虧德蔑則必歸地獄人當於現世之內孳孳爲善毋負我降衷之天性而已有何一毫邀福於後世之念."

행복을 위하는 것이 사적私的이라고 말하는 듯하다. 그러나 예수가 세상을 구한다는 것은 세상을 교화하여 구한다는 뜻이다. 이렇게 세상을 교화한다는 점에서는 서학과 유교가 다를 바가 없다. 그리고 그 교화란 결국 천주를 섬기게 하는 것일 뿐이다. 다만 그 교화의 동기가 다를 뿐이다. 따라서 천주를 섬기는 동기가 다를 뿐이다. 그리고 그 동기가 공적이므로 유교는 옳고 그 동기가 사적이므로 서학은 그르다는 것이다.

그러므로 순암은 '선을 버린다'는 것만으로는 충분치 않다고 강조한다.

> 그러므로 예로부터 이단은 모두 '선을 하고 악을 버리는 것'으로써 그 교를 삼았다. 지금 이 서사의 선을 하고 악을 버린다는 말은 홀로 서사가 말할 뿐이랴. 내가 걱정하는 것은 그 유폐流弊를 말하는 것이다."[53]

유교만이 아니라 모든 이단도 다 같이 선을 하고 악을 버리는 것을 가르친다고 주장한다. 그러나 그 동기가 나쁘면 그것에 뒤따르는 폐단이 두렵다는 것이다. 여기서 순암은 서학이 선을 하고 악을 버리는 동기가 내세의 자기 행복이라는 사적인 것이기 때문에 그에 뒤따르는 폐단이 걱정스럽다는 것을 밝히고 있다.

다음으로 순암이 천주와 태극의 관계를 어떻게 보는지를 살펴보기로 한다. 『천주실의』에서 서사가 '태극과 리理가 만물의 근원일 수 없다'는 것을 논증하였다. 이에 대하여 순암은 상제가 천지만물을 주재하며 만물의 총주總主라는 것을 유교에서 이미 말했다고 주장한다. 그러면서 태극과 리가 만물의 근원일 수 없다는 서사의 말을 다음과 같이 비판한다.

---

53 위의 책. "是以從古異端皆以爲善去惡爲敎今此西士爲善去惡之言獨西士言之而已乎吾所憂者以其流弊而言也."

사람들이 천이라고 부르는 것에 두 가지가 있다. 그 하나는 주재主宰의 천인데 천명天命의 성性이니 천명을 두려워한다느니 말하는 따위다. 이 천은 곧 리理다. 다른 하나는 형기形氣의 천天인데 이 천은 곧 물물物이다. 주자周子의 태극도太極圖는 공자가 '태극이 양의兩儀를 생생한다'라고 한 말에 뿌리를 박고 있다. 주재한다는 것으로써 말한다면 상제라고 한다. 소리도 냄새도 없다는 것으로써 말한다면 태극이라 하고 또 리理라고 한다. 상제와 태극의 리를 갈라서 말할 수 있을까?[54]

순암은 주재의 천과 형기의 천을 분별해야 한다고 주의注意를 불러일으킨다. 주재의 천이란 순암이 말하는 천주天主다. 이 천주가 곧 리理라고 주장한다. 그러므로 상제나 태극이나 리는 같은 천주를 다른 측면에서 부르는 이름들이라고 말한다. 곧 만물을 주재한다는 측면에서는 상제라 하고 형이상적形而上的이라는 측면에서는 태극이라 하고 또는 리라고 한다는 것이다.

순암은 상기 구절에서 '상제와 태극의 리理'를 갈라서 말할 수 없다고 말했다. 태극의 리란 그저 리라고 말할 때의 리와 다른 것일까? 같은 구절에서 태극과 리가 같은 것이라고 말하면서 또 태극의 리라는 표현도 하고 있다. 이 문제는 이 이상의 언급이 없으므로 여기서는 풀 길이 없다. 혹시 순암이 상제를 리理의 근원이라고도 말하는 것과 관련이 있는지도 모른다.

상제는 리理의 근원이고 이 천지만물을 만들었다. 천지만물이 스스로 생길 수 없고 반드시 천지만물의 리가 있으므로 이 천지만물을 생성함에 있어서 어찌 그 리가 없이 스스로 생길 까닭이 있으리오.[55]

---

54 위의 책. "人之稱天有二一是主宰之天曰天命之性曰畏天命之類是天卽理也一是形氣之天是天卽物也周子之圖本於孔子太極生兩儀之言以有主宰而言之則曰上帝以無聲無臭而言之則曰太極曰理上帝與太極之理其可貳而言之乎."

55 위의 책. "上帝爲理之原而造此天地萬物天地萬物不能自生必有天地萬物之理故生此天地萬

여기서는 분명히 상제가 리理의 근원이고 상제가 천지만물을 만들었다고 말한다. 그리고 천지만물도 반드시 그 리가 있어야 한다는 것이다. 물론 이 구절의 표현이 좀 애매하지만 상제가 리의 근원이며 천지만물을 만들었다는 것이 사실이라면 결국 상제가 천지만물을 만들 때에 리를 부여하였다고 해석할 수밖에 없다. 어쨌든 이 구절에 따르면 리가 만물의 근원일 수 없다는 서사의 주장에 찬동하는 것으로 된다. 그러나 앞 구절에서 말하는 태극의 리가 천지만물 속에 있는 리와 다른 것이라고 한다면, 그리고 이 태극의 리가 곧 상제라고 한다면 일단 서사를 비판하였다고 볼 수 있다. 그러나 이 경우에도 태극의 리와 태극의 관계가 문제다. 만일 이 양자가 같은 것이라면 태극을 리라고 보는 주자의 입장을 벗어나는 것이 된다. 그리고 주자의 이 입장을 비판하는 서사의 입장을 인식하는 것이 된다.

2) 영혼에 대한 비판

순암은 서학에서 말하는 영혼을 유교의 문헌에 나타나는 귀신과 같은 것이라고 본다. 특히 사람이 죽은 귀신이라고 본다. 그는 서학의 영혼을 다음과 같이 이해하고 있다.

서사는 다음과 같이 말한다. 곧 기가 모여서 사람이 되는데 이미 사람이 된 뒤에 따로 일종의 영혼이 있다. 죽어도 꺼지지 않고 본신의 귀신이 되어 영원히 오래 남는다.[56]

物安有無其理而自生之理乎."
56 『順菴文集』 卷2, 「上星湖先生書 戊寅」. "西士謂氣聚爲人旣而爲人之後別有一種靈魂死而不滅爲本身之鬼神終古長存."

여기서 "따로 일종의 영혼이 있다"는 말이 문제다. 이 일종의 영혼이 기에서 유래했다는 말인지 혹은 기 밖에서 유래했다는 말인지 분명치 않다.

> 내 나름대로 일찍이 다음과 같이 생각했다. 사람의 생사는 대체로 말한다면 모두 기의 모이고 흩어짐에 말미암는다. 마치 불이 꺼져서 연기가 흩어져 하늘로 올라가 없어지는 것과 같다. 그 가운데서 또 혹은 흩어지지 않는 것이 있는데 이것은 서사西士의 말과 같다. 마치 진금眞金이 불 속에 들어가 모두 녹아서 없어지지만 일점一點의 정광精光이 아직 남아 있는 것과 같다.[57]

여기서는 분명히 서사西士가 말하는 영혼을 기의 취산聚散 가운데서 흩어지지 않는 것으로 본다. 그러므로 순암은 결국 서학에서 영혼이 불멸한다는 말을 비판하게 되었다.

> 또 사람의 영혼이 길이 흩어지지 않고 선악의 업보業報를 받는다고 말한다. 이것은 이치가 애매하여 꼭 그렇다 말할 수 없다. 선유先儒가 흩어지는 데 오래고 빠름이 있다고 한 말이 그럴듯하다.[58]

여기서 선유란 서경덕(화담)을 가리키고 있다. 화담은 사람의 생사를 기의 취산이라고 단정하며 흩어지는 데 오래고 빠름이 있다고 말했다. 이러한 화담의 말을 시인한다는 것은 순암이 영혼을 기에서 유래하는 것이라고 보았다는 것을 뜻한다. 영혼을 기에서 유래하는 것으로 본다면 결국 영혼은 없어진다고 말

---

57 위의 책. "竊嘗思之人之生死以大體言之儘由於氣之聚散如火滅烟散騰空而消滅者其中亦或有不散者如西士之說如眞金入火混體消瀜而一點精光猶有存焉."
58 『順菴文集』卷6,「與權旣明書 甲辰」. "且言人之靈魂終古不散受善惡之報此理茫昧不能質言先儒散有久速之說似然矣."

하지 않을 수 없다. 모였던 기는 반드시 흩어지고야 말기 때문이다. 물론 기 자체는 길이 남는다. 그러나 이 기 자체는 그 기가 모여서 생긴 특정한 영혼과 는 아무런 관계가 없다. 다만 흩어지는 데 오래고 빠름이 있을 뿐이다.

이러한 순암의 견해는 서학에서 말하는 삼혼三魂에 대한 태도에도 잘 나타나 있다. 이마두가 생혼生魂·각혼覺魂·영혼靈魂 등 세 가지 혼이 있다고 말하였 다. 초목의 혼인 생혼에는 생명은 있으나 지각도 영능靈能도 없고, 금수의 혼인 각혼에는 생명도 지각도 있으나 영능이 없고, 사람의 혼인 영혼에는 생명도 지 각도 있고 또 영능까지 있다고 한다. 생혼과 각혼은 질에서 나왔으므로 그 의 지하는 것이 없어지면 동시에 없어지는데, 영혼은 질에서 나오지 않았으므로 사람이 죽어도 꺼지지 않고 스스로 존재한다고 한다. 이러한 삼혼설에 대하여 순암은 다음과 같이 논평한다.

> 우리 중국에도 있다. 순자荀子는 다음과 같이 말했다. "물이나 불은 기氣 는 있으나 생生이 없고 초목은 생은 있으나 지知가 없고, 금수는 지는 있으 나 의義가 없고, 사람은 기도 있고 생도 있고 지도 있고 의도 있다. 그러므 로 천하에서 가장 귀하다." 이 순자의 말을 진서산眞西山이 『성리대전』 속 에 표출하고 있다. 서사西士의 말은 이 말과 대체로 같다. 그러나 다만 영 혼이 죽지 않는다는 말은 석씨와 다름이 없다. 우리 유교가 말하지 않는 바다.[59]

여기서 가장 주목되는 것은 이마두가 "영혼은 질質에서 나오지 않았다靈魂非 出於質"고 말했다는 점이다. 순암은 이 말을 소개하면서 이 말의 뜻에 대하여

---

59 『順菴文集』 卷17, 「天學問答」. "吾中國亦有之荀子曰水火有氣而無生草木有生而無知禽獸 有知而無義人有氣有生有知有義故最爲天下貴也此語眞西山表出於性理大全中西士之言與此 大同而但靈魂不死之言與釋氏無異吾儒之所不道也."

별로 주의하지 않고 있다. 사실은 이 말이 이마두의 말도 아니다.[60]

여기서 질이란 대체로 물질 혹은 기질과 같은 것이라고 보아야 한다. 따라서 서사가 말하는 영혼은 분명히 기에서 나온 것이 아니다. 서사가 생혼이나 각혼이 질에서 나왔다고 하여 영혼과는 매우 다르다고 지적한 점도 이것을 입증하고 있다. 이에 대하여 순암은 역시 영혼을 기에서 유래하는 것이라고 본다. 이렇게 서사가 말하는 영혼과 순암이 말하는 영혼이 실질적으로는 다른 것이다. 따라서 순암의 비판도 서사가 말하는 영혼에는 해당하지 않는다. 오히려 서사가 말하는 영혼은 순암이 '상제가 내려준 우리의 천성'이라고 말할 때의 천성과 같은 것이라고 볼 수 있다. 곧 성리학에서 말하는 '본연의 성[本然之性]'과 같은 것이라고 볼 수 있다. 그러나 이 문제는 뒤로 미루고 여기서는 다만 언급하는 데 그칠 뿐이다.

---

60 순암이 소개하고 있는 三魂說은 畢方濟(Francis Sambiasi, 1582~1649)가 口授하고 徐光啓가 筆錄한 『靈言蠡勺』의 첫 절에 나오는 것이다. 이것을 '利瑪竇言'이라고 하면서 소개하는데 인용이 아니기 때문에 본문과는 그 표현이 좀 다르다. 전반부는 같고 후반부가 다르기 때문에 후반부를 둘 다 들기로 한다.
"生覺二魂從質而出所依者盡則生覺俱盡靈魂非出於質雖人死而不滅自在也."(『天學問答』)
"生魂覺魂從質而出皆賴其體而爲有所依者盡則生覺俱盡靈魂在人非出於質非賴其體而有雖人死而不滅故爲本自在也."(『靈言蠡勺』)

정조시대의 천주학 비판

김홍우

1. 배경

조선의 정조조(1776~1800)는 이른바 서학 또는 천주학 운동이 본격적으로 전개된 시기이다. 정조대의 서학은 대체로 두 번에 걸쳐 크게 일어났다. 첫 번째는 이승훈이 동지사행의 서장관으로 임명된 그의 부친 이동욱을 따라 연경 즉 북경에 다녀온 직후인 1784년 봄부터 중국인 신부 주문모가 들어온 1794년에 이르는 약 10여 년에 걸친 기간이었다. 두 번째는 정조대왕이 승하한 1800년 6월 이후의 6개월 간의 기간이었다.

이승훈이 그의 부친을 따라 북경에 가게 된 것은 1783년 말경이었다. 이승훈이 북경에 가게 되었다는 소식을 들은 이벽은 즉시 그를 찾아가서 북경의 천주당을 방문하여 천주교 서적을 구하는 동시에 영세 받기를 청하였다. 이승훈은 북경에서 『기하원본幾何原本』 등 수십 종의 서양 서적과 시원경視遠鏡과 지평표地平表 등의 여러 가지 물건들을 받아 가지고 1784년 초에 돌아왔다.[1]

그 후 천주학은 서울을 중심으로 전파되었고, 또 이 무렵 성균관 근처 마을 반촌에서는 천주학을 신봉하는 유생 중심의 반회가 조직되었다.[2] 초기의 천주학은 주로 상류 양반층이 중심이 되었고, 지역적으로는 서울과 경기가 중심이었으며, 점차 충청과 전라 쪽으로 전파되었다. 마침내 충주·금정·예산은 천주교도들이 가장 밀집했던 곳으로 꼽히기도 하였다.[3] 또 천주학이 전파되는 양상도 비교적 공공연하였고 열광적이었던 것으로 보인다. 그 하나의 예로 정약용의 「비방을 변명하고 동부승지를 사양하는 소」(1797. 6)의 말을 인용할 수 있다. 여기서 그는 "이른바 서양 사설邪說에 대하여 일찍이 그 책을 보았"고, 또 "일찍이 이를 거론하여 남에게 자랑"하기를 좋아하였다고 실토한다.[4] 황사영 역시 그의 『백서帛書』에서 "당시의 신자들이 널리 드러내기를 일삼았"다고 말한다.[5] 천주교의 극렬한 비판자로 알려진 홍낙안도 「채 좌상에게 드리는 편지」(1791. 9) 또는 이른바 장서長書에서 천주학이 공공연히 전파되고 있는 사실에 커다란 우려를 나타내면서 이렇게 쓰고 있다.

지금 서울에서부터 말하자면 친구 사이나 벼슬하는 선비들 사이에 물들은 자가 많고, 다른 동네의 잘못 빠져든 소년들에게도 차차로 뻗어 나가고 있다 합니다. 더욱이 총명하고 재주 있는 선비가 십중팔구이며, 나머지 얼마 안 되는 자들은 주견 없이 취한 듯 미친 듯 떠들며 따른다고 합니다. 옛날에는 나라의 금령을 두려워하고 꺼려 남모르는 곳에 모여들었다고 하는데 지금은 백주白晝에 횡행하면서 버젓이 전파하고, 옛날에는 깨알 같은 잔글씨로 베껴서 열 겹이나 싸 가지고 행장 속에 간수하던 것을 지금은 책

---

1 崔奭祐(1982), 『韓國天主敎會의 歷史』, 한국교회사연구소, 21면.
2 李晩采 편, 金時俊 역(1984), 『天主敎傳敎迫害史(闢衛篇)』, 삼경당, 102면.
3 최석우, 앞의 책, 210면.
4 민족문화추진회 편(1983), 『다산시문집』 IV, 183면.
5 이만채 편, 앞의 책, 304면.

으로 간행하여 서울과 시골에 반포하고 있습니다. 그중에 천하고 무식한 자와 쉽게 유혹되는 부녀자와 아이들은 한번 이 말을 듣기만 하면 목숨을 바쳐 뛰어 들어가 이 세상의 사생死生을 버리고 만겁萬劫의 천당과 지옥을 마음에 달게 여기며, 한번 들어간 뒤에는 미혹됨을 풀 길이 없다고 합니다. 경기·충청 지방에서는 더욱이 하늘에 망網이 가득 퍼져 있는 듯하여 마을마을마다 한 사람도 벗어나 있는 사람이 없어서 지금은 착수하려고 해도 헌 소쿠리로 소금을 건져 맛보는 것과 다름이 없습니다.[6] (이상의 강조는 필자의 것임).

천주학이 크게 일어난 두 번째 시기는 정조가 승하한 이후 6개월 간의 기간이었다. 정조는 처음에 천주학에 대하여 온건한 견제[7]의 입장을 취하였으나 중국인 신부 주문모가 입국한 이후부터 그의 태도는 급변하기 시작하였다. 주문모가 입국한 것은 1794년 5월경이었다. 이때부터 약 5년 간 그는 주문모를 잡기 위해 남모르게 은밀히 사찰하기를 잠시도 게을리하지 않았으며, 천주교도들에 대한 탄압도 강화하였다. 이가환·이승훈·정약용에 대한 견책이 내려진 것도 바로 이때였다(1795. 7). 드디어 기미년(1799) 겨울에는 청주에서 군난이 일어나서 충청도의 교우들이 거의 다 죽음을 당하는 변이 일어나기도 했다.[8]
그러나 1800년 6월 정조가 급작스럽게 승하함에 따라 천주학은 다시 크게 일어났다. '명도회明道會'는 당시 천주학 전교의 핵심적인 조직체였다. 명도회는 주문모에 의해 정조가 승하하기 두 달 전인 1800년 4월에 조직되었다. 황사영에 따르면, "당시 명도회에 가입한 교우들은 신공을 부지런히 하였고, 또 회원이 아닌 사람들도 그 감화를 받아 움직여서 모두 전교에 힘썼으므로 무럭무럭

---

6 위의 책, 114면.
7 琴章泰(1984), 『東西交涉과 近代韓國思想』, 성균관대학교 출판부, 42면.
8 黃嗣永, 「嗣永帛書」, 이만채 편, 앞의 책, 283면.

교화되어 하루하루 불어갔는데, 부녀자가 3분의 2였고 무식한 평민이 3분의 1이 되었으며, 양반 남자들은 세상의 화를 두려워하며 믿고 따르는 이가 극히 적었다"고 한다.[9]

황사영은 양반 부녀층의 교인 수가 크게 증가한 것은 명도회의 조직 이외에도 당시의 법제도에 힘입은 바가 크다고 말하고, 주문모 신부는 이와 같은 법제도를 교세 확장에 최대한 활용했다고 밝힌다.

> 무릇 이 나라 법률에 역적죄가 아니면 형벌이 양반의 부녀자에게까지는 미치지 않기 때문에 그녀들은 금령을 걱정할 것이 없었던 것입니다. 신부 (주문모)도 역시 이런 조건을 빌려서 천주교를 널리 선양시키는 근본 토대를 삼고자 하여 이들을 특히 후하게 대접하니, 교회 안의 대세가 전부 부녀에게로 돌아갔습니다. 그러나 천주교의 소문도 또한 이로 인하여 널리 퍼졌습니다.[10]

천주학의 반대파 입장을 수록하고 있는 『벽위편闢衛編』에서도 '경신년(1800)에 사학이 더욱 성함'이라는 제하에 정조 사후 천주교의 교세가 급격하게 확장된 사실을 언급하고 있다. 『벽위편』에 의하면, 정조를 이은 새 임금 순조는 너무 어렸기 때문에 그를 대신하여 '정순대비'(영조의 계비)가 수렴청정을 하였으며, 처음 6개월 간은 거상 중이므로 사학에 대한 금지 조치가 강행되지 않았다. 이에 힘입은 천주학은 전보다 '배나 성하'게 되었고, 마침내 '사학'을 좇는 '부녀배'의 수는 아침저녁으로 거리에서 끊어지지 않을 정도였으며, 섣달에 이르러서는 공부하는 선비들마저 거의 어깨가 서로 닿을 정도로 늘어났다는 것이다.[11]

---

9 위의 책, 288면.
10 위와 같음.
11 위의 책, 224면.

천주학이 융성했던 두 시기를 비교해 볼 때 후기는 두 가지 점에서 전기와 구별된다. 첫째는, 후기부터 천주학의 중심세력이 양반층에서 하층민으로, 남자로부터 부녀층으로 바뀐 점이다. 둘째는, 이러한 구성원의 질적 변화와 더불어 천주학의 성격도 바뀌어진 점이다. 즉 종전까지의 학문적·지적 탐구의 대상이었던 천주학이 후기부터 신앙적 실천운동으로서의 천주교로 바뀌어진 것이다. 이처럼 천주학이 천주교로 그 성격이 바뀌어짐에 따라 천주교 추종자들에 대한 박해 역시 더 격렬하고 노골적인 형태로 변모하기 시작하였다.

그러면 천주학이 정조조에 이르러 두 차례나 크게 일어났던 것은 무엇 때문인가? 첫째는, 당시 지식인들이 가졌던 '새로운 것'에 대한 강한 호기심을 들 수 있다. 정조조 초기에 천주학을 비판한 이헌경은 천주학이 성행한 이유를 도교나 불교의 경우가 그러했듯이 '새롭'고 '쉬운' 것을 좋아하는 선비들의 심성에서 찾는다. 그는 『천학문답』에서 이렇게 말한다.

오늘날의 사람은 마음씀이 거칠기 때문에 언제나 힘드는 노력을 꺼리며 학업에 게으르기 때문에 항상 빠른 길을 좇아가기를 좋아합니다. 도가의 무위無爲나 불교의 돈오頓悟는 바로 그 새로운 것을 좋아하며 빠르고 쉬운 것을 즐겨하는 마음에 들어맞았습니다. 그러므로 그것을 따르는 사람이 매우 많았으며, 마침내는 배우는 사람으로 하여금 얻는 것과 잃는 것도 모르게 만들었습니다. (…) 도교나 불교는 이제 와서 이미 낡아서 새로운 것이 못 되며, 더구나 옛 선비의 배척을 받아 용납되지 못하고 있습니다. 따라서 도교나 불교를 믿는 자가 거의 없어졌습니다. 그러나 새로운 것을 좋아하는 경향은 그칠 줄을 몰라 새로운 말이 있으면 모두 즐거이 들으려 하고, 빠르고 쉬운 것을 즐기는 경향도 그칠 줄을 모르니 빠르고 쉬운 길이 있으면 모두 그리로 치닫고자 합니다. 그런데 천주학이 마침 이때에 제창되어 나는 천하 사람들이 반드시 양식을 가득 싣고 말을 타고 따라가게 될 것이라는 것을 예견하게 되었던 것입니다.[12]

남인의 지도적 인물이었던 좌의정 채제공도 천주학의 융성을 '새로운 것'에 대한 호기심에서 비롯된 것으로 본다. 그는 정조와 문답하는 자리에서 "근래에는 풍속이 들뜨고 야박한 것만을 숭상하여 이상한 글을 보는 것을 좋아하여, 이따금 미혹하여 돌이킬 줄을 모르는 자가 있다"고 말한다.[13] 정조 또한 정약용을 금정으로 좌천시키고, 이승훈을 예산으로 유배시키는 자리에서 같은 입장을 피력한다. 즉 그들이 기이를 힘쓰고 새로운 것만 찾다가 몸과 이름을 낭패보기에 이르렀다고 탄식한다.[14]

다른 한편 정약용도 「비방을 변명하고 동부승지를 사양하는 소」에서 자신이 천주학에 대해 관심을 갖게 된 경위를 이렇게 설명한다.

> 신이 이 책(즉 서학서)을 본 것은 대개 약관 초기였는데, 이때에 원래 일종의 풍조가 있어, 능히 천문의 역상가曆象家와 농정의 수리기水利器와 측량의 추험법推驗法을 말하는 자가 있으면 세속에서 서로 전하면서 이를 가리켜 해박該博하다 하였는데, 신은 그때 어렸으므로 그윽이 혼자서 이것을 사모하였습니다. 그러나 성력性力이 조솔操率하여 무릇 어렵고 깊고 교묘하고 세밀한 것에 속하는 글은 본래 세심하게 연구하지 못했습니다. 그러므로 그 조박糟粕과 영향影響을 끝내 얻은 것이 없고, 도리어 사생설死生說에 얽히고 극벌의 경계[克伐之誡]에 귀를 기울이고 이기離奇하고 변박辯博한 글에 현혹되어 유문儒門의 별파로 인식하고 문원(홍문관의 별칭 - 필자주)의 기이한 감상鑑賞으로 보아, 남들과 담론할 때는 기휘한 바가 없었고 남들이 배격하는 것을 보면 과루해서인가 의심하였으니 그 본의를 따져 보면 이문異聞을 넓히고자 해서였습니다.[15]

---

12 위의 책, 37~38면.
13 위의 책, 133면.
14 丁若鏞, 朴錫武 譯註(1985), 「自撰墓誌銘(準中本)」, 『茶山散文選』, 창작과비평사, 27면.
15 민족문화추진회 편, 앞의 책, 183~184면.

요컨대 정약용도 일찍부터 서학의 영향을 받았다는 것, 그 발단은 서양의 천문학·역법 그리고 측량술 등 서양의 과학과 기술에 대한 호기심 때문이었다는 것, 그러나 나중에는 '사생설'과 같은 천주교의 교리에 깊이 빠져들게 되었다는 것, 이처럼 서학(즉 서양의 과학과 천주학)에 빠져들게 된 동기는 돌이켜 보면 다름 아닌 '이문' 즉 '새로운 것'에 대한 지식을 널리 구하려는 데 있었다는 것을 솔직히 시인한다.

둘째로, 천주학이 급격히 성장한 또 다른 이유는 중국을 통해 들어온 천주학의 보유론적補儒論的 성격 가운데서 발견된다. 천주학이 중국에 소개된 것은 16~17세기경, 즉 명나라 말엽 예수회 신부들(Jesuits)에 의해서였다. 예수회 신부들은 도미니크 교단(Dominicans)이나 프란시스코 교단(Franciscans)이 취한 '유럽주의'와는 상이한 입장에서 동방전교에 임하였다. 예수회 신부들은 중국과 같이 폐쇄된 사회에 침투하기 위하여 독특한 선교방법이 요구된다고 보았다. 이들은 이른바 '적응주의'에 입각하여 중국의 식자들이 사용하는 '관화官話(lingua mandaringa)를 습득하고 중국어를 읽고 쓰며 그들의 풍습을 습득'하기에 힘썼다.[16] 이들은 중국의 경서를 연구하고, 두발과 수염을 기르며 유복儒服을 입고 중국식으로 이름과 호를 지어 부르며 중국식으로 교회당을 짓고 스스로를 서유西儒라 칭하면서 중국인과 더불어 같이 살았다. 다시 말하면 예수회 신부들은 적극적으로 자신들을 중국문화에 맞추어 가는 '적응주의' 노선을 추구하였다. 이와 동시에 예수회 신부들은 한편으로 중국의 경서들을 라틴어로 번역·소개하는가 하면, 다른 한편으로는 서양의 과학과 천주교 교리를 한자로 번역·풀이함으로써 동시에 두 세계를 이어 주는 교량 역할을 하였다. 이들은 당대의 저명한 고관명유들 — 이를테면 서광계·양정균·이지조·풍응경·주종완 등 — 을 개종시킴으로써 선교상에 있어서 상당한 성과를 거두었다.[17]

---

16 金東燦(1973), 「利瑪竇(Matteo Ricci)의 중국 선교와 보유론 : 『天主實義』를 중심으로」, 가톨릭대학교 석사학위논문, 11면.

예수회 신부들 중 특히 마테오 리치(Matteo Ricci, 중국명 利瑪竇, 1552~1610)의 적응주의는 첫째 과학기술의 이용, 둘째 토착문화에 대한 존중, 셋째 북경 중심, 넷째 독서인 중심, 다섯째 보유론의 5개 원칙에 입각해 있다.[18] 이 중에서 특히 보유론은 리치의 적응주의 선교론의 핵심을 이루는 요소로서, 한마디로 유교를 보충하여 기독교에 부합시킨다는 입장이다.

마테오 리치의 보유론은 그의 대표작 『천주실의天主實義』 가운데 잘 나타나 있다. 그는 여기서 천주교가 보유역불補儒易佛임을 주장한다. 즉 천주교 또는 기독교는 유교와 보완적이지만 불교 또는 도교와는 상충된다는 것이다. 『천주실의』 제2편 '사람들의 천주교인에 대한 해석'에서 마테오 리치는 이렇게 말한다. "노자의 '무無', 불타의 '공空'은 천주의 교리와 크게 어긋납니다. (…) 유가의 '유有'와 '성誠'에 이르러서는 비록 나는 그 뜻을 다 못 들었습니다만 거의 도에 가깝습니다."[19]

마테오 리치의 독창성은 기독교와 유교의 공통점을 유교의 경전, 좀 더 정확하게 말하면 원시유교의 경전에 입각하여 논증한 점이다. 마테오 리치는 그의 서한에서 이렇게 말한다.

우리는 가톨릭의 신앙진리를 신학 저서에 의하여 증명하는 한편 사서육경과 그 밖의 중국 학자들의 문헌을 참고했고, 거기에서 하느님의 단일성, 영혼의 불멸성, 그리고 신자의 영광 등에 대한 우리의 신앙과 부합되는 논증을 들 수 있었다.[20]

---

17 금장태, 앞의 책, 22~23면; 赤木仁兵衛(1977), 「조선에 있어서의 천주교의 유입과 禮問題에 대하여」, 『韓國天主教會史論文選集』 제2집, 한국교회사연구소, 134~136면; 崔基福(1982), 「조선에 있어서의 천주교의 廢祭毀主와 유교제사의 근본 의미」, 『韓國教會史論叢』, 한국교회사연구소, 62면; 金玉姬(1979), 『騎庵 李檗의 西學思想』, 가톨릭출판사, 74~75면.

18 김동찬, 앞의 논문, 20~44면.

19 마테오 리치, 李秀雄 역(1984), 『천주실의』, 분도출판사, 29면.

20 김철(1978), 「정약종의 '주교요지'에 관한 연구」, 가톨릭대학교 석사학위논문, 45면에서 재인

말하자면 마테오 리치는 유일신·영혼불멸·천국 등 기독교 신앙의 중추적 개념들이 사서육경 등 원시유교의 경전에 의해 논증될 수 있다고 믿었다.

그는 천주와 상제의 일치를 증명하기 위하여 중용의 "郊社之禮, 所以事上帝(교사의 제례로 상제를 섬긴다)" 등 『시』·『서』·『역』·『예기』에서 광범하게 인용하고 있으며, "失于政, 陳于茲, 高後조乃崇, 降罪疾日, 曷虐朕民(실정을 오래하게 되면 탕임금이 반드시 크게 죄역을 내려 내게 말하기를 어찌하여 나의 백성들을 학대하는가 하실 것이다)" 등 『서』·『시』를 인용하여 영혼이 불멸함을 말하고, "文王在上, 於昭于天 (…) 文王陟降, 在帝左右(문왕께서 위에 계시어, 아아 하늘에서 밝히신다 (…) 문왕께선 오르내리시며 상제 옆에 늘 계신다)" 등 『시』와 『서』를 인용하여 천당·지옥의 존재를 입증하였다.[21] 마테오 리치는 또한 신부들의 독신제를 스스로 선택하여 지키는 계율이라 하고, 이것은 말하자면 유사들의 덕을 닦는 수신과도 통한다고 주장하였다.[22]

마테오 리치는 사실상 처음부터 중국문화에 깊이 심취되어 있었다. 그는 서서西書를 가리켜 도덕적인 것에 관한 세네카의 일종이라고 극찬하였으며, 또 이 책을 이교도 가운데서 가장 유명한 저술의 하나로서 반드시 애써 읽을 가치가 있다고 높이 평하였다.[23] 마테오 리치 및 그를 계승한 예수회 신부들의 중국문화에 대한 깊은 이해와 그들이 취한 적응주의적·관용적 선교방법은 당시 중국 지식인들에게 커다란 관심과 호감을 일으켜 수많은 지식인들을 입교시키는 데 성공하였다.[24] 뿐만 아니라 이들 선교사들이 저술한 한역 교리서들은 해마다 북경을 방문하는 조선 사신들을 통하여 우리나라에도 유입되어 정조조 천주학운동의 중요한 기틀이 되었다.[25] 앞서 인용한 정약용도 처음에는 서학을

용.

21 금장태, 앞의 책, 23면 주15)에서 재인용.
22 安知涉,「조선 후기의 천주교 여성활동과 여성관의 발전」,『한국교회사논총』, 197면.
23 금장태, 앞의 책, 24, 31~32면에서 재인용.
24 최기복, 앞의 책, 64면.

유문의 별파로 인식했다고 밝히고 있는 점으로 보아 보유론적 한역 교리서의 영향을 받았던 것으로 생각된다. 이런 점에서 금장태 교수는 조선조 초기의 천주학 수용과정이 첫째 문헌 중심적이고, 둘째 이들 문헌은 보유론적 입장이 지배적이었으며, 셋째 이들 보유론적 문헌들은 리理 지상주의적至上主義的 성리학이 지배하는 이조사회에 이질적인 천주학을 비교적 설득력 있게 전달한 매개체였다 — 실로 결정적인 매개체였다 — 고 분석한다.

이조사회에 기독교가 전래하였을 때에는 『천주실의』・『칠극七克』・『영언여작靈言蠡勺』 등 예수회의 초기 한문 교리서를 통하여 문헌을 중심으로 한 연구가 이루어졌으며, 특히 이 교리서 속에서 '유교와의 일치[合儒]' 내지 '유교의 새로운 확대[補儒]'를 모색하는 논리를 통하여 설득력 있게 전달될 수 있었다.[26]

마지막으로 천주학이 특히 일본에 비해 조선에서 크게 성행했던 것은 당시 조정의 대응자세에도 주요한 이유가 있었던 것 같다. 황사영은 『백서』에서 이렇게 말한다.

"저희 나라는 불행히도 동쪽으로 일본을 이웃하고 있습니다. 이 섬 오랑캐들은 잔인하고 악독하여 스스로 천주와의 관계를 끊었는데 (…) 우리나라는 인품이 유약하고 법령이 해이되어 있으므로 아직은 반드시 일본만큼 각박하고 혹독하지는 아니합니다." 그러나 사영은 '우리 조정에서도' 일본이 '도리어 잘했다'는 의논이 있어 '장차 그것을', 다시 말하면 일본식의 발본책을 '본받고자' 하는 낌새가 있다고 크게 우려한다.[27]

---

25 최석우, 앞의 책, 9, 13~15면; 김옥희, 앞의 책, 67~76면.

26 금장태, 앞의 책, 117면.

27 황사영, 앞의 글, 302면. 유근호 교수는 천주교에 대한 일본과 조선 간의 대응 양식의 차이

이와 같이 천주학이 정조조에 이르러 급격히 그 세력을 키움에 따라 전통적 성리학을 추종하는 사류 계급들은 심각한 위협과 위기를 느끼게 되었고, 급기

에 대해 흥미 있는 지적을 한다. 그에 의하면, "일본에 천주교가 상륙한 16세기 중엽은 전국시대 말기로서 각지의 제후들간에 무력을 다투는 양육강식의 시대였다." 반면 조선에 천주교가 전래된 "18세기는 임진·병자의 양대 전란"으로 말미암아 "사회기강은 흩어져 있었지만 중앙집권적인 왕조체제가 근 300여 년을 경과하였으며 통제적인 관료제도가 전국을 다스리고 있었으며, 또 정신적으로는 고려 말에 들어온 주자학이 조선조의 체제이념으로 채택"된 이후 "16세기 중엽부터는 이황·이이와 같은 출중한 주자학자가 나와서 주자학의 전성시기를 맞게 되"면서 "주자학은 유학자나 관료들의 (…) 사고의 구도로서 정착"되어 있던 시기였다. "이와 같은 역사적·사상적 상황의 차이"로 말미암아 "양국의 천주교에 대한 대응" 역시 상당한 차이점을 드러낸다. "첫째로 일본의 排耶論에 있어서는 神·佛·儒의 삼교일치의 사상 또는 신·불·유 각기의 입장으로부터 비교적 다양한 배야론이 성립하였지만 조선의 闢衛論은 주자학 하나만의 입장에서 전개된 것이 다르다." "둘째로 일본의 신·불·유는 조선의 주자학과 같이 아직 형이상학으로서의 완결된 이론적 세계를 갖지 못하였기 때문에 배야론에 있어서도 체계적인 이론적 비판보다도 백성들의 민속 신앙심과 같은 정서에 호소하는 형태를 취하였다. 이에 대하여 조선의 벽위론은 주자학의 이론적 입장에서 천주교의 교리를 논리적으로 비판하는 데 주력하였다." "셋째로, 일본의 배야론이 전개되는 배경에는 서양의 문화나 종교에 대한 위기의식보다도 서양의 정치적·군사적 위기의식이 보다 짙게 작용한 데 대하여, 조선의 벽위론에서는 유교문화에 대한 도전으로 받아들여져 문화적 위기감에서 전개된 점이 다르다. 조선의 벽위론에 나타난 최초의 서양인식은 서양을 서학, 즉 천주학을 전파시키는 邪學의 본거지로 생각하였지만 서양을 정치적·군사적 위협의 대상으로는 생각하지 않았다. 따라서 서양의 종교인 천주교의 전파를 막기 위해서 정학인 주자학을 융성시키면 천주학은 설 자리를 잃게 되어 스스로 물러갈 것으로 낙관하였다. 이에 대하여 일본의 배야론에서 '吉利支丹', 즉 기독교는 단순히 종교상의 사교나 이단으로만 생각한 것이 아니고 서양이 일본을 침략하기 위하여 종교를 구실로 하여서 일본 국내에 침략의 전진기지로 활용하려는 것으로 의심하였다." "넷째로, 일본의 배야론은 (…) 그중에서도 神道를 중심으로 (…) 전개된 배야론에서는 일본을 신에 의하여 만들어진 신국으로 보고, 만세일계의 황통이 이어지는 일본이야말로 세계문화의 중심으로서, 서양을 야만으로 인식하고 배척하는 국수주의적 사고로 이어졌다. 이에 대하여 조선의 벽위론은 주자학에 입각하여 전개된 결과 세계문화의 시원을 고대의 중국에서 구하는 중화적 입장에서 서양을 이적과 금수로 배척하는 중화주의적 사고로 연결되었다." 그러나 "일본의 신도적 배야론과 조선의 유교적 벽위론은" 모두가 "집권체제의 유지를 위한 사상통제를 위한 수단으로 전개"된 점에서 공통점을 갖는다. 유근호(2004), 『조선조 대외사상의 흐름 - 중화적 세계관의 형성과 붕괴』, 성신여자대학교출판부, 403~405면.

야 천주학을 적극적으로 비판·공격하기 시작하였다. 정조조의 천주학에 대한 비판은 사신私信이나 문답의 형태로 시작하여 점차 통문·상소문, 그리고 이에 대한 왕의 비답이나 전교 또는 윤음綸音의 형태로 발전하였다. 이것은 천주학 비판이 처음에는 학문적·이론적 논의에서 시작하여 점차 정치적·사회적 문제로, 즉 당론적 차원의 문제로 비화되었음을 뜻한다.

　여기에서는 특히 천주학이 당론의 문제로 전환되는 과정에 초점을 맞추어 천주학 비판의 내용들을 살펴보고자 한다. 정조조의 천주학 비판이 정치적·사회적인 중심 이슈로 등장한 시기는 전기와 후기로 나누어진다. 이들은 다시 유학 즉 정학正學을 천주학 즉 사학邪學의 위협으로부터 어떻게 지킬 것인가 하는 방법론과 관련하여 온건론과 강경론으로 양분된다. 온건론은 천주학에 감염된 자들에 대한 설득을 강조하는 입장이고, 강경론은 천주학에 대한 철저한 봉쇄와 근절을 주장하는 입장으로서 안정복(1712~1791)은 전기 온건론의 대표적 인물이고, 이헌경(1719~1791)은 전기 강경론의 대표적 인물이다. 후기의 천주학 비판은 강경론과 온건론간의 대립이 노골화되고 첨예화된 시기로서, 채제공(1720~1799)과 정조(재위기간 1777~1800)는 후기 온건론을, 이기경과 홍낙안(1752~?)은 후기 강경론을 각각 대표한다. 이것을 도식화하면 다음과 같다.

2. 전기 비판

1) 온건론

안정복(순암)은 성호 이익의 문인으로, 이헌경·신후담과 더불어 천주학을 비판한 성호우파의 거두이다. 안정복은 일찍이 그의 스승 이익에게 보낸 서한 (1757)에서 유학과 서학의 차이점에 대한 자신의 견해를 피력한 바 있다.

> 유학의 수기양성修己養性하고 행선거악行善去惡하는 바는 마땅히 할 바를 하는 것이요, 조금도 죽은 다음에 복을 구하는 일이 없다. 그러나 서학의 수신하는 바는 오로지 하느님[天帝]의 심판을 위한다. 이것이 우리 유학과 크게 다른 것이다.[28]

유학과 서학(천주학)의 차이점에 대한 안정복의 초기 견해는 그가 말년(1785)에 지은 『천학고』와 『천학문답』에서 좀 더 체계적인 형태로 전개되었다. 안정복은 『천학고』와 『천학문답』, 그리고 같은 시기에 쓴 그의 여러 서한 가운데서 대체로 세 가지 점을 강조한다. 첫째, 서학은 유학과 다르다. 둘째, 서학은 천학의 일종이다. 셋째, 서학은 배격되어야 한다.

(1) 서학은 유학과 다르다

안정복은 『천학문답』의 모두에서 이렇게 묻는다. 저 서양 선비의 동신제행童身制行은 행실이 돈독한 중국 선비조차 따를 수 없다. 뿐만 아니라 그들의 지혜와 능력에는 탁월한 점이 있다. 그들의 역법·산수 및 기계를 만드는 기술이며

---

28 금장태(1978), 「안정복의 서학비판론」, 『한국학』 19집, 10면에서 재인용.

화포제작술은 신묘하기 그지없다. 그들은 대륙을 두루 다닐 수 있으며, 어느 나라에라도 들어가면 얼마 안 되어 그 나라의 말과 글에 능통할 수 있으며, 천문을 측량하면 하나하나 모두가 들어맞는다. 이런 사실로 미루어 보아 이들은 정말 신성한 사람들인가?[29]

이 물음에 대해 안정복은 그것은 그렇다고 일단 긍정한다. 즉 서양 선비들이 신성한 사람들임에는 틀림없다고 인정한다.[30] 하지만 노자·불타·양주·묵적 역시 모두 신성한 사람들이었다고 밝힌다. 이어서 그는 이들 '신성한 사람들'이 말년에는 '모두 허무나 적멸 또는 임금도 없고 아비도 없는[無父無君] 가르침으로 귀결'되었음을 강조한다.

왕양명도 '유학을 크게 주창하였으나 사실은 이단이다.' 그의 제자 안산농顏山農이나 하심은河心隱도 그렇다. 이들은 말년에 남북 오랑캐들과 결탁하여 난리를 일으키다가 '죽음을 당하였다.' '서양의 학문'도 '비록 스스로 참된 도[眞道]요 신성한 교[聖敎]라고 자처하지만 우리가 말하는 학문은 아니다.' 우리에게는 오직 '중국의 성학聖學'만이 있을 뿐이며, 이것만이 '올바른 것'이라고 안정복은 주장한다.[31]

안정복에 의하면 서학은 마테오 리치나 보유론자들의 주장과는 달리 세 가지 점에서 유학과 근본적으로 구별된다. 첫째, 서학은 유학과는 상이한 현세론에 입각해 있다. 서양 선비들에 의하면 '이 세상은 괴로운 세상[勞苦世]'이며 또 '덧없는 세상[暫世]'이다. 이 말은 어떤 의미에서 우禹임금이 말한 기숙寄宿이니, 후세 사람들이 일컫는 여인숙旅人宿이니 하는 말과 통한다. 그러나 서양 선비들은 더 나아가 이 세상을 '짐승의 세상[禽獸世]'이라 부른다. 그들은 '현세는 인간의 세상이 아니라 본래 짐승이 살던 곳'이라고 믿는다.

---

29 이만채 편, 앞의 책, 27~28면.
30 위의 책, 28면.
31 위의 책, 29면.

안정복은 이러한 서학의 현세론이 유학의 윤리와는 판이한 입장이라고 해석한다. 그는 서학의 현세론을 비판하면서 이렇게 반문한다. "만약 서양 선비의 말 같으면 그 결론이 반드시 태어나지 않는 것만이 좋은 것이라 할 것이니, 인류가 모두 없어져서 천지는 텅텅 비어 짐승의 마당이 되어야 할 것인가?"[32] 안정복은 '사람이 이미 이 현세에 태어났으면 마땅히 현세의 일을 다하고 그 지선至善을 추구'하는 것이 도리라고 본다. 이런 점에서 "서학은 들어가는 첫길부터 우리 유학과 크게 다르다"고 말한다. 안정복에 의하면, '서사西士의 위선爲善·거악去惡이란 모두 후세를 두고 하는 말'이다. 반면 '우리 선비들의 유덕有德·신민新民의 공은 모두 현세에 관한 말'이다.[33] 안정복이 강조하는 것은 '사람이 세상을 사는 데는 다만 마땅히 이 세상에서의 일을 해야' 한다는 것, 그리고 '죽은 후의 일은 뒷사람에게 계속해서 하게 하면 천만세까지 오래갈 수 있다'는 것이다.[34]

둘째, 서학은 유학과는 달리 그릇된 삼구설三仇說을 따른다. 서양 선비의 말에 의하면 "사람에게는 세 가지 원수가 있다. 첫째는 자기 몸이다. 둘째는 세속이다. 셋째는 마귀이다." 그러나 안정복은 이와 같은 서학의 삼구설이야말로 패륜의 도라고 비판한다.

> 자기의 몸을 원수라고 말하는 것은 인륜을 크게 어기는 것이다. (…) 만약 자기 몸이 태어났음을 원수로 여긴다면, 자기의 몸이 부모에게서 태어난 것이므로 이것은 부모를 원수로 여기는 것이 된다. 또한 이미 이 세상에 태어났으면 부귀·빈천·곤궁·영달·이해 등은 면할 수 없는 것이다. 그런데 (…) 세속을 원수로 삼는다면 임금과 신하 간의 의리도 끊어지고

---

32 위의 책, 31면.
33 崔東熙(1967), 「愼後聃·安鼎福의 서학비판에 관한 연구」, 고려대학교 박사학위논문, 47면에서 재인용.
34 이만채 편, 앞의 책, 31면.

만다. 마귀의 설과 같은 것은 더욱 이치에 맞지 않는다.[35]

요컨대 안정복은 삼구설이 한편으로는 부자관계를, 다른 한편으로는 군신관계를 끊어 버림으로써 이른바 무군무부의 사설에 빠질 수밖에 없다고 단정한다.

셋째로, 서학은 유학과는 달리 영혼불멸을 주장한다. 『천주실의』의 저자 마테오 리치에 의하면 "혼에는 세 가지가 있다. 생혼·각혼·영혼이 그것이다. 초목의 혼은 생혼만 있고, 금수의 혼은 생혼과 각혼만이 있으며, 사람의 혼은 생혼과 각혼과 영혼이 모두 있다." 특히 사람의 경우, '영혼'은 어떤 일차적 '질質로부터 유출된 이차적인 것'이 아니므로 '비록 사람이 죽더라도 없어지지 않고 자재自在'한다는 것이다.[36]

안정복에 의하면 서학에서 말하는 삼혼설은 사실 유학의 경전에서도 찾아볼 수 있다. 그 대표적인 예가 진서산眞西山이 편찬한 『성리대전性理大全』이다. 한 가지 다른 점 ─ 결정적인 다른 점 ─ 은 영혼이 죽지 않는다는 영혼불멸설이다. 이러한 주장은 유교의 경전 어디에서도 찾아볼 수 없다. 영혼은 그 흩어짐의 빠름과 더딤이 있을 뿐 결국은 흩어지게 마련이다. 그러나 끝내 흩어지지 않는다는 영혼불멸설은 전혀 사리에 맞지 않는다. 만약 저들의 설명과 같으면 인생寅生 이후로 인간의 무리가 지극히 많으니, 지옥과 천당이 비록 넓다고 하지만 어느 곳에 그 영혼들을 다 수용할 수 있겠는가?[37]

안정복에 의하면 영혼불멸설은 차라리 불씨佛氏의 주장에 가깝다. 사실 그는 서학이 불씨를 그 이름만 바꾼 것으로 확신하였다. 안정복은 1784년 권철신에게 보낸 서한에서 서교와 불교의 유사점에 대해 이렇게 말한다.

---

35 위의 책, 31~32면.
36 위의 책, 32면.
37 위의 책, 34면.

나도 그 대의를 대충 살펴보았습니다. 천당과 지옥도 같고 마귀도 같습니다. 제계를 지키는 것도 같고 군신·부자·부부의 도가 없는 것도 같고, 십계와 칠계도 다름이 없고 사행四行과 사대四大도 같습니다. 그 나머지는 일일이 들 수가 없습니다.[38]

안정복은 『천학문답』에서 다시 서학이 불교의 한 분파라는 것을 보충해서 밝힌다. 첫째, 서학은 그 격식에 있어 불교와 흡사하다. 서학에 '대부代父'가 있듯이 불교에도 법사와 율사가 있다. 서학을 배우는 자는 석 자 길이의 깨끗한 헝겊을 목에 걸고 손으로 이마를 씻으며, 촛불을 밝히고 꿇어 엎드려 지난 허물을 모두 말하여 뉘우치는 뜻을 나타낸다. 마찬가지로 불교에도 '관정灌頂'·'연비燃臂'·'참회懺悔'의 예가 있다.[39]

둘째, 서양 선비들은 '전교'를 '중하게 여겨 8, 9만 리의 바다'를 멀다 하지 않고 건너오며, '사람을 잡아먹거나 죽이는 나라를 거쳐 오면서도 두려워할 줄' 모르며, '상어·악어·호랑이의 환난을 만나도 피할 줄' 모른다. 이것은 마치 구마라습鳩摩羅什이나 달마達磨가 중국에 불교를 포교하고자 '서쪽 나라로부터 바다를 건너' 온 것과 다름없다.[40]

셋째, '석가는 주나라 소왕昭王(B.C. 1041~1024 재위) 때에 태어났고', '야소는 한나라 애제哀帝(B.C. 6~B.C. 1 재위) 때에 태어났'으니, 그 선후관계를 따져 보면 석가가 야소보다 훨씬 앞서 있으므로 천주학은 불교의 한 분파임에 틀림없다.[41]

---

38 최동희, 앞의 논문, 44면에서 재인용.

39 이만채 편, 앞의 책, 33면.

40 위의 책, 32면.

41 위와 같음.

(2) 서학은 천학의 일종이다

안정복은 『천학고天學考』에서 역사상 나타난 여러 가지 형태의 '천학'들을 고찰하면서 서학을 이러한 '천학' 중 하나라고 설명한다. 안정복에 의하면 역사상에 나타난 천학은 몇 가지 공통점을 갖고 있다.

첫째, 천학은 그 사람이 특이하다. 대표적인 예로서 한무제 때의 '현인眩人'과 주목왕周穆王 때의 '화인化人'을 들 수 있다. 현인은 '오늘날 칼을 삼키고 불을 토해 내며, 외垠를 자라나게 하고 나무를 솟아나게 하며, 사람과 말[馬]을 죽여' 보이는 '마술사'이다. '화인'은 '물건의 모양'뿐 아니라 '사람의 생각까지'도 바꿀 수 있는 사람이다. '그는 물이나 불 속에 들어가고 쇠와 돌을 꿰뚫을 수 있으며, 산과 시내를 뒤엎을 수 있고 성읍을 옮길 수 있는 등 천변만화'의 무한한 '기술'을 갖고 있는 사람이다.[42]

둘째, 천학은 그 예법이 특이하다. 대표적인 예로서 대진국大秦國·대식국大食國 그리고 '회홀'인의 예법을 들 수 있다. 대진국의 '법에 따르면 돼지·개·말 등의 고기를 먹지 아니하며, 국왕이나 부모를 존경하기는 하나 절하지는 않으며, 귀신을 믿지 않고 하늘만을 제사할 뿐'이다. 대식국에는 '귀천의 계급은 없으며 날마다 5시에 하늘에 예배하는 예배당이 있는데 수만 명을 수용할 수 있다. 7일마다 왕이 나가서 예배하고 높은 데 올라앉아서 대중에게 법을 설교한다.'[43] '회홀인이 신봉하는 것은 다만 하늘뿐이고, 기타 신이나 부처[佛] 같은 것은 신봉하지 않는다. 그 교도들은 오직 하늘을 섬기는 것만 알'며 '해마다 정월 초하루 새벽에 일어나서 복을 부'른다.[44]

셋째, 천학은 그 학설이 특이하다. 여기서 안정복은 허균의 학설과 서학의

---

42 위의 책, 24면.
43 위의 책, 25면.
44 위의 책, 27면.

학설을 그 대표적인 예로 소개한다. 허균許筠은 총명하고 문장에 능하지만 제 마음대로 하여 행동에 제약을 받음이 없었다. 상喪 중에도 고기를 먹고 아이를 낳아 모든 사람들의 멸시를 받기도 하였다. 허균은 자신이 선비들에게 용납되지 못할 줄을 알았기 때문에 일종의 천학설을 내세워 자신의 입장을 강변하였다. 그는 주장하기를, "남녀의 정욕은 천성이요, 윤리와 기강을 분별하는 것은 성인의 가르침이다. 하늘은 성인보다 높으며 차라리 성인을 어길지언정 하늘이 부여해 준 본성을 감히 어기지 못하겠다"고 하였다.[45]

또 오늘날 서학은 '현세'를 말하지 않고 '오로지 죽은 후의 천당·지옥에 대한 말만' 한다. 이것은 일찍이 공자가 경계하던 것으로 '허망'한 것이고, '성인의 가르침을 해치는 것'이다. 안정복은 이렇게 말한다.

공자는 괴상한 힘에 관한 것, 이런저런 귀신에 관한 것에 대하여는 말을 하지 않는다고 했다. 괴상하다는 것은 드문 일이며, 귀신이라는 것은 보이지 않는 물건이다. 만약 드물고 보이지 않는 일을 자꾸 말한다면 인심을 선동하여 모두들 허망된 곳으로 몰고 가게 될 것이다.[46]

어떤 점에서 천학은 요망스런 도적의 출현 — 예컨대 한나라의 장각, 당나라의 방훈龐勛·황소黃巢, 송나라의 왕측王側·방납方臘, 원나라의 홍건적, 명나라 말기의 도적떼들 그리고 우리나라 영조 무인년(1758)의 영무英武와 같은 요망스런 무당의 출현 — 과 그 때를 같이한다.[47]

---

45 위의 책, 28~29면. 여기서 우리는 마테오 리치의 『천주실의』를 상기할 필요가 있다. 『천주실의』는 마지막 부분(168면)에서 이렇게 말한다. "아들 된 이는 마땅히 상부(천주 – 필자주)의 명령을 들어야 합니다. 비록 하부의 명령을 위반한다고 하더라도 그의 효도함에는 해가 되지 않습니다. 가령 하부에게는 순종하고 상부에게는 거역하면 당연히 커다란 불효가 됩니다."

46 이만채, 앞의 책, 29~30면.

47 위의 책, 30면.

이상을 요약하면 천학은 첫째, 그 사람이 특이하다. 둘째, 그 예법이 특이하다. 셋째, 그 학설이 특이하다. 여기서 특이하다는 말은 요망스럽다는 것을 의미한다. 서학은 이와 같은 요망스런 천학의 일종이라는 것이다. 결론적으로 말해서 서학 = 천학 = 요학妖學으로서 이것은 유학과 구분되어야 한다는 것이다.

(3) 서학은 배격되어야 한다

안정복은 『천학고』 서두에서 오늘날의 서학이 과거의 서학, 즉 선조조의 서학과는 크게 다르다고 말한다. 과거의 서학은 '고관'이나 '학자들'의 단순한 '완상'물에 불과하였으나 오늘날의 서학은 '젊'고 '재주 있는 자들' 사이에서 적극적으로 '주창'되고 또 전파되고 있다는 것이다. 안정복에 따르면 이들 젊은이들은 '마치 상제께서 친히 내려와서 그들을 사자로 임명해 준 것같이' 서학에 깊이 빠져 있다는 것이다.[48] 여기서 안정복은 서학에 대한 단호한 배격이 시급함을 논한다.

안정복의 서학 배격론은 이승훈이 북경에서 돌아온 갑진년(1784)에 이미 나타나기 시작하였다. 안정복은 그해 권철신에게 보낸 편지에서 이렇게 그를 꾸짖는다. "요새 듣자 하니 서양 선비의 학문에 그대도 경박한 젊은이들이 앞장서서 이끄는 것에서 벗어나지 못하고 있다 하니 과연 어찌 그럴 수가 있는가?" 이어서 그는 권철신이 서학을 '금지'하거나 '억제'시키기는커녕 오히려 '밀어주고 부추기'고 있다고 꼬집으면서 이렇게 경고한다.

서국에서도 일찍이 이 학문을 금지하여 주살당한 자가 천만 명에 그치지 않았고, 일본도 또한 이 학문을 금하여 수만 명을 주살시켰다고 하네, 어찌 우리나라에도 이런 일이 없다고 하겠는가? (…) 어찌 삼가지 않겠으

---

48 위의 책, 23~24면.

며 두려워하지 않겠는가?[49]

안정복은 이듬해(1785) 이기양에게 보낸 편지에서 서학이 선비와 군자가 배울 학문이 못 된다고 거듭 강조하고, 이른바 천학의 예법의 본보기로서 이기양 자신의 무례함을 질타한다.

방금 그대가 오면서 나의 집 뜰에 이르러서 가마를 내렸다. 어른을 섬기는 예의가 때에 따라 높아졌다 낮아졌다 하는 것인가 하니, 그대는 묵묵히 대답을 하지 않다가 돌아갈 때에 또 그와 같이 하였다. 나와 그대는 나이가 훨씬 차이 나고 수십 년 동안 스승의 예의로 나를 대하여 오다가 하루아침에 이와 같으니, 이것이 천학의 예법인가? (그대의 편지에 번번이 대인군자·성덕군자·선생·장석丈席·사문師門 등의 말이 한둘에 그치지를 않았다.)[50]

마지막으로(1786) 안정복은 그의 지우이며 남인의 지도급 인사인 채제공에게 적극적으로 소장들을 타이르고 경계할 것을[51] 촉구하면서 서학이 멀지 않아 남인의 파멸을 가져올 것으로 내다본다.

근래에 우리 당의 젊은이들 가운데 평소 재주가 있다고 자부하던 자들이 많이 신학新學으로 귀착하여 참된 도리가 거기에 있다고 하니 어찌 한심하지 않소? 그 넘어지고 빠져들어 가는 꼴을 차마 눈으로 볼 수 없어서 가깝고 절친한 사이에 경계하는 충고를 하였소. (…) 남인이 박복하여 집안의 싸움이 이에 이르렀소. 요즘 당의 의논이 빗나가는 때를 당하여 어찌

---

49 위의 책, 98면.
50 위의 책, 101면.
51 최동희, 앞의 논문, 48면.

옆에서 돌을 던지는 자가 없다고 하겠소? 그 형세가 반드시 망하고야 말 것이오. (…) 우리 두 사람이 물리치지 않는다면 누가 물리치겠소? 어른 된 자로서 당연히 통렬하게 배척하고 금하여야 할 것인데, 하필 앞뒤를 돌아보고 두려워 굽히는 태도를 하여서 되겠소?[52]

이상으로 안정복의 서학비판의 내용을 살펴보았다. 그의 비판은 다음과 같은 네 가지 특징을 나타낸다. 첫째, 안정복의 비판은 사제·친척·인척의 관계로 얽혀 있는 남인의 세력을 보호한다는 제한된 목적에서 쓰여졌다.[53] 둘째, 안정복의 서학비판은 어디까지나 서학을 따져서 배척함으로써 서학에 감염된 자들의 마음을 돌이키고 생각을 바꾸게 하려는 설득방식에 입각해 있다.[54] 안정복은 『천학문답』에서 자신의 서학비판이 배척이 아니라는 것, 단지 서학의 잘못을 밝히는 것에 불과하다고 주장한다.[55] 셋째, 안정복은 자신의 설득이 이미 서학에 감염된 자들의 마음을 돌이킬 수 없다는 것을 예감하고 있었다.[56] 넷째, 안정복은 서양 과학과 기술에 대하여는 비판을 가하지 않고 오직 기독교 교리에 비판을 집중하고 있다.[57]

안정복의 서학비판은 그 후 서학비판자들에 의해 높이 평가되어 1801년 신유대박해 시 사학의 전파를 방지한 공으로 정경에 추증되었다. 이것은 사학을 비호했다는 혐의로 같은 해에 관직을 추탈당한 채제공과는 좋은 대조를 이룬다.[58]

---

52 이만채 편, 앞의 책, 101~102면.
53 최동희, 앞의 논문, 45면.
54 이만채 편, 앞의 책, 34면.
55 위의 책, 31면.
56 최동희, 앞의 논문, 46~47, 48면.
57 금장태(1978), 앞의 논문, 17면.
58 赤木仁兵衛, 앞의 논문, 123면; 趙珖(1973), 「번암 채제공의 서학관 연구」, 고려대학교 석사 학위논문, 83면.

2) 강경론

전기 강경론의 대표적 인물인 이헌경(民翁)은 안정복과 같이 이익에게 사사하였고 1790년에 『천학문답』을 지어 서학을 비판하였다. 이헌경의 『천학문답』(1790)은 안정복의 그것(1785)보다 5년 뒤에 나온 것으로, 천주교의 교리는 물론 서양의 과학과 기술을 모두 배격하는 극단적 주장을 펴고 있다. 이헌경의 『천학문답』은 7개의 문답으로 구성되어 있다.

첫 번째 문답 : 천주교의 세력이 날로 '성대'해지는 이유는 무엇인가? 주자학의 쇠퇴 때문이다. '성인의 학문은 이치가 평이하지만 공부하기에 힘드는 것이요, 이단의 학문은 말이 아주 신기로워 공부하기가 빠르고 쉽다.' 오늘날 사람들은 '빠른 길을 좇아가기를 좋아'한다. '주자도 젊어서는 역시 이러한 공부하는 방법을 면치 못하였'으나 '마침내는 육경에 돌아'왔다. '그 후에야 우리 유도가 세상에 크게 밝혀졌'다.

후세 사람에게 '공자와 맹자를 스승으로 높이고 『중용』과 『대학』의 가르침의 절차를 본받게 만든 것은 모두 주자의 힘'이다. 그러나 '중국의 운수가 점점 쇠약해지고 오랑캐의 화가 더욱 치열해진 뒤로 서하의 모기령이란 자가 주자를 비방하는 데 온 힘을 다하였으며, 문도가 점점 많아져 주자의 언어·문자는 모두 이들 무리에게 비난당하게 되었고, 이리하여 옛 성인의 위대한 경륜과 위대한 법도가 나날이 버려지게 되었'다. 천주학은 바로 이때를 틈타서 제창되었으므로 천하의 사람들이 따르게 되었다.[59]

두 번째 문답 : 천주학의 근본은 무엇인가? 이마두가 만들어 낸 속임수 이론이다. '이마두는 짐승나라의 사람으로서 중국에 들어와서 주공·공자·정자·주자의 서적을 읽고 예악형정의 아름다움을 보고, 번거롭지만 마음으로 복종하

---

59 이만채 편, 앞의 책, 36~38면.

지 않을 수 없었'다. 이마두는 '간사하고 간교한 지혜를 짜서 감히 성학聖學 이외의 기벽한 이론을 창립하였'다.

'그의 천당과 지옥의 설은 불교를 답습하였고, 존엄한 상제의 이론은 경전에 의거하였으며, 천문학과 역학은 선형璇衡에서 추리하여 연역해' 낸 것이다. "그런데 사람들이 쉽게 알 수 있는 것을 말하면 사람들이 반드시 놀라지 않을 것이므로 '하늘은 열두 겹[十二重지으로 되어 있다'고 말하였으며, 사람들이 쉽게 알 수 있는 것을 말하면 사람들이 반드시 속아서 미혹되지 않을 것이므로 '육합 안에 오대주가 있다'고 말하였다."⁶⁰

세 번째 문답 : 천주학은 불교에 비해 훨씬 참된 것이 아닌가? 그렇지 않다. 오히려 그와 정반대이다. 석가는 지옥의 설을 제창하여 선비들의 배척을 받았지만 그의 '본래의 뜻은 착한 일을 권'하려는 데 있었다. '선학禪學' 역시 근본 취지는 '사려를 맑게 하는 데 있었'다. 불교의 폐단이 큰 것은 사실이지만 천주학처럼 아무 근거가 없는 것은 아니다. '불교가 천하를 오랑캐와 짐승의 천하로 떨어뜨렸다면, 천주학은 천하를 귀신 도깨비[魍魅魍魎]의 천하로 빠지게 하고 있'다. 불교에서 말하는 '오랑캐는 그래도 인간의 무리이고 짐승들 역시 형체가 있는 생물'이다. 이들과 천주학에서 말하는 '귀신 도깨비'의 차이는 엄청나게 '큰 것'이다.⁶¹

네 번째 문답 : 천주학이 머지않아 세상을 크게 어지럽힐 것이라는 우려는 지나친 염려가 아닌가? 그렇지 않다. '나쁜 나무를 벨 때에 그 가지 하나만 잘라버리면 나쁜 나무는 아직 살아 있게 되며, 아무 데로나 흘러가는 물길을 막을 때에 그 한 줄기만 막는다 해도 흘러가는 물길은 여전히 흐르게' 된다. '이제 천주학을 공격하는 것도 이와 마찬가지'이다.

'열두 겹의 하늘 이야기를 믿고, 오대주의 이야기를 믿으며, 하늘과 사람 사

---

60 위의 책, 38~39면.
61 위의 책, 40면.

이에 대한 고답적인 이론을 진실이라고 모두 믿으면서' 단지 '천주라는 한 가지 설에 대해서만 믿을 수 없다고' 말한다면 이것은 '나쁜 나무'는 그대로 두고 그 '가지 하나만'을 자르는 것과 같고, 또 '물길은 그대로' 두고 그 '한 줄기만을 막는' 것과 다름없다. '그 뿌리와 줄기를 보호하고 가지만을 잘라서야 되겠'는가? '그 흐름의 근원을 터놓은 채 두고 흐르는 줄기만을 막아서야 되겠'는가? '만약 나쁜 나무이거나 제멋대로 흐르는 물길인 줄 알았다면 어찌하여 그 뿌리를 베거나 근원을 막지 않는가?

여기서 이헌경은 서학 '책을 모두 태워 버리고 그 학설을 모두 추방'하자는 발본책을 편다. '그 책을 모두 믿으면서 다만 천주라는 한 가지 설만을 배척한다'면 '종당에는 반드시 그것을 믿게 될 것'이다. '어떻게 기름 가까이 있으면서 물들지 않고 타오르는 불길 가까이 있으면서 타지 않을 수가 있겠'는가?[62]

다섯 번째 문답 : 서양의 천문학은 절묘하다고 볼 수 있지 않은가? 그렇지 않다. '서양 사람이 비록 천문학을 잘한다 하나 복희・황제・요・순의 옛 법에 의거하여 부연해서 설명한 데 지나지 않'는다. 간혹 '오랑캐 땅의 사람이 한 부분에 밝은 일이 있는데' 이것은 마치 부엉이가 밤에 잘 보고, 여우가 비올 것을 알고, 까마귀와 까치가 바람이 불 것을 아는 것과 같다. '서양의 천문학이 중국보다 현명한 것이 있다면' 그것은 '한 부분에 국한된 것일 뿐'이며, 근원을 따져 보면 '중국의 역법에서 벗어나지 못한'다. 만약 희씨義氏와 화씨和氏의 윤달[閏月] 법이나 순임금의 선형이 없었다면 저들이 어떻게 천지가 사물을 싸고 있는 법칙과 일월을 역법으로 나타낼 수 있었겠는가?[63]

여섯 번째 문답 : 이마두는 9만 리나 떨어진 서양과 중국을 천지개벽 이래로 처음 통하였으니 '신이한 사람'이라 할 수 있지 않겠는가? 아니다. 그는 신이한 사람이라 할 수 없다. 그에 관한 이야기는 대부분 후세 사람들이 꾸며 낸 이야

---

62 위의 책, 40~41면.
63 위의 책, 41~42면.

기에 불과하다.[64]

일곱 번째 문답 : '천학 책이 천하에 널리 퍼져 있어 다 태워 버리기가 쉽지 않다. '장차 어떤 방법으로 금지하여야' 하겠는가? '우리 유도를 밝히고 가르치는 도리밖에 없'다.[65]

이상에서 살펴본 이헌경의 서학비판은 세 가지 점에서 안정복의 비판과 차이를 보인다. 첫째, 이헌경은 주자학이 쇠퇴했음을 분명하게 인식했다. 둘째, 그는 서학 금지를 위한 적극적이고 구체적인 방안을 제시했다. 단기적으로는 서학서를 태워 없애는 것이고, 장기적으로는 유학을 보다 밝히고 또 널리 가르치는 것이다. 셋째, 그는 서양 과학의 우월성을 부인한다. 이상과 같은 차이점과 아울러 이헌경은 안정복과 세 가지 공통점을 갖고 있다. 첫째 천주학과 불교를 동일시하고, 둘째 천주학이 짧은 시일 내에 '그치거나 끊이지' 않을 뿐만 아니라 오히려 더 치열해지고 만연될 것으로 내다보았으며, 셋째 서학교도를 이적夷狄과 같이 이단시는 하였지만 반국가적 역적의 무리로는 인식하지 않았다는 점이다.

---

64 위의 책, 42~43면.
65 위의 책, 43면.

안정복의 천학론고天學論考

이원순

1. 서언

명나라 말기에서 청나라 초기에 걸쳐 북경北京에 뿌리를 내리고 자라나게 된 한역서학漢譯西學 문명과 관계되는 서양문물이나 한역서학서漢譯西學書들은 해마다 중국으로 파견되던 조선왕국의 부경사대사행원赴京事大使行員에 의해, 17세기 초부터 조선왕국으로 계속 도입되었다. 그 일이 뒷날 한국사에 중요한 영향을 미치게 되었음은 널리 알려져 있다.

중국으로부터의 한역서양문물의 계속적 유입은 당시의 조선사회에서 비상한 관심을 자아내게 하는 외래문화의 유입이었다. 중국선교에 종사하던 서양인 선교사들이 중국사회에 제공한 서양문물과, 중국전도에 종사하던 서양 선교사들이 중국사회를 의식하고 서양과 서양문화를 소개하기 위해 중국에서 한문으로 펴낸 이른바 한역서학서漢譯西學書가 17세기 초반부터 조선으로 도입되었던 것이다. 그것이 이질문화 세계의 산물이었음에도 불구하고 조선 후기 사회의 한문 교양인들의 문화적 호기심을 자극하게 되었고, 서학 자료를 가까이하고 한역서학서를 열독·검토하는 조선인들이 생겨나게 되었다. 이질문화에 대한 호기심이 학문적 검토와 연구로 바뀌게 되면서, 중국에서 계속 전래 유포되는 한역서학서를 가지고 조선사회의 '서학西學'연구가 시작되었던 것이다.

　선조宣祖대 이후 조선 후기 사회로 도입되는 서양문물과 한역서학서는 세월이 흐를수록 그 종류가 다양해지고 수량도 증가되었다. 한편 앞서 조선으로 전래된 한역서학서를 후대인들이 필사筆寫하거나 그 내용을 초록抄錄하여 세상에 유포하니, 조선 후기 사회 한문지식인들이 문화적 호기심에서 한역서학서를 입수·수집하여 자기 서재에 두고 가까이하는 조선 후기 사회 학인들이 늘어나게 되었고, 당시의 이름난 석학碩學·명경名卿들도 한역서학서를 도불서道佛書와 같이 자기 서재에 갖추어 두고 수시로 가까이하였음은 그 당시의 석학으로 모셔지던 안정복의 서학 연구서인『천학고天學考』의 기록을 통해 파악되고 있다.[1]

　영·정조를 전후한 시기에 중국에서 전해진 한역서학서를 연구 검토하고, 깊이 있게 학문적으로 논평한 연구 문헌으로는 신후담愼後聃의「서학변西學辨」,[2] 이헌경李獻慶의『천학문답天學問答』, 그리고 안정복의『천학고天學考』및『천학문답天學問答』등이 유명하다. 한편 이들보다 앞서 유몽인柳夢寅·이수광李晬光·이익李瀷 등의 석학들도『천주실의天主實義』와『교우론交友論』이나『칠극七克』등의 한역서학서를 가까이하고, 자기 글로 소개한 바 있음이 후세에 전해지고 있다.[3]

　한역서학 가운데서도 특히 서양의 윤리·종교 사상에 대한 연구활동을 따로 '천학天學' 또는 '천주학天主學'이라고 구분지어 부르기도 한다. 천학의 연구는 마

1　『순암집』권17,「天學考」.
2　洪以燮 교수가 발표한「實學의 理念的 一貌」,『인문과학』1에 수록된 논문과 본고 필자인 이원순의 글「職方外紀와 愼後聃의 서양교육론」,『歷史教育』11·12 합집호, 역사교육연구회 발행이 참고가 될 것이다.
3　柳夢寅의『於于野談』, 李晬光의『芝峯類說』, 李瀷의「跋天主實義」등이 그 예이다.

침내 조선왕국에서의 천주신앙 실천으로 승화되는 서학 연구로서 우리나라 천주교 신앙생활의 실천에 이르는 과정의 학문활동이었다. "조선조의 천주학은 신앙의 종교로서보다, 그에 앞서 1세기 이상이나 문헌文獻에 의한 이론적인 연구와 비판을 거쳤다는 점에서, 그 도입과정에 있어서의 특성으로 본다"라고 박종홍朴鍾鴻 교수가 지적한 바 있거니와,[4] 한국의 천주교 신앙은 조선 후기 서학 연구과정에서 얻어진 새로운 종교의 수용 실천이었던 것이다.

본고는 조선서학사朝鮮西學史 연구를 의도하면서, 먼저 조선 후기 실학자들이 서학에 어떻게 대응하였는가를 인물별로 추구해 보려는 '사례연구事例研究'의 하나로, 조선 후기 사회의 고명한 유학자이며 이른바 실학사가로 알려져 있는 순암 안정복 선생의 서학관과 천학론을 고찰하여, 안정복 선생의 서학 연구의 역사성과 그의 서학과 천학 연구가 조선서학사에 비정되어야 할 역사적 위치를 생각해 보려는 것이다.

2. 안정복의 생애와 학문

안정복의 서학관西學觀을 이해하기 위해 먼저 그의 생애와 학문, 즉 그의 서학관 성립의 배경을 알아보아야 할 것이다

순암 안정복의 생애와 활동은 광무 4년(1900) 가을에 그의 5대손인 안종엽安鍾曄에 의해 간행된 『순암집順庵集』에 실려 있는 자세한 「연보年譜」와 그의 문인 황딕길黃德吉이 찬술한 「행장行狀」을 통해 비교적 상세히 후세에 전해지

---

4 朴鍾鴻, 「西歐思想의 導入 批判과 攝取」, 『亞細亞研究』 35집, 1969 참조. 朴鍾鴻 교수 (1903~1976)는 민족 해방을 계기로 서울대학교에 재직하게 된 후, 韓國哲學과 韓國思想 연구에 헌신하며 많은 著書를 남기신 철학자이시다. 조선사상사연구의 개척적 연구에 헌신한 교수였다.

고 있다.[5]

안정복(자는 백순百順, 호는 순암順菴이 자주 사용되었으나 그 밖의 상헌橡軒·우이자虞夷子·한산병은漢山病隱 등 여러 가지 호를 사용했다)은 숙종 38년 제천 유원楡院의 남인 광주안씨 가문인 전 이조판서 안극安極의 아들로 태어났다. 그의 가문은 역대로 현직을 지내 온 가문이었으나, 남인이 정계에서 출척당한 후에 불우한 소년 시절을 지내야 했다. 서울 건천동乾川洞, 영광靈光, 서울 남정동藍井洞, 울산蔚山, 무주茂朱 등 각지를 전전하면서 성장하였다. 그가 25세인 때 그의 조부가 세상을 떠난 후, 선영이 있는 광주 경안면 덕곡리德谷里로 솔가 이동하여 정착하였으며, 이후 그가 정조 15년 향년 80세로 선종善終할 때까지 55년 간 관직으로 상경하거나, 말년에 목천현감木川縣監으로 부임한 때를 제외하고 덕곡에 칩거하며 학문에 힘썼다. 광주 덕곡은 그의 스승 이익이 거주하던 안산安山 성촌星村과 과히 먼 거리가 아니었다.

그가 관직에 오른 것은 38세의 장년 나이에 만녕전참봉에 임명됨으로써였다. 그 후 의영고봉사·정릉직장·귀후서별제·사헌부감찰을 거쳐 그 나이 43세에 부친의 상배喪配를 계기로 관직에서 물러났다. 향촌에 돌아온 후 학구에 힘쓰게 되었다. 덕곡리에 려택재麗澤齋라는 서재를 세우고 후학 양성에 종사하는 한편 저술에 힘썼다. 그동안 거듭 소명召命을 받았으나 응하지 않았다. 그의 학문적 명성이 널리 선전되어 61세의 환력還曆 나이에 익위사 익찬에 인명되어 왕세손(정조)의 사부師傅가 되었다. 신병으로 오래 이 일을 맡아 보지는 못하였으나, 64세까지 거듭 왕세손 사부로 진강進講하였다. 72세 이후 돈녕주부·의빈도사·동지중추부사 등의 관직을 받았으나 이는 노가老家에 대한 예우라 할 것이다.

순암의 생채生彩는 관직으로 빛남이 아니라, 그의 진면목은 학문에 있었던 것이다. 세리世利를 좇아 과거에 응시하던 당시의 입신양명 기풍에서도 초야의

---

5 전 27권인 『순암집』의 卷末에 수록되어 있음.

석학碩學으로 유명하였고, 10세에『소학』을 송독誦讀하기 시작하여 팔순 나이에 별세할 때까지 과거의 마당에 오르지 않았음은 그의 재간이 짧아서가 아니라 진리를 탐구하는 고고孤高한 정신의 발로였다. 순암의 학문은 35세에 이익에 사사師事하게 됨으로부터 체계와 깊이를 갖추게 되었다. 그가 거듭 왕세손의 사부로 부름을 받았음을 보아도 그의 학덕을 짐작할 수 있을 것이며,『순암집』에 실린 다양한 내용의 글들을 보아도 그가 박학다식한 석학이었음을 알 수 있다.[6]

광주의 안산 성촌에 은거하며 학문에 정진하던 이익과 덕곡에서 학문연찬에 힘쓰던 안정복의 관계는 각별한 사제관계였다. 순암이 이익 선생의 덕을 흠모하여 직접 가서 뵙고 스승으로 섬기게 된 것은 영조 22년 10월의 일이었다.[7] 그 후 영조 39년 성호 선생이 별세할 때까지 두 분의 교분은 17년 간에 걸쳤으며, 그동안 순암은 전후 4차 직접 성호를 방문한 바 있고[8] 거의 해마다 서한을 올려 문안을 드리는 한편, 예론禮論・경의經義・논사論史・역설易說・음운音韻・역산曆算에 관해 가르침을 청하였고, 활발한 서학 토론을 가졌다. 한편 성호에게 부친의 묘지문을 청해 받은 바 있었고, 성호는「순암기順菴記」를 제술하여 안정복에 송부하였으며, 또한 순암의 간절한 청을 들어『사설僿說』의 간정刊正을 허락함으로써『성호사설유선星湖僿說類選』을 편찬할 수 있었다. 한편 안정복은 이익의 격려를 받아『동사강목東史綱目』을 편술하였다. 이처럼 스승 이익과 문하생 안정복의 관계는 돈독하였고 학구적이었다. 하빈河濱 신후담愼後聃, 소남邵南 윤동규尹東奎, 녹암鹿菴 권철신權哲身과 더불어 이익의 수제자로 고명하거니

---

6 順菴은 영조 48년 5월에서 8월, 50년 정월에서 7월까지의 두 차례에 걸쳐 王世孫의 師傅로 나가 經學을 進講하였으며, 그 진강 내용은『순암집』권16의「壬辰桂坊日記」와「甲午桂坊日記」에 실려 있다.

7 『순암집』,「연보」, 영조 20년 10월.

8 『순암집』,「연보」, 1746(영조 22) 10월, 1747(영조 23) 9월, 1748(영조 24) 12월과 1751(영조 27) 7월의 일.

와 그 가운데서도 안정복은 스승 이익과 가장 정의가 두터웠고, 학문적 영향을 많이 받았다. 그러기에 성호 선생을 섬기는 마음이 더욱 간절하였다. 『순암집』 「연보」에 수록되어 있는 사장師匠 성호와 고제高弟 순암의 왕복 서한을 일람하면 다음 쪽의 표와 같다.[9]

한편 『순암집』 권2에 원문대로 수록된 「상성호선생서上星湖先生書」는 17통이며, 그 밖에 「상성호선생별지上星湖先生別紙」라는 명목의 서한이 6통이 실려 있다. 한편 「답상성호선생서答上星湖先生書」라는 4통의 서한도 있다. 연보상에서 조사된 아래 표의 서한 수와 권2에 따로 수록된 서한 사이에는 수량적으로 차이가 있으나, 연보상의 왕복문서 표에는 문서 내용에 표제가 붙어 있어서, 사제간에 어떠한 내용의 의견이 교환되었는지 추찰할 수 있다. 그 대부분은 경학經學과 예학禮學에 관한 내용이었다. 역사·역법·음운에 관계된 것도 보인다. 순암이 성호로부터 경학과 예학을 주로 한 유교적 교양을 받았음을 파악할 수 있다. 사실 순암 안정복 학문의 장기는 역사학에 있으나 그에 못지않은 경학의 연구도 있었다.[10] 순암 안정복이 경학에도 해박하였음은 『순암집』 권3에 수록되어 있는 소남윤장(동규)서邵南尹丈(東奎)書나 「정산이경협서貞山李景協書」·「남지암서南止菴書」 등을 통해 알 수 있고, 권11 잡저雜著의 『경서의의經書疑義』로도 그의 진지한 경학 탐구를 대할 수 있으며, 권16 잡저에 수록되어 있는 「임진계방일기壬辰桂坊日記」·「갑오계방일기甲午桂坊日記」 등을 통하여서도 입증된다.

---

9 『순암집』 권2에 수록되어 있는 星湖 先生에게 보낸 書翰을 정리하여 얻어진 統計.
10 그 밖에도 권6, 「權旣明書」로 표시된 여러 통의 서한은 權哲身과의 격렬한 禮論 토론이었고, 권7에 보이는 「安正進(景漸)」 등 17명에 보낸 서한의 내용도 거의 전부가 經學에 관한 問答記錄이었다.

紀年	年譜上의 表示	年齡
1747. 9	上星湖先生(冠禮問答)	36
1747. 12	上星湖先生(論卦變之說)	〃
1749. 1	承星湖先生書(論輶晦)	38
1751. 2	上星湖先生書(質問家禮)	40
1751. 4	上星湖先生書(論卦爻辭義 及 讀書之法)	〃
1752. 5	上星湖先生書(孟子七篇質義)	41
1753. 12	上星湖先生書(論綱目筆法之可疑者)	42
1754. 12	撰參判公行狀請誌文于星湖先生	43
1755. 2	請參議公誌文于星湖先生	44
1757. 3	上星湖先生書(論臣民服制書)	46
1757. 7	星湖先生書製送順菴記	〃
1757. 7	上星湖先生書(論西洋學術之非)	〃
1758. 1	上星湖先生書(論婦女首飾)	47
1758. 3	上星湖先生書(論鬼神之理)	〃
1759. 1	上星湖先生書(論易先後天之義)	48
1759. 11	上星湖先生書(論引國音韻古今曆法)	〃

한편 윤동규·신후담 등과 더불어 성호의 고제였던 안정복은 35세가 될 때부터 52세까지, 그의 학식이 가장 진전되던 중년기 16년 간 스승과 학문적 교정交情의 기회를 가졌으며, 이로 인하여 스승 성호의 서학 취미가 제자에게 영향을 준 바가 컸다.

안정복 자신이 그의 저서 『천학고』에 쓰기를,

서학서는 선조 말년에 이미 우리나라에 들어와 고관이나 학문하는 사람 가운데 이를 보지 않은 이가 없었다. 그들은 서학서를 제자諸子나 도불道佛 관계의 서책과 같이 여겨 서재에 비치해 두고 완상玩賞하였다.[11]

라고 수기手記한 바 있으니, 안정복도 학문하는 사람으로서 이러한 사회 풍조에 학구적 자극을 받았을 것이다.

한편 정약용丁若鏞도

신이 서학서를 처음 본 것은 약관의 나이 때이며, 그 무렵 서학서를 가
까이함은 하나의 풍기였다.[12]

라고 적고 있다. 서학 연구가 하나의 '풍기風氣' 즉 유행이었기에 안정복도 서학
서를 가까이하였던 것이다. 당시 서학열은 안정복과 같은 파당인 남인 소장인
물 중심으로 번지고 있었던 것이다.

스승 성호와 제자 순암 사이에는 서학을 논한 편지가 여러 통이 있었다.[13]
안정복은 『변학유독辨學遺牘』[14]이라는 한역서학서를 입수하여 읽어 본 후 스승
성호에게 "선생님께서도 이 책을 읽어 보셨는지요?"라고 문의드리는 한편 자랑
했던 것이다.[15] 이처럼 안정복은 열심히 서학서를 구하여 독파하기에 힘썼던
것이다.

한편 안정복은 말년에 서조수徐祖修가 중심이 되어 성호가 지은 『사설』을 비
방한다는 소식과 성호의 서학관을 공격하고 있다는 내용을 담은 제자 황덕길黃

---

11 『벽위편』 권1, 4장 후엽, 「천학고」. "西學書 自宣廟末年已來于東 名卿碩儒 無人不見 視之
如諸子道佛之屬 以備書室之玩."
12 『정조실록』 권46, 정조 21년 6월 庚寅. "臣之得見是書 蓋在弱冠之初 而此時原有一種風氣."
13 『순암집』, 「연보」, 영조 33년 7월.
14 『辨學遺牘』은 Matteo Ricci가 1609년에 북경에서 출판한 천주교 護敎論서이다. 이보다 앞서
마테오 리치가 북경에서 간행한 天主敎書 『畸人十篇』·『天主實義』에 수록된 불교에 관한
기술 내용을 가지고 유학자 虞淳熙, 불교인 蓮池和尙 등이 논박하는 글을 발표하자, 그들의
논설을 반박하기 위해 천학 호교론서로 『변학유독』을 편수·간행했던 것이다.
15 『순암집』 권2, 書의 「上星湖先生別紙 丁丑」에 "辨學遺牘者 卽 蓮池和尙與利瑪竇論學書也
… 先生其已見之否"의 서신 내용이 수록되어 있다.

德壹의 서신을 받은 후 스승 성호를 적극 비호하고 나섰다. 즉 그의 비난은 부당하고, 성호의 서학론은 서학을 수긍하는 것이 아니라 오히려 "선생이 슬기로움을 밝히는 자세로 힘써 공부하고 탐구한 것은 공맹정주孔孟程朱의 학學을 높이기 위한 것이고 이단잡학異端雜學을 물리치기 위한 것"이었다고 답서하였다.[16] 이러한 그의 서신은 물론 그가 존경하고 따르던 스승에 대한 세간의 비난이 옳지 않은 것임을 바로잡고자 한 노력이었던 것이다. 안정복의 서학을 대하는 태도와 스승 성호 선생에 대한 믿음을 엿볼 수 있는 부분이라 할 수 있다.

순암 안정복의 학문은 『동사강목東史綱目』・『열조통기列朝通紀』 등의 사서史書로 대표되는 학문이었으니 후학들은 안정복을 우리나라에서의 '실학사학'의 태두로 간주하고 있으나, 그는 경학經學・예학禮學의 대가이면서 서학 연구에도 힘쓴 박학다식한 석학이었으며, 성호 선생으로부터 영향받은 바 컸던 인물이다.

3. 『천학고』・『천학문답』

순암이 서양 학술을 이단으로 규정하고, 이에 관한 자신의 서한을 성호 선생에게 올린 것은 그의 나이 46세 때의 일이었다. 안정복은 자기 서한에 "서양서를 가까이하며 읽어 검토해 보니 그 주장은 비록 근본을 자세히 살펴 조사하여 밝힌 것이라 하더라도 필경은 이단지학異端之學입니다" 하고 스승에게 상서했던 것이다.[17]

안정복의 학문이 원숙해지는 것은 영조 22년 안산 성촌星村에 살던 이익 선생에 사사하면서부터였다고 할 수 있다. 이후 성호 선생과 교환한 서한의 내용

---

16 『순암집』, 「연보」, 정조 12년 戊申 6월 答黃生德壹. "先生以名睿之姿 加勤篤之工 所尊者孔孟程朱 所斥者異端襍學."
17 『순암집』 권2, 書, 「上星湖先生 別紙 丁丑」. "近觀西洋書 其說雖精覈 而終是異端之學也."

을 보거나 또는 그간에 저술한 책 서목을 보아도 안정복이 경학과 역사학에 힘쓰는 동시에 청국에서 도입된 한역서학서를 가까이하고 연구하여 그 나름으로 일가견을 이루게 된 것은 이 무렵부터의 일로 추찰된다.

순암이 『천주실의天主實義』·『기인십편畸人十篇』·『변학유독辨學遺牘』 등의 한역서학서를 열독 연구하고 "선교사들의 서학설은 비록 정책하더라도 결국은 이단지학"으로 단정한 그의 생각은 그가 정조 15년 7월 나이 80으로 종생할 때까지 변함이 없었다. 순암의 이러한 서학관은 그가 고령이면서도 그의 온축을 다해 저술한 서학론서인 『천학고』와 『천학문답』에 집약된 것이나, 한편 동학과 주고받은 서한을 통하여서도 그 논지에 접할 수 있다.

1) 『천학고』

순암이 노령의 나이에도 『천학고』와 『천학문답』을 편술하게 된 사정과 편술 목적은 그의 서학론서인 『천학고』 초두에 기술되어 있는 서문적인 글에 잘 나타나 있다.

그 서문적 글의 내용을 문단 순서에 따라 항목을 세워 요약 정리해 보면 다음과 같다.[18]

(1) 서학서는 선조 말년부터 우리나라에 전래되었으며, 벼슬하는 고관이나 학문하는 학자들로서 서학서를 가까이하지 않은 사람이 없었고, 서학서를 마치 유학이나 도교·불교의 서적과 같이 서재에 비치해 두고 독서하고 즐겼다. 서학서에서 취할 바는 상위象緯와 구고句股의 기술뿐이다.

(2) 근래 조선의 한 젊은 선비가 부경사대사신 따라 북경에 들어가 한역

---

18 『순암집』 권17, 雜著에 『天學考』와 『天學問答』의 전문 내용이 수록되어 있다.

서학서를 얻어 가지고 귀국한 후 계묘년부터 갑진년에 이르기까지 젊고 재기가 넘치는 선비들이 천주학의 가르침을 주창하여, 마치 상제上帝께서 이 세상에 친히 오시어 일러 주고 시키는 듯이 하고 있다.

(3) 애달프다. 일생 동안 중국 성인의 글을 읽어 놓고 하루아침에 이교 異教에 이끌려 들어갔으니, 삼 년 동안 공부하고 돌아와 어머니의 이름을 불렀다는 자와 무엇이 다른가. 참으로 안타까운 일이다.

(4) 그래서 나는 지금에 전해지고 있는 기록들을 취해 『천학고天學考』를 지어, 천학이 중국에 전해진 지 오래였고 우리나라에 전해진 것도 오래 전의 일이며 근래에 시작된 것이 아님을 깨우쳐 주려는 것이다.

조선왕국과 중국대륙의 북경을 연결하는 오직 한 가닥의 통로이던 사대사행 路事大使行路를 통해 17세기 초 이래로 사행원들은 진귀한 서양문물을 가지고 중국 선교의 방안을 고민하였다. 서양 선교사와 일부 중국 서학자들은 그들의 선교 대상이 이질문화 세계의 중국인을 의식하고, 서양과 서양문화에 관한 일 가운데 중국 지식인들이 영합될 수 있는 내용을 선정하고, 그 내용을 중국인이 이해하기 좋게 번안飜案 조정하여 한문으로 저술한 이른바 한역서학서漢譯西學書 를 저술하였다. 이것이 계속 조선 땅으로 도입되어 조선사회 한문지식인들 사이에 유포되었으며, 그 일에 자극되어 문화적 호기심에서 한역서학서를 가까이 하는 학인들이 조선사회에 늘어나게 되었다. 청국에서 도입되는 한역서학서의 종류와 수량이 늘어나면서 호기심에서가 아니라 서학서를 연구하는 유학지식 인들이 생겨나게 되었고, 개중에는 자기 소견과 연구 결과를 글이나 책으로 엮어 내는 학자도 생겼다. 나아가 중국에 들어가 중국 교회의 선교사와 접촉하여 서학의 일부인 한역천학서를 조선으로 도입하고 연구한 끝에 신앙으로 수용하여 봉교하는 젊은 학인이 생겨나게 되었다.

정조 7년에 사대사행사로 북경으로 사행하게 된 황인점(정식 직명은 三節年兼謝 恩使 黃仁點) 일행의 서장관書狀官이던 부친의 자벽군관自辟軍官으로 북경에 갈 수 있 었던 이승훈李承薰은 북경에서 정식으로 천주교인이 되어 귀국한 후, 이벽李檗·

정약종·권철신·권일신 등과 수도 한양에 천주신앙공동체를 이루고 천주신앙을 봉행하게 되었다. 그 일로 말미암아 사회적으로 물의가 일어나고, 정부는 금압 조치를 취하게 되었고, 나아가 박해로 대응하게 되었다. 이런 사태를 염려하게 된 순암 안정복 선생은 천학이 당·원대에 중국에 전해진 일이 있으며, 우리나라에 그 가르침이 전해진 것도 요사이의 일이 아니며 천주학이 알려진 것도 오래전의 일임을 밝혀, 천교 신앙운동에 관계하고 있는 소장인사들의 과오를 깨우쳐 주는 동시에, 사회적으로 서생들을 교도하기 위해『천학고』와『천학문답』을 저술하게 되었던 것이다.[19]

안정복은『천학고』첫머리 글에 이어, 애유락艾儒略(Julius Aleni)의 한역서학서인『직방외기職方外紀』에 실려 있는 여덕아국如德亞國(유대)이 천주강생 부활의 역사가 전개된 나라임을 소개하고, 이마두利瑪竇(Matteo Ricci)의『천주실의』를 인용하여 예수 그리스도인 야소耶蘇가 정녀잉태貞女孕胎의 방법을 택해, 한나라 애제哀帝 원수元壽 2년 경신 동지 후 3일에 강생降生하였다가 홍화弘化 33년에 부활·승천하였다고 소개하였다.

이어 순암은 실학사학자의 진면목을 발휘하여 중국 역대의 역사서 11종(『한서漢書』·『열자列子』·『통전通典』·『후한서後漢書』·『북사北史』·『속통고續通考』·『자치통감資治通鑑』·『홍서원시비서鴻書原始秘書』·『오학편吾學篇』·『명사明史』·『경교고景教考』와 전목재錢牧齋의『景教考』, 고염무顧炎武의『일지록日知錄』등)은 물론, 이수광李晬光의『지봉유설芝峰類說』과 이익이 지은「천주실의발天主實義跋」등 조선 석학의 논설까지 활용하여, 서역西域과 서양 여러 나라의 역사와 신앙생활을 소개하였다.[20]

---

19 山口正之는 그의『朝鮮西教史』, 164쪽에서『천학고』·『천학문답』편술의 목적을 ① 正學의 옹호, ② 남인 援護를 위하여 천주학 박멸을 기도한 것으로 적고 있으나, 남인 원호를 위해서라는 구체적 목적은『천학고』서문에서는 볼 수 없다. 뒤에 논할「權旣明書」·「與樊巖書」등의 서한 글에 보이고 있다.

20 芝峯 李晬光(1563~1628)는 조선시대 학인으로 최초로 西教를 論評하는 記錄을 남겼다. 그는 부견사행원으로 세 차례나 北京을 방문한 바 있는 학자로(1558, 1597년과 1611년), 그의『天主實義』論評은『天主實義』2권의 編目을 소개하고 西洋 風俗을 소개하는 단문의 手記的 기

안정복은 먼저 『한서漢書』·『열자列子』·『통전通典』·『후한서後漢書』를 통해 그 옛날 서방에서 초인적 기적을 행하던 인물이 중국에 온 바 있었음을 알리고, 『통전』·『후한서』·『북사』·『속통고』 등 중국 역사서의 기록을 검토하여 서역 여러 나라의 사정을 설명하였고, 대진국大秦國·불름국拂菻國·대식국大食國·고국苦國·고창국高昌國·조국漕國·강거국康居國·활국滑國·천축국天竺國의 위치와 법속을 설명하고 있다.

당시 서역 각국에 관한 논급論及이 희귀한 우리나라에서 순암의 서역 각국에 관한 기사는 그것이 서역 자체의 역사 해설을 목적한 것이 아니라, 서역 각국의 법속생활을 천주학天主學와 연결시키기 위한 것이었다 하더라도 우리나라에서의 서역사 연구자료적 기록으로 주목할 만하다.

불름국(拂菻國 : 동로마제국)의 법속에는 '부모를 존중하나 부모의 신주에 절하지 않고 혼신魂神을 섬기지 않으며, 오로지 천주를 제사드릴 뿐'이며 7일마다 하루 쉬며 경건하게 지낸다고 소개하고 있다. 한편 대식국 등 여러 나라에서는 신분의 귀천을 막론하고 하루에 다섯 차례 하늘에 예배하며, 전쟁에 나가 적을 도륙하는 것이 천상의 생을 얻는 일이고, 적을 죽임으로써 무한한 복을 얻는다고 적고 있다.

한편 한나라의 반초班超가 감영甘英 장군을 대진국大秦國(동로마제국)에 파견하였으나 목적지에 가지 못하였으며, 대진국은 범절이 바르고 의복이나 거기의車騎儀가 중국 것과 비슷하다고 기록하고 있다. 『자치통감』 기사를 들어, 당나라 무종武宗대에 강행된 박해인 회창법난會昌法難으로 그 당시 당나라에서 행하던 대진大秦·목호穆護·천신祆神 등 여러 종교가 모두 몰락하게 되었으며, 목호란 마니교摩尼敎의 일종이며 불교와 다른 종교였다고 적고 있다. 『홍서원시비서鴻

록이다. 이와 달리 星湖 李瀷은 한 차례도 중국으로 사행한 바 없지만, 그에 앞서 국내로 전해진 여러 면에 걸친 한역서학서를 입수하여 열독하여 분석한 내용 있는 논고문을 발표할 수 있었다.

書原始秘書』의 기사를 들어, 회흘인回紇人은 다만 하늘만을 알 뿐 그 밖의 신이나 부처는 모두 받들지 않는다고 소개하고 있다. 명나라 가정嘉靖연간에 정효鄭曉가 지은『오학편吾學篇』을 이용하여, 회회교回回敎는 모하맥덕摹罕驀德(Mahomet)으로부터 비롯된 것이며, 선덕宣德연간(1426~1435)에 천방국天方國을 따라 중국에 조공해 왔고,『명사明史』에 기록된 바에 따라, 명나라 신종神宗 만력萬曆 29년에 서양의 그리스도교 선교사 이마두利瑪竇(마테오 리치) 신부가 천진세감天津稅監 마당馬堂의 주선으로 중국 황제에게 예물을 올리고 북경에 들어왔는데, 황제가 주위의 추방 의견이 있었는데도 그를 북경에 머물게 하여 중국 천주교 가 북경에서 개교된 경위를 적어 놓았다. 또한 청국의 학자 전목재錢牧齋의『경교고景教考』를 인용하여, 서양 선교사들이 지은 글 가운데 잘 풀이되고 취할 만한 것이 있다 할지라도 그들의 행하는 바는 서양 오랑캐들의 짓에 불과하며, 경교를 불교의 한 가닥이라고 단정했다. 고염무顧炎武의『일지록日知錄』기사를 들어, 이마두 신부가 명경明京에 머물고 그들의 종교를 전교한 것과 비슷한 일이 당나라 현종玄宗 개원開元 7년(710)에도 있었다고 기록하고 있다. 중국에서 천주학의 연원은 마테오 리치 신부의 청국 개교보다 훨씬 이전의 일임을 다시 생각하도록 지적했다.[21]

순암 선생은 천주학 동래의 역사를 고증하기 위해 중국의 역사 기록만이 아니라 우리나라 선학들의 글을 이용하는 한편, 이익李瀷 선생이 지은「천주실의발天主實義跋」이라는 글을 순암 선생 자신의 저서『천학고』끝부분에 수록하여 소개하였다.

---

21 635년 페르시아 지방에서 유행하던 그리스도 교회의 한 파인 네스토리우스파의 선교사 오라폰(阿羅本)이 당나라에 입국하여, 재상 方玄齡의 주선으로 수도 長安에 波斯寺(후에 大秦寺로 개명)라는 敎堂을 건립하고, 선교사 21명이 당나라에 駐留하며 중국사상 처음으로 景敎라고 불리는 네스토리우스파의 그리스도 신앙 傳敎活動을 폈다. 당나라에 대진국 경교가 크게 유행했던 사실은 1625년 長安에서 발굴된 '大秦景敎流行中國碑'로 그 사실이 실증되었다.

『천학고』는 천주학의 중국 전래 연원淵源을 고찰한 논설문이다. 여러 나라의 역사적 기록을 들어가며 천주교의 역사와 교리를 논한 순암의 글이다. 이 글의 논자 순암 안정복 선생은 조선의 일부 소장학자들이 신학新學으로 알고 가까이 하고 열심히 믿고 있는 천주학은 중국 한나라·당나라 시대에 이미 중국에 전해지고 유행된 일이 있었던 일임을 밝혀 주려고 저술한 논고서이며, 자기와 같은 시대에 살던 조선의 학인들이 천주교를 제대로 이해하는 데 도움을 주고자 엮어 낸 천주학 논고의 연구서였다.

2) 『천학문답』

『천학고』는 안정복에 의해 휘집된 사료집史料集 성격을 지닌 천주교사관계 논저였다. 이에 비해 『천학문답』은 안정복의 서학관이 여러모로 반영된 척사론서斥邪論書이자 위정론서衛正論書인 점이 다르다. 순암 안정복 선생은 18세기 조선사회의 한학자이며, 이른바 조선 후기의 실학사가였다.

그는 천주학이 그릇된 사설임을 밝혀 후생들을 바른 길로 인도하기 위해 천주교설을 소개하면서 비판하는 천주학 논설서인 『천학고』와 더불어, 천주학의 문제를 분절하여 모두 31개의 문제로 나누어 하나씩 묻고 답하는 형식으로 『천학문답』이라는 천학론서를 엮어 세상에 펴냈다. 『천학고』는 논설 전문을 읽어야 천주교가 사학邪學의 가르침이라는 것을 알 수 있도록 꾸며진 척사론서인 데 비해, 『천학문답』은 천주교의 주요 교리를 분절하여 문제를 풀어 가며 검토하고 마침내 천주교의 가르침이 사학임을 수긍하도록 엮은 문답론서이다. 전자는 포괄적 이해의 방법으로, 후자는 문제 해설의 집적에 의한 전체 이해의 방법으로 편저된 천학론서이다.

안정복 선생이 이런 문답식의 형식으로 척사론적 천주교론서를 펴낸 데에는, 천주교의 중국 선교에 앞장섰던 마테오 리치가 지어 중국에 펴냈던 천주교론서 『천주실의天主實義』의 방법을 참고한 것으로 이해된다. 천주교의 교리를 소개해 가면서 천주교로 이끌어 들이는 식으로 천주교 수용의 논리를 편 천주론서가 『천주실의』라면, 천주교 교리를 제시·논평하여 천주교 사교론을 편 천학교론서가 안정복 선생의 『천학문답』이었던 점에서, 양자는 매우 대척對蹠되는 천학론서라 할 수 있다.

『순암집』 권17에 수록되어 있는 『천학문답』을 검토해 보면, '어떤 이가 말하기를或曰'의 형식으로, 즉 문제의식을 가진 발문자가 제기하는 31개의 질문에 하나씩 답변하는 식의 글, 문답에 참여한 발문자와 서학 관계 질문에 답한 글과 발문자의 청강 소감과 감사의 글을 합하여 본문으로 묶었고, 그 뒤에 부록으로 성호 선생과 발문자가 추가로 묻는 성호 이익 선생과 천주학 관계를 묻는 두 가지 추가질문에 답하는 글을 하나의 책으로 묶어 『천학문답天學問答』이라는 이름으로 세상에 펴냈던 것이다.

본론 말미에 순암 선생은 "질문자가 물러간 후 문답을 정리하여 『천학문답』을 엮었는데 혹시라도 세상 교화에 보탬이 될까 하여서이다"라고 적고 있는 바에서 순암 선생이 『천학문답』을 편서한 뜻이 천주학의 사학성邪學性을 밝히기 위한 것이었음을 알 수 있다.[22]

안정복의 천학론을 『천학문답』에 의거해 문답을 축조적으로 간단하게 정리 요약하는 형식으로 그 내용을 살펴보자.

근래의 이른바 천학天學이라고 하는 가르침은 옛날에도 있었는가 하는 질문에 대해 '예전에도 있었다. 하늘을 섬긴다는 사천事天의 가르침은 『서경書經』이나 『시경詩經』에 나오고, 공자를 위시하여 유교 선현들도 언급하고 있는 바다. 유학도 하늘을 섬기는 학문이다(吾儒之學 果不外於事天 - 제1문).

---

22 『순암집』 권17, 25쪽의 글, 「庶幾或有補於世敎耳」.
　　※ 앞으로 『天學問答』의 내용을 逐條的으로 論考하는 동안, 安鼎福의 答辯에 관한 引用史料를 하나하나 脚注하지 않고, 인용되는 사료의 필요한 부분만 ( )에 원문을 표기하고, 그 답변이 몇 번째 질문에 대한 답인가를 '(제5문)'의 형식으로 본문에 間註 표기해 두기로 한다.

그러나 서사西士들이 가르치는 '사천事天'을 물리치는 이유는 유학은 바른데 서학은 간사하기 때문이다(此正彼邪 - 제2문). 서사가 혼인하지 않고 동정童貞의 순결을 지키며 수행하는 동신제童身制는 행실이 돈독한 중국 선비조차 따를 수 없는 것이다(非中國篤行之士所能及也). 그들의 재능과 기술이 뛰어나고, 어느 나라에 가든지 빨리 현지 언어와 문자에 능통하고, 선교 현지에서 관측한 천문 역산이 현지의 사실과 부합되는 등 그들의 기능이 놀랍다. 자연의 지리대세로 따져볼 때 서양인의 인물됨이 기이하고 뛰어나기는 하다. 그러나 지리적으로 천하의 동남쪽 양명陽明한 곳에서 나오는 중국의 인물이야말로 신성지인神聖之人이며, 중국의 학문이 성학聖學이라고 주장하고(제3문), 상제가 내려주신 천명天命(上帝所賦之命)을 일심一心으로 다하면 하늘을 섬기는 도리를 다하는 것인데, 서사西士가 가르치는 바는 종일토록 지난 잘못을 용서해 주기를 간절히 빌며, 지옥의 벌을 면해 주도록 빌어야 하는 것일까(終日懇赦其舊過求免地獄 - 제4문) 하고 반문하며 서학의 가르침은 성학일 수 없다고 단정하였다.

성인지도聖人之道는 하나일 뿐, 어찌 유儒·불佛·도道의 삼교가 있을 수 있다는 말인가. 불교는 서방지교西方之教이며 인륜 천리를 절멸[絶滅倫理]케 하는 것이며, 현세現世에서의 삶의 가르침이 아니니 유교와 같이 볼 수는 없는 것이다. 대체로 서역지방은 예부터 이학異學이 많이 생겨나는 곳인데, 저들이 천天을 들고 나선 것은 천자를 받들며 제후를 호령하려는 생각[挾天子令諸侯之意]에서 나온 일이니, 천의 학이라는 이름을 붙인다 하여도 참된 도나 성교일 수는 없다(제5문). 또한 서사 이외에도 묵자墨子가 하늘을 따라야 한다[順天]고 주장하며, 순천자順天者는 상을 받고 반천자反天者는 벌을 받게 된다고 내세우며 겸애설兼愛說을 주장하고 있다. 서양 선교사들이 내세우는 원한을 잊고 원수를 사랑하라는 가르침[忘讐愛仇之說]은 묵자의 겸애설과 통하는 바이며, 서사의 가르침은 불교의 줄기를 따르는 것이고 묵자의 흐름[墨氏之流]이니, 도道·불佛의 지옥론地獄論을 배격하고 묵자의 겸애지론兼愛之論을 배척해 오던 유가儒家로서 서사의 가르침 또한 잘못임을 밝히지 않을 수 없으며, 불씨佛氏나 묵씨墨氏의 가르침처럼 물리치지 않을 수 없으니 묵가·불가 사상과 같이 사학이라고 단정하였다(제6문).

예수(耶蘇)는 후세의 천당·지옥으로 인간을 가르치나, 성인 즉 유가에서의 가르침도 현세에서의 행도行道할 바를 가르치는 것이라고 안식하고 설사 당옥설堂獄說을 믿는다 하더라도 인간이 현세에서 선을 행하고 악을 물리쳐[爲善去惡] 전덕全德을 다하면 천당에 오르고, 반대로 선을 물리치고 악을 행하여 덕을 그르치면[虧德] 지옥에 떨어진다는 것이니, 현세에서 하는 선의 추구와 실천은 후세의 복을 누리기 위하는 것이 아니냐고 의문을 제시하였다. 즉 유교는 인간당위론人間當爲論적인 선의 실천을 위한 현세에 사는 인간이 하여야 하는 당연한 노력이기에 현세에서의 선을 추구하는 것이나, 서학은 미래의 이득을 얻기 위해 하는 노력으로 간주하고 내세의 복덕福德을 위해 현세에서 위선거악爲善去惡함을 가르치니, 이는 인간의 본성에서 하는 것이 아니라 공리功利적인 타산에서 하는 일이기에 서로 다르다고 보고 서학을 비난하였다(제7문).

천학을 말하고 믿는 자로는 일찍이 중국에 추연鄒衍이 있었고, 우리나라의 허균許筠이 있었다. 허균은 총명하고 문장에도 능했으나 실행失行이 많았고, 천학의 가르침을 실천한다고 남만南蠻과 맺고 난을 일으키려다 주살誅殺되었으니, 새로운 것을 배우고자 하는 자들은 배우기에 앞서 뒤따를 문제를 생각하여야 한다고, 새로운 학문이나 새 도리를 대하는 자세를 교훈하고 있다(學者當卜於學原頭 而察此末流之弊 - 제8문).

서사지학西士之學이 선을 위해 악을 버리라(爲善去惡)는 것을 가르치는 것이니 어찌 그 유폐流弊가 있을 수 있겠는가 하는 물음에 대해서는 선을 행하는 일과 악을 행하는 것이 옳지 않음은 누구나 다 알고 있는 일이다. 세상에 악을 위해 선을 버리라는[爲惡去善] 가르침은 없는 것이며, 위선거악을 내세운다 해도 문제는 그 폐단을 근심하지 않을 수 없는 것이라고 답했다. 공자가 괴력난신怪力亂神을 경계하도록 가르친 것은 기적奇蹟이라는 괴행怪行으로 인심을 현혹시키고 황당함에 빠지지 않도록 하기 위해서였다. 실제로 역사상에는 그러한 예가 많다고 사례史例를 열거하고 있다(제9문).[23]

서학에서 논하는 현세는 우리가 사는 현재 세상이고, 내세는 사후의 세상으로 영혼이 불멸하여 선자는 천당만세의 복을 누리고, 악자는 지옥만세의 학형

虐刑을 받는다는 세상이라고 논하고(제10문), 세상을 중히 여기라는 가르침은 유학에도 있는 바이나 영혼불멸설과 천당지옥설을 사실로 믿어도 되는가의 물음에 대해서는 공자께서는 괴신怪神에 대해 가르치시지 않으셨다. 현세에 대해 가르침을 주시면서 알 수도 없는 일을 가지고 가르침을 주시지 않았다. 성인의 학은 천주구세지학과 다르다, 유학은 하늘을 법 받아 하는 것이니 어찌 천의 뜻을 어길 수 있겠는가, 영혼불멸·천당지옥론은 믿을 수 없는 사설임을 함축적으로 규정하였던 것이다(제11문).

천주교에서 현세를 괴로운 고세苦世로, 현세를 잠깐 동안의 세상[暫世]이니 금수의 세상[禽獸之世]이니 하는 서학설에 대해서는, 우리들은 현세에 태어나 살고 있으니 현세를 위해 노력하여야지 그 밖에 무엇을 위해 힘쓸 것인가라고 반문하고, 나아가 옛날 우禹임금도 산다는 것은 현세에 기숙寄宿하는 일이고 죽는다는 것은 다시 돌아가는 것이라고[生寄死歸] 하였으니, 현세가 지나가는 나그네들이 묵고 가는 여관[逆旅]과 같은 존재임은 비단 서사들만이 알고 있는 일이 아닌 것이라고 규정하였다. 한편 상제께서 삼계三界를 조성할 때 양기陽氣는 하강하고 음기陰氣는 상승케 하여 흐린 기운이 섞어지는 가운데[交媾滋氳] 만물이 생겨났고, 가장 맑은 기질[氣質之最淸淑者]을 얻어 인간을 이루게 하였으며, 그 인간에게 만물 가운데 키울 만한 것은 키우고 죽일 만한 것은 잡고 쓸 만한 것은 사용토록 해주셨는데 현세를 금수세[禽獸世]로 단정하고 있음은 있을 수 없는 말[語不成說]이라고 공박하고 있다(제12문).

또한 서사들이 자기 몸을 첫째 원수로 여기고[己身一仇], 세상일을 둘째 원수로 여기며[世俗二仇], 마귀를 셋째 원수[魔鬼三仇]라고 하는 삼구설三仇說을 주장하고 있는 것을 강렬하게 비판하면서 "자기 육신을 원수로 여김은 인륜을 어김이 큰 것[己身爲仇之說 其悖倫大矣]"이라고 꾸짖고 있다. 만일 자기 육신을 원수로 여

---

23 순암은 그 예로 중국사에서 漢의 張角, 唐의 龐勛·黃保, 宋의 王則·方臘, 元의 紅巾賊, 明의 流賊을 들고 우리나라에서는 英祖代의 妖巫인 英武의 예를 들고 있다.

긴다면 "그 육신은 부모로 말미암아 생겨난 것"이기에 결국 부모를 원수로 삼는 일이라고 논하였다. 한편 "세속을 원수로 삼는 일[世俗爲仇]"은 군신의 의리를 끊어 버리는 것이라고 공격하며, 마귀에 관한 주장은 더욱 이치에 맞지 않는 것이라고 비판하고, 유가의 가르침대로 천성을 간직하고 극기克己에 힘쓰면 형기形氣의 욕을 절제할 수 있는 것이라고 주장하고 있다(제13문).

아담亞黨과 에와阨襪에 관한 그리스도교의 인조론人祖論을 배격하고, 인간은 천지가 개벽될 때 음·양의 두 기가 오르내리며 만물이 화생化生할 때 가장 맑은[淸淑] 정기가 모여 생겨난 것이고, 금수와 초목은 더럽고 한편에 치우친 양기[穢陽偏氣]로 말미암아 된 것이라고 하며, '이'라는 벌레는 사람으로 말미암아 생기고[蝨之化生由於人], 초목이나 벌레는 자연 가운데서 생겨나[草本蟲蟻生于其中] 그후 종류가 점차 늘어나고 번성한 것이다. 그런데 어찌 천하의 모든 인간이 아담 한 사람의 자손이라고 할 수 있느냐며 인조론人祖論을 부인하고 있다(大地濟民皆爲亞當一人之子孫 其果成說乎 —제14문).

인조론을 부인한 안정복은 원조原祖·재조설再祖說도 부인하고 있다. 『천주실의』나 『진도자증眞道自證』에 아담이 천주의 뜻을 거슬러 원죄를 지었기에 모든 인간에 화가 미치게 되었고, 천주가 원조를 시험하기 위해 사신邪神으로 하여금 그를 유혹케 했더니 그가 죄를 짓게 되어 지옥 영고永苦를 받게 되었고, 그 자손도 같은 벌을 받게 되었다는 교리를 소개하고 이를 논박하고 있다. 즉 천주가 아담을 인조人祖로 삼았으니 그들이 신성함은 당연한데 무엇 때문에 마귀로 하여금 그를 시험해 보도록 할 필요가 있겠으며, 또 아담이 마귀의 시험에 빠져들어 망녕된 마음이 생기게 되었다면, 천주는 어진 아비[賢父]나 어진 스승[良師]과 같이 아담을 잘 이끌어 주어야 할 것이지 벌을 줄 수는 없을 것이다. 혹 벌을 가한다 해도 그 자손 대대로 벌을 줄 수 있겠으며, 인간 세상에서의 죄도 자손에 미치지 않는 것인데, 하물며 영원한 괴로움[萬世之苦]이 인류에 미친다는 것은 하늘을 업신여기는 죄[慢天之罪]를 저지르는 망녕된 설이라고 규탄하고 있다(제15문).

천주가 자비로운 마음을 크게 발하여 친히 내려 세상을 구하기 위해 한 동정녀를 어머니로 삼고 무염시태[無所交感胞胎]하여 세상에 강생하였고, 그 후 다시 하늘로 올라갔다는 『천주실의』의 교설에 대해, 그렇다면 그동안 천상에는 천주가 부재하지 않았겠는가라고 주장하고, 또한 한역서학서인 『진도자증』에 예수가 만민의 죄를 대신하여 십자가에 달려 죽었다는 예수 부활에 대해, 천주요 상제라 할 예수가 어찌하여 '못 박혀 죽음(被釘於十字架而死)을 당했을 것인가'라고 반문하고 있다(제16문). 예수의 일은 이상하기 짝이 없으며, 이런 주장은 석가釋家의 '현성顯聖' 현령顯靈을 위한 작태와 같은 것이니 서교의 설은 이단이 아닐 수 없다고 단정하였다(제17문).

안정복은 천주학은 아침마다 하늘을 우러러보며 천주의 은덕에 감사드리고, 오늘도 망념妄念되지 않고 망언妄言하지 않고 망행妄行을 저지름이 없도록 삼서三誓를 지킬 것을 마음속으로 다짐하고, 저녁에는 땅에 엎드려 스스로 하루의 일을 반성하며 천주의 은혜를 감사드리고, 만약 잘못됨이 있으면 스스로 통회痛悔하고 천주의 자비하심에 용서를 청하는 것이라는, 천주학에 터전한 신앙생활을 유가의 성신지학誠身之學과 같은 것으로 비정하여 유학과 같은 것으로 여기고, 그들의 신앙 행위가 우리 유가의 성훈과 같은 것인가 다른 것인가 하고 반문하고 있다(제18문).

한편 불교가 서교의 가르침에 따라 시작되었다는 일부의 주장에 대하여는 시간적으로 선후를 헤아리지 못한 잘못에서 생긴 주장이라고 한다(제19문). 서양의 역사가 열린 후 3,600여 권의 사기史記가 있다고 하나, 그런 책에 예수의 생을 예언하거나 언행에 관한 기록이 있는지를 찾아보아야 알 것이다. 이른바 경문經文인 성경은 그 가운데 가장 핵심이 되는 내용만을 간추려 수록한 것이라 할 수 있으니, 안목이 열린 사람들이 그것을 읽어보면 중국 성현의 말씀과 견주어 그 우열을 가릴 수 있을 것[有眼者見之 其與吾國之聖人之語 孰優孰劣]이라고 주장하고 있다(제20문).

한편 서양인들이 포교를 위해 험하고 어려움을 마다하지 않고 멀리 이역으로 찾아 나선 일에 대해서는 요진姚秦의 구마라습鳩摩羅什이나 소량蕭梁의 달마達摩 등이 불교를 전교하기 위해 나섰던 일과 다를 수 없으며, 그런 일을 가지고 유자들이 주공지도周孔之道인 유교를 저버리고 그들을 따르는 이유가 될 수는 없는 것이다[豈可使吾儒 舍周孔之道而從之乎](제21문).

서양에서 예수의 가르침을 따르게 된 후 찬시簒弑함이 없고 침범함이 없다는 주장은 역사를 제대로 알지 못해 나온 헛소리이고(제22문), 『기인십편』[24]에 적혀 있는바, 덕으로 원수를 갚고 원수를 원수로 갚지 말라는 말[以德報讐 不以讐報讐]에서 원수를 용서하고 원수를 사랑하라는 예수의 교훈은 묵자의 겸애설과 같은 것이라고 이해하였다(제23문). 중국인이 상제가 천지만물을 이루었음을 이해 못하고 있다는 서사의 주장에 대해서는 해박한 유서儒書의 학식을 종횡으로 운용하여 그것이 옳지 않음을 논박하였다(제24문). 『천주실의』나 『기인십편』 등 서사들이 쓴 글의 내용을 중국 학자들이 믿지 않는 것은 그들의 책이 서양인들만에 의해 제작된 것이기 때문이다(此等書 皆西士設問而自作 故如是耳). 만일 도리를 아는 유생과 함께 더불어 말한다면 어찌 옷깃을 여미고 믿고 따를 리 없겠는가라고 답하였다고 있다(제25문).

천주라는 칭호가 중국 기록에 보이는가의 질문에 대해 순암 선생은 역사가 답게 사료를 천착하여 답하고 있다.

'천주'라는 호칭은 사서四書·오경五經에는 나오지 않으며, 『사기史記』「봉선서封禪書」나 『한서漢書』의 「곽거병전霍去病傳」·「김일제전金日磾傳」 등에 처음으로 사용되고 있다. 그러나 그것은 '서학의 천주'와는 다르게 사용되고 있는 천주였다. 중국에서 조선으로 도입된 한역서학서인 『진도자증』에 예수가 탄생한 후 성모聖母가 예수를 안고 성전聖殿으로 가 천주대전天主臺前에 어린이를 바쳤다[獻於天主臺前]는 내용이 있다. 이런 기록으로 미루어 보아 천주라는 명칭은 예수가 탄생하는 한나라 애제哀帝 이전에 이미 있었으니 예수가 천주가 아님을 알 수 있다[天主之名已在於漢哀之前 已非耶蘇爲天主也可知](제26문).

---

24 『畸人十篇』은 Matteo Ricci가 지은 한역교리서. 중국 역대 賢人 10명의 물음에 마테오 리치가 답하는 형식으로 엮어진 斥佛護西敎書. 1608년 북경에서 初刊.

공자가 "서방西方에 성자聖者가 있어 다스리지 않아도 흐트러지지 않고, 말하지 않더라도 스스로 다스려지니 해산상海山上에 신인神人이 있었다"[25]고 하였는바, 그 성자는 불타佛陀가 아니라 천주를 가리키는 것이 아닐까 하는 물음에 대해, 그것은 열자列子의 황당한 글에 불과하니 취할 바 아니라고 일축하고 있다(제27문). 안정복의 이러한 견해에 대하여 선유先儒의 제사문제 연구로 알려져 있는 현대 한국교회의 주재용朱在用 신부도 서방 성자가 불타일 수 없고, 더욱이 '구세주救世主'에 대한 공자의 예언이라고 봄도 헛된 생각이라고 논하고 있다.[26]

천주학의 영세領洗 절차나 고백告白 규식規式, 입교 후에 다시 죄를 범하지 않을 것을 맹세하고, 세례받고 천주교인이 되면 본 이름이 있으나 세례명洗礼名을 따로 정하는 일 등은 불교에서 하는 것과 같은 일이며, 유교의 입장에서 이를 따를 수는 없다고 타이르고 있다(제28문).

제29항의 문답은 천주교의 영혼론靈魂論에 대한 비판이다. 마테오 리치(이마두)의 생혼生魂·각혼覺魂·영혼靈魂의 삼혼론三魂論과 영혼불멸론靈魂不滅論을 소개하고,[27] 그것이 순자荀子가 "수水·화火는 기氣는 있으되 생生이 없고[水火有氣而無生]", "초목은 생은 있으되 앎이 없고[草木有生而無知]", "금수는 앎이 있으되 의로움이 없다[禽獸有知而無義]"나 "사람은 기氣·생生·지知·의義 모두 있다[人有氣有生有知有義]"고 한 말과 같은 것이며, 영혼이 불멸하다는 설은 불교도 주장하고 있는 일이나 유교가 받아들이는 것이 아님을 밝히고, 삼혼론은 유가설에서도 찾을 수 있으나 영혼불멸은 전혀 수용할 수 없음을 밝히고 있다(제29문).

석전釋奠에 열석하는 성균관생成均館生으로서 "천주교를 받드는 자가 가상假像을 모시고 제사를 모시면 마귀가 와서 제사를 받는 것이지, 공자신孔子神이 제

---

25 『列子』, 「皇帝篇」 제2, 列姑射山. "西方有聖者 不治而不亂 不言而自治 在海山上 有神人焉."
26 朱在用, 『先儒의 천주사상과 제사문제』, 경향잡지사, 1958, 71~72면.
27 『천주실의』 제3편, 「論人魂不滅大異禽獸」.

사를 받는 것이 아니다, 개인 집의 제사도 그러한 것이다. 나는 그것이 그릇됨을 알고 있으나 부득이 전통적 예속을 따르고 있을 뿐"이라고 말하는 선비가 있는데, 이는 서양 신부가 가르치는 바 "착한 조상은 천국에 들어 영복永福을 누리고 있으니 제사를 받지 않으며, 나쁜 조상으로 지옥에 떨어진 자는 비록 원한다 하여도 제사를 받기 위해 올 수 없다"는 말의 영향으로 예교를 해치는 행위를 하고 있다고 지적하고 있다. 그리고 천주교도들이 천주상을 걸어 놓고 예배하며 기도하는데, 그것도 마귀의 가상假像을 모시는 일이 아닌가 하고 반문하였다. 마귀의 변화는 헤아리기 어려운 것이어서 서사西士들이 이것에 현혹되고 있으니 가소롭다(魔鬼之變幻莫測 亦有假善而惑世者以愚下民 而西士惑之而尊崇 豈不可笑哉)고 논평하고 천주교가 제사를 금지하고 있음을 철저하게 규탄하였다(제30문).

마지막 31번째 질문은 마귀라는 말은 도교나 불교는 물론 천주교에서도 사용하고 있는바, 마귀가 무엇이기에 천주는 이것이 행악行惡하도록 놓아 두는가 라는 질문에 대하여, 안정복은 서사의 설을 인용하여 천주교가 천신天神과 악신惡神을 만들고, 천사로 하여금 악신을 지옥에 떨어뜨리게 하여 마귀라 하였고, 그 후 천주가 마귀로 하여금 선인善人들을 유혹하여 시험케 하고 있다고 적은 후, '以下缺'라고 적고 계속 기록이 이어지지 않고 있으니 그 후의 내용을 짐작할 수가 없다(제31문).[28]

31번째 질문의 답 기록이 '이하결以下缺'의 기록으로 중단된 뒤에, '혹왈或曰'로 시작된 글은 질문자에 답하는 문답의 글이 아니라, 그때까지 질문만 해오던 질문자가 하는 발언 내용을 순암 선생이 적은 글이다.

그 발언 내용을 분절하여 정리하면 다음과 같다.

---

28 『순암집』 권17, 「天學問答」에 수록되어 있는 本文에서는 31번 마지막 質問에 대한 答辯記錄 가운데 中間에 '以下 缺'이라는 間註로 기록이 끝나고 있다. 그 뒤에 이어질 기록을 알 수 없으며, 31번째 질문의 답은 未完의 글로 끝맺어지지 않고 있다.

* 선생님의 답론으로 서학이 이단을 하고 있음에 의심이 없어졌다.
* 유학은 명덕신민明德新民의 가르침을 모두 현세의 일로 말하는데, 서학은 위선거악爲善去惡하는 일을 모두 후세를 위한 것으로 말하고 있다.
* 사람이 현세에 태어나 살고 있으니 응당 현세의 일에 힘을 다하여 지선至善을 구할 뿐, 어찌 털끝만큼이라도 후세의 복을 기대하는 마음을 가져서야 되겠는가.
* 이는 그들 학문의 가르침이 사적 욕망에서 나온 것이기에 유자의 공정한 학문과는 다르다.
* 지금으로부터는 응당 선생님의 가르침을 표준으로 삼아 살 것입니다.

이 글은 자기와의 문답을 통해 이단을 깨우치고 서학과 유학에 관해 바르게 이해하게 되었고, 앞으로 선생님의 가르침대로 바로 살기 위해 노력하겠다는 질문자의 솔직한 다짐의 말이기에 순암 안정복 선생의 마음은 흡족했으리라. 그러기에 순암은 객의 이야기를 듣고 만족의 웃음을 지을 수 있었고(余聞而笑之), 객이 물러나자 곧 객과 교환한 한 문답을 문장으로 정리하여 혹 세교世教에 도움이 되기를 바라며 『천학문답』을 세상에 펴내게 되었다고 적고 있다.[29]

『천학문답』에는 이상 31개의 문답과 질문자의 다짐을 기록하여 꾸민 본론 글 말고도, 객이 말하는 두 가지 질문에 답한 기록이 부록으로 수록되어 있다. 부록의 글은 성호 선생과 서학관계에 관한 두 가지 질문에 답한 내용의 글이다.

부록은 성호 선생을 서학도로 비난하는 일에 대해 성호 이익 선생을 감싸는 백암 선생의 변호적 성격의 글이다. 성호 선생의 입장을 밝히기 위해 안정복은 스승 이익과의 문답 내용을 소개하고 있다

---

29 『순암집』권17, 「天學問答」, 26葉의 글 "自今當以吾子之言爲正 余聞而笑之 客退而書其問答爲此文" 참조, 순암 선생은 「천학문답」을 글로 정리한 날을 글 끝에 '乙巳嘉平日' 즉 1785년 12월이라고 적어 놓았다.

당시 이익에 가해진 비난은, 일찍이 이익도 서학을 실천한 일이 있으며, 이마두 즉 마테오 리치를 성인이라고 불렀다는 것이다. 안정복은 성호 선생을 변호하기 위해 그가 처음으로 스승과 만났을 때의 일을 적고 있다. 즉 경사經史를 담론한 끝에 서양의 학문에 관해 의견을 나누었는데, 성호 선생이 "서양에는 이인異人이 많으며, 그들은 천주天主·추보推步·제조製造·산수算數에 뛰어나나, 그들이 믿고 있는 삼혼설·영혼불멸설·천당지옥론 등은 모두가 이단이고, 천주학은 불교의 한 가닥이며 자기가 믿는 바 아니라"고 하였다고 증언하고 있다. 한편 성호 선생은 "한역의 서양 윤리서인 『칠극七克』[30]에는 때로 뼈를 여위는 것과 같은 내용도 있으나, 결국 '문인재담文人才談'이고 '소아경어小兒警語'로 취할 것이 못 된다"고 논평하였고, 서학이 가르치는 바 "'위선거악爲善去惡'하라는 교훈은 유가에도 있는 것이 아닌가"라고 말하였다고 적고 있다. 성호 선생은 『천주실의』의 발문跋文을 지으셨는데, 자기와 교환한 문답과 「천주실의발天主實義跋」을 음미해 본다면 과연 성호 선생이 천주학을 신봉한 분이라고 비난할 수 있겠는가 하고 반문하고 있다. 성호 선생을 천주학을 따른 자라고 비난하는 사람들은 무식소배無識少輩들이며, 그 자신들이 성호 선생과 같이 천주학에 들어갔다는 것을 강조하려는 데 그 숨은 의도가 있다고 지적하였다. 안정복은 자신이 살아 있는 동안에 스승의 누명을 밝혀야지, 그러지 못하고 죽으면 후생들이 성호 선생을 그릇 인식할까 봐 변명의 글을 초하게 되었노라고 답하여, 자기 생각을 솔직하게 밝혀 두었던 것이다.

한편 성호 선생이 이마두를 성인이라고 불렀다는 비난에 대하여는 '성聖'이란 여러 가지 뜻을 가진 어구로서, 고인古人은 '성'을 '통명지성通明之聖'과 '화지지성

---

30 『七克』은 Pantoja(龐迪我) 신부의 저서이며, 7권이다. 傲·妬·貪·忿·饕·淫·怠의 罪宗 7枝와 그 극복의 길을 논한 한역서학서이다. 『칠극』은 1604년 중국에서 간행된 후 『天主實義』와 같이 일찍이 조선사회로 도입되어 조선사회 한문지식인들이 가까이 한 한역서학서이다.

化之之聖'으로 나누는데, 성호 선생이 그 어느 뜻으로 이마두를 성인이라고 하였는지 기억이 잘 나지는 않으나, 가령 그런 말을 하였다면 재식才識이 통명通明하다는 뜻으로 쓴 데 불과할 것이니, 어찌 이마두를 요堯·순舜이나 주공周公이나 공자孔子와 같은 성인에 비정했을 것인가라고 했다. 그리고 성호 선생이 비록 성인이라는 표현을 사용하였다 해도 문제될 것이 없는 일이라고 적고 있다.

안정복은 『천학문답』을 통하여 천주학의 기본 교설인 인간창조론·원조재조론·야소구속론·삼혼론·영혼불멸설·천당지옥론이나, 수도방법이나 동신제의 문제를 유학에 입각하여 다각적으로 검토하고 비판한 끝에 유학만이 정학임을 다시금 천명하였다.

순암 선생의 이러한 벽이闢異 논설은 그의 뒤를 이어 제기되는 조선 후기 사회의 벽사위정闢邪衛正의 척사론斥邪論의 이론적 배경으로 영향을 준 바 크다.

4. 순암의 서한

『순암집』 권2에서 권10까지의 '서書'에 수록된 많은 서한은 비단 그의 천학관을 연구하는 자료가 될 뿐만 아니라 안정복의 경학·예학·사학 등 그의 학문 전체에 대한 연구에 기본자료가 될 것이다. 그가 친지·사문師門과 교환한 서한은 저술서에서 볼 수 없는 친근감을 주는 생생한 서한이고, 그의 인간성이 내포된 글이기에 더욱 사료적 가치가 높다고 할 수 있다. 순암의 서한은 그 일부가 「연보」에도 실려 있다. 『순암집』에 보이는 그와 서한을 교환한 인사는 수십 명에 이르고 있으나 특히 스승인 성호 선생과 동문인 소남邵南 윤동규 尹東奎, 기명既明 권철신權哲身과 교환한 것들이다.[31]

---

31 『순암집』의 書篇인 각 권에 수록된 서한의 인명을 보면 권2 「星湖先生往復書」, 권3 「邵南 尹丈(東奎)書」, 권4 「貞山李景協(宗休)書」 등 4명, 권5 「樊巖蔡伯規(濟恭)書」 외 15명, 권6

순암이 광범위하게 교환한 서한에서 그의 천학관의 편모를 찾아보자.

순암과 서학관계의 의견을 교환한 인사는 그리 많지 않다. 『순암집』에 수록된 서한 내용을 보건대, 성호(이익)·간옹艮翁(이헌경)·번암樊巖(채제공蔡濟恭)·복암伏菴(이기양李基讓)·녹암鹿庵(권철신)·신수莘叟(황덕일黃德壹)·척암瘠菴(이기경李基慶) 등이 비교적 장문으로 그와 서학을 논했음을 알 수 있다.

영조 33년에 안정복은 『천주실의』·『기인십편』·『변학유독』 등의 서학서를 검토한 후 스승 성호 이익 선생에게 "近觀西洋書 其說雖精覈 而終是異端之學也"[32]라고 그의 천주학 배격의 태도를 밝히고 있다. 한편 천주학에서의 수신修身은 유학의 '수기양성修己養性'이나 '행선거악行善去惡'과 달리 천주의 심판 때문에 하는 것이며, 천주교에서 말하는 지옥은 사옥私獄에 불과한 것이고, 그 지옥이 생기기 전에는 악한 자들도 지옥의 영고를 받지 않았을 것이니, 천당·지옥이 생기기 전에 천주의 상벌을 베풀 곳이 없지 않겠는가고 반문하였다. 또 『변학유독』을 소개하면서 스승에게 그것을 보셨는지 물으며, 『천주실의』에 있는 "군君다운 군주가 있으면 신臣다운 신하가 있고, 군다운 군주가 없으면 신다운 신하가 없다[有君則有臣 無君無臣]"라는 구절을 가지고[33] 그것이 기氣가 리理에 앞서는 설[氣先於理之說]과 같은 논의가 아닐는지 거기에 대한 의견을 묻고 있다.

다음해 영조 34년 스승과 주고받은 편지에서 귀신론과 영혼론에 관해 논의하고 있다. 안정복은 천지지귀신天地之鬼神, 인사지귀신人死之鬼神, 백물지귀신百物之鬼神의 삼귀三鬼 가운데 인사지신人死之神에 대한 일이 가장 알아듣기 어렵다고 전제한 다음, 유가에서는 기氣가 모이면 생生하고 흩어지면 사死하여 공무空無에 돌아간다[氣聚則生 散則死 而歸於空無]라고 가르치고, 천주교에서는 기가 모여 사

「權旣明(哲身)書」 등 4명, 권7 「丁器伯(載遠)書」, 권8 「李士興(基讓)書」, 권9 「鄭子尙書」 등 19명 서한을 주고받았음이 파악된다.

32 『순암집』 권2, 書, 「上星湖先生 別紙 丁丑」.

33 『천주실의』 상권, 제2편. "解釋世人錯認 天主太極與理 不能爲物之原."

람이 되고 이미 사람이 된 후에 따로 하나의 영혼을 가지게 되는데, 죽어도 흩어지지 않고 본신本身의 귀신이 되어 오래도록 존재한다〔氣聚爲人 旣而爲人之後 別有一種靈魂 死而不滅 爲本身之鬼神 終古長存〕고 하였다. 불교에서는 '사람이 죽어 귀신이 되고 귀신이 다시 사람이 되어 윤회함이 그치지 않는다〔人死爲鬼 鬼復爲人 輪廻不已〕'라는 말을 그 나름대로 논하고, 특히 천주교의 교설에 관하여는 인간의 영혼이 천당·지옥의 응보를 모두 받는다면 예로부터의 귀신이 무수할 터인데, 천당은 지극히 광활하다고 하나 혹시 모두 수용한다 하여도 지옥은 그 지경이 삼만리三萬里라 하니 어찌 모든 귀신을 수용할 수 있겠는가 하는 의문을 제시하고 있다. 또한 '천하지도天下之道'는 둘이 아니라 하나뿐인 것이니 유학의 가르침 이외는 모두 이단〔儒外皆異端也〕이라고 그 나름대로 결론짓고 성호 선생의 교시敎示를 구하고 있다.

정조 갑진년 즉 정조 8년 부연하여 북경에서 정식으로 천주교인으로 입교수속을 취한 후 귀국한 이승훈이 이벽·권일신 등과 천학을 학문으로서가 아니라 신앙 실천 활동으로 바뀌게 되자, 안정복은 그들의 장래를 우려한 나머지 다음 해인 을사년에 『천학고』와 『천학문답』을 저술하여[34] 그들의 미혹을 학문으로 깨우쳐 주는 한편, 장문의 서한을 녹암 권철신에게 보냈다.

권철신權哲身의 경학의 공이 이루어지지 못하였다는 고백과 서학의 대략을 전하는 답서를 받자, 안정복은 후학은 성현의 유훈을 읽어 그 뜻을 궁리하여 실천적 행동으로 옮기려는 노력을 다함이 우리들 유가의 법문法門임을 밝히고, 문의文義가 얽혀 돌아감으로써 면학의 소득을 얻지 못함은 명선明善 성신誠身의 뜻을 제대로 밝히지 못함에 있는 것이니, 그 잘못된 원인을 안다면 마땅히 전력을 다해 면학에 힘쓸 것이지, '경학지공經學之功'을 버리고 큰 죄를 범하여야 하겠는가라고 충고하였다. 한편 천주학에서 침묵으로써 스스로 몸을 닦아〔默以自修〕 대죄大罪에 빠지지 않도록 한다는 것은 불교에서 조석으로 면벽〔面壁朝夕〕

---

34 『순암집』, 「연보」, 정조 9년 을사 3월.

하며 불경을 염하고 불전에 지옥가기를 면해 주도록 비는 것과 다름이 없는 잘 못된 일이라고 설파하였다.

안정복은 권철신에 대해 재차 충고를 한다. 즉 아직 유학의 참뜻을 깨닫지 못하였다면 그것은 자기의 잘못이니, 이를 극복하기 위해 더욱 노력하여야 한 다고 타이르고 있다. 또한 천주학이 불교의 한 변명變名이며, 그것의 어리석음 은 천당지옥론·귀신론이나 군신·부자·부부의 윤리가 없다는 데 있으며, 십 계十戒 가운데 칠계七戒는 유가의 사행四行이나 다름이 없는 것이라고 강조하는 한편, "양학洋學이 크게 번성하여 누가 그 으뜸이고 누가 그 다음이며, 그 밖에 이에 물든 자가 얼마인지 모른다洋學大熾 某某爲首 某某次之 其餘從而化者 不知幾 何"라는 말이 나돌고 있으니, 참으로 한탄스러운 일이라고 탄식하고 있다. 또 양학을 받드는 사람들에게 "너희들이 평소 불교를 배척하면서도 손을 모은 채 지금에 이르렀으나 곧 특별한 기록이 있어 가히 사람들을 동하게 하고 있으니" 천주교인들이 보고 있는 서책을 보여 주도록 요청하였다. 그러나 그는 예교의 요지樂地를 버리고 천당에 영생을 비는 어리석은 일에서 벗어나야 한다고 간곡 하게 타일렀다.

갑진년에 안정복은 3차로 근 2,600여 자에 걸친 장문의 서한을 작성하여 권 철신에 송신하였다. 이 서한에서 천학의 가르침은 구구절절 서학이 잘못된 것 이며, 이것을 받드는 무리들에게 닥쳐올 장차의 앙화怏禍를 경고하였다.[35]

이 장문의 서한 내용은 그의 『천학문답』 내용을 편지체로 옮겨 천학부정론 을 편 것이라 하겠다. 그 내용을 분절하여 항목별로 요약하면 다음과 같다.

1. 서사들의 말은 비록 장황하고 박식하다 하여도 전적으로 석가의 가르침 을 조잡하게 따른 것都是釋氏之粗迹]이고, 선가의 정미精微한 이론의 반에 도 미치지 못하는半未及禪家精微之論] 것이며,

---

35 『순암집』 권6, 29엽~35엽, 「與權旣明書 甲辰」.

2. 서사지학은 불교나 도교보다 시간적으로 후에 생겨난 것인데 이를 능가
   하기 위해 천주를 들고 나왔고, 이런 일은 "천자를 끼고 제후를 호령하고
   자 하는 야심[挾天子令諸侯之意]에서 나온 것이며,

3. 서학지서西學之書에는 언행에 잘못이 많으며[瘡疣百出], 또한 황당한 주장이
   있어 성현의 뜻을 거스르는 설이 한두 가지가 아닌데, 이는 진덕眞德이 무
   엇인지를 알지 못한 데서 나오는 것이며,

4. 『시경詩經』에 상제 성인의 말씀[上帝聖人之言]이라 하였고, 또한 문왕文王이
   혼령은 하늘을 오르내려 상제의 곁에 계시도다[文王陟降 在帝左右]라고 하였
   으며, 『서경書經』에 여러 선철왕先哲王은 하늘에 있다[多先哲王在天] 하였으
   니 우리 유가에서도 천주나 천당의 기원을 찾을 수 있으며,

5. 서학에서 주장하는 지옥의 형벌은 수긍할 수 없으며,

6. 영혼불멸설도 그저 흐리멍텅할 뿐인 누설이고,

7. 천당이 있으니 악을 벌하는 지옥도 있다고 할 수 있을 것이나, 그 누가
   천당·지옥을 본 일이 있는가,

8. 주경主敬·함양涵養에 힘씀으로서 상제를 높이 섬기는 유가의 행위는 천주
   학에서 상제를 사주私主로 삼고 하루 다섯 번 하늘을 우러러 예배하며, 7
   일에 하루 대소재大小齋를 지키고 밤낮으로 죄과를 면해 주도록 간절히 구
   하는 것과는 아주 다르며,

9. 천주학에서 현세를 잠세라 하고, 후세의 천당·지옥의 화복을 영원한 고
   락으로 받아들임은 어리석은 생각이고,

10. 천주가 상·중·하의 삼계를 창조하였다 하나 상·하계는 현세인으로
    서는 헤아릴 수 없는 주장이고,

11. 중계中界에 사는 사람이 할 일은 '수기치인修己治人'뿐이며, 그것은 모두
    옛 기록에 실려 있으니 그것을 따라 실천할 뿐이지 서학에서와 같은 구
    세救世의 방술은 필요치 않은 것이다.

12. 천주학은 '구세救世'를 내세우나 그것은 자기 한 몸에 관한 일에 지나지
    않은 것이며, 그것이 후세에 끼치는 폐단은 마침내 연사미륵지도蓮社彌勒之

徒와 같이 인심을 미혹케 할 것이다.

이상과 같이 순암 안정복 선생은 천주학에 대한 그의 태도를 요약하고 있다.

안정복은 권철신에 대하여 "그대가 병폐를 안게 된 것은 전적으로 주경主敬함을 다하지 못하는 데 있다[公之受病 全在於主敬未發]"고 지적하고, 정학인 유교를 보다 철저히 하는 것이 유학정신을 더욱 진작하는 것이라고 강조하고 있다. 유교와 도교를 이단으로 배척하면서, 서학을 오히려 진학眞學으로 삼음은[反以此 爲眞學] 선비들의 일대 위기라고 보았다. 또한 우리들은 현세에 생을 받았으니 마땅히 현세의 일에 따를 뿐이고 천당·지옥은 우리가 상관할 바 아니라고 논하였다.

한편 안정복은 권철신에 권고하기를 모모인某某人들이 신학지설新學之說인 천주학을 배워 익히고 있는바, 그들은 모두 공公과 절실한 문도들[公之切友與同徒也]인데, 만일 공이 금압하기에 힘썼다면 어찌 오늘과 같은 사태에 이르렀을까 하고 탄식하면서, 금억禁抑하기를 생각하지 않을 뿐만 아니라 오히려 파문을 일으키고 큰 물결이 일어나도록 돕고[而不惟不能禁抑 又從推波助瀾] 있는 까닭이 무엇인가를 추궁하였다. 나아가 천주학의 일로 앙화가 차차 그 일신에 미치게 될 것을 다음과 같이 경고하였다.

서양에서 일찍이 천주학을 금하고 잡아 죽이기를 천만 인에 그치지 않았으나 끝내 능히 금지시킬 수 없었고, 일본도 역시 천주학을 금하여 수만 명을 잡아 죽였다 한다. 그러니 어찌 우리나라만이 무사할 것이라고 할 수 있겠는가. 하물며 당쟁이 벌어져 피차간에 틈을 엿보며 좋은 일은 덮어 두고 좋지 못한 일은 드러내는 때에, 혹 일망타진할 계책을 꾸미는 사람이 있다면 패가망신하여 이름을 더럽히는 일이 생겨날 때 천주가 능히 구해 줄 수 있을 것인가. 천당의 즐거움이 미치지 않았는데 현세에서의 앙화가 미쳐올까 두려우니 삼가지 않아도 될 것인가, 두려워하지 않아도 될 것인가.[36]

이처럼 음모와 책략에 의해 박해가 벌어질 것을 예견하고, 그 경우에 닥칠 불행을 경고하고 있다. 안정복이 이와 같이 권철신에게 간곡하게 경고한 까닭은 단순히 인자하다는 그의 성품으로 말미암은 행동만은 아니었다. 당쟁으로 발생할 박해가 그가 속하는 당파인 남인파에 닥칠 앙화를 우려하는 데서 취해진 일로 해석되고 있다.[37]

『순암집』권1 '시詩'에 수록된 「聞天學大熾 吾儕中以才氣者 皆入其中 遂口號一絕 示元心」이라는 시제詩題의 짧은 시가 있다. 여기서 '오제중吾儕中'이란 곧 안정복이 속해 있는 남인파를 가리키는 것이다.[38] 사실 권철신·일신 형제, 정약전丁若銓·약종·약용의 3형제나, 이벽·이승훈·이윤하李潤夏 등 천주교 신앙실천의 중심인물들은 모두가 남인계 소장인물들이었다. 안정복은 다음과 같은 점에서 그들의 장래와 자신의 장래에 우려를 느껴 대책을 강구하게 되었을 것이다.

1. 벽사위정정신에 기초하여 잘못된 사교운동에 대해 선배로서 교훈을 주어야겠다는 생각
2. 천주교운동이 당쟁에 악용될 소지가 있으며, 그럴 때 자파 세력인 남인이 치명적 손상을 입지 않을까 하는 우려

---

36 『순암집』권6, 書, 「與權旣明書 甲辰」. "西國嘗禁此學 誅殺不啻千萬人 而終不能禁 日本亦禁此學 誅殺亦數萬人云 安知我國亦無此事乎 況此黨議分裂 彼此伺釁 掩善揚惡之時 設有人爲一網打盡之計 而受敗身汚名之辱 則到此之時 天主其能救之乎 竊恐天堂之樂未及享 而世禍來逼矣 可不愼哉 可不懼哉."

37 李能和, 『朝鮮基督敎及外交史』, 26면에 "目擊同色儕輩之中 多有浸染於天主敎 而逆覩條書 未免遭罹網打之患 不勝憂慮 而先事豫防者歟"라고 단정하였으며, 山口正之의 연구도 이를 추종하고 있다(山口正之, 「近世朝鮮に於ける西學思想の東漸とその發展」, 『小田先生頌壽記念朝鮮論集』, 1934.

38 『순암집』, 「연보」, 정조 10년 병오 윤7월 '蔡樊巖書'에 "近來 吾黨之小子才氣自許者 多歸新學"이라고 지적하고 있다. 蔡相도 南人이었으니 同色으로 솔직하게 기록하고 있다.

3. 권철신이 그의 인척(권일신은 순암 선생의 서랑壻郎이었다)인 점에서 오는 육친
   적肉親的 배려

안정복은 그가 읽은 중국인 전목재의 『경교고』[39]의 일절을 들어, "중국의 선
비들이 반드시 천주교를 높이며 믿지는 않을 것이니, 다만 그것을 따르고 믿는
자는 마을의 어리석은 백성들에 불과하며[不過閭巷之愚氓] 중국의 유학자들이 우
민과 같은 일을 저지름은 창피한 일일 것"이라고 논평하고 『천학문답』을 녹송
錄送하여 참고해 주기를 요망했다.

안정복은 따로 남인의 지도자이며 정조의 독상獨相으로 다년간 총애를 독점
하고 있던 채제공蔡濟恭에게도 편지를 보냈다.[40] 그는 이 편지에서 우리 당파의
재사才士로 자처하는 재吾黨小子才氣自許者]들 다수가 신학으로 돌아가 천주학을
진도眞道로 여기고 있으니 보고만 있을 수 없어 자신이 경계를 준 바 있었음[略
施規箴]을 밝히고, 그 결과 끝내 관계를 끊지 못하는 자도 있으나 감히 끊어 버
린 자도 있으니 그들은 '용즉용勇則勇'한 자라고 칭찬하였다. 또한 당파가 함부
로 날뛰는 때에 어찌 관계없는 것처럼 보고만 있을 수 있겠느냐고 항의하며 대
책을 요구하고 있다. 그는 우리 두 사람이 아니고서는 누가 이 일을 담당할 것
인가 하고 자기와 당신이 천주교 배격·억제의 가장 적격자이며, 무거운 짐을
진 자임을 알려 어떠한 조치라도 취해 주기를 바랐던 것이다.

안정복은 이 밖에도 이헌경[41]·이기경[42] 등과 천주학에 관한 의견을 편지로
교환했다. 정조 12년 서조수 등이 『성호사설星湖僿說』을 비방하고 성호 선생이
서학을 하였다고 비난하고 나섰을 때, 안정복은 스승을 아끼는 마음과 위정정

---

39 이 서한에 "昨日柳玉卿錄示 錢牧齋景教考"라 나온다.
40 『순암집』 권5, 「與樊巖書 丙午」.
41 『순암집』 권5, 「答艮翁李參判夢瑞獻慶書」.
42 『순암집』 권8, 「答李注書休吉基慶書」.

신에서 스승을 변호하고 나섰음은 이미 앞서 본론에서 밝힌 바이다. 이러한 안정복의 심정은 그의 문생인 황덕일黃德壹에게 준 편지 가운데 잘 나타나 있다.[43] "『사설』은 성호 선생이 필술한 것으로, 성호 선생이 평소 독서하는 가운데 전기傳記·자집子集·시가詩家·전문傳聞·회해詼諧 등을 취해 틈틈이 적어 권질을 이루게 된 것이니, 특별히 책명을 붙이는 것도 가당치 않다 하여 '사설僿說'이라 하였던 것이며, 한가한 때 특별히 생각하고 적은 것이 아니기에 잘못된 것도 있을 수 있을 것으로 생각된다. 성호 선생께서도 이 점을 생각하여 본인에게 곧 교감하여 정확을 기함이 마땅하다고 말씀 올렸으나 여의치 못하여 그냥 깊이 간직하고 있었는데, 이지승李趾承이 이를 빌어 필사하여 다른 사람에게 알렸으며, 또한 조만재趙萬宰가 안산에서 원양元陽으로부터 원본을 빌어다 전사하여 세상에 유포케 되었다"고 『사설』의 유포 사실을 밝혔다. 또한 성호 선생은 슬기를 밝히는 자세[明睿之姿]를 가지고 힘써 독실하게 하는 노력[勤篤之工]을 다하셨고, 공맹孔孟·정주程朱를 높여 숭상하고 이단과 신학을 물리치며 이학理學의 진수를 여지없이 드러내 밝혔던 것인데, 이를 서학 하였다고 비난하며 공격하고 있으니 가소롭다고 적고 있다. 또한 이런 점은 이미 『천학고』에 밝혀 둔 것이니 재론의 필요가 없을 것이라고 성호 선생에 대한 비방자들을 훈계하였다.

이상 왕복 서한을 통하여 고찰한 바, 순암의 천학관인 『천학고』의 역사적 지식과 『천학문답』에서 볼 수 있는 순암의 서학 이해를 다시 확인할 수 있었으며, 또한 그의 척사사상의 논리구성이 『천학문답』을 벗어난 것이 아니었음도 알 수 있었다. 다만 그의 애서愛婿 권일신의 백형伯兄인 권철신에게 주는 글이나, 동색同色의 위정자 채제공에게 보낸 서한에서 그가 염려하는 것이 무엇인가가 뚜렷이 문필로 밝혀져 있음을 보았다. 순암의 벽곽열闢廓熱, 즉 서학 반대

---

43 『순암집』 권8, 「答黃莘叟書」.

의 척사열이 얼마나 지극한 것이었던가는, 정조 15년 정월에 그가 엮어낸 『천학문답』과 달리 또 하나의 『천학문답』을 지어 서학 반대의 이론을 펴낸 간옹艮翁 이헌경李獻慶의 사망을 당하여 이헌경의 죽음을 비통해하는 순암 선생의 만시挽詩에 잘 나타나 있다.[44]

5. 결어

비록 서양이라는 이질문화 세계의 소산이었으나, 17세기 초 이래 사대외교 관계로 북경을 드나드는 조선사행원들에 의해 조선으로 계속 재래 유입된 서양문물과 한역서학서는 조선사회 지식인들의 호기심을 자극하게 되었다. 가까이하며 검토하고 열독하는 인사들이 늘어나게 되었고, 마침내 청래 서학 자료를 가지고 서학을 연구하는 인사들이 생겨나게 되었다. 서양문물과 한역서학서를 가지고서 이루어진 서학서 검토와 서학 연구로 조선사회에 서학 수용과 서학 배격의 상반되는 두 흐름이 생겨나게 되었다. 이로써 조선 후기 사회는 갈등과 분열의 상황이 생기게 되었다. 이런 상황 가운데 당시 유학의 대가요 역사연구로 고명했던 순암 안정복 선생이 서학의 실체를 알고 그 연구를 토대로 서학 반대론을 펴기 위해 서학 특히 천학天學(천주학) 연구에 나섰고, 그 연구 성과를 기저로 서학개론서라 할 『천학고』와 서학 대화론서라 할 『천학문답』을 찬술 유포하며, 주변 친지나 후생 제자들과 서신을 통해 활발하게 서학을 논하는 활동을 폈다. 그는 천학을 연구함에 있어 사학가답게 천주교 선교사들이 선교의 필요에서 찬술한 이른바 한역서학서는 물론, 중국의 역사서와 조선 측 사료

---

44 『순암집』, 「연보」. 正祖十五年正月 條에 收錄되어 있는 挽詩의 後半部分 一部는 다음과 같다.
"一朝倏忽仙驂遠 不死踽凉淚眼辛 / 異敎喧豗今漸熾 正論闔廓更誰人 / 寥寥獨我成瘖嘿 濟濟羣賢說道眞 / 豈意三韓君子國 居然化作竺西民."

와 선인들의 서학론·천학론을 검토하며 서학을 연구하고 척사론적 서학서를 저술 발표하여, 조선사회 최초로 서학 특히 천주학에 학문적·사상적으로 대응했던 조선 후기의 대학자요 큰 스승이었다.

안정복 선생은 서학의 물적物的 측면, 즉 과학과 기술의 우수성을 인정하면서도 그 심적心的인 면, 즉 천학天學이라는 그리스도교에 대해서는 배격하는 이원적二元的 자세를 취하면서, 전통 유학의 입장에서 서학을 연구하고 주목받는 천학 연구서를 저술하였으며, 주위 인물과 신중하나 활발하게 서학을 논해 온 대학자요 큰 스승으로, 유학의 입장을 고수하며 서학을 연구하고 척사위정적으로 대응한 서학연구자였다.

그는 『천학고』에서 그리스도교가 대진국의 일부였던 유태猶太에서 연원된 것으로 파악하였고, 서학의 중국 전래의 역사를 규명하기 위해 한나라와 수·당·송·명대의 역사적 고전 기록을 섭렵 추적하여, 서학이 신래의 학문이 아니라 훨씬 옛날에 중국으로 동전된 것임을 알게 되었고, 또한 『지봉유설』에 채록되어 있는 이수광李晬光의 이마두利瑪竇에 관한 글과 이익李瀷의 「천주실의발」 등 국내 선배학자들의 기록을 통해 서학의 조선 전래가 근자의 일이 아님을 깨우쳐 서학 실천에 신중을 기하도록 경계하였다. 한편 중국에서 유입된 한역서학서의 내용을 검토하는 연구를 시작했고, 자신의 척사론적 서학 개설론인 『천학고』의 글과 서학의 문제를 축조적으로 대담해 가며 논평하는 『천학문답』을 펴냈던 것이다.

순암의 천학론은 한마디로 벽사위정론闢邪衛正論이다. 그러나 '西學明於物理'라 하여 서학의 물적인 면과 과학기술적 측면의 우수성은 인정하고 있으나, 천학 즉 종교윤리 등 서학의 정신문명 측면의 천주학은 '終是異端'으로 단정하였다. 순암은 천학이 석교釋敎 즉 불교의 한 가닥이며, 당옥론·영혼불멸론·현세잠세론 등은 물론, 그 수도修道·치재治齋의 방법까지도 불교와 흡사한 것으로 파악하고 있었다. 또한 그는 천학의 기본 교리인 인조人祖의 원죄론, 재조再祖인 야소(예수 그리스도)의 구속론, 영혼불멸론, 천당지옥론이나 현세공로의 가치를 부인하였고, 교회제도 면에서는 동신제를 비난하였다. 결국 천학을 현세

부인의 비현실성, 삼구설의 무군무부無君無父의 비윤리성, 마귀론이나 당옥론의 비합리성으로 규정지었으며, 유가의 극기지공克己之工·수신치기修身治己·현세당위現世當爲를 제대로 이해하지 못한 이론이며, 그 입두문로入頭門路부터 잘못된 것이니 배격되어야 한다고 주창하였다.

이러한 그의 천학관은 그가 주변 인사와 교환한 서한을 통해서도 입증된다. 그는 동색인이나 인척인사와는 좀 더 솔직하게 자기가 우려하는 바를 나타냈다. 즉 소장 동색 인물의 천학열이 결국 당쟁을 유발하게 되어 불행이 닥쳐올 것을 경고하고, 그들이 천주 신앙생활에서 회두할 것을 원했던 것이다. 한편 순암 선생은 존경하는 스승 성호 선생을 변호하기에 나서 극력 스승을 방호하는 활동을 폈다.

우리는 순암의 천학관을 살폈고, 그의 인간성의 일면을 살펴볼 수 있었다. 후세에 추앙받는 대학자였으나, 그의 천학관은 결국 유교세계를 탈피한 것이 아니었고, 성리학적 학문관의 입장에서 새로 들어온 천학을 제대로 이해하지는 못하였던 것이다. 천학은 불교의 한 가닥이며 노자·묵자의 겸애설과도 상통되는 이단지교異端之敎이니, 평소 석도釋道를 배척하던 유가로서 마땅히 힘써 천학을 배척하여야 한다는 삼단론적 사고가 그의 천학관 구조의 논리였던 것이며, 그 바탕을 이루는 사상적 배경은 조선 초기부터 조선조 유가를 지배해 오던 위정衛正이라는 척사벽이斥邪闢異의 정신이었다.

끝으로 『천학고』와 『천학문답』을 통한 그의 학문적 벽사론의 확립의 공은 순조 원년 9월에 장령掌令직에 있었던 정한鄭瀚의 상소로 현창되었다. 정한은 순암 안정복 선생의 학문과 엄격한 척사열로 인해 비뚤어진 행동을 하는 자(拒詖放淫者)들이 그 힘을 다 펴지 못하게 되어, 정학을 밝히고 사설이 불 꺼질 듯이 없어지는(明正學 熄邪說) 데 큰 힘이 되었으니 그를 포장할 것을 상소하자, 조정에서는 순암 선생을 광성군廣成君으로 봉군封君하였다. 일부 인사들이 안정복 선생이 자신의 안전을 도모하기 위해 서학배격론을 폈다는 견해는 잘못된 주장이다(『순암집』, 「연보」, 순조대왕 9월의 기사에 의함).

안정복 선생의 학문은 '經經緯而緯史' 즉 경학과 사학이 주였으며, 그의 문로는 '濂洛而關閩' 즉 주돈이周敦頤·장재張載에서 정호程顥·정이程頤와 주희朱熹로 이어지는 정주학이었으며, 그는 퇴계退溪 영남학파계의 유가였다. 그의 천학배격은 성호 선생과 오간 서한을 통하여 알 수 있듯이, 서학연구 초기부터 일생을 마칠 때까지 일관된 것이었다.

그의 문인 황덕길黃德吉이 스승 순암 선생을 위해 찬술한 행장行狀에서, "양명지설陽明之說을 퇴계 선생이 나라를 어지럽게 하는 학이라고 먼저 폐척하였으며, 서학이 나돌자 성호 선생이 그것의 현망眩妄함을 앞장서 물리치게 되었으며 (星湖首斥其幻妄), 순암 안정복 선생에 이르러 서학배격 이론은 더욱 강화되었다"고 배척하기 시작하였으며 그 후 순암 안정복 선생에 이르러 척사론적인 입장이 더 명확하게[益明]되었다고 하였다(『순암집』, 「행장」, 11쪽의 글 참조). 즉 서학 수용사에 있어 이수광은 서학을 소개하였고, 이익은 소개와 더불어 논평하였으며, 순암은 그것이 현망하고 이단에 빠지는 것임을 학문적으로 밝혀 배척을 주장하였다. 그와 동시대인이자 동학도이던 하빈河濱 신후담愼後聃이 『서학변西學辨』을 지어 날카롭게 천학을 비판하였음은 순암보다 시간적으로 앞섰다. 그러나 순암의 그것은 서학 전반에 걸쳐 여러 종류의 한역서학서를 연구 검토하고, 천학 개설서라 할 『천학고』와 구체적으로 천학서에서 문제될 내용을 가지고 문답하는 『천학문답』으로 서학의 이단성을 밝혀 놓은 것이다.

그는 주변 인물과 서한을 통해 서학반대를 제창한 대학자이며, 자신의 연구성과를 가지고 척위론적 서학배격론을 펴, 조선 후기 사회에 큰 영향을 끼친 점에서 선구적인 서학연구자인 동시에, 서학배격론자였던 조선 후기의 실학사가요 경학의 석학이었던 것이다.

안정복의 서교비판

강재언

안정복(호 순암, 1712~1791)은 1740년 10월에 이익을 처음으로 봤을 때로부터 1763년에 별세할 때까지 그에게 사사한 수제자다. 이익은 별세하기 전 해인 1762년에 안정복에게 자기의 『사설』을 산정刪正하여 『성호사설유선星湖僿說類選』으로 편찬할 것을 허락할 정도로 양자간의 사제관계는 특별하였다.[1]

서양의 종교와 학술에 대한 안정복의 관심은 그 스승의 영향이라 하겠으나 서학을 긍정적으로 평가하면서도 그에 대한 연구관심은 거의 안 보이고 신후담愼後聃과 같이 오로지 서교에 대한 비판적인 연구에 집중하였다. 서학과 서교에 대한 그의 이러한 시각은 다음과 같은 짤막한 글 속에 잘 나타나 있다.[2]

---

1 『順菴集』, 「順菴先生年譜」, 영조 38년(1762년) 임오 51세. "十一月編次僿說類編."
2 『順菴集』卷17, 『天學考』.

서양서가 선조(재위 1567~1607) 말년에 동(조선)으로 전래된 이후 명경明卿
석유碩儒로서 보지 않은 사람이 없으나 이를 보기를 제자·도교·불교 따
위를 보는 듯하여 서실書室의 완玩으로 갖추고 있다. 취할 바는 단지 상위
象緯·구고句股의 술術뿐이다.

다시 말하여 17세기 초기부터 각종 서양서가 전래되어 명경석유들 속에 상
당히 보급되어 있었으나 다만 그들은 '서실지완'으로 갖추고 있을 따름이고, 그
속에서 취할 바가 있다면 '상위(천문)·구고(수학)지술'뿐이라는 것이다.

서교에 대한 안정복의 관심이 처음으로 보이는 것은 1757년의 「상성호선생
별지上星湖先生別紙」인데 그가 유교적 입장에서 서교를 집중적으로 비판한 저술
은 1785년에 지은 『천학고』와 『천학문답』이다.[3] 여기서 주로 서교비판의 소재
가 된 서양서는 『천주실의天主實義』를 비롯하여 『기인십편畸人十篇』·『변학유독
辨學遺牘』·『진도자증眞道自證』·『직방외기職方外紀』·『칠극七克』 등이다. 이상 서
양서들 중에서 처음으로 등장하는 『기인십편』·『변학유독』·『진도자증』에 대
하여 간단히 살펴보기로 한다.

『기인십편』(1608년 간刊)과 『변학유독』(1609년 간刊)은 모두 마테오 리치의 저서
로서, 『천주실의』를 부연하기 위한 '영유배불迎儒排佛'의 내용으로 되어 있다.
『변학유독』에서 리치는 우순희虞淳熙(우덕원전부虞德園詮部)와 불교를 논의하고 또
한 천주교에 대한 연지화상蓮池和尙의 비판에 대하여 반박함으로써 천주교와 불
교의 이동異同을 논판하고 있다. 『기인십편』에서도 제1편에서는 이태재李太宰(이
재李載), 제2편에서는 풍대종백馮大宗伯(풍기馮琦), 제3편과 제4편에서는 서태사徐太
史(서광계徐光啓), 제5편에서는 조급간曹給諫(조우변曹于汴), 제6편에서는 이수부李水部

---

3 안정복의 서교관에 대한 연구로서는 이원순, 『조선서학사연구』 중의 「안정복의 천학논고」와
  최동희, 『서학에 대한 한국실학의 반응』 중의 「안정복의 서학비판」, 그리고 심우준, 『순암안
  정복연구』의 제2편 「천주관」 등이 있다.

(이지조李之藻), 제7편에서는 오대삼吳大參(오좌해吳左海), 제8편에서는 공대삼龔大參(공도립龔道立), 제9편에서는 곽모郭某 사士, 제10편에서는 모부인某富人 등 각양한 인사와의 대화를 통하여 배불보유론적인 『천주실의』의 논지를 더욱 분명하게 천명하고 있다. 『진도자증』(1718년)은 프랑스 태생인 야소회사 샤바냑(Emericus de Chavagnac, 사수신沙守信)의 저서로서 불교를 논박하고 천주교의 교리를 해설한 책이다. 그는 1701년에 광주에 도착한 이후 주로 강서지방에서 포교활동을 했고 1717년에 요주饒州에서 사거했다.[4]

안정복은 서교에 관한 서양서를 대하는 기본자세에서 신후담과 같이 엄격하게 유교적인 입장을 고수했다. 그는 이익을 사사하기 전인 1740년에 『하학지남』을 집필하여 자기의 학문적 자세를 천명하였고, 그러한 자세는 세상을 떠날 때까지 변함이 없었다. 그는 「제하학지남題下學指南」의 첫머리에서 다음과 같이 쓰고 있다.[5]

학學이란 지知와 행行의 총명總名이다. 배운다는 것은 성인을 배우는 것이다. 성인은 나면서부터 지知하고 편한 마음으로 행行하니 인륜의 극치를 이룬다. 성인의 도를 배운다는 것은 성인의 지와 행을 구하는 것에 불과하며 일용이륜日用彝倫의 밖에 있는 것이 아니다.

그에 의하면 '하학'이란 고답적인 형이상학적 세계가 아니라 바로 '일용이륜日用彝倫' 속에서 성인이 지와 행을 터득하고 추구하는 데로부터 출발하여 점차로 '상달上達'해야 한다는 견해다. 즉 그는 현실생활과 유리된 '허학虛學'을 배격하고 일상생활 속에서 성인의 가르침을 실천하는 윤리적인 '실학實學'을 주장한 것이다.

---

4 『明淸間耶蘇會士譯著諸要』, 「沙守信」.
5 『下學指南』.

공자는 말하되 '하학이상달下學而上達'해야 한다고 하였다. 하下란 비근한 것을 말한 것이다. 비근하고 알기 쉬운 것이 일용이륜이 아니고 무엇이겠는가. 여기서부터 용공用工하기를 부단히 쌓아 올려 다소 신고辛苦의 경계를 다 겪은 후에야 심心과 체體가 하나가 되어 간난한격艱難扞格의 환患이 없어지고 쾌활쇄연快活灑然의 경지를 보게 됨이 가깝게 될 것이다. 상달이란 바로 여기에 있는 것이다.

그에 의하면 후세의 학자들은 '하학'은 비천하게 생각하고 형이상적인 천인성명天人性命·이기理氣·사단칠정四端七情의 설 따위만 힘쓰고 있으나, 이래서는 종신토록 공부를 하더라도 덕성德性도 불립不立하며 재능才能도 불성不成하여 결국 '학자모양學者貌樣'을 이루지 못하게 된다고 비판한다. 이익은 성현의 가르침에 대하여 일정한 거리를 두고 '자득自得'하기를 강조한 학자다. 이와는 대조적으로 "其所學, 學聖人揶 (…) 學聖人之道, 不過求聖人之知與行", 즉 안정복은 성인의 도를 배운다는 것은 성인의 지와 행을 추구하는 데 불과하다고 하여 그 스승보다 성현에 대한 '의양依樣'의 강도가 매우 높다. 따라서 다음과 같은 평가는 정곡을 찌른 것이라 하겠다.[6]

성호가 서양 학문에서 새로운 지식을 얻고 이를 통하여 종래의 유학적 사고를 과학적 방향으로 전환시키려 하고 있었음에 대하여 순암은 오직 선현의 학문을 성실히 계승하는 입장을 취했다. (…) 그러므로 성호의 문하에 보수파와 진보파가 있었다면 순암은 아마도 보수파에 속하는 학자의 하나였을 것이다.

1763년에 이익이 별세한 후 안정복은 성호학파의 총수의 입장에 있게 되었

---

6 심우준(1985), 『순암안정복연구』, 일지사, 17~18면.

다. 그런데 성호 소장파 속에서는 서교에 대한 객관적인 연구를 뛰어넘어 신교信敎적인 방향으로 기울어지게 되었다. 안정복은 반대파의 공격으로부터 남인(성호학파)를 보호해야 할 절박한 책임을 느끼게 되었다. 이러한 그의 심정은 1786년에 채재공에게 보낸 서한에서 근래에 "吾黨小子之平日以才氣自許者, 多歸新學, 謂以眞道, 在是靡然而從之"하는 풍조를 '黨議橫流之時'에 도저히 방관할 수 없다는 내용 속에 잘 나타나 있다.[7] 아마 이러한 절박한 사태가 없었더라면 그에게 서양서란 단순한 '서실지완'으로 마무리되었을 것이다.

1785년에 완성한 『천학고』의 집필 목적은 1783년으로부터 1784년에 걸쳐 일생 중국 성인의 책을 읽어 오다가 일조一朝에 이교異敎에 귀의歸依하게 된 '吾輩之有才氣者'에게 천학이 오래전에 중국에 전해졌을 뿐만 아니라 조선에도 전해진 사실을 알리고 특히 이익이 「발천주실의跋天主實義」에서 전개한 서교에 대한 비판적인 견해에 대하여 주의를 환기시키고자 한 것이다.

『천학고』의 주된 내용은 서교의 동전사東傳史에 대한 고찰인 데 대하여 『천학문답』은 서교의 교리에 대하여 전면적인 비판을 가하고 있다. 따라서 안정복은 『천학고』와 『천학문답』을 통하여 자기의 서교관을 역사적·교리적으로 밝히고 있는 것이다.

『천학문답』의 내용은 1757년과 1758년에 이익에게 올린 서한의 별지와 1784년에 권철신에게 보낸 두 통의 서한 내용을 확충하고 정리한 것으로 되어 있다.[8] 특히 권철신에게 보낸 서한에는 이미 성호 소장파 속에 서교가 만연되

---

7 『順菴集』 卷5, 「與樊巖書 丙午」.
8 『順菴集』 卷2, 「上星湖先生別紙 丁丑」·「上星湖先生書別紙 戊寅」, 『順菴集』 卷6, 「答權旣明書 甲辰」·「與權旣明書 甲辰」·「答卷旣明書 甲辰」의 다음 구절에 의하면 성호 소장파 속에 서교가 상당히 만연되어 있었다는 사실을 알 수 있다. "其後轉聞, 洋學大熾, 某某爲首, 某某次之, 其餘從而化者, 不知幾何云, 不勝驚怪, 旣己狼藉於人, 則不必掩遮於相好之間矣." 여기서 旣明은 권철신의 자. 그의 학문에 대한 연구로서 이우성(1982), 「녹암 권철신의 사상과 그 경전비판」, 『한국의 역사상』, 창작과비평사가 있다.

어, 이를 걱정하는 안정복의 절박한 심정이 피력되어 있다.

문답식으로 된『천학문답』의 내용은 광범한 문제를 언급하고 있으나 그중에서 중요하다고 생각되는 요점을 정리하면 다음과 같다.

첫째로 서교는 석가釋迦나 묵자墨子와 같이 이단이라는 것이다. 서교가 오로지 후세를 말하는 것은 '불씨여론佛氏餘論'이다. 그러나 선가禪家의 정미한 논에 비교하면 아주 조잡하다. 또한 서사西士의 망수애구忘讐愛仇의 설은 묵자의 겸애론兼愛論과 같고 그 약신공고約身功苦는 묵자의 상검尙儉과 같다. 따라서 서교의 겸애상검은 '묵씨지류墨氏之流'다. 도교에서는 노자를 존숭하고, 불교에서는 석가를 존숭하고, 서사들은 야소耶蘇를 존숭하나 그 뜻은 하나다. 그런데 서교는 도교나 불교 뒤에 나타났는데도 이씨二氏(노자와 석가)보다 야소를 높여서 '무상지천주無上之天主'라고 말한 것은 '천자天子(천주天主)를 코에 걸고 제후에게 호령하자는 뜻(挾天子令諸侯之意)'이 아니겠는가.

둘째로 유교에서는 '사천事天'을 말하고 서교에서도 '사천'을 말하나 그 내용은 판이하여 '此(儒)正, 彼(西)邪'다. 일심一心의 본체는 천성이니 그 심心을 조존操存하고 그 성性을 보유하여 상제가 부여해 준 천명을 잊어버리지 않는 것이 유교에서 말하는 사천지도事天之道다. 즉 맹자가 말한 '존심양성存心養性'이다.

그런데 서사들은 밤낮으로 지난 시기의 과오를 용서해 줄 것과 지옥을 면해 주기를 빌기 위하여 무축巫祝하고 기도祈禱하니 어찌 이것이 사천지도라 하겠는가. 그는 1757년에 이익에게 올린 서한의 별지에서도 다음과 같이 쓴 바가 있다.

근간에 서양서를 보니 그 설은 비록 정핵精覈하다 하더라도 결국은 이단의 학입니다. 오유吾儒가 수기양성修己養性하고 행선거악行善去惡하는 이유는 마땅히 해야 할 일을 할 따름이지 추호도 죽은 뒤에 복을 구하는 뜻이 없습니다. 그런데 서학에서는 수신하는 이유가 오로지 천당의 심판을 위한 것이니 이것이 오유와 크게 다른 점입니다.

셋째로 유교는 현세를 위한 학문인데 서교는 내세를 위한 학문이다. 야소가 구세救世한다는 뜻은 오로지 내세에 있는 것이고 천당지옥으로써 권선징악한다는 것이다. 그런데 성인이 행도行道한다는 뜻은 오로지 현세에 있고 명덕신민明德新民으로써 교화한다. 유교는 공公이고 서교는 사私이다. 결국 서교에서 지옥을 면하기 위하여 기도하는 것은 '일기지사一己之私'를 위한 것이다.

그러면 현세란 무엇이고 내세란 무엇인가. 현세란 바로 지금 우리가 살고 있는 '현재지세現在之世'다. 이에 대하여 내세란 사후에 영신이 불멸하여 선한 자는 천당에서 만세의 쾌락을 받을 수 있는데, 악한 자는 지옥에서 만세의 학형虐刑을 받게 된다는 것이다. 특히 서교에서는 현세를 부정하여 '노고세勞苦世'다, '잠세暫世'다, '비인세非人世'다, '금수세禽獸世'다 하여 천당에 대한 동경을 불러일으킨다. 그는 권철신에게 보낸 서한에서 현세긍정의 입장을 다음과 같이 말하고 있다.

오인吾人은 이미 이 현세에 태어났다. 그러니 현세의 사事를 따라 경훈經訓에서 가르치는 바를 구하여 실행할 따름이지 천당이나 지옥이 우리에게 무슨 관계가 있단 말인가.

그는 이어서 다음과 같이 성호 소장파들의 신교적 경향에 경종을 울리고 있다.

서국西國은 과거에 이 학學을 금지하여 주살誅殺된 자가 천만 인뿐이 아닌데 결국 막지 못했다. 일본도 역시 이 학을 금지하여 주살된 자가 수만 인이라 한다. 우리나라에도 또한 이런 일이 없을 것이라 말할 수 있겠는가. 하물며 당의黨議가 분열되어 피차간에 트집을 엿보고 엄선양악掩善揚惡하는 요즈음, 만약 어떤 자가 일망타진의 계를 꾸며 패신오명敗身汚名의 욕을 받게 되어도 천주가 이를 구할 수 있단 말인가.

여기서 말하는 서국의 예는 아마 1618~1648년에 걸친 기독교 구교와 신교 간의 30년전쟁을 말하고 있을 것이고, 일본의 예는 1637년의 도원島原의 난亂과 그 전후의 천주교 탄압을 말하고 있는 것 같다. 그는 분명히 1791년 이후 계속된 천주교에 대한 박해와 탄압을 예언하고 있는 것이다.

넷째로 서교의 삼구설三仇說에 대한 비판이다. 삼구란 기신己身·세속世俗·마귀魔鬼를 원수로 여겨서 몸가짐을 삼간다는 설이다. 그는 자기 자신을 원수로 여기는 '기신위구지설己身爲仇之說'은 결국 자기를 낳은 부모님을 원수로 여긴다는 것이니 패륜이 대단하다. 세속을 원수로 여긴다는 것도 군신의 의를 끊어버리는 것이니 이것은 '무군무부無君無父'의 설이다. 마귀에 이르러서는 도저히 이치에 맞지 않는 설이다. 유학자는 오직 극기에 힘쓸 따름이다.

다섯째로 서교에서 말하는 삼혼설三魂說(생혼生魂·각혼覺魂·영혼靈魂)과 영혼불멸설에 대한 비판이다. 삼혼설이란 초목은 생혼은 있으나 각혼과 영혼이 없고, 금수는 생혼과 각혼은 있으나 영혼이 없는데, 사람은 생·각·영혼을 갖추고 있어서 비록 사람이 죽어도 영혼만은 불멸자재한다는 설이다. 왜냐하면 생혼과 각혼은 질에 따라서 나오기 때문에[從質而出] 의지하는 것이 없어지면 사라진다. 그러나 영혼은 질에서 나오는 것이 아니기 때문에[非出於質] 사람이 죽어도 사라지지 않는다. 이러한 영혼은 사후에 생전의 '선악지보善惡之報'를 받게 된다는데, 천당지옥설이 바로 그것이다. 물론 이와 같은 천당지옥설은 인간이 현세에 살기 때문에 '소당위所當爲'로서 위선거악爲善去惡할 따름이라는 유교적 입장과 완전히 대립된다.

안정복이 1758년에 이익에게 올린 서한에 의하면 '인사지귀신人死之鬼神'에 대하여 세 가지 설이 있다. 유자는 기가 모여서 생하고[氣聚則生], 흩어지면 사하여 [散則死] 공무空無에 돌아간다고 본다. 그런데 서사는 기가 모이면 사람이 되고 사람이 된 다음에는 별도로 일종의 영혼이 생겨서 사후에도 불멸한다고 말한다. 불교에서는 사람이 죽으면 귀신이 되고 귀신이 또다시 사람이 되어 부단히 윤회한다고 말한다. 안정복은 '기산氣散'에는 지속遲速의 별別이 있다고 주장한 서경덕의 학설이 오히려 마테오 리치의 영혼불멸설[其鬼長存]보다 우월하다고 말

한다.[9]

그러나 사후의 세계는 그 누구도 알 수 없는 것이다. 때문에 성인은 괴력난신을 말하지 않았다. 왜냐하면 괴怪는 '희유지사稀有之事'이고 신神은 '무형지물無形之物'이기 때문에 '희유'와 '무형'을 멋대로 말하면 사람들을 현혹케 하는 폐가 그칠 줄을 모르게 되기 때문이다.

마지막으로 『천학문답』에서 질문자는 다음과 같이 납득한다.

> 지금 당신의 말을 들으니 그것(서교)이 이단이란 것이 틀림없다. 오유의 명덕신민의 공은 모두 현세를 가지고서 하는 말이다. 서사가 위선거악하는 일은 모두 내세를 위하여 하는 말이다. 사람은 이미 이 현세에 태어났기 때문에 마땅히 현세의 일을 다하여 지선을 구할 따름이다. 어찌 추호라도 내세에 복을 구할 뜻이 있겠는가. 그 학(서교)의 입현문로入顯門路는 오유吾儒와 크게 달라 오로지 일기一己의 사私에서 나온 것이다. 오유의 공정한 학이 어찌 이것과 같겠는가.

이상에서 보는 바와 같이 신후담과 안정복은 그 스승 이익이 긍정적으로 평가한 서학에는 별로 관심이 없고, 부정적으로 평가한 서교에 대해서는 역사적·교리적인 비판을 통하여 유교와 서교 간의 교리적인 대결점의 전모를 거의 완벽하게 부각시켰다. 조선 유학사에서 차지하는 그들의 업적은 비로소 서교에 대한 내재적인 비판을 통하여 그에 맞설 수 있는 유교적인 논리의 위치를 확고히 정립하였다는 것이라 하겠다.

물론 유교적인 입장에서의 서교비판은 그 후에도 공서파攻西派나 19세기에 이르러서는 이항로를 비롯한 위정척사파에 의하여 전개된다. 그러나 서교 자

---

9 『順菴集』卷2, 「上星湖先生書別紙 戊寅」. "花潭鬼神論與利氏(마테오 리치)說合, 而利氏則謂, 自有生人以來, 其鬼長存, 徐氏謂有久速之別, 徐說似優乎."

체의 체계적인 파악에 의거한 내재적 비판에서는 신후담이나 안정복의 수준을
능가할 수 없었다고 해도 과언이 아닐 것이다.

안정복의 서학비판이론

금장태

1. 안정복의 서학인식과 비판론적 기본입장

순암 안정복의 서학비판은 두 단계로 구분해 볼 수 있다. 첫째 단계는 46~47세 때(1757~1758) 성호 문하에서 서학문제를 토론하면서 성호가 서양과학을 적극 수용하였던 입장과는 달리 천주교 교리에 대한 비판적 입장을 밝혔던 시기이다. 이때 안정복의 서학에 대한 비판 입장은 이론적 분석 위에서 비판론을 전개하는 것이었다. 그러나 둘째 단계인 73~74세 때(1784~1785) 당시 그의 주위에서 천주교 신앙활동이 일어나기 시작하자 강한 책임감과 위기의식으로 적극적인 비판론을 전개하며 경계심을 보여 주었던 것이다.

먼저 그는 1757년 스승 성호에게 올린 편지에서 『천주실의』·『기인십편』·『변학유독』 등 서학서적을 인용하면서, 자신의 비판적 입장을 제시하는 적극적 관심을 밝히기 시작하였다. 그는 이 편지에서 "근래에 서양의 서적을 보니 그 학설이 비록 정밀하지만 마침내 이단의 학문이었다. 유교에서 자신을 닦고 성품을 기르며 착한 일을 행하고 악한 일을 제거하는 것은 마땅히 할 바를 하는 것이요, 조금도 죽은 다음의 복을 구하는 일이 없다. 그러나 천주교에서 자신을 닦는 바는 오로지 하느님의 심판을 위하고 있다. 이것이 우리 유교와 크게 다른 것이다"라고 하여, 서학이 이단임을 전제로 하고서 도덕적 실천을 중시하는 유교와 사후세계에 대한 신앙을 중시하는 서학의 차이를 밝히고 있다. 곧 그는 천주교에 대해 도덕적 당위성을 저버리고 죽은 다음의 복을 구하는 것으로 규정함으로써 자신의 비판 입장을 확인하는 것이다. 이에 대한 성호의 대답은 그 자신이 '천주'에 대한 교설은 믿지 않는다고 밝히면서도, 천문과 지리에 관한 서학의 자연과학적 지식은 극진하고 포괄적인 것임을 강조하고, "어찌 외국의 것이라 하여 경시할 수 있겠는가"²라고 언급하였다. 이러한 문답 속에서 서학의 신앙적 교리를 비판하는 안정복의 입장과, 서학과학의 합리성을 긍정하는 성호의 입장 사이의 뚜렷한 차이를 확인할 수 있다.

또한 그는 『천주실의』에서 물物이 있으면 리理가 있고 물物이 없으면 리理가 없다는 주장을 성리학의 이기론에 따라 해석하여 '기氣가 리理에 앞선다는 설'이라 하여 기 중심의 세계관으로 규정함으로써, 주리론의 성리학적 입장에서 비판할 수 있는 이론적 기반을 확인하고 있다. 나아가 그는 1758년 성호에게 귀신론에 관하여 문의하는 편지를 올리면서, 영혼 개념과 천당지옥설에 관해 자신의 깊은 관심과 정밀한 이해를 보여 주고 있다.

다음으로 안정복은 73세 때(1784) 같은 남인시파에 속하며 성호 문하의 동문 후배인 녹암 권철신과 그 영향을 받은 청년층들 사이에서 천주교 신앙활동이 활발하게 일어나자 서학에 대한 강경한 비판 입장을 적극적으로 전개하기 시

---

1 『順菴集』卷2, 「上星湖先生別紙 丁丑」. "近觀西洋書, 其說雖精覈, 而終是異端之學也, 吾儒之所以修己養性, 行善去惡者, 是不過爲所當爲, 而無一毫徼福於身後之意, 西學則其所以修身者, 專爲天臺之審判, 此與吾儒大相不同矣."
2 『星湖全集』卷26, 「答安百順」. "豈可以外國而少之哉."

작하였다. 이때 안정복은 천주교를 신봉하는 신서파信西派들 사이에서 사장師長의 위치에 있는 권철신에게, "지금 천주학을 하는 사람들은 밤낮으로 기도하여 지옥에 떨어지기를 면하도록 빌고 있으니, 이것은 모두 불교이다"[3]라고 강조함으로써 천주교를 불교와 같은 이단이라 규정하고 배척의 입장을 밝혔다. 여기서 그는 서학의 기본교리가 천주와 천당·지옥의 문제임을 들어 유교에서도 광명정대한 가운데 천주교 교리의 내용이 내포되어 있다는 개방적 이해의 입장을 보여 주면서 동시에 서학의 교설이 허황한 것임을 비판하였다. 무엇보다그는 직접적으로 당파적 분열과 대립이 격심한 당시의 정치적 현실에서 이단의 학풍인 서학에 빠져들었다는 사실이 반대파의 공격에 빌미를 주어 남인시파의 존립을 위협하게 될 것임을 심각하게 경고하며 절실하게 호소하고 있다. 그는 당시(1784) 권철신에게 세 차례나 편지를 보내 그들의 서학신봉 태도를 견제하는 입장을 분명하게 밝혔다. 이처럼 신서파에 대해 안정복의 적극적인 경계 태도는 한편으로 유교의 정통을 옹호하는 벽이단론을 근거로 서학에 대한이론적 비판 입장을 밝히는 것이요, 다른 한편으로 같은 성호학파요 당색에서나 인척으로 가까운 관계에 있는 후배들인 신서파의 인물들에게 충고하여 개심改心시키려는 것이었다.

안정복은 서학을 이단으로 규정하고 이를 이론적으로 비판하여 1785년 『천학고』와 『천학문답』을 저술하였다.[4] 그는 『천학고』에서 서학은 한대부터 이적의 환망한 풍속으로서 중국에 들어왔던 것이요 새로운 것이 아니라 한다. 그는 서역지방의 환술이나 천신숭배와 마니교·회교·경교 등을 천주교와 같은 계통인 서방의 천학으로 파악하여 간략한 서양종교사를 저술하면서 오랑캐의 환

---

3 『順菴集』 卷6, 「答權旣明 甲辰」. "今爲天主之學者, 晝夜祈懇, 祈免墮於地獄, 是皆佛學也."
4 『천학고』는 『漢書』·『列子』·『通典』 등의 고전과 청나라 錢謙益의 『景敎考』, 顧炎武의 『日知錄』 및 조선 후기 이수광의 『지봉유설』과 이익의 『天主實義跋』 등 14종의 문헌을 인용하여 西學東傳의 역사적 유래를 밝히고 있으며, 『천학문답』은 당시 천주교 신앙에 긍정적인 입장의 인물들이 제기한 질문을 34항으로 나누어 이에 대한 비판적 대답을 제시한 저술이다.

망한 미신의 범주 속에 천주교를 포함시켜 비판하였다. 또한 그는 『천학문답』
에서 『천주실의』에 나타난 천주교 교리의 다양한 문제에 대해 비판함으로써
서학에 관한 벽이단론을 이론적으로 정립시키고 있다. 사실상 안정복의 서학
비판론은 그 논리적 정밀성에서보다도 성호학파 안에서 차지하고 있는 그의
학문적 비중에 따라 18세기의 서학비판 이론으로 가장 큰 영향을 미쳤던 것이
사실이다.[5]

안정복이 서학을 비판하면서 신서파를 질책하자 후배들인 신서파 인물들과
갈등이 일어났다. 심지어 권철신과 가까운 젊은 서학도들은 안정복을 가리켜
"지옥이 베풀어진 것은 바로 그를 위해서이다"[6]라고 비난하기도 하였다. 또한
1785년 봄에 천주교 신도들의 신앙집회가 형조刑曹에 의해 적발되면서 태학생
들의 척사통문이 나오는 등 비판이 일어나 사회적 물의를 빚게 되자, 신서파들
사이에서는 안정복을 가리켜 사단을 일으켜서 '재앙을 불러들이는 우두머리[禍
首]'로 비난하고 있는 사실을 안정복 자신도 알고 있었다.[7] 안정복도 서학에 빠
져든 후배들을 염려하여 경계하는 말을 하였던 것이지 '재앙을 일으키려는 마
음[禍心]'이 아님을 해명하고 있다.[8] 따라서 안정복의 서학비판으로 신서파를 설
득할 수도 없었고, 신서파의 신앙적 확신은 당파의 안위를 돌보는 데 관심을
기울이지도 않았다.

마침내 안정복은 1786년 남인시파의 영수이자 정조의 두터운 신임을 받고
있던 재상 채제공에게 보낸 편지에서 "근래에 와서 평소 재기를 자부하던 우리

---

5 純祖 元年(1801) 정부는 掌令 鄭澣의 上疏를 계기로 안정복에게 '明正學·熄邪說'의 공을
  인정하여 左參贊으로 贈職하였다(『順菴集』, 「年譜」, 66~67면).
6 『順菴集』 卷6, 「與權旣明書 甲辰」. "公輩旣溺于此, 則不能洗心旋踵以祛此習, 反謂之曰地
  獄之設, 正爲某丈, 愚於此甘受而不忍爲此態也."
7 『順菴集』 卷8, 「答李士興 乙巳」. "近來從京外親知之去來者 (…) 此老漢爲惹起事端之一禍
  首, 其言狼藉."
8 『闢衛編』 卷2, 「安順菴乙巳日記」. "(李基讓)又曰 (…) 人皆謂之禍心, 余益驚駭而答曰, 今
  番西學, 豈爲士君子所可學者乎, 余有深慮, 有此規警之語, 此豈禍心而然乎."

쪽 젊은이들이 새로운 학문으로 많이 가면서 진리가 여기에 있다고 너도나도 쏠리고 있으니 어찌 한심한 일이 아닌가. 이렇게 거꾸러지고 빠져드는 꼴을 차마 눈으로 볼 수 없어 서로 가까운 사이에만 대충 경계를 해보았는데, 나는 진심으로 한 말이지만 상대 쪽에서는 도리어 재앙을 일으키는 마음으로 말하여 심지어는 감히 절교 못할 사이인데 절교하는 자가 있다" 하여, 동문의 후배들이 천주교에 빠져드는 실상과 이들로부터 자신이 절교당하고 있는 실정을 지적하였다. 이어서 "이렇게 당파의 의논이 범람하는 때에 기회를 노려 돌을 던지는 자가 없으라는 법이 어디 있겠는가. 그 형세는 반드시 망하고 말 것이다. (…) 우리 두 사람이 (천주교를) 물리치지 않는다면 누가 하겠는가. 어른으로서 통렬하게 물리치고 꾸짖어 금하는 것이 마땅하지, 하필 뒤돌아보고 쳐다보며 꺼려하고 굽히는 태도를 취할 것인가"[9]라고 하여, 이들의 행동으로 인하여 당파가 위기에 처하고 있음을 경고하며, 미온적으로 덮어 두는 태도가 아니라 적극적으로 이들이 천주교에 빠져드는 것을 억제하도록 촉구하였다. 그러나 채제공으로서는 척사론의 신념보다 정치세력의 안정을 위한 무마에 주력하였으며, 그 결과 1791년 진산의 폐제분주廢祭焚主 사건이 일어나자 홍낙안·이기경 등 남인벽파의 공격을 받게 되면서 정조 시대에 서학 신앙 문제가 중요한 정치적 사건으로 표면화되었고, 정부에서도 공식으로 금교령을 발동하기에 이르렀다. 안정복은 신서파의 청년들을 설득하지도 못하고 남인당의 실세를 막지도 못하였지만, 그는 유교전통의 사회 안에서 천주교 신앙이 사학으로 탄압을 받지 않을 수 없었던 대세의 현실을 내다보았던 것이다.

---

9 『順菴集』卷5, 「與樊巖書」. "近來吾黨小子之平日以才氣自許者, 多歸新學, 謂以眞道在是, 靡然而從之, 寧不寒心, 不忍目睹, 其顚倒陷溺之狀, 畧施規箴於切緊之間, 是出於赤心, 反以禍心言之, 至有不敢絶而敢絶者 (…) 至此當此黨議橫流之時, 安知無傍伺而下石者乎, 其勢必亡而後已 (…) 非吾二人斥之, 而有誰爲之耶, 爲長者, 當痛斥而禁呵之, 何必爲顧瞻畏屈之態耶."

2. 천주와 강생降生문제의 쟁점

안정복의 서학비판론에서 제기되고 있는 중요한 쟁점으로는 '천주'의 존재문제와 현실사회의 윤리에 대한 태도문제 및 영혼론을 둘러싼 다양한 문제들을 들 수 있다.

1) '천주' 개념의 쟁점

안정복은 먼저 서학의 '천주'와 유교의 '상제'를 동일한 존재로 받아들여, "저들이 천주가 있다고 하면 우리도 천주가 있다고 한다. 천주는 곧 상제이다"[10]라고 언급한다. 그러나 사천事天의 방법에서는 유교에서 계신戒愼·근독謹獨하고 주경主敬·함양涵養하는 인격적 수양을 기본으로 하는 것과는 달리 천주교의 사천은 "서사西土는 상제를 사사로운 주인으로 삼는다. (…) 하루에 다섯 번 배례拜禮하고 7일에 한번 재소齋素하며, 밤낮으로 기도하여 죄과를 면하기를 구한 다음에라야 하늘을 섬기는 일이 될 수 있다 하니, 이것은 불교의 참회하는 모습과 무엇이 다르겠는가"[11]라고 하여, 유교의 광명정대한 태도와 천주교의 사사롭게 비는 태도를 대비시켜 공公·사私의 차이로 분별하는 것이며, 그것은 유교와 천주교를 정正과 사邪로 갈라놓는 것이기도 하다.

안정복은 마테오 리치가 중국인들은 상제가 천지와 만물을 만들었음을 알지 못하였다 하며, '태극'을 받들어지는 대상이 아니라 하고, '리理'는 사물에 의지하는 것이라 하여 궁극적 존재로서 인정하지 않는 견해에 대해 반박하면서 성

---

10 『順菴集』卷6,「與權旣明書 甲辰」."彼曰有天主, 吾亦曰有天主, 天主卽上帝也."

11 위와 같은 곳. "西土以上帝爲私主 (…) 一日五拜天, 七日一齋素, 晝夜祈懇, 求免罪過而後, 可爲事天之實事, 此何異於佛家懺悔之擧乎."

리학에 기초한 유교의 천·태극·리 개념을 재확인하고 있다. 그는 리치가 천을 '영명주재지천靈明主宰之天'과 '창창유형지천蒼蒼有形之天'으로 구분하고 있는 것에 상응하여, 천에는 이치로 말하는 '주재지천'과 사물로서 말하는 '형기지천'의 분별이 있음을 인정한다.[12] 그러나 안정복은 "주재가 있다는 것으로 말하면 '상제'라 하고, 소리도 없고 냄새도 없다는 것으로 말하면 '태극'이요 '리'라 한다"[13]고 하여, '상제'와 '태극의 리'란 하나의 존재에 대한 두 측면에서 일컬어진 명칭일 뿐이요 두 가지로 갈라놓을 수 없는 것임을 역설하였다.

나아가 그는 '상제'를 주재자로서 밝힐 뿐만 아니라 조물주로서 확인하고 있다. 곧 "상제는 리의 근원으로서 이 천지와 만물을 만들었다. 천지와 만물은 저절로 생길 수 없는 것이니 반드시 천지와 만물의 리가 있으므로 이 천지와 만물이 생겨난다. 어찌 그 리가 없으면서 저절로 생겨나는 이치가 있겠는가. 이것은 곧 후세 유학에서 기가 리보다 앞선다는 설이니 변론할 것이 못 된다"[14]라고 언급하여 만물의 근원으로서 리는 만물의 생성 주체로 확인된다. 바로 이 점은 같은 성리학에 근거하면서도 신후담이 천의 '주재'만 인정하고 '창조'를 인정하지 않고 있는 견해와 좋은 대조를 이루고 있다. 그만큼 안정복은 상제·태극·리가 천지·만물의 생성 근원이라는 원리로서의 인식을 넘어서 생성작용의 주체로 인식하는 것이다. 따라서 그는 상제·태극·리를 생성 주체로 인식하지 않는 것은 성리설에서 '기가 이보다 앞선다는 설(氣先於理之說)' 곧 기학의 입장으로 규정하여 거부하였던 것이다. 나아가 그는 리치가 '태극'이나 '리'를 만물의 주재나 근원이 될 수 없다고 보는 견해는 "태극이 양의兩儀를 낳는다(太極生兩儀)"고 언급하였던 공자마저도 부정하는 것으로, 배척해야 할 것임

---

12 『順菴集』卷17,「天學問答」. "人之稱天有二, 一是主宰之天, 曰天命之性, 曰畏天命之類, 是天卽理也, 一是形氣之天, 是天卽物也."

13 위와 같은 곳. "以主宰而言之, 則曰上帝, 以無聲無臭而言之, 則曰太極, 曰理."

14 위와 같은 곳. "上帝爲理之原, 而造此天地萬物, 天地萬物不能自生, 必有天地萬物之理, 故生此天地萬物, 安有無其理而自生之理乎, 此卽後儒氣先於理之說, 不足卞矣."

을 역설하였다.

2) 예수의 강생설에 대한 쟁점

서학에서 천주와 예수를 동일 존재로 제시하는 강생설이나 삼위일체의 교리 및 강생한 천주가 십자가에 못박혀 죽었다는 교리는 유교의 '천·상제' 개념과 심각하게 충돌하지 않을 수 없는 것이다. 안정복은 "(천주가) 친히 강생하였다는 설에 따라서 말하면 이때에는 (예수가 세상에 살았던 33년 동안) 하늘에 상제가 없었다는 것인가"라고 반문하며, 또한 "이미 '상제가 친히 강생하였다' 하며, 또한 '(예수를) 진정한 천주와 다름이 없다' 하고서는, '(십자가에) 못박혀 죽어 목숨을 다하지 못했다'고 감히 말하는가. 그 우매하고 무지하여 존엄함을 업신여김이 심하다"[15]고 비판하였다. 그만큼 천주교 신앙의 핵심내용을 이루고 있는 인격신으로서 '천주' 개념에서 제시하는 성육신成肉身의 강생설이나, 대속代贖을 위한 예수의 수난이라는 조목은 주재자이지만 동시에 이치인 유교적 '상제' 개념에서는 처음부터 용납하기가 어려웠던 것이 사실이다. 따라서 그는 예수의 행적에 나타난 온갖 기이한 일도 불교의 현성顯聖이니 현영顯靈이니 하는 부류에 지나지 않는 것이라 하여, 바로 이러한 신비하고 괴이한 일들을 말하는 것이 '이단'에 속하게 되는 이유임을 확인하고 있다.

또한 안정복은 서학에서 '천학天學'이라 하여 '천'을 명칭으로 내세우는 동기를 비판하며, "서사西士가 '천'으로 그들의 학을 이름지은 것은 그 뜻이 이미 참람하고 망령스럽다. 대개 서역지방에서는 예로부터 이학이 마구 일어나서 불교 이외에도 갖가지 교가 많았다. (…) 서사가 '천'을 말하는 것은 그 의도가

---

15 위와 같은 곳. "據此親來降生之說而言之, 則當此之時, 天上其無上帝耶 (…) 旣曰上帝親降, 又曰無異眞天主云, 則敢曰被釘而死, 不得考終耶, 其愚昧無知侮慢尊嚴甚矣."

더할 수 없이 높은 것이 천이므로 천을 말하면 다른 교들이 감히 겨룰 수 없을 것이라고 여겼기 때문이다. 이것은 천자를 끼고 제후를 호령하는 의도로서, 그 계략이 역시 교묘하다"[16]고 하여, '천학'으로 명칭을 삼는 것은 참람하고 교활한 것으로 비난하였다. 이처럼 그는 논리적 비판 자세를 지키면서도 서학이 지닌 동기 자체를 부정적으로 거부하는 배척 태도를 분명하게 드러내고 있는 것이다.

3. 윤리와 사회질서의 쟁점

무부무군無父無君은 유교의 이단비판론에서 기본전제가 되고 있다. 맹자가 양주를 임금을 임금으로 여기지 않은 것[無君]으로, 묵적을 아비를 아비로 여기지 않는 것[無父]으로 비판한 이후 유교전통에서는 이단에 대한 비판의 기본명제가 바로 '무부·무군'이었던 것이 사실이다. 그것은 곧 아비와 임금이 인륜의 핵심을 이루고 있으며, 효와 충이 강상의 규범으로 확립되고 있는 것이 유교의 근본성격임을 말해 주는 것이다. 안정복은 이단의 조건을 규정하여, "노자·석가·양주·묵적은 그 도가 우리 유교와 다르다. 그러므로 그 폐단은 허무·적멸과 무부·무군의 가르침으로 귀결된다. 이것이 이단이 되는 까닭이다"[17]라고 밝힌다. 곧 노장이나 불교나 서학이 이단이 되는 이유를 바로 유교의 현실적 도덕규범인 충·효에 대한 배반으로 지적하고 있는 것이다.

그는 성인의 가르침은 "오직 현세에서 마땅히 해야 할 일을 하는 것이니, 광

---

16 위와 같은 곳. "西士之以天名學, 意已僭妄矣, 盖西域一帶, 自古異學蝟興, 佛氏之外, 諸教亦多 (…) 西士之言天者, 其意以爲莫尊者天, 言天則諸教豈敢相抗, 是則挾天子令諸侯之意, 其計亦巧矣."

17 『順菴集』卷6, 「答權旣明書」. "老佛楊墨, 以其道之不同於吾儒, 故其弊也, 歸於虛無寂滅, 無父無君之教, 此所以爲異端也."

명정대하여 털끝만큼도 감추거나 황홀하게 하는 일이 없다"[18]고 하여, 현세에서의 도덕적 정당성을 기준으로 제시하였다. 여기서 그는 현세를 말하지 않고 오로지 후세에서 천당·지옥의 보응을 말하는 것을 천주교의 폐단으로 강조하였으며, 현세에서의 정대함을 기준으로 삼지 않으면 '드물게 있는 것[怪]'이나 '보이지 않는 일[神]'로 인심을 선동하여 허황한 상태로 몰아가게 되는 것임을 지적한다.

이렇게 현세의 정당함을 벗어나 허황한 데 빠진 사례로서, 중국 역대에서는 한나라의 장각張角, 당나라의 방훈龐勛·황소黃巢, 송나라의 왕칙王則·방납方臘, 원나라의 홍건적, 명나라 말기의 유적流賊 등이나, 그 밖에 미륵불이나 백련사의 무리들을 들며, 우리나라에서도 영조 때 황해도에서 무당 영무가 미륵불로 자칭하였던 일도 들고 있다. 그것은 곧 한 시대를 어지럽혔던 역도들은 모두 현세의 정당함을 벗어나 신이함으로 인심을 현혹시켰던 사실을 강조하며, 천주교도들도 이러한 부류에 속할 수 있음을 지적한다. 따라서 안정복은 천주교에 대한 비판에서 유교전통의 현세 중심적 윤리의 기준을 벗어나 신비적 신앙으로 민심을 선동하는 것은 그 말류의 폐단이 사회질서를 동요시키고 체제를 파괴할 수 있는 위협세력이 될 수 있음을 경계하고 있는 것이다. 이처럼 그는 현세를 긍정하는 유교적 입장에서 인간관계의 도덕규범의 중요성을 강조하였던 것이요, 내세의 구원을 위하여 현세를 부정하거나 현혹시키는 것을 이단의 양상으로 비판하는 입장을 밝혔던 것이다.

『천주실의』에서는 구원을 저해하는 세 가지 적으로서 육신·세속·마귀를 들어 세 가지 원수라 언급하고 있다. 육신은 내면의 욕망이요, 세속은 재화와 공명 등 외부의 유혹이요, 마귀는 안팎에서 인간을 혼란시키는 것을 뜻한다. 이것은 구원을 위하여 부정해야 하는 과정을 말하는 것이라 할 수 있다. 물론

---

18 『順菴集』 卷17, 「天學問答」. "聖人之敎, 惟於現世, 爲所當爲之事, 光明正大, 無一毫隱曲慌惚之事."

유교에도 '극기'를 말하고 '알인욕遏人欲'을 강조하여 욕망에 대한 부정적 입장을 제시하고 있는 것은 사실이지만, 여기서 '자기'나 '인욕'을 극복한다는 것은 자기 자신이 사사로운 욕심에 빠져 있는 상태를 극복함으로써 참된 '자기'를 바로 세울 수 있고 지킬 수 있음을 의미한다. 따라서 안정복은 자기 '육신'을 원수라 언급하는 천주교 교리에 대해 육신이 태어난 근원은 부모이니, 이것은 부모를 원수로 삼는 패륜임을 비판한다. 또한 세상에 살아가면서 자신의 허물을 성찰하고 욕심을 극복하여 다스리는 노력을 할 줄 모르고 세속을 원수로 삼는 것은 군신의 의리를 끊는 것이 됨을 지적하였다. 그것은 바로 부모와 군주를 부정하는 무부·무군으로 인륜에 역행하는 이단임을 밝혀 주는 것이다. 또한 그는 인간으로서 형기形氣의 욕심은 누구나 없을 수 없는 것임을 확인하고, 유교의 극기공부는 자신이 '천성으로 본래 지니고 있는 마음'으로써 형기의 욕심을 다스리고 절제하여 중용을 넘지 않게 하는 것이라 한다. 곧 인간의 악은 형기의 욕심에서 말미암는 것이지 외물인 마귀의 유혹 때문이라 할 수 없다는 것이다. 따라서 그는 "유자의 극기공부는 안에서 말미암고, 서사의 말은 형기를 버리고 마귀에서 말미암는다고 하니, 안과 밖의 구별이나 긴절하고 소홀함의 차별이 저절로 같지 않다"[19]고 하여, 유교는 안으로 마음을 다스리는 공부요, 천주교는 밖에 있는 마귀와 싸우는 것으로 공부하는 방법이 다른 것이라 대비시킨다. 그것은 천주교의 공부방법이 마음을 다스려 인간의 도덕성을 확립하고자 하는 절실한 공부가 아님을 비판한 것이라 할 수 있다.

그는 천주교 교리에서 인간의 시조(아담과 이브)가 저지른 죄로 모든 인류가 그 벌을 받는다는 원죄설에 대해 "죄는 그 자신에 그칠 뿐이다. 어찌 만세토록 자손들이 그 벌을 같이 받는 이치가 있겠는가"[20]라고 하여, 죄가 자손에게 계

---

19 위와 같은 곳. "儒者克己之工, 由於內, 西士之言, 舍形氣而謂由於魔鬼, 內外緊歇之別, 自不同矣."
20 위와 같은 곳. "罪止其身而已, 亦安有萬世子孫同受其罰之理乎."

승될 수 없다 하여 원죄설을 부정한다. 여기서 그는 그 논거로서 선왕의 정치에서도 벌이 후손에 미치지 않았음을 지적하고, 또한『천주실의』에서 리치가 "왕패의 법에도 죄는 아들에게 미치지 않는데 천주가 자신을 버려두고 오직 아들에게 갚겠는가"라고 언급한 사실과도 모순되는 것임을 지적한다. 여기서 그는 천주교 교리에 대해 유교적 윤리의식이나 전통을 비판의 합리적 기준으로 삼으면서, 천주교 교리 사이에서 논리적 일관성이 지켜지지 않는 조목에 대해서도 예리한 인식을 보여 주고 있다.

4. 영혼론과 연관된 쟁점

영혼론에 연관하여 귀신 개념이나 영혼불멸설·천당지옥설의 문제 및 제사 문제 등 다양한 문제가 쟁점이 되고 있다. 성호 문하에서 신후담이『영언려작』에서 제기된 서학의 영혼론을 정밀하게 비판하였던 사실에 이어서 안정복도 영혼과 귀신 문제를 제기하고 있는 것은 바로 조선사회의 유학자들에게 천주교 교리에서 영혼론이 근본적 난점으로 부각되고 있음을 보여 주는 것이다. 안정복이 서학비판론에서 가장 큰 관심을 기울였던 것은 우선 천주교의 '영혼' 개념과 영혼불멸에 따르는 죽은 뒤의 세계인 천당지옥설이라 할 수 있다.

1) 영혼 개념의 인식과 쟁점

안정복은 서학의 '영혼론'을 성리학의 '귀신론'에 근거하여 문제 삼고 있다. 먼저 그는 리치가 제기한 생혼生魂·각혼覺魂·영혼靈魂의 '영삼품설'에 대해 순자의 생生(초목)·지知(금수)·의義(인간)에 상응하는 것이라 하여 받아들이지만, 다만 영혼이 죽지 않는다는 불멸설에 대해서는 불교와 다름이 없다는 한 마디 말로 부인하고 있다.[21] 또한 그는 귀신을 천지지귀신天地之鬼神(우주의 귀신)·인사지귀신人死之鬼神(죽은 사람의 귀신)・백물지귀신百物之鬼神(만물의 귀신)으로 분류하고, 특히 '죽은 사람의 귀신'으로서 죽은 뒤의 영혼의 존재를 문제 삼았다. 곧 '유교'에서는 기가 모이면 태어나고 흩어지면 죽어서 없어지는 것으로 보고, '서학'에서는 기가 모여서 사람이 되고 사람이 된 다음에는 별도로 일종의 영혼이 있어서 죽은 뒤에도 소멸되지 않고 자신의 귀신이 되어 영구히 존속되는 것으로 보며, '불교'에서는 사람이 죽으면 귀신이 되고 귀신이 다시 사람이 되어 끊임없이 윤회하는 것이라 하여 유교・불교・천주교의 입장을 대비시키고 있다.[22]

여기서 그는 서학의 영혼불멸설을 거부하면서도 성리학의 '기의 취산설聚散說'에 따른 귀신의 소멸설에 의문을 제기하여, "조상의 기가 이미 흩어져서 이기(음양)의 본래로 돌아가 버렸다면 허공에 흩어져 원초의 상태와 다름이 없을 것이니, 다시 무슨 기가 있어서 또 오겠는가. 진실로 오는 것이 있다면 별도로 흩어지지 않는 것이 있음은 확실하다"[23]고 언급한다. 그것은 제사에서 조상의 기(귀신)가 내려온다면 흩어지지 않는 기가 있을 수밖에 없다는 귀신의 사후존재론을 제시하여, 자신의 독특한 귀신론을 제기하는 것이다. 여기서 그는 유교・불교・천주교의 귀신론을 분석하면서, 유교에서의 귀신은 죽은 뒤에 마침내 공무空無로 돌아간다는 통속적 귀신론과 달리, 흩어지는 데 느리고 빠른(久・遠) 구별이 있다는 화담 서경덕의 견해를 받아들였다. 그러나 그는 영구히 존속한다(장존) 하여 흩어지지 않는 '귀'가 있다는 주장을 부정하지 않고, 다만 장존불산설長存不散說보다 산변구속설散變久速說이 우월하다는 평가를 내리고 있다.[24]

---

21 위와 같은 곳. "西士之言與此(荀子)大同, 但靈魂不死之言, 與釋氏無異, 吾儒之所不道也."
22 『順菴集』卷2,「上星湖先生書 戊寅 別紙」. "儒者, 謂氣聚則生, 散則死而歸於空無, 西士, 謂氣聚爲人, 旣而爲人之後, 別有一種靈魂, 死而不滅, 爲本身之鬼神, 終古長存, 佛氏, 謂人死爲鬼, 鬼復爲人, 輪廻不已."
23 위와 같은 곳. "祖先之氣已散, 而歸於二氣之本然, 則惟漂散虛空, 與原初不異, 復有何氣更來乎, 誠有來格者, 則其別有不散者存明矣."

그는 "천당지옥설은 그 말이나 모양이 끝내 이단이다. 그러나 과연 흩어지지 않는 영혼이 있다면 반드시 주장하는 자가 있을 것이요, 주장하는 자가 있으면 선을 상주고 악을 벌주는 일도 괴이하지 않다. 그러나 끝에 가서 상은 번거롭고 벌은 중대하니 주장하는 자가 어떻게 처리할 것인가"[25]고 하여, 죽은 뒤에 귀신이 존재하고 상·벌이 내려질 수 있음을 인정하지만, 무수히 많은 인간의 귀신에게 상·벌을 주관하기가 실질적으로 곤란하다는 문제점을 지적한다. 이러한 태도는 사후세계를 전면적으로 거부하는 것이 아니라, 상당한 정도의 이해태도를 보여 주는 것이요, 바로 이 점에서 유교전통의 명확한 입장이 없음을 드러내 주고 있는 것이라 하겠다.

나아가 도가에서 나온 '삼혼칠백설三魂七魄說'을 주자가 오행설로 설명하고 있지만 그는 이를 거부하였으며, 오히려 『좌전』(소공 25년)에서 "마음의 정상이 혼백이다"라는 '혼백' 개념이 서학의 '영혼'에 해당하는 것이라 지적하며, "인간의 신(귀신)은 하나일 뿐이다. 양과 음에 있는 구별에 따라 혼과 백의 명칭이 있지만 두 가지로 분별될 수는 없다"[26]고 하여, 혼이 하늘로 날아가고 백이 땅으로 내려가서 혼·백이 분리된다는 '혼승백강설'을 부정하여 혼·백이 하나의 존재임을 강조함으로써, 성리학에서 일반적으로 수용되고 있는 견해와 차이를 드러내기도 한다.

안정복은 "천학이란 불교의 명칭을 바꾼 것일 뿐이다"라 하고, 천당지옥·마귀·재소齋素·무군신부자부부지륜無君臣父子夫婦之倫·십계여칠계十誡與七戒·사행여사대四行與四大 등 조목을 열거하여 서학을 불교와 일치시킴으로써 불교에 대

---

24 위와 같은 곳. "花潭鬼神論與利氏說合, 而利氏則謂自有生人以來, 其鬼長存, 徐氏謂有久速之別, 徐說似優矣."

25 위와 같은 곳. "天堂地獄之說, 言語貌像, 終是異端, 然而果有未散之靈魂, 則必有主張者存, 有主張者存, 則賞善罰惡, 或不怪矣, 然而末梢賞繁刑重, 主張者將何以區處耶."

26 위와 같은 곳. "左氏謂心之精爽是謂魂魄, 西士所謂靈魂是也, 人之神一而已而, 有在陰在陽之別, 故有魂魄之名, 不可別爲二物也."

한 도학전통의 비판을 발판으로 삼고 있다.[27] 여기서 그는 불교와 서학의 일치점을 찾는 데 있어서 가장 먼저 '천당·지옥'을 들고 있다.

2) 천당지옥설과 제사문제의 쟁점

안정복은 리치가 천주교 교리를 유교경전과 연결시켜 천당·지옥의 개념도 유교경전에서 찾을 수 있다고 보는 견해를 일단 받아들인다. 그러나 그는 지옥의 참혹한 형벌은 상제의 지극히 어진 마음과 모순되는 것임을 지적하고, 또한 "인간이 처음 태어난 이래 인류의 수는 지극히 많은데 지옥과 천당이 아무리 넓다 하더라도 그 영혼을 어디에 다 수용하겠는가"[28]라고 의문을 제기하여, 기의 질료로 인식하는 성리학의 혼 개념에서는 천당·지옥의 공간적 유한성이 문제가 되는 것임을 보여 준다. 나아가 그는 "예수가 구세한다는 것은 오로지 후세에 있고 천당·지옥으로 권징하는 것이요, 성인이 행도하는 것은 오로지 현세에 있으며 명덕·신민으로 교화하는 것이니, 그 공정하고 사사로움의 구별이 저절로 다르다"라고 하여, 천주교에서 제시한 후세의 천당지옥설은 사사롭고 유교에서 제시한 현세의 도덕적 구현은 공정한 것이라 공·사로써 대조시키고 있다. 또한 그는 천당·지옥이 있다 하더라도 현세에서 선을 행한 자가 천당에 갈 것이요 악을 행한 자가 지옥에 갈 것이라는 '상선벌악賞善罰惡' 내지 '복선화음福善禍淫'의 원칙으로 자신의 행위에 따라 결정되는 것임을 강조하고, "천학에서 지옥을 면하고자 비는 것은 자기 한 사람의 사사로움을 위한 것이

---

27 『順菴集』卷6, 「答權旣明書 甲辰」. "今所謂天學, 是佛氏之變其名者爾, 愚亦嘗觀大意, 天堂地獄一也, 魔鬼一也, 齋素一也, 無君臣父子夫婦之倫一也, 十誡與七戒不異, 四行與四大亦同, 其餘不能枚擧."

28 『順菴集』卷6, 「與權旣明書 甲辰」. "所謂地獄之刑, 殆非人世可比, 豈以上帝至仁之心, 何如是慘毒乎 (…) 則寅生以後人類至多, 地獄天堂, 雖云閒曠, 何處容其靈魂乎."

아니겠는가"라고 하여, 천주교의 천당지옥설이 사욕에 근거하는 것임을 역설하였다.[29] 결국 안정복은 현세 중심의 도덕성에 기반하는 유교의 가치관에 근거하여 천주교의 천당지옥설에 따른 내세의 구원을 추구하는 신앙을 개인의 사사로운 이기심에 사로잡힌 것으로 비판하는 논리를 재확인하는 것이다.

유교와 천주교는 문화적 전통이 다른 만큼 신앙행위의 양식이 서로 다르다. 특히 신앙행위의 기본적 형식으로서 제의가 상이하고 제의의 대상에 대한 신앙의식의 비중도 커다란 차이를 보여 준다.[30] 천주교와 유교의 제의에서 가장 뚜렷한 차이는 천주교가 유일신으로서 천주에 대한 제사의례를 기준으로 삼고 있다면, 유교는 인간 존재인 조상신과 성현에 대한 제사를 의례의 중심으로 삼고 있는 점이다. 따라서 천주교 교단이 유교의 전통 의례인 공자와 조상에 대한 제사를 거부하고 오직 천주에 대한 예배를 요구할 때는 유교사회의 강한 저항과 배척을 유발하지 않을 수 없었다.

안정복이 『천학문답』을 지은 것은 1785년으로 가성직假聖職 시기(1785~1787)보다 앞서고 더구나 1791년 윤지충과 권상연의 폐제분주 사건이 있기 이전이지만 벌써 신서파 속에서는 유교의 제사를 거부하였던 사실을 문제 삼고 있다. 천주교도인 태학생이 문묘(공자묘)의 석전제에 참례할 때 "거짓 형상에 제사를 지내는 것은 모두 마귀가 와서 먹으니 어찌 공자의 신이 와서 흠향하겠는가? 가정의 제사도 마찬가지다. 나는 비록 풍속을 따라 제사를 행하지만 마음으로 그 망령됨을 알기 때문에 반드시 하늘을 우러러 천주에게 부득이하여 하는 뜻

---

29 『順菴集』卷17, 「天學問答」. "耶蘇救世, 專在後世, 以天堂地獄爲勸懲, 聖人行道, 專在現世, 以明德新民爲敎化, 其公私之別, 自不同矣 (…) 天學之祈免地獄, 非爲一己之私乎."

30 안정복은 '領洗' 때 敎師를 '代父'(神父)라 하는데 3尺의 淨布를 목에 걸고 聖水로 이마를 씻어 주어 마음의 때를 씻는 것이라 하거나, '告解' 때 촛불을 밝히고 神父 앞에 엎드려 종전의 잘못을 모두 말하고 뉘우치는 뜻을 갖는 것이나, 入敎者가 別號(본명)를 갖는 것 등의 천주교 의례는 불교에서 '法師'·'律師'의 聖職이나, '燃臂'·'懺悔'·'灌頂'의 儀節과 똑같은 것이라 하여 유교와 구별시켰다. 『順菴集』卷17, 「天學問答」.

을 묵묵히 아뢰고 나서 행한다"는 주장이 나왔음을 소개하면서 "예법을 거스르고 교화를 훼손함이 이보다 심할 수 없다"고 통탄하였다.[31] 여기서 안정복은 천주교의 교리에 따르면 "조상 가운데 선한 자는 천당에 있으니 반드시 와서 흠향할 이치가 없을 것이요, 악하여 지옥에 떨어진 자는 비록 오고 싶어도 올 수 있겠는가"[32]라고 하여, 천주교에서는 유교의 제사의례가 거부될 것임을 파악하고 있었다.

나아가 그는 "천주의 형상을 걸어 놓고 예배하고 기도하는데, 이 또한 하나의 거짓 형상이니 역시 일종의 마귀이다"[33]라고 하여, 천주교에서 유교의 제사를 '거짓 형상'이라 부정하는 논리를 그대로 끌어들여 천주에 대한 예배도 거짓 형상이라 부정한다. 이 비판을 통하여 안정복 자신이 비록 기독교의 신앙의례에 깊은 이해를 보이고 있지는 못하지만, 서학의 유교의례에 관한 몰이해를 날카롭게 반박하고 있는 사실에서 그의 비판논리의 합리성을 엿볼 수 있는 것이다.

5. 간옹 이헌경의 『천학문답』에 제시된 서학비판론

이헌경의 『천학문답』은 천주교 신앙활동이 조선 정부에 의해 배척되고 금지되는 1780년대 후반에 저술된 것으로, 주객이 문답하는 형식으로 구성된 7조목의 간략한 내용이고 안정복의 『천학문답』보다 훨씬 소략한 것이지만 배척대

---

31 『順菴集』卷17,「天學問答」. "假像設祭, 皆魔鬼來食, 豈有孔子之神來享乎, 人家祭祀亦然, 余則雖未免從俗行之, 而心知其妄, 故必仰天嘿奏于天主, 不得已爲之之意然後行之, 悖禮毀敎, 孰甚於此."
32 위와 같은 곳. "祖先之善者在天, 必無來享之理, 惡墮地獄者, 雖欲來得乎, 此與聖人制祭禮之義不同, 吾子悖禮毀敎之憂."
33 위와 같은 곳. "今爲此學者, 揭天主而禮拜禱祈焉, 此亦假像, 則亦一魔鬼也."

도에서는 더욱 엄격한 입장을 보여 준다. 그는 천주교가 국내에 널리 유포되기 이전에 이미 천주교를 이단으로 규정하고 '신기한 것을 좋아하고 빠른 길을 기뻐하는 무리'가 천주교에 빠져들 것임을 경계하였다. 그만큼 천주교를 이단으로 비판하는 입장이 확고하였던 것이다.

이헌경은 '천주'의 존재에 대해서도 처음부터 '상제'와의 일치점에 이해를 보이는 것이 아니라 차이점에 초점을 맞추어 비판하고 있다. 곧 "(상제에게) 어찌 귀·눈·입·코가 있어서 도상으로 그릴 수 있으며, 혼백·정신이 있어서 사당에 모셔 제사할 수 있겠는가. (…) 이제 (상제를) 도상으로 밝히고 전각에 엄숙하게 모시고 상제의 존엄함을 아래로 한낱 귀신과 같게 하니, 그것은 하늘을 멸시하고 하늘을 모욕함이 이보다 심할 수 있겠는가"[34]라고 하여, 천주교에서 '천주'를 그림으로 그리며 건물 안에 모셔 놓고 제사드리는 것은 형상이 없는 '상제'를 마치 귀신의 하나로 취급하는 것으로 상제를 모욕하는 것이라 비판하고 있다. 이처럼 '천주'나 '상제'를 궁극 존재로 높이는 방법이 다른 차이점에 따라 천주교의 '천주'에 대한 인식이나 의례행위가 천주를 욕되게 하는 것이라 규정하고 있는 것이다.

또한 이헌경은 천주교를 불교에 견주면서, "불교가 천하를 오랑캐와 짐승의 지경에 빠뜨린다면, 천학은 천하를 귀신 도깨비의 지경에 빠지게 한다. 오랑캐는 그래도 인류이고 짐승들 역시 형체가 있는 것이니, 귀신·도깨비에 비교한다면 실로 차이가 있다"[35]고 하여, 불교를 오랑캐와 짐승의 차원에 비유하면 천주교는 귀신이나 도깨비의 차원으로 더욱 허황하고 거짓된 것임을 역설한다. 그것은 이헌경의 천주교비판론이 천주교를 전혀 대화나 관심의 대상이 될 수

---

34 『闢衛編』卷1, 「李艮翁天學問答」. "安有耳目口鼻, 可以圖像, 魂魄精爽, 可以廟祀乎 (…) 今也圖像以明之, 殿宇以嚴之, 使上帝之尊, 下同一鬼, 其爲慢天褻天, 孰甚焉."

35 위와 같은 곳. "佛氏陷天下於夷狄禽獸, 天學溺天下於魍魅魎魎, 夷狄猶是人類, 禽獸亦有形之物, 比之魍魅魎魎, 固有間也."

없는 거짓된 것이라 배척하는 입장을 밝힌 것이다.

따라서 이헌경은 서학에서 제시하는 서양과학적 지식에 대해서도 긍정적 관심은 보이지 않으며, 불필요하거나 거짓된 것으로 배척하는 입장을 관철시키고 있다. 곧 "서양 사람이 비록 천문학을 잘한다 하지만 복희·황제·요·순의 옛 법도에 근거하여 부연 설명하고 허망하고 요사스러운 변론을 섞어놓은 데 불과할 뿐이다. (…) 서양과 소통하지 않으면 역가曆家는 손을 쓸 수 없고 천자는 책력을 반포할 수 없다고 하겠는가"[36]라고 선언한다. 여기서 그는 서양의 천문학이 우수한 점이 있다면 마치 까마귀나 여우가 비 오고 바람 부는 것을 미리 아는 부분적 기능일 뿐이라 하고, 천문·역법도 그 원천이 중국에 있는 것임을 강조한다. 더구나 서학의 천문학에서 '12중천설重天說'을 제시하고 지리에서 '5 대주大洲'를 언급한 것도 귀신을 그리거나 용을 그린 것처럼 알기 어렵고 속기 쉬운 것으로 현혹시키는 것이라 거부하고 있다. 따라서 서양과학의 이론을 믿으면서 '천주'만을 믿을 수 없는 것으로 거부하는 태도에 대해서도 나무의 가지 하나를 자르거나 물길에서 물줄기 하나만 막는다고 나무가 자라고 물이 흐르는 것을 막을 수 없는 것에 비유하여, 뿌리와 원천에서부터 전면적으로 배척할 것을 요구하고 있다. 그만큼 이헌경은 천주교 신앙과 서양과학을 포함하여 서학을 전면적으로 거부하고 배척하는 '척사론'의 입장을 확립하고 있는 것이다.

심지어 그는 마테오 리치가 9만 리를 항해하여 중국을 찾아왔다는 사실에 대해서조차 표류한 것인지 알 수 없다 하고, 서양 선교사들의 행적에 대한 이야기도 『서유기』나 『수호전』처럼 허구적으로 꾸며 낸 이야기로 보인다고 할 정도로 아무것도 진실한 것으로 인정하려 들지 않는 폐쇄적 입장을 제시하기도 한다. 그러나 그는 천주교가 전파되는 현실에 대응하는 방법에 대해, "우리의 도를 밝혀서 가르칠 따름이다. 날이 저물면 반딧불이 나타나고 날씨가 흐리

---

36 위와 같은 곳. "西洋人雖善推步, 不過因羲黃堯舜之舊法, 敷衍爲說, 雜之以誕妄妖幻之辨而已 (…) 謂不通西洋, 則曆家更不得措手, 天子更不得頒朔乎."

면 여우가 우는 법이니, 우리의 도가 밝아져 평탄한 길처럼 보이면 이단에 미혹함이나 사특한 길로 달려감을 어찌 염려할 필요가 있겠는가"[37]라고 말한다. 그것은 정도로서 유교를 밝히면 궁극적으로 이단의 사설은 저절로 소멸될 것이라는 도학자로서의 신념을 제시한 것이다.

6. 안정복의 서학비판론이 지닌 특성

안정복의 서학비판론은 성호 문하에서 천주교 교리서에 대한 토론을 벌였던 1750년대에 시작하여 천주교 신앙활동이 발생하던 1780년대까지 걸치는 것이며, 유교를 정통이념으로 확립한 조선 후기 사회에서 천주교 전파에 따른 교리의 이론적 논쟁과 사회적 규범의 갈등 문제를 포함하는 광범한 것이다. 이 점에서 그의 서학비판론은 스승인 성호 이익은 서학의 과학지식을 적극적으로 수용하고 천주교 교리서에 대해서는 간단하게 비판하는 데 그친 반면에, 성호 문하의 선배인 신후담은 천주교 교리서에 대한 이론적 비판을 정밀하게 체계화시키고 있었던 사실과 대비된다. 이러한 대비를 통하여 안정복의 서학비판론에서 세 가지 특성을 확인할 수 있다.

첫째, 천주교 신앙집단과 직접 대면한 비판이라는 점이다. 신후담이 천주교 교리서에 대한 이론적 비판에 그치는 것이었다면, 안정복의 경우는 그 자신도 1750년대에 이론적 비판에 집중하였지만, 1780년대에는 그의 가까운 동문 후배와 후학들 사이에서 일어난 천주교 신앙활동에 맞서서 이들을 회유하고 경계하기 위해 서학비판론을 전개하였던 것이다. 여기에 그의 비판론은 당시 천주교도들 사이에서 논의되고 있는 신앙조목에 대한 관심이 구체적으로 드러나

---

37 위와 같은 곳. "不過明吾道以敎之耳, 日暮而燐出, 天陰而狐鳴, 吾道素明, 視若坦路, 則左道之惑, 邪徑之走, 何足慮也."

고 있는 것이며, 교리의 이론적 쟁점과 동시에 사회적 영향에 대한 경계심이 적극적으로 제시되고 있다는 것이다.

둘째, 비판으로 이끌어 가면서도 토론을 위한 상호이해의 기초를 마련하는 비판론이라는 점이다. 안정복의 서학비판론은 유교 정통의 옹호를 확고하게 전제하고 있다. 그러나 그는 천주교 교리서에 입각하여 서학 자체의 입장을 일단 이해하고 일정한 범위에서 논리적으로 설명할 수 있는 것으로 받아들이는 객관적 태도를 지니고 있다. 따라서 비판이론이 단순히 정통주의에 사로잡혀 권위적이고 독단적인 입장을 선언하고 있는 것이 아니라, 훨씬 온건하고 합리적인 논리 위에서 설득하고 있는 것이다. 그만큼 그는 성호학파의 공동체 안에서 발생한 천주교도들을 설득하기 위한 대화와 토론의 자세를 지키기 위해 상당한 노력을 하였던 것이라 할 수 있다.

셋째, 서양과학을 비판의 대상으로 삼지 않았다는 점이다. 안정복은 처음부터 끝까지 천주교 교리에 대해 비판적 입장을 관철하고 있지만, 성호의 직접적 영향 아래 있었던 만큼 그 자신이 서양 과학과 기술에 대하여는 비록 적극적 관심을 보이지는 못하였지만 비판을 가하지 않고 오직 천주교 교리의 신앙조목에 비판을 집중하였던 것이다. 안정복은 서양과학 지식에 대해서 기본적으로 긍정적 입장만을 밝혔을 뿐이지 구체적으로 이해와 수용을 위한 노력을 뚜렷하게 보여 주고 있지 않았다. 그러나 한말 도학의 위정척사론자들이 서양과학기술을 기기奇技·음교淫巧로 규정하여 거부하는 태도를 보였던 것에 비교해 보면 비판 입장이 그만큼 덜 폐쇄적이고 덜 독단적이라 할 수 있다.

이처럼 안정복은 적극적으로 서학비판론을 전개하면서도 폐쇄적 배척론으로 맹목화한 것이 아니라 토론의 여지를 마련해 주었다는 점에서 그 특성을 확인할 수 있지만, 이러한 그의 비판론은 18세기 공서파功西派의 전개과정에서 보면 그에 앞서는 신후담의 비판론과 그보다 뒤에 나오는 홍정하의 비판론 사이에 위치하면서 유교와 서학의 갈등이 전개되는 과정의 과도기적 성격을 보여 주는 것이라고 할 수 있을 것이다.

18세기 조선 유학자들의 『천주실의』 비판

성호 이익, 하빈 신후담, 순암 안정복을 중심으로

한자경

1. 들어가는 말

『천주실의』는 명말에 중국에 들어와 활동하던 예수회 소속 선교사 마테오 리치가 1603년 연경에서 출판한 책이다.[1] 이 책은 서양 학자와 유학 선비의 대

---

1 마테오 리치(利瑪竇, 1552~1610)는 이탈리아 교황청 소속 마체레타에서 태어나 예수회 대학에서 공부한 후 1583년 중국 조경에 와서 『곤여만국전도』를 출판하고, 소주로 가서 『四書』를 라틴어로 번역하여 1594년에 완성하였고, 그 후 다시 난창으로 가서 1595년 『교우론』을 저술하였다. 1601년에 북경에 진입한 후 1603년 『천주실의』를 출판하고 계속 선교활동을 하다가 1610년 북경에서 사망하였다. 그의 선교는 필사적이고 철저하였다. 중국 입국 초기에는 중국이 불교를 신봉하는 줄 알고 삭발하고 스님 복장을 하면서 교회를 僊化寺라 칭하는 등 불교인 행세를 하다가, 수년 후 중국이 실제로 유교 국가임을 알고는 유가 복장을 하고 자신을 西儒로 소개하였다. 유교를 알아야 선교가 가능함을 알고 수년에 걸쳐 한문을 배우

화체 형식으로 서술되어 있으며, 원시유학의 상제사상은 서구의 천주신앙과 상통하지만 그 후의 신유학에 있어서는 그 정신이 잊혔기에 천주교가 옛 성인의 근본정신을 되살려 유학을 보충할 수 있다는 보유론補儒論을 내세운다. 결국 당시 신유학이나 불교에 대해 천주교의 우월성을 증명함으로써 동양인에게 천주교를 포교하려는 목적으로 쓰인 책이다.[2]

조선에는 1614년 이수광이 『지봉유설』에서 이 책의 내용을 요약 소개하고 있는 것을 보아, 이미 17세기 초부터 조선인들에게 알려지고 읽혀졌음을 알 수 있다. 그러나 유학적 세계관의 학자들로부터 별다른 관심을 끌지 못하다가 18세기 전반에 성호 이익이 『천주실의』에 발문을 쓰며 관심을 표명한 이후 성호의 제자들이 본격적으로 논의하기에 이르렀다.[3] 성호는 천주교의 중심교리에 대해서는 비판적이어도 부분적으로 취할 점도 있다고 본 데 반해,[4] 하빈과 순

고 경전을 공부하여 그 지식을 바탕으로 천주교가 유교를 보충한다는 보유론적 관점을 내세웠다. 마테오 리치의 행적에 대해서는 송영배(1995), 「『천주실의』의 내용과 그 의미」, 서울대철학사상연구소 편, 『철학사상』, 제5집, 213면 이하 참조. 예수회의 중국 선교활동 과정에 대해서는 최동희(1988), 『서학에 대한 한국실학의 반응』, 고려대학교 출판부, 3면 이하 참조. 본고에서 인용하는 『천주실의』는 송영배 등 천주교인 교수 6명이 공역하여 1999년 서울대학교 출판부에서 출판한 책이다. 한문 원문도 함께 실려 있다.

2 마테오 리치의 보유론은 원시유학(공맹유학)과 신유학(송대 성리학)을 유신론과 무신론으로 구분함으로써 성립한다. 그의 이러한 구분은 일차적으로는 포교를 위한 하나의 방편이지만, 근본적으로는 그가 공맹유학 역시 외화되고 의인화된 신, 두려움과 숭배의 대상으로서의 신을 설정하는 외재주의적 신관을 극복하고, 신성을 인간 안에 내재된 인간의 본성과 핵심으로 간주하는 내재주의적 신관에 서 있음을 간과했기 때문이다. 서양의 외재주의적 신관을 받아들인 동양의 학자들은 오늘날까지도 마테오 리치의 보유론, 그의 원시유학과 성리학의 구분을 마치 당연한 것처럼 간주하는 경향이 있다. 송영배(2004), 『동서철학의 교섭과 동서양 사유방식의 차이』, 논형 참조. 그러나 이는 연구자 자신이 외재주의적 신관에 섬으로써 동양의 내재주의적 논리의 핵심을 비껴가기 때문이라고 본다. 본고는 성리학의 핵심을 원시유학의 정신과 맞닿은 내재주의적 심학으로 밝히고자 한 것이므로 마테오 리치 식의 유학양분론은 따르지 않는다.

3 『천주실의』의 조선 유입 과정에 대해서는 박종홍(1982), 「對西歐的 세계관과 茶山의 洙泗舊觀」과 「천주교의 도입 비판과 섭취」, 『박종홍전집』 제5권(근대사상편), 민음사 참조.

암 등 공서파攻西派는 천주교에 대해 보다 철저한 비판적 태도를 취하였다.[5] 마테오 리치가 보이는 보유론이 유학인을 끌어들여 결국은 유학의 정신을 부정하게 만들려는 포교정책에 지나지 않는다고 판단했기 때문이며, 이를 하빈은 다음과 같이 표현한다.

(서학은) 우리의 도(道, 儒學)에 대해 겉으로는 돕는 척하고 속으로는 배

---

4 星湖 李瀷(1691~1763)이 쓴『천주실의발문』(이것은 송영배 등 역,『천주실의』말미에 실려 있다)을 보면 그가 동정녀잉태설·예수부활설·천당지옥설을 불교의 윤회설처럼 증명될 수 없는 幻妄한 것으로 보고 있음을 알 수 있다. 그러면서도 성호는 克己의 윤리설 등 서학으로부터도 취할 것이 있다고 보았다. 順菴 安鼎福(1712~1791)이 전해 주는 다음과 같은 성호의 말은 이를 잘 보여 준다. "천주의 설을 나는 믿지 않는다. (…) 그러나 그 荒誕한 말들을 제거하고 경어만 요약한다면 우리 儒者의 克己공부에 얼마간의 도움이 없지는 않을 것이다. 이단의 글이라 하더라도 그 말이 옳으면 취할 뿐이다. 군자가 사람들과 더불어 선을 행하는데 있어서 어찌 피차의 구별을 두겠는가? 요는 그 단서를 알아서 취해야 할 것이다"(순암,『천학문답』부록. 이하에서 순암의 인용은『국역 순암집』, 한국학데이터베이스연구소 편, CD롬에서 취한다.『천학문답』은 순암이 74세인 1785년에 쓰여진 것으로『천학고』와 더불어『벽위편』에 일부가 발췌되어 실려 있다).

5 천주교의 중심교리인 원죄설, 천당지옥설, 처녀잉태설, 신 강림설, 예수부활설 등에 대해서는 성호나 하빈이나 순암이 모두 비판적이었다. 그럼에도 성호는 천주교로부터 배울 것이 있다고 보며 이단에 대해 허용적이고 호의적이었는 데 반해, 천주교를 공부한 하빈이나 순암은 천주교에 대해 극히 비판적이었던 까닭은 무엇일까? 이는 종교와 정치의 관련성에 대한 관념이 서로 달랐기 때문이라고 본다. 한우근은 천주교에 대한 성호의 허용적 입장을 다음과 같이 설명한다. "그러한 입장은 현실적으로 국민생활이 (…) 극도의 곤궁에 달하게 되는 그 이유가 정치(治者)의 잘못에 있는 것이지 異端의 弊害 때문은 아니라는 그의 생각에서 온 것이다." 즉 성호는 "유교정치가 민생안정만 꾀해 낸다면, (이단이) 일반 民庶에 큰 폐해를 미칠 것이 아니라"고 보았다는 것이다(한우근(1980),『성호이익연구』, 한국학술정보, 69면]. 이에 반해 하빈과 순암은 철학이나 종교가 갖는 정치적 함의를 제대로 간파한 것이라고 볼 수 있다. 이에 대해서는 각주 6)에서 좀 더 부연 설명하겠다. 그러나 그 정치적 함의의 핵심에는 여전히 인성론이 놓여 있다. 어떤 인간관을 택하는가는 곧 어떤 세계관을 택하는가이며, 그것이 그 사회의 방향을 결정하기 때문이다. 오늘날 대부분의 연구물이 그렇듯 유학이 왜 천주교를 비판했는가를 끝까지 천주교의 관점에서 해명하는 것은 이미 서양의 세계관에 따라 그 안에서 동양을 자리매김하는 것에 지나지 않는다. 거기서 우리가 확인할 수 있는 것은 종교의 힘이 아니라 오히려 정치적 권력이 아닌가?

척한 것이다.[6]

이처럼 18세기 유학자들은『천주실의』의 마테오 리치가 포교를 목적으로 천주교의 우월성을 논하는 과정에서 동양 유학을 멋대로 재단하고 폄하하는 것에 대해 상당히 비판적 자세로 응하였다. 본고는 바로 그들의 비판적 논변을

---

6 河濱 愼後聃(1702~1761),『서학변』,「천주실의」, 김시준 역(1987),『벽위편』, 명문당, 73면, 471면, "此乃於吾道則陽右而陰擠之."(이하에서 하빈을 인용할 때는『서학변』과 그 안의 소제목만을 표기하며, 면수는 번역본『벽위편』의 면수와 거기 첨부된 원문의 면수를 제시하도록 한다).『서학변』은 하빈이 23세인 1724년경 저술한 책으로 필방제(Francis Sambiasi, 1582~1649)의『영언려작』, 마테오 리치의『천주실의』, 애유락(Julius Aleni)의『직방외기』를 조목조목 비판한 책이다. 이 글은『벽위편』중에 실려 있다.『벽위편』은 천주교 세력이 한참 확장되어 가던 시기에 유학정신을 지키고자 이기경이 1801년 여러 유학자들의 글을 모아 엮은 것이며, 다시 이만채에 의해 1931년 보충된 책이다. 이 책은 '천주교 전래 200주년을 기하여, 또 교황의 한국 방문을 즈음하여' 역설적이게도 '한국천주교박해사'라는 부제하에 우리말로 번역 출판되었다.『서학변』에서 하빈이 우려하고 있는 바, 서학이 유학의 정신을 부정한다는 것은 당시 사회 윤리와 정치의 사상적 기반을 부정한다는 것이며, 결국 한 문화의 뿌리를 뽑아 놓겠다는 것이다. 攻西派들은 이와 같이 서양 천주교 포교가 갖는 정치적 함의에 민감했던 사람들이라고 볼 수 있다. 물론 성호의 제자 중에 천주교로 쏠리는 信西派도 있었다. 그리고 그들에 의해 천주교는 외국 선교사들의 유입 없이 조선에 자발적으로 수용되었다. 1784년 이승훈이 북경에서 세례를 받았으며, 1785년 이벽·이승훈·정약용·권일신 등이 모여 서학을 공부하다가 이기경·홍낙안 등으로부터 邪敎라는 지목과 경계를 받게 된다. 그러던 중 1791년 윤지충·권상연이 神主를 불태우고 제사를 거부하는 진산사건을 계기로 천주교가 금지되었는데, 이때 이기경·홍낙안 등 남인 僻派는 천주교를 적극 배척하고, 채제공 등 남인 時派는 천주교를 허용하는 편으로 대립이 본격화되었다. 그러나 그때까지도 천주교는 종교나 도덕차원의 일로 간주되었으며, 채제공이 영의정으로 있고 정조가 남인 재사를 아껴 등용하였기에 큰 박해는 있지 않았다. 그러다가 1800년 어린 순조 즉위 후 영조의 계비 김씨의 섭정이 시작되면서 대규모 천주교 박해가 있었는데, 이것이 1801년 신유사옥이다. 이때 피신해 있던 황사영이 조선에서의 천주교 신앙 자유를 위해 조선의 청 속국화나 불란서의 군함파견을 요청하는 밀서를 쓴 것이 발각난 '황사영백서사건'을 계기로 조정은 천주교 신앙의 정치적 연관성을 간파하고 더욱 경계하게 되었다. 그 후 천주교는 점차 지식인들의 사상으로보다는 정치로부터 소외되었던 민중들의 신앙 형식으로 받아들여지게 되었다. 1801년 즈음한 상황에 대해서는 황사영 저, 김영수 역(1998),『황사영 백서』, 성·황석두루가서원 참조.

고찰해 보고자 하는 것으로, 이를 위해 일단『천주실의』에서 마테오 리치가 유학사상을 어떤 식으로 평가하고 있는지 살펴본다. 마테오 리치의 유학 해석에는 서양 중세 스콜라철학의 형이상학이 전제되어 있는데, 그것은 동양 유학의 형이상학과는 크게 다르다. 본고는 그 차이를 개별자 실체론의 외재주의와 만물 일체론의 내재주의로 정리해 보겠다. 그리고 그러한 사상적 차이의 바탕 위에서 성호와 하빈과 순암의『천주실의』비판을 존재론적·윤리적·인식론적 측면에서 살펴본 후, 그러한 18세기 조선 유학자들의 비판적 자세가 오늘날 우리에게 말해 주는 바가 무엇인가를 생각해 보며 글을 마치도록 한다.

2.『천주실의』에 나타난 마테오 리치의 유학 이해

유학은 인간 및 우주 존재의 근원을 태극太極으로 간주한다. 태극은 일체 존재 및 운동의 근원이고 원리이며, 태극인 리理로부터 음양의 기氣이 생겨나고 그로부터 만물이 형성된다. 태극, 리 그리고 기는 일찍이 천이나 상제, 우주의 생성원리, 우주생성의 기운 등으로 칭해지던 것을 형이상학적 체계로 포착하여 개념화한 것에 다름 아니다.

그러나 천주교를 포교하기 위해 동양으로 온 마테오 리치가 처음부터 이미 확신하고 있었던 것은 이 세상 어느 누구도 천주교가 전파되기 이전이라면 우주의 참다운 근원, 인간 존재의 근원에 대해 알지 못한다는 것이다. 생멸하는 현상세계 너머의 영원한 진리, 우주 생명의 근원이며 궁극 귀착점에 대해서는 오로지 예수의 복음을 접한 천주교인만이 알고 있으며, 그 복음을 믿는 천주교인만이 구원에 이를 수 있다고 본 것이다.

따라서 그의 중국에서의 천주교 포교의 첫걸음은 유학에 있어 우주의 근원으로서 천주교의 천주 개념에 비견될 만한 모든 개념들을 그렇지 못한 것으로 격하시키는 것이다. 그래야만 자신들만이 진리를 알고 신을 아는 자가 되어 포교의 의미가 살아나기 때문이다. 결국 그는 태극이나 리를 사물의 속성 내지 그로부터 이끌어 낸 추상적 원리에 지나지 않는 것으로 간주하며, "리나 태극은 만물의 궁극 근원에 해당할 수 없다"[7]는 것을 주장한다.

> 무극이 태극이라는 도형[太極圖]은 홀수와 짝수의 상象을 취해 말한 데 불과하다. (…) 추상적 상일 뿐 실實이 없는데 리가 어떻게 의지할 만하겠는가? (…) 태극이 소위 리로서 해석된다고 해도 그것이 천지만물의 근원이 될 수는 없다. (…) 둘(마음속의 리든 사물 속의 리든)다 사물 이후에 있는 것인데, 나중 것이 어떻게 먼저 것의 근원이 되겠는가?[8]

---

7 『천주실의』 제2권, 98면. "物之無原之原者, 不可以理以太極當之." 마테오 리치는 유학자에게 "만일 당신이 理는 만물의 영성을 포함하며 만물을 화생하게 한 것이라고 말한다면, 그것은 바로 천주인데 어째서 그저 理나 太極이라고만 말하는가?(如爾曰 理含萬物之靈, 化生萬物, 此乃天主也. 何獨謂之理, 謂之太極哉?)"(97면)라고 묻는다. 이는 곧 마테오 리치가 얼마나 그 자신의 개념의 틀에 매여 있는가를 잘 보여 준다. 그러기에 유학을 유학 자체의 개념에 따라 이해하지 못한 것이다. 그는 그 자신의 개념틀이 세계를 읽는 개념체계 중의 하나라는 것을 전혀 의식하지 못하고, 절대자는 반드시 '천주'의 이름으로 불려야 한다고 본 것이다.

8 『천주실의』 제2권, 83, 87, 88면. "無極而太極之圖, 不過取奇偶之象言. (…) 虛象無實, 理之何依耶? (…) 若太極者止解之所謂理, 則不能爲天地萬物之原矣. (…) 二者(在人心之理, 在事物之理)皆在物後, 而後豈先者之原?" 이런 식으로 태극과 리를 절대적 근원으로 파악하지 않고 이차적이고 부수적인 것으로 해석하는 시도는 마테오 리치가 동양 선교를 목적으로 파견된 예수회 소속 신부라는 것을 감안해야만 이해 가능하다. 그나마 마테오 리치는 유학을 전적으로 배척하지는 않은 보유론을 주장한 데 반해, 그 이후 중국에 몽고바르띠와 세인트 마린을 파견한 도미니크 교단은 예수회보다 더 철저한 독단성과 배타성의 교단으로서 그들은 유학의 理를 아예 무형의 물질적 재료인 '제일 질료'로 간주하며, 유학을 유물론으로 해석하였다. 특정 교단에 속하여 선교를 삶의 목적으로 삼았던 그들과 달리 비교적 공정한 시각으로 중국의 유학을 바라볼 수 있었던 라이프니츠는 리와 태극을 물질적 실재나 부수적 속성이 아닌 정신적 실재로 해석하였다. 이에 대해서는 라이프니츠가 직접 저술한 「중국의 자연신학론」[이동희 편역(2003), 『라이프니츠가 만난 중국』, 이학사, 85면 이하 참조. 물론 라이프니츠의 유학 해석에 대한 평가, 그리고 라이프니츠 사상과 유학사상의 비교는 또 다른 연구주제가 될 것이다.

천주의 성性은 비록 만물의 정情은 가지고 있지 않지만 그 면밀한 덕德으로써 만물의 리理을 포괄하고 만물의 성을 포함하고 있어 그 능력이 갖추어지지 않은 것이 없다. (…) (유학의) 리라는 것은 이와 크게 다르다. 리는 의존적인 것(속성)의 범주로 스스로 자립적인 것이 아닌데, 어떻게 이성[靈]과 지각[覺]을 가질 수 있으며 자립적인 것(실체)의 류가 될 수 있겠는가?[9]

그러나 유학에서 태극은 만물의 근원일 뿐 아니라 만물에 품부된 내적 본성이다. 만물의 근원과 본성이 하나의 태극이라는 점에서 유학은 만물일체를 주장한다. 나아가 자신의 근원과 본성을 깨닫고 실현하는 자가 곧 성인聖人인데, 유학에서 성인의 경지는 곧 신적 경지이다. 즉 신은 인간 내면에 존재하면서 자신을 전개하는 것이지 인간 너머의 외적 실재로 간주되지 않는다. 그러나 이러한 만물일체론과 내적 신성의 주장은 마테오 리치에게서는 신과 맞먹으려는 인간의 오만으로 평가될 뿐이다.

무릇 물物(피조물)과 조물자(천주)를 같다고 하는 말은 루시퍼 마귀의 오만한 말이다. 누가 감히 그렇게 말하겠는가? 세상 사람들이 불교의 황당한 경전을 금하지 않아 그 독의 말에 오염됨을 자각하지 못하는 것이다. (…) 지상의 민民이 지상의 군君과 망령되게 견주는 것도 가능하지 않은데, 어찌 천상의 상제와 같다고 할 수 있겠는가?[10]

---

9 『천주실의』제2권, 96면. "天主性, 雖未嘗截然有萬物之情, 而以其精德, 包萬般之理, 含衆物之性, 其能無所不備也. (…) 理也者則大異焉. 是乃依賴之類, 自不能立. 何能包含靈覺, 爲自立之類乎?" 氣에 대해서도 마찬가지로 그것을 태극의 理로부터 생긴 우주적 기운 내지 생성의 힘으로 이해하지 않고 단순히 공기나 바람 등으로 해석하여, "氣는 수・화・토 三行과 더불어 만물의 형체가 되는 것이다(夫氣者, 和水火土三行, 而爲萬物之形者也)."(『천주실의』제4권, 188면)라고 말한다. 마테오 리치는 불교의 지수화풍 四大나 유학의 목화토금수의 五行이 모두 서양의 물질적 재료에 상응하는 것으로 해석한다.

마테오 리치는 인간과 신은 전적으로 다른 존재라는 것, 따라서 인간은 절대 신적 지혜나 신적 경지에 이를 수 없다는 것, 인간은 결코 신을 알 수 없다는 것을 강조한다. 그렇다면 어떻게 천주교인들만이 신에 대해 안단 말인가? 세상이 점점 사악해져 감에 신이 직접 인간의 모습으로 이 땅에 와서 가르침을 펴고 다시 승천했는데, 그게 바로 예수이며, 예수를 믿는 것이 곧 신을 믿는 것이 된다.

이에 (신이) 큰 자비심을 발하여 친히 이 세상에 와서 세상을 구원하고 많은 사람들을 널리 깨우쳐 주었다. 이름은 예수였으며, 예수란 이 세상을 구원한다는 뜻이다. 몸소 가르침을 세우고 33년 간 서양에서 널리 교화하고 다시 하늘로 올라갔다. 이것이 천주의 실제 행적이다.[11]

---

10 『천주실의』 제4권, 192면. "夫語物與造物者同, 乃輅齊拂兒鬼傲語. 孰敢述之賊? 世人不禁佛氏誑經. 不覺染其毒語. (…) 地上民不可妄比肩地上君, 而可同天上帝乎?" 이는 "중국 유학자는 사물들이 크든 작든 그 性은 一體라고 생각하였다. 그러므로 천주인 상제는 각각의 만물 안에 존재하여 만물과 더불어 하나라고 말하였다"라는 유학자의 말에 대한 마테오 리치의 답변이다. 여기서 루시퍼는 천주교의 사탄에 해당하는 말이다. 마테오 리치는 루시퍼에 대해 다음과 같이 말한다. "천주의 경전에 전하는 말이 있다. 옛날 천주가 천지를 창조하고 이어 여러 신의 무리도 창조하였다. 그 가운데 큰 신이 하나 있었는데 루시퍼라고 불렸다. 그는 자기가 영특하다고 보고 곧 '나는 천주와 동등하다'고 오만하게 말했다. 천주는 노하여 그를 그의 추종자 수만의 신들과 더불어 마귀로 변하게 하여 지옥으로 떨어뜨렸다. 이로부터 하늘과 땅 사이에 비로소 마귀가 생기고 지옥이 있게 되었다." 또 마테오 리치는 "사람과 천주를 한 몸이라고 한다면, 상제의 존엄을 천한 종들과 똑같이 보는 것이 아니겠는가?(以人類與天主爲同一體, 非將以上帝之尊, 而侔之於卑役者乎?)"(『천주실의』 제8권, 416면)라고 하여 인간과 신을 본질적으로 다른 존재로 간주한다. 이에 반해 유학에서의 聖人의 경지나 불교에서의 부처의 경지는 곧 神의 경지이다. 인도의 '범아일여'나 천도교의 '人乃天' 등은 마테오 리치의 눈에는 모두 마귀의 소리로 들린다는 말이다. 그러면서 오직 예수만을 예외적 존재로 둔다.

11 『천주실의』 제8권, 423면. "於是大發慈悲, 親來救世, 普覺郡品. (…) 名號爲耶蘇, 耶蘇卽謂救世也. 躬自立訓, 弘化于西土三十三年, 復昇歸天, 此天主實蹟云."

이렇게 해서 예수의 교설에 접하지 않은 동양은 우주의 근원이나 신에 대해 알 리가 없으며 따라서 서양의 선교사는 그런 동양에 신의 진리를 전파한다는 사명감을 갖게 된 것이다. 마테오 리치는 바로 이 사명감으로 충만하여 동양 포교의 길에 나선 것이다. 오로지 예수만을 믿고 따르면 그 대가로 사후에 천당에 가게 되고, 그렇지 않을 경우 지옥에 가게 된다는 지옥천당설은 영혼불멸설에 기반한 것이다.

그렇다면 이러한 마테오 리치의 글을 접하면서 한국의 유학자들은 어떤 반응을 보였는가? 유학에서의 태극이 정말 천지의 근원일 수 없는 것일까? 리理은 단지 사물의 속성에 지나지 않는 것인가? 인간과 신, 천지만물이 일체라는 것이 정말 오만한 마귀의 생각일까?

물론 『천주실의』에서 마테오 리치가 주장하는 것은 그 스스로 생각해 낸 것이 아니라 당시 동양 포교를 통해 세력확장을 꾀하던 예수회의 기본 관점이며, 그 사상적 기반은 아리스토텔레스로부터 이어지는 중세 스콜라철학에 있다. 인간과 우주의 실상과 그 근원에 대한 서양 스콜라철학의 관점은 그것에 관한 동양 유학의 관점과 처음부터 같지 않았던 것이다.

3. 『천주실의』에 담긴 서학의 존재론 : 개별자 실체론과 외재주의 신학

1) 개체의 이해 : 개별자 실체론

마테오 리치는 아리스토텔레스의 범주론에 따라 일체 존재를 실체와 속성으로 분류하며, 모든 개별적 존재를 다양한 속성들이 그에 속하는 자립적 실체로 간주한다. 시공간적 연속성을 가지는 수적 동일성의 개체들, 하나의 돌멩이, 나무, 동물, 인간 그 각각이 모두 자립적으로 존재하는 개별적 실체로 간주되는 것이다. 그것들은 물리적 질료로 구성되어 가시적 형태를 이루는 물질적 실체들이다. 그리고 그 각각의 물질적 개체는 자신 안에 개체적 혼魂(anima)을 지닌다. 식물의 혼은 생장의 힘을 갖는 생혼生魂이고, 동물의 혼은 지각의 힘을 갖는 각혼覺魂이며, 인간의 혼은 생장과 지각 이외에 이성적 추리능력을 가지는 영혼靈魂이다.

상품(의 혼)은 영혼으로 인간의 혼이다. 그것은 생혼과 각혼을 겸한 것으로, 사람의 성장과 발육을 돕고 사람으로 하여금 사물의 실상을 지각하게 하며, 또 사람들로 하여금 사물을 추론하게 하고 이치와 의리를 명백히 분별하도록 한다.[12]

여기서 마테오 리치는 생혼과 각혼은 유형의 물질적 실체(신체)가 일으키는 부수적 현상으로서 그 자체 독립적 실체가 아닌 데 반해, 인간의 영혼만은 신체의 산물이 아니라 신체 독립적이고 자립적인 실체이며 따라서 신체의 죽음 이후에도 불멸한다고 본다. 영혼은 사후에도 개체적 자기동일성을 지닌 채 멸하지 않는 개별적 실체로 간주된 것이다.

추론 명변하는 일은 반드시 신체에 의거할 필요가 없으며, 그 영은 자립적으로 존재하는 것이다. 비록 몸이 죽고 형체가 흩어져도 그 영혼은 그대로 다시 작용할 수가 있다. 그러므로 인간은 초목이나 금수와 같지 않다.[13]

---

12 『천주실의』 제3권, 124면. "上品名曰 靈魂 則人魂也. 此兼生魂覺魂. 能扶人長養 及使人知 覺物情 而又便之能推論事物 明辯理義." 마테오 리치가 논하는 삼혼설은 아리스토텔레스가 주장하고 중세 스콜라철학자 아퀴나스가 그대로 수용한 삼혼설이다. 삼혼은 식물의 anima vegetativa, 동물의 anima sensitiva, 인간의 anima rationalis이다. 마테오 리치는 이에 따라 혼 三品을 주장한다. 草木之魂은 下品으로 생장하는 生魂이며, 禽獸之魂은 中品으로 지각하는 覺魂이며, 인간의 혼은 上品으로 사물을 추론하고 이치를 밝히는 靈魂이라는 것이다.

13 『천주실의』 제3권, 125면. "若推論明辯之事 則不必倚據于身形 而其靈自在. 身雖歿 形雖渙 其靈魂 仍復能用之也. 若人與草木禽獸不同也." 이처럼 마테오 리치는 생혼·각혼·영혼을

마테오 리치에 따르면 영혼은 각각의 인간에게 속하는 개별적 실체이며, 이성은 그런 개별적 영혼의 추론과 분별 능력 이외의 다른 것이 아니다. 이처럼 존재하는 현상세계의 만물은 물질적 실체로서 또는 영혼의 정신적 실체로서 그 각각으로 존재하는 것이다. 이처럼 현상세계 사물 각각이 다 개별적 실체로서 존재하는 것이므로, 그것들을 서로 연결시키고 조화롭게 하는 것은 개별적 사물 내면에서가 아니라 사물의 외부에서 찾아진다. 우주 존재와 운동의 근원, 만물의 조화의 근원을 세계 내면이 아니라 세계 바깥에서 구하는 것이다.

2) 세계 외적 실체로서의 천주 : 외재주의

우주 만물은 어떻게 존재하게 된 것인가? 아리스토텔레스를 계승한 스콜라 철학에 따르면 천지는 스스로 이루어질 수 있는 것이 아니라, 그것을 창조한 제작자가 있어야만 한다. 천지를 창조하고 주재하는 자가 곧 천주天主이다.

> 천지는 스스로 이루어질 수 없으며, 창제하신 자가 반드시 존재해야 한다. 그가 곧 우리가 천주라고 이름하는 자이다.[14]

근본적으로 동일한 하나의 혼의 세 가지 기능 또는 작용의 차이로 보는 것이 아니라 근본적으로 서로 다른 두 종류의 것으로 구분한다. 즉 생혼과 각혼은 개체의 죽음과 더불어 사멸하는 것인 데 반해 인간의 영혼만은 개체의 죽음과 독립적으로 영원히 불멸하는 것으로 간주하는 것이다. 이 점 역시 아리스토텔레스의 혼의 이해를 벗어난 것이 아니다. 아리스토텔레스는 식물과 동물의 혼은 사멸하지만, 인간의 영혼만은 신체 독립적인 것으로서 불멸한다는 '영혼불멸'을 주장하였다. 다만 인간의 이성이 다른 생명체인 식물과 동물로부터 인간을 구분 짓는 불멸적 요소라고 본 것은 그리스의 플라톤이나 아리스토텔레스도 마찬가지이지만, 이성을 개체적 영혼이라고 본 것은 기독교 철학의 특징이라고 생각된다. 그러나 기독교가 표방한 영혼의 개체성은 '일즉일체'의 '보편적 개체성'이기보다는 신체적 차별성에 바탕한 '배타적 개체성'이라고 볼 수 있다. 이에 대한 더 상세한 논의는 다음 기회로 미룬다.

14 『천주실의』 제1권, 50면. "天地不能自成 定有所爲制作者 則吾所謂天主也." 반면 유학에서

존재하는 것들이 그 자체 스스로 존재하게 된 것이 아니기에 제작자가 있어야 한다는 것을 마테오 리치는 집이 대들보와 서까래, 이엉이 있다고 만들어지는 것이 아니라 목수가 있어야 하는 것에 비유한다. 존재하는 각각의 것들은 그 자체로는 이성을 결여하고 있는 것인데, 그럼에도 이성적 질서를 따라 배열되고 움직이므로 그들을 그렇게 배열하고 움직이게 하는 이성적 존재가 그들 밖에 있어야 한다는 것이다.

> 본래 이성(영)을 결여하고 있는 사물들이 질서 있게 배열되어 있다면, 그것들을 질서 있게 배열한 존재가 있게 마련이다.[15]

우주만물로부터 천주의 존재를 좀 더 설득력 있게 증명하기 위해 마테오 리치는 아리스토텔레스의 4원인설을 도용한다. 개별적 사물의 내적 본분(內分)은 질료와 형상인데, 질료는 개별 사물을 형성하는 물질적 재료이고 형상은 한 사물을 다른 사물들과 구분지어 특정 범주로 분류 가능하게 하는 사물의 유적 속성에 지나지 않는다. 이러한 질료와 형상을 마테오 리치는 각기 '질質'과 '모模'로 번역하며 유학에서의 음陰과 양陽으로 배대시킨다. 이와 같이 질료와 형상, 질과 모, 음과 양은 각각의 개체를 형성하는 실체와 그 실체의 속성으로 간주된다.

> 네 가지 중 모模(형상인)와 질質(질료인) 둘은 각 사물에 내재하여 그 사물

는 천지를 '스스로 그러한 것'이란 의미에서 '自然'이라고 부른다. 천지를 스스로 이루어진 것으로 볼 것인가 아닌가는 쉽게 단정하기 힘든 문제로, 이는 천지와 천지의 근원을 어떤 관계의 것으로 볼 것인가, 즉 우주의 근원을 우주 외적 실재로 볼 것인가 우주 내적 실재로 볼 것인가의 문제에 의거하는 것이다. 우주의 근원(神)을 우주 밖에 설정하면 우주는 다른 것(신)에 의해 만들어진 것이 되고, 그 근원(신)을 우주 내재적 힘으로 보면 우주는 그 근원(신)의 자기 전개로, 저절로 그러한 것으로 이해된다.

15 『천주실의』 제1권, 51면. "物本不靈 而有安排 莫不有安排之者."

의 본래 몫(본분)을 이루니, 혹 음과 양과 같은 것이라고 할 수 있다.[16]

개별적 실체로서의 사물에 본래적으로 속하는 것을 질료와 형상만으로 간주하기에 그 외의 것, 즉 사물을 운동하게 하는 운동인과 그 운동의 목적이 되는 목적인은 마테오 리치에 따르면 사물 자체에 속하는 것이 아니라 사물 바깥에 있는 것으로 간주된다. 자연운동의 합리적 질서나 합목적성이 사물 자체로부터가 아니라 사물 외적으로 부과된 것으로 여겨지는 것이다. 그러한 외적 요인으로서 궁극적인 최초의 운동인 그리고 궁극적인 최후의 목적인을 바로 현상세계 밖의 천주라고 보는 것이다.

> 작자作者(운동인)와 위자爲者(목적인)는 둘 다 사물 바깥에 사물을 초월하여 먼저 존재하고 있다. 그러므로 사물의 본래적 몫일 수가 없다. 내 생각에 천주가 사물의 소이연이라고 하는 것은 다만 운동인과 목적인을 뜻하는 것이지 형상인과 질료인을 말하는 것이 아니다.[17]

이처럼 천주는 현상세계 바깥의 실재이며, 현상세계 사물들의 존재 및 운동 계열에 있어 그 최초의 작용인이며 최후의 목적인이 된다. 이는 곧 현상세계 사물들은 그 각각 개별적 실체로서 존재하되, 자신 밖의 다른 작용인에 의해 움직여지고, 자신 밖의 다른 목적을 지향하는 그런 불완전한 존재임을 말해 준다.

---

16 『천주실의』 제1권, 59~60면. "四之中 其模者質者 此二者在物之內 爲物之本分 或謂陰陽是也." 사원인에 대한 마테오 리치의 이해를 다음과 같이 정리할 수 있다.
   질료인: 質者(재료) 陰 ┐ 사물의 내적 본분
   형상인: 模者(모양) 陽 ┘
   운동인: 作者 ┐ 사물 외적 작용 → 여기에서부터 제1운동인과 궁극 목적인으로서
   목적인: 爲者 ┘ 세계 바깥의 신의 존재를 주장함.

17 『천주실의』 제1권, 60면. "作者爲者 此二者在物之外 超於物之先者也. 不能爲物之本分. 吾按 天主爲物之所以然 但云 作者爲者 不云模者質者."

3) 인간의 사명 : 신자信者 되기

천주는 현상세계 밖에 존재하며, 천주에 의해 창조된 현상세계는 무기물·식물, 동물, 인간이 계층적 질서를 갖는 차별적인 것으로 간주된다.[18] 피조물로서의 인간은 현상 밖의 천주와 결코 견주어질 수 없다. 천주는 인간 밖의 존재이므로 인간이 천주와 같다고 말하는 것도 오만이며, 천주를 안다고 하는 것도 또한 오만이다. 인간은 추리능력으로서의 이성을 통해 최상위 존재로서의 천주의 존재를 추론하여 증명할 수는 있지만, 그렇게 증명되는 천주를 직접 알수는 없다.

> 지극히 위대하고 지극히 존귀한 천주를 어찌 쉽게 이해할 수 있겠는가?
> 만약 사람들이 쉽게 이해할 수 있다면 천주가 아닐 것이다. (…) 사람이란
> 그릇은 보잘것없어서 천주라는 거대한 도리를 담기에는 부족하다.[19]

신이 존재한다는 것 이외에 일반 사람들이 신에 대해 이성으로 알 수 있는 것은 별로 없다. 그러면서 천주교는 자신의 교리만은 '이성의 빛'이 아닌 '초이성의 빛'에 의해 파악된 진리라고 주장한다. 신이 직접 자신을 현시한 계시종교라는 것이다. 즉 천주가 특별히 말씀으로 자신을 보여 준 것이 『성경』이고, 직접 유대 땅에 인간의 모습으로 강생하여 인간 구원의 뜻을 보여 주고 다시 천주의 위치로 돌아갔다고 말한다. 따라서 인간은 그러한 천주의 은총을 믿고

---

18 따라서 인간은 자기 위의 천주와도 자기 밑의 동식물과도 본질적으로 다른 존재로 간주된다. "사람을 천주와 같다고 하면 지나치게 높인 것이고, 흙이나 돌과 같다고 하면 지나치게 낮춘 것이다(以人爲同乎天主 過尊也. 以人與物一 謂人同乎土石 過卑也)."(『천주실의』제4권, 211면).
19 『천주실의』제1권, 64, 68면, "天主至大至尊者 豈易達乎. 如人可以易達 亦非天主矣. (…) 人器之陋 不足以盛天主之巨理也."

따르며 찬송해야 한다는 것이다. 그렇게 천주를 신앙한 자는 사후의 심판에서 그 영혼이 영원한 복락의 천당으로 보내질 것이며, 불신한 자는 영원한 형벌의 지옥으로 보내질 것이라고 주장한다. 이 세상의 삶은 참다운 복락이 넘치는 내세의 천당, 그 진짜 집에 이르기 위한 여정에 지나지 않는다고 본다.

> 지금 천주교에서는 인간이 이 세상에 잠시 머무름으로써 내세에서의 영생이 결정되는 것이라고 말한다. 그러므로 우리들은 잠시 이 세상에 머무는 동안 각별하게 덕을 닦고 선을 행하여 후세에 그 복락을 누리게끔 해야 할 것이다. 이 세상은 잠시 지나쳐 가는 길이요, 저세상의 진정한 본가에 이르는 길이다.[20]

이와 같이 마테오 리치는 『천주실의』에서 인간 영혼의 불멸성과 천주의 존재를 논한 후, 사후 일어날 천주의 심판과 사후 보내질 지옥·천당을 설하면서, 천당의 복락을 누리기 위해 현세에서 천주신앙을 받아들일 것을 권고한다.

4. 유학의 존재론 : 만물일체론과 내재주의 심학

1) 개체의 이해 : 만물일체론

유학은 천지만물을 다른 사물들로부터 분리된 고립적 실체로 간주하지 않는다. 일체는 상호적 연관관계, 기의 상호작용에 의해 산출되며 그 관계 안에서만 존재한다고 보는 것이다. 개체를 형성하는 기는 우주 전체를 흐르는 하나의

---

20 『천주실의』 제1권, 232면. "今尊教曰 人有今世之暫寄 以定後世之永居. 則謂 吾暫處此世 特當修德行善 令後世常享之. 而以此爲行道路 以彼爲至本家."

통일적인 천지지기이다. 기는 개체를 형성해 내는 생성의 힘으로, 각 개체에 있어 그 힘은 서로 대립하며 조화하는 두 힘으로 간주된다. 유학은 그 두 힘을 개체의 경계에서 확산하여 펼치는 힘과 응축하여 모이는 힘으로 보며, 이를 각각 신[伸, 神]과 귀[歸, 鬼]로 부르기도 하고 양기와 음기로 부르기도 한다. 기체화하여 확산하는 힘이 양기이고, 고체화하여 응축하는 힘이 음기이다. 개체는 그 두 힘의 평형관계가 유지되는 한 그 경계 안에서 존속하며, 죽음은 그 평형관계가 깨어져 개체의 경계가 사라지는 것, 기가 흩어지게 되는 것이다. 이때 확산하는 양기는 하늘로, 응축하는 음기는 땅으로 흩어지는데, 그 각각을 혼魂과 백魄이라고 부른다.

따라서 신유학은 개체적 혼이 실체로서 존재하며 사후에도 불멸한다는 것을 받아들이지 않는다. 무아론無我論의 불교에서 개체적 오온五蘊의 자아가 업력業力에 따라 구성되는 가假의 결과물로 간주되듯, 유학에서 혼과 백은 기에 의해 구성되는 이차적 산물일 뿐이다.[21] 그러므로 신체를 형성하는 백은 흩어져도 정신적 혼은 불멸한다는 개별자 실체론의 사유는 부정된다.[22] 천주교에서 불멸

---

21 물론 불교는 무아론이되 윤회를 주장하므로 유학과는 다르다. 그리고 그 차이는 가상적 개체를 형성하는 힘을 유학은 계속 새롭게 생성되는 우주 전체의 氣로 보는 데 반해, 불교는 전생의 개체(五蘊)가 이룩한 業의 힘으로 보는 데에서 비롯된다고 볼 수 있다. 그러나 새로 생성되는 천지지기에 의해서든 이전 개체의 업의 힘에 의해서든 그 힘에 의해 형성된 개체가 자립적 불멸의 실체가 아니라는 점에서는 儒・佛이 관점을 같이한다.

22 개별자 실체론을 부정하는 사유는 서양철학에도 계속 있어 왔다. 중세 정통 기독교 교리의 개별자 실체론을 비판하며 각 개체의 실체성에 해당하는 질료적 기반을 부정한 것이 플로티누스와 에카르트의 신비주의적 관점이라면, 근세 데카르트적 개별자 실체론을 비판한 것이 스피노자와 라이프니츠의 철학이다. 신비주의 철학자들은 정통 기독교의 창조설과 달리 一者[神]로부터 만물이 생성된다는 流出說을 주장한다. 또한 스피노자가 물질적・가시적 개체인 所産적 자연에 대해 그 기반으로서 能産적 자연을 논한 것은 유학에서 현상사물을 氣의 산물로 보는 것과 상통하며, 라이프니츠의 자연의 연속성을 강조하는 모나드론도 유학사상과 상통하는 면이 있다. 그러한 상통하는 면 덕분에 라이프니츠는 성리학을 예수회의 마테오 리치나 도미니크교단의 몽고바르띠, 세인트 마린 등과 달리 비교적 정확히 파악했다고 본다. 그는 성리학의 태극이나 理는 마테오 리치가 주장하듯 물질의 추상적 형식도 아니고,

하는 것으로 간주되는 영혼은 유학에서 보면 백과 함께 작용하는 개체적 혼일 뿐이다. 유학에 따르면 개체의 혼백은 모두 기의 작용이므로 개체의 생명이 다해 물질을 이루던 백이 흩어지면 그것과 결부되어 있던 개체적 혼도 함께 흩어져 버린다. 그러므로 개체적 혼은 불멸하는 자립적 실체가 아니다.

> 혼은 형체에 의지하여 있는 것이고, 형체가 이미 없어지면 흩어져 없어
> 지는 것이다. 어찌하여 혼이 자립하는 실체가 될 수 있겠는가?[23]

그러나 유학은 인간 존재를 음양 이기의 화합물만으로 간주하지 않는다. 인간의 개체성은 기의 화합 결과로 형성되지만, 그 각 개체 안에 개체적 차별성을 넘어서는 보편적 천리天理가 내재되어 있다고 보기 때문이다. 즉 유학은『중용』의 '천명지위성天命之謂性'에 따라 인간의 본성을 하늘 천天의 명으로 본다. 하늘을 우러러 존칭 님을 부치면 하늘님, 하느님의 명인 것이다. 이 천명의 성은 각 개체가 지닌 차별적인 기질지성氣質之性을 넘어 만물에 동일 근원으로 내재된 본연지성本然之性이며, 바로 이로 인해 만물은 개체적 차별성을 넘어 그 존재

몽고바르띠가 주장하듯 제일질료에 해당하는 것이 아니라 창조와 主宰의 힘을 가진 순수한 정신적 실재로 이해하였다. 이에 대해서는 라이프니츠의 글「중국인의 자연신학론」[이동희 편역(2003),『라이프니츠가 만난 중국』, 이학사, 85면 이하 참조. 물론 라이프니츠가 데카르트 식의 개별자 실체론을 벗어나 대우주를 반영하는 소우주로서의 모나드를 말하기는 하지만, 그래도 그 모나드를 각각의 실체로 간주하며 다시 그것들을 조화시킬 신의 예정조화를 논한다는 점에서는 아직도 서양적이라고 본다. 즉 세계의 일부로서의 개체적 魂과 일즉일체의 보편적 心을 구분해도, 후자를 다시 오직 神에게만 귀속시킴으로써 진정한 일즉일체 사상으로 나아가지는 못했다고 본다.

23 『서학변』,「영언려작」, 46, 479면. "魂者, 乃依於形而爲有. 形旣亡則, 消散而歸於無者也. 烏得爲自立之體乎." 반면 영혼불멸설을 주장하는 마테오 리치는 죽을 때 소멸하는 것은 신체의 魄일 뿐 魂이 아니라고 보며, "사람이 죽었다고 말하는 것은 魂이 죽었다는 말이 아니라 魄이 죽었다는 말일 뿐이며, 인간의 몸이 죽었다는 말일 뿐이다"(『천주실의』제2권, 166면)라고 말한다.

의 핵에 있어서 하나라는 만물일체가 성립하는 것이다.

그러므로 유학의 만물일체론은 각각의 개체가 전체의 일부분으로서 결국 자기 경계 없이 소멸하여 전체로 융해된다는 의미에서의 일체론이 아니다. 각각의 존재가 처음부터 자기 경계를 넘어선 전체를 자기 자신으로 삼고 있다는 점에서, 안과 밖, 나와 너의 구별을 넘어서 있다는 점에서 만물일체론인 것이다. 이처럼 우주 전체를 포괄하여 '일즉일체'로서의 만물일체를 가능하게 하는 것은 바로 천명의 본성을 자각하는 마음, 곧 심心이다. 18세기 남인학자들이 그 계통을 잇고 있는 퇴계의 심이 바로 그것이다.

> 한 사람의 마음이 곧 천지의 마음이며, 한 자기의 마음이 곧 천만 인의 마음이다. 그러므로 처음부터 안과 밖, 너와 나의 다름이 있지 않다.[24]

천지의 리와 태극, 태극의 주재적 자각성으로서의 천지의 마음, 이것은 상제 그리고 인간의 마음과 어떤 연관을 맺고 있는 것인가?

2) 태극과 상제와 심 : 내재주의

유학에 따르면 리理은 단순히 사물들의 관계로부터 도출된 이차적인 추상적 이치가 아니라, 오히려 사물의 존재 및 기의 운동을 가능하게 하는 근원, 한마디로 우주만물의 발생론적 근원이다. 리는 그 자체 움직이지 않는 적연부동寂然不動이되 일체를 움직이게 하는 부동不動의 동자動者이다.

---

24 李滉, 『退溪先生文集』 卷18, 「答奇明彦論改心統性情圖」. "一人之心 卽天地之心. 一己之心 卽千萬人之心. 初無內外彼此之有異."

리理은 썩은 나무나 죽은 재와 같지 않아 반드시 스스로 동하지 않으면서 다른 것을 동하게 한다.[25]

리가 적연부동이되 다른 것을 움직인다는 것은 결국 리가 음양 이기를 생하는 생성의 원리이며 혼을 활성화하는 근원이라는 말이다. 이 리를 통합적으로 태극이라고 부른다. 천지의 리가 만물의 본연지성을 이룬다는 것은 각 개체 안에 우주의 발생론적 근원인 태극이 내재해 있다는 것이다. 이처럼 각각의 개체는 현상적으로 보면 음양 오행으로 구성되어 있지만, 각 개체의 형이상학적 본성은 그런 차별성을 넘어선 보편성, 즉 리이며 태극이다. 우주만물을 생성하는 근원으로서의 태극이 우주만물 각각에 내면의 핵심으로 자리 잡고 있으므로, 이 점에서 각각의 개체는 단지 우주 전체의 일부분에 그치는 것이 아니라 그 자체 '일즉일체一卽一切, 일체즉일'로서 존재한다.

우주를 형성한 생성원리로서의 태극이 자기 자각성自覺性 또는 자기 지각을 가지는 정신적 실재임을 뜻할 때, 이를 '상제'라고 부른다.[26] 즉 태극은 우주적 근원의 능동성과 활동성의 측면을 칭하는 것이고, 상제는 그 근원의 허령불매虛靈不昧한 자각성과 주재성의 측면을 칭하는 것이다. 그러므로 하빈은 우주의 발생론적 근거로서의 태극과 그 태극의 허령불매의 자각성으로서의 상제를 구

---

25 李瀷,『星湖全書』卷7,「四七新編」, 24면. "理本非如槁木死灰 必須未動而能動."
26 자각성은 곧 인격성을 뜻한다. 인간이 죽은 물질이 아니라 살아 있는 인격이라는 것은 곧 인간이 자기 자신을 자각한다는 뜻 이외의 다른 것이 아니다. 단지 '원리에 따른다'라든가 '정보를 담고 있다'는 차원을 넘어서서 그 정보와 원리를 의식하며 그렇게 의식하는 자신을 자각한다면, 그것이 바로 인격인 것이다. 우주의 생성원리인 태극이 단지 물리적 힘이나 추상적 이치에 그치는 것이 아니라 스스로를 자각한다면, 그것이 바로 우주적 인격, 우주적 마음, 순수 정신, 신, 상제 이외의 다른 것이 아니다. 한마디로 태극의 허령불매성이 곧 자기자각성을 뜻하며, 그것이 바로 상제이다. 인격성을 이와 같은 순수 자각성, 순수 정신으로 이해하지 않고, 인간과 같은 모습을 하고 인간과 같은 종류의 감정을 느끼는 존재로 떠올리는 것은 유가 식 관점에 따르면 인간적 形氣의 사사로움을 벗어나지 못한 擬人化에 지나지 않는 것이다.

분하여, 태극은 그 리는 실實하되 지위는 허虛하고, 상제는 주재적 지위를 갖고 있어 공경의 대상이 된다고 말한다.

태극이란 그 이치는 실이지만 그 자리는 허이다. 만약 상제가 하늘을 주재하고 정위를 잡고 있는 것이 아니라면 공경의 예절을 베풀 만한 곳이 없게 된다.[27]

이는 결국 고대에 상제로 칭하던 바로 그 존재를 신유학에서 리나 태극으로 칭하는 것임을 말해 준다. 순암은 이런 문맥에서 리와 태극은 우주 생성 원리의 측면을 뜻하고 상제는 그 원리의 주재적 측면을 뜻하는 것이므로 리와 태극과 상제를 나누어 별개의 것으로 삼아서는 안 된다는 것을 강조한다.

주자의 그림(태극도설)은 '태극이 양의를 생한다'는 공자의 말(주역)에 근본한 것으로, 주재한다는 관점에서 말하면 상제이지만 무성무취無聲無臭의 측면에서 말하면 태극이고 리이니, 어찌 상제와 태극의 리를 둘로 나누어 말할 수 있겠는가?[28]

---

27 『서학변』, 「천주실의」, 74, 470면. "夫太極者其理則實而其位則虛 非看上帝之主宰乎天而有 定位則恭敬之禮固無可施之處." 태극의 이치가 實한 것은 만물이 그 내적 이치에 따라 실제로 생기기 때문이다. 그 지위가 虛하다고 하는 것은 천하 만물 일체가 그것을 핵심으로 삼고 있으므로 그 자체에 있어 상하·고저의 지위가 구분되지 않기 때문이다. 반면 태극이 각 개체에 있어 어느 만큼 자각되어 있는가는 서로 상이하며, 그 자각 정도에 따라 존재의 지위가 달라진다. 무기물보다는 식물, 식물보다는 동물, 동물보다는 인간에게 있어 그 내적 본성인 태극이 더 투명하게 자각된다. 우주 생성원리인 태극이 온전히 허령불매하게 자각되면 그 자각적 존재가 바로 上帝이기에, 상제는 보다 높은 지위를 갖는다고 말할 수 있으며, 인간은 그런 상제를 공경하게 되는 것이다.

28 『천학문답』 제2편. 이 문장은 마테오 리치가 『천주실의』에서 "옛날의 군자가 천지의 上帝를 공경했다는 말은 들었지만 太極을 받들어 모셨다는 말은 듣지 못하였다" 또는 "理는 속성적인 것이다. (…) 그런 공허한 리를 가지고 사물의 근원이라고 한다면, 이것은 佛·老와 다를 바가 없다"라고 주장하면서 유학에서의 최고원리인 리나 태극을 폄하하는 것에 대해 비판적

인간 안에 내재된 본성인 태극이 단지 우주 발생 근거로 작용할 뿐 아니라, 그것이 개체 안에서 그 자신의 허령불매한 자기자각성을 발휘하면 그것이 바로 각자의 마음(心)이다. 따라서 태극의 발현으로서 인간의 마음은 곧 우주 원리를 자각하는 허령불매한 상제와 근본적으로 다른 것이 없다. 이 점에서 하빈은 신이나 상제와 일치시킬 수 있는 것은 오직 심일 뿐이라고 말한다.

> 이제 우리 유학의 설에 따라 논하자면 사람을 상제에 비교할 수 있는 것은 오직 이 마음일 뿐이다.[29]

으로 대응한 것이다.

29 『서학변』, 「영언려작」, 65, 473면. "今以吾儒之說論之則 人之可比於上帝者 惟有此心耳." 여기에서 하빈은 상제의 주재성은 혼백의 魂이 아니라 心에 비교될 수 있는 것임을 강조함으로써 혼과 심을 구분하고 있다. 물론 개체적 魂과 보편적 心을 구분한다는 것은 그렇게 간단한 문제는 아니다. 유학이 혼의 작용을 백에 기반한 것으로 보듯이, 인간 마음이란 결국 인간 신체인 뇌의 작용에 지나지 않는 것이 아닌가 하는 반문도 가능하기 때문이다. 하빈 또한 이 문제를 의식했다고 볼 수 있다. 그는 혼은 형체에 의지한다는 것을 강조함으로써 마테오 리치 식의 개체적 영혼불멸설은 부정한다. 그러면서도 그는 허령불매한 마음의 활동은 신체의 작용으로 환원시킬 수 없음을 주장한다. "마음이란 광명하고 발동하는 신명의 집이다. 그러므로 허령지각하여 한 몸의 주재가 된다. (…) 사람이 기억하여 저장한다고 하는 것(마음의 작용)이 모두 뇌낭이 하는 행위라면, 마음은 한낱 괴상한 군더더기 같은 것이 되고 말 것이다"(「영언려작」, 54면)라고 말한다. 이와 같이 하빈은 개체적 혼과 보편적 심을 구분하는 것이다. 이는 곧 맹자에서의 小體와 大體의 구분, 人心과 道心의 구분에 해당한다. '存天理 去人欲'의 유학정신은 바로 이 구분에 입각한 것이다. 따라서 유학정신을 이해함에 있어서는 혼백의 혼과 허령불매의 심을 형이하와 형이상의 두 차원으로 구분하여 이해하는 것이 중요하다. 유학에서 개체 안에 내재된 태극의 자각적 마음은 불교에 있어 생멸하는 중생 안에 내재된 불생불멸의 여래장 또는 불성과도 유사한 것이다. 불교가 개체적 자아에 대해서는 無我를 말하되 그 개체 안의 본질로서 불생불멸의 여래장을 말하는 것은, 유학이 혼백의 개체에 대해서는 그 불멸성을 부정하면서도 각 개별 존재의 핵으로서 태극의 내재성과 주재성을 心으로 인정하는 것과 서로 상통하는 바가 있다. 물론 이렇게 구분되는 혼과 심이 구체적인 심리활동에 있어 어떤 식으로 연관되는가 하는 문제는 또 다른 논쟁거리이며, 유학에서의 핵심 논쟁이었던 사칠논쟁·인심도심논쟁 등은 모두 이 혼과 심의 관계를 둘러싼 논쟁이라고 생각된다.

우주의 근원인 태극의 허령불매한 자기자각으로서의 심은 결국 차별적 개체성을 넘어선 마음, 사사로운 형기의 제한성을 넘어선 보편적 마음이다. 즉 인간의 마음은 한편으로는 개별적 형기를 따라 사사로움에 치우치는 욕망의 의식이기도 하지만 동시에 다른 한편으로는 그러한 사적 제한성을 넘어선 공적 마음, 신체적 한계를 넘어선 보편적 마음으로 존재한다. 성호는 이처럼 기질에 의거하는 사적 마음과 천명에 의거하는 허령한 마음을 구분하여 그 각각을 신체적 형기의 혈육지심血肉之心과 허령불매한 신명지심神明之心으로 칭한다.

심에는 혈육지심과 신명지심이 있다.[30]

여기서 혈육지심은 개별 신체적 형기에 의거한 심리적 작용으로서 개체적 혼에 해당하고, 신명지심은 그러한 개별 형기의 제한을 넘어선 태극의 허령한 자각으로서의 보편적 심에 해당한다. 그리고 이는 곧 유학의 역사만큼이나 오래된 구분인 인심人心과 도심道心의 구분에 상응한다. 여기서 유학이 강조하는 것은 인간의 개별성과 차별성을 담지한 혼은 기에서 비롯되고 기가 흩어지면 함께 멸하지만, 그 개체 안에 내재된 존재의 핵인 태극으로서의 심은 그러한 현상성과 개체성을 넘어선 보편적 심心, 신명지심이고 도심이며 절대적 신성이라는 것이다. 이 신명지심이 바로 퇴계가 천지지심과 하나로 본 심, 안팎과 자타 분별을 넘어선 하나의 심이다.

---

30 『星湖全書』 제1권, 「心統性情圖」, 443면. "心有血肉之心有神明之心." 이렇게 심을 혈육지심과 신명지심으로 구분한 성호는 신명지심을 형기에 따라 이해해서는 안 된다는 것을 강조한다. "신명지심은 形으로 비유될 수 없다. (…) 심은 活物이므로 스스로 허령을 가진다(神明之心不可以形爲諭 … 心是活物故自有此虛靈)."(『星湖先生全集』 上卷, 「答沈判事」, 261면).

3) 인간의 사명 : 성인聖人 되기

태극의 허령불매한 자기자각성으로서의 심은 천지의 심이고 성인의 심이며, 이것이 바로 상제이다. 이 심에 있어서는 천과 인은 하나이다. 하빈은 서학이 인간과 신을 별개의 실체로 놓는 것은 이와 같은 인간 심의 허령한 본성을 간과하기 때문이라고 본다.

> 아니마의 학문(천주교의 영혼론)은 심성의 이치에 따르는 것이 아니며, 하
> 늘과 사람이 서로 꼭 맞아 들어가는 묘함을 살피지 못한 것이다.[31]

태극의 허령불매, 리의 완전한 자각, 이는 곧 절대자의 자기인식에 다름 아니며 신의 정신과 다를 바 없다. 따라서 유학은 태극이 만물의 본성이며 인간의 본성이기에 그러한 허령불매의 경지인 절대지絶對知가 가능하다고 본다. 자신의 본성인 태극의 리를 온전히 깨닫고, 자신 안의 기를 확충하여 우주만물 일체와 소통하는 사람, 우주만물과 자신을 하나로 자각하는 사람, 따라서 다른 존재나 다른 사람의 고통을 자기 자신의 고통처럼 받아들이며, 자신의 완성으로서 우주만물의 완성에 기여하는 사람, 이런 사람이 바로 유학이 이상으로 삼는 성인이다. 유학은 성인이 되고자 하는 성학聖學이다.[32]

---

31 『서학변』, 「영언려작」, 66, 473면. "今亞尼瑪之學 未嘗從事於心性之理, 不察乎天人脗合之妙." 이어 하빈은 다음과 같이 말한다. "그래서 영혼의 설에 의탁해서 상제를 혼에 비교하려 하므로 이것은 도리에 벗어난 일이다(而顧乃依托於靈魂之說, 欲以上帝而比於魂 則此其爲道之已外矣)." 이는 곧 서학이 인간 심성의 허령불매함을 알지 못하여 심 대신 개체적 영혼을 가지고 그것을 상제와 비교 운운 하는 것에 대해 비판한 것이다. 이처럼 하빈의 논의에 있어 혼과 심의 구분이 결정적인 것임을 알 수 있다.

32 불교가 佛性을 실현하여 부처가 되고자 하는 것이듯이 유학은 성인이 되고자 하는 것이다. 신을 타자로 숭배하고 믿는 데 그치는 것이 아니라 신이 되고자 하는 것, 성인이 되고자 하는 것이다. 이는 상제인 신의 허령함과 인간 심의 허령함이 근본적으로 하나라고 보기에 가능한 것이다.

5. 유학자들의 『천주실의』 비판

마테오 리치에 따르면 우주만물은 각각 서로 독립적인 자기동일성의 개별적 실체로서 존재하며, 신은 그런 개별자의 현상세계 바깥에 실재하는 것으로 간주된다. 반면 유학에 따르면 우주만물의 근원은 태극이고 리이며, 태극은 그로부터 생긴 만물 밖에 머무는 것이 아니라 바로 각각의 내면에 그 본성으로서 내재화된다. 근원의 자기자각성이 바로 상제이고 천지지심이며 인간 각자의 심이다. 따라서 신의 신성은 인간 누구나의 본성이며, 그 신성은 완성된 인간인 성인을 통해 구체화되고 실현된다.

그러므로 유학은 천주교가 주장하는 신성과 영성의 신비에 대해 반론을 제기하지 않는다. 다만 인간을 형기形氣적 차원의 개별 실체로 간주함으로써 현상성을 넘어서는 일체의 것을 모두 인간 바깥의 마귀나 신의 일로 간주하는 것에 대해 비판할 뿐이다. 즉 인간과 신, 인성과 신성을 이원화하는 외재주의를 비판하는 것이다. 이는 곧 신성의 실현이 인간 누구나에 의해서가 아니라 오직 예수를 통해서만 달성된다고 보는 배타성과 독단성의 비판이 되며, 나아가 개인 삶의 궁극지점을 성인 되기가 아니라 천당 가기로 설정하는 데서 보이는 사私적 이기심의 비판이 된다.[33]

---

[33] 물론 이 외에도 기독교 기본교리 중 비이성적 부분에 대해 신랄하게 비판한다. 순암은 다음과 같이 말한다. "『眞道自證』에서 말하기를 "천주가 원조(아담)를 낳아 천하 만인의 조상으로 삼고 특별히 은혜를 베풀어서 자유롭게 놓아주었다. 이 원조는 성품이 착하고 인정이 아름다우며 만 가지 이치를 다 비추어 보므로 천지간의 만물이 그의 명을 천주의 명처럼 따랐다. 사악한 마귀가 시기하여 그를 제거할 궁리를 하자 천주는 이 기회에 원조를 한번 시험해 보고자 하여 삿된 신을 시켜 유혹하게 하였다. 그랬더니 원조는 근본을 상실하고 은혜를 잊어버린 채 마귀를 쫓아 천주의 명을 거역하였다. 그래서 천주의 仁愛가 義憤으로 바뀌어 죽은 뒤에 지옥의 고통을 받게 되었으며, 그의 자손들도 영원히 그 벌을 함께 받게 되었다"고 하였다. 이 무슨 말인가? 상제가 아당(아담)을 만들어서 인류의 조상으로 삼았다면 그 신성함을 알 수 있다. 그런데 어찌 상제가 마귀의 거짓말을 곧이듣고 마귀를 시켜 아당의 마음의 진솔성 여부를 시험하겠는가? 설사 아당이 참람되고 망령된 마음을 가지고 있었다고

1) 존재론적 측면 : 계시의 배타성

성호에 따르면 태극은 우주 발생의 원리이므로 그 원리를 성인의 경지에서 자각하든 못하든 우주 자연 어디에서나 태극의 현현은 있게 마련이다. 내적으로 자각하지 못한 정신에게 태극의 작용은 외적 천주의 작용으로, 영험한 이적異蹟으로 간주되겠지만, 그런 식으로 천주교가 제시하는 것과 같은 천주의 자취, 신령한 이적들은 어디에서나 찾아볼 수 있다는 것이다.

유럽의 동쪽에 유럽의 가르침을 듣지 못한 곳에서도 유럽과는 다르다 해도 천주의 드러난 자취, 여러 영험한 이적들이 어찌 없을 수 있겠는가?[34]

유학은 기본적으로 태극의 내재성과 보편성에 입각해서 인간은 누구나 성인이 될 수 있다는 인간 본성의 평등성을 주장한다. 이런 성호에게 천주교의 가

하더라도 상제로서는 의당 다시 주의를 주고 권면하여 고치게 하기를 훌륭한 아버지가 자식에게 하듯, 좋은 스승이 제자에게 하듯 했어야 할 것이다. 그런데 어찌 상제로서 이런 일을 하였겠는가? 이 말을 한 자는 하늘을 업신여긴 그 죄를 이루 다 말할 수 있겠는가? 또 설사 아담에게 죄가 있다고 하더라도, 죄가 그 자신에게서 끝나면 그뿐이지 어찌 만세토록 자손들이 그 벌을 같이 받아야 하는 이치가 있는가?"(『천학문답』) 이는 ① 신이 마귀를 시켜 인간을 시험한다는 마귀유혹설과 ② 신이 시험에 넘어간 인간을 저주하여 벌한다는 낙원추방설, ③ 그리고 그 아담의 죄가 인류 전체에게 대대로 이어진다는 원죄설에 대한 비판정신을 압축적으로 보여 준다.

34 「천주실의발문」, 444면. "自歐羅巴以東, 其不聞歐羅巴之敎者, 又何無天主現迹不似歐羅巴之種種靈異耶?" 그런데도 예수의 이적은 인정하면서 다른 인간이 다른 문화 안에서 경험하는 이적은 마귀의 짓이라고 보는 것은 사사로운 마음의 병일 뿐이라는 것이 성호의 판단이다. 성경에 나타나는 영험한 이적의 흔적들은 그들이 마귀의 짓이라고 말하는 것들과 사실 다를 바가 없다는 것이다. "(천주교가 말하는) 그 후의 여러 가지 영험한 이적의 흔적들은 '마귀가 사람을 속여서 그렇게 된 것이다'라고 그들이 말하는 바로 그런 것이다(其後來種種靈異之迹, 不過彼所謂魔鬼誑人之致也)."(「천주실의발문」, 447면).

장 큰 문제점으로 드러나는 것은 오로지 예수를 통해서만 구원이 가능하다는 외적 구원설과 그로 인한 배타성이다. 인간 구원이 어떻게 인간 자신의 내적 본성의 실현에 의해서가 아니라 외부세계에 타자로 등장한 구원자, 예수에 의해 가능하단 말인가? 더구나 세계 전 지역에 인간이 존재하는데, 인간을 두루 사랑한다는 천주가 어떻게 오직 한 지역에만 특정한 모습으로 현현하였다고 말할 수 있단 말인가?

만약 천주가 아래 세상 인간에 대한 자비심을 갖고 인간 세계에 나타나서 알려 주고자 한 것이라면 (…) 억만 지역이 다 자비를 베풀 만한 곳인데, 어찌 한 지역에만 제한하겠는가? (그렇다고) 천주가 두루 다 다니면서 이끌고 깨우쳐 주려 한다면 너무 수고로운 것이 아니겠는가?[35]

---

35 「천주실의발문」, 444면. "若天主慈悲下民, 現幻於實界間 (…) 則億萬邦域可慈可悲者, 何限而一? 天主遍行, 提警得無努乎?" 하빈의 다음 구절도 마찬가지로 이 점을 비판하고 있다. "인간 세상에 강생한 지 33년이나 되었으니, 그동안 하늘은 주재자가 없는 한갓 한가로운 물건이 되어 버렸는데도 운행과 질서가 어긋날 염려가 없을 수 있겠는가? 또한 저들은 천주가 고금의 큰 아버지이고 우주의 공평한 임금이라 하였는데, 그렇다면 천주는 반드시 사해를 두루 덮어야 할 것인데, 사사로운 은혜와 작은 혜택으로써 한 나라 사람들에게만 치우쳐 베푼다는 것은 부당한 것임에 틀림없다(今乃降生於民間, 至於三十三年之久, 則其三十三年之間, 天固爲無主之一閑物矣. 度數也 次舍也, 能無差跌之患乎? 且彼嘗以天主 爲古今大父 宇宙公君, 則是必偏覆乎四海, 而不當以私恩小惠 偏施於一邦之人也?)"(『서학변』, 「천주실의」, 82, 468면). 이처럼 하빈은 천주 강생설을 말이 안 되는 것으로 비판한다. "천주의 강생설에 이르러서는 더욱 심하게 광탄하고 이치에 맞지 않는다. 이 책이 천주를 논하는 것을 따져보면 판연히 달라 얼음과 석탄처럼 서로 용납되지 않는다(至於天主降生之說, 則尤極詆誕而無理. 姑以本書論天主之說而質之, 亦有判然氷炭而不相入者)."(『서학변』, 「천주실의」, 82, 468면).

2) 인식론적 측면 : 독단과 자기모순

유학에 따르면 인간 본성은 태극이며 인간의 심은 태극의 마음, 천지의 마음, 상제의 마음과 다를 바 없으며, 따라서 그 허령불매의 마음으로 인간은 우주의 이치를 자각하여 알 수 있다. 이처럼 본성인 태극을 자각하고 천리를 깨달은 자가 바로 성인이며, 인간은 누구나 존심存心과 양성養性의 수행공부를 통해 성인이 될 수 있다고 본다. 반면 천주교는 인간 본성을 마음의 신령함으로 보지 않기에 인간이 천지의 마음과 하나가 되어 천리를 자각하고 상제를 안다는 것은 있을 수 없는 일로 간주된다. 천주는 인간과 구분되는 인간 영혼 밖의 실체이므로 근본적으로 인간이 알 수 없는 것이라고 보는 것이다. 천주는 이성적으로 알 수 없으므로 단지 믿고 따르는 신앙 대상일 뿐이다. 이에 대해 하빈은 소체小體인 감각기관으로뿐 아니라 대체大體인 마음으로도 결국 알 수 없는 것이라고 한다면, 결국 그 믿을 수 있음도 알 수 없는 것일 텐데 도대체 믿음이 어떻게 가능하며 또 무얼 지향한 믿음일 수 있겠느냐고 반문한다.

> 일찍이 본심本心의 신령스러움으로 되돌아가 그 알 수 있는 도道를 제시하지 못한다면, (도는) 단지 귀나 눈으로 듣고 볼 수 없을 뿐만 아니라 마음으로도 알 수 없는 것이 된다. 그러면서도 오히려 믿고 바라고 보존한다고 말한다면, 마음으로도 알지 못하는 것을 물을 때 그 믿을 수 있음은 어찌 알 수 있어 믿으며, 또 무엇을 지향하여 바라고 생각하는 것이겠는가?[36]

---

36 『서학변』, 「영언려작」, 67, 473~474면. "未嘗返之於本心之靈而示其可知之道, 則非但耳目之所不可聞且見也, 亦此心之所不可知也. 如是而猶曰, 信之望之存之, 則且問心所不知之物, 何以知其可信而信之, 亦何所指的而望之想之乎?" 유학은 마음이 본래 허령불매하여 우주의 이치를 다 알 수 있다는 것을 강조한다. "리는 지극히 진실하여 정밀하게 생각하고 깊이 탐구하면 반드시 알 수 없는 이치란 없는 것이다", "우리 유학은 참된 마음으로 참된 이치를

그러나 유학에서 중요한 것은 천리를 알고 신적 경지의 성인이 되는 것이지, 신을 대상적으로 숭배하는 것이 아니다. 진정으로 하늘을 섬기는 길이라면, 그 것은 곧 마음으로 천명을 자각하고 자기 본성을 유지하는 것이지 어찌 그와 다른 목적으로 알지 못하는 신에게 기도하고 간구하는 것일 수 있느냐고 순암은 반박한다.

사람의 심장이 가슴 속에 있으면서 신명神明의 집이 되어 온갖 조화造化가 거기서 나온다. 오직 이 하나의 마음만이 천성天性에 근본을 둔 것이다. 만약 이 마음을 붙잡아 보존하여 그 본성을 유지함으로써 우리 상제께서 부여한 천명을 잊어버리지 않는다면 하늘을 섬기는 도리가 여기에서 벗어나지 않을 것이다. 그런데 어찌 굳이 서양 선비처럼 밤낮으로 기도하고 간구하며 지난 잘못의 용서를 빌고 지옥에 떨어지지 않게 해달라고 기구하기를 무당이 기도하듯이 하는가?[37]

결국 마음으로 천리를 자각하는 존심 양성의 수행 없이 오직 기도와 간구의 신앙만 강조하는 것을 비판하는 것이다. 더구나 그 신앙 내용이 사후 신의 심판이나 천당지옥행으로까지 이어지는 것에 대해서는 그것이 더욱 황망할 뿐이라고 비판한다.

사람으로 하여금 보고 들을 수도 없는 일을 믿으라고만 하고 그 알 수 있는 길을 말하지 않으면 사람이 비록 심하게 어리석고 혼미하다고 할지

탐구하여 안다"(『서학변』, 「영언려작」, 70면). 물론 이 말이 인간 누구나 이미 리를 다 알고 있다는 말은 아니다. 이것은 '인간은 누구나 성인이 될 수 있다'는 말처럼 인간의 가능성을 말하고 있을 뿐이다. 그러나 바로 이 가능성이 인간 삶의 목표와 수행의 지향점이 된다는 점에서 중요성을 가지는 것이다.

37 『천학문답』, 제1편.

라도 그 설명이 의심스러움을 알게 되어 그대로 좇지 않는다. 그러므로 죽은 후에 명확히 알게 된다는 설에 의탁하여 영생의 복으로써 유혹하고 있으니 이는 죽은 후의 일에 관해서는 사람들이 그 있고 없음을 힐난할 수 없기 때문이다. 복과 이익으로 유혹하여 천하를 속이고 있는 것이다.[38]

인간과 천주를 근본적으로 다른 존재로 간주함으로써 인간이 천주를 알 수 없다고 하는 것도 문제이지만, 하빈이 보기에 더 심각한 문제는 천주에 대해 불가지성을 주장하면서도 그들 자신만은 천주에 대해 알고 있다고 설파한다는 것이다. 다른 지역의 다른 종교에 대해서는 인간의 지혜가 신에 미칠 수 없으므로 다 헛된 인간의 생각이고 미신일 뿐이라고 간주하면서, 유독 자신의 종교에 대해서만 천주를 바로 안 것이라고 주장하는 것은 지독한 독단이며 자기모순이라는 것이다.

진광眞光(초자연의 빛)은 리理 위에 있다고 이미 말하니 리로써 따질 수 있는 것이 아니다. 리로 따질 수 없는 것에 대해 어떻게 그것의 유무를 증험할 수 있는지 알 수 없다. 더구나 그들의 말대로 사람의 지견知見이 미치지 않는 것이라면 서양 선비도 틀림없이 사람이어서 그 알지 못하기는 분명히 우리와 마찬가지일 텐데, 오히려 억지로 그에 대해 말하는 것은 어째서인가? 대개 리로 따질 수 없는 것은 그 자신도 알 수 없는 것일 텐데, 입으로 말하고 글로 써서 천하의 사람들로 하여금 그 설을 믿게 하고 그 도를 따르게 하고자 원하니 그 역시 딱한 일이다.[39]

---

38 『서학변』, 「영언려작」, 68, 472면. "使人而信其不見不聞之事, 而不言其可知之道, 則人雖愚迷之甚, 必知其說之可疑, 而未必聽從故, 托爲死後明見之說, 而誘之以常生之福, 自以爲死後之事 人不能詰其有無, 而又誘福利之誘, 如是而可欺於天下也."

39 『서학변』, 「영언려작」, 69, 472면. "至如眞光, 旣曰在理之上, 則此非以理而可推者也. 理所不能推之物, 未知於何而驗其有無乎. 彼乃謂非人知見所及, 則西士亦必人也, 其所不知必與我同 而猶且强言之者, 何也? 夫以理之所不能推, 己之所不能知, 而宣之於口 筆之於書, 欲

유학은 인간이 자기 본성을 자각하고 우주의 이치와 태극의 원리를 깨달아 신적 경지의 성인이 되는 것이 가능하다고 보기 때문에, 천주교가 그러한 인식 가능성을 부정하는 것에 대해 비판적이다. 그러나 유학자들이 생각하는 천주교의 더 심각한 문제는 천주를 피조물과 다른 존재로 보아 인식할 수 없다고 주장하면서도 또 다른 한편으로는 그들 스스로 천주에 대해 이치상으로 받아들이기 힘든 주장을 너무 많이 한다는 것이다.

3) 윤리적 측면 : 심판과 천당지옥설의 실리주의實利主義

유학은 근본적으로 의義과 이利을 구분한다. 이는 사적 욕망을 충족시킬 현실적 이익을 뜻하며, 의는 사리사욕을 떠난 도덕적 차원에서 당위적으로 추구해야 할 의리를 뜻한다. 유학에 따르면 인간은 마땅히 개체적 형기에 따라 이익을 좇을 것이 아니라 보편적 심성에 따라 의리를 추구해야 한다. 특정 행위를 선택함에 있어 '그것이 내게 이익이 되는가?'가 아니라, '그것이 모두에게 정의로운가?'를 물어야 한다고 보는 것이다. 전자가 자기 이익을 추구하는 이기심의 발로라면, 후자만이 정의를 추구하는 덕德의 발로라고 보기 때문이다.

리의理義라는 것은 하늘로부터 부여받은 것으로 처음부터 사람의 본성 속에 갖추어져 있으므로 군자는 마땅히 오직 이것을 확충하고 그에 따라 행할 뿐이다.[40]

使天下之人信其說而從其道, 其亦難矣哉."
40 『서학변』, 「영언려작」, 61, 474면. "至於理義者, 得之天賦之, 初具乎本性之中, 君子惟當擴而充之, 循而行之而已."

의를 추구하는 마음은 천으로부터 부여받은 성명性命에 근원한 도심道心이고, 자기 이익을 추구하는 마음은 개별적 형기形氣로부터 생긴 인심人心이다. 전자는 보편적 심의 작용이고, 후자는 개체적 혼의 작용인 것이다. 유학은 인간의 성을 천명의 보편적 심으로 간주하므로 의리를 좇는 성인의 길을 가고자 한다.

그런 유학의 관점에서 보면 천주교가 주장하는 사후의 심판이나 천당지옥설은 일신의 안락함을 좇는 인심의 표현일 뿐이다. 삶의 궁극 지향점을 자기 본성의 실현, 도심의 실현이 아니라, 신이 허용하는 영생과 신이 내려주는 축복을 받기 위한 신앙에다 두는 것은 결국 개체적 혼이 영원히 존속하여 복락을 누리기를 바라는 것이기 때문이다. 따라서 천주교는 스스로를 천주신앙을 통해 인간으로 하여금 선한 행동을 하게 하는 윤리적 종교라고 선포하지만, 유학은 천주교에서의 신앙과 선행이 결국은 도덕적 의리가 아닌 자기 이익추구에 입각한 것일 뿐이라고 비판한다. 영혼불멸설이나 천당지옥설이 모두 사후 천당에 가서 편안한 삶을 누리자는 이로움의 추구일 뿐이며, 이는 곧 현생에서의 덕 있는 삶의 의미를 사후에 얻을 이익으로 보상받고자 하는 이기심의 발로라고 보는 것이다.

> 그들이 가르치고 배우는 것은 오로지 천상의 복일 뿐이다. (…) 이것은 윤리를 경멸하고 도리를 어기며 사사로운 이익을 찾는 데 머무르는 것이니 어찌 심히 미워하지 않을 수 있겠는가. 오호라, 이른바 배운다는 사람이 지성至誠을 근본으로 삼지 않고 먼저 이익을 구하는 마음이 있다면 이는 군자라고 할 수가 없다.[41]

---

41 『서학변』, 「영언려작」, 44, 480면. "彼之所以教之學之, 惟天上之福 (…) 是其蔑倫悖理, 徇私愛利之留, 豈非可惡之甚者耶, 嗚呼, 所謂學者 不以至誠爲本, 而先有爲利之心, 則不足爲君子." 하빈은 천주교의 천당지옥설에서 보이는 爲利之心은 결국 천주교의 인간 영혼 이해, 즉 인간의 본성을 보편적 心이 아니라 사적 魂에서 찾는 관점과 맞물려 있다고 간파했다고 본다. "(아니마의 실체를 논함에 있어) 그 귀결은 공적을 세워 참된 복을 누리는 데 있으므

마찬가지로 순암도 천주교의 천당지옥설은 이익과 복을 구하는 위리지심爲利
之心일 뿐이라고 보며, 이를 자기 본성의 실현을 강조하는 유학의 태도와 대비
시킨다.

> 사람이 현세에 사는 동안 열심히 선을 실천하여 하늘이 내려준 나의 참
> 된 본성을 저버리지 않으면 그뿐이지, 어찌 털끝만큼인들 후세의 복을 바
> 라는 마음을 가질 필요가 있겠는가?[42]

이처럼 유학은 천주교의 영혼불멸설이나 천당지옥설을 의리추구의 참된 도
덕성이 아니라 일신의 이익을 추구하는 이기성의 발로로 간주한다. 인심과 도
심, 개체적 혼과 보편적 심의 구분에 입각해 볼 때, 천주교는 인간의 본성과
삶의 의미를 신적 마음인 도심의 차원에서가 아니라 오히려 사적 욕망의 인심
차원에서 구하는 것이라고 비판하는 것이다.

6. 마치는 말

마테오 리치는 유학을 비판하며 다음과 같이 말한다.

로 그 학설의 모두가 이기심에서 나온 것에 지나지 않는다"(『서학변』, 「영언려작」, 50면).
"서학에서 말하는 영생과 참된 복을 얻고자 하는 욕망은 본바탕이 덕을 좋아하는 마음에 준
한 것이 아니다"(『서학변』, 「영언려작」 60면).
42 『천학문답』. 이에 이어 순암은 다음과 같이 말한다. "정자가 말하기를 '석씨는 사생을 초탈
하여 오직 자기 개인의 사적인 일만 추구한다'라고 하였으니, 천학이 지옥을 면하기를 기구
하는 것은 자기 일신만을 위하는 행위가 아니라고 할 수 있겠는가?" "오늘날의 이른바 유자
는 일찍이 도·불의 천당·지옥에 관한 설과 묵씨의 겸애론을 비판하였으면서 유독 서사의
말에 대해서만은 변별하지도 않고 곧장 말하기를 '이것은 천주를 모시는 교이다. 중국의 성
인이 비록 존귀하지만 어찌 천주를 능가할 수 있겠는가'라고 한다."

사람이 죽었다고 말하는 것은 혼이 죽었다는 말이 아니라 백이 죽었다는 말일 뿐이며, 인간의 몸이 죽었다는 말일 뿐이다.[43]

이에 반해 유학자들은 개체적 혼의 불멸성을 인정하지 않는다.

혼은 형체에 의지하여 있는 것이고, 형체가 이미 없어지면 흩어져 없어지는 것이다. 어찌하여 혼이 자립하는 실체가 될 수 있겠는가?[44]

이렇게 보면 천주교는 인간을 영원불멸의 혼을 지닌 고귀한 정신으로 이해하고, 유학은 인간을 신체의 죽음과 더불어 소멸해 버릴 유한하고 덧없는 존재로 간주한 것처럼 보인다. 그런데 마테오 리치는 또 유학에 대해 거듭 다음과 같이 비판한다.

사람과 천주를 한 몸이라고 하면 상제의 존엄을 천한 종들과 똑같이 보는 것이 아니겠는가?[45]

사람을 천주와 같다고 하면 지나치게 높인 것이다.[46]

그렇다면 유학이 개체적 혼의 불멸성을 인정하지 않으면서도 인간을 천주나 상제와 같은 존재로 간주할 때, 그들이 인간 본성으로 포착했던 것은 과연 무엇이겠는가? 그것은 그들이 백과 더불어 소멸한다고 본 혼일 수는 없다. 그것

---

43 『천주실의』 제2권, 166면. "夫謂人死者, 非魂死之謂, 惟謂人魄耳, 人形耳."
44 『서학변』, 「영언려작」, 46, 479면. "魂者, 乃依於形而爲有. 形旣亡則, 消散而歸於無者也. 烏得爲自立之體乎."
45 『천주실의』 제8권, 416면. "以人類與天主爲同一體, 非將以上帝之尊, 而侔之於卑役者乎?"
46 『천주실의』 제4권, 211면. "以人爲同乎天主 過尊也. 以人與物一 謂人同乎土石 過卑也."

은 바로 형기의 차별성을 넘어선 허령불매의 심인 것이다. 즉 유학에 있어 인간의 신성, 인간의 초월성은 개체적 혼에서가 아니라 오히려 우주적 본성인 본연지성의 자각으로서의 심에서 찾아진다. 개체 안에서 음양 이기를 활성화하고 주재하는 태극이 보편적 심으로 내재해 있다고 보는 것이다.

이와 같이 유학은 인간 마음의 두 측면, 즉 천인합일의 보편적 의식과 개별적인 사적 의식을 도심과 인심으로 구분하여 논한다. 전자는 태극의 리가 발현된 마음이며, 후자는 개별 신체를 구성하는 형기가 발현된 마음이다. 유학자들에게 있어 개체적인 혼은 후자에 해당하며, 이는 신체의 백이 멸할 때 함께 멸한다. 반면 유학자들이 인간의 본성으로 간주하며 일생을 통해 실현하고자 한 것은 전자의 마음인 도심이다. 도심은 곧 천지지심이며 상제의 마음이고 성인의 마음이다. 유학은 각 인간의 본래적 마음을 바로 도심으로 간주하며 그 마음의 회복을 추구한 것이다.

이에 반해 개별 실체론의 관점에 서 있는 서학은 인간의 정신과 영혼을 오직 인심의 차원에서 이해한다. 개체적 혼의 영속성을 말할 뿐, 인성이 곧 신성이고 인간 마음이 곧 신의 마음이라는 주장에 대해서는 오히려 인간의 오만과 자만일 뿐이라고 비판하며, 신을 인간 정신이 포착할 수 없는 타자이며 신앙과 기도의 대상일 뿐이라고 주장한다. 그들이 논하는 개체적 혼의 불멸, 사후 심판 및 천당지옥은 유학의 관점에서 보면 모두 개체적 혼을 연장시켜 그 안락함을 배가시키고자 하는 이기적 욕망의 표현일 뿐이다. 유학자들은 이것을 도심의 상실이며 인간 신성의 왜곡이라고 보았다. 그들이 서학을 비판한 것은 그들이 성학의 기본 명제로 인정하는 『중용』의 다음 구절 때문일 것이다.

인심은 오직 위태롭고 도심은 오직 미미하다[人心惟危 道心惟微].

유학의 관점에서 보면 인간과 신을 절대적으로 구분하는 외재주의는 인간의 심을 오직 인심으로만 간주하여 결국 미미한 도심을 놓쳐 버리게 한다. 그렇듯 미미한 도심이 부정되고 가려지고 잊혀지면 결국 인심은 더욱더 위태로워지지 않겠는가?

오늘날 우리의 유물론적 세계에서 우리가 인간 본성으로 확인하는 것은 이미 도심이 아니라 인심일 뿐이다. 천지와 하나되고 만인과 하나된 보편적 마음보다는 개체적인 신체적 욕망과 결부된 사적 마음만이 현실적이고 실제적인 마음으로 간주된다. 미미한 도심의 맥은 찾아보기 힘들다. 도심은 현실의 마음이 아니라 단지 인간이 바라는 이상과 꿈, 허구로 여겨진다. 이처럼 도심이 그 생생한 현실성을 상실하였기에, 인간 이상의 실현은 인간 자신에 의해서가 아니라 오히려 인간 바깥의 타자, 외적 신에 의해서만 가능하다는 생각이 더 설득력을 갖는 것으로 받아들여진다. 그래서 유학보다는 서학이, 인간의 신성보다는 인간의 원죄가 더 진실이라고 여겨지는 것이다. 결국 인간 스스로 자기자신을 도심이 아닌 인심으로 규정하면, 인간은 그렇게 도심이 아닌 인심으로 드러나게 된다. 결국 도심은 더더욱 미미해지고, 인심은 더더욱 위태로워질 뿐이다. 이것이 처음부터 서학이 주장하던 바가 아니었던가? 바로 이 때문에 유학이 그토록 서학을 경계하였던 것이 아니었던가?

순암 안정복의 서학인식과 『천학문답』

함영대

1. 문제제기

본고는 『천학문답』을 중심으로 순암 안정복의 서학인식을 검토하려는 것이다. 대개 순암의 서학인식은 두 가지의 맥락에서 연구되어 왔다. 하나는 '공서 파攻西派'라는 분류에서 나타나듯 서학에 대해 매우 공격적으로 대응하여 보수적인 측면이 강하다는 것이고,[1] 다른 하나는 그의 비판적 대응은 상당한 학술적 검토의 과정을 거쳐 풍부한 내용을 담지하고 있다는 것이다.[2] 전자의 시각

---

[1] 이 방면에서 검토된 주요한 논문으로는 박종홍(1969), 「서구사상의 도입·비판과 섭취」, 『아세아연구』 36, 고려대 아세아문제연구소가 있다. 박종홍은 천주학의 도입과 비판의 측면에서 이익과 신후담, 안정복의 천주학 비판을 고찰하고, 정약종과 정하상을 소화와 섭취의 방면에서 고찰했다.

[2] 이 방면의 주요한 논문으로는 최소자(1980), 「서학 수용에 대한 문제 – 중국과 한국의 비교시

은 순암의 인식이 시대의 흐름에 둔감했거나 또는 서학의 내용에 부정적으로 반응했다는 다소 비판적인 관점이고, 후자의 경우는 순암의 대응이 조선 유학자들의 정통한 시각을 대변하는 것으로, 당대 조선 성리학이 서학에 대응하는 가장 의미 있는 성찰이라는 상대적으로 긍정적인 관점이다. 이 두 가지 관점은 반드시 상호 배타적인 것은 아니다. 연구자의 주관적인 시선을 배제한다면 구체적인 사실 내용에서는 서로 동의할 만한 부분이 적지 않기 때문이다. 차이는 대체로 안정복의 서학인식을 비판적으로 이해할 것인가 아니면 우호적으로 평가할 것인가라는 연구자들의 다른 시선이다.[3]

이전 연구들은 순암이 서학을 수용하는 과정과 그 비판의 변화과정을 주로 그의 서간이나 『천학고』·『천학문답』 등 그의 서학비판서를 중심으로 검토했다. 순암의 생각을 이해하기 위해서 우선적으로 요청되는 것은 그 스스로의 견해를 가감 없이 드러내는 것이다. 그러므로 그의 발언을 가장 중요한 전거로 활용한 것은 대상을 왜곡 없이 이해하려는 시도라는 점에서 온당하다. 그러나 순암의 생각을 그 생각에만 한정하여 조목별로 제시하는 데 그친다면 이는 그의 발언의 내용을 재확인할 수 있을 뿐, 순암의 생각이 가지는 당대의 의미를 객관적으로 인식하기는 어렵다. 그것은 제3자의 관점으로 당대의 반응을 검토할 때에야 비로소 가능해진다.

론」, 『한국문화연구원논총』 36, 이화여대가 있다. 최소자는 이 논문에서 이익에서 비롯되어 신후담·안정복으로 이어진 한역서학서들에 대한 비판이 중국에서 이루어진 유교적 대응을 넘어선 수준 높은 것이었다고 평가했다.

3 이원순(1986)은 『조선서학사연구』, 일지사, 196면에서 안정복의 서학인식을 "來世觀의 교훈이 없는 유학의 한 학자로서 이러한 견해는 당연한 것이다"라고 하였고, 최동희(1988)는 『서학에 대한 조선실학의 반응』, 고려대 민족문화연구소, 137면에서 신후담의 서학비판이 매우 이론적인 데 반해 순암의 서학비판은 상당히 실제적이라고 평가하였다. 한편 강재언(1990)은 『조선의 서학사』, 민음사, 123면에서 유교의 입장에서 서교를 비판한 것은 19세기 위정척사파에 의해 전개되지만 서교 자체에 대한 체계적인 파악에 의한 내재적 비판에서는 신후담이나 안정복의 수준을 능가할 수 없었다고 지적했다.

그렇다면 이러한 문제인식은 '안정복의 서학인식이나 서학에 대한 비판이 과연 당대 조선의 서학인식을 어느 정도 대변하는 것일까?'로 다시 설정될 때에 더욱 적실하게 파악될 수 있을 것이다. 즉 서학의 비판에 대한 성호학파 내의 문제의식 계승 부분과 그러한 순암의 성찰이 조선 내에서는 어떻게 받아들여졌는가를 검토한다면 이 쟁점은 더욱 진전될 수 있다. 성호 이익의 「발천주실의」와 하빈 신후담의 『서학변』을 검토하고, 영남 학자 유건휴가 『이학집변異學集辨』에서 순암의 서학인식을 비판하는 내용을 고찰하여 이 문제의식을 예각화할 수 있을 것이다.

그러나 외부의 시선은 어디까지나 부수적인 것이다. 이것만으로 순암을 평가한다면 이는 도리어 순암의 생각을 협소하게 이해할 우려가 있다. 순암의 서학인식이 잘 나타난 『천학문답』은 여전히 주요하고 핵심적인 자료다. 『천학문답』의 맥락과 그 안팎에 대한 검토는 기존의 성과[4]를 좀 더 분명한 논점 속에서 발전시킬 수 있을 것이다.

2. 성호학파의 서학인식

성호학파가 수용한 서학은 대개 청조를 통해 수입된 한역서학서들에 기초한 것이다. 한역서학서들은 명말 청초에 중국에 유입된 예수회 선교사들에 의해

---

4 성호학파의 서학은 조선 후기 사상사와 실학의 서학 도입과 관련한 맥락에서 꾸준히 연구되어 왔고, 그에 따라 주목할 만한 성과도 이미 제출되어 있다. 그 가운데서 본고와 관련한 주요한 연구 성과들을 소개하면 다음과 같다. 심우준(1986), 『순암 안정복 연구』, 일지사; 이원순(1986), 앞의 책; 최동희(1988), 앞의 책; 강재언(1990) 앞의 책; 차기진(1994), 「천주교의 유입과 지배층의 대응」, 『역사비평』 통권 27호, 역사비평사; 강세구(1996), 『순암 안정복의 학문과 사상 연구』, 혜안; 서종태(2001), 「이익과 신후담의 서학논쟁」, 『교회사연구』 18집, 한국교회사 연구소; 금장태(2003), 『조선 후기 儒敎와 西學 – 교류와 갈등』, 서울대학교 출판부.

이룩된 것이다. 마테오 리치는 그 중심적인 인물로 북경에 중국천주교회를 창설하고, 1603년에는 예수회의 신앙을 한문으로 기술한 『천주실의』를 편찬하는 등 서학을 본격적으로 소개했다.[5] 아울러 『천주실의』는 기타 다른 천주교 교리나 서양 역법 등을 소개한 서적과 함께 마테오 리치와 절친했던 이지조李之藻에 의해 『천학초함天學初函』으로 간행되었는데, 이들은 다양한 경로를 통해 조선에도 전래되었다.

그런데 마테오 리치는 『천주실의』를 비롯한 일련의 한역서학서에서 유교의 전통사상을 정면으로 반대하지 않고 가능한 가톨릭 교리와 융합시키려고 노력했다. 그는 유교경전에 나오는 모든 사상과 가톨릭교 사상은 상호 배반되는 것이 아니라 일치점에 도달해 있다고 강조했다. 그리고 동시에 불교와 도교를 단호히 반대하였다. 당대 수많은 유학사상가들로부터 폭넓은 사상적 옹호를 받을 수 있었던 것은 이 때문이다. 그는 유교경전의 용어 형식에 대해 자기 주장을 내세우지 않았는데, 가톨릭의 하느님을 천주天主 또는 상제上帝로 표현한 것도 바로 이런 유교경전에서 따온 용어였다. 그는 중국 내에서 가톨릭의 교리를 전도함에 있어 어딘가 생소하고 이질적인 방식으로 교화하려고 하지 않고, 유교 교리의 기본원리와 거의 조화되게끔 전도했던 것이다. 또한 그는 유교의 조상숭배·공자숭배는 물론 기타 유교적 전례가 가톨릭교 사상과 조화될 수 있다고 확신했다. 이러한 리치의 사고방식은 19세기에 중국에 온 서양 선교사들과는 판이한 것이었다.[6] 이는 마테오 리치에 대한 그의 동료의 평가[7]나 이탁오

---

5 리치의 저작을 중심으로 그의 행적을 검토한 것으로는 소현수(1996), 『마테오 리치』, 서강대학교 출판부; 동서 문명의 교류 측면에서 마테오 리치를 연구한 것으로는 히라카와 스케히로(平川祐弘) 저, 노영희 역(2002), 『마테오 리치』, 동아시아 참고.
6 W. 프랑케, 김원모 역(1995), 『동서문화교류사』, 단국대학교 출판사, 82면.
7 마테오 리치에 대해 예수회 교단의 한 친구는 "이탈리아인 마테오 리치는 어느 면에서 보아도 중국인과 흡사하다. 용무가 준수하고 행동거지에 다정·온화감이 넘쳐흐를 뿐만 아니라 중국인들이 최고로 존경하는 온순성이 그의 성품에 나타나므로 그는 중국인처럼 보였다"고 적었다(W. 프랑케, 김원모 역, 위의 책, 76면).

의 인물평[8]에서도 확인된다. 그러므로 마테오 리치와 『천주실의』에 대한 비판은 마테오 리치에 의해 혼용된 두 학문 사이의 차이를 변별하는 데서부터 시작할 수밖에 없었다. 그것은 그를 칭찬했던 이탁오가 마테오 리치의 동래東來와 그 전교에 대한 의심의 시선을 거두려 하지 않았던 그때[9]부터 이미 예견된 사상의 투쟁이었다.

조선에서 『천주실의』와 마테오 리치는 성호학파의 종장 성호 이익에 이르러 본격적으로 수용되었다. 그는 한역서학서들을 가장 본격적으로 독서하고 그 의미와 문제점을 학술적으로 지적했다.[10] 성호는 "천주의 설은 내가 믿는 바가 아니다"[11]라고 거부의 태도를 명백히 했지만 『천주실의』와 『칠극七克』[12] 등의 한역서학서를 탐독하고 제자인 안정복·신후담 등과 천주교에 대해 토론했다.

성호는 서학을 '천주교의 학'으로 이해하고, 그 핵심은 오로지 천주를 숭앙하

---

8 이탁오는 마테오 리치를 만난 후 그의 친구에게 보내는 편지에서 "나는 이보다 더 인상적인 인간을 만나 본 적이 없다고 생각한다. 그의 두뇌는 명석하고, 외모는 순박해 보이며 10여 명이 토론에 참가해서 열띤 공박의 논쟁을 벌여도 그는 어느 한 쪽에 치우침이 없이 언제나 초연한 태도를 견지하면서, 토론의 질서를 어지럽히지 않으려 하는 인물, 내가 지금까지 만나 본 사람 중에서 리치에 비견할 만한 인물은 없다고 생각한다"고 적었다(Jung Chao-tsu(1937), 『이탁오평전』, 상해, 40면, 프랑케 재인용).

9 이탁오는 이렇게 말했다. "나는 그와 세 번 동석한 적이 있어도 왜 이곳에 왔는지조차 모르고 있다. 만약 그가 우리나라에 와서 주공과 공자의 학설을 리치 자신의 학설에 근거해서 이를 변경하려고 한다면 그 이상 어리석은 짓은 없으리라. 그렇지 않으리라 믿는다. 그가 이곳에 있다는 이유만으로."(위의 책, 프랑케 재인용, 78~79면)

10 이원순(앞의 책, 62~69면)은 "西學으로 불릴 수 있을 만큼 하나의 학문 유파를 이룰 수 있을 정도로 한역 서양 학술서에 대한 연구를 끌어올린 것은 李瀷이었다"고 적시하고 그의 비상한 관심과 그 지대한 영향을 밝혔다. 이는 강재언(1990)에 의해서도 받아들여졌다. 그 저간의 사회적 정황에 대해서는 차기진(1994)의 논문에 자세하다.

11 『星湖全集』 卷26, 「答安百順 丁丑」. "歐羅巴天主之說, 非吾所信."

12 성호는 『칠극』의 성격을 유학의 克己說로 단정하고 '간간히 유학에서 밝히지 못한 것도 밝히고 있어 復禮에 도움을 준다고 평가하여 補儒論의 입장에서 그 책을 이해하였다. 이에 대한 자료는 『星湖僿說』 卷11, 「七克」, 연구는 이원순(1986), 「성호이익의 서학세계」, 『조선서학사연구』, 일지사, 151면 참고.

는 것인데 천주天主란 곧 우리의 상제와 비슷하다고『천주실의』의 마테오 리치의 말을 수용하여 평가하였다. 그 종교적 행위는 불교의 경우와 같으며, 천당지옥설로 권징하고, 예수라는 구세주사상이 있음도 개략적으로 밝혔다. 천주교의 발생 원인을 풍속의 퇴폐에서 찾아 그 시작은 유학의『시경』이나『서경』에서 논한 바와 같다고 보았다.[13] 아울러 마테오 리치가 중국에 와서 저술한 수십 종의 책, 특히 천문과 지리를 관찰한 서적은 '그 수를 헤아려 때를 정함에 그 미묘함이 일찍이 중국에 없던 것이고, 그는 호걸한 선비'라고 평가했다.[14] 그러므로 서학을 비판한 제자 하빈 신후담에게 서학은 혹세무민하는 불교와 다르며, 서학의 천주설이 유교경전의 상제·귀신설과 서로 부합하는 점도 있음을 분명히 했던 것이다. 성호는 하빈이 서학을 배격하는 것이 서학을 잘 모르기 때문이라고 염려했다.[15]

그러나 성호는 이탁오가 의구심을 가진 것처럼 그 교리상의 문제에 대해서는 단호하게 지적했다.[16] 성호는 서교의 교리가 불교를 배척하지만 결국 불교와 마찬가지로 환망幻妄한 데로 귀결된다고 보았다. 성호는 천당지옥설·구세주신앙·귀신론 등의 논점을 들어 그 이유를 제시했다.

성호는 예수가 탄생하기 전─예수를 구세주로 믿을 수 없는 시대─에 죽었다가 살아난 사람에게는 천당지옥을 증명할 수 없을 것이니 불교의 윤회

---

13 『星湖全集』卷55, 「跋天主實義」. "其學專以天主爲尊, 天主者, 卽儒家之上帝, 而其敬事畏信則如佛氏之釋迦也. 以天堂地獄爲懲勸, 以周流導化爲耶蘇, 耶蘇者西國救世之稱也. 自言耶蘇之名, 亦自中古起, 淳樸漸灘, 聖賢化去, 從欲日衆, 循理日稀, 於是天主大發慈悲, 親來救世, 擇貞女爲母, 無所交感, 託胎降生於如德亞國, 名爲耶蘇, 躬自立訓, 弘化于西土三十三年, 復昇歸天, 其敎遂流及歐羅巴諸國." 이에 대한 번역은 마테오 리치 저, 송영배 외 역 (1999), 『천주실의』, 서울대학교 출판부, 439~448면의 「천주실의발문」 참고.

14 위의 책. "至著書數十種, 其仰觀俯察, 推算授時之妙, 中國未始有也. 彼絶域外臣, 越溟海, 而與學士大夫遊, 學士大夫莫不斂袵崇奉稱先生而不敢抗, 其亦豪傑之士也."

15 『愼遯窩全集』下, 「遯窩西學辨·紀聞編」. 이에 대한 세밀한 연구로는 서종태(2001), 「이익과 신후담의 서학논쟁」, 『교회사연구』 16집, 한국교회사연구소, 184~185면 참고.

16 이하는『星湖全集』卷55, 「跋天主實義」에서 피력된 성호의 견해를 요약한 것이다.

설이 옳지 않다면 천당지옥설도 마찬가지라고 보았다. 또한 천주가 백성들에게 교화를 펼치기 위해 나타났다면 이는 한 지역에 한정될 수밖에 없을 것이므로 결국 온 세상의 백성들에게 교화를 전하기는 어려울 것이라고 보았다. 덧붙여 예수의 가르침을 듣지 못한 곳에서도 여러 가지 영험한 이적이 나타날 수 있는데 이를 모두 마귀의 소행으로만 돌리는 것은 합당하지 않다고 주장했다. 『시경』이나 『상서』의 문장은 온전한 귀신鬼神의 작용으로 결코 헛된 것이 아닌데 이를 모두 이치상의 추론의 결과로만 이해하는 것은 부당하다고 판단했다. 성호는 서교西敎의 비현실적이고 비합리적인 교리에 동의하기 어려웠던 것이다.

> 대개 중국 사람들은 실적實跡을 말하므로 자취가 없어지면 어리석은 사람도 믿지 않는데, 서양의 사람들은 환적幻跡을 말하여 환적이 어렴풋해지면 미혹된 사람은 더욱 현혹되니, 이는 그 형세가 그러한 것이다.[17]

이상의 검토에서 성호의 서교비판은 역사적인 사실에 대한 고찰과 현실적인 인식의 지평에서 이루어지고 있음을 확인할 수 있다. 성호가 서교에서 찬탄하고 또 인정한 것은 동양에 비해 상대적으로 발전된 천문·지리 등의 과학기술적인 측면과 그 교리 가운데 도덕적이고 이해할 만한 내용에 한정하는 것이다. 현실적인 상식의 견지에서 받아들이기 어려운 교리에 대해서는 성호는 반대의 입장을 분명히 했다.

한편 성호로부터 서학의 내용을 잘 알지 못하기 때문에 배격하는 것이라는 충고를 들은 하빈은 23세의 나이에 『서학변西學辨』을 집필하여 자신이 접한 『영언려작靈言蠡勺』·『천주실의天主實義』·『직방외기直方外紀』 등에 대한 생각을 제

---

17 『星湖全集』卷55,「跋天主實義」. "蓋中國言其實迹, 迹泯而愚者不信, 西國言其幻迹, 迹眩而迷者愈惑, 其勢然也."

시했다. 그는 서학의 장점보다는 그 문제점을 집중 지적하는 방식을 택했다. 그는 영혼불멸설·천당지옥설·상재창조설 등 천주학의 핵심적인 내용들을 쟁점으로 삼아 상당히 체계적이고 논리적인 비판을 개진했다.[18]

『영언려작』은 영혼의 본체, 영혼의 능력, 영혼의 존귀함, 영혼의 성질 등에 대한 내용으로 이루어져 있는데, 하빈은 그 저작의 각 편을 축조 분석하면서 그 핵심주장을 온전히 성리학적 입장에서 변파했다.[19] 이를테면 '영혼불멸설'에 대해서는 인체가 있은 후에 음양陰陽이 생겨 혼魂이 되고, 그 혼은 형形에 의하여 존재하는 것이므로 의거할 형이 없다면 영혼은 소멸되어 무無로 돌아갈 뿐이어서 영혼 자체가 자립체일 수 없다고 보았다. 이때 하빈은 자신의 견해를 입증하기 위해 『춘추좌전』을 비롯한 경전과 『태극도설』을 비롯한 송대 학자들의 견해를 동원했는데, 이는 이후 전개될 논증이 서로 근본적으로 다른 세계관에 기초하여 합치될 수 없는 쟁점들에 대해 충돌할 것임을 알리는 서막이었다.

하빈은 군자의 도리는 일상적인 행위를 벗어나지 않는 것인데, 서학은 부모와 임금을 섬기고 천하를 다스리는 법률을 제정하는 일반적인 도리를 닦을 생각은 하지 않고, 천당과 지옥설로 위협하며 오로지 천주에게 복을 구하려 한다고 비판했다. 이는 인간으로서 성실하지 않고 오직 일신의 복을 구하는 것은 이기심의 발로이며, 그렇게 이익을 구하는 것은 양주나 묵적 같은 이단에게서 나타나는 것이라고 비판했다. 그는 인간이 복을 받는 것이 스스로의 선행의 의지에 의한 천주의 공우公祐가 아니라 천주의 특우特祐에 의존하기만 해서 가능

---

18 이에 대한 주요한 연구는 홍이섭(1957), 「실학의 이념적 일모 — 하빈 신후담의 서학변 소개」, 『인문과학』 1집, 연세대학교 인문과학연구소; 박종홍(1969), 앞의 책; 최동희(1972), 「신후담의 서학변에 대한 연구」, 『아세아연구』 15권 2호. 이에 대한 종합적인 연구사적 검토는 이원순(1986), 「조선후기 실학자의 서학인식」, 『조선서학사연구』, 일지사 참고.

19 하빈의 서학변에 대한 내용은 李晚采 편(原著는 李基慶), 『闢衛編』「遯窩西學辨」, 번역은 김시준 역(1984), 『천주교전교박해사 : 벽위 편』, 국제교육고전협회, 43~94면 참고.

한 것이라면 인간에게 선행의 이유는 없어지고, 오로지 천주의 특우만 바라게 될 것이며, 천주는 자신을 사랑하는 사람만 편벽되게 도와주는 공평하지 못한 존재가 될 것이라고 비판했다. 이는 일상의 행업行業을 중요시하는 유교적 도덕관을 드러낸 것으로 신에 의한 구원을 강조하는 기독교적 신앙과는 도저히 합치되기 어려운 것이다.

하빈은 상제를 천주라고 부르고 사람의 혼백을 영혼이라 부를 수는 있지만 사람의 영혼이 천주와 같다고는 보지 않았다. 상제는 주재자지만 음양의 조화는 전혀 다른 문제로, 이를 혼백인 영혼과 비교하는 것은 부당하다고 주장했다. 그는 성리학의 심성론과 귀신론에 기초하여 마음은 신령하여 그 이치로서 상제와 짝할 수는 있지만, 영혼의 설에 의탁하여 상제를 혼에 비교하려는 시도는 도리에 어긋난 것이라고 보았다.

『천주실의』에 대해서는 이것이 천주를 존숭하는 것을 말하지만 그 귀취歸趣는 천당지옥설로 위협하고 유혹하는 데 불과하다고 보았다. 영혼불멸설에 기초한 이러한 교리는 『영언려작』과 같은 근원에서 나왔고, 천당지옥설이나 영혼불멸설은 현세의 삶이 아니라 내세來世의 복을 바라는 불교의 이론임을 강조했다.

이러한 인식은 서양의 세계인문지리서의 성격을 가진 『직방외기』에 대한 평가에서도 이어졌다. 그는 서양의 교육제도와 학교를 세우고 학생들을 위하는 법이 동유사회東儒社會와 유사하다고 보면서도 결국 이것은 우리 유교의 흉내를 낸 것에 불과하지만 그 정수를 체득하지 못해 학문을 통해 정치에 나아가고, 정치의 근본을 학문에서 찾는 것과 달리 법규의 조목이 순수하지 않고, 명분과 말이 옳지 못해 천박하고 비루하다고 평가했다.[20]

하빈은 서학의 일부 이론을 수용하고 그 가운데 교화의 가능성은 인정한 성

---

20 위의 책, 43~94면 참고. 『직방외기』에 대한 연구는 이원순(1986), 「『직방외기』와 신후담의 서양교육론」, 『조선서학사연구』, 일지사 참고.

호의 수용 태도와는 큰 차이가 있다. 하빈이 이처럼 강한 벽이단의 논리로 서학을 비판한 것은 성호와는 근본적으로 다른 사상적 기반을 가졌기 때문이다. 성리학에 대한 비판적 거리를 확보하고, 서학에 대해서 개방적인 태도를 견지한 성호는 하빈에 비해 상대적으로 서학이 가진 장점을 비교적 객관적으로 섭취했지만 하빈은 자신의 학문적 배경인 정주학의 입장을 고수하는 데 열중하여, 그 논리로 서학을 비판하는 데는 적극적이었고 서학의 장점을 제대로 알려고 하지 않았다.[21] 결국 신후담은 천주교의 교리를 비판하면서 동시에 유교 내의 이론을 점검하여 유교의 문제의식을 새롭게 각성하고 그 적용논리를 심화시켰다. 그러므로 그의 논의는 그 논의점의 타당성이나 결과론적인 성공 여부보다는 서교와 차별되는 유교 이론을 심화시켰다는 데에 그 가치가 있다.[22] 신후담의 한역서학서 세 편에 대한 세밀한 독서의 방식과 성과가 이후 순암이 『천학문답』에서 논점을 구분하여 혹문或問을 가설假說하고, 또 정교한 이론으로 서학을 비판하는 데 적지 않은 영향을 끼쳤음은 어느 정도 예측할 수 있는 것이다.[23]

---

21 서종태(2001)는 성호가 서학의 과학기술을 높게 평가했을 뿐만 아니라 『천주실의』・『천학천종』과 같은 천주교 서적에서 논하고 있는 도를 기준으로 마테오 리치를 성인으로, 그의 학문을 성학으로 간주했으며 그들의 주장인 三魂說과 腦囊說도 긍정했다고 파악했다. 그들의 전교 역시 교화를 위한 노력이라고 옹호했다고 보았다. 한편 신후담의 경우 그가 아직 정주학을 절대 신봉하였기 때문에 벽이단의 논리를 세운 것이지만 성호와 교류한 이후 그러한 태도는 점차 유연하게 변모하여 독자적인 경전주석으로까지 나아갔다고 분석했다.

22 이에 대한 연구는 금장태(2001), 「遯窩 愼後聃의 서학비판이론과 쟁점」, 『종교학연구』 20집, 서울대학교 종교학연구회 참고.

23 최동희(1988, 136~137면)는 순암의 『천학문답』에 하빈의 『서학변』에 대한 언급이 없는 것을 이유로 이 두 저작의 영향관계를 부정했다. 그러나 이들은 모두 성호학파의 주요한 일원이었고, 또 『천학문답』 내에 흐르는 비판논리는 상당한 친연성이 있다. 이 점은 재고될 필요가 있다.

3. 『천학문답』의 형성과 비판논리

성호학파의 서학인식은 성호와 하빈에 의해 이렇게 다층적으로 형성되어 학파 내에서 논의되었다.[24] 이러한 상황에서 40대 중반(1757년)에 서학서를 접한 순암은 초기부터 그 이론에 대해 비판적이었다. 그는 서양서의 이론이 정밀하지만 결국 이단의 학문일 뿐이라고 주장했다. 순암은 유학과 서학의 가장 큰 차이는 현세적 수양과 내세적 심판이라고 보았다.

> 근대에 서양서西洋書를 보았더니 말들은 정밀하고 확실했으나 역시 이단異端의 학문이었습니다. 우리 유자儒者들이 몸을 닦고 성품을 기르고 선을 행하고 악을 버리는 것은 당연히 해야 할 일을 하는 것에 불과할 뿐 털끝만큼도 죽은 뒤에 복을 바라는 뜻은 없는 데 반해, 서양은 자기 몸을 닦는 목적이 오로지 천대天臺의 심판에 대비하기 위한 것이니, 그 점이 우리 유학과는 크게 다른 것입니다.[25]

순암이 이러한 결론에 도달한 것은 마테오 리치의 저작인 『천주실의』와 『기인편畸人篇』을 읽고, 『변학유독辨學遺牘』의 내용을 검토한 결과였다. 순암은 『천주실의』 상권 4편의 "천주가 루시퍼에게 화를 내어 그를 마귀로 변신시켜 지옥으로 보낸 후로 천지 사이에 처음으로 마귀가 생겼고 처음으로 지옥이 생겼다"는 구절을 두고 특히 이단 학문임을 확신했다. 천주가 만약 루시퍼 때문에 지옥을 만들었다면 그 지옥은 천주의 사옥私獄에 불과한 것이고 또 그 이전의 경

---

24 학파 내의 서학인식에 대한 변화 양상은 차기진(1994), 앞의 책; 강세구(2001), 「이삼환의 『洋學辨』 저술과 호서지방 성호학통」, 『실학사상연구』 19·20, 역사실학회 참조.

25 『順菴文集』 卷2, 「上星湖先生別紙 丁丑」. "近觀西洋書, 其說雖精薇, 而終是異端之學也. 吾儒之所以修己養性. 行善去惡者, 是不過爲所當爲, 而無一毫微福於身後之意. 西學則其所以修身者, 專爲天臺之審判, 此與吾儒大相不同矣."

우는 이를 처벌할 근거를 잃게 되었다는 것이다.[26]

또 『기인편』의 경우, 예수가 남을 대신해서 지옥의 고초를 받았다고 했는데, 천주의 상과 벌이 각각의 사람이 행한 선악의 결과가 아니고, 사사로운 촉탁으로 경중을 정한다면 이것은 옳은 심판이 아니라고 평가했다. 선행의 결과에 의한 상벌이 아니라면 그것은 결국 아첨만을 만들 뿐이라는 것이다.[27] 『변학유독』에 대한 검토에서는 그 책의 정예한 논의를 높게 평가하면서도 『천주실의』 2편에서 "임금이 있으면 신하가 있고 임금이 없으면 신하도 없는 것처럼 물건이 있으면 그 물건의 이치가 있는 것이고 그 물건이 실實이 없으면 그 이치도 실이 없는 것이다"라고 한 것에 대해 이른바 기氣가 리理보다 먼저라는 주장이며 이는 이기理氣에 대한 바른 해석이 아니라고 강조했다.[28]

이 서신에서 순암은 당대 유행하던 서학서들을 일독하고, 그 가운데 천당지옥설의 문제, 선행의 결과가 아닌 예수의 대속에 대한 신앙이 복을 주는 근거라는 점, 또 물건이 있은 뒤에 이치가 있다는 것에 대해 비판했다. 이것은 논점을 구체적으로 구분하여 세밀하게 비판한 것이라기보다는 황탄한 이단의 학문에 대해서 몇 가지 논점으로 비판하는 수준이었다.[29] 그리고 적어도 이때까

---

26 위의 책. "其『天主實義』曰, 天主怒輅齊拂兒, 變爲魔鬼, 降置地獄, 自是天地間, 始有魔鬼, 始有地獄. 按此等言語, 決是異端. 天主若爲輅齊拂兒設地獄, 則地獄還是天主私獄, 且此前人之造惡者, 不受地獄之苦, 天主之賞罰, 更於何處施之耶?"

27 위의 책. "又『畸人篇』云, 額勒臥略代人受地獄之苦, 按天主之賞罰, 不以其人之善惡, 而或以私囑, 有所輕重, 則其於審判, 可謂得乎? 若然, 不必做善, 諂事天主一私人可矣"

28 위의 책. "又『辨學遺牘』者, 卽蓮池和尙與利瑪竇論學書也. 其辨論精覈, 往往操戈入室, 恨不與馬鳴達摩諸人對壘樹幟, 以相辨爭也. 先生其已見之否, 實義第二篇, 又曰, 有君則有臣, 無君則無臣, 有物則有物之理, 無此物之實, 卽無此理之實, 此所謂氣先於理之說, 此果如何?"

29 이듬해인 1758년에 성호에게 보낸 편지(『順菴文集』 卷2, 「上星湖先生書 戊寅」)에서 순암은 귀신의 문제, 천당지옥설, 마귀설 등을 문제 삼으며 『주역』 등 유교경전과 송대 학자들의 견해를 기준으로 변척한다. 이 편지에서 순암은 '천하의 도는 하나가 아니지만 유학 외에는 모두 이단이다'라고 하는 강한 벽이단 의식을 드러낸다.

지는『천학고』와『천학문답』을 저술해야 할 만큼 그것을 크게 문제 삼지 않았고, 주변의 상황도 그리 급박하게 돌아가지 않았다. 그러나 서학이 점차 조선의 유학자들과 성호학파의 학자들에게 적지 않은 영향을 미치고, 그것이 순암이 속한 성호학파의 존망을 위협하는 정도의 위협으로 다가오자 순암의 서학 비판은 더욱 강렬해졌다.[30] 순암은 이러한 당시 상황을 매우 우려하여 학술적인 견지에서 서학의 문제점을 밝힐 필요를 느꼈다.

> 서양의 글이 선조 말년부터 이미 우리나라에 들어와서 명경석유名卿碩儒
> 들이 보지 않은 사람이 없었으나, 제자나 도가 또는 불가의 글 정도로 여
> 겨서 서실의 구색으로 갖추었으며, 거기서 취택하는 것은 단지 상위象緯와
> 구고句股의 기술에 관한 것뿐이었다. 연래에 어떤 사인士人이 사행使行을
> 따라 연경에 갔다가 그에 관한 책을 얻어 가지고 왔는데, 계묘년(1783)과
> 갑진년 어름에 재기 있는 젊은이들이 천학天學에 관한 설을 제창하여 마치
> 상제上帝가 친히 내려와서 일러 주고 시키는 듯이 하였다. 아, 평생을 두
> 고 중국 성인의 글을 읽어 놓고 하루아침에 무리를 지어 이교異敎로 떨어
> 져 버리고 마니, 이것이 어찌 '3년을 배우고 돌아와서 그 어머니 이름을 부
> 른다'는 말과 다르겠는가. 참으로 안타까운 일이다. 그래서 지금 남아 있는
> 전기傳記를 취하여『천학고天學考』를 만들어서 그들로 하여금 이 학문이
> 중국에 이른 것이 이미 오래이고 우리나라에 들어온 지도 오래이며 지금
> 에 시작된 것이 아니라는 것을 알게 하는 바이다.[31]

---

30 1763년 성호 타계 이후 성호의 제자 가운데 일부가 급속하게 천주교 신앙으로 빠져들고 정
    부의 탄압이 가시화되면서, 순암은 주변의 여러 사람들에게 서신을 보내어 그 문제의 심각
    성을 일깨운다. 특히 1784년 권철신에게 보낸 편지에서 순암은 서학의 문제점을 조목조목
    지적하며 그 교리의 문제점을 지적했다. 그 저간의 사정에 대해서는 강세구(1996),「벽위론
    의 전개-서학인식과 천주교배척」,『순암 안정복의 사상과 학문연구』, 혜안, 214~229면 참
    고.
31 『順菴文集』卷17,「天學考」. "西洋書, 自宣廟末年, 已來于東, 名卿碩儒, 無人不見, 視之如

확인되는 바와 같이 그것은 역사적 견지에서 서학의 정체를 확인하는 것과 서학의 교리를 구체적인 논점을 들어 비판하는 방향으로 전개되었다. 그는 『천학고』의 마지막에 성호의 「천주실의발문」을 부록하고 그 아래에 서교를 믿는 자들이 성호 선생도 이것을 배웠다고 무함한다며 이에 조목별 문답을 실어 그들을 일깨우려 했다.[32] 성호는 분명 서학에 대한 학습과 이해가 있었으나 순암은 이를 인정하기 어려운 처지에 놓여 있었던 것이다.

『천학문답』은 1785년에 완성되었다. 그 초고는 대략 1781년 정도에 완성되었는데, 이후 『천학혹문天學或問』과 『천학설문天學設問』으로 제목을 바꾸어 가며 수정했다.[33] 최종 산물인 『천학문답』은 총 31조의 문답으로 되어 있는데 남한조南漢朝(1744~1809)는 순암의 발언을 들어 이 논고가 벽이단의 입장에 기초하여 서술되었음을 밝혔다. 남한조는 자신이 임인년(1782)과 계묘년(1783)에 과거시험 때문에 순암의 문하에 드나든 것을 회상하고 그때 들은 말을 이렇게 기억했다.

안장安丈의 말씀이 사학을 물리쳐야 한다는 생각에 이르자 총명하고 재변이 있는 선비들이 더욱 그 가운데 빠져들어 사람들과 국가가 반드시 화를 입은 뒤에는 곧 영원히 후회할 것을 심히 우려하여 '내가 사악한 설을 풀어헤치고 밝혀 물리치려는 하나의 글을 썼는데 자네가 나를 위해서 그

諸子道佛之屬, 以備書室之玩, 而所取者, 只象緯句股之術而已. 年來有士人隨使行赴燕京, 得其書而來, 自癸卯甲辰年間, 少輩之有才氣者, 倡爲天學之說, 有若上帝親降而詔使者然. 噫! 一生讀中國聖人之書, 一朝相率而歸於異敎, 是何異於三年學而歸, 而名其母者乎? 誠可惜也. 今取傳記之所存, 爲『天學考』, 使知此學之至中國已久, 至東方亦久而非自今始也." 『순암집』의 내용에 대한 번역은 민족문화추진회에서 번역한 것을 참고하였다.

32 위의 책. "今爲此學者間或曰, 先生亦嘗爲之, 欲伸己說, 因而爲重, 而不覺自歸於誣師之科, 豈不寒心哉? 其學術之差, 別具于問答."

33 강세구 선생(1996)은 『천학문답』의 저술 경위를 검토하면서 남한조의 『損齋先生文集』卷12, 「安順菴天學或問辨疑」와 권철신에게 보낸 편지(『順菴集』卷6, 「與權旣明書 甲辰(1784)」)에 의거하여 1782년부터 『천학문답』에 대한 논고가 작성되고 있었다고 추정했다.

것을 바로잡아 주게나'라고 하였다. 나는 감히 감당할 수 없다고 말하였다. 그 후 사람을 통해 한 소책자를 보내 왔는데 보니 곧 이른바 『천학혹문天學或問』이었다.[34]

이런 점에 비추어 볼 때 순암의 『천학문답』은 성호학파의 서학에 대한 인식[35] 가운데 유학에 대한 위정척사의 강한 벽이단 의식을 중심으로 작성되었음을 확인할 수 있다. 순암은 『천학문답』에서 혹자의 질문으로 가설된 논점별로 답하면서 자신의 의견을 개진했다[36]. 여기서는 이미 세밀하게 검토된 그 각각의 내용이 어떠한 인식적·논리적 구조 속에서 구축된 것인가를 검토해 보겠다.[37]

1) 위정척사 의식의 이념적 경사

순암은 유교에도 천학이 있다고 하고, 그 실례로 『시경』과 『서경』에서 말하는 상제上帝의 도리, 문왕이 섬긴 상제, 공자가 두려워한 천명天命, 자사가 명한 성性, 맹자가 말한 본성을 섬기는 것이 하늘을 섬기는 것이라는 주장, 동중서의

---

34 『損齋文集』卷12, 「安順菴天學或問」. 이에 대한 자세한 검토는 강세구(1996), 앞의 책, 229 ~231면 참고. 그런데 이후의 기록은 『천학문답』이 종종 『천학혹문』으로 불렸음을 알려 준다. 『승정원일기』 고종 4년 정묘(1867) 4월 29일의 기록; 『下廬文集』 卷16, 「順菴安先生行」. "先生著天學考天學或問, 究源委証是非, 闢之廓如也." 참고.

35 특히 『천주실의』에 대해 성호학파를 중심으로 조선 유학자들의 견해를 쟁점별로 분석한 것은 최석우(1983), 「『천주실의』에 대한 한국유학자의 견해」, 『동아연구』 3, 서강대학교 동아연구소 참고.

36 『천학문답』에 대한 쟁점별 자세한 검토는 이원순(1986), 「안정복의 천학론고」, 『조선서학사연구』, 일지사에서 이루어졌다. 결론적으로 이원순 선생은 순암의 『천학문답』이 철학적인 하빈의 『서학변』에 비해 역사적 식견이 가미된 특색이 있다고 평가했다(183면).

37 이하에서 논의되는 것은 모두 『순암문집』 권17, 「천학문답」에서 추출한 것이다.

도의 근원은 하늘에서 나왔다는 등의 발언을 제시했다. 이른바 유교적 천학이다. 그런데 순암은 하늘을 섬기는 점에 있어서 유학의 천학天學은 정당하지만 서학의 천학은 사특하다고 단정적으로 평가했다.[38]

순암의 이러한 주장은 다양한 논점에 대한 검토를 통한 결론적인 주장이지만 기본적으로 순암의 뇌리 속에는 유학은 옳고 서학은 그르다는 인식이 선명하고 다양한 논증은 그러한 결론을 이끌어 내기 위한 부차적 논의의 양상을 띠고 있다. 물론 순암은 그러한 주장을 일방적으로 내세우는 것이 아니라 다양한 논점을 하나하나 검토하여 제시하지만 그 근저가 결론을 정하지 않고 지극히 허심한 가운데 논증되는 것은 아니었다. 이것은 상제를 섬기는 방식에서 천주교에서 말하는 사람의 영혼이 가지는 신령함을 부정하고 오직 마음만이 천성에 근본하므로 마음을 보존하여 그 본성을 붙잡아 상제가 부여한 천명을 잊어버리지 않으면 된다고 주장하는 대목에서 분명하게 드러난다.[39] 이는 성리학의 존심양성론으로 서학에서 말하는 성령론을 평가한 것이다. 공정하고 객관적인 방식이라기보다는 자신을 기준으로 상대를 평가하는 전형적인 벽이단의 방식이다. 이는 서교뿐 아니라 유교와 더불어 삼교로 병칭되는 불교나 도교를 비판하는 방식과도 맥을 같이한다. 순암은 불교는 서방의 종교로 인간의 윤리를 끊었고, 도교는 현세를 벗어난 종교라고 평가하여 배척한다.[40] 순암은 서학의 내세론이나 천당지옥은 불교의 여론餘論이고, 사람과 검박儉朴은 묵씨의 지류支流라고 평가하면서 이들은 주공·공자를 배운 것이 아니라는 입장

---

38 『順菴文集』 卷17, 「天學問答」. "或曰, 吾儒之學, 果不外於事天, 則子斥西士之學何也? 曰, 其所謂事天則一也, 而此正彼邪, 此吾所以斥之也."

39 위의 책. "惟此一心, 本乎天性, 若能操存此心, 保有其性, 無忘吾上帝所賦之命, 則事天之道, 無過於是, 何必如西士朝晝祈懇, 赦其舊過, 求免地獄, 如巫祝祈禱之事, 一日五拜天, 七日一齋素然後, 可以盡事天之道乎?"

40 위의 책. "聖人之道一而已, 豈有三敎乎? 三敎之名, 後世俗見之累也, 佛是西方之敎而絶滅倫理, 道是世外之敎而無關世道, 豈可與儒敎比而同稱乎?"

을 분명히 했다.[41] 이러한 벽이단의 입장은 순암 서학인식의 저류를 형성하는 것이다.

2) 유교적 세계관과 현실 궁행의 논리

순암이 서학의 교리를 비판하는 가장 본질적인 내용은 성호나 하빈도 지적했던 바와 같이 비현실적인 구원신앙과 내세관이다. 다만 순암은 성호나 하빈보다 좀 더 다양한 논점을 들어 구체적으로 논박한다. 순암은 성인의 가르침은 오직 현세에서 의당 해야 할 일을 하는 것이기 때문에 광명정대하여 조금도 감추거나 왜곡되거나 흐릿한 것이 없다고 보았다. 공자가 괴력난신을 말하지 않은 것은 드물고 보이지 않는 것에 대해 말하지 않으려는 것인데, 만약 이런 일들을 말한다면 사람들의 마음이 선동되어 모두 황탄한 곳에 빠져들고 말 것이라는 주장했다.[42]

순암은 현세와 내세에 대한 학문이 단지 학문의 차이에 의한 것이 아니냐는 혹문을 설정하여, 자신은 서학을 배척하는 것이 아니라 내가 이미 이 세상에 살고 있는 이상 의당 현세의 일에 대하여 진력하기를 말한 바대로 해야 할 것이라는 점을 거듭 강조한다.[43] 이는 모두 현실의 궁행 실천과 그 노력에 의한 상벌이라는 지극히 현실적이고 일상적인 지평에 발 디디고 있는 유학의 세계관을 견지한 것이다.

---

41 위의 책. "大抵西學之言後世, 專是佛氏餘論, 而兼愛尙儉, 墨氏之流, 是豈學周孔者所習者乎?"

42 위의 책. "聖人之敎, 惟於現世, 爲所當爲之事, 光明正大, 無一毫隱曲慌惚之事. 是以孔子不語怪力亂神, 怪是稀有之事, 神是不見之物, 若以稀有不見之事, 言之不已, 則人心煽動, 皆歸荒誕之域."

43 위의 책. "吾生也, 旣生此現世, 則當盡現世之事, 如上所云, 有何更加之工乎?"

한편 사람에게는 내면에서는 성색聲色 등에 의해, 외면에서는 재물이나 권세 등에 의해 매혹적인 수단으로 안팎에서 공격한다는 이른바 세 가지 원수설에 대해 순암은 육신의 행악를 죄악시하는 것에 대해 비판한다. 육신은 부모로부터 물려받은 것인데 이를 부정하고 원수로 여기는 것은 부모를 원수로 여기는 것이기 때문에 윤리에 크게 어긋나는 것이며, 사람에게 몸이 있는 이상 형기의 욕망이 없을 수 없기 때문에 극기克己의 공부를 통해 극복하면 된다고 보았다.[44] 이는 육신의 존재와 그 의미에 대한 긍정으로 여기에서부터 윤리가 시작된다는 현실적인 입장이다. 서학에서 영혼과 육신을 분리하고 영혼을 높이고 육신을 천시하는 관점을 정면으로 부정한 것이다.

순암은 또 이 세상에 태어난 이상 부귀와 빈천, 궁통과 이해가 따르는 것은 형세상 당연한 일이라고 생각했다. 이러한 현실을 성찰하여 극복하려고 하지 않고 그 현실 자체를 부정하는 것은 임금과 신하 사이의 의리를 끊어지게 하는 것이라고 비판했다.[45] 군신의 의리라는 관점으로 귀일하는 것은 시대적 한계로 이해되지만, 현세적 삶에 따르는 굴곡을 그 자체로 부정하는 것이 아니라 현실에서의 삶을 직시하고 이를 개인의 의지적인 노력에 의해 극복하려는 관점은 유가적 세계관의 일면이다. 이는 '마귀설'에서도 완연하게 나타난다. 순암은 사람이 형기를 가지고 있는 이상 그 형기의 욕망은 성인이라도 면할 수 없는 것이고, 유자의 공부는 자신이 천성적으로 가지고 있는 본래의 마음으로 형기의 욕망을 다스려 절제하여 중정中正을 넘지 않도록 하는 것이라고 보았다.[46] 그는

---

44 위의 책. "己身爲仇之說, 其悖倫大矣, 人有此身, 則不無形氣之慾, 吾儒克己之說, 所以立也. 今若以此身之生爲仇, 則此身從何生乎? 此身之生, 由於父母, 是以父母爲仇矣."

45 위의 책. "且旣生此世, 則富貴貧賤窮通利害, 勢當然矣, 不知所以省察克治之工, 而以世俗爲仇, 則君臣之義亦絶矣."

46 위의 책. "若魔鬼之說, 尤不近理, 人有此形氣, 則形氣之慾, 雖聖人不能免, 而但聖愚之判, 在于過不及之間耳. 是以吾儒克己之工, 以自己天性本有之心, 治形氣之慾, 節之而不使過中而已."

마귀설을 인식하는 접근법에서부터 서학서의 내용을 비판한다. 순암은 악惡의 문제가 인간 스스로의 문제이며, 그 내면의 수양과 극기공부에 의해 해결되어야 한다고 역설한다.

마귀를 누가 보았는가? 설사 마귀가 있다고 하더라도 외물이다. 외물에 유혹되어 자신의 본성을 잃어버리는 일이 더러 있기는 하지만 사람이 선하지 못한 것은 형기의 욕망 때문인데 이것이 어찌 마귀의 일이겠는가? 안팎으로 공부하는 방법에 있어서 둘은 같지 않다. 유자의 극기공부는 내면적인 것인 데 반하여, 서사西士의 공부는 형기를 도외시하고 마귀에게서 연유한다고 하니 안과 밖, 긴하고 헐함에 있어서 둘은 자연히 서로 같지 않다. 이것은 굳이 논할 필요도 없다.[47]

현실 궁행의 유교적 세계관의 또 다른 측면은 순암이 서교의 교리를 비판하는 대목에서도 여실하게 드러난다. 그는 서학서에서 설명한, 아들 아담을 시험에 들게 하는 상제의 행태에 의문을 제기한다. 순암은 상제가 아담을 만들었다면 그 신성함을 알 수 있는데 상제가 마귀의 거짓말을 곧이듣고 마귀를 시켜 아담의 진솔성을 시험할 리가 없고, 설사 아담이 참람되고 망령된 마음을 가지고 있다고 하더라도 상제로서 의당 자세히 주의를 주고 권면하여 고치게 하기를 훌륭한 아버지가 아들에게 하듯, 좋은 스승이 제자에게 하듯 해야지 추방이라는 벌을 내릴 리 없다고 생각한다. 순암은 이런 말을 하는 것 자체가 상제를 업신여기는 것으로 그 죄가 크다고 보았다.[48] 또한 아담에게 죄가 있다면 그

---

47 위의 책. "魔鬼誰能見? 假使有之, 是外物也. 以外物之誘, 而喪自己之性, 容或有之, 人之不善, 由於形氣之慾, 豈皆魔鬼之事乎? 其內外致工之術, 不同儒者克己之工由於內, 西士之言, 舍形氣而謂由於魔鬼, 內外緊歇之別, 自不同矣, 此不足卜也."

48 위의 책. "上帝造出亞黨, 以爲人類之祖, 則其神聖可知矣. 焉有上帝聽魔鬼之譖, 潛使魔鬼試其心之眞僞乎? 若使亞黨設有僭妄之心, 上帝當更敕勵, 使之改革, 若賢父之於子, 良師之於

죄가 자신에게 끝나면 그뿐이지 자손에게 만세토록 벌을 받게 했다는 대목도 "선왕先王에 대한 징벌은 사왕嗣王에게 미치지 않는다"는 유학의 논리로 비판했다. 만세에 이르면서까지 그 자손을 괴롭히는 것은 상제의 본질일 리 없다[49]는 것이 순암이 가진 상제에 대한 인식이다. 성삼위일체에 대한 교리 역시 그 현실성에서 이해하기 어렵다고 비판했다.[50] 이러한 비판들은 유교적 합리주의의 기초 위에서 기독교의 교리 가운데 비합리적이라고 생각되는 요소를 비판한 것이다.

상제는 주재한다는 관점에서 말하면 상제이고, 무성무취無聲無臭의 측면에서 말하면 태극太極이며 리理이니 상제上帝와 태극太極의 리理를 둘로 나누어 말할 수 없다는 대목[51]이나 제사가 마귀들이 먹는다는 설에 대한 변증[52]에서도 순암의 유교에 기초한 세계인식은 더욱 뚜렷하게 반복된다.

3) 한역서학서에 대한 폭넓은 독서와 정통한 교리 이해

순암은 천주학의 연원과 사적을 검토하여 그것의 중국 전래가 이미 오래전

弟子可也, 豈以上帝而有是事乎? 爲此言者, 其慢天之罪, 可勝言哉!"

49 위의 책. "假使亞黨有罪, 罪止其身而已, 亦安有萬世子孫, 同受其罰之理乎? 先王之政, 罰不及嗣, 況至萬世而苦其子孫乎?"

50 위의 책. "聖經言天主於原祖子孫中, 再立一人, 爲人類之再祖, 又稱天主聖子, 無異眞天主, 與親來降生之言不同, 其學之不可信, 有如此者. 又曰, 耶蘇以萬民之罪爲己任, 損己之寶命, 被釘於十字架而死云, 旣曰上帝親降, 又曰無異眞天主云, 則敢曰被釘而死, 不得考終耶? 其愚昧無知, 侮慢尊嚴甚矣, 此等言語, 其可謂十分停當而信從之乎?"

51 위의 책. "以有主宰而言之則曰上帝, 以無聲無臭而言之則曰太極曰理, 上帝與太極之理, 其可貳而言之乎?"

52 위의 책. "今爲此學者, 揭天主而禮拜禱祈焉, 此亦假像則亦一魔鬼也. 星湖先生所謂其種種靈異, 安知不在於魔鬼套中者, 先生已知其然矣. 然則魔鬼之變幻莫測, 亦有假善而惑世者, 以愚下民, 而西士惑之而尊崇, 豈不可笑哉."

일임을 논증한『천학고』에서 자신의 입장을 입증하기 위해 방대한 사료를 동원한다.『한서』·『열자』·『통전』·『후한서』·『북사』·『속통고』·『자치통감』·『홍서원시비서鴻書原始秘書』·『오학편吾學篇』·『명사』·『경교고景教考』·『일지록』등 중국의 고전은 물론이고, 이수광의『지봉유설』, 이익의「발천주실의」등이 그것이다.[53] 이것은 역사적 연원을 고찰하려는 사가로서 관심에서 비롯된 것이다.

그런데 이렇게 자신이 탐구하려는 대상에 대해 충분하게 학술적으로 검토하려는 시도는『천학문답』을 저술하면서도 유감없이 발휘되었다. 그는 하빈 신후담이 단 3종의 서학서를 보고『서학변』을 지은 것에 비해 당시까지 접할 수 있는 상당히 많은 서학 교리서들을 읽고 변증했다.『천학문답』에는『천주실의』·『칠극』·『기인편』등이 제목으로 노출되어 있는데, 이뿐 아니라 순암은『변학유독』·『진도자증』·『성세추요盛世芻蕘』·『만물진원萬物眞原』등도 보았다.[54] 이 외에 전통적인 유가경전이나 제자서·역사서들을 종횡으로 활용하여 논증하였으므로 그 변파가 학술적인 방면에서 매우 심도 깊게 이루어질 수 있었다. 특히 기독교 교리를 변파하기 위해 제시한 다양한 논점들은 순암이 서학에 대해 상당한 수준의 이해가 있었음을 반증하는 것이다.

『서학변』이 23세의 신후담에 의해 주로 이론적 변증에 치중한 것이었다면,『천학문답』은 이미 성리학과 사학의 학문적 바탕 위에 74세라는 순암의 삶의 연륜이 더해진 저작이다.[55] 그 결과 한역서학서들에 대한 교리는 인간의 삶에 대한 궁행실천이라는 유학의 관점에서 세밀하고 설득력 있게 논증될 수 있었다.

---

53 이 점에 대해서는 이원순(1986),「안정복의 천학론고」,『조선서학사연구』, 일지사 참고.
54 이원순(1986),「서양문물, 한역서학서의 전래」,『조선서학사연구』, 일지사, 64면 참고.
55 이 점에 대한 지적은 최동희(1988), 앞의 책, 136~137면에서 일찍부터 포착되었다.

4) 전근대적인 과학인식의 한계 노정

순암은 서학을 비판하는 과정에서 적지 않은 자연과학에 대한 인식을 제출했다. 그 가운데에는 전근대적인 과학인식의 한계를 드러낸 부분도 적지 않다. 그는 서학의 전도사들이 천문과 역법에 뛰어나며 화포를 다루는 솜씨가 뛰어나다는 것에 대해 높이 평가하는 혹자의 질문을 가설한 대답에서 서역은 곤륜산 아래 터를 잡아 천하의 중앙이 되며, 풍기가 돈후하고 인물의 체격이 크고 진귀한 보물이 나온다거나, 중국은 동남부에 위치하여 양명함이 모여들어 이런 기운을 받고 태어난 자는 과연 신성하다[56]고 주장했다. 이는 중국중심설을 강하게 주장하지 않았다는 점에서 무의미하지 않지만 풍수지리에 입각한 위인들의 탄생 등은 아무래도 다소 과학성이 떨어지는 진술임이 분명하다. 특히 이 맥락에서 사람의 심장은 신명神明의 집이 되고 온갖 조화가 나온다[57]고 하여 의식이 두뇌가 아닌 심장에서 비롯된다는 입장을 드러냈다. 이것은 하빈이 『영언려작』에서 영혼이 있는 신체적 부위를 뇌낭腦囊이라고 한 것을 부정하고 장부臟腑가 있는 심낭心囊을 주장한 것과 그 기맥이 닿는 것으로 아직 전근대적인 과학지식에 머물러 있는 수준을 노출한 것이다.

이러한 자연과학에 대한 부정확한 지식은 서학에서 천주가 아담과 하와를 만들었다는 것에 대응하여, 천지만물은 음양의 조화로 만들어진다고 주장하면서 이가 생겨나는 것과 벌레가 만들어지는 것을 비유로 드는 장면에서도 뚜렷하게 나타난다. 순암은 이가 생겨나는 것을 사람과 옷의 기운이 상승해서 생겨나는 것이라고 이해하여 이를 기氣의 작용으로 보고, 삼태기의 흙에 초목이나 벌레가 생기는 것도 기氣의 변화로 설명하면서 사람도 이와 같을 것이라고 주

---

56 『順菴文集』卷17,「天學問答」. "是果然矣, 然以天地之大勢言之, 西域據崑崙之下而爲天下中. 是以風氣敦厚, 人物奇偉, 寶藏興焉, 猶人之腹臟, 血脉聚而飮食歸, 爲生人之本, 若中國則據天下之東南而陽明聚之, 是以禀是氣而生者, 果是神聖之人, 若堯舜禹湯文武周孔是也."
57 위의 책. "人之心臟居胸中, 而爲神明之舍, 萬化出焉."

장했다.[58] 이것은 이나 초목, 벌레가 생겨나는 것에 대해 생물학적 지식이 매우 부족한 정도를 노출한 것이다. 이것은 인류가 아담 단 한 사람의 후손일 리는 없다는 것을 논증하기 위해 제출된 것이지만 그의 논증 자체가 전근대적인 자연과학 지식을 기반으로 하고 있는 점은 아쉬운 대목이다. 물론 이것은 과학적 지식을 온전하게 갖추기 어려운 당대의 시대적 한계에서 기인하는 것이지만 그 저류에는 이념의 경사에 의한 면도 적지 않게 작용하고 있음을 확인할수 있다.

이상의 검토에서 순암의 『천학문답』이 어떠한 인식과 논리의 지평에 발 딛고 있는지 알 수 있다. 순암은 『천학문답』을 벽이단의 의식 속에서 유학의 현실적 세계관을 철저한 학술적 방식으로 제시했다. 이 점은 순암이 『천학문답』의 말미에서 한 번 더 강조하고 있는 발언을 통해 상기된다.

우리 유학의 명덕·신민의 공부는 모두 현세를 가지고 말한 것인데, 서사西士의 선을 실천하고 악을 버리는 일은 모두 후세를 위해서 말한 것이다. 이 세상에 태어난 이상 응당 현세의 일에 힘을 다하여 그 최선을 추구할 따름이지 어찌 털끝만큼이라도 후세에 복을 기대하는 마음을 가져서야 되겠는가? 그들이 학으로 들어가는 문로는 우리 유학과 달라서 한 사람의 사적인 욕망에서 나온 것이다. 어찌 우리 유자의 공정한 학문이 이와 같겠는가?[59]

---

58 위의 책. "然而其闢天地也, 陰陽二氣, 升降交媾, 化生萬物, 而得其淸淑之正氣者爲人, 得其穢濁之偏氣者, 爲禽獸草木. 今以目前事言之, 蟲之化生, 由於人乎, 由於衣乎, 此有澡潔其身, 無一點垢膩, 着新製衣袴, 服未數日, 必衣有數箇蟲, 袴有數箇蟲, 此蟲從何出乎? 必是人與衣氣相蒸欝而生, 此非氣化乎? 此又有一畚土, 無一草根木實, 無一虫蟻, 而置之空架之上, 風鼓雨潤, 濕氣壅欝, 亦未幾何, 必有草木蟲蟻生于其中, 亦非氣化而然乎? 氣化以後, 因以形化, 其類漸繁, 人之生, 何異於是? 大地齊民, 皆爲亞黨一人之子孫, 其果成說乎."

59 위의 책. "吾儒明德新民之功, 皆以現世而言也. 西士爲善去惡之事, 皆爲後世而言也. 人旣生此現世, 則當盡現世之事, 求其至善而已, 豈可有一毫邀福於後世之意乎? 其學之入頭門

최초 성호에게 보냈던 서신에서 강조한 바와 같이 유학과 서학은 현세와 내세라는 근본적으로 서로 다른 기반 위에서 학문이 형성되어 있음을 지적하고, 현세를 사는 인간은 현실에 최선을 다할 뿐 후세에 복을 바라는 마음을 가져서는 안 됨을 역설한 것이다. 이것이 바로 서학과 대비되는 유학의 핵심이라는 것이다.

순암은 『천학문답』에서 천주학의 기본교리를 유자의 입장에서 다각적으로 비판한 끝에 유학만이 정학임을 천명했다. 그의 이러한 논설은 이후 많은 사람을 감명시켰으며, 이후 일어나는 벽사위정척사론의 이론적 배경이 되었다.[60] 또한 『천학문답』에 나타나는 위정사상은 당시 집권자인 정조의 척사론과 표리 일치되는 견해이기도 했다.[61]

4. 『이학집변異學集辨』의 순암 비판

그렇다면 순암의 이러한 서학비판은 당대에 긍정되기만 한 것일까? 『동유사서해집평東儒四書解集評』의 저자 유건휴(1768~1834)에 의해 이룩된 『이학집변異學集辨』의 존재는 그와 전혀 다른 양상, 오히려 순암의 서학비판론이 매섭게

路, 與吾儒大錯, 而其意專出於一己之私, 吾儒公正之學, 豈如是乎?'

60 『벽위편』에서 이기경은 안정복의 공로를 이렇게 칭송했다. "안공께서는 학식이 깊고 학문이 넓어 정밀하게 탐구하고 명확하게 논변하였다. 그러므로 그의 『천학고』와 『천학문답』의 여러 조목은 매우 명확하고 절실하였다. (⋯) 공은 얼마 후 세상을 떠났고 邪術은 더욱 치열하게 되니 이제는 말로써 깨우쳐 줄 수가 없게 되었다. (⋯) 이제 공의 저술 가운데 몇 조항의 기록을 모은 것은 장차 후세 사람들에게 사술이 중국에 들어왔다가 우리나라로 진전하여 와서 세상을 더럽힌 근원을 알게 하며, 옛날의 군자와 같이 불에 타고 물에 빠진 사람을 구원해 주고자 고심하였듯이 도를 옹호하고 이단을 막아 내고자 한 것이다"(이만채 편찬, 김시준 역주, 『천주교전교박해사－벽위편』, 국제고전교육협회, 1984, 34~35면 참고).

61 이원순(1986), 「안정복의 천학론고」, 『조선서학사연구』, 일지사.

공박당하고 있는 상황을 잘 보여 준다. 『이학집변』은 불교와 천주교 등 유교의 입장에서 이단시된 학문들을 변파한 내용[62]이다. 유건휴는 천주학이 불교의 찌꺼기를 주워 모아 비루하고 사람을 속이기에도 부족한 것이라고 비판했다. 유건휴는 총 14조목의 항목[63]으로 서학의 문제점을 하나하나 지적했는데, 그것은 성호와 순암의 서학 논의를 앞세우고 이에 대한 자신의 견해를 제시하는 방식으로 전개되었으며 대체로 순암을 반박하는 것이었다. 그 과정에서 유건휴는 남한조를 비롯하여 당시 영남 유림들의 견해를 일부 삽입하기도 했다.

그 첫머리는 예수가 중국 한나라 때에 태어났다는 마테오 리치의 견해를 순암이 인용한 것에 대한 비판으로 시작된다.

순암은 이렇게 말했다. "천주교의 예수는 한나라 애제 때에 태어났다. 서사西士가 말하기를, '우리나라에는 개벽 이후의 사기史記로서 지금까지 남아 있는 것이 전부 3,700권이다. 그런데 예수의 출생에 대해서 모두 시기가 예언되어 있다.'"

---

62 국학진흥원에서 영인한 자료와 그 해제(임노직, 「해제」, 『이학집변』, 한국국학진흥원, 2004)에서는 5권 5책이라고 밝혔으나 그 영인된 자료에서는 총 6권의 정고본이다. 권1은 노자·장자 등 諸子들에 대한 비판이고, 권2와 권3은 仙佛에 대한 것이며, 권4는 陸學, 권5는 왕양명·소동파·역사학, 권6은 천주학·기송학·사장학에 대한 것이다. 권6에서 가장 많은 부분을 차지하는 것이 천주학에 대한 것인데, 이채로운 것은 그 비판의 대상이 천주학이면서도 특히 순암의 『천학고』와 『천학문답』의 내용을 다시 비판하는 방식을 택하고 있다는 것이다.

63 그 쟁점은 이렇게 요약된다. (1) 예수가 한나라 때에 태어났다는 것에 대한 변증, (2) 洋學의 상제와 천주에 대한 변증, (3) 長樂 柯氏의 三辰에 대한 변증, (4) 天學의 工夫에 대한 변증, (5) 천학에서 남녀가 無別한 것에 대한 변증, (6) 靈神不滅에 대한 변증, (7) 현세가 禽獸世라는 것에 대한 변증, (8) 제사는 마귀가 먹는 것이라는 것에 대한 변증, (9) 서학이 中國에 들어온 것에 대한 변증, (10) 서학이 東國에 들어온 것에 대한 변증, (11) 天主經을 詩書에 비긴 것에 대한 변증, (12) 서역이 천하의 중앙이라는 것에 대한 변증, (13) 서양의 역법을 사용하는 것에 대한 변증, (14) 서양인이 기술을 잘 활용하는 것에 대한 변증.

건휴는 살펴본다. 천주의 학은 서양에서 왔는데 그 설이 어떠한지는 알 수 없다. 그러나 다만 순암이 변증한 것에서 살펴본다면 그들이 이른바 공부라는 것은 불교의 예법이고, 그들이 말하는 영혼이나 귀신·천당·지옥의 이론들은 대체로 모두 석가의 말들이니 애당초 학문이라고 하기에도 부족하다. 순암의 변증은 한 잔의 물로써 한 수레의 섶나무에 붙은 불을 끄려는 것에 불과하다. (…) 예수가 한나라 때에 태어났는가의 여부는 따질 필요가 없고, 그 국사國史에서 예언했다는 것은 혹 있었다고 하더라도 말한 만한 것이 못 된다. 하물며 반드시 이런 이치가 없음에랴? 순암은 또한 3,700권이라는 역사책을 꼭 본 것도 아닌데 경솔하게 근거없는 말을 믿고서 책에 곧장 썼으니, 사람이 괴이한 것을 좋아함이 지나치다.[64]

유건휴는 천주학을 불교의 아류로 보고, 서학은 학문도 아니라는 입장을 견지하고 있으며 순암에 대한 비판은 상당히 매섭다. 유건휴가 인용하고 있는 것은 순암이 『천학문답』에서 혹문或問으로 설정된 것이지만 그 내용은 순암의 창견이 아니라 한역서학서들을 보고 난 후의 기록일 것인데 유건휴는 그것 자체를 문제시한다. 예수의 탄생에 대한 예언은 말할 만한 것이 아니고, 그럴 수도 없으며, 자기가 직접 보지도 못한 것을 기록으로 남겨 전하는 것은 호사가들이나 하는 일이라고 일침을 가하고 있다.

유건휴는 『천주경』을 보지 못했고,[65] 『천주실의』 역시 보지 못한 것으로 이해된다. 보지도 못한 것을 운운했다고 순암을 비판한 그 논리에 비추어 정작

---

64 『異學集辨』卷6, 「天主學」. "順菴曰 天主耶蘇, 生於漢哀帝時, 西士言其國有開以後, 史記凡三千七百卷, 耶蘇之生, 皆預言其期, 健休按, 天主之學, 來自西洋, 不知其說云何, 然但據順菴所辨, 其謂工夫者, 不過僧家之禮織, 其言靈神堂獄之類, 大抵皆襲釋迦之伎倆, 初不足名之爲學, 而順菴之辨, 不過爲一盂水救一車之火而已. (…) 若耶蘇之生於漢時與否, 有何輕重, 而其國史之預言其期, 誠或有之, 猶不足稱, 況必無是理乎? 且順菴亦未必得見三千七百之史, 而輕信無根之說, 遽筆之於書, 甚矣人之好怪也."
65 위의 책. "余未見天主經, 不知其說如何."

자신은 자유롭지 못한 것이다. 그러나 그의 인식의 방향은 일단 서학에 대한 부정적 인식을 근간으로 벽이단의 입장에서 서학을 비판하는 것으로 방향을 잡고 있다. 서학을 비판하는 것은 물론 서학의 내용을 소개한 순암에 대해서도 공격적이다.

그런데 유건휴의 비판은 재고될 필요가 있다. 유건휴가 인용하고 있는 『천학문답』의 본문을 검토[66]해 보면 여기서 인용하고 있는 순암의 발언은 그 맥락이 상당히 왜곡되어 있다. 순암이 천주교의 예수가 한나라 애제 때에 태어났다는 것을 말한 대목은 불씨가 천주교의 가르침을 훔쳐 따로 문호를 연 것이라고 한 것에 대한 대응으로 나온 것이다. 즉 불가의 성립이 시기적으로 천주교보다 앞서기 때문에 그러한 주장은 어불성설이라는 것을 말하려 했던 것이다. 서양의 사기史記에 대한 내용 역시 보지 못했기 때문에 단정적으로 그렇다고 말할 수 없음을 분명히 했는데 이 점 역시 유건휴의 비판에는 반영되지 않았다.[67]

이러한 세밀하지 못한 독해는 근본적으로 순암을 평가하는 유건휴의 입장에서 비롯된 것이다. 유건휴는 순암의 서학비판이 철저하지 못한 것에 대해서 군데군데 강한 불만을 제시했다. 순암은 성호와는 어느 정도 차이가 있지만 그래도 서학이 가진 장점들을 어느 정도는 인정한 다음에 그 황탄하고 비현실·비현세적인 것을 비판했다. 이를테면 상제를 섬기는 방법에 대해 순암은 존심양성의 방법으로 하면 될 일이요, 하필 기도하고 간구하여 지옥에 떨어지지 않게

---

66 『順菴文集』卷17, 「天學問答」. "或曰, 西士謂佛氏偸其國之敎, 自立門戶, 然乎? 曰, 佛氏釋迦生於周昭王時, 天主耶蘇生於漢哀帝時, 則先後之別, 不容多卞, 或曰, 西士言其國, 有開闢以後史記, 至今皆存, 凡三千六百卷, 耶蘇之生, 皆預言其期, 不若中國史之泯滅不存, 虛僞相雜, 然乎? 曰, 非吾見則不可言其不然, 而假使有之, 今其書所引經文, 卽其語也. 必擇其精者言之, 而今使有眼者見之, 其與吾中國聖人之語, 孰優孰劣, 子若見之, 可以知之矣."

67 이 외에도 3,600권이라는 『천학문답』의 기록이 3,700권으로 되어 있는 등 적지 않은 인용과 피인용의 사이에 상이점이 있다. 이는 순암이 최종 수정한 내용을 유건휴는 그 이전 본을 보고 이해하는 등 판본의 차이일 수 있을 것이다.

해달라고 무당이 기도하듯 하루에도 다섯 번씩 하늘에 예배하고, 일주일씩에 한 번씩 재소齋素할 필요가 있느냐고 말한 바 있다.[68] 이에 대해 유건휴는 '하필'이라는 말로 유보를 두는 것에 대해 매우 신랄하게 비판하면서 그들이 자기 학문을 '천학'이라고 하면서도 기도하는 것은 모두 이욕利欲의 마음에서 나온 것이므로 본원의 차이에서 그 문제를 엄하게 분별해야지 설렁설렁 넘어가서는 안 된다고 맹비난했다.[69]

이러한 입장은 순암이 현세를 금수세로 보는 것에 일부 동조하는 듯하게 발언하거나 중국이 세계의 중심이 아니라고 한 것에 대한 비판에서도 선명하게 감지된다. 유건휴는 그러한 논의 자체를 극력 비판하지 않은 것을 공박[70]하고 주자의 발언을 근거로 중국이 세계의 복장腹腸이고 서양은 배후背後라고 응수했다.[71] 이러한 『이학집변』의 내용은 순암의 서학비판이 영남의 정통 유학자에 의해서는 도리어 매섭게 질타당하며 부정되는 현장을 생생하게 보여 주는 것이다. 그리고 이러한 장면은 몇 가지 측면에서 순암의 『천학문답』의 영향력과 특징을 확인시켜 준다.

우선 『천학문답』이 영남까지 읽혔으며, 순암이 구분한 다양한 논점은 이후 서학에 대한 풍부한 문제의식을 확장하는 데 중요한 기준이 되고 있음을 알 수 있다. 『이학집변』에서 제시하는 14가지의 비판점은 신후담의 『서학변』에서보다는 순암의 『천학고』와 『천학문답』에서 발전된 것이라는 인상을 강하게 준

---

68 이를테면 다음의 경우처럼 순암은 『천학문답』에서 선행을 추구하려는 천학의 방향 자체는 긍정했다. "惟此一心, 本乎天性, 若能操存此心, 保有其性, 無忘吾上帝所賦之命, 則事天之道, 無過於是, 何必如西士朝晝祈懇, 赦其舊過, 求免地獄, 如巫祝祈禱之事, 一日五拜天, 七日一齋素然後, 可以盡事天之道乎?"

69 『異學集辨』卷6,「天主學」. "竊謂何必云者, 此事雖可而彼事尤可, 則何必爲此不爲彼云耳. 彼之以天名學而朝晝祈懇, 不過以利欲之心, 濟假托之私耳, 豈一分之可乎? 當就其本原之差而嚴辭痛辨, 不可如是緩緩說去也."

70 『異學集辨』卷6,「辨禽獸世」.

71 『異學集辨』卷6,「辨西域爲天下中」.

다. 그러한 다양한 논점의 개발은 순암의 서학비판 이후에나 볼 수 있는 것이다. 또한 순암의『천학문답』은 벽이단의 의식 아래에서 서학을 비판했지만 적어도 대상이 되는 한역서학서를 직접 독서하고, 유학의 입장에서 그 득실을 검토하여 정립된 것으로,『이학집변』에 비해 상대적으로 상당히 아카데믹한 학술비판서임을 확인할 수 있다. 적어도 유건휴의 경우처럼 서학서들에 대한 충분한 독서 없이 이미 확고히 정립된 주자학의 입장에서 비판만을 위한 검토는 아니었다는 것이다.

『이학집변』의 순암 비판을 통해 우리는『천학문답』이 당대 조선에서 상대적으로 서학의 장점을 제대로 보고 있었으며, 그 교리의 일부는 긍정하였고, 또한 스스로의 학문에 대해 비판적으로 성찰할 수 있는 능력 역시 어느 정도는 내장하고 있었다는 점을 확인할 수 있다.

5. 남는 문제

검토 결과 유학의 입장에서, 학문적 실증이 부족하고 합리적인 실천지침이 될 수 없었던 '천학 이론'을 조목조목 구분하여 비판적으로 대응한 서학이론서가『천학문답』임을 확인했다.『이학집변』에서 유건휴가 지적했던 것처럼 서학에 대한 불철저한 비판으로 인해 결국 이단이 발붙일 빌미를 준 것이라는 주자학적 세계로 무장한 더욱 견고한 벽이단의 시선을 뒤로한다면 순암의 비판적인 학술적 검토는 결코 무시할 수 없는 내용과 성과를 담고 있다.

전근대적인 부정확한 과학지식으로 자연현상을 설명하려고 한 것이나 천주교의 교리만큼이나 비현실적인 성리학의 우주관·귀신관으로 서학의 천주신앙을 비판하려 한 것은 성리학적 자연인식과 시대적 한계로 볼 수 있을 것이다. 그러나 서학의 핵심적인 논점에 대한 파악, 구체적인 실증이 없거나 합리적인 인간 이성으로 이해될 수 없는 이론에 대한 분명한 변파, 저마다의 도덕적인 실천에서 비롯되지 않은 복락의 추구에 대한 비판은 지금도 여전히 공감할 만한 내용이 적지 않다.

그러나 한편으로 이것은 학술과 종교에 대한 불분명한 구분 또는 천학의 궁극적 목표와 방법에 대한 다른 지향에서 비롯된 것임을 확인할 수 있다. 인간의 삶을 인식과 수양의 지평에서 고양시켜 완전함에 이르게 하는 것에서 서학과 유학은 온전히 동일한 결론에 귀일할 수 없는 근본적인 차이가 존재한다. 인간의 삶의 결론은 오직 인간 행위의 결론일 수밖에 없으며 그 보응은 오직 현실에서 이루어진다고 보는 지극히 현실적 유학의 관점에서, 죄를 대속한 이를 믿는 믿음에 의해 구원에 이른다거나 인간의 현실적 삶은 현세 이후의 내세의 복락을 위한 것이라는 서학의 주장은 도저히 받아들일 수 없는 세계인식이다. 그러한 관점에서는 서학은 황탄하거나 불교의 아류일 수밖에 없다.

자기 신앙을 동아시아 학술의 지평으로 전환하여 유학적 요소를 가미하여 소개한 마테오 리치의 한역이론서들에 대해 순암은 서학과 유학의 변별점을 세밀하게 나누어 분석해 그 차이점을 지적하고, 유학에 대비하여 서학이 가진 비현실적인 점을 비판하는 것으로 대응했다. 순암이 당대 서학에 대해 이론적으로 진지하게 대응한 것은 여전히 간과할 수 없는 학술정신으로 높이 평가되어야 한다. 자신이 취할 수 있는 당대 서학이론을 세밀하게 검토하여 그 득실을 따지고 그 현실성의 맥락을 짚어 삶의 반성과 수양의 절목으로 그 의미를 짚어 본 것은, 무부무군無父無君이나 이기理氣의 이론에 고정된 편협한 시선의 맥락을 걷어 낸다면 여전히 현재적 의미가 있기 때문이다.

성호에서 비롯되어 신후담에서 파헤쳐진 서학의 비현실적인 요소에 대한 비판은 순암에 이르러 정점에 도달했고, 이는 벽이단의 관점과 맞물리면서 이후 성호우파 서학인식의 학술적 근간이 되었다. 이것은 서학에 대한 순암과의 학술적 토론을 뒤로하고 신앙으로 수용하여 결국 조선 천주교의 태동을 이끌었던 성호좌파에 비추어 결코 폄하되거나 부정되어서는 안 될 선택이었다. 순암의 치밀하고 진지한 검토의 과정을 세밀하게 살펴본다면, 결코 그를 정치적이거나 기회주의적이라고 비판하기는 어려울 것이다.

다만 순암의 대응은 구체적으로 기독교 일반에 대한 전면적인 대응이라기보다는 마테오 리치가 전파한 예수회 교리에 대한 대응으로 국한해서 이해할 필요가 있다. 루시퍼가 천당지옥을 만들었다는 등의 일부 주장은 온전한 정통 기독교의 교리는 아니기 때문이다.[72]

---

72 이 점에 대해서는 이미 정인재 선생의 지적이 있었다. 그는 성경 어디에도 루시퍼의 존재는 없으며, 다만 『구약성서』「이사야서」 14장 12절의 '하늘에서 떨어진 새벽별'을 영어 성경에서 루시퍼라고 번역한 사례가 있다고 밝히고, 하지만 루시퍼는 라틴어의 복합명사로서 '빛을 발하는 광체'로 본래 새벽별인 啓明星, 곧 金星임을 논증했다. 다만 히에로니무스(Hieronymus) 교부(342~420) 이래로 루시퍼는 귀신들의 두목인 '사탄'의 별명이 되었다고 덧붙였다.

제2부

교육·문학 기타 분야

『하학지남』 사본

순암 안정복 저

윤남한

1. 서언─순암학의 연구시각

본고에서 다루고자 하는 『하학지남』의 저자인 순암 안정복의 학문과 사상은 반계 유형원과 성호 이익의 실학을 이어서 순암학으로 대성하여 영·정시대의 실학풍을 대표했던 인물이었다. 그는 이조 후기 사회의 재편성과정에서 전개되었던 당쟁과정에서는 이미 정권의 추요樞要에서 배제되었던 불우한 남인학자로서, 퇴계 이황을 극진히 사숙하여 성호와 더불어 『이자수어李子粹語』를 편찬할 만큼 심성학자心性學者로서도 그 위치가 뚜렷하였다.[1]

---

1 『李子粹語』의 편찬은 「李子粹語序 癸酉」(『順菴叢書』, 『順菴集』 卷18, 大東文化硏究院. 이하 『順菴集』이라고만 함)에 星湖의 부탁(『星湖集』 卷24, 「答安百順 壬申」 참조)으로 刪增한

또한 그가 정학正學의 수호를 위해, 성호 문하에서는 동학자였고 그의 여서女婚 권일신을 매개媒介하여 사가간査家間이기도 했던 녹암 권철신의 양명학 수용을 배척했던 것도 단편적으로는 이미 지적되어 왔다.[2] 뿐만 아니라 순암은 정주적程朱的 역사의식을 바탕으로 하여 동국의 역사체계를 재구상함으로써 동국적 정통론을 정초하고자 하였던바 그 표현인 『동사강목』의 가치에 대하여도 근래 사학계斯學界의 관심사가 되고 있는 것이다.[3] 이와 같이 순암학은 그의 실학이나 심성학 및 역사학에 걸친 광폭성을 가졌고 전통적 입장에서는 이른바 '명정학明正學 식사설熄邪說'한 조신助臣으로서의 공도 평가되었다.[4] 그럼에도 그에 대한 연구는 그다지 구체화되지 않고 있다고 하겠다. 적어도 다산학이나 성호학에 대한 학문적 관심도나 연구 성과에 비하면 순암에 대한 연구는 이제야 시작되었다고 할 만큼 시발점에 서 있는 것이다.

그러나 순암이나 그의 학을 연구하는 데 있어서는 기왕에 제기된 실학적 측면이나 척왕斥王적 사실이나 사가史家로서의 위치에 대한 연구시각도 중요하거니와 이러한 각 측면의 상호관계성이나 논리적 체계성을 이해하기 위해서는 우선 그에 대한 연구방법부터 좀 더 역사적으로 접근할 필요가 있을 것이다.

바를 "先生 (…) 不知余不敏 託以校證 於是取原本而刪增爲編目 依近思定例 與尹丈東奎氏 往復參校 凡三易藁而書成 書 成而先生復命之日 李子粹語"라고 하였던 만큼 이는 퇴계·성호·순암을 잇는 心性學書로서의 의미도 큰 것이다. 한편 순암은 『磻溪隨錄』을 그의 증손으로부터 借覽하였고 뒤(乙未)에 연보를 修潤하여 역시 발문을 쓰고 있다. 『順菴集』 卷18 참조.

2 李能和, 「朝鮮儒界之陽明學派」, 『靑丘學叢』 제25집, 140~141면 참조. 여기서는 「順菴年譜」에 수록된 「答權哲身書」의 論陽明致知之書를 들어 "先生之女婿權哲身(權日身－필자주) 才氣穎發 特好王學 先生以書止之 後入于天主教"라 하였고, 이로부터 권철신은 王學受容者로 간주되어 왔다. 또한 李丙燾, 『草稿韓國儒學史』 第四期, 55~59면에도 순암학이 "以經史爲主 博涉諸書 然其平生專工在朱子大全及語類等書"라 하였고 "其私淑退溪 紹述星湖甚篤"이라고 한 다음 권철신의 양명학과 其第 日身의 耶蘇學을 論斥한 바를 개관하고 있다.

3 黃元九, 「實學派의 史學理論」, 『延世論叢』 제7집, 181~196면에는 순암의 『동사강목』을 거론하였다. 한편 순암의 인물에 대해서도 황원구(1965), 「한국의 인간상」, 新丘文化社, 381~392면에 개관된 것이 있다.

4 『順菴集』 卷28, 「順菴年譜」, 598~631면 참조.

그의 학學도 일단은 그가 살던 사회적·시대적 조건과 대응되는 것인 만큼 그 학의 기반으로서 이조 후기 사회의 교학체제나 그 이념적 지주로서의 심성학적 측면과 그런 의식구조하에서 살았던 불우한 남인학자로서의 사회적 위치와 대응관계 위에서 이해되어야 하며 그의 학의 역점도 또한 심성학에서 이른바 실학으로 전화되던 논리성에서 찾음으로써 정당하게 이해될 수 있을 것이다. 다시 말하자면 그의 실학이 이들 퇴계적 심성학이나 통감류通鑑類의 정통론적 역사의식을 떠나서 있지 않았다. 그렇다면 그의 학은 일단 이들 심성학이나 정통적 역사서술과 연계성 위에서 제기되어야 할 것이며, 그러한 연계성 위에서 그 학의 성격이나 현실적 기능이 논의되어야 할 것이다.[5]

사실상 그의 실학은 우선 실심實心·실덕實德·실공實工에서 제기되었고, 이것은 모두 일용이륜간日用彝倫間에서 강조되었던 것이다.[6] 이와 같이 그는 정주학 또는 정주적 심성학의 기반 위에 서 있었던 것이다. 반대로 그의 실학은 심성학에 대립된 개념으로서만 본다면 적어도 그의 실학이 비판했을 심성학의 반성리학적 측면이나 실심·실공 등의 개념이 지니는 현실적 의미가 종전의 심성학에서의 개념과는 다르다는 의미상의 변화가 전제되어야 할 것이다. 그리고 그러한 변화를 가능하게 했을 그의 현실인식이나 현실과의 대응관계도 전제되어야 할 것이다. 또한 그의 실학이 정주적 의리론이나 강목적 정통론을 벗어난 것이 아니었다면 이런 사상이나 의식구조를 지속시켰던 이조 후기 사회의 사상적 배경이나 역사적 현실도 역시 정당하게 이해되어야 할 것이다.

그리고 또 그가 살던 이조 후기 즉 18세기라는 대내외적인 시대상이나 이에 대립되던 위기감이 불러일으킨 전통주의의 고취 방향이나 극도로 통제적인 교

---

5 실학의 심성학적 측면이나 성호를 중심으로 한 남인 학자의 계보 및 明學과의 관련성에 대한 개괄은 洪以燮(1963), 「실학에 있어서 남인학파의 사상적 계보」, 『한국사의 방법』 所收.
6 개혁사상의 복고성이나 三代的 이상론은 명말 청초의 經世學風이나 霞谷의 양명학이나 磻溪의 실학파에서도 공통된 立論이요 논거였다.

학체제하에서는 그 주류에서 배제되었던 그의 정치적·사회적 위치나 그러한 세력으로서 지녀야 했던 정통의식이나 복고의식은 집권적 위치에 있는 경우보다 오히려 강할 수 있다는 현실적 의미도 일단 고려되어야 비로소 그의 학에 대한 합리적 이해도 가능할 것이다. 이조사회에서와 같이 통제적이고 폐쇄적인 체제하에서는 현실을 비판하거나 개혁하려는 시대감각이나 외래문화에 대응하거나 이를 수용하는 문화적 감각은 항상 체제적이며 주류적인 측면에 대한 경계심에 예민하여야 했고 그만큼 조심성도 요구되었을 것이다. 뿐만 아니라 반체제적 비판이란 항상 신문화新文化에 의해서가 아니라 오히려 전통문화, 이른바 성학이나 상대적 이상론을 가지고서 할 수밖에 없었던 것이 통례였다. 이러한 상황을 감안한다면 그의 복고성이나 보수적 입장이 지닌 현실적 의미가 정당하게 이해되지 않고서는 그의 사상, 특히 이른바 실학사상을 지나치게 신시대적 사조思潮로 전화시켜서 생각하거나 그러한 의식이나 결단을 그에게서 기대할 수는 없을 것이다. 이러한 입장에서는 그의 학에서 정주적 심성학이나 강목적 정통론이 불가피했던 필연성이나 정당성을 전제로 할 수 있고 그런 점에서 그의 척왕론斥王論이나 척사론斥邪論의 내용과 그 현실적 의미도 좀 더 쉽게 이해될 수 있을 것이다.

그의 문집인 『순암집』과 이를 보충한 『순암총서』 및 아직도 미간未刊된 잡다한 그의 사본 필록류筆錄類를 일람[7]해 보더라도 그의 학이 얼마나 전통적 기반 위에 있었고 얼마나 정통론을 고취하였으며 성학적聖學的 예교주의禮敎主義의 비중이 컸던가는 쉽게 알 수 있는 것이다. 그만큼 그의 학에서는 정주적이고 심성학적인 기반이 예상되고 또한 이를 볼 수 있는 것이다.

---

7 심우준(1974), 「순암의 생애와 저술, 저작일람표」, 『人文學硏究』 제1집 참조. 한편 『순암집』 이십권은 光武 4年 가을에 後學 安景禕와 五代孫 安鐘曄에 의해서 간행되었고, 『순암총서』는 이 『순암집』에다가 『癸甲日錄』·『臨官政要』·『萬物類聚』·『列朝通紀』 및 여기서 고찰하려는 『하학지남』을 추가하여 간행한 것이다(이우성, 「순암총서해제」 참조). 이 밖의 순암의 저작일람은 심우준 교수의 논고 참조.

이런 점에서 그는 학의 기반을 일용이륜간에 두었고 학의 귀숙처를 의리학의 구현에서 찾았을 뿐만 아니라 그가 29세란 소시少時에 산술刪述하였으면서도 74세가 넘은 노년에도 자자孜孜히 교수校讎하여 완성했던 『하학지남』의 저술이나 그 내용이 지닌 의미는 그의 학의 역점처로서 주목되어야 할 것이다.[8] '하학이상달下學而上達'이란 유교적 위학계제爲學階梯만이 아닌, 그 저술의 현실적 의미나 기능은 분명히 심성학·실학과의 연계성 위에서 저술되었을 것이며, 이를 통하여 그의 척왕론이나 척사론이 도출되었을 것이고 실학적 이론도 여기에서 유출되었을 것이기 때문이다.

본고에서는 이런 점에서 『하학지남』의 저술 의도와 내용 및 체계, 이를 통한 그의 학문관·교육관·경세관 등을 찾아보고, 그것이 연원했을 심성학이나 그것이 도출했을 실학적 측면을 생각해 보려는 것이다. 또한 그렇게 하기 위하여 우선 순암학의 시대적·사회적 배경이나 학문적 연원과 계보 및 그것이 지니는 역사적 의미도 생각해 보려는 것이다. 그것은 『하학지남』[9]이 지닌, 심성학·실학과의 연계성의 의미를 생각하는 데에도 필요하기 때문이다.

2. 순암학의 생애와 시대성

순암의 생애와 학문을 서술한 그의 연보나 이에 선행했던 행장[10]의 서술 연대

---

8 「順菴年譜」·「題下學指南 庚申」·「題下學指南 書面」 및 이우성, 「순암총서해제」 참조.

9 『순암총서』 소수본 『하학지남』은 서울대 규장각 소장 필사본이며 이 밖에도 국립도서관 및 장서각의 필사본이 있다. 본고의 인용은 『순암총서』 소수본에 의한다.

10 앞의 『순암집』 소수 「연보」는 5대손 안종엽에 의해서 편찬되어 同治 十年 三月 즉 高宗 8년(1871년)에 終筆하였고, 「순암행장」은 문인 黃德吉의 撰인데 그의 호는 下廬이며 그의 문집 『下廬集』 卷16에도 수록되었다. 그에게는 『하려집』 외에도 『下廬放言』 4책(필사된 문집의 散秩本임)과 『東賢學則』·『道學源流』·『纂言十七編四體要義』·『東儒禮說』·『濂閩文粹』 등의 著가 있다.

는 이조 후기 사회, 그것도 침침연浸浸然하게 도래하는 서세西勢 특히 서학이 가져다주는 위기감이 절정에 있던 정조·순조대의 척사기斥邪期에 해당되며, 그 생애의 후반생도 정치적으로는 바야흐로 세도정치가 전개되던 정·순조시대였고 사상적으로는 지나치게 전통의 수호와 정학을 고취하던 시대상을 보이던 때였다고 할 것이다. 정조의 문체반정운동이나 척사편음斥邪編音부터 이 시대를 전통주의의 고취 분위기로 몰아갔던 것이며 순조대는 척사의 폭풍이 몰아치던 때였다. 이런 풍조를 반영한 것이 순암의 학이었고, 그에 대한 연보나 행장의 서술태도도 이러하였던 것이다.[11] 따라서 「순암행장」의 찬자는 순암학을 요약하여

惟吾退溪夫子 遠紹考亭之統 星湖先生 直接退溪之緒 道學之傳有自來矣 先生切磋琢磨 旣承於星湖.[12]

라고 하여 순암학의 소원溯源을 퇴계·성호의 선線에서 밝혔을 뿐만 아니라

楷模準繩 惟在於退溪 若溯其源頭 則所願學朱子也.[13]

라고 하여 더 올라가 정주적 계보에서 이를 강조하였다. 그리고 결론적으로는

至於衛正道 闢邪說 明先聖之法而道之 使斯世之人不迷於夷狄禽獸之域者 其誰之功歟.[14]

---

11 순암의 행장을 찬한 황덕길은 字 耳叟 또는 耳修, 號는 檜山이라고도 하였고 斗湖 刑判 黃居正의 後이며 進士黃最의 孫이었고 형 拱白堂 德壹과 같이 형제가 모두 순암에 師事하였다. 兩人의 관계는 「순암행장」에도 "先生嘗與德吉書云 平日所講 聞者 無可告語 蓋歎其莫我知也"라 하였고 전후 이십 년 간 從學한 사이였다.

12 앞의 「순암행장」 참조.

13 앞의 「순암행장」 참조.

14 앞의 「순암행장」 참조.

라고 하여 도학적 입장에서 그가 구정척사救正斥邪에 건공建功한 바를 밝혀 놓았던 것이다. 이보다 후에 된 그의 연보에 있어서나 『순암집』의 편집태도나 수록 내용으로 보아서도 그에게는 이른바 실학적인 것보다는 오히려 정주적 정학관이 압도적으로 많았던 것이다.[15] 또한 순조 원년에 쓰인 장령掌令 정한鄭瀚의 소疏에서도 그의 증직사贈職事를 논하면서 그가 정학을 숭장崇奬한 인물이었음을 강조하였다.

其學問則經經而緯史　其門路則濂洛而關閩　讀書七十年菀然爲當世之大儒.[16]

라고 하였기 때문이다. 그리고 또 "洋書始出 (…) 嚴卞之斥之 (…) 明正學熄邪說之一助臣"[17]이라고도 하였던 것이다. 그는 '明正學 熄邪說한 一助臣'으로서 좌참찬에 증직되었고 이어 문숙文肅이라고 사시賜諡되었던 것이다.[18] 따라서 명정학식사설한 조신임을 강조한 이 연보가 서술된 현실적 사정을 이해하지 않고서는 그의 생애나 학문도 정당한 이해나 평가를 기할 수는 없을 것이다. 그렇게 하기 위하여 그의 생애와 시대상이 우선 이해되어야 할 것이다.

순암은 숙종 38년(1712년) 제천堤川 유원楡院의 외가에서 탄생하여 정조 15년(1791년)에 80세로 졸몰卒沒하였다. 그는 현·숙종조의 당쟁기에 탄생하여 생장

---

15 『순암총서』 上册 목차와 앞의 「연보」 및 「행장」 참조. 『순암집』 발문에서도 안종엽은 "著述 爲屢千萬言 皆所以明天理淑人心者也"(『順菴叢書』 下, 638면)라 하였다.

16 앞의 「연보」 참조. 한편 그의 斥邪功積은 實錄에 "大王大妃敎曰 向來追贈安鼎福 出於獎詡 斥邪之意. 死者尙然 況生存者乎 此時此人 當有拔擢之擧"(『純祖實錄』 권3, 원년 辛酉 10월 무오 15일조)라고 한 것으로도 알 수 있다. 한편 이보다 앞서 그는 "命加贈廣成君安鼎福 鼎福桂枋舊僚 素稱博文 上聞其卒 甚加嗟惜 有是命"(『正祖實錄』 권33, 15년 辛亥 7월 23일조)이라고도 한 바와 같이 왕조와의 일체성도 깊었던 것을 알 수 있다.

17 위의 각주 16) 참조.

18 위와 같음.

하였고, 이런 당쟁기를 이은 영·정조대의 소강시기에 자자히 면학하다가 척사기가 임박했을 때 생애도 끝을 맺었던 것이다. 또한 그의 탄생기에는 바로 소론 최석정崔錫鼎이 탄핵되었고 이어李畬가 영도領導하는 노론정권이 성립되었던바 당쟁의 절정기였던 것이다. 그리고 그가 졸몰하던 정조 15년은 정조 승하 후 발생했던 신유사옥辛酉邪獄이 5, 6년 앞으로 임박하던 때였으며 그간에도 시·벽파의 대립과 분화가 계속되어 정국은 날로 격변하던 때였다. 이런 시대는 또한 탕평책을 지향하던 영조의 오랜 치세가 전개되어 이른바 실학과 문운文運이 점숙漸熟했던 뒤를 이은 것이기도 하였다.

이러한 시대를 살았던 순암의 80평생은 적어도 몇 단계로 구분하여 생각할 필요가 있다. 그가 탄생한 숙종 38년에서 현종 4년에 이르는 당쟁기 10년 간은 그의 생장기이며 경景·영조대 탕평정치하에서의 15년 간은 그의 수학기였다. 따라서 순암에게는 남인 가정에서 탄생했다는 것과 당쟁기라는 조건 때문만으로도 경향 각지를 전전하던 불안정한 생활상이 불가피하였고, 이 때문에 그는 자주 실학을 자탄할 만큼 고난과 긴장이 반복되어야 했던 것이다.[19] 이것이 그의 생애의 첫 단계였다. 그는 제천 유원가에서 탄생하였다가 5세에 상경했고 6세에 다시 영광으로 갔다가 9세에 환경還京하여 10세 때 비로소 입학하였다. 그리고 14세 때에는 다시 조부의 임지任地인 울산으로 갔으나 그 다음해에 조부가 해임되어 무주로 이사했고, 이어서 조부상을 치르고서 광주廣州로 이사했다. 이로써 그의 생활의 전전상轉轉相이나 이로 인한 불안과 긴장도는 충분히 짐작할 수 있는 것이다.[20]

더구나 그의 무주 이거移居는 조부의 낙직落職 때문이었고 그것도 환곡의 부족을 문책당한 반대파의 탄핵 때문이었음을 생각하면[21] 그가 후일 지방행정이

---

19 이하 순암의 가계와 생애는 앞의 「연보」와 「행장」 참조.

20 앞의 「순암연보」 참조.

21 그의 생애의 초기에서의 결정적 轉機는 조부의 落職이었던 것이며, 이는 경상도 암행어사

나 동약洞約에 관심을 쏟게 된 연유는 벌써 이 소년기에 싹텄을지도 모르는 것이다.[22]

　그의 학문적 개안開眼은 광주로 정거한 뒤인 25, 26세 때에『성리대전』과『심경』을 읽던 데서 찾을 수 있거니와 그 후 29세에는 벌써『하학지남』을 저술했다.『성리대전』을 읽던 해에 이미「치통도」와「도통도」등을 저술 할 만큼 조숙하였을 뿐만 아니라 수학과 저술활동이 거의 병행되었다. 순암은 이 시기에 전기 저서 외에도「정전설」・『내범』등을 저술하였고 그러한 조예를 가지고 35세 때에는 성호를 진알進謁하였던 것이다. 그가 종사랑從士郎, 조봉대부朝奉大夫가 되어 입경사은入京謝恩한 것은 40세 전후의 일이었거니와 이때까지는 그의 심성학적 수련기라고도 볼 수 있다. 왜냐하면 그가 45세에「경안이리동약慶安二里洞約」을 세우고 48세에『동사강목』을 저술함으로써 그 학문의 역점처인 실학적 측면을 나타내기 시작하였기 때문이다. 아마도 그의 실학적 저술은『열조통기』를 저술하던 56세(영조 44년)까지가 한창이었으며 그 후 10여 년 간은 사환과 진강뿐 아니라 양명학을 논척하는 등 오히려 체제적인 측면이 농후하여 가던 터에 영・정조대가 교체되고 정조의 초정기인 68세 때에는 벌써 기관은 거기관은거棄官隱居하였던 만큼 그의 만년의 10여 년 간은 오히려 그로서는 명정학明正學

臨齋 尹心衡과 掌令 姜一珪에게 탄핵된 바가 다음과 같이 실록에 기재되었다. 즉 윤심형의 復命에 "貶尙州牧使安相元 蔚山府使安瑞羽"(『英祖實錄』2년 丙午 3월 23일조, 587면 下右)라고 하였고, 강일규의 啓에는 "蔚山前府使安瑞羽 昨年田政磨勘時 圖得灾結三千餘結 私自區處 爲八十餘結 此而差不痛治貧汚之吏 益無所憚 請安瑞羽爲先拿囚 令本道從實查聞 依律科罪"(『영조실록』, 2년 丙午 12월 14일조, 613면 上左)라고 하여 그 具體像을 말하고 있다.

22 『洞約』은 丙子(45세)에 지었고,『순암집』권18에 서문이 있다. 이에 의하면 그 저술 동기는 "作法導丁先順民心 民心之不順 恒由於害政"이라 전제하고 "今洞中爲民害者 梳櫛而除之使民心有所歸依 然後敎亦可行"이라고 한 데서 알 수 있는 것이다. 그 연원은『周禮』나 宋明의 三老里正保長坊法, 呂氏鄕約, 禮安鄕約, 石潭鄕約 등을 들고 있으나 권15에 수록된「廣州府慶安面二里洞約」를 보면 明太祖의 里甲制, 讀法과 聖論六條를 勸讀하였고『臨官政要』에서는 明 太祖期의 민정을 모범으로 하고 있다.

벽사술闢邪術하던 시기가 10년 되었고 이는 그의 졸년까지 계속되었다.[23] 또한 만년인 14~15년 간에는 『가례집성家禮集成』이나 『천학고』 등을 저술함으로써 척사론이나 예교주의를 한층 더 강조하였을 뿐만 아니라 족보의 찬수를 비롯한 전통적 예속을 지키고 이를 강조하는 생활로 귀결되고 있었다.[24] 따라서 시대가 당쟁기에서 영조대와 문운을 거쳐 곧 정조대의 전통체제 강화기로 됐듯이 그의 생애도 40~50년대의 실학고취기를 빼놓고서는 줄곧 정학고취와 정학수호에 일관되었다고 하여야 할 것이다.

3. 순암학의 연원과 그 성격

이와 같이 순암의 학문적 역점이 그 시대나 생애의 변화와 대응하면서 심성학에서 실학고취기를 거쳐 곧 구정척사론救正斥邪論으로 귀숙歸宿되었던 것이라면 29세에 저술되었다가 74세에 완성된 그의 『하학지남』은 이러한 그의 전 생애를 관통하는 것이었고 48세에 저술되었다가 역시 72세에 완성된 『동사강목』에서 보이고 있는 정통론과도 관련되는 것이다.[25] 이 양 저술은 전체적으로 볼 때는 그의 학적 기반이자 오히려 공통분모였다고도 할 수 있으며 그가 누누이 위학爲學의 요체로서 강조했던 실심·실덕·실공實工이나, 이를 일용이륜간에 찾던 것과도 관련되는 것이었다. 그의 학이 다름 아닌 정학正學이었고 성학聖學이었으며 그런 학문의 표현을 집약시킨 것은 특히 『하학지남』이었고 여기에서 그의 학의 전체가 총괄되었다고도 할 것이다.

순암학의 연원과 위학의 요체를 간명하게 요약한 것은 그의 수제首弟인 하려

---

23 이상 앞의 「순암연보」 참조.
24 심우준, 앞의 논문 참조.
25 『동사강목』·『하학지남』 및 『天學考』의 완성은 70세 이후에 계속된 주저작들이었다.

황덕길의 「제순암문祭順菴文」이다.[26] 그의 학이 퇴계와 성호에서 연원하고 그 중심이 『하학지남』과 『동사강목』에 있었음을 그는

> 惟先生造德幾於退溪 造知擬於星湖 以一心而集群賢之粹 以一身而爲四
> 方之式 (…) 猶存先生之七分者 究諸踐迹 則下學之條例也 見之行事 則東
> 史之筆削也.[27]

라고 한 것으로도 알 수 있다. 순암이 덕의와 지식에 있어서 퇴退·성星 양 현賢에 연원하되 그 천적踐迹은 하학조례下學條例에서, 그 행사는 동사東史의 필삭에서 각각 찾고 있었던바, 그는 실로 전술한 바 성호를 개介하여 퇴계退溪에 연결되었고 퇴계를 개介하여 다시 주자에 연계되었던 것임은 말할 것도 없다. 순암이 특히 성호의 계승자였고 그 숭앙자崇仰者였음은 순암이 지은 「제성호문祭星湖文」에서도 살필 수 있다. 여기에서 그는 성호에 대하여

> 剛毅篤實 先生之志也 正大光明 先生之德也 精深宏博 先生之學也 和
> 風景雲 其氣像也 秋月冰壺 其襟懷也.[28]

라고 극찬한 것으로도 그 경모의 심도를 알 수 있다. 적어도 그의 안광眼光에 비친 성호는 강의독실剛毅篤實한 지와 정대광명한 덕과 정심굉박精深宏博한 학과 화풍경운和風景雲의 기상氣象과 추월빙호秋月冰壺한 금회襟懷를 지닌 이였던 것이다. 그는 「답이사빈(인섭)서答李士賓(寅燮)書」에서도 "星湖先生 盛德高才 精微博大之學 今古罕比"[29]라고 하였으며 이어 그의 저술과 언동이나 개구종신改舊從新한

---

26 黃德吉, 『下廬集』 卷12.
27 위의 책, 「祭順菴安先生文」.
28 『順菴集』 卷20.
29 『順菴集』 卷5, 「答李士賓書 辛巳」.

위학 태도를 말하면서

> 然於其所著述 或有言句之可疑者而禀質焉 言若可採則曾無吝情改舊從
> 新 是平日所願學而不能者也.[30]

라고도 했던 것을 보면 성호의 교회가 불천不淺했고 개구종신하는 위학 자세를
취했음을 알 수 있다. 더구나 순암이 성호를 친히 배알한 것은 "年踰三十 始拜
門墻 自丙至戊 歲一趨往 三歲之內四日"[31]이라고 했듯이 30세가 넘어서였고
그것도 3년 간에 불과 4일이었다. 그럼에도 그 자신은 "誨厲諄實 指示周行"이
라고 하였을 뿐만 아니라 문하에 탁명托名하기를 십유팔년이라고 하여 "嗚呼
小子托名門下 十有八年 承顔雖罕 手敎頻煩"이라고도 하였으며 여기서 얻은
것이

> 勉以小學詩禮之書 戒以韜晦務實之工[32] (…) 逮夫東史之編摩指導 無有
> 其餘蘊 疆場之錯亂而未定者 義理之隱晦而未暢者 靡不奉承其成訓.[33]

이라고 하여 무실務實의 공과 동사東史의 편마編摩를 더 승봉承奉하지 못했음을
한하고 있는 것이다. 이것으로도 그 존신도가 어떤 것이었던가는 알 수 있다.
　순암은 성호와의 종학기록從學記錄인 『함장록函丈錄』[34]에서는 더욱 자세하게
종학 사정을 말하고 있다. "余幼而落鄕 中嬰疾病 因以失學 摳衣星湖之願多

---

30 위의 책.
31 『順菴集』 卷16, 雜著, 書 및 祭文. 「函丈錄」은 丙寅 10월 16일에서 起筆하여 도합 4日間
　　성호에게 問學했던 기록이다.
32 위 각주 31) 참고.
33 위와 같음.
34 위와 같음.

矣"[35]라 하여 그 실학失學 경위經緯를 말하였고, 또한 "年二十六 始自茂朱來 寓廣州慶安面之德谷楸下貧弊疾憂 恒無寧歲"[36]라고 하여 26세 이후 그의 빈폐병우貧弊病憂한 생활상이 계속될 때 그가 성호를 왕배往拜하였던바, "丙寅 十月十七日(一宿), 丁卯 九月二十一(一宿) 戊辰月11日(二宿), 前後函丈承受 凡四日矣이라"고 하면서도 문하에 탁명하기를 십유팔년十有八年이라고 하였던 것이다.[37]
한편 순암이 퇴계를 추앙했던 것도 「상성호선생서上星湖先生書」에서 "愚意 (…) 東人之尊慕 無過於退溪 則李子之稱 宜東人之無異辭也"[38]라 하여 동방이학계東方理學界에서 퇴계의 위치를 밝혀 이자李子라고까지 존칭하였고 소남邵南 윤동규尹東奎에게도 같은 말을 다음과 같이 하였던 것이다.

自有東方以來 學問之盛 無過於退陶 則李子之稱 實無可疑 而擧天下而論之 周·程·張·朱之稱子皆無異辭.[39]

라고 하여 이자로 예칭하여 이론이 없음을 논하였다.
그러나 순암학이 주자와 퇴계의 학문에 소원溯源하였고 성호의 실학을 계승하여 이를 발전시켰다고 하더라도 종래의 성리학관에는 극히 비판적인 면이 또한 없지 않았던 것이다. 그는 성리학의 전래로 동방의 학술이 본격적으로 발전한 것이었음을 인정하였고 주자에 심취한 퇴도退陶의 학문을 준칙으로 삼았

---

35 『順菴集』 卷16 참조. 순암의 入學이 늦었던 것은 「연보」(『順菴叢書』上, 598면)에도 자진 移徙關係였거니 "先生十歲始入學 先讀小學 以移寓京鄕之故 至是始入學"라고 적혀 있다.
36 위 각주 35) 참조.
37 한편 星湖門에서 순암의 위치는 星湖遺稿의 謄出件에 대하여 貞山이 순암에게 의론한바 "遺稿 謄修之役 (…) 而册子尙未成書 手亦難得了 當不易悶歎 此事宜與尹丈及賢兄數人共議者 而落落散處 無由合席 (…) 此時不可不一經兄眼以決去取之宜耳"(『貞山雜著』第七, 「答安百順書 甲申)라고 한 바로도 알 수 있다.
38 『順菴集』 卷2, 「上星湖先生書」.
39 『順菴集』 卷3, 「答邵南書」.

으면서도 동방의 성명론이나 심성학에 대하여는 퇴재退齋 이헌경李獻慶에게

　　大抵東方理氣之說　甲是乙非　各有立說以不知爲羞吝　反成後來之弊　弟
　則實不欲一言干涉.[40]

이라고 치서致書하였고 소남에게도 "其於性命之奧　初不研究　只就先儒已定之
說　依俙識得而已　是以無自得之效"[41]이라고 하여 반성도 한 듯하지만 역시 사
칠성명설四七性命說을 현공설화懸空談話로 보았던 것은 그가 위학의 시폐時弊를 논
하여

　　凡爲學　當觀時弊　今之學者　大抵不屑於下學　而徒役心於性命理氣四七
　之辨.[42]

이라고 하여 성명설을 반대하고 하학의 중요성을 제시한 것이나 종백宗伯 남한
조南漢朝에게는

　　今日爲學　明日便說此道理　雖自謂學貫天人　夷考其歸　與娼家之誦禮無
　異　此果何益哉.[43]

라고까지 한 것으로 그의 반성리성反性理性을 알 수 있다. 문인 황덕길에게도

---

40 『順菴集』 卷3, 「艮齋李獻慶書」.
41 『順菴集』 卷3, 「答邵南尹丈書」.
42 『順菴集』 卷8, 「書答南宗伯南漢朝書」. 그의 호는 損齋이며 東巖 柳長灝의 문인이다. 東巖
　은 大山 李象靖의 문인이며, 그도 「答黃耳叟德吉書」에서 "日用彝倫 以爲用工地頭"라고 하
　였다.
43 위 각주 42) 참조.

성명설을 희롱함을 "不幾於倡家之論禮乎"라고 하였던 그의 반성리관은 사성명설의 공담이나 그런 속학의 현실을 두고 이를 배척한 것임에 틀림이 없었다. 이 점에서 그의 성명관은 그의 실학과는 대립되는 것이었다. 그러나 전기 하려 황덕길에 답한 글에서도

四七理氣爲東方一大文字 前後言之者 可謂充棟汗牛 而徒長爭端 雖云 性命之原泉 實無益於實學 姑置之以待下學功成 然後可以漸次上達.[44]

이라고 하였으므로 사칠이기설四七理氣說은 그의 실학에는 무익하며 하학은 실학의 전 단계였던 것이니 이 점에서는 이미 성명학과 실학과는 단결되었거나 하학 이후의 상달이었을 뿐이었다.

이러한 심성학과 성리학과의 대립성은 그가 하려에게 사칠이기설을 심지어는 창가倡家의 설례說禮라고 극언하였을 뿐만 아니라 남한조에게 한 말과 같이

後世學者 不能眞實踐履 徒爲高談性命 則雖自謂學究天人 夷考其歸 不 幾於倡家之說禮乎.[45]

라고 하였고 이 말을 들은 하려도 순암과는 사칠성명설에 대하여는 아예 "僕自是不敢妄爲立論"이라고 조심했음을 실토할 만큼[46] 그에게서 성명론적性命論的 성학性學과 무실적務實的 성리학과는 이미 단결되었던 것이다. 그러나 그의 실학이 실은 성리학의 기반이던 하학에서 제기되었던 데에서는 또한 그의 반성명

44 「答黃耳叟德吉書」.

45 『順菴集』, 「順菴行狀」에서도 下廬는 "其所雅言 必曰孔門教人 具於論語一書 於下學 實有 依據…今之學者 不屑於下學實地 徒役心於性命理氣之說 夷考其言行未 曾有爲學底貌樣 與倡家之誦禮何異哉"라고 말하고 있다.

46 『順菴集』, 「順菴行狀」.

학은 반심성학적이기는 하지만 전적으로 반성리학적 입장이 아니었던 것은 그가 평생 문로를 염락과 퇴·성의 양 학에 두었던 것도 그의 학이 전적으로 반성리학이 아닌 반성명학이었고 이 점에서 반심성학적이었으며 그것도 실은 후세의 학인이 고담성명高談性命하는 학풍이었던 것이다. 말하자면 속학俗學이었던 것이다. 그가 항상 비판한 것은 후세 학술이요 금세 학인이었으며 그들의 속학이기 때문이다. 여기에 그의 위학의 기점起點이 있었고 요체가 있었으며 실학의 소원처溯源處가 또한 이런 뜻에서의 불학이상달不學而上達하는 학문계제學問階梯를 강조하는 데 있었던 것이다.

따라서 순암의 이러한 심성학관이나 성리학과는 그의 노년기의 풍조였다고 할 정학고취正學鼓吹라는 시대상으로 인하여 오히려 심성론적인 것으로 귀향하던 면이 없지 않았던 것이다. 그가 퇴도退陶에 경도傾倒하고 동방 성리학에서의 그 위치를 말하여

至退陶子 集其大成 而其平生爲學也 步步朱子 心心朱子 亦東方之一朱子.[47]

라고 하였을 뿐만 아니라

然而近世人 多不讀之(『朱書節要』 -筆者註)是以 實學漸晦而俗學漸勝也.[48]

라고 하여 퇴도가 애송하여 편술한 『주서절요』를 실학의 집성자로 보았을 뿐만 아니라 전술한바 소남에게는

---

47 순암이 주자학에 得力한 바는 「行狀」(『順菴集』 附錄, 634면)에서도 "先生於書 無所不讀 專工在朱子大全·語類諸書 而尤深於節要"라 하였다.
48 위의 책.

其於性命之奧　初不研究　只就先儒已定之說　依俙識得而已　是以無自得
之效　而至於四七　從幼先入之見以退陶爲正.[49]

이라고 하여 자득의 효가 없었음을 실토하며 반성하였고 자유지노自幼至老에 퇴
도를 정설로 삼았음을 말하고 있는 것으로 보아서도 그는 자신의 학보나 남인
적 위치에서뿐 아니라 사상적 기반에 있어서도 퇴도를 준칙으로 했음을 알 수
있고 그만큼 그의 반심성학은 곧 반속학反俗學, 즉 현실적인 심성론이었던 것이
라고 할 것이다.

4. 순암학에서 심성학의 역점과 하학문제

순암학의 기반이 성호와 퇴도를 개介한 정주학에 있었고 이것이 실학과 연
결되었던 것은 그가 문인 하려 황덕길에게

後學所業　惟在程朱　平生門路　明明白白　坦坦蕩蕩　苟能講求而體行　則
實易爲力矣.[50]

라고 하였던 바와 같다. 그러나 더 중요한 것은 그의 학문관이나 방법론의 역
점이 하학에 있었고 박문博文과 자득自得에 있었던 데에 있다. 그는 같은 글에
서 계속하여 "大抵爲學之方　必先博文　必貴自得"[51]이라고 단언하였고 구이기송

---

49 『順菴集』 卷3, 「答邵南尹丈書」.
50 『順菴集』 卷8, 「答黃耳叟德吉書 辛丑」, 187면.
51 위의 책. 순암은 또 자득과 더불어 自勉을 강조하여 "大抵吾儒事業　惟在自勉"이라고 하였고
　"從古儒賢　勉人之辭　不過是自勉之要　又有先後緊歇之分　此則足下之明亦必知矣"(『順菴集』
　卷8, 「答南生漢濯書」, 190면)라고 하였다.

□耳記誦의 학을 속학이라고 하여 배격하였기 때문이다. 그의 훈도를 받은 하려도 위학의 도를 궁리·존양·성찰·독행의 일체성 안에서 찾았고 "사자四者의 하나만 결缺했어도 학문이 아니라"고까지 하였던 것은 순암의 학문이 또한 박문, 자득 즉 궁리, 거경적居敬的 정주학 위에 서 있었던 것을 말하는 것이다. 그는 「위학잠爲學箴」에서도

爲學之工 窮經居敬 經通萬理 敬貫動靜 夙夜孜孜 惟德之秉 須臾莫忽 隨事警省.[52]

이라고 하였고 『하학지남』에서는

學問工夫 只有兩道 知以明善 行以誠身 而其所以用力者 在乎敬之一字 而誠又爲收功之地.[53]

라고 하였으므로 오히려 궁리보다는 주경적主敬的 입장에서 학문공부를 요약하고 있는 것이다. 이와 같이 주경적 용공用工을 존중하고 하학공부를 강조했던 순암은 이 방향에서 후일 실학자로서의 그의 학을 전개하였던 것이다. 순암은 성호 문하에서는 같은 종유자였고 평생의 외우이며 선배였던 소남 윤동규에 대하여서도 소남학을 가르켜서

雖博通群經 而喫緊用力 專在四書 常曰 聖學工夫無過四子 當如日用之 茶飯 體驗之工 不可一刻有間也 以是其爲學也 敬義夾持 內外交養 威儀容 止之則 七十年如一日.[54]

---

52 『順菴集』卷15, 420면.
53 『順菴叢書』, 『下學指南』 및 『順菴集』 卷26, 「邵南尹公行狀」 참조.

이라고 요약한 끝에 이를 실학으로서 이해하여 "而語其實學 則人皆推重於先生 此豈徒然哉"[55]라고 한 것을 보면 순암의 실학은 소남에서와 같이 사서 중심의 성학공부였고 일용다반상日用茶飯上에서의 체험의 공부였으며 경의敬義·위의威儀·용지容止의 예교질서에 불외不外하였던 것이다. 그러므로 사칠론을 논급한 데서도 순암은 "姑舍爲己實學 而必先以此爲頭顱 究竟無期"[56]라고 하였다. 그에게는 위기의 학이 곧 실학이었고 "위학의 요는 무실務實에 불과한 것"이었으며 "吾儒之事業 惟在自勉"이라고도 하였던 것이다. 무실務實과 자면自勉이 천天의 실리實理이고 인간의 실심이며 이를 체득함이 실공實工이었던 것이니 이것이 본질적으로는 염락의 학이었음은 말할 것도 없다.

> 夫工夫 有從源頭劈破者 有溯流究源者 後世學問 捨濂洛而無他.[57]

라고 한 것도 이를 요약한 것이었고 이를 아예

> 天之實理 只是無妄而已 人之實心 亦無妄而已 其用工之道 無過於無妄
> 念無妄言 無妄行而已矣.[58]

라고 하여 천의 실리가 인간의 실심이며 이 양자를 연결하는 무망공부無妄工夫에서 찾고 있는 것이다. 순암의 학이 고담성명高談性命하거나 갑시을비甲是乙非하는 이기, 사칠설 같은 시속적 심성학과 대립하면서도 염·락·정·주에서 퇴도·성호에 이르는 주경적 공부인 데에서는 오히려 정주학의 신봉자였고 학문

---

54 위 각주 53) 참조.
55 위와 같음.
56 위와 같음.
57 『順菴集』 卷9, 「與鄭子尙志儉書 甲午」, 203면.
58 『順菴集』 卷8, 「答南宗伯漢朝書 丙午」, 191면.

의 평생 문로를 여기서 찾았으며 그것이 자면·무실·실공·실심이었던 만큼 그가 학문의 역점을 하학공부에 두었던 것은 당연하였다.

하학공부는 『논어』에 '하학이상달'이라고 한 공문의 위학방이었던 것이니 순암도

常謂孔門敎人 不過孝經·論語 此二書 皆於下學 有依據處言之 是以性
與天道 雖以子貢之明悟 有不得聞也 下學之久 涵養德性 心氣靈明 上達一
事 隨其工夫所到 而得之有淺深矣.[59]

라고 하여 그 텍스트는 『논어』와 『효경』이었고 하학하여 상달하는 공부였음을 말하고 있는 것이다. 그는 학의 소원을 공문의 위학방에 두었을 뿐만 아니라 현실적인 학풍도 비판했기 때문이다. 그가 전술한바 "今之學者 大抵不屑於下學"이라고 하였고, 또한 "而徒役心於性命理氣四七之辨 今日爲學 明日便說此道理 雖自謂學貫天人 夷考其歸 與娼家之誦禮無異"[60]라고까지 하였던 것은 하학 없이 성명·이기·사칠변에 몰두하는 현실적 학풍을 가리켜 '창가娼家의 송례誦禮'와 다름없다고까지 극론한 것이었다.

이러한 실리·실심·실공이 동양적으로는 염락의 학이며 정주의 학이었고 퇴도의 학이었더라도 그는 그들의 이기심성론과는 다른 일면을 가지고 있었던 것이니 이것이 그의 실학은 곧 하학되는 것이었다. 그가 "所謂學者 只是下學而已"[61]라 하였고 "後世論學 必曰心學 曰理學 心理二字 是無形影無摸捉 都是懸空說話也[62]"이라고 하여 모두 여기서 벗어난 것은 현공설화懸空說話로 단정하였으며 그 심성학이 실리·실심적인 하학을 소홀히 하였음을 비판하였던 것이니

---

59 위의 책.
60 위의 책, 181면.
61 『順菴集』卷19, 「題下學指南書面」, 663면.
62 위의 책.

後世學者却以下學 爲卑淺而不屑焉 常區 區於天人性命理氣四七之說
(…) 夷考其行 多無可稱 是不知下學工夫而然也.[63]

라고 지적하였다. 이 점에서는 성명·이기·사칠설 위주의 정주학은 그의 하
학이나 실학과는 대립되는 것이었고 비판의 대상이었던 것이다. 이러한 언론
은 전술한 간옹艮翁 이참판몽서李參判夢瑞에게 준 글에서도 말한바 동방의 이기
설이 갑시을비甲是乙非하여 각유인입설各有人立說하여 차인差吝을 모르는 후래의
폐弊 때문에도 "弟則實不欲一言干涉"[64]이라고 하였을 것이다. 전자가 순암 29
세 때의 언론이었고 후자가 78세 때의 언론이었음을 생각한다면 순암의 반성
명학적 주하학적 위학 방향은 평생의 위학 요체요 학문의 문로였으며 그것이
우선 그의 시학이었던 것이다. 그러므로 순암은

或問性理之說 則曰爲學當盡在我之道 積習之久 上達不難到也 不能下
學而遽欲上求 則志鶩高遠 並與所學者失之矣.[65]

라고 하여 성리학에서 하학이 없이 상달을 구하는 것이 학을 잃는 것이라고 하
였고 하학을 중시했던 것은 종백 남한조에게 준 글에서도 "愚之妄意 不遇下學
而已"[66]라고 하였으며 이와 관련하여 "下學而得其實 則內自明德 外至新民 包
于此矣"라고 하였으니 하학이 안으로는 명덕과 밖으로는 신민을 포함한 것일
뿐더러 "不必高談虛遠 支離辭說 無實用也"[67]라 하여 고담허원高談虛遠이 실용

63 위의 책.
64 『順菴集』 卷5, 「艮翁李夢瑞書」
65 『順菴集』 卷26, 「成均進士浮查先生成公行狀 乙巳」, 567면. 여기의 曰 以下는 成汝信의 말
임.
66 『順菴集』 卷8, 「與柳敬之書 乙未」.
67 『順菴集』 卷8, 「答南宗伯書 丙午」.

이 없는 것이 되기 때문이었다. 따라서 그의 하학은 명덕을 지향하는 심성학의 기반이며 신민新民을 이상으로 하는 경세학의 기점인 동시에 실학·실공을 위주하는 이른바 실학의 원천적 논거였던 것이다. 그는 또한 실심에서 실학을 구하였으므로

『大學首句』(…) 不徒一番吟詠而已 必以實心求之 實心行之 諸書讀法 皆如此 然後庶幾爲我之有而眞可謂之實學也.[68]

라고도 하였다. 그러므로 순암은 "後世言詞勝而實業亡 口談天人性命之說 而却忽於下學上達之義 此百世所以無眞儒也"[69]라고 하여 진유眞儒가 없는 이유는 하학이 없는 심성학 때문임을 말하고 있는 것이다. 또한 그의 하학은 상달을 위한 계제였으므로

學貴上達 莫要於下學 論語一部 皆就有形象處立敎 而顔氏之四勿 曾子 之三貴 其尤者也.[70]

라고도 하였을 뿐만 아니라 "容貌辭氣之間 日用動靜之際 無非此理之流行 天叙天秩在焉"[71]이라고도 하였다. 그의 하학이 일용동정간日用動靜間에 유행하는 것이었던 만큼 "實理不出於日用彝倫 而讀書所以明此理"[72]라고 하여 하학은 일용이륜간에 있는 실리이며 이를 밝히는 것이 독서요 궁리인 것이다. 물론 그의 일용이륜이 오륜·오상이란 유교도덕이었음을 생각하면

---

68 『順菴集』 卷8, 「與柳敬之書 乙未」.

69 『順菴集』 卷2, 「上星湖先生書 戊寅」.

70 위의 책.

71 위의 책.

72 『順菴集』 卷4, 「與南止菴維老書 己巳」, 99면.

彝倫 只訓常理也 可以五倫言之 五行 天道之常理也 五常人事之常理
也.[73]

라고 한 것으로도 분명한 것이다. 순암은 학의 기반을 오직 하학에 두어 "吾儒
著緊用工 專在下學"이라 하였고 이를 초학初學에서 더욱 강조하였으며 차서次
序 있는 실천공부를 들어 "其實踐工夫 則自有次序"[74]라고도 하였다. 그리고 구
체적으로 그의 하학의 차서를 다음과 같이 밝히고 있는 것이다. 즉

凡爲學者之所當知者 靡不綱擧而目該之 辭簡意明 便於初學 使之朝夕
講誦 知其趨向之方 塗轍之正 以漸而入 則無扞格勤苦之患 而有下學上達
之效 所謂行遠自近 升高自卑者 卽在是矣.[75]

라고도 하였던 것이다. 순암이 학의 기반을 오직 하학에 두었고 그 실천공부에
는 스스로 차서가 있다고 생각하였으며, 이를 초학에서 더욱 강조하였던 것은
그가 『하학지남』을 저술하여 평생 용공의 문로로 삼게 했던 것이며 이는 행장
의 저자도 인정하는 바였다. 하학은 그의 학의 조관처條串處였고 공통분모였던
것이다. 따라서 순암의 『하학지남』은 그에게 있어서는 초학의 계제였고 또한
상달의 계제였으며 자자孜孜히 무실자면불이務實自勉不已하는 공부였던 것이다.

73 『順菴集』 卷11,「經書疑義」, 240면.
74 『順菴集』 卷8,「答黃耳叟德吉 癸卯」, 187면. "吾儒著緊用工 專在下學 與伯君討講之深矣
其踐實工夫 則自有次序 可循者 不待愚言 而收斂之久 自當有許多義理 見在目前 此不可以
口傳都在着實用力以驗其眞僞 則內而心術隱微 外而動靜云爲 其於自得日用間 必有不可得
以揜者."
75 『順菴集』 卷18,「童子儀跋 丙子」, 409면의 "行遠自卑 (…) 在是矣"는 『中庸』 15장의 "君子
之道 譬如行遠必自邇 譬如登高必自卑"를 말한 것임.

5. 『하학지남』의 저술 동기

그의 『하학지남』이 저술된 것은 영조 16년, 즉 그의 나이 29세 때의 일이며 이를 완성한 것이 73세(갑진) 때였던 것도 위와 같은 사정을 말하는 것이다.[76] 그 완성은 또 그가 『동사강목』을 교정한 1년 후의 일이었고 『천학고』를 저술하기 바로 전해였다는 것을 생각하더라도 그의 학이 완결되던 때에도 결코 그 의의를 잃고 있지 않았다는 것을 의미하는 것이다. 그는 「제하학지남서면題下學指南書面」[77]에서도 저술 동기를 요약하였거니와 그의 찬술 시기는 무주에서 광주 영장산하의 덕곡리로 이거移居·정주定住하여 『성리대전』과 『심경』을 탐독함으로써 비로소 본격적인 학구에 침잠한 지 4~5년 뒤의 일이었다.[78] 따라서 이때는 그가 지향하고자 한 위학의 이상을 요약한 것이었고 그의 학문방향의 요점을 밝힌 것이었다고 할 것이다. 그는

> 學者 知行之總名 而其所學學聖人也 (…) 學聖人之道 不可不造求聖人 知與行.[79]

이라고 하였으므로 학문이란 성인을 배우는 것이었고 그의 지행知行을 배우는 것이었으며 지행은 일용이륜간에서 구하는 것이었으므로 「제하학지남서」에서도 또한 "知雖多般 而所當先者 實不出於日用彝倫之外 (…) 先務指何事也"[80]라고 반문하면서

---

76 앞의 「순암연보」참조.
77 『순암총서』수록 『하학지남』의 서문으로 실린 것임.
78 앞의 「순암연보」참조.
79 『順菴集』卷19, 「題下學指南 庚申」, 412면.
80 「題下學指南庚申」.

子曰 下學而上達(『論語』「憲問篇」 - 筆者註) (…) 聖人之言行 具於論語一書 其言皆是下學.[81]

이라고 하여 일용이륜간에서 닦아야 할 성인의 언행이란 '하학이상달하는『논어』의 교훈'이라고 보았던 것이다. 심성학이 맹자의 양성치심養性治心하는 것을 찾던 데에 비하여 순암은『논어』의 무실역행하는 치학론에 역점을 두고 있었던 것 같다.

따라서 그의『하학지남』은 심학이나 심성학적인 것과는 평행되거나 대립되기조차 하였고 적어도 비판적 전제 위에 서 있던 것이니 후세의 심학이나 이학을 형영形影이 없고 모착模捉할 수 없는 현공설화[82]로 단정하였고 심성학이 하학을 비천시함을 지적하였으며[83] 성현의 가언선행嘉言善行을 모아서『소학』의 예[84]에 따라서 분제교설分題敎說하였던 것이다. 그의『하학지남』이야말로 이기·성

---

81 위의 책.
82 「題下學指南庚申」.
83 각주 (63) 참조.
84 『소학』은 集註本 卷首「小學題辭」間註에 "饒氏曰 小學者 小子之學也"라 하였고 同題辭에는 "小學之方 灑掃應對 入孝出恭 動罔或悖 行有餘力 誦詩讀書 詠歌舞蹈 思罔或逾"라 하였으며 同書 卷一 간주에는 "許文正公曰 小學之書 吾信之如神明 敬之如父母"라고도 한바 入學楷梯害였다. 朱子撰 陳選集註本(中華書局 影本印, 1978刊)에 의하면『소학』의 체재는 內外篇 6卷을 다음과 같이 類輯한 것이다.
　內篇
　　立敎 第一. 胎敎一章 等 凡13篇
　　明倫 第二. 父母, 君臣, 夫婦, 長幼, 朋友 凡108章
　　敬身 第三. 心術, 威儀, 衣服, 飮食 凡46章
　　稽古 第四. 立敎, 明倫, 敬身, 通論 凡47章
　外篇
　　嘉言 第五. 立敎, 明倫, 敬身에 대한 漢 以來의 賢者所言之善言 凡91章
　　善行 第六. 同上 漢 以來의 賢者所行之善行 凡81章
　따라서『소학』은 입교·명륜·경신을 축으로 한 내편의 설을 외편의 具體例로 부연한 것이다.

명론을 위고爲高한 것으로 자부하던 시속의 학풍을 비판한 것이었고 속학이 비천시하던 일용이륜간에서의 지행知行의 규범을 중시함으로써 『소학』과 『대학』[85]을 연결시킨 예교주의를 고취코자 하였던 것이며 또한 이를 지향하였던 것이라고 한 것이다. 이와 같이 예교주의를 하학에서 존중한 의도는 그가 『내범內範』을 저술한 동기에 있어서도 같았던 것이니 30세 때에[86] 저술한 『내범』이

> 夫朱夫子嘗病女戒之鄙淺 欲集古語成一書 以配小學而未逐其意 先生旣
> 撰下學指南 又編是書(『內範』을 말함-筆者註).[87]

이라고 한 연보의 기사로 보아서도 순암의 입장은 이 양 서書를 『소학』과 평행平行시킨 의도를 설파說破한 것이었다고 할 수 있다. 이러한 그의 하학의 근본의도는 심성학적 존양주의存養主義보다는 성리학의 격물·궁리 즉 독서주의에 있었고 이에 바탕한 주경적 존양주의였다고 할 수 있다. 그 자신은 10세에 『소학』에 입학하였고 25세에 비로소 『성리대전』을 읽었던 것인데 그의 술회로는

> 幼時 讀兵法 通奇正陰陽之妙 及長 誦周禮 有經綸天下之志 多見其不
> 自量也 自今以後 宜反乎約 行顧于日用易近之事功 懋于動靜語默之際而
> 讀不過四書·心·近而止焉.[88]

---

85 순암의 『하학지남』은 首卷에 日用篇을, 상권에 독서·위학·심술을, 하권에 위의 正家·處己·接人·출처의 각 장 도합 수권, 상하권 8편으로 만들고 있으므로 『소학』의 내외편을 합하여 상권에 두었고 하권은 修己治人의 術을 배치하였을 뿐만 아니라 일용편과 독서편을 앞에 두어 『소학』과 『대학』을 연결시키고 있는 것이다.

86 『順菴集』, 「年譜」, 숙종 17년 辛酉, 30세조, 599면.

87 위의 책. 연보에는 이어 "蓋欲體朱子之遺意 而篇目略倣朱子所定書九六篇曰內範"이라고 하였으므로 순암의 『內範』 著述이 곧 주자의 설을 부연하여 그의 『하학지남』을 보강한 것임을 말하고 있다. 본고 『하학지남』의 내용과 체계, 讀書次序表 참조.

88 앞의 「연보」.

이라고 하였다. 이로써 본다면 그의 독서의 역점처가 결국 사서·심·근의 위학공부로 귀결된 것이었고[89] 독서의 역점은 『하학지남』에 제시된 「독서차서일람」에서도 대체로 그대로 반영되었다고 할 수 있다. 그는 선독책자先讀册子로서 『소학』·『대학』·『논어』·『맹자』·『중용』·『가례』·『심경』을 들었고 차독책자로서 『시』·『서』·『역』에서 『성리대전』에 이르는 성학과 강목에서 동국정사에 이르는 사서史書를 들고 있으며 이런 독서계제는 그의 학을 계승했던 하려 황덕길에 있어서도 그러하였다. 순암학에 있어서 중심이 되는 텍스트가 바로 이와 같은 사서·심·근의 정주적 교전에 불외不外하였고 이것이 입기본立其本·진기용盡其用·동기변通其變하는 교전敎典으로 간주되었던 것을 생각한다면 순암학의 기반이 어떤 것이었는가는 이미 분명한 것이다.[90]

순암이 하학을 존중하여 청년기에 『하학지남』을 썼고 78세란 임사臨死의 노경老境에서도 이를 존중했던 것은 전기前記 「제하학지남서면題下學指南書面」에서도 알 수 있거니와 그의 수제 황덕길의 조부의 우인이던 권호權倚의 묘지명(己酉)을 쓴 데에서도

又聞於趙君所 得見鄙撰下學書而悅之曰 學問梯級在是矣 借玩不已 (…)
懋學有實德 劬心經傳 用力於日用彝倫 雖切問近思 而歸重於踐履.[91]

라고 한 것을 보면 그가 자찬의 『하학지남』을 보고 기뻐하여 차완借玩·열독悅讀한 것을 들어 칭찬稱歎한 것으로도 알 수 있다. (미완)

---

89 『順菴叢書』, 『下學指南』, 663면. 『順菴集』 卷19, 「題下學指南 庚申」에는 倣小學例와 庶爲自警之 一端이란 말이 없고 高談玄論하는 心性理氣의 學이 下學을 卑賤視함을 비판하여 日用彝倫間에서 知行을 구하는 爲學楷梯임을 강조하고 있다.
90 『順菴叢書』, 『下學指南』, 663면 참조. 한편 순암의 生活指標를 요약한 것은 女兒에게 준 글에서도 "自念生世四十八年 無一事可稱 平生無他志願惟欲讀天下書 爲善以去惡 修己以治人 要不爲虛生虛死之計"라고 했다(『順菴叢書』 上, 317면)
91 『順菴集』 卷24, 「權倚墓誌銘 己酉」, 517면.

순암 안정복의 일본인식

하우봉

1. 서언

순암 안정복(1712~1791)은 영·정조조에 살았던 인물로서 당색은 남인이고 학통은 성호 이익(1681~1763)의 계열을 계승한 학자이다. 그는 성호에게 직접 수학한 바는 없었으나 35세에 성호를 찾아가 만난 이후부터 그를 사숙하였다. 그후 순암은 성호가 죽을 때까지 16년 간 서신 교환을 통하여 성호의 실학적인 학문과 사상을 이어받아 성호학파의 핵심적인 인물이 되었다.[1]

---

1 순암은 성호학파 안에서는 보수파 계열에 속한다. 그는 성호학파 중 진보파 계열의 우두머리인 권철신과의 논쟁에 있어서 ─ 예컨대 성리학에 대한 해석, 양명학에 대한 태도, 서학의 연구와 수용에 대한 입장 등 ─ 보수적인 입장의 논의를 주도해 나감으로써 星湖右派의 학통을 세웠다고 평가된다. 성호학파의 좌우 양 계열의 계보에 관해서는 이우성(1984), 「순암전집 해제」, 『순암전집』 1책, 여강출판사 참조.

순암의 생애를 통해서 볼 때 그는 성리학자·교육가·지방행정가로서의 면모를 가지고 있기도 하지만 무엇보다도 경세치용의 학문과 역사연구를 중심으로 방대한 저술을 남긴 실학자로서 모습이 그의 진면목이라 할 것이다. 10여 년 간의 관직생활을 제외하고는 평생 재야에서 학문연구에 몰두한 노력과 박학의 결실로 얻어진 그의 저술은 실로 방대하고 다양하다.[2] 그중에서도 특히 정채를 발하는 것은『동사강목』·『열조통기』·『사감史鑑』·『동사외전東史外傳』·『동사보궐東史補闕』등의 역사서와『성호사설류선星湖僿說類選』·『동국문헌통고』·『동국사문유취』·『잡동산이』등의 유서류이다. 이러한 그의 저술 가운데는 일본에 관한 내용도 적지 않게 포함되어 있어 주목을 끈다.

18세기에 접어들면서 일부 실학자들 사이에서는 일본에 대해 종래와는 다른 관심과 함께 새롭게 인식해 보고자 하는 경향이 있었다. 그러한 새로운 경향의 배경에는 첫째, 명·청 교체 이후 세계관의 변화와 그에 따른 주변 제국에 대한 관심 증대, 둘째, 임진왜란 후 1세기가 경과하면서 17세기 전반기와 같은 대일 적개심의 완화, 셋째, 전후 수차례의 통신사행을 통해 일본의 사회상과 문물이 전해져 지식인들의 지적 호기심을 자극한 점 등을 들 수 있을 것이다. 특히 성호 이익을 중심으로 한 성호학파에서 이러한 새로운 일본인식을 주도해 나갔는데 순암도 성호와 서신교환을 통하여 일본문제에 관해 토의하며 영향을 주고받았다. 순암은 또『동사강목』·『열조통기』등의 사서를 저술하면서

---

2 순암의 생애와 저술에 대해서는 심우준의『순암 안정복 연구』(일지사, 1985) 제1편과 윤남한의「국역 동사강목 해제」(『국역 동사강목』제1권, 민족문화추진위원회, 1977)에 자세하다. 심우준 교수에 의하면, 각종 서목에 나와 있는 서술목록 중 실제 순암의 저술로 확인된 것은 저서 23종, 잡문 60여 종이고 나머지는 보다 더 상세한 고찰이 필요하다고 한다(위의 책, 23~38면). 그런데 순암의 저술 대부분은 당대에 간행되지 못하였다. 당시 대부분의 남인계열의 학자가 그러했듯이 순암도 그의 사후 가문이 더욱 몰락함에 따라 필사본의 형태로 남아 있던 그의 저술이 많이 산일되었다. 구한말과 일제 강점기에 와서 비로소 문집과『동사강목』이 간행되는 등 보존작업이 진행되었다. 따라서 현재 남아서 전해지고 있는 것은 그의 저술 중 일부분에 불과하다.

대일관계사를 중요시하게 되었고, 이것을 계기로 일본의 역사와 사회상에 대해 보다 깊은 관심을 가지고 연구하였다. 순암의 일본에 관한 서술 내용을 보면 체계적인 논문이나 저술은 없지만 적지 않은 단편적인 기록을 남기고 있다. 이러한 자료를 통해서 보이는 그의 일본인식은 몇 가지 점에서 성호·다산과 구별되는 독특한 측면을 지니고 있다. 18세기 후반기의 탁월한 역사학자요 성호 우파의 핵심적 인물이었던 순암의 일본인식이 어떠하였는가, 또 동시대의 다른 실학자들의 그것과는 어떻게 다른 특징을 지니고 있는가 하는 점을 살펴보는 것이 본고의 목적이다.

2. 일본에 대한 관심과 연구

1) 동기와 과정

순암이 일본에 대해 관심을 가지고 나름대로 연구를 하게 된 동기는 어떠한 것일까? 이 점에 관해 순암 자신이 직접 밝힌 바는 없다. 따라서 그가 남긴 저술을 통해 짐작해 볼 수밖에 없는데, 다음의 몇 가지를 들 수 있으리라 생각된다.

첫째, 순암의 해외제국에 대한 남다른 관심과 학문적 호기심을 들 수 있다. 이 점은 물론 순암에게 독특한 것은 아니다. 이미 17세기 일군의 지식인들에게서 나타나기 시작하였다고 볼 수 있다. 즉 중국에서 명·청의 왕조교체 이후 종래의 화이관적 의식구조에 변화가 오게 되었고 동시에 중국 중심적인 세계관에서 탈피하고자 하는 의식이 생겼다.[3]

---

3 17세기에 와서 私撰史書의 편찬이 활발하게 이루어지는데 이들 사서의 내용이 대부분 정통론에 입각하여 조선역사의 독자성을 강조하고 있다. 이 점은 이 시기의 세계관과 역사의식

또 이 시기에 전래된 서학西學은 이러한 경향을 더욱 촉진케 하였는바 18세기에 와서는 성호학파의 실학자들이 그 중심이 되었다. 이러한 의식의 변화는 당연히 조선 중심의 민족의식을 각성케 하였고 또 중국 이외의 나라에 대한 관심을 증대케 하는 결과를 초래하였다.

순암은 특히 민족적인 역사의식을 강조하면서 그의 『동사강목』에서 삼한정통론에 입각하여 한국사의 체계를 수립하였다. 또 그가 『휘찬려사彙纂麗史』를 저술한 홍여하(1621~1678)의 현손인 홍석윤洪錫胤에게 보낸 서신에서, 『휘찬려사』에서 우리나라를 본기로 했으면 중국은 마땅히 외기로 이름하여 권말에 붙이는 것이 옳다고 주장하였다.[4] 이어 『휘찬려사』의 내용에 대한 논평과 함께 그것의 정리를 위한 12개조의 범례를 제시해 주었는데 그중 마지막 항목에서, 우리나라의 이웃 나라인 만주족(산융山戎)과 일본(도이島夷)에 대해서는 그 문적文迹과 사실 중 고찰할 만한 것은 반드시 상세히 기록해야 옳다고 강조하였다. 일본 외에도 유구琉球・섬라暹羅는 고려 말에 사신의 통교가 있었으므로 각각 열전을 만들어 넣어야 하며, 그 밖에 남만 중에서 바닷길로 서로 통할 수 있는 나라는 비록 옛날에 사신의 통교가 없었더라도 대략 갖추어 써야 한다고 하였다.[5]

이 기사 외에도 순암은 『동사강목』과 『열조통기』 등에서 안설按說을 통해 근린제국뿐 아니라 해외제국의 사정과 우리나라의 관계에 대해 정확히 알아야 한다고 강조하고 있다.[6] 또 스스로 해외제국에 대해 많은 관심을 기울이며 『동

의 변화를 보여 주는 좋은 예라 할 수 있다. 이 문제에 대해서는 이만열(1974), 「17・8세기의 사서와 고대사인식」, 『한국사연구』 10집 참조.

4 『順菴先生文集』 卷9, 「與洪生錫胤書 甲辰 別紙」. "更思之 本國旣爲本紀 則中國當以外紀名之 附于卷末可也."

5 위와 같음.

6 『동사강목』 제7권상, 고려 현종원문왕 10년 5월조, 『열조통기』 권13, 선조 20년 11월조의 기사 등이 그 예이다. 이 밖에도 『順菴先生文集』 卷10, 「東史問答」에서는 해외사정에 어두웠던 선조조의 當路者와 지식인을 비판하였고, 『順菴先生文集』 卷7, 「與李廷藻家煥 乙酉」에

국외전』 등의 저술을 짓기도 하였고, 『잡동산이』에서는 『지봉유설』에 나오는 「제국부諸國部」를 옮겨 놓기도 하였다.

근린제국과 해외제국 중 순암이 가장 깊은 관심을 보인 것은 역시 여진과 일본이었다. 『동사강목』에서 빠진 것을 보충하기 위해 『동사외전』을 만들었는데 그중에서도 여진과 일본에 대해서는 오늘에 이르기까지 상세히 기록했다고 하며 스스로 경세자의 일고지자一考之資로써 활용될 수 있기를 바란다고 자부하기도 하였다.[7] 또 순암이 조선의 지도를 만들었는데 거기에 일본을 그려 넣었다는 사실[8]에서도 그의 일본에 대한 관심의 정도와 일본 지리에 대한 지식을 엿볼 수 있다고 생각된다.

둘째, 성호 이익과의 서신교환을 통해 성호의 일본인식의 영향을 받았던 점을 들 수 있겠다. 순암은 1746년 성호를 만난 이후 1763년 성호가 죽을 때까지 서신교환을 하였다.[9] 특히 『동사강목』의 저술을 전후하여 교환한 서신 중에서 일본의 역사와 지리, 한일관계사 등에 대해 질의 응답한 내용이 적지 않게 포함되어 있다. 횟수로 볼 때 순암이 성호에게 보낸 서신이 4회에 이른다.[10] 이러한 서신을 통해 이들은 일본문제에 관한 의견교환뿐 아니라 일본 서적이나 표류인 일기, 일본지도 등에 관한 정보교환을 하면서 서로 나누어 보았다.

서는 표류민의 남방국에 대한 이야기를 인용하면서 『漂舟錄』과 비교 고찰한 뒤 "諸國者 亦 當知之"라고 하였다.

7 『順菴先生文集』 卷10, 「東史問答」, 丁丑.

8 『順菴先生文集』 卷10, 「東史問答」, 己卯.

9 성호와 순암이 교환한 서신은 각자의 문집에 수록되어 있다. 순암이 성호에게 보낸 서신은 『順菴先生文集』 卷2, 書에 모두 16회이고, 성호가 순암에게 보낸 것은 『성호선생문집』 권24에서 권27에 모두 26회의 서신이 수록되어 있다. 횟수에 차이가 나는 이유는 순암이 성호에게 보낸 서신 중 역사에 관계되는 것은 「동사문답」에 포함시켜 버렸기 때문일 듯하다.

10 순암이 성호에게 보낸 서신은 『順菴先生文集』 권2, 書의 「上星湖先生 戊寅」 2편과, 권10 「東史問答」의 정축년 2편, 무인년 · 기묘년 각 1편씩 모두 4편이 있다. 성호가 순암에게 보낸 서신은 『星湖先生文集』 권25, 「答安百順 問目 乙亥」과 권26, 「答安百順別紙 丁丑」, 「與安百順 戊寅」, 卷27, 「答安百順 己卯」 등 모두 4편이다.

이 과정을 통해 순암은 성호의 일본에 관한 지식과 인식의 영향을 받았으며 그 것이 순암의 일본연구에 하나의 자극이 되었다고 생각된다. 한편 순암은 성호 뿐 아니라 그의 아들 맹휴孟休와도 교분을 유지하며 그의 사후「유사遺事」를 써 주기까지 하였다. 이맹휴(1713~1751)는 당시 일본관계 전문가 중의 한 사람이었 다. 그는 1744년(영조 20년)에 예조정랑이 되어 대일외교관계 자료집인『춘관지 春官志』4권과『접왜역년고接倭歷年考』2권을 편찬하였다. 순암이 쓴 그의「유사」 를 보면 이맹휴는 순암보다 1년 연상으로 순암과 자주 만나 토론을 나누고 인 간적으로도 가까운 교분관계를 유지하였음을 알 수 있다.[11] 또 순암은『열조통 기』에서『접왜고接倭考』를 자주 인용하고 있으며 성호에게 보낸 서신에서는 『접왜고』에 대해 논평을 하기도 하였다. 이로 보아 순암의 일본인식의 형성에 이맹휴가 끼친 영향도 적지 않을 것으로 생각된다. 이 외에 이가환李家煥·이상 준李商駿·홍석윤과도 서신교환을 통해 일본관계에 대해 토의하였다.[12]

셋째, 통신사행이 남긴 일본 사행록과 그들이 전한 일본에 관한 전문傳聞, 그 밖에 일본에 표류했거나 포로로 잡혀갔다 돌아온 사람들의 기록 등을 통해 일 본에 관한 관심과 지식을 얻었다고 생각된다.

순암이 인용하고 있는 사행록을 보면 신숙주(1443년 사행의 종사관)의『해동제 국기海東諸國記』, 김세렴金世濂(1636년 사행의 부사)의『해사록海槎錄』, 조명채曹命采 (1748년 사행의 종사관)의『봉사일본시문견록奉使日本時聞見錄』이 있고 그 밖에 임란 시 포로였던 강항姜沆의『간양록看羊錄』, 성종조의 표류인 최부崔溥의『표해록漂 海錄』, 숙종조의 표류인 이지항李志恒의『표주록漂舟錄』등이 있다. 순암은 이들 기록들을 문집뿐 아니라『동사강목』·『열조통기』등에서 인용하면서 일본인 식의 기본적 자료로 사용하였다. 통신사행의 사행록 외에 순암은 1748년 사행

---

11 『順菴先生文集』卷27,「李萬頃醇叟遺事」.
12 위의 책, 卷7,「與李廷藻家煥書 乙酉」; 卷9,「與洪生錫胤書 甲辰」,「答李仲命別紙 問倭館 始末 甲午」.

의 사행원을 통해 직접 일본에 관한 정보를 들었던 것 같다. 그는 1748년의 사행의 경과와 내용에 대해 상세히 알고 있었다. 그 사행 시 받은 일본 국서의 내용과 통신사행의 태도에 대해 비판을 하였으며[13] 동 사행의 서기 유후柳逅가 일본인 유학사 삼택소화三宅紹華와 나눈 필담 내용을 상세히 소개하기도 하였다.[14] 또 그는 '봉사인奉使人'으로부터 일본 서적인 『화한명수和漢名數』를 빌려 보았다고 하였는데, 이 '봉사인'도 앞뒤 내용으로 보아 1748년 사행의 사행원일 것으로 추측된다.[15] 이와 같이 순암은 통신사행원의 전문과 그들의 사행록을 통해 일본에 대한 관심을 가지게 되었고, 그러한 기록들은 『고사촬요攷事撮要』・『접왜고』 등의 대일외교 자료집과 함께 순암의 일본 지식의 중요한 자료가 되었다.

넷째, 통신사행원을 통해 얻어 본 일본 서적도 순암의 일본인식 형성에 적지 않은 영향을 주었다. 순암이 직접 본 일본 서적은 패원익헌貝原益軒의 『화한명수』, 이등인재伊藤仁齋의 『동자문童子問』・『왜사倭史』・『왜기倭記』가 있고 그 밖에 일본지도가 있을 뿐이다. 순암은 『화한명수』를 보고 난 뒤 성호에게 보낸 서신에서 내용 소개와 함께 논평을 하였는데 일본에 대한 기존 인식을 바꾸는 계기가 되었던 것 같다. 『동자문』에 대해서도 「일본학자」에서 간략한 내용 소개와 함께 이등인재의 유학과 임나산林羅山의 문장에 대해 논평하였다. 또 『왜사』는 그가 『동사강목』을 서술함에 있어 주요 자료로 활용하였다.[16] 이와 같이 순암이 본 일본서적은 많지 않지만 그의 일본인식의 형성 내지 기존 인식의 변화에 큰 영향을 주었다고 보인다. 일본 서적 외에 그가 참고한 중국 측 자료로는 『남사南史』・『북사北史』의 「일본전」과 『문헌통고文獻通考』・『오학편吾學編』,

---

13 위의 책, 卷2, 「上星湖先生書 戊寅」.

14 위의 책, 卷13, 「橡軒隨筆」 下, 日本學者.

15 위의 책, 卷2, 「上星湖先生書 戊寅」.

16 『동사강목』, 「범례」에서 "三國時與倭和戰 不見本史者 從倭史補之"라 하여 『삼국사기』에 일본관계사를 왜사에서 찾아 보충하였는데 그가 '倭史補'라고 밝힌 곳이 9개소가 있다.

구양수歐陽修의 「일본도가日本刀歌」 등이 있다.

다섯째, 『동사강목』을 저술하면서 대일관계사의 중요성을 인식하였고, 이에 따라 일본에 대한 본격적인 관심과 연구를 하게 되었던 것 같다. 순암이 성호에게 보낸 서신 중 일본관계의 내용이 있는 것은 1757년에서 1759년 사이에 집중되어 있는데, 이 시기는 『동사강목』의 초고가 쓰여진 시기와 정확하게 일치한다. 그 밖에 「동국지계설東國地界說」과 「왜국지세설倭國地勢說」도 1758년에 썼으며 「일본전」을 상세히 기록했다는 『동사외전』도 1757년 저술하였다. 『화한명수』를 본 시기가 1758년인 점도 주목할 만하다. 이러한 사실로 미루어 볼 때 1757~1759년 사이의 기간이 순암의 일본인식 형성에 중요한 시기이며 그것은 『동사강목』의 저술과 밀접한 관련이 있다고 여겨진다. 실제 그는 『동사강목』과 『열조통기』에서 대일관계 사실을 충실하게 서술하고자 각별한 노력을 기울였다.

여섯째, 순암은 당시 조정의 대일정책에 대한 불만과 우려 속에 보다 실제적인 목적에서 일본연구의 필요성을 느꼈다고 보인다. 그는 한일관계사를 체계화해 가면서 역사 속의 외교적 실패를 교훈 삼아 당시 조선 지식인의 대일 무관심과 무지를 비판하였다.

당시 외국에 왕래하는 우리나라 사신들의 외국정세의 변동에 대한 무관심과 임란 당시 조정의 대일 무지 등을 비판하면서 이러한 것은 실로 우리나라 사람의 단점이라고 개탄하였다.[17] 그는 또 「왜국지세설」에서는 당시 일본 국내의 권력관계를 분석한 뒤 '지피지기知彼知己 십분과량十分科量'해야 한다고 주장하며 당국자에게 일본 정국의 추이에 관심을 가질 것을 촉구하였다. 이러한 관점에서 순암은 당시 조선정부의 일본에 대한 외교정책과 무역의 문제점을 지적하였고, 또 일본의 침략 가능성과 그것에 대한 방어대책을 제시하기도 하였다.

---

17 『順菴先生文集』卷10, 「東史問答」, 己卯.

2) 연구와 저술

순암은 이상과 같은 동기와 연구를 통해 일본에 관한 저술을 남기게 되었다. 비록 체계적인 저술은 없고 단편적인 기술에 머무르고 있으며, 분량 면에서도 성호나 다산·이덕무의 그것에 비해 볼 때 적은 편이지만 그 내용의 수준은 비교적 높은 편이다. 특히 일본의 역사와 지리 그리고 대일관계에 대한 대책 제시 면에서는 상당한 식견을 보여 주고 있다.

순암의 일본관을 알기 위해서는 일차적으로 이들 기록을 중심으로 살펴보아야 할 것이다. 필자가 관견한바 순암의 일본관계 기사는 문집과『잡동산이』·『동사외전』에 있고 그 밖에『동사강목』·『열조통기』등의 사서에서 대일관계사와 일본 역사에 대한 기록이 있다. 설명의 편의상 이것들을 유형별로 나누어 서술하고 간단하게 내용을 소개하고자 한다.

(1)『순암선생문집』중의 일본관계 기사

① 「상성호선생서(무인)」: 권2 소수所收.『화한명수』의 내용 소개와 논평.
② 「상성호선생서(무인)」: 권2. 1748년 사행 시의 대일 외교자세 비판.
③ 「상성호선생서(정축)」: 권10,「동사문답」소수. 구양수의「일본도가」를 인용하면서 서복徐福이 간 곳이 일본이라고 추정.
④ 「상성호선생서(정축)」: 상동.『동사외전』의 내용을 소개하면서 대마도를 부용전附庸傳에 넣었다고 함.
⑤ 「답성호선생서(무인)」: 상동. 대마도속국설에 대해 성호와 논쟁함.
⑥ 「상성호선생서(기묘)」: 상동. 일본의 경제·대외관계·무역관계 등 서술.
⑦ 「여이정조가환서(을유)」: 권7 소수. 울릉도 문제와 하이국蝦夷國 소개.
⑧ 「여홍생석윤서(갑진)」: 권9 소수. 홍여하의 사서에 대해 논평하면서 일본전·유구전·섬라전 등을 갖출 것을 권유.
⑨ 「답이중명 별지 문왜관시말(갑진)」: 상동. 왜관의 유래와 고려 말 이래의

대일관계사 서술.

⑩ 「조용주趙龍洲」: 권13, 「상헌수필」(하) 소수. 1643년 통신부사 조경趙絅의 사행 시의 일화 소개.

⑪ 「남초南草」: 상동. 담배가 임란 후 일본에서 전래된 사실 소개.

⑫ 「해중대도海中大島」: 상동. 표류인에게 들은 동해 중의 대도를 직접 탐사하고 고증함.

⑬ 「일본학자」: 상동. 『동자문』을 읽고 이등인재의 유학과 임라산의 문장에 대해 논평.

⑭ 「동국지계설」: 권19 소수. 일본 서남해의 지리와 일본의 침략 가능성에 대해 서술.

⑮ 「왜국지세설」: 상동. 일본의 지리, 침략 가능성, 정치정세와 외교적 대처방안 등 서술.

(2) 『잡동산이』[18] 소수 일본관계 기사

① 「해방海防」: 권1, 「군현연혁」 소수. 울릉도를 둘러싼 일본과의 외교적 분쟁 서술.

② 「해로海路」: 상동. 통신사행의 일본까지의 해로, 왜구의 침입로, 일본의 예상 침입 해로와 그에 대한 대책 등 서술.

③ 「왜관개시倭館開市」: 권1, 「시적고市糴考」 소수. 조선시대 대일무역의 유래와 실상 소개.

④ 「변방」: 권2, 「국조전고國朝典故」 소수. 일본의 침략에 대한 방어대책 서술.

---

18 類書로 여러 가지 사항을 모은 잡기적 기술이지만 53책에 이르는 방대한 분량의 저술이다. 한국학문헌연구소에서 총 4책으로 정리하여 간행하였다(아세아문화사 간). 여기서의 책 번호는 이 간행본의 그것을 따른 것이다.

⑤ 「논고경명論高敬命」 등 : 권3, 목록 소수. 임진왜란 시의 창의문倡義文 등 관계자료 17편 소개.

⑥ 「제국부초諸國部抄」 : 권4, 「제국부초」 소수. 『지봉유설』의 「제국부」를 초략抄略해 서술한 것으로 일본 등 29개국의 역사·지리·물산 등 소개.

⑦ 「관백설關白說」 : 권4, 「문신공묘지명文愼公墓誌銘」 소수. 조경의 『동사록』에 있는 「관백설」을 그대로 옮긴 것으로 관백의 기원과 역사 등 소개.

⑧ 「제일본성씨록題日本姓氏錄」 : 상동. 『동사록』의 내용을 옮겨 적은 것으로 일본의 삼대 성씨의 유래 소개.

⑨ 「왜국삼도설倭國三都說」 : 상동. 『동사록』의 내용을 옮겨 적은 것으로 일본의 삼도(경도京都·대판大坂·강호江戶)의 지리 등 소개.

⑩ 「어왜禦倭」 : 권4, 「관자직管子職」 소수. 일본의 침입에 대한 임란 시의 방비책 7가지 소개.

(3) 『동사외전』

『동사외전』은 순암이 『동사강목』을 저술하면서 편년강목체로서는 실을 수 없는 내용을 보충하기 위해 만든 것이다. 그가 1757년 성호에게 보낸 서신에 그 내용을 소개하고 있는 점으로 보아 1757년 전후에 저술하였음을 알 수 있다.[19] 현재 이 책이 전하지 않기 때문에 그 내용을 자세히 알 수는 없다. 그런데 위 서신을 보면 발해·동진등전東眞等傳과 여진·일본전이 있으며 대마도는 부용전에 속해 있다고 하였다. 이로 보아 『동사외전』은 기전체 사서의 열전에 해당하는 체제를 갖추고 있는 것 같다. 그 내용은 조선 주변의 국가와 민족에

---

19 『順菴先生文集』 卷10, 「東史問答」. "東史編年綱目之外 又欲收其闕漏者 爲補闕一書 外傳中有渤海東眞等傳 女眞日本則至于今日而詳錄之 或欲爲經世者一考之資耳 對馬島則屬于附庸傳."

대해 기술한 일종의 '외이열전外夷列傳'이 아닌가 생각된다.[20] 순암은 이 책에서 여진·일본전은 금일에 이르기까지 상세히 기록했다고 하였다. 『열조통기』권 13의 선조 20년 11월조 기사를 보면 일본의 전국시대와 통일, 관백제, 사대성 씨의 역사, 풍신수길豊臣秀吉의 내력 등에 관해 상술하였는데 『동사외전』에서 인용한 기사라고 하였고, 『잡동산이』권1의 「해방海防」에서는 안용복安龍福과 울릉도 문제를 서술하였는데 '안용복사安龍福事 가록동사외전家錄東史外傳'이라고 한 점으로 보아 『동사외전』에 좀 더 상세한 기록이 있었음을 알 수 있다. 이상 두 가지의 예를 보아서도 『동사외전』의 「일본전」과 「대마도전」은 상당히 상세 하였으며, 추측컨대 순암의 일본 역사와 지리에 대한 지식이 집대성되어 수록 되어 있었을 것 같은데 현재 전하지 않아 유감이다.

(4) 『동사강목』

순암은 『동사강목』의 범례 「조회」에서,

> "산융山戎(말갈·거란·여진 등)과 도이島夷(일본·유구 등)와 교류하고 침구
> 한 사실은 모두 기록한다. 여진은 우리나라와 땅의 경계가 서로 접해서 우
> 환이 된 지 오래이다. 일본과는 바다를 사이에 두고 서로 통하였으며 그
> 유래가 또한 오래되었다. 옛 사서에는 단지 '모시에 모국이 침략했다'라고
> 만 기록했을 뿐이며 토속이나 풍기, 연대와 사실 등에 관해서는 소략하여

---

20 우리나라 역사를 서술함에 있어 「외이열전」을 넣은 사례는 홍여하(1620~1674)의 『휘찬려사』
 에서 찾아볼 수 있다. 기전체로 된 『휘찬려사』에서 홍여하는 거란·여진·일본전 등을 수록
 한 「외이열전」을 권47에 부록으로 붙였다. 이것은 정통론에 바탕을 둔 자주적 역사의식의
 발로로 평가할 수 있다. 그런데 순암은 일찍이 홍여하의 학풍을 우러러보았으며 그의 사학정
 신을 높이 평가하였다(「동국통감제요서문」). 이 점에서 볼 때 『동사외전』은 홍여하의 『휘찬
 려사』의 「외이열전」의 영향을 받아서 저술된 것이라고 생각된다. 단, 그 체제와 내용에 있어
 서는 『휘찬려사』의 「외이열전」보다 『동사외전』이 풍부함을 알 수 있다.

볼 수 없다. 이번에 사안에 따라 문장을 만들어 상세히 기록하였다. 삼국시대 일본과의 화평과 전쟁에 관해서『삼국사기』에 보이지 않는 것은 왜사倭史에 의거해 보완하였다."

라고 밝힌 바와 같이 대일본관계사를 중시하였다. 그는『삼국사기』와『고려사』의 대외관계에 대한 기사의 소략함을 비판하면서『왜사』와 중국의 정사,『문헌통고』그리고『해동제국기』・『해사록』・『간양록』등을 참고하여 일본관계 기사를 보충하였다. 순암이 이들 자료를 통해 독자적으로 보충한 것이 20여 개처에 이른다. 또 대일관계사의 기사 중에 안설을 붙여 자신이 조사한 일본관계 지식이나 견해를 추가한 것이 18개처이다. 대일관계사 외에 일본의 겸창막부鎌倉幕府와 족리막부足利幕府의 개설 등의 중요 사실은 해당연도에 삽입하여 상세히 기술하였다. 고려의 역사와 직접 관계가 없는 사실을 책의 체재를 다소 무시하면서까지 넣은 이러한 점은 아주 특이한 것으로 그의 대일관계사 또는 일본중시 태도를 나타내 주는 보기라고 생각된다.

(5)『열조통기』

조선시대사인『열조통기』는 인용자료를 배열하는 형식으로 서술되어 있는 점이『동사강목』과 다르다.[21] 순암은『열조통기』에서도 조선시대의 대일관계사에 관해 풍부한 자료를 인용하면서 기술하였다. 또 대부분의 경우『접왜고』를 인용하여 사건을 논평하거나 안설을 붙여 자신의 견해를 밝혔다. 조선시대의 대일관계사에 대해서 누구보다도 많은 참고자료를 인용하여 서술하였고, 또

---

21 『열조통기』에 대해서는 金世潤(1985),「안정복의『열조통기』에 대한 일고찰」,『부산여대사학』제3집 참조. 김세윤은 여기서 "『동사강목』은 취급시기에 대한 역사적 지식의 축적보다는 평가를,『열조통기』는 평가보다는 지식의 축적을 우선으로 하는, 그 성격이 뚜렷이 대조되는 사서"라고 하였다.

자신의 견해를 밝히고 있는 점에서 『열조통기』도 순암의 일본인식을 이해하는
데 빼놓을 수 없는 자료이다.[22]

3. 일본관

1) 국가·민족관

조선시대에 있어서 일본은 사대교린체제 속의 교린국으로 대등한 의례를 갖
추어야 하는 나라였다. 따라서 조선 국왕과 일본의 관백[23]은 동격同格으로 교빙
을 하였다. 그런데 순암은 조선과 일본의 이러한 대등관계에 대해 직접적으로
거부하는 표현을 쓰지 않았지만 간접적으로나마 반대하는 입장을 취하였다.
예컨대 일본의 천황을 '일본왕'·'왜여왕' 등으로 표기하였고 관백을 '왜추倭酋'
라고 하였다. 이러한 입장에서 조선 국왕과 일본의 관백이 대등한 의례를 취하
는 당시의 실정에 대해,

　　"관백이 비록 있다고는 하나 또한 왜황倭皇의 신하이다. 그런데 우리나
　　라가 관백과 대응한 의례를 취하고 있으니 그 욕된 바가 심하다.[24]

---

22 『열조통기』의 일본관계 기사와 순암의 일본인식에 대해서는 김세윤(1986), 「순암 안정복의
　　조선시대인식 -『열조통기』의 사론을 중심으로-」, 『부산여대사학』 제4집에 부분적으로 언
　　급되어 있다. 저자는 이 논고에서 임진왜란관을 중심으로 고찰하였다.
23 武家幕府의 將軍을 조선에서는 관백이라고 불렀다. 관백은 幕藩體制下의 일본에 있어서 대
　　내적으로 실권자이며 대외적으로는 일본을 대표하는 자로서 日本國王 또는 日本國大君이
　　란 호칭을 사용하였다.
24 『星湖先生全集』 卷25, 「答安百順 問目」.

라고 비판하였다.

한편, 순암은 외교적 차원에서의 대등의례에 대한 비판에 그치지 않고 화이관적인 입장에서 일본을 이적시하였다.[25] 『동사강목』이나 문집 등 도처에서 일본을 '도이島夷'라고 기술하였고, 일종의 외이열전이라고 볼 수 있는 『동사외전』에서 일본전을 수록하고 있는 것이 그러한 예라고 하겠다.

그런데 여기서 특히 주목되는 것은 대마도를 『동사외전』의 부용전에 넣었다는 사실이다.

> "대마도는 부용전附庸傳으로 넣었습니다. 대개 (대마도는) 신라와 고려 이래로 조선 초기에 이르기까지 (우리나라가) 속국으로 대해 왔으며, 『여지승람輿地勝覽』에는 '옛날 계림에 예속되었다'라고 하였고, 태종이 기해년에 대마도를 정벌할 때의 교서에도 '대마도는 본래 우리나라의 땅이었다'라고 하였으니 또한 가히 증거되는 바입니다. 그리고 대마도를 탄압한 것은 또한 속국을 꾸짖는 방책이었던 것입니다. 그런데도 뒤에 와서 설이 바뀌었습니다."[26]

순암은 대마도는 조선의 속국이므로 부용전에 넣어야 한다고 주장하면서 그

---

25 역사의식에 있어 순암은 강한 민족주의적 의식을 바탕에 깔고 있으며 대중국관계에서는 탈화이론적인 성격을 띠고 있다. 그런데 중국 이외의 민족, 예컨대 몽고·여진·일본 등을 보는 시각에 있어서는 조선을 중심(華)으로 보는 한편 그들을 이적시하는 또 하나의 새로운 화이관적 의식을 지니고 있었다. 이런 점에서 그의 삼한정통론 등에서 흔히 지적되는 민족주의 의식은 좀 더 세밀하게 검토되어야 할 필요성이 있다고 생각된다. 즉 그는 단순히 탈중화적인 민족의식에서 벗어나 조선을 중심으로 하는 또 하나의 화이관을 제시하고 있는 것이다. 이 점에서 17세기 중반 이후 일부 역사학자들 사이에서 논의되었던 朝鮮中華意識에 바탕을 둔 정통론의 맥을 계승하였다고도 볼 수 있다. 순암은 그것을 보다 명확하게 구체화하고 조선 중심의 화이관을 체계화하고 있다는 점에서 발전이라고 평가할 수 있을 것이다. 그러한 입장에서 『동사외전』을 저술하였으며, 일본뿐 아니라 여진·몽고를 '山戎'이라 하였고 원의 황제를 '蒙主'라 표기하기도 하였다.

26 『順菴先生文集』卷10, 「東史問答」, 丁丑.

근거로 세 가지를 들었다. 첫째 신라시대이래 조선까지 대마도를 속국으로 대해 왔다는 점, 둘째 『동국여지승람』에 '옛날 계림에 속하였다'고 기록된 점, 셋째 태종의 대마도정벌 시 교서 내용에 '대마도는 본래 우리나라 땅이다'라고 되어 있는 사실 등을 제시하였다. 또 대마도를 탄압하는 방법도 또한 당연히 속국을 꾸짖는 것이라고 하였다.

순암의 이 주장에 대해 성호는, "대마도가 속국이라는 주장에 믿을 만한 증거가 있는가? 사실이 없으면서 헛되이 큰소리치는 것은 옳지 못하니 다시 상세히 검토해 보아야 한다"라고 반론을 제기하였다.[27] 성호의 비판에 대해 순암은 다시 답장을 보내어 자신의 주장을 내세웠다. 즉 『동국여지승람』, 태종의 교서와 유서諭書의 내용을 인용하면서 대마도속국설을 주장하고 이러한 여러 가지 설이 미심쩍다고 하면 어떤 책을 좇아야 하느냐고 강하게 반박하였다.[28] 이어서 『삼국사기』와 『삼국지』 위지 「동이전」, 『북사北史』 등에 나오는 대마도관계 기사를 인용·검토하면서 대마도와 조선 관계의 밀접성과 유구성을 고증하였다. 그가 존경해 마지않는 스승이자 『동사강목』의 저술에 많은 가르침과 영향을 주었던 성호의 반론에 대해서도 양보하지 않고 다시 강하게 자기 주장을 내세운 사실을 볼 때 대마도 문제에 관한 한 순암의 입장은 확고한 것이라고 생각된다.

대마도속국설을 둘러싼 성호와 순암의 이 논쟁은 흥미 있는 기사 중의 하나이다. 여기에서 성호와 순암의 일본관과 대일정책관의 차이가 선명하게 드러나기 때문이다. 즉 성호가 일본을 항례국抗禮國으로서 인정하고 대일유화노선對日柔和路線을 취하고 있는 데 비해[29] 순암은 일본을 이적시하고 대마도를 속국시

---

27 『星湖先生全集』 卷26, 「答安百順別紙 丁丑」.
28 『順菴先生文集』 卷10, 「東史問答」, 戊寅.
29 성호는 이러한 입장에서 許穆이 『東事』를 저술할 때 교린국인 일본을 '日本世家'로 하지 않고 '黑齒列傳'으로 분류한 사실을 비판하였다(『星湖僿說』 卷18, 「經史門」, 日本史). 성호의 일본관에 대해서는 하우봉(1984), 「성호 이익의 일본인식」, 『전북사학』 제8집 참조.

하는 등의 일본관을 가졌으며 대일정책 면에서도 강경한 입장을 지지하였다.

순암은 일본을 이적시할 뿐만 아니라 나아가 조공국으로 간주하였다. 『동사강목』의 서술에 있어서 예컨대,

(A) 日本遣使來聘 (…) 是後貢獻不絶[30]

(B) 日本人來獻方物 (…) 自是倭人來獻者 絡繹不絶[31]

(C) 倭人來獻土物[32]

등으로 기술하고 있다. 즉 일본국의 사신을 조공사로 보고 고려시대의 대일관계를 일본국왕사가 고려에 방물方物을 바치는 조공관계로 파악하고 있는 것이다.

순암은 대일전쟁사를 서술함에 있어서도 우리나라에서 일본을 침략한 경우는 모두 '토벌'이나 '정벌'로 표기하였다. 예컨대, "新羅伐倭西鄙(倭史補)"[33]와 같이 왜사에서 보충한 내용인데도 '伐倭西鄙'라고 고쳐 썼다. 또 고려시대 여원연합군의 일본침략에 대해서도 '일본정벌日本征伐'로, 그 군대를 '정동군征東軍'으로 표기하였다. 이 전쟁의 과정을 서술함에 있어서 김방경金方慶이 일본군을 대파한 사실은 상술한 반면, 패배한 사실에 대해서는 기술하지 않거나 간략하게 '군사를 철수했다'는 식으로 서술하기도 하였다.[34]

순암의 일본국관을 정리해 보면 그는 기본적으로 일본을 교린국으로 인식했다기보다는 조선 중심의 화이관 속에서 이적시·조공국시(대마도의 경우는 속국시)

---

30 『동사강목』 제7권상, 문종 10년 10월조.

31 위의 책, 제7권하, 문종 27년 7월조.

32 위의 책, 제7권하, 문종 28년 2월조.

33 위의 책, 제3권상, 신라 진평왕 5년 2월조.

34 이에 비해 성호는 여원연합군의 일본침략과 그 후 외교적 처리의 실패가 임진왜란의 원인이 되었다고 비판적으로 서술한 점이 대조적이다(『성호사설』 권20, 「경사문」, 왜환).

하였던 것 같다.

일본국을 이적시하는 입장에 섰던 순암은 일본민족에 대해서도 '도이島夷'·
'왜노倭奴' 등으로 기술하였다. 심지어는 '개린介鱗'이라고도 표현하면서 강한 멸
시감과 적개심을 나타내었다. 그는 또 일본인을 교화의 대상으로 보았으며[35]
자질 면에서도 조선인보다 못하다고 하였다.[36] 이런 점에서 그의 일본민족관은
17세기 지식인들의 그것을 거의 그대로 계승하고 있다고 볼 수 있다.

2) 역사와 지리

(1) 일본사와 대일관계사

순암은 『동사강목』·『열조통기』·『동사외전』 등의 저술에서 한일관계사와
일본사에 관해 깊은 관심과 지식을 가지고 서술하였다. 그는 『동사강목』 범례
에서 '삼국시여왜화전三國時與倭和戰 불견본사자不見本史者 종왜사보지從倭史補之'라
고 밝혀 『삼국사기』가 대일관계 기사를 소략하게 취급하였음을 비판하였다.
그래서 『왜사』를 비롯하여 중국의 정사, 『문헌통고』, 조선의 일본사행록 등의
기록을 참고하면서 대일본관계 기사를 보충하였다.[37] 대일관계사뿐 아니라 일

---

35 『順菴先生文集』 卷9, 「答李仲命別紙 問倭館始末」 甲午. "置館接倭 雖是王者懷綏之大德
而終使介鱗混我衣裳末梢殖繁."

36 『동사강목』 제11권상, 고려 원종 3년 추 9월조. "按 我國雖弱 而昔在三國之際 專尙武力 故
高句麗則降服鮮卑 役屬靺鞨 呑倂扶餘 常爲中國之患 而隨唐以天下之兵終不得志 (…) 新
羅今之嶺南一區 而亦能遠擊日本 幷呑麗濟 (…) 姜沆云 日本人與我人 爲角抵戲 無敢與敵
者 崔溥云 中國人最怯懦 故以我向化人抄以爲兵 我國人可以當中國人十百 (…) 執數說
而觀之 則是人未嘗弱也 地氣人禀未嘗弱也 而爲天下之最弱國者 是非他法制使之然也."

37 『동사강목』에서 대일관계사의 보충을 위해 참고한 자료와 인용횟수를 찾아보면 다음과 같
다. 『왜사』 9회, 『해동제국기』 8회, 『문헌통고』 4회, 『해사록』 2회, 『간양록』 4회, 『북사』

본사 속의 중요 사건에 대해서도 해당연도에 삽입하여 서술하였다.[38] 순암의 일본사에 대한 관심은 처음 한일관계사에서 출발하였겠지만 한 걸음 더 나아가 일본사 자체에 대한 관심과 연구로 진행되었다. 서술의 편의상 일본사 자체에 대한 것과 한일관계사로 나누어 살펴보고자 한다.

① 일본사

일본사에 대한 본격적인 서술은 『동사외전』에서 하였을 것으로 추정되지만 현전하지 않으므로 구체적인 내용을 알 수 없다. 그러나 『동사강목』・『열조통기』와 문집 등에 적지 않은 기록을 남기고 있으므로 참고가 된다.

우선 순암은 『동사강목』을 저술하면서 '왜사' 즉 『일본서기』에 대해서는 상당히 자세히 검토한 것 같다. 『동사강목』의 본문에 인용한 것을 제외하더라도 부록인 「고이考異」와 「지리고地理考」에서 언급하고 있다. 즉 「고이」에서 신공후神功后가 비미호卑彌呼라고 한 『해동제국기』의 기사에 대해 여러 책을 비교 검토한 끝에 연대가 맞지 않는다고 비판하였으며,[39] 일본 고대 천황의 연령에 대해서도 상세한 지식을 갖고 있었다.[40] 「지리고」에서는 임나일본부任那日本府의 지명을 고증하였는데, 임나는 가야의 잘못이라고 주장하여 임나일본부를 부정하였다.[41] 또 일본 고대의 대중관계사에 대해 기술하면서 이른바 왜의 오왕五王 중

2회, 『남사』・『통전』・『삼국유사』・『표해록』・『양촌록』・『습유기』・『통신일기』・『동사록』・『지봉유설』・『성호사설』 각 1회, 또 안설을 붙여 자신의 견해를 밝힌 것이 18회, '按'이란 표시나 근거제시 없이 자신의 지식으로만 보충한 것이 7개소에 이르고 있다.

38 심우준은 이런 점에서 "종래의 사서가 朝・中 양국을 주로 했으나 이를 폭넓혀 서술한 것은 順菴史眼의 특이한 점이다"라고 평하였다(앞의 책, 206면).

39 『동사강목』 부록 상권, 「고이」, 倭女王卑彌呼聘新羅.

40 위의 책, 檀君薨. "盖上世神聖之人 年考或有與常人絶異 廣成子千二百歲 彭祖八百歲 雖出稗家雜說 而中國人傳說已久 又見日本史 倭皇垂仁時 倭姬年五百餘歲 是當西漢元成之際 大臣武內年三百四十 當晉之末 以此觀之 則檀君享年千餘歲 亦無足怪."

41 『동사강목』 부록 하권, 「지리고」, 加羅任那恭韓休忍州胡考.

찬讚을 이중천황履中天皇으로, 진珍을 반정천황反正天皇으로, 무武를 웅략천황雄略天皇으로 각각 비정比定하기도 하였다.[42]

중세에 와서는 일본의 무가막부 개설 사실에 대해 『동사강목』에서 상술하였다. 즉 1185년 일본에서 원뢰조源賴朝가 겸창막부를 개설한 사실을 같은 해의 고려 명종 15년에 별도의 기사로 소개하였다.[43] 그리고 섭정제와 관백의 기원, 평청성平淸盛과 원뢰조의 전쟁과정, 원뢰조가 겸창막부를 세운 후 스스로 정이대장군征夷大將軍이라 칭하며 국정을 장악한 사실 등을 서술하고, 이로부터 왜왕이 실권하였으며 이웃 나라가 모두 원씨源氏를 일본 국왕으로 대우하였다는 사실 등을 상세히 서술하였다.

또 실정막부室町幕府의 개설에 대해서도 마찬가지로 충숙왕 2년 3월조에서 원인산源仁山이 겸창막부를 멸망시키고 실정막부를 세운 사실을 소개하였다.[44] 고려사의 진행과는 무관한 사실을 해당연도에 삽입해 넣은 것도 특이하지만 순암의 일본사에 대한 지식이 상당함을 또한 알 수 있다.

조선시대에 와서도 당시 일본에서의 중요한 권력변동 상황에 대해서는 기술하였다. 즉 『열조통기』 선조 20년 11월조의 기사에서, 실정막부의 쇠퇴에 의한 전국시대戰國時代의 상황, 직전신장織田信長에 의한 실정막부 멸망과 전국시대의 부분적 통합, 이를 계승한 풍신수길의 전국통일과 통치방식 등의 사실을 서술하였다.[45]

이와 같이 순암은 관백에 대해 특히 깊은 관심을 가져 『잡동산이』에서는 『동

---

42 『동사강목』 제2권하, 신라 자비왕 21년 동 10월조. "是歲 倭遣使貢于宋 倭自卑彌呼以來 累受中國爵命 晋末及宋初 倭王讚(倭史所稱 履中天皇) 遣使朝貢 讚死弟珍(倭史所稱 反正天皇)立 貢獻中國 自稱使持節都督倭·百濟·新羅·任那·加羅·秦韓·慕韓七國諸軍亭(…) 中國亦因以册之 至是王武(倭史 雄略天皇)遣使入宋 (…) 宋主詔除安東大將軍倭國王."

43 위의 책, 제9권하, 명종 15년 12월조.

44 위의 책, 제13권하, 충숙왕 2년 3월조.

45 『열조통기』 권13, 선조 20년 11월조.

사록』의「관백설」을 인용 소개하였다. 에도시대의 관백, 즉 덕천막부德川幕府의 장군에 대해서도 문집 속의「왜국지세설」등에서 상술하였다.

② 한일관계사

삼국시대의 대일관계사는『동사강목』범례에서 '山戎·島夷交和侵寇之事 皆書'라고 밝힌 바와 같이『왜사』를 비롯한 각종 자료를 인용하여 서술하였다.

고려시대의 대일관계에 대해서는 실제 사실에 그러한 바와 같이 중기 이전에는 소략하였다. 그러나 후기에 가서는 비교적 상세하다. 여원연합군의 일본 정벌 기사를 비롯하여 대일통교 사실, 왜구의 침입 등에 대해서는『고려사』에 없는 기사를 보충해 가면서 상세히 기술하였다. 이를 위해 순암은『간양록』·『해동제국기』·『해사록』등의 저술을 비롯하여 정지鄭地가 올린 왜구 토벌에 관한 상소문까지 참고자료로 인용하였다. 이러한 노력의 결과 대일관계사에 있어서는『동사강목』이『삼국사기』·『고려사』등 종래의 사서보다 훨씬 풍부한 내용을 지니게 되었다.

조선시대의 대일관계사는 역시『열조통기』를 중심으로 서술하였다.『열조통기』는 자신의 독창적인 기술보다는 참고자료의 기사를 편집해 나열하는 방식으로 서술되어 있는데, 대일관계 기사의 경우 대부분 자신의 안설을 붙여 고증을 하거나 논평을 하였다. 순암의 주된 관심사는 조선 전기에 있어서는 대마도 정벌·삼포왜란 등 주로 대마도 관계가 중심이고, 다음으로 임진왜란, 조선 후기에서는 임란 후 양국의 화의과정과 기유조약 체결, 통신사행 등이다.

삼포왜란에 대해서는『열조통기』중종 5년(1510) 4월조에서『음애잡기陰崖雜記』·『패관잡기稗官雜記』·『식소록識小錄』·『접왜고』를 인용하면서 그것의 원인·경과·대처방안 등을 논의하였다. 난 후의 처리과정과 임신조약에 대해서도 순암은 7개조의 내용을 소개한 뒤『접왜고』를 인용하면서 왜인의 출입경로를 삼로로 허락해 준 것의 부당함과 위험성을 지적하였다.[46]

임진왜란에 대해서도 순암은『동사외전』·『간양록』·『접왜고』·『징비록懲毖錄』등의 자료를 인용하면서 임란전의 일본 국내정세, 양국의 교섭과정, 전란

중의 상황, 전후의 처리와 수습 등을 상세히 기술하였다.[47] 이 과정에서 순암은 당시 국방태세의 허술함과 함께 조정의 일본에 대한 무지를 통렬하게 비판하였다. 일례를 들어보면,

"생각건대 풍신수길豊臣秀吉이 직전신장織田信長을 위해 복수한 사실을 우리나라에서는 모르고 시역弑逆이라고 하여 죄를 더하였는데 이것은 그의 죄가 아니다. 이래서야 어떻게 오랑캐의 마음을 설복시키겠는가?"[48]

이 안설의 배경에는 풍신수길이 집권한 후 우리나라에 사신을 보내 통신사의 내빙을 요청하였을 때 당시 조정에서 일본을 찬역지국이라는 점을 들어 거절한 사실이 있다. 이에 대해 순암은 수길이 신장을 위해 복수한 것을 우리나라에서 모르고 시역이라고 하는 것은 잘못된 것이라고 지적한 것이다. 또,

"선조대에 훌륭한 신하가 조정에 많이 있었지만 서애공西厓公 같은 경우도 평의지가 종의조의 아들이라는 사실을 몰랐고, 또 풍신수길이 어떤 사람인지 모르는 상태로 변란에 대처하고자 하였다. 이런 점은 실로 우리나라 사람의 단점이다."[49]

---

46 위의 책, 권7, 중종 7년. "接倭考曰 國內表裡山河道里遠近 不可使敵人窺見 使險要關隘在其 目中 宣廟庚寅 通信使之往日本 人迂回其路 經月至其都 今使倭分作數路 貫穿湖嶺大非 得 許今旣不許上京 則已無可論 若許之 劃定一路可也."

47 이상의 자료 외에 인용된 서적을 들어보면『攷事撮要』·『亂中雜錄』·『寒岡集』·『愚伏集』· 『名臣錄』·『龍蛇日記』·『涪溪記聞』·『澤堂集』·『白沙集』·『達川雜錄』·『斗峯行錄』· 『菁川集』·『鶴峰集』·『月沙集』·『芝峯類說』·『陽村集』 등이다. 참고자료의 인용 면에서 나 서술분량의 면에서 임란에 관한 한 실학자 중 어느 누구보다도 정통하였을 것이라고 여겨진 다. 또『잡동산이』권3,「목록」에서도 임란관계 자료 17편을 수록하고 있다.

48『열조통기』권13, 선조 20년 11월조.

49『順菴先生文集』卷10,「東史問答」, 己卯.

당시에 유성룡 같은 사람도 평의지平義知가 종의조宗義調의 아들이라는 사실과 수길이 어떤 인물인지를 전혀 모르고 있었다고 지적하면서 개탄하였다.

조선 후기의 대일관계에 대해서는 임란 후 양국의 화의과정, 기유조약의 체결경위와 내용, 통신사 파견의 경위 등을 『열조통기』에서 자세히 서술하였다.[50] 순암이 그중에서도 특히 관심을 둔 것은 역시 통신사행에 대한 문제였다. 그는 성호와는 달리 통신사행제도에 대해 독자적인 견해를 제시한 바는 없지만 문제점에 대해서는 날카롭게 비판하였다.

우선 그는 당시 사행원의 태도에 대해

"우리나라 사신이 매년 왕래하면서도 어느 오랑캐가 성하고 어느 주장이 강한지 모르고 앞으로의 변란에 대처할 대책에 전혀 어두우니 탄식을 금할 수 없다."[51]

라고 비판하였다. 또 순암은 통신사행의 의례문제와 명분문제에 대해 지적하였다.

"생각건대 대마도는 통신사를 처음 접대하는 곳으로서 이 사행 때는 보통의 경우와 달랐다. 외국을 방문할 적에는 일동일정一動一靜을 스스로 운영해야 하며 예로써 도모해야 한다. 만일이라도 털끝만큼의 틀림이 있어서는 안 되는 것이다. (…) 일본의 수도에 들어간 후 사카이堺에 나와서 국서國書를 받았다. 비록 황윤길黃允吉과 허성許筬에 의해 견제를 받았다 하더라도 임금의 명을 받아 다른 나라에 사신으로 나갔으면서 어찌 다른 사람의 방해에 눌려 마침내 그 뜻을 수행하지 못하였는가. 심히 애석한 일이다."[52]

---

50 『열조통기』 권15, 광해군 원년 5월조.
51 『順菴先生文集』 卷10, 「東史問答」, 己卯.
52 『열조통기』 권13, 선조 23년 2월조.

이 기사는 1590년 황윤길黃允吉·김성일金誠一 등이 통신사행으로 일본에 가서 겪고 취한 행동에 대한 논평 중의 일부분이다. 순암은 당시의 사행원들이 대마도주의 격식(외교의례)에 어긋난 행동을 꾸짖지 못한 점을 비판하였으며, 풍신수길의 불손한 국서를 끝까지 거부하지 못하고 받고 만 김성일의 태도에 대해 비판하면서 애석해하였다.[53] 이 안설에서도 대일 강경노선과 원칙론자로서의 순암의 면모를 엿볼 수 있다고 생각된다. 나아가 그는 조선 국왕과 일본의 관백이 대등한 의례를 취하는 것 자체가 부당하다고 지적하였다.[54]

(2) 일본의 지리

순암은 『동사강목』의 「지리고」 서문에서,

"생각건대 역사를 읽는 자는 반드시 먼저 강역을 정해 놓고 읽어야 한다. 그래야 점거한 상황을 알 수 있고 전쟁에서의 득실을 살필 수 있으며, 나누어짐과 합침의 연혁을 상고할 수 있다. 그렇지 않으면 역사를 보는 데 어둡게 된다. (…) 김부식이 『삼국사기』를 편찬할 때에는 고대와 멀지 않았으니 옛 문헌을 널리 상고할 수 있었을 것인데 단지 신라의 남은 문자에 의거해 구차하게 책을 만들었을 뿐이다. 정인지도 그 오류를 그대로 답습하여 『고려사』를 만들었으므로 국읍國邑과 산천을 고거할 데가 없게 하였을 뿐더러 심한 경우에는 원근을 바꾸고 남북을 거꾸로 하였으니 믿을 수

---

53 순암은 1748년 사행 시의 국서 내용에 대해서도 지적하였다. "戊辰信使時 彼國書末有云 惟冀親睦無違休祥可期 下語似有意 當時恨無一人使改其句 逆探其意也 如此等事 實是杞國之憂 而使人聞之 必發一笑 然亦不敢不盡也"(『順菴先生文集』卷2, 「上星湖先生書 戊寅」). 즉 당시 일본국서의 字句에 불손한 뜻이 없지 않음에도 사행원 중 어느 한 사람도 고치지 않았다는 사실을 비판하였다.
54 『星湖先生全集』卷25, 「答安百順 問目」.

있는 역사서라고 할 수 있겠는가?"⁵⁵

라고 하여 역사와 지리의 상관성을 강조하며 역사지리학에 깊은 관심을 보였다. 강역을 정하고 지리를 아는 것은 역사연구의 선행조건이라는 전제 아래 그 이전의 『삼국사기』와 『고려사』의 지리에 대한 착오와 소홀함을 비판하였다. 순암은 이러한 문제의식을 가지고 『동사강목』의 부록으로 「지리고」를 저술하였다. 여기서 그는 51개 항목에 걸쳐 기술하였는데, 단군조선으로부터 고대국사의 강역과 지명에 대해 문헌적 고찰을 통한 상세한 고증을 시도하였다.⁵⁶ 영토에 대한 이러한 각별한 관심은 바로 근대적 민족의식의 구체적 한 표현이라고 볼 수 있다. 그런 점에서 실학자들이 대체로 우리나라의 지리 특히 역사지리를 중시하고 저술을 남기고 있는 점은 시사하는 바가 있다.⁵⁷

순암은 일본의 역사연구뿐 아니라 일본의 지리에 대해서도 적지 않은 기록을 남기고 있는데, 그의 역사지리학적인 관점에서 볼 때 당연한 것이다. 그런데 순암의 일본 지리에 대한 관심은 대체로 군사적·정치적 차원에 머물러 있었던 것 같다. 그런 만큼 그가 기술하고 있는 내용이 주로 인국으로서 과거부터의 영토분쟁이나 일본 안에서도 조선과 밀접한 관계가 있는 지역, 예컨대 대마도·일기도—岐島·박다博多·대재부大宰府·육오陸奧·하이국蝦夷國 및 삼도三都 등에 집중되어 있다. 이것들을 편의상 나누어서 살펴보도록 하겠다.

---

55 『동사강목』 부록 하권, 「地理考」.
56 「지리고」의 상세한 내용에 대해서는 강세구(1986), 「순암 안정복의 『동사강목』 지리고에 관한 일고찰」, 『역사학보』 제112집 참조. 순암은 「지리고」 외에도 『東史地誌』와 여러 지방의 지방지를 저술하였다.
57 한백겸의 『東國地理志』, 신경준의 『疆界考』, 정약용의 『我邦疆域考』 등이 그 대표적인 보기이다.

① 일본의 지리적 특성

순암은 마테오 리치의 태서만국도泰西萬國圖와 일본지도를 보고 난 후 일본의
지세가 지닌 군사적 이점과 통교·무역상의 편리성을 지적하였다.[58] 그리고 일
본의 지리적 위치와 조선의 관계에 대해,

우리나라는 삼면이 바다로 둘러싸여 있고 서북지방이 험준하니 실로 사
면으로부터 적을 맞이하는 형세이다. 바닷길로 말할 것 같으면 왜와 서로
접해 있는데, 동남쪽 연해가 가장 가깝다. 그 나라의 대마도對馬島·일지도
一岐島·옥람도玉藍島·평호도平戶島 등의 섬과 구주九州 지역은 바람이 불
때 배를 타면 모두 반나절에서 2, 3일 정도밖에 걸리지 않는다. 은기주隱岐
州와 백기주伯耆州 등은 또한 강원도와 동해로부터 3, 4일 정도밖에 걸리지
않는 거리에 있다. 만일 일본과 화평이 깨어지면 세 방면의 연해가 모두
피해를 받게 될 것이다.[59]

라고 하여 지리적 근접성을 강조하였다. 순암은 일본 서남해의 지리에 대해 상
세한 지식을 가져 자신이 직접 일본지도를 그리기까지 하였다.[60]

② 통신사행의 해로

순암은 통신사행이 부산에서 일본 에도까지의 행로를 해로와 육로로 나누어
경유하는 지점과 거리를 상세히 서술하였는데, 해로의 경우 조수와 풍향까지

---

58 『順菴先生文集』 卷19, 「倭國地勢說」. "據利泰西萬國圖 其國之東卽大東洋 洋外雖有諸夷
皆絶海數萬里 非兵謀所及 惟其西界一隅 與我最近 中國及南蠻諸國 則皆過我南海而相通
焉 設有外兵欲伐其國 必由其西界而入 諸島環列 港口甚狹 彼若以數百艘橫截之 則其勢無
奈何矣 是故倭人言 自古不受外侮 蓋其地勢然也."

59 위의 책, 「東國地界說」.

60 위의 책, 卷10, 「東史問答」, 己卯.

다 기록하는 세밀함을 보였다.[61] 그리고 일본이 통신사행으로 하여금 오사카에서부터 수로로 가게 하지 않는 이유는 해로를 노출시키지 않으려는 군사적 배려에서 나온 것이라고 추측하였다.

③ 일본과의 영토분쟁

일본과의 영토분쟁 문제에서 순암은 대마도와 울릉도에 대해 관심을 기울였다. 그는 대마도에 대해서 우리나라의 속국이라는 설을 나름대로의 근거를 들면서 강력하게 주장하였다.[62] 또 울릉도 문제에 대해서는 『잡동산이』의 「해방海防」에서 신라가 우산국을 정벌 통합한 이후의 역사, 지리적 위치, 일본과의 관계 등을 상세히 기술하였다. 이어 조선 후기에 와서 울릉도를 왜인이 점거한 사건과 숙종조 안용복 사건을 둘러싼 한·일 간의 외교분쟁과 당시 조정에서의 논의를 『비변사등록』을 인용하면서 자세히 기록하였다. 순암은 당시 안용복의 행위를 옹호하고 칭찬한 영상領相 남구만南九萬의 주장을 소개하며 찬의를 표하였다.[63] 울릉도 문제뿐 아니라 동해에 큰 섬을 보았다는 표류인의 이야기를 듣고는 1782년 71세의 고령으로 직접 배를 타고 가서 확인하는 열의를 보이기도 하였다.[64] 그의 영토에 대한 투철한 의식을 알게 해주는 사례이다.

④ 대마도와 구주

대마도와 일기도는 왜구의 본거지이자 왜구 침입 시 거치는 경유지이며 조

---

61 『雜同散異』卷1, 「海路」. 여기서 『왜기』·『통문관지』·『해사록』을 인용하였고 안설을 붙였다.
62 앞의 일본국가관에서 서술했으므로 여기서는 생략한다.
63 이 문제에 대해서는 '安龍福事 家錄東史外傳'이라고 한 점으로 보아 『동사외전』에서 더 자세히 다루었음을 알 수 있다. 또 1765년 이가환에게 보낸 서신에서도 언급하여 강역의 중요성을 강조하였다(『順菴先生文集』卷7, 「與李廷藻家煥書」).
64 『順菴先生文集』卷13, 「橡軒隨筆」下, 海中大島.

선시대 조일朝日외교 및 무역을 직접적으로 담당했던 지역이었다. 따라서 일본 내의 어떤 지역보다 중요한 지역이었던 만큼 순암의 관심과 연구도 대마도에 집중되었다. 그는 대마도의 지리와 역사, 왜구와의 관련성, 조선시대 대일외교사에서의 역할, 삼포왜란 및 임진왜란에서의 활동, 왜관무역을 둘러싼 대마도인의 농간과 대책 등에 대해 여러 곳에서 자세히 기술하였다.[65]

구주지역의 하카다와 태재부에 대해서도 언급하였다. 하카다는 일본의 대조선무역의 실질적 근거지이며 구주지역의 수도에 해당하는 곳으로 통신사행의 경유지이기도 하였다. 그런 점에서 대마도 못지않게 중요한 의미를 가진 곳인데 순암은 하카다에 대해 신라시대 백제상의 순국지, 여원연합군의 일본정벌 시 상륙지로서의 역사와 위치 등에 대해 고증하였다. 또 하카다 부근에 위치해 있으며 고대부터 일본의 외교·무역·군사를 맡아 처리하였던 태재부에 대해서도 소개하였다.[66]

⑤ 육오와 하이

육오와 하이는 조선의 동북부 지방과 거리상으로 가깝다는 점에서 조선에로의 예상 침입로로서 일찍부터 논의되어 왔다. 특히 임란 시 풍신수길이 육오를 통해 침입하려 했다는 이야기가 『간양록』에 소개된 이후 통신사행원과 학자들에게 관심의 대상이 되었다. 순암도 그러한 관점에서 육오의 위치, 조선과의 거리, 육오에 설치된 진수부鎭守府 등을 소개하였다.[67]

---

65 『동사강목』의 본문 중 5개처에서 따로 기술한 것을 비롯하여 문집과 『잡동산이』에도 관계기사가 많다. 순암이 1774년 이상준에게 보낸 서신에 보면 대마도주의 世系에 대해 고려말의 宗慶에서부터 1748년 사행 당시의 島主 宗義和까지 기술하였다(『順菴先生文集』 卷9, 「答李仲命 別紙 問倭館始末」). 또 『동사외전』에서는 일본전과는 별도로 대마도를 독립시켜 부용전에 넣었을 정도로 중요시하였다.

66 『順菴先生文集』 卷19, 「倭國地勢說」. "又於西海道之筑前州 置太宰府 統西方軍兵 盖爲我國及琉球等諸蠻中國之來侵而設也 其禦侮制置之法 可謂得其道矣."

67 위의 책.

하이에 대해서도 마찬가지이다. 순암은 하이가 일본의 근심거리 중의 하나이며 정이대장군의 '이夷'가 바로 하이라고 하면서 관백이 에도에 머무는 것도하이 때문이라고 하였다.[68] 특히 천황과 관백의 권력관계와 관련하여 반막부 세력의 거점이 될 수도 있다고 보았다. 그래서 그는 『간양록』과 『표주록』을 인용하여 하이의 역사·지리·물산 등에 관해 기술하였다.

⑥ 삼도三都

순암의 일본 지리에 대한 관심이 주로 군사적 차원에 머물러 있었던 만큼 일본의 삼도(京都·大坂·江戶)에 대해서는 상대적으로 소홀하였다. 단지 정치적인 관점에서 서경西京(京都)과 동도東都(江戶)를 소개했는데 그것은 지리적인 관점보다는 천황과 관백의 본거지로서의 양 도都의 갈등 대립관계에 관심을 가진 것이다.[69] 삼도의 지리 물산 등에 대해서는 『동사록』의 「왜국삼도설」을 인용 소개하였다.[70]

이상 살펴본 바와 같이 일본의 역사와 지리에 대한 순암의 관심과 연구는 서술 분량 면에서나 이해 수준에서 다른 어떤 실학자보다 뛰어나다. 그 이유는 그의 일본연구의 출발점이 한일관계사에 대한 관심에서 출발하였고 그것의 연장선상에서 지리연구도 진행하였기 때문이다.

---

68 위의 책. "蝦蛦者 自陸奧州之平和泉 (…) 山戎自成聚落 其道路通行處 爲倭東北道五十四郡 之地 亦一大島也(見姜沆看羊錄) 雖服屬于倭 而倭爲深慮 故關白居東都江戶 自稱征夷大將 軍留鎭之 夷必指蝦蛦而言也."
69 위의 책.
70 『雜同散異』 卷4, 「倭國三都說」.

3) 정치와 무역

(1) 일본의 정치

순암의 일본에 대한 관심과 연구가 정치군사적인 실무적 차원의 대응을 위한 것이었던 만큼 일본의 정치정세에 대해 관심이 없을 수가 없다. 순암의 일본정치에 대한 관심은 당시의 실권자인 관백(덕천막부의 장군)과 상징적 존재인 천황의 이원적 권력관계 구조와 권력의 실상에 집중되어 있었다. 그리고 그러한 이원적 권력구조를 둘러싼 양자의 갈등과 그것에 기인하여 장래에 발생할지도 모를 정치적 변혁 가능성에 대한 예측으로 되어 있다.

순암은 당시 일본의 실권자인 관백에 대해 주목하였는데 우선 관백제의 기원과 역사에 대해 언급하였다.

"관백關白이 일어난 곳은 원뢰조源賴朝로부터인데 송宋의 순희淳熙 연간에 해당한다. 그는 겸창막부의 장군으로서 용사대신用事大臣 평청성平淸盛을 몰아내고 안덕천황安德天皇을 폐하고 죽인 뒤 마침내 국정을 전단하였다. 겸창막부의 장군은 11세 149년을 지냈다. 이어 족리존씨足利尊氏가 그것을 대신하였는데 원元의 문종 지순至順 연간에 해당하는 시기이며 역시 13세 231년을 지냈다. 그 후 직전신장織田信長이 대신 일어났고, 풍신수길豊臣秀吉이 신장을 이어받았으며, 덕천가강德川家康이 수길을 대신하였다."[71]

한편, 일본의 천황에 대해서도,

---

[71] 『順菴先生文集』 卷2, 「上星湖先生書 戊寅」. 이 밖에도 『동사강목』에서 겸창막부와 실정막부의 개설에 대해 상술하였으며, 『잡동산이』에서는 관백제에 대해 가장 잘 정리한 것으로 평가되는 조경의 『동사록』의 「관백설」을 전문 인용 소개하였다. 짐작건대 순암의 관백에 대한 지식은 『동사록』에서 얻은 바가 많은 것 같다.

"그 역세편歷世篇에 이르기를, 상세上世에 천신天神 7대와 지신地神 5대가 있었는데 대개 임금을 신으로 불렀다. 협야狹野에 이르러 인황人皇의 시조가 되었는데 곧 신무천황神武天皇이다. 그 책으로 상고해 보니 그 연대가 우리나라의 숙종조 경오년과 114세 2,340년이 떨어져 있으며, 중국사에 맞추어 보면 주周의 양왕襄王 2년 신미에 해당된다. (천황은) 하나의 성으로 전해 내려와 오늘에 이르기까지 끊이지 않는데, 이것은 중국의 성왕聖王도 능히 이루지 못한 바로서 실로 기이한 일이며, 봉건封建의 제도가 능히 행해지고 있는 것이다.[72]

라고 하였다. 여기서 그는 패원익헌의 『화한명수』를 보고 난 후 천황의 세계를 따져 보면서 그 역사의 유구성과 처음부터 지금까지 일성一姓으로 계승되어 온 사실에 대해 '중국에서도 이루지 못한 기이한 일'이라고 하였다. 순암은 당시 천황이 현실적으로 무력했지만 그것이 가지는 정신적 권위를 결코 과소평가하지 않았다. 이 점이 당시 일본을 직접 다녀온 통신사행과 다른 그의 일본인식의 한 특징이라고도 볼 수 있다. 그런데 이러한 순암의 인식은 당시 일본 사회에 대한 주의 깊은 연구와 상황판단에서 나온 것이라기보다는 단순히 유학자로서 가진 명분론에서 나온 것으로 여겨진다. 하여튼 그는 당시 일본의 천황과 관백의 권력관계가 장래에 변할 수 있는 가능성이 있다고 보았다. 즉,

(A) "그 나라에 충의지사가 있어 항상 관백의 세력이 웅강雄剛하고 천황이 미약한 것을 분하게 여기면서 하고자 하는 바가 있어도 66주의 태주들의 가족이 모두 관백의 인질이 되어 있었으므로 감히 일어나지 못하였다. 전에 산기암재山崎闇齋와 그 문인 천견재淺見齋가 있었는데 허노재許魯齋가 원나라를 섬긴 것은 잘못되었다고 의논하였다. 지금에는 천견재의 문인으

---

[72] 위의 책.

로 약신경若新鏡이라는 자가 있는데, 자가 중연仲淵이고 호는 수재修齋로서 학문을 좋아하고 담론을 잘 하였다. 스스로 악비岳飛와 방효유方孝孺에 비교하면서 항상 천황을 부흥시킬 뜻을 가지고 있다 하니 과연 기사奇士로다."[73]

(B) "그 나라에서 동무東武와 서경西京이 서로 구적이 된 것이 오래되었다(관백은 동도東都에 있으며, 왜황은 서도西都에 있으면서 문사를 주로 하였다. 왜황이 자리를 잃고 관백이 정치를 전달한 이후 두 도시가 서로 원수 보듯이 하였는데, 힘이 약해 감히 움직이지 못한다고 한다). 또한 어찌 충신과 의사義士가 분통함을 품고 위황僞皇의 지위를 회복시키고자 하는 자가 없겠는가? 만일 우리가 천시天時와 인화人和를 얻어 나라 안의 정치에 여유가 있고 국방에도 어려움이 없어진다면 지피지기를 충분히 요량한 후 관백에게 글을 보내 군신의 대의로써 권력을 내놓게 하고 (왜황을) 복위하게 하는 것이다. 그러면 그들은 반드시 놀라 나라 안이 모두 흉흉해질 것이다. 또 구주와 나라 안에 격문을 전하면 그 나라에서 따르는 자가 절반이 될 것이다. 이렇게 하여 (관백의) 죄를 토벌하고 그 명분을 바르게 하면 이것은 천하의 의거로서 이른바 한번 힘써 영원히 평안케 하는 것이다."[74]

사료 (A)·(B)에서 보이는 것처럼 순암은 당시 천황과 관백 간의 갈등과 현실적으로 천황의 실권이 없으며 관백의 인질정책人質政策 등의 통치방식으로 66주의 태수들이 감히 반발하지 못하는 상황을 인정하였다. 그럼에도 산기암재山崎闇齋(1618~1682)·천견경재淺見絅齋(1652~1711)·약림신요若林新饒(1676~1732)와 같은 사람을 소개하면서, 그들이 막부체제에 불만을 품고 서경을 부흥시키려고 하고 있으니 실로 '충의지사'요, '기사奇士'라고 칭찬하였다.[75] 순암은 한 걸음 더

---

73 위의 책.
74 『順菴先生文集』 卷19, 「倭國地勢說」.
75 이 부분은 『성호사설』 권17, 「日本忠義」의 내용과 거의 비슷하다. 그런데 이 문제에 대해서

나아가 과거가 아니라 현실적으로 그 나라의 '충신의사'가 노력해 거사하면 천황의 복위가 불가능한 것만은 아니라고 하였다. 심지어 그는 사료 (B)에서 보이는 바와 같이 우리나라에서 힘이 있고 정세를 잘 판단해서 가능성이 있다고 생각되면 그 일을 도와주어야 한다고 주장하였다. 즉 관백에게 군신대의를 밝히는 글을 보내고 일본의 구주와 국중에 격문을 보내면 그 나라에서 따르는 사람이 반이 될 것이라고 보았다. 그래서 그 (관백의) 죄를 토벌하고 명분을 바르게 하면 이것이야말로 천하의 의거이며 이른바 한번 수고하여 영원히 편안해지는 계책이라고 하였다. 당시 상대적으로 조선에 우호적인 태도를 취하고 있었던 덕천막부를 타도하고 천황의 복위를 도모하는 이를 충신의사라 하며 심지어 우리나라에서 도와주어야 한다는 식의 순암의 이러한 주장은 당시 일본의 상황과 정치정세에 대한 이해부족에서 나온 것이라 판단된다. 그는 당시 천황 주위 세력의 반조선적인 성격에 대해서는 잘 모르고 단지 유교적인 명분론에 입각하여 판단하였던 것 같다.

이러한 인식 속에서 순암은 당시 조선 국왕과 일본의 관백이 대등한 의례를 취하는 것은 부당하다고 보았다.

성호에게 보낸 서신에서 순암은 당시 한일외교체제의 부당성과 문제점을 지적하였다.[76] 그리고 앞으로 일본 국내 정치정세의 변동이 생길 경우 양국간에 외교적 분쟁이 있을 것으로 전망하고 우려를 표명하였다. 즉 왜황이 다시 실권을 장악하는 경우나 당시의 관백이 황제가 되고 그 신하를 관백으로 했을 때 옛날의 잘못된 관습(조선 국왕과 일본 관백과의 항례)을 예로 들어 외교적 의례를 고치려 할 것이고 그러면 반드시 분쟁의 실마리가 될 것이라고 하였다. 성호는 순암의 이 견해에 대해『간양록』과 아들 맹휴의 말을 인용하면서 공감을 표하

는 성호가『화한명수』를 보지 못한 점, 또 순암이 먼저 성호에게 서신을 보낸 점으로 미루어 볼 때『성호사설』의 기사는 이 순암의 서신을 참고 인용한 것으로 생각된다.

76 『星湖先生全集』卷25,「答安百順 問目」.

였다. 성호와 순암의 이러한 전망과 우려는 100년도 못 되어 명치정부가 외교권을 접수하면서 바로 현실화되었다. 순암의 일본정세에 대한 관점이 단순히 유교적 명분론에 입각한 것인지 아니면 정확한 판단의 결과인지는 확실히 알 수 없으나 그의 전망과 우려한 바가 실제화했다는 점은 주목할 만하다.

(2) 대일무역

순암은 정치·군사적 측면과 함께 경제에 대해서도 논의하였는데, 그의 관심사는 일본의 경제 자체보다 대일무역에 관한 것이었다. 그는 당시 일본의 경제와 무역상황에 대해 다음과 같이 기술하였다.

> "왜인은 예로부터 통상을 업으로 해왔으므로 해외제국과 서양에 이르기까지 왕래하지 않은 곳이 없었다. 오늘날에 이르러서는 더욱 성해져서 재물과 보화가 넘치며 상선이 몰려들고 있다. 또 중국과 무역을 해서 중국의 강남江南과 서촉西蜀 지방의 물화가 일본으로 몰렸기 때문에 중국의 물산으로 우리나라에 오는 것이 아주 줄어들었다. 어떤 이는 말하기를 중국으로 가는 길이 막혀 많이 통하지 못한다고 하나 이것은 믿을 수 없다."[77]

순암은 일본이 통상을 업으로 하는 나라로서 해외제국과 서양에 이르기까지 많은 나라와 활발하게 교역을 하고 있으며, 또 중국과도 직접 교류함으로써 조선과 중국의 무역량이 줄어들었다고 하였다. 즉 그는 당시 일본의 해외통상을 통한 경제의 번영과 조선에 끼친 영향을 지적하였다.

조선과 일본의 무역상황에 대해서 순암은 꽤 깊이 있게 논의하였다. 그는 우선 왜관의 설치를 둘러싼 문제에 대해 그것의 유래와 설치과정에 대해 상세

---

77 『順菴先生文集』 卷10,「東史問答」, 己卯.

히 기술한 뒤 다음과 같이 논평하였다.

"왜관을 설치해서 왜인을 접대하는 것은 그것이 비록 왕자王者로서 오랑캐를 위무하는 큰 덕이라고는 하지만 결국 그들이 우리와 섞여 번성하게 되었다. (…) 임진왜란 후 다시 화의를 맺었을 때 비록 왜인들에게 호시互市를 허락해 준다 하더라도 마땅히 의주와 6진의 예처럼 월일을 정해 기일이 되면 서로 만나 무역을 한 후 돌아가게 해서 머물지 못하도록 했어야 하였다. 그렇지 못하다면 절영도나 그 밖의 적당한 섬에 왜관을 설치한 후 양국이 기일을 정해 서로 만나면 될 뿐으로 굳이 내지에 왜관을 설치할 필요가 없었다. (왜관 설치 후 왜인들이) 우리나라 사람의 집과 이웃해 살면서 아침저녁으로 만나게 되어 변금邊禁이 엄격히 지켜지지 않고 국가의 일이 밖으로 누설되게 되었으니 어찌 좋은 계책이었겠는가? (…) 이런 까닭으로 나라 안의 금서禁書와 비밀스런 일들을 그들이 먼저 알게 되었다. 본래 잘 처리할 수 있었던 길이 어찌 없었겠느냐만 이와 같이 소홀하게 되었으니 실로 탄식할 만한 일이다."[78]

즉 일본인에게 왜관을 설치해서 접대하는 것은 그것이 비록 왕자로서 오랑캐를 달래는 큰 덕이라고는 하지만 결국은 그들이 우리와 섞여 번성하게 되었다고 하였다. 또 임란 후 다시 화의를 맺었을 때 비록 일본인에게 호시互市를 허락한다 하더라도 의주義州·대진大鎭의 예처럼 하든지, 꼭 관을 둔다면 절영도絶影島 같은 섬에 해야지 내지에 왜관을 설치해 준 것은 잘못이라고 지적하였다. 그 결과 많은 왜인들이 왜관 근처에 거주하게 되어 변금邊禁이 느슨해지고 국사國事가 누설되었다고 개탄하였다. 이와 같이 순암은 당시 조정에서 부산에 왜관을 지어 주고 호시를 열어 준 정책에 대해 강력하게 비판하였다.[79]

---

78 위의 책, 卷9, 「答李仲命 別紙 問倭館始末」.

한편으로 순암은 왜관무역의 실상에 대해 적지 않은 관심을 기울였다. 그는 『잡동산이』의 「왜관개시倭館開市」와 「관시사례館市事例」에서 왜관무역의 유래와 당시의 실상을 기술한 뒤 논평하기를, 왜관 개시 초기에는 중국의 화물이 우리나라 동래부를 거쳐 유통되었으므로 일본과의 교역이 번성하였고 개시의 무역이 아주 많았으나 근세 이래 일본의 나가사키에서 중국과 직접 교역한 이후로 관시는 이름만 남고 쇠퇴하였다고 하였다. 순암은 이 외에도 인삼 밀무역의 문제점, 일본 은의 불량화에 따른 문제점 등을 지적하였다.

전반적으로 볼 때 순암의 대일무역에 대한 인식은 아주 소극적이었다. 일본이 활발한 해외통상으로 부를 축적해 가는 사실을 인정하면서도 대일무역에 대해서는 그것의 긍정적인 측면보다는 부정적인 면에 더 관심을 두었다. 왜관의 설치와 호시의 개설에 대해 경제 외적인 이유를 들어 비판하였고 그 실상에 대해서도 문제점만 지적할 뿐 좀 더 적극적인 대책을 제시하지는 않았다.

4) 사회와 문화

(1) 일본의 사회

순암은 일본사회가 기본적으로 무가사회라는 점과 기술을 중시하는 관습에 대해 주목하였다.

---

79 왜관설치와 互市 문제 외에도 순암은 조선 전기 三浦의 恒居倭와 후기의 왜관 주변 거주 왜인에 대해 아주 부정적으로 보았다. 순암의 이러한 대일 강경노선은 성호와는 대조적이어서 흥미롭다. 성호는 삼포의 항거왜에 대한 당시 조정의 차별정책이 삼포왜란과 임란의 원인이 되었다고 하며 그들을 우리나라 사람과 꼭 같이 대우해 주어야 한다고 주장하였다(『성호사설』 권14, 「蔘商」). 이에 비해 순암은 대마도인이 인삼무역을 요구하면서 한 협박 내용을 소개하는 등 비판적이었다(『順菴先生文集』 卷10, 「東史問答」, 己卯).

"또 듣건대 그들은 무예를 더욱 정밀하게 하고 기묘한 기술을 더욱 모으며, 해외의 오랑캐들 가운데서 기계를 좋아하고 기이한 재주가 있는 자가 있으면 반드시 후하게 뇌물을 주어서 초청해 온다고 한다. 그 뜻이 비록 무를 숭상하는 데 있다고 하나 실로 이웃에 살고 있는 사람으로서 즐겨 들을 만한 바가 아니다."[80]

이 기사는 통신사행원을 통해 들은 전문을 성호에게 보고하면서 자신의 견해를 밝힌 것이다. 순암은 당시 일본이 무예가 더욱 정치해지고 각종 기술이 축적되어 있다는 사실과 그들이 새로운 기술의 도입을 위해 화란和蘭 등과도 활발히 교섭한다는 사실에 대해 약간의 부러움과 두려움이 섞인 논평을 하였다.

특히 패원익헌貝原益軒의 『화한명수和漢名數』를 읽고 난 뒤에는 "그 기계가 정묘하고 제도가 일정하니 결코 오랑캐라고 소홀히 할 수 없다"고 하였다.[81] 이 기사 외에는 신라인 일라日羅가 일본에서 신으로 추앙받는다는 사실과 일본의 물산에 대한 간략한 기술이 있을 뿐로[82] 일본의 사회상에 대한 순암의 관심과 기록은 아주 소략하다.

(2) 일본의 문화

일본의 문화에 대한 순암의 관심과 인식도 대단한 것은 아니었다. 그러나 이등인재伊藤仁齋의 『동자문』[83]과 패원익헌의 『화한명수』[84]를 본 후 일본의 유

---

80 『順菴先生文集』 卷2, 「上星湖先生書 戊寅」.
81 위의 책. "其器械之精妙 制度之一定 則不可以蠻夷忽之也."
82 『동사강목』 부록 상권, 「怪說辨證」; 『順菴先生文集』 卷13, 「橡軒隨筆」 下, 南草.
83 伊藤仁齋(1627~1705)는 에도시대 초기 유학자로 古義學派의 창시자이다. 『동자문』은 1707년에 간행되었는데 내용은 聖學의 본질, 인재의 유학에 대한 식견, 고학의 본의 등이 문답형식으로 서술되어 있다. 이 책이 우리나라에 최초로 전래된 시기는 1719년(숙종 45) 통신사행의 서기로 수행한 成汝弼이 인재의 차남인 伊藤長英으로부터 얻어 온 것이다. 또 1748년의

학과 문장에 대해 주목할 만한 기록을 남기고 있다.

"나는 일찍이 왜인이 쓴 『동자문童子問』을 보았는데, 거기에 이런 시가
있었다. '하늘은 높고 바다는 넓은데 여기 조그마한 한 초당. 사철을 유유
히 보내니 늘 봄기운이로다. 문득 우습도다 도연명이 높은 식견이 없어 북
창北窓에 높이 누워 복희씨伏羲氏를 내려다봄이여.' 그 후 저자 미상의 『선
곡잡기蟬谷雜記』라는 책에 이르기를, 일본인 이등유정伊藤維楨은 『동자문』
을 지었는데 모두 180조이고 3책이다. 호를 고학선생古學先生이라고 하였
다. 그의 문인 임경범문林景范文이 지어 올린 발문에, '유자의 학문은 암매
한 것을 가장 싫어한다. 도를 논하고 경전을 풀이함에 있어 모름지기 명백
하고 바르게 하기를 밝은 태양 아래 네거리에 있는 것처럼 해야 하면 조금
이라도 남을 속여서는 안 된다. 견강부회해서도 안 되고 남의 의견을 빌려
서도 안 되며, 특히 꾸며서 자신의 단점을 숨기는 것을 싫어한다. 또 단장
하고 꾸며서 이전의 유자들에게 아첨하고 기쁘게 해서도 안 된다. 이러한
여러 폐단을 범하는 것은 비단 도를 논하고 경전을 해석하는 데 해로울 뿐
만 아니라 도리어 사람의 마음을 크게 망가뜨리는 것이므로 반드시 알아
야 한다.' 운운하는 이등인재의 말을 인용하였다. 이 말은 참 좋다. 이 밖
에도 격언이 아주 많다. 바다 가운데 오랑캐의 나라에서 이와 같은 학문인
이 있었다니 뜻밖이다. 그 세 책이 논한 바를 보니 대개 맹자를 추존하면
서 때때로 정이천을 헐뜯고 있었다."[85]

순암은 일찍이 왜인의 『동자문』을 보았다고 하며 그 책에 있는 시 1수를 소

사행 시에도 자제군관으로 수행했던 洪景海가 京都에서 일본인 유학자 上月信敬과 필담하
고 난 뒤 『동자문』・『논어고의』를 얻어 보았다는 기록이 있다(홍경해, 『隨槎日錄』).

84 에도시대 중기 福岡藩의 유학자 貝原益軒(1630~1714)의 저술이다. 내용은 천문・지리・인
물・전고・사적 등의 名數에 관한 것으로 일종의 백과전서 식 저작이라 할 수 있다. 이 책
이 간행된 해는 1689년인데 언제 조선에 전래되었는지는 확실하게 알 수 없다.

85 『順菴先生文集』 卷13, 「橡軒隨筆」 下, 日本學者.

개하였다. 즉 이 기사만으로 볼 때 처음에는 『동자문』의 유학적 내용에 대해 별 관심을 기울이지 않았던 것 같다. 그런데 후에 『선곡잡기蟬谷雜記』에 실려 있는 이등인재에 관한 기록을 보고 본격적인 관심을 가지고 『동자문』의 내용을 검토해 보았다고 여겨진다. 특히 인재의 문인 임경범문林景范文이 쓴 발문에 나오는 인재의 말을 길게 인용하였다. 유학자의 자세와 학문의 태도에 관해 언급한 이등의 주장에 대해 순암은 "이 말은 매우 좋다. 이 외에도 격언이 아주 많다"라면서 공감을 표시하였다. 나아가 그는 "바다 가운데 오랑캐의 나라에서 이와 같은 학문인이 있는 것은 뜻밖이다"라고 칭찬하였다.

한편, 인재의 유학의 성격에 대해서는 "『동자문』 3책의 논한 바가 대개 맹자를 추존하고 때때로 정이천程伊川을 헐뜯고 있다"고 보았다. 순암은 자신의 소감 외에도 통신사행의 사행록에 나오는 필담을 인용하면서 그 사실을 부연 강조하였다.

"영조 무진년(1784, 영조 24년) 통신사행 때 유씨 성을 가진 서기가 화천 인和泉人으로 호가 난등蘭藤이란 자에게 이등인재의 학문을 물었다. 이에 대해 '그는 인재仁齋는 실로 우리나라의 호걸지사豪傑之士입니다만 우리의 도(주자학)가 아니므로 상세히 말하고 싶지 않을 뿐입니다'라고 대답하였다. 또 이등인재의 무리로 등명원藤明遠이란 자가 제술관과 서기들에게 책을 주었는데, 『중용中庸』이 자사子思의 저술이 아니라고 하며 장황하게 서술하는 등 말이 되지 않았고, 문리도 아직 트이지 못하였다고 하였다. 이러한 것을 비추어 보건대 인재의 학문을 알 수 있겠다."[86]

---

86 위의 책. 이 기사의 내용은 1748년 사행 시 종사관 조명채가 쓴 사행록 『봉사일본시문견록』에 나오는 것이다. 여기서의 서기는 유후이며 和泉人이라는 일본학자는 三宅紹華이다. 삼택소화는 木下順菴의 제자로 木門十哲의 한 사람인 三宅緝明(1674~1718)의 아들로서 주자학파 계열의 인물이다. 또 藤明遠이란 인물의 본명은 藤原明遠인데 당시 侍講直學士로서 통신사행을 접대하였다.

즉 정주학자인 삼택소화三宅紹華가 통신사행의 서기 유후의 질문에 대답한 이등인재의 유학에 대한 논평과 인재의 제가인 등원명원藤原明遠의 설에 대한 조명채의 논평을 인용하면서 순암은 인재 학문의 성격을 알 수 있겠다고 하였다.

순암은 인재의 학문이 정·주의 설을 비판하고 배척하였기 때문에 일단은 긍정적으로 보지는 않았던 것 같다. 그러나 『동자문』과 그의 학문에 관한 글 속에는 격언이 아주 많다고 하며 또 그의 학문 자체의 수준에 대해서는 높이 평가하였다. 추측컨대 일본을 유교의 야만국으로 보았던 순암의 인식이 인재의 『동자문』을 읽고 난 뒤 변화되었다고 생각된다. 이 점은 그가 『화한명수』를 보고 난 뒤 일본의 문물에 대해 인식을 새로이 한 것과 비슷하다.[87]

다음으로 순암은 임나산林羅山(1583~1657)에 대해서 언급하였다.

"인조 계미년(1643, 인조 21년) 조용주趙龍洲가 통신사행으로 갔을 때 임도춘林道春이란 자가 있었다. 호는 나산羅山이고 유학자로 석안항夕顔巷이란 관직을 가지고 있었는데 또 존칭으로 민부경民部卿이라고도 하였다. 용주와 주고받은 글이 있는데, 그의 문사와 식견이 비록 도라고 칭할 만한 것은 없으나 문학으로 한 나라에 이름을 날렸으며 나라 안의 문한文翰이 모두 그의 손에 맡겨져 있다고 한다. 무진년(1748) 사행 시 국자제주國子祭酒 임신충林信忠이란 자가 있었는데 바로 도춘의 증손이다. 대대로 문형文衡을 잡았으며 국서와 사한詞翰이 모두 그들의 손에서 나온다. 도춘의 아들 서恕와 정靖은 모두 문임文任을 관장하였고, 서의 아들 신독信篤은 홍문원 학사에 올랐으며, 신충은 신독의 아들이다."[88]

---

87 순암은 『화한명수』를 보고 1758년 성호에게 보낸 서신에서 일본의 문물에 대해 "且其器械之精妙 制度之一定 則不可以蠻夷忽之也 若文之以禮樂 則誠海中之樂土也"라고 평하였다(『順菴先生文集』 卷2, 「上星湖先生書 戊寅」).

88 『順菴先生文集』 卷13, 「橡軒隨筆」 下, 日本學者. 이 기사의 내용은 조경의 『동사록』과 조명채의 『봉사일본시문견록』을 보고 쓴 것이다.

이 기사에서 볼 때 순암이 임나산의 저서나 문집을 직접 본 것이 아니고 1643년의 통신부사 조경과의 왕복문서를 보고 논평한 글이다. 여기서 순암은 임나산의 학문에 대해 "문사文詞와 식견이 도라고 칭할 만한 것은 없으나 문학으로 나라 안에 이름을 날리고 나라의 문한文翰이 모두 그에게 맡겨져 있다"고 평하였다. 그리고 임나산의 후손들이 세습하면서 국서와 사한詞翰을 모두 담당하고 있음을 소개하였다. 순암은 임나산의 글을 보고 그의 문장은 인정하였고 또 그의 가문의 역할을 중요시하기는 했지만 유학에 대해서는 과소평가하였다. 그러나 이것은 그가 직접 임나산의 저술을 보지 못하고 왕복문서 2편만을 보고 간략히 그 느낌을 적은 것에 불과하므로 크게 논할 만한 것이 못 된다.

전반적으로 볼 때 순암의 일본 유학에 대한 관심은 별로 크지 않았다고 할 수 있다. 또 일본 유학의 수준에 대해서도 대단치 않게 보았던 것 같다. 그가 학문적 호기심을 가지고 통신행사원으로부터 일본 서적을 빌려 보고 그들의 사행록을 보기도 했지만 순암이 접할 수 있었던 자료는 아주 제한적이었다. 따라서 그의 일본문화관이나 일본유학관은 자료적인 한계성을 벗어나지 못했기 때문에 피상적이라고 볼 수 있다. 단지 주목할 만한 사실은 그가 『동자문』과 『화한명수』를 직접 보고 난 뒤에는 일본의 유학과 문물에 대한 평가가 긍정적으로 바뀌었다는 점이다. 그런데 순암은 일본을 문화 면에서 주목의 대상으로 여기지 않았던 것 같다. 그것은 후의 다산·아정雅亭에 비해 일본문화에 대한 관심과 평가가 소극적일 뿐만 아니라 그보다 앞선 성호보다도 기술 내용이 더 적다는 점에서도 알 수 있다.

5) 침략 가능성과 대책

순암이 일본과의 관계사를 서술함에 있어, 또 일본에 대한 연구를 한 주된 목적이 정치군사적인 차원에 있었음은 전술한 바와 같다. 따라서 순암의 일본에 대한 주된 관심사는 일본의 재침략 가능성이 있느냐에 대한 정세판단과 만일 유사시 어떠한 방식과 침입로를 통해 침략해 올 것이냐, 그 경우 어떻게 대처할 것이냐 하는 문제였다고 생각된다. 이러한 문제에 대해 그는 적지 않은 기록을 남기고 있다.

그는 우선 조선의 지리적 위치가 '사방으로부터 적을 맞이하는 땅[四面受敵之 地]'이며 당시의 해방 상태가 특히 허술하다고 보았다.[89] 또 당시 조정의 당로자 當路者들의 해외제국의 사정에 대한 무관심과 무지, 군사적 방어체제의 문제점 등을 지적하였다. 한편 일본 측의 사정에 대해서도 일본 국내 정치정세의 불가 예측성과 군사력의 증대에 대해 우려를 표시하였다. 즉 그는 당시 일본이 계속 무예를 장려하고 새로운 무기와 기술을 도입하기 위해 화란과도 활발히 교섭 한다는 소문을 듣고는 실로 이웃에 사는 사람으로서 편치 않다고 하였다.[90] 특 히 일본과는 지리적으로 근접해 있어서 만일 화호和好가 깨지는 날에는 삼방연 해三方沿海가 모두 피해를 입는다고 우려하였다. 이러한 여러 가지 사정을 고려 한 그는 일본의 침략 가능성이 상존한다고 보았으며 결론적으로 국사를 도모 하는 관리는 해방과 변방 방어에 대한 계책에 더 힘을 써야 한다고 강조하였 다.[91]

순암은 만일 일본이 다시 침입해 올 경우의 방비대책을 세우기 위해 역사적 으로 침략한 사례와 침입로에 대해 살펴보았다. 그는 우선 고려 말의 왜구에 대해 서술하면서 일본을 제어하려면 반드시 먼저 '대마왜對馬倭'를 제어하는 방 책을 알아야 한다고 하였다.[92] 좀 더 구체적으로 고려 말 정지鄭地의 왜구대책

---

89 『順菴先生文集』卷10, 「東史問答」, 己卯. "我東雖云海外偏邦 實四面受敵之地也 不獨西北 連陸爲可畏也 近來海防踈濶 島嶼無管 誠可惜也."

90 위의 책, 卷2, 「上星湖先生書 戊寅」. "且聞彼人武藝益精 奇技益聚 海中諸蠻有好器械 多奇 才者 則必厚賂而招聚之云 其義雖在於尙武 實非居鄰者之所樂聞也."

91 위의 책, 卷19, 「東國地界說」. "觀於此則 海防邊禦之策 籌國之士當加之意爾." 그런데 순암 은 일본의 침입 가능성을 항상 북쪽 만주족의 위협과 병렬하여 기술하고 있다. 그런 점에서 일본의 재침에 대한 절박하고 현실적인 위기의식을 느낀 것 같지는 않고 일반론적인 의미에 서의 위험성과 그에 따른 해방대책의 강구를 주장하였다고 생각된다.

92 『동사강목』 제11권상, 고려 원종 4년 하 4월조. "按 對馬島居兩國間 自新羅以後 倭敵之侵

을 소개하면서 자신의 견해를 밝혔다.

　　"생각건대 고려 말의 왜환倭患은 왜국 전체가 도적이 된 것이 아니다.
다만 날뛰는 왜구 무리들이 약탈한 것이 근 40여 년이 된 것인데, 국방을
맡은 관리가 좋은 계책이 없어 그들을 이길 수 있는 방법을 얻지 못하였
다. (⋯) 우리나라의 해변에 오는 왜구는 모두 구주九州 여러 섬의 도적들
인데, 그 왜구들이 우리나라를 왕래하기 위해서는 대마도를 거치지 않으면
다른 길이 없으므로 대마도는 요충의 길목이다. 여러 섬의 왜구가 쳐들어
올 때도 대마도의 왜구가 길잡이 노릇을 하였다. 그러므로 만약 이 섬을
섬멸하고 그들의 마음을 굴복시킨다면 여러 섬의 왜구가 의지하는 바를
잃어 날뛸 방법이 없을 것이다. 정지鄭地의 이 계책을 4년 뒤에 박위朴葳가
써서 왜구의 침입이 없어졌으니 그 효과를 바로 알 수 있다."93

　　즉 왜구 방비대책에 있어 대마도가 지니고 있는 전략적 중요성을 강조하면
서 왜구의 본거지인 대마도를 공격해야 한다는 정지의 계책에 대해 찬성하였
다. 그리고 그 계책으로 고려 말 박위朴葳와 조선조 세종 원년의 대마도 정벌이
성공을 거두었고 왜구방지에 효과를 얻었다고 하였다.
　　그는 또 고려 문종 이래 왜구의 시작에서부터 조선시대의 왜구까지 왜구의
역사와 침입로에 대해 상세히 서술하였다. 특히 일본의 예상침입로에 대해서
는 해로와 거리, 아군의 배치상황, 풍향, 조수까지 고려하여 세밀하게 검토하
였다.94 이러한 검토 결과 순암은 대마도를 거쳐 남해로 들어오는 침입로가 가

　　暴 皆是馬島導之也 故欲禦倭 必先理會制馬倭之策."
93 위의 책, 제16권하, 고려 우왕 12년 2월조.
94 『雜同散異』卷1, 「海路」, 「海防」. 여기서 검토해 본 사례를 요약해 보면 다음과 같다. ①
　　조선 태종조에 함경도에 쳐들어온 왜구는 陸奧나 伯耆 지방의 왜구가 아니라 五島와 대마
　　도의 왜구가 해로를 따라 온 것이다. 임란 시 豊臣秀吉이 陸奧로부터의 침입을 구상하기도
　　했지만 그 경로는 북해의 바람과 파도가 심해 가능성이 거의 없다. ② 隱岐島로부터 동해를

장 가능성이 높다고 하면서 그에 대한 나름대로의 방비책을 제시하였다.[95] 즉 그는 아군의 병력배치에 대해 검토한 후 영남이 적의 침입의 관문이므로 부산에 주사대장舟師大將을 설치하고 그 나머지 병력을 견내량見乃梁과 고금도古今島에 배치해야 한다고 주장하였다. 또 유사시에는 통영統營에 주둔해 있는 군사와 배를 부산에 보내 방비하고 통영의 중군中軍을 가덕도加德島로 배치해 막아야 한다고 하였다. 그리고 「어왜禦倭」에서는 일본 침략 시에 대비한 무기·진법陣法 등 좀 더 구체적인 방어책을 소개하였다.[96] 비록 순암의 독창적인 방안을 제시한 것은 아니지만 이 문제에 대한 그의 관심과 노력을 엿볼 수 있는 자료이다.

4. 순암의 일본인식의 특성

이상 살펴본 바를 바탕으로 순암의 일본인식의 특징적인 성격을 정리해 보

거쳐 오는 침입로는 가능성이 적다. 임란 시 平義智와 풍신수길도 이 침입로는 해로가 험해 포기하였다. ③ 왜구의 대부분이 九州의 왜인이지만 제주도·추자도를 통한 침입로는 바람과 파도가 험해 가능성이 적다. 최부의 『표해록』에도 나오며 임란 시에도 이 침입로는 무리라고 일본에서 인정하였다. ④ 서해 쪽으로의 침입은 임란 시 충무공의 전투에서 보았듯이 통영에서만 막으면 진출이 불가능하다. ⑤ 결국 일본의 침입로는 남해를 거쳐 영남지방으로 쳐들어오는 것이다. 조선군이 대마도를 토벌했을 때나 고려시대 여원연합군이 일본을 침입해 갔을 때도 마산·거제에서 대마·일기도로 가는 코스를 택하였다.

95 『雜同散異』卷2, 「邊防」에서는 『白沙集』을 인용하면서 다음과 같은 두 개의 예상 침입로를 소개하였다. ① 五島의 倭 → 三島 → 岾山島 → 古今島 → 加里浦 ② 對馬島의 倭 → 蓮花島 → 欲智島 → 南海.

96 임란 시 李泄弘이 고안·실시하여 큰 효과를 본 대일방어책으로 순암이 인용 소개한 바를 요약해 보면, ① 왜의 鳥銃에 대항하기 위한 鉄打와 稷杖 ② 射夫의 충원방법 ③ 陣法 ④ 弩處의 설치 위치 ⑤ 성의 수비를 위한 병력배치 방법 ⑥ 賊船의 상륙 저지 방법 ⑦ 거북선의 구조와 전투상의 장점 등이다. 특히 ③, ⑥, ⑦번은 도면을 제시해 가며 설명하였고, 거북선에 대해서는 『雜同散異』卷2, 「戰船」에서 더 자세히 논의하였다.

고자 한다.

첫째, 순암은 일본에 대해 상당한 관심을 가지고 연구를 하였으며 그 결과 적지 않은 기록을 남겼다. 그의 일본에 대한 학문적 호기심이 서학에 대한 그 것만큼 크지 않았고, 또 저술 면에서도 『천학고天學考』·『천학문답天學問答』과 같은 체계적인 것은 없었다고 하더라도 그의 일본에 대한 관심과 저술은 당시 조선 후기 지식인의 일반적인 경향에 비추어 볼 때 결코 흔치 않은 것이었다. 순암이 남긴 일본관계 저술로는 문집과 『잡동산이』에 수록되어 있는 30여 편 의 단편적인 기사가 있고, 그 밖에 『동사강목』·『열조통기』·『동사외전』에 일 본의 역사·지리 및 한일관계사에 관한 기사가 꽤 많이 실려 있다. 내용 면에 있어서도 몇 가지 면에서는 주목할 만한 식견을 보여 주고 있다.

둘째, 순암의 일본연구의 동기는 정치·군사적인 차원에서의 대책을 마련해 보고자 하는 실용적인 목적에서 출발하였다. 그의 일본에 관한 저술 중에서도 특히 정채를 발하는 분야로는 한일관계사와 일본의 역사·지리에 대한 연구를 들 수 있는데, 그것도 크게 보면 일본에 대한 정치적·군사적 대책수립을 위한 것이라고도 할 수 있다. 그런 점에서 그는 일본의 사회·종교·풍속·문화(유 학을 제외한) 등에 대해서는 거의 관심을 두지 않았다.[97] 이 점 그의 일본인식의 특징이자 한계라고 할 수 있다.

셋째, 순암의 일본 국가관 및 민족관은 17세기 조선 지식인의 그것과 같은 감정적 적개심이 강하게 표현되어 있지는 않지만 본질적인 내용은 거의 그대 로 계승되었다. 어떤 면에서는 더 논리적으로 체계화되고 강화되었다고도 할 수 있다. 즉 그는 조선 중심의 화이관의 입장에 서서 일본을 교린국으로 인식

---

97 순암이 직접 보고 인용한 일본 서적이 『왜사』·『동자문』·『화한명수』 등 3책인 데 비해, 아정 이덕무의 경우는 16종이나 되며[하우봉(1987), 「이덕무의 일본관에 대한 연구」, 『인문 논총』 제17집, 전북대학교 인문과학연구소, 한치윤의 『해동역사』의 경우 22종의 서적이 인 용되어 있다.

했다기보다는 이적시·조공국시하였다. 일본민족에 대해서도 야만시하며 멸시감을 나타내었다. 이 점에서 순암의 일본 국가·민족관은 성호의 그것과 대비되며, 또 화이관 자체를 무시하고 거기에서 탈피하고자 하였던 한치윤·정약용의 역사의식(일본관도 포함하여)과도 구별되는 것이다.

넷째, 일본관에서 보수적이고 강경한 입장을 가지고 있었던 순암은 일본과의 외교관계나 대일정책에서도 강경한 원칙론자나 명분론자로서의 주장을 피력하였다. 그는 조선정부가 취한 일련의 대일 유화정책을 비판하였다. 예컨대 삼포의 개항과 항거왜의 거주를 허락해 준 점, 왜인에게 출입경로를 세 개나 허락한 점, 왜관을 부산에 지어 주고 호시를 열어 준 점 등을 비판하였으며 대일무역에 대해 아주 소극적인 입장을 취하였다. 또 조선 국왕과 일본의 관백이 대등한 의례를 갖추는 당시의 한일외교체제는 부당하다고 하였으며, 통신사행원들이 대일외교에서 보인 타협적인 태도에 대해 강하게 비판하였다. 특히 그는 한일외교체제가 지닌 이러한 '부당성'과 문제점을 지적하면서 만일 일본 국내의 정치상황이 바뀔 경우 한·일 양국간에 분쟁의 실마리가 될 것이라고 전망하며 우려를 표명하기도 하였다.

다섯째, 순암은 일본의 침략 가능성에 대해 절박한 위기의식을 느낄 정도는 아니었지만 그 가능성은 상존한다고 보았다. 그러한 인식에 따라 순암은 고려 중기 이래의 왜구와 임진왜란 등 일본의 침략에 대한 역사와 일본의 지리를 연구하였으며, 그 결과 예상침입로와 나름대로의 방어대책을 제시하였다. 이 문제에 관해 그는 한일관계의 다른 어떤 측면보다도 많은 관심과 노력을 기울였다. 일본의 역사·지리의 연구와 함께 그의 일본인식의 한 특징이라고 생각된다.

여섯째, 순암의 일본문화에 대한 관심은 정치·군사적인 문제에 비해 상대적으로 적고, 제한적인 통로와 자료를 통해 보았기 때문에 피상적이라고 볼 수 있다. 따라서 전체적으로는 일본문화를 무시하고 유교의 미개국으로 보았던 조선 유학자들의 전통적인 관념에서 크게 벗어나 있지 않다. 그러나 그가 직접 『동자문』과 『화한명수』를 읽어 본 뒤에 쓴 글에서는 주목할 만한 인식의 변화를 보여 주기도 하였다. 즉 이등인재의 『동자문』을 읽고 난 후 논평하면서 정주학을 배척하고 있는 점에 대해서는 비판적이었지만 그의 학문관이나 수준에 대해서 긍정적으로 평가하였다. 또 『화한명수』를 보고 난 후에는 일본의 문물에 대해 '오랑캐라고 소홀히 할 수 없겠다'고 평하였으며, 산기암재 계열의 학자에 대해 '충의지사'·'기사奇士' 등으로 표현하였다. 이 점은 주목할 만하며 아주 시사적이기도 하다. 그러나 순암의 일본문화에 대한 기록은 일본의 유학에 대한 이상의 논평뿐이며 그 밖에 종교·시문 등에 대해서는 전혀 언급이 없다. 전반적으로 볼 때 순암은 일본문화에 대해 특별한 학문적 호기심을 가진 것 같지는 않다. 일본을 문화의 대상으로 인식하고 본격적으로 연구한 것은 18세기 후반이나 19세기 초기의 아정 이덕무, 다산 정약용, 추사 김정희 단계에 와서야 이루어진다고 보아야 할 것이다.

안정복의 『하학지남』

이채구

1. 서론

『하학지남』은 조선 후기 실학의 대가인 순암 안정복이 선비교육의 지침서로
지은 책이다. 선비의 일상생활을 토대로 하여 학문과 수양에 이르는 길을 포괄
적으로 다룬 조선시대 교육이론과 실제의 집대성이라 할 수 있다.[1] 그래서 정
순목 교수는 『한국유학교육자료집해』에서 이 『하학지남』을, 이율곡의 『격몽요
결擊蒙要訣』, 박세무의 『동몽선습童蒙先習』, 이덕무의 『사소절士小節』, 그리고 정
다산의 『제론弟論』·『아학편兒學編』·『동치설童穉說』과 함께 조선시대 5대 교육
서의 하나로 지적하고 있다.

---

[1] 정순목(1987), 『조선시대의 교육명저순례』, 교육신서 128, 배영사, 138면.

본래 '하학'이란 '하학이상달下學而上達',[2] 즉 '낮고 쉬운 것부터 배워서 점차 깊은 학문에 나아가게 된다'는 뜻에서 온 말이다. 그러므로 '하학'은 '비근한 데서부터 배움', '인간의 사리事理를 배움', 또는 '정도가 낮은 학문' 등의 뜻을 가지는 말이다.

'지남'은 방향을 가리키는 기구로서 '지침'·'지남침'·'지남석'·'지남철'·'나침' 또는 '나침반' 등과 같은 뜻을 갖는 말이다. 또한 '지도'·'교수'·'안내함' 또는 '가르쳐 지시함'과 같은 말이기도 하다. 그러므로 '가리켜 인도함' 또는 '그곳으로 가는 길'이라고도 볼 수 있다. 그리고 한문에서 '우리 고향 선생님'을 '오향지남吾鄕指南'이라고 표현하고 있음을 볼 때, '지남'은 '선생님'과 같은 뜻으로 쓰일 수도 있음을 알 수 있다.[3] 결국 '지남'은 '가리키다'와 '가르치다'의 뜻을 가지는 말임을 알 수 있다.

이와 같이 여러 의미를 종합하여 보면 하학지남이란 초학자의 입문지침서라는 뜻이거니와, 실은 대학자의 학문적 규범으로 이미 그 속에 다 갖추어져 있는 것이라고 볼 수 있겠다.[4]

그러나 안정복은 훌륭한 정론가요 유학자요 사학자요 교육자요 지방행정가이기도 하였으나, 그의 정론이 무엇이며, 그의 성리학이 어느 계에 속하고, 그의 남다른 사관史觀이 과연 무엇이며, 교육관이 무엇이었던가 하는 내용 등이 아직 자세히 알려지지 않고 있음은 주지의 사실이다.[5] 확실히 안정복의 경우, 지금까지 다른 실학자들보다 개별적인 연구가 적었던 것 같다. 그에 관한 연구에 있어서도 대체로 그의 역사저술에 대하여 집중되어 왔다고 할 수 있다.[6]

---

2 아래로 人間事理를 배운 뒤에 위로 천리에 도달함. 卑近한 사물을 배운 뒤에 점차로 깊은 학리에 나아감(『論語』, 「憲問」).
3 충남 서천의 한학자인 晩成 陽致誠 선생과의 대화 중에서 인용(1990년).
4 『순암전집』 II, 「해제」, 여강출판사 영인본, 1984.
5 심우준(1985), 『순암 안정복 연구』, 일지사, 10면.
6 김수태(1987), 「안정복의 「大麓誌」」, 『백제연구』 18집, 충남대학교 백제연구소, 122면.

이와 같이 교육분야에 있어서도 훌륭한 사상과 저술을 남긴 것이 분명한데도 그에 관한 연구가 철저히 이루어지지 않고 있다. 안정복의 교육사상을 찾아볼 수 있는 것은 물론 『하학지남』만은 아니다. 『순암전집 Ⅲ』의 '명교장明教章'이나, 『임관정요臨官政要』의 '교육장' 또는 그가 창안한 '정전제와 공전제'에서의 '성인교육과 학교교육' 등은 그의 교육사상이 잘 나타나 있는 것들이다. 그 밖에도 잡다한 사항을 모은 그의 방대한 저술인 『잡동산이雜同散異』에서도 그의 교육사상을 규지窺知할 수 있는 것은 부지기수이다. 그러나 그의 교육사상을 대표할 수 있는 것은 역시 『하학지남』이다.

따라서 본 연구에서는 안정복의 교육사상 연구를 위한 골조작업으로서 『하학지남』의 저술 동기와 성격 그리고 내용 등을 개괄적으로 분석하여 보고자 한다.

2. 『하학지남』의 저술 동기

『하학지남』은 선생이 29세(영조 16년, 1740) 때 찬한 것이다. 선생의 저술생활에 있어서 아마 이것이 최초의 저서가 될 것이며, 또한 선생이 자기 저술 중에서 상당히 중시한 책이었던 것 같다. 선생이 72세의 노경에 와서 이 44년 전의 구고舊稿를 어루만지며 감회 깊은 제사題辭를 쓴 것만 보아도 알 수 있다.[7]

이와 같이 『하학지남』은 안정복의 저술생활에 중요한 의미를 갖는 책이다. 더구나 『하학지남』의 내용이 안정복의 교육사상을 집대성한 것으로 보이기 때문에 그의 교육사상 연구에서 차지하게 되는 이 책의 비중은 더욱 클 수밖에 없다.

그러면 그는 과연 무엇 때문에 이 책을 쓰게 되었을까? 안정복은 이 『하학지남』의 저술 동기를 서문에서 명쾌하게 밝히고 있다. 따라서 이 책의 저술 동기는 그 서문을 중심으로 살펴보는 것이 가장 좋을 것으로 생각된다.

---

7 『순암전집』 Ⅱ, 「해제」, 1면.

『하학지남』의 서문은 다음과 같이 시작되고 있다(서문의 원문 인용은 생략함).

　학문이라는 것은 아는 것과 행하는 것을 총칭하는 것인데, 그 배우는 것
은 성인을 배우는 것이다. 성인은 배우지 않고서도 사물의 도리를 나면서
부터 알아서 편안하게 실행하여 인륜의 지극함이 되는 것이니, 성인의 도
를 배운다는 것은 성인의 아는 것과 행하는 것을 구해서 날마다 쓰는 이륜
彝倫의 밖으로 벗어나지 않는 것에 불과한 것이다.
　맹자가 순임금을 찬하여 말하기를 '여러 가지 물리에 밝고 인륜에 살피
었다'고 하였으니, 그 서물庶物의 이치를 밝게 알고 또 인륜에 치찰致察한
것을 살핀 것이다. 『대학』은 격물치지의 뜻을 논의한 것이다. 또 말하기
를, '그 먼저 해야 할 일과 뒤에 해야 할 일을 알면 도에 가까운 것이라' 하
였으니, 아는 것이 비록 많다 하더라도 마땅히 먼저 할 바는 실은 날마다
쓰는 이륜의 밖으로 벗어나지 않는 것이다. 맹자가 또 말하기를, '요임금과
순임금의 지식이라도 사물의 이치를 두루 알아야 하는 것이 급선무라' 하
였으니, 그 선무라고 하는 것은 무엇을 가리키는 것인가? 맹자가 말하기를
'하학이상달'이라 하였는데, 하라는 것은 낮고 가까운 것을 일컫는 것이니,
가까워서 알기 쉽다는 것은 날마다 쓰는 이륜이 아니고 무엇이겠는가?

　이상에서는 학문이란 별다른 것이 아니라 성인의 도를 배우고 이륜을 배우
는 것이며, 그 이륜은 결코 어려운 것이 아니라는 것을 강조하고 있음을 알 수
있다. 그래서 안정복은 하학상달에 대하여 다음과 같이 계속하여 말하고 있다.

　공부를 여기 곧 하학하는 데 써서, 쌓고 또 쌓기를 그치지 아니하여 많
고 적은 고생의 지경을 갖추기를 다해야 한다. 그러한 후에라야 마음과 몸
이 하나가 되어 어렵고 막히는 근심이 없어서 거의 쾌활하고 쇄연灑然한
지경까지 볼 수가 있으니, 상달이 곧 여기에 있는 것이다. 성인의 언행이
『논어』에 갖춰져 있는데, 그 말은 모두 하학이 낮고 가까운 곳에 있는 것
이지, 심히 높아서 행하기 어려운 것은 없다. 후세에 학문을 의논함에, 반

드시 말하기를, 심학心學이나 이학理學이라고 말을 하는데 심과 이라는 두 글자는 형상도 그림자도 없는 것이며 더듬어 찾을 수도 없는 것이니, 도무지 이것은 허공에다 매달아 놓은 것과 같은 말이다.

그래서 그는 현실적으로 하학에 충실해야 상달의 경지에 이를 수 있다는 것을 다음과 같이 역설하고 있다.

맹자가 말하기를, '거처하는 것을 공손히 하고 일을 집행하는 것을 공경스럽게 하며, 사람을 상대함에는 정성껏 하라'고 하였다. 또 말하기를, '말은 충신忠信하게 하며, 행실은 독경篤敬하게 하라'고 하였다. 그러니 과연 능히 여기에 공부하기를 쌓아서 익히기를 오래 하면 맑고 밝은 것이 몸에 배고 지기志氣가 신과 같아질 것이다. 그리하여 마음은 잡기를 기다리지 아니하여도 저절로 집행이 되고, 이치는 연구하는 것을 기다리지 아니하여도 저절로 밝아져서 또 능히 상달의 지경에까지 이르게 되는 것이다. 후세에 배우는 사람들이 도리어 하학을 비천하게 여겨 좋아하지 아니하고, 항상 천과 인, 성명과 이기, 그리고 사단칠정과 같은 수준 높은 학설에만 구구하여서 그 행함을 거기에만 전념한다면 가히 칭찬할 만한 일이 많지 않을 것이다. 오직 상달을 알지 못하는 것만을 부끄럽게 생각한다면 평생을 마치도록 학문을 해도 덕성이 마침내 서지를 못할 것이며 재기才器도 마침내 이루지 못하게 될 것이다. 이것은 일찍이 학문을 하지 않은 사람과 같은 모양이니, 이는 하학의 공부를 알지 못해서 그렇게 된 것이다.

그리고 안정복은 자신이 소시에 좀 더 열심히 배우지 못한 데 대한 아쉬움을 술회하고 있다. 그러나 사적 측면에서 객관적으로 비쳐진 그의 인품과 학문적 업적을 볼 때, 그것은 어디까지나 겸손한 자평으로 생각된다.

아무튼 그는 자신의 몽매했던 과거를 뉘우치면서 『하학지남』을 쓰게 된 직접적인 동기를 다음과 같이 말하고 있다.

나는 어려서 배우지를 못하고 장성하여서는 선생님과 친구의 도움을 받지 못하여 타고난 천품이 날마다 진취성이 없이 거꾸러지는 데로 나가는데도 그것을 검토해서 알지를 못하고 유유범범悠悠泛泛하게 취생몽사하니 금수와 무엇이 다르겠는가?

이것을 두렵게 생각하여 고금의 아름다운 말과 착한 행실을 모아서 대략 제목을 나누되, 『소학』의 준례와 같이 하여 이 글을 만들어서 자경自警하는 일단의 글로 삼는다. 이 글을 쓰는 것이 경신년 여름이니 거의 50년이 되었으나 면목은 그대로 있는데 사람은 오히려 그전에 못 배웠을 때와 다름이 없다. 이 책을 오래도록 어루만져 보아도 슬픈 것을 깨닫지 못하겠어서 이것을 써서 또 자경하고자 한다. 죽기 전에 혹 일분一分의 유익함이라도 있기를 바란다.

이상과 같이 『하학지남』을 쓰게 된 동기를 말하고, 안정복은 이것을 스스로 실행하지 못하게 되는 우를 범하지나 않을까 하는 염려를 하면서, 다음과 같이 겸손하고 조심스럽게 서문을 끝맺고 있다.

전날에 이 책으로 자경한 것이 실행은 없이 말만 잘하는 사람으로 돌아가게 됨을 면치 못하게 된다면, 이제 이 자경문을 쓰게 된 것이 마치 나귀가 끄는 물레방아의 자취밖에 되지 않겠는가? 무후武侯가 궁려窮廬를 비탄한 말을 삼복三復하며 한갓 한숨만 쉴 뿐이다.

3. 『하학지남』의 성격

『하학지남』은 순암 안정복이 지은 선비교육의 지침서로서 조선시대의 교육이론과 실제의 집대성이라는 것은 이미 전술한 바 있다. 그러나 『하학지남』을 순수하게 순암의 교육사상으로 볼 수 있는 것이냐에 대해서는 다소 논란의 여지가 있다. 그 당시 학문의 연구 풍조가 술이부작述而不作[8]으로서, 『하학지남』역시 서문과 제 요소에 각주를 붙인 것 이외에는 전부가 오서오경五書五經을 비롯한 중국과 우리나라 선학들의 저서 속에 있는 말들을 발췌하여 나열한 것이기 때문이다. 이에 대하여 심우준 교수는 다음과 같이 말하고 있다.

> 『하학지남』은 순암 안정복의 29세 시의 저술이다. 당시는 영조 16년 (1740)이요, 조선조 제2차의 문운진흥기로서 실학의 맹아기에 해당된다. 이 저술을 보고 순암의 교육관을 살핀다는 것은 매우 어려운 일이다. 왜냐하면 당시 학문연구의 풍조로서는 '술이부작'이 팽배했던 만큼 순암의 사상도 직설적으로 표현된 것이 아니어서 선학들의 문적을 살펴 나열하는 것으로 그쳤을 뿐, 어떤 유형 속에 자기의 사상을 부식시킨 것이 아니기 때문이다. 그러나 그러한 나열에도 자세히 살펴보면 뜻이 있으면 순암의 사상 중에서 그 교육관의 단면을 볼 수 있다.[9]

이와 같이 순암뿐 아니라 당시 학자들의 저서가 대부분 선학들의 문적을 살펴 나열했던 것은 주지의 사실이다. 그러나 앞서 지적한 바와 같이 그 당시의 학문적 풍조가 술이부작이 팽배해 있었기 때문에, 그 당시로서는 되도록 많은 선학들의 말을 인용하는 것이 오히려 권위 있는 저술이었을 것으로 추측된다. 또 이러한 당시의 풍조로 볼 때 자기가 나타내고자 하는 어떤 사상을 기왕이면 권위 있게 하기 위하여 선학들의 말을 차용하여 표현했을 가능성도 배제할 수는 없다고 본다.

그러므로 비록 인용하여 나열한 것이기는 할지라도 그것이 저자의 사상이

---

8 傳述而不創作의 뜻. 즉 어진 선왕들의 예악이나 문물 등을 전하여 기술하기만 하고 자기가 새로 짓지는 않는다는 뜻. 창작은 성인이 아니면 불가능한 것이라고 믿었기 때문임(『論語』, 「述而」).
9 심우준, 앞의 책, 39면.

아니라고 볼 수는 없다는 것이 논자의 견해이다. 더욱이 『하학지남』의 경우, 전 편을 통하여 요소마다 각주를 통하여 저자의 의견을 분명히 제시하고 있음에 주목하지 않을 수 없다. 또한 『하학지남』은 얼핏 보아서는 그 편목의 명칭들이 일반 성리학자들의 것과 별 차가 없는 듯하나 그 내용은 매우 다른 것이어서, 벌써 실학파 학자로서의 기초가 확립되어 있다는 것이 안정복 연구가들의 일반적인 견해이다.

이상과 같은 사실들을 종합해 볼 때 『하학지남』은 곧 안정복의 교육사상과 일치하는 것으로 보아도 무리가 없을 것으로 확신한다.

4. 『하학지남』의 내용[10]

1) 수권首卷

수권에는 일용편日用篇을 두고 여기에 다시 숙흥장夙興章, 일간장日間章, 그리고 야매장夜寐章을 두어서 하루를 12지로 두 시간씩 분류하여 각각 그 시간별로 행해야 할 일을 서술하였다.

---

10 『하학지남』의 내용구성은 다음과 같다.
　　首卷：日用篇；夙興章, 日間章, 夜寐章.
　　上卷：「第一 讀書」；讀書之義章, 讀書之序章, 讀書之法章, 讀小學四書章, 讀諸經章, 讀性理諸書章, 讀史章, 尙論章, 附寫字章, 附作文章.「第二 爲學」；總論章, 立志章, 變化氣質章, 窮理章, 力行章, 存養章, 省察章, 克治章, 敦篤章, 論敬章, 論誠章, 異端章.「第三 心術」；誠意章, 正心章, 養氣章, 操存章, 喜怒章, 逸慾章, 器量章, 誠實章.
　　下卷：「第四 威儀」；總論章, 敬身章, 正容章, 謹言章, 衣服章, 飮食章.「第五 正家」；總論章, 孝敬章, 居喪章, 祭祀章, 友愛章, 夫婦章, 敎養章, 冠禮章, 婚禮章, 敦睦章, 禦下章, 治産章, 儉約章.「第六 處己」；持身章, 處事章, 操守章, 義命章, 改過章, 辭受取與章, 出入往來章.「第七 接人」；長幼章, 師友章, 接賓章, 待人章, 篤義章, 處世章, 居鄕章.「第八 出處」；總論章, 事君章, 治道章, 居官章.

순암이 직접 말한 바와 같이, "일용편에는 대략 몸 처신하는 것, 부모 섬기는 것, 일처리하는 것, 물건을 접하는 것, 그리고 날마다 마땅히 행하는 일을 별도로 갖추어 놓았다."[11]

각 장별로 중요한 내용을 요약하면 다음과 같다.

1. 숙흥장

a. 인시寅時(오전 3~5시)

1) 먼동이 틀 무렵, 즉 인시가 되면 일어난다. 새벽에 졸음이 처음 깨면 마음을 깨우쳐 상석床席에서 몸을 이리저리 뒤척거리다가 혈맥이 통한 뒤에 서서히 일어나야 한다.

2) 드디어 등불을 켠다. 불을 밝히는 기구를 미리 준비하여 놓고, 이것저것 가져오라고 부르는 일이 없도록 해야 한다.

3) 매구寐具를 정돈한다. 침구는 정돈 후 이불보로 덮어 놓거나 또는 가려진 곳에 두어야 한다.

4) 머리를 빗는다.

5) 낯을 씻는다.

6) 의관은 물론 신과 버선까지도 가지런하게 한다.

7) 부모님이 계신 곳에 나가 문안을 드린다.

8) 물러 나와서는 가묘에 나아가 재배례를 행한다.

9) 방과 마루와 마당을 청소하라고 명령을 한다. 비유卑幼는 방을 청소하고, 여복女僕은 마루를 청소하며, 남복男僕들은 마당을 청소한다.

10) 집안의 사람들을 불러 모아 직분에 따라 일을 하도록 분부한다.

11) 자기가 거처하는 곳으로 물러가서 서책과 책상을 정리한다.

---

11 『순암전집』II, 『하학지남』, 여강출판사 영인본, 1984, 17면. "按此篇 略擧 處己 事親 處事 接物 日用當行之事 別具."

12) 무릎을 꿇고 앉아서 글을 읽어서 써 학문하는 방법을 구한다. 이때
는 사물을 접촉하지 않은 때이므로 심기가 청명하다. 고요히 앉아서
글을 읽고 본원本原을 함양하는 것이 하루 동안 실용하는 방법을 취하
는 것이 된다.

b. 묘시卯時(오전 5~7시)
1) 해가 뜨는 묘시가 되면 다시 의관을 정제하고 부모님이 계신 곳에 나
가서, 부모님이 일어나시거든 배알을 한다.
2) 부모님의 침구를 개고 실내 청소를 한다. 부모님이 이부자리를 펴고
개는 것은 길야은吉冶隱처럼 몸소 하는 것이 좋다.
3) 부모님께 아침 음식을 드린다.
4) 부모님을 모시고 앉아서 배화陪話를 오래 하여 드린다.
5) 자기가 늘 거처하는 곳으로 물러 나오거든 자제들에게 글을 읽게 한
다. 인생의 지락至樂은 독서만한 것이 없고, 지요至要는 교자教子만한
것이 없다.
6) 아침 늦도록까지 독서를 하되, 만약 사람이 오면 반드시 책을 정권整
捲하고 대화를 한다.

2. 일간장
a. 진시辰時(오전 7~9시)
1) 조반시간인 진시가 되면 다시 부모님이 계신 곳에 가서 선구膳具를 살
펴본다.
2) 진지를 올린다.
3) 다 잡수시고 나면 상을 거둔다. 너도 거기서 먹으라고 말씀이 계시면
잡수시던 자리로 나가서 앉아 먹는다.
4) 먹으면 곧 물러난다.
5) 다 먹은 후 조금 있다가 자제들에게 글씨를 쓰도록 한다.

b. 사시巳時(오전 9~11시)

1) 우중 즉 사시가 되면 다시 자제들을 신칙하여 글을 읽게 하고 혹 의심나고 어려운 것이 있으면 그것을 질문하게 한다.

2) 자기도 또한 견고하게 앉아서 독서를 한다. 볼일을 이미 마치고 나면 오직 글을 읽는 것이 합당하다.

3) 장기와 바둑을 두거나 잡동사니 희롱하는 것을 가까이하지 말아야 한다.

4) 사기史記를 보기도 한다.

5) 글자를 쓰기도 한다.

6) 글을 짓기도 한다.

c. 오시午時(오전 11시~오후 1시)

1) 한낮 즉 오시가 되면 다시 부모님이 계신 곳에 나가서 문안을 드린다.

2) 부모님께 점심을 드린다. 부모님이 잡수시고 싶어하는 것이 있는가를 생각하여 그것을 드려야 한다.

3) 다시 자제들을 신칙하여 빈들빈들 노는 일이 없이 부과된 바를 부지런히 읽게 한다.

d. 미시未時(오후 1~3시)

1) 해가 기울어질 무렵 즉 미시가 되면 다시 자제들을 불러, 읽어서 의심나는 바를 강론하게 한다.

2) 오래 앉아서 글을 읽으면 정신과 기운이 곤핍해지는 것이니, 혹은 고요하게 앉아서 본원本源을 함양해야 한다.

3) 옛사람이 뜻에 맞게 지은 것을 읊기도 한다.

4) 아이들로 하여금 옛사람의 잠경문자箴警文字를 외우게 한다.

5) 혼수상태로 드러누워서 위의威儀를 잃는 데까지 이르러서는 안 된다.

6) 차시此時에 이미 응접을 너무 오래 했으면 게으른 뜻이 생기기가 쉬우

니 항상 내 스스로 조금 자성을 해서 방일하게 하지 말아야 한다.

e. 신시申時(오후 3~5시)

1) 일포日晡 즉 신시가 되면, 다시 부모님이 계신 곳에 나가서 모시고 오
   랫동안 말을 해야 한다.

2) 물러 나와서는 독서를 해야 하는데, 혹은 읽거나 혹은 사기를 읽어서
   다시 연구를 더 한다.

3) 저녁밥이 다 갖추어졌다고 고해 오거든 다시 부모님이 계신 곳으로
   나가서 잡수실 것들을 살펴본다.

4) 드디어 진지를 올린다.

5) 잡수시면 곧 물린다.

3. 야매장

a. 유시酉時(오후 5~7시)

1) 해가 질 무렵 즉 유시가 되면 다시 부모님이 계신 곳에 나가서 방이
   따뜻한가 차가운가와 창문에 틈이 있는가를 점검해야 한다. 그리고
   자리를 정리하고 이불과 요를 펴 드린다.

2) 부모님이 장차 주무시려고 하면 배사拜辭하고 물러난다.

3) 혹 모시고 자게 되면 집식구들에게 당부할 일이 있으신지 여쭈어 보
   아야 한다.

4) 자제들을 불러 모아서 종일 읽으면서 의심나는 바를 강론한다.

b. 술시戌時(오후 7~9시)

1) 어두워질 무렵 즉 술시가 되면 여복들은 물독에 물을 길어다 놓고 불
   을 잘 덮어 불씨가 꺼지지 않도록 한다.

2) 남복들은 문을 단속하고 빗장과 고리를 잠그게 한다.

3) 화재를 막고 도둑을 조심한다.

4) 부모님께 드릴 반찬들을 반드시 몸소 잘 저장해서 더럽혀지지 않도록 예비해야 한다.

5) 드디어 등불을 켠다.

6) 밤이 깊은 뒤에 자제들로 하여금 서실로 돌아가게 하며 낮에 읽은 것을 재독해서 복습하게 한다.

7) 만약 밤에 출입할 일이 있으면, 반드시 촛불을 가지고 다녀야 한다.

8) 혹 고요히 앉아서 야기夜氣를 함양한다.

9) 비록 어두운 밤 사람이 없는 곳에 있을지라도, 반드시 모름지기 매우 조심하는 마음을 스스로 가져서 게으르지도 말고 거칠게 되지도 말아야 한다.

10) 밤이 깊어지면 침구를 편다.

11) 의건을 벗어 잘 정리하여 쌓을 것은 쌓고 횃대에 걸 것은 걸어 놓아야 한다.

c. 해시亥時(오후 9~11시)

1) 사람이 자게 되는 시각인 해시가 되면 천천히 누워서 편안히 잔다.

2) 잘 때는 생각을 짓지 말고 오직 눈을 감고 평온하게 자야 한다.

3) 비록 자다가 깰 때가 있더라도 일어나 앉아 있는 것은 마땅치 못한 것이다.

d. 자시子時(오후 11~오전 1시)

1) 한밤중 즉 자시가 되면 편안하게 흠씬 잔다.

2) 혹 잠을 깨는 때가 있더라도 망령된 생각은 하지 말아야 한다.

3) 이때는 양기가 생기기 시작하니 마땅히 고요히 하여 이를 길러서 흔들리지 않도록 해야 한다.

e. 축시丑時(오전 1~3시)

    1) 닭이 우는 축시가 되면 잠을 자다가 비록 깨더라도 눈을 감고 편안히 누워서 정신을 가다듬어 혼란하지 않게 해야 한다.

    2) 혹 밤중이라도 새로 깨달은 의리가 있는 것이 있으면 등불을 밝히고 기록해 두어야 하는데, 잊어버리는 것을 대비해서이다.

2) 상권上卷

상권은 독서讀書 · 위학爲學 · 심술心術의 3편으로 되어 있으며, 다시 여러 장으로 분류되어 있다. 각 장별로 중요한 내용을 요약하면 다음과 같다.

1. 독서편

  a. 독서지의장讀書之義章

    독서의 목적이 논해졌다. 천하의 이치를 궁구하고자 하는데, 독서를 하지 않고 다른 데서 이를 구하고자 한다면 그것은 마치 담장 벽에 얼굴을 정면으로 맞대고 가까이 서 있는 것과 같다. 이치를 궁구하는 것은 반드시 독서를 하는 데 있다.

  b. 독서지서장讀書之序章

    독서를 하는 순서에 관한 장으로서, 정단례程端禮의 독서분년법讀書分年法과 구양공歐陽公의 독서분일법讀書分日法 등이 인용되었으나 편의상 『격몽요결』에서 인용 제시된 율곡의 견해만 간략히 소개하고자 한다. 즉 『소학』·『대학』·『논어』·『맹자』·『중용』·『시경』·『예경』·『서경』·『주역』·『춘추』 기타 성리서의 순으로 되어 있으며, 여력이 있으면 사서를 읽되 이단잡류의 글을 경각이라도 펴볼 필요가 없다.

  c. 독서지법장讀書之法章

    『격몽요결』에 나타난 율곡의 독서순과 정단례의 독서분년법, 그리고 구양공의 독서분일법 등이 소개되었다.

d. 독소학사서장讀小學四書章

『소학』은 수신하는 대법에 갖추어져 있는 책이다. 진실로 배움에 뜻이 있다고 한다면 소학부터 배워서 내 몸가짐을 바로 해야 한다. 그리고 『대학』을 읽어서 그 규모를 정하고, 다음엔 『논어』를 읽어서 그 근본을 세우며, 다음엔 『맹자』를 읽어서 발월發越을 보고, 다음엔 『중용』을 읽어서 옛사람의 미묘를 구하면 『대학』 수미관통首尾貫通이 도무지 의심할 바가 없게 된다. 그러한 연후에라야 가히 『논어』와 『맹자』를 읽을 수 있고, 또 의심나는 바가 없게 된 연후에라야 『중용』을 읽는 것이 좋다.

e. 독제경장讀諸經章

『시경』은 반드시 가슴 속을 맑고 깨끗하게 한 연후에 상하성上下聲으로 읊고, 자연스럽고 태연하게 오래도록 읊조려야 한다. 『시경』을 읽는 것은 성인의 마음을 구하는 마음가짐으로 읽어야 한다.

f. 독성리제서장讀性理諸書章

성리서는 깊이 생각하고 충분히 이해하여 점점 학문하는 진로를 알아가지고 비로소 의리의 학문을 알게 되도록 읽어야 한다.

g. 독사장讀史章

사기를 읽는 데는 마땅히 대윤리와 대기회와 대치란의 득실을 유의해서 보아야 한다.

h. 상론장尚論章

고인의 언행과 인격 등을 논하는 태도를 논한 장으로서, 상론하는 데는 반드시 중을 지킬 것을 강조하였다.

2. 위학편

순암은 이 위학편에서, "학문하는 공부는 다만 두 가지 도가 있으니, 지知로써 선을 밝히는 것과 행行으로써 몸을 성실하게 하는 것이며, 그 힘쓰는 것은 교敎라는 한 글자에 있다"[12]고 하였다. 각 장별로 중요한 내용을 요약하면 다음과 같다.

a. 총론장總論章

사람이 아무리 어진 것을 좋아하고 알기를 좋아하며 믿음을 좋아하고 정직함을 좋아하며 용맹을 좋아하고 군세기를 좋아한다고 할지라도 배우기를 좋아하지 않으면 아무 소용 없는 것이니 오직 군센 마음으로 배워야 한다.

b. 입지장立志章

"사람이 비록 힘들여서 무엇을 해보고자 할지라도 뜻이 서 있지 아니하면 잠깐 하다가 말게 되어 도에 들어갈 수가 없다. 그러므로 반드시 뜻을 세우고 또 먼저 궁리하는 것이 필요하다."[13]

c. 변화기질장變化氣質章

"배우는 데는 뜻을 세우는 것이 귀중한 것이며, 기질을 변화시킬 줄 모르면 뜻의 향하는 바를 알 수가 없어서 능히 그 바른 것을 잃지 않을 수가 없다."[14] 따라서 배우는 사람은 모름지기 기질의 성이 선을 따르도록 변화시켜야 한다. 이 기질을 변화시키는 데는 『논어』에 있는 주主・충忠・신信의 삼자三字가 가장 간절한 것이다.

d. 궁리장窮理章

"치지致知는 조리條理로부터 비롯되는 것이다. 먼저 치지부터 하지 않고 한갓 행하는 데만 힘을 쓰게 되면 마치 눈먼 사람이 눈먼 말을 타고 한밤중에 깊은 연못에 임하는 것과 마찬가지다."[15] 그러니 선비의 학

---

12 위의 책, 88면. "按學問工夫 只有兩道 知以明善 行以誠身而所以用力者 在乎敎之一字."
13 위의 책, 91면. "按人雖欲力行 此志不立則 乍乍作乍輟 無以入道 故 必貴立志 而又先端理矣."
14 위의 책, 94면. "按學貴立志而 不能變化氣質則 志之所向 或 不能不失其正矣."
15 위의 책, 97면. "按致知始條理 事不先致知 而徒務於行則 所謂 盲人 瞎馬 夜半 臨深池."

문은 궁리를 우선으로 삼아야 한다.

e. 역행장力行章

비록 거침없이 유창하게 잘하는 말주변이 있을지라도, 군자는 그것을 귀중하게 여기지 않고 역행을 귀중하게 여기는 것이다. 아는 것이 인에 미쳤더라도, 능히 이를 지키지 못하면 얻고서도 잃게 되는 것이다. 그러므로 배우는 데는 역행을 귀중하게 여겨야 한다.

f. 존양장存養章

배우고서 존양하지 못하고, 존양하고서 보존하지 못하면 이것은 공염불이나 마찬가지다. 존양을 하는 데는 경敬으로써 주를 삼는 것이 가장 좋다.

g. 성찰장省察章

성찰은 성誠 자의 뜻이 많이 있는데, 홀로 무엇을 알고자 할 때는 그 기미를 살펴야 한다. 또 무슨 물건을 접할 때는 그것이 진실인가 망령된 것인가를 살펴보면 아는 바가 더욱 맑아질 것이다. 홀로 있을 때 삼가는 것이 정도에 들어가는 가장 요점이 되는 것이다. 숨긴 것보다 더 잘 보이는 것이 없으며, 작은 것보다 더 잘 나타나는 것이 없으므로 군자는 홀로 있을 때 신중히 조심해야 한다.

h. 극치장克治章

이미 성찰을 하고 나면 반드시 마땅히 극치를 해야 한다. 극기에 별다른 공묘한 법이 있는 것이 아니라, 비유컨대 외로운 군대가 졸지에 강적을 만나서 다만 있는 힘을 다하여 죽기를 각오하고 싸워 보는 것과 같다. 극기는 예禮와 경敬으로써 주를 삼는 것이 좋다.

i. 돈독장敦篤章

배우는 사람은 모름지기 번뇌를 참고 신고辛苦를 견뎌야 한다. 선비는 마땅히 도량이 넓어야 하는 것이니, 짊어진 책임은 무겁고 갈 길은 먼데 인을 몸에 짊어졌으니 또한 무겁지 아니한가? 죽은 뒤에서 그칠 일이니 그 또한 멀지 아니한가? 잠시라도 그치지 말고 죽을 때까지 돈후에 힘써야 한다.

j. 논경장論敬章

"보건대, 경이라는 것은 알고 행하는 데 관통되는 것이니 배우는 사람이 처음부터 끝까지 제일 큰 공부가 되는 것이다."[16] 경은 성학시종聖學始終의 요점이며, 치지가 있지 아니하고 경이 있는 사람은 없다. 경은 다만 안으로는 망사妄思가 없고 밖으로는 망동妄動이 없는 것이다.

k. 논성장論誠章

"경敬은 상하를 다 관철하고 시종을 관통하도록 하는 공부의 실상이다. 그러나 힘을 써서 공부를 끝까지 성취시키는 것은 성誠의 공이다. 학문의 지극한 공과 성인의 능한 일이 이 경과 성에 와서 마치게 되는 것이다."[17] 성이라는 것은 성인의 근본이며 오상五常의 근본이며 백행百行의 근본이다. 성이란 망령됨이 없는 것이며 진실을 말하는 것일 따름이다.

l. 이단장異端章

학문이 진전되지 못하는 것은 이단이 학문을 방해하기 때문이다. 불경과 같은 이단서가 어떠한 것인가를 알아보기 위해서 조금 읽어 보고자 하면, 마치 물을 건너려는 사람이 처음에 그 물이 깊은가 얕은가를 시험하여 보고자 하다가 마침내 아주 빠져 버리는 것과 같은 그릇됨이 있을까 두려우니, 아예 알아보지 않더라도 해롭지 않은 것이다.

3. 심술편

"위학의 조목은 이미 위에서 구비하였는데, 그 요점은 그 심술의 바른 것

---

16 위의 책, 124면. "按敬字 貫通知行 學者 始終之一大 工夫."
17 위의 책, 131~132면. "按敬是徹上下貫 始終之工夫其實然用力 而成就之者 誠之功也 學問之至功 聖人至能事 至此而畢矣."

을 얻는 것보다 더한 것이 없다. 그러므로 이제 여기에 별도로 한 편을 만들어서 성의誠意 · 정심正心 · 의기義氣의 법을 자세히 논하였으니, 마땅히 위의 존양 · 성찰 · 논경장과 합해서 보는 것이 좋다."[18]

a. 성의장誠意章

성의장은 곧 위의 성찰의 공功을 이야기한 것이다. 그에 대한 공부를 하는 요점은 곧 주자周子가 말한 사思 자이고, 장자張子가 말한 예豫 자이며, 주자가 말한 심審 자이다. 이분들이 말한 것을 깊이 생각하고 더욱 살펴서 그 힘을 실용함으로써 마음을 바르게 하는 근본을 삼아야 한다.

b. 정심장正心章

"정심을 하는 데는 존양과 성찰의 공부가 있는 것이니, 고요할 때는 경敬으로써 그것을 지키고 움직일 때는 경으로써 그에 응하면 자연히 마음이 그 바름을 얻어서 혼매하고 유주游走하고 편격偏擊되는 근심이 없을 것이다."[19]

c. 양기장養氣章

"마음은 비록 바른 것을 얻었다 할지라도 그것을 보양하고 기를 바르게 하는 것을 가히 치밀하게 하지 않으면 안 된다. 그러므로 반드시 무슨 일이든 다 의에 합당하게 하여 스스로 반성해야 항상 바르다."[20]

d. 조존장操存章

"이 조존장은 존양장의 이명異名이니 마땅히 정심장에 덧붙여야 할 것이나, 그 논한 말이 너무 많아서 별도로 한 장을 만든 것인데 그 요점

---

18 위의 책, 139면. "按爲學條目 旣具于上而 其要 莫過於心術之得其正也 故今則別爲一篇 詳論 誠意 正心 養氣之法 當合上存養 省察 論敬章而觀之也."

19 위의 책, 146면. "按正心 自有存養省察工夫 其靜也敬以存之 其動也 敬以應之 自然心得其正 無昏昧 游走偏擊之患矣."

20 위의 책, 148면. "按心雖得正 而保養 正氣 不可不蜜 故 必也事 皆合義 自反 常直."

은 경敬 자이다."21

e. 희노장喜怒章

희노의 과실은 마땅히 마음이 바름을 얻지 못해서 그렇게 되는 것이다. 이것도 역시 정심장의 부조附條인데 별도로 갖추어서 하나의 장을 따로 만든 것은, 칠정七情 중에서 오직 이것이 어려운 것이기 때문이며 일욕장逸慾章도 또한 마찬가지다.

f. 일욕장逸慾章

욕심을 막는 것을 논한 장이며 설명이 희노장과 같다.

g. 기량장器量章

재능과 덕량을 논한 장이다. 뜻이 정성스럽지 못한 까닭과 마음이 바르지 못한 까닭은 다 자기의 지식과 도량이 편착偏窄하고, 좋아하고 미워하는 것이 중中을 잃어버려서 그런 것이다. 그러므로 정자는 '배움이 진전되면 아는 것도 진전되고, 지식이 진전되면 도량도 진전되는 것'이라고 하였다. 그러니 배우는 사람은 언제나 재성在省하는 공을 배움과 지식과 도량이 다 같이 일치하게 하고, 개척시키는 방법을 더하여 가히 한 터럭만큼이라도 편벽되고 구부러지게 해서는 안 된다.

h. 성실장誠實章

"통틀어 보건대, 성誠이라는 것은 알고 행하는 것의 총괄적인 것이니 최상의 공부가 되는 것이다. 그 도를 다하고서도 혹 성실한 뜻이 없으면 미더움이 없고 거짓되어서 덕이 진전될 여지가 없다."22

---

21 위의 책, 152면. "按此章即上 存養之異名 當附于正心章 而其所論說 許多 故別爲一章 其要不出敬字."
22 위의 책, 172면. "按誠者 知行之總括也 最上工夫 盡其道而 或無誠實之意 則虛假矯僞 而無進德之地矣."

3) 하권下卷

하권의 내용은 위의威儀·정가正家·처기處己·접인接人·출처出處 편으로 되어 있으며, 이들은 각기 여러 개의 장으로 분류되어 있다. 각 장별로 중요한 내용을 요약하면 다음과 같다.

1. 위의편

  a. 총론장總論章

  위威는 의관을 바르게 하고 바라보는 것이 존엄성이 있고 엄숙하여서 다른 사람이 보고 두려워하는 것이며, 한갓 엄하고 사납게 하는 것이 아니다. 의儀는 움직이는 태도와 몸가짐을 예에 맞도록 하는 것이며, 한갓 모양을 일부러 꾸미는 것이 아니다. 임금은 임금으로서의 위의가 있어야 하고 신하는 신하로서의 위의가 있어야 하는 것인데, 순서대로 이 이하는 다 이와 같으니 이러함으로써 위아래가 다 능히 견고한 것이다.

  b. 경신장敬身章

  군자는 몸가짐을 언제나 공경스럽게 하여야 하는데 처신하는 데는 몸을 공경스럽게 하는 것이 제일 큰 것이 된다. 몸이라는 것은 어버이의 가지이니 감히 공경스럽게 하지 아니할 수가 없다.

  c. 정용장正容章

  일체의 몸가짐을 바르게 하고, 일체의 언행을 언제나 공경스럽게 해야 한다.

  d. 근언장謹言章

  옥의 티는 갈아서 없어지게 할 수 있으나, 말을 잘못하여 티가 생긴 것은 어떻게 해볼 도리가 없는 것이니 언제나 말을 삼가야 한다.

  e. 의복장衣服章

  옷은 너무 색다르고 화려하거나 사치스럽게 입지도 말고, 또 너무 더럽게 때가 묻고 떨어진 옷을 입거나 격식을 갖추지 않고 너무 간단한 옷차림을 해서도 안 된다. 하는 일 없이 집에 한가롭게 있을 때라도 옷소매나 옷고름을 풀어헤치거나 옷을 벗어 매거나 이마를 드러내지 말고, 아무리 덥더라도 신과 버선을 함부로 벗어서는 안 된다.

f. 음식장飮食章

음식을 먹을 때 지켜야 할 예절을 논한 장이다. 식사를 할 때 밥을 흘리지 말고, 소리 내어 훅 들이마시지 말며, 쩍쩍 씹는 소리를 내어 먹지 말고, 뼈다귀를 소리 내어 씹어 먹지 말며, 좋은 것만 골라서 먹지 말고, 밥을 들고 먹지 말며, 밥을 젓가락으로 먹지 말고, 이를 쑤시지 말며, 불고기 산적 같은 것은 한입에 넣고 먹지 말아야 한다. 음식을 탐하는 사람은 남이 천하게 생각하는 것이니, 작은 것을 기르려다 큰 것을 잃게 되는 것이다.

2. 정가편

순암은 "마음이 이미 바르게 되고 몸이 이미 닦아져서 이것을 집에다 베풀면 집도 가히 바르게 될 것이다. 그러므로 이것을 심술편과 위의편의 아래에 둔다"[23]고 하였다.

a. 총론장總論章

아비는 아비다워야 하고 아들은 아들다워야 하며, 형은 형다워야 하고 아우는 아우다워야 하며, 지아비는 지아비다워야 하고 지어미는 지어미다워야 집안의 법도가 바르게 되고, 집안의 법도가 바르게 되면 천하도 바르게 되는 것이다.

b. 효경장孝敬章

수권에서도 산발적으로 볼 수 있는 것으로서 부모 섬기는 효에 대하

---

23 위의 책, 206면. "按心旣正 身旣修則 施之家而 家可正矣 故 次心術 威儀之下."

328 ｜ 순암연구총서 5

여 논한 장이다. 천지의 바탕으로서는 사람이 가장 귀한 것이며, 사람의 행실로서는 효도보다 더 귀중한 일이 없다. 그러니 항상 공경스럽게 효도해야 한다.

c. 거상장居喪章

부모의 삼년상에는 옷은 베로 된 상복을 입고 음식은 죽을 먹어야 하는 것이니, 이것은 천자로부터 서인에 이르기까지 다 마찬가지다. 부모상을 당한 사람은 마땅히 음식과 옷과 기타 일체의 언행까지도 삼가야 한다.

d. 제사장祭祀章

무릇 제사는 애경愛敬하는 정성에 주를 두어야 한다. 가난하면 집의 유무에 맞춰서 가난한 대로 지내고, 몸에 병이 있으면 근력을 헤아려서 행하며, 재력이 넉넉한 사람은 마땅히 의례대로 갖춰서 제대로 지내야 된다. 다만 큰 제사든 작은 제사든 제사를 지낼 때는 반드시 정성스럽고 공경스럽게 지내야 한다.

e. 우애장友愛章

형제간에는 부드럽게 화락해야 한다. 어진 사람은 자기의 아우에게 노함을 간직하고 있지 아니하고 원망을 간직하고 있지 아니하며 다만 아우를 친애할 따름인 것이다. 그리고 아우는 형을 어버이처럼 섬겨야 한다.

f. 부부장夫婦章

군자의 도는 부부에서 시작되는 것이다. 예는 부부가 삼가는 데서 시작되는 것이다. 부부는 인륜의 시작이며 만복의 근원이니, 비록 지극히 친밀할지라도 또한 지극히 바르게 하고 지극히 삼가야 할 처지이다. 여자는 안에서 정위하여야 하고, 남자는 밖에서 정위하여야 하는 것이니 남녀는 정히 천지의 대의가 되는 것이다.

g. 교양장敎養章

아들을 가르치는 것이 다섯 가지가 있으니, 그 성품을 착한 곳으로 인도하여 주는 것과, 그 뜻을 넓혀 주는 것과, 그 재주를 양성시켜 주는 것과, 그 기를 복돋아 주는 것과, 그 병을 다스려 주는 것이다. 그중에서 한 가지만 폐해도 불가하다. 인가人家의 자제는 오직 덕을 보는 것은 가하나 이利를 보는 것은 불가하다.

h. 관례장冠禮章

관례라는 것은 예의 시작이며 아름다운 일로서 중요한 것이다. 그러므로 옛적부터 관례를 귀중하게 여겼고 중요하게 여겼기 때문에 사당에서 관례를 행하였다. 남자는 15세에서 20세에 이르게 되면 다 관례를 해야 되고, 여자는 15세가 되면 시집가고 비녀를 꽂아야 하는데 비록 시집을 못 가더라도 비녀는 꽂을 수 있다.

i. 혼례장婚禮章

남자는 16세에서 30세, 여자는 14세에서 20세에 이르게 되면 혼인을 할 수 있다. 무릇 혼인을 논의할 때는 마땅히 그 신랑과 신부의 성행과 가법이 어떠한가를 먼저 살펴보아야 하는 것이지 구차하게 그 부귀는 흠모하지 말아야 한다.

j. 돈목장敦睦章

어찌 다른 사람이 없으리오마는 동성만 같지는 않은 것이다. 종족간에는 진실로 가깝고 먼 사람은 있으나, 할아버지들이 보시면 똑같은 자손들이니 일가를 사랑하지 않을 수 없는 것이다.

k. 어하장禦下章

아랫사람을 어거하는 것에 대하여 논한 장이다. 그 몸이 바르면 명령을 하지 아니하여도 행하고, 그 몸이 바르지 못하면 비록 명령을 하여도 행하지 않는 것이다. 이런저런 여러 사람을 상대하는 데는 마땅히 엄격하면서도 동시에 은혜롭게 하여야 한다.

l. 치산장治産章

재산의 관리 및 처분에 대하여 논한 장이다. 하늘의 도를 이용하고 땅의 이利를 의지하여 근신하고 절용해서 부모를 봉양하는 것은 보통 사람들의 효도이다. 배우는 사람이 살아나갈 방도를 차리는 것은 가장 급선무가 되는 것이다. 진실로 생계가 너무 어려우면 배우는 도에도 방해가 되는 것이 있을 뿐만 아니라, 여기저기 찾아다니며 닥치는 대로 구하려 하여 불성실한 데로 빠질 수가 있다. 또한 관리가 되어 이利를 너무 즐겨하는 사람은, 그의 생계가 너무 군색하여 그럴 수가 있는 것이다. 그러니 언제나 재물에 대하여 이성을 잃지 말고 분수를 지키며, 마땅히 자기 집 형편에 따라 있으면 있는 대로, 또 없으면 없는 대로 각각 그 범위 내에서 써야 한다.

m. 검약장儉約章

검소한 덕이 가장 좋은 것이니, 모든 일에 검소하면 실수가 없는 것이다. 탐을 내어 욕된 것을 초래하는 것은 검소하게 하여 청렴한 것을 지키는 것만 같지 못한 것이다.

3. 처기편

"보건대, 선비가 이 세상에 태어나서 마땅히 자기 몸 처신하는 도를 살펴보아야 한다. 그러므로 처기장을 정가장의 다음으로 아래에 실었다. 이 치가 밝지 못하고 의리가 정하지 못한 사람은 몸 처신할 마땅한 바를 얻지 못할 것이다"[24]

a. 지신장持身章

사람은 향하는 바를 바르게 하고, 마음 살피는 바를 건실하게 하며, 마땅히 그 믿어야 할 바를 믿고, 마땅히 그 부끄러워해야 할 바를 부끄러워하며, 몸가짐을 겸손하게 하며 감히 헛되이 교만스럽게 굴지 말아야 한다. 그리고 무슨 일을 만나면 살피기를 자세히 하여 감히 쉽게

---

24 위의 책, 249면. "按士生斯世 當審處己之道 故處己次于正家之下 非理明義精者 無以得所處之宜矣."

처리하지 말아야 한다. 자기 스스로가 겸손하게 낮추고자 하는 사람은 남들이 높여 주는 것이다.

b. 처사장處事章

의義로써 일을 처리해야 한다. 어진 사람이라는 것은 그 의誼는 바르고 그 이利는 꾀하지 아니하며, 그 도는 밝고 그 공功은 계산하지 않는 것이다.

c. 조수장操守章

지조를 삼가 지키는 것에 대하여 논한 장이다. 선비가 귀중하게 여겨야 할 바는 절개 있는 행실이다. 높은 지위를 얻었다가 잃게 되면 그것은 어느 때고 다시 얻을 수가 있으나, 절개 있는 행실을 잃게 되면 그것은 종신토록 다시 얻을 수가 없는 것이다.

d. 의명장義命章

사람은 마땅히 살게 되면 살고, 마땅히 죽게 되면 죽어야 하는 것이다. 오늘 큰 복록福祿을 누리고 살던 사람이 명일에 가서는 초라하게 될 수도 있고, 오늘 부귀하게 살던 사람이 명일에 가서는 굶주리고 사는 사람이 될 수도 있는 것이다. 그러니 그것을 근심할 것이 아니라 오직 의가 있는 곳으로만 살아가면 되는 것이다.

e. 개과장改過章

군자는 착한 것을 보면 곧 옮겨서 실행하고, 허물이 있으면 곧 고치는 것이다. 소인들은 허물이 있으면 반드시 겉으로 꾸며서 변명하여 속이려고 한다. 허물이 있으면 고치기를 꺼리지 말아야 한다.

f. 사수취여장辭受取與章

군자는 사양하고, 받고, 취하고, 남에게 주는 것을 오직 이치에 합당하게 해야 한다.

g. 출입왕래장出入往來章

부모님이 생존해 계시면 먼길을 떠나지 말아야 하며 부득이 가게 될 때는 반드시 가는 곳을 말씀드려야 한다. 시기적으로 대풍大風·대우大

雨・대서大暑・대한大寒일 때는 나가지 않는 것이 좋다. 그 밖에도 모든 출입왕래 시에 공경스럽고 절조 있게 해야 한다.

4. 접인편

순암은 접인편에 대하여 "보건대, 이미 처기하는 도를 살폈으면 마땅히 접인하는 도를 살펴야 한다. 그러므로 접인장을 처기장의 다음에 편집하였다. 나에게 있는 권도가 능히 정밀하고 절실하지 못하면 사물에 응할 수가 없다"[25]고 하였다.

a. 장유장長幼章

나이가 곱이 더 많은 사람에게는 아버지를 섬기는 것과 같이 섬기고, 10년이 더 많은 사람에게는 형을 섬기는 것과 같이 섬기며, 5년이 더 많은 사람과 어깨를 나란히 하고 걷되 조금 뒤로 처져서 따라가야 한다. 다섯 사람이 한자리에 모여 있게 될 때 가장 나이가 많은 사람은 반드시 자리를 따로 앉도록 해주어야 한다.

b. 사우장師友章

무릇 배우는 도는 엄한 스승을 공경하는 것이 가장 어려운 것이다. 스승이 엄한 후에라야 도가 높아지고, 도가 높아진 연후에라야 백성들이 교화를 알게 되는 것이다. 옛것을 배워 완전히 이해하고, 나아가 새로운 것을 알아야 가히 스승이 될 수 있다. 친구를 사귀는 데도 공경을 위주로 해야 한다. 사람이 독학을 하여 친구가 없으면 고루해서 듣는 것이 적다. 친구간에는 서로가 옳은 일을 하고 잘못은 고치도록 간절히 권해야 한다. 이것이 곧 친구간의 도리이다.

---

25 위의 책, 287면. "按旣審處己之道 當察接人之術 故接人 次于處己之下 而在我之權度 不能精功則 無以應物矣."

c. 접빈장接賓章

사람을 대접하는 도리가, 마땅히 먼저 그 사람을 가볍게 여기거나 거만하게 여기는 마음이 있어서는 안 된다.

d. 대인장待人章

자기가 책임지는 것은 두텁게 하고, 남에게 책임 지우는 것은 얇게 하면 원망이 멀어지게 된다. 충忠과 노恕는 도에 가기가 멀지 않은 것이다. 자신에게 베풀어지기를 원치 않는 일이거든 또한 남에게도 베풀지 말아야 한다.

e. 독의장篤義章

사람이 다른 사람의 위태한 일을 도와주고 남의 급한 일을 도와주는 것이 진실로 아름다운 일이로되, 능히 스스로 공치사를 하지 않으면 더욱 좋은 일이다. 그리고 사람은 언제나 약속한 일이 있으면 의리를 지키고, 남의 딱한 일을 보면 정성껏 도와주어야 한다.

f. 처세장處世章

군자는 세상을 살아가는 데 마땅히 모나거나 찌그러진 데가 없이 둥글게 하여야 한다. 그러면 또한 사람들이 싫어하거나 버리지를 아니한다. 그리고 무슨 말을 함에 있어서 적합하지 못할 때 하게 되면 그것이 화를 불러들이는 도가 된다.

g. 거향장居鄉章

시골에 살면서는 덕업을 서로가 권해야 하고 과실을 서로 충고하여 주어야 하며, 예속으로 서로 사귀어야 하고 환난에는 서로 도와주어야 한다. 그리고 시골에서는 나이를 제일 중요하게 여기는 것이다. 고향 마을에서는 언제나 몸가짐을 온공하고 진실하게 해야 한다.

5. 출처편

순암은 출처에 대하여 "보건대, 이미 처기하는 도리를 살폈고 또 사람을 접대하는 방법을 알았으면 가히 나가서 벼슬할 만하다. 그러나 거취와

취사하는 것은 오직 의리를 좇아야 하는 것이니 배우는 사람이 마땅히 살펴서 처사해야 한다"[26]고 말했다

a. 총론장總論章

선비는 궁해져도 의를 잃어버리지 않으며 잘 되어도 정도는 벗어나지 않는다. 궁해져도 의를 잃어버리지 않는고로 선비는 자신의 본분을 지킬 수 있고, 잘 되어도 정도에서 벗어나지 않는고로 백성들이 실망을 하지 않는 것이다. 공자는 가히 속히 떠나야 할 때는 속히 떠났고, 가히 오래 있을 만하면 오래 있었으며, 가히 머물러 은거해야 할 때는 머물러 은거하였고, 가히 벼슬을 할 만할 때는 벼슬을 하였다.

b. 사군장事君章

임금은 신하를 예로써 부리고, 신하는 충성으로써 임금을 섬겨야 한다. 그리고 임금을 섬기는 데는, 섬기는 일을 공경스럽게 한 후에 그 녹을 먹어야 한다.

c. 치도장治道章

법으로써 인도를 하고 형벌로써 정제하면 백성들이 형벌은 모면하고 빠져나가나 부끄러움은 느끼지 못한다. 덕으로써 인도하고 예로써 정제하면 부끄러운 줄도 알고 또한 착하게 된다. 정치라는 것은 다스리기 위한 기구이고, 형벌이라는 것은 정치를 도와주는 법이다. 덕과 예는 정치를 창출해 내는 근본이며, 덕은 또 예의 근본이 되는 것이다.

d. 거관장居官章

벼슬살이를 하는 법에는 오직 세 가지가 있으니, 청淸·신愼·근勤을 말한다. 이 세 가지를 알게 되면 곧 자기의 몸가짐을 알게 된다.

---

26 위의 책, 324~325면. "按旣審處己之道 又 知接人之術 則可以仕矣 然 去就取舍 惟義之從 學者 所當審處之也."

5. 결론

『하학지남』은 조선 후기 실학의 대가인 순암 안정복이 선비교육의 지침서로 지은 책이다.

'하학'이란 『논어』의 '하학이상달'에서 온 말로서, '낮고 쉬운 것부터 배움'이란 뜻을 갖는 말이다. 그리고 '지남'은 '가리키다'와 '가르치다'의 뜻을 갖는 말이다. 그러므로 '하학지남'은 초학자의 입문지침서라는 뜻이다.

순암 안정복은 훌륭한 교육자이며 교육적 저술을 남겼으나, 불행하게도 그의 교육관이 무엇이었는지 그 내용은 아직 자세히 밝혀지지 않고 있다. 순암의 교육사상은 그의 여러 저서에서 찾아볼 수 있으나, 그의 교육사상을 대표할 수 있는 것은 『하학지남』이다. 『하학지남』은 순암이 자신의 생활이 진취성이 없이 유유범범하게 취생몽사하는 것이 금수와 다를 것이 없다고 겸손하게 자성하면서, 이것을 두렵게 생각하며 고금의 아름다운 말과 착한 행실을 모아서, 자경하는 일단의 글로 삼기 위해서 쓴 것이다.

『하학지남』은 중국과 우리나라 선학들의 저서 속에 있는 말들을 발췌하여 나열한 것이기 때문에, 이것을 순수하게 순암의 교육사상으로 볼 수 있느냐에 대해서는 다소 논란의 여지가 있다. 그러나 당시 학문연구의 풍조가 술이부작이 팽배했던 점을 감안할 때, 『하학지남』도 순암이 나타내고자 하는 자신의 교육사상을 기왕이면 권위 있게 하기 위하여 선학들의 말을 인용하여 표현했을 가능성이 크다. 더욱이 『하학지남』은 전 편을 통하여 요소마다 각주를 달아서 저자 자신의 의도를 분명히 제시하고 있다. 이러한 사실로 미루어 『하학지남』은 곧 안정복의 교육사상과 일치하는 것으로 보아도 무리가 없을 것으로 본다.

『하학지남』은 권수・상권・하권의 3권으로 구성되어 있다. 수권에는 일용편을 두어, 하루 동안 해야 할 일의 내용이 상술되어 있다. 상권에는 독서・위학・심술 편을 두었다. 독서편에는 독서의 목적, 독서의 순서, 독서의 방법 등이 상술되어 있다. 위학편에는 입지・변화기질・궁리・역행・존양・성찰・극치・돈독・논경・논성・이단 등의 내용이 상론되어 있다. 그리고 심술편에

는 성의·정심·양기·조존·희노·일욕·기량·성실 등의 내용이 상론되어
있다.

하권에는 위의·정가·처기·출처 편을 두고 있다. 위의편은 경신·정용·
근언·의복·음식 등의 내용을 다루었다. 정가편에는 효경·상례·제례·우
애·부부·교양·관례·혼례·돈목·어하·치산·검약 등의 내용이 다루어
졌다. 처기편에는 지신·처사·조수·의명·개과·사수취여·출입왕래 등에
관한 내용이 상술되어 있다. 그리고 접인편에는 장유·사우·접빈·대인·독
의·처세·거향 등의 내용이 상론되어 있다.

순암 안정복의 초등교육사상

『하학지남』을 중심으로

정낙찬

1. 서론

『하학지남下學指南』은 순암 안정복이 29세 때 엮은 동몽교재童蒙教材이다. 이 책은 조선시대 유학교육의 종합적인 집성이라 할 수 있는 것이고, 더 나아가 선비교육의 참모습을 구체적으로 제시한 점에서 매우 값진 자료이다. 또 순암의 실학교육사상을 여실하게 보여 주고 있다. 그래서 정순목은 이 책을 조선시대 5대 교육서(이율곡의 『격몽요결擊蒙要訣』, 박세무朴世茂의 『동몽선습童蒙先習』, 이덕무의 『사소절士小節』, 안순암의 『하학지남』, 정다산의 『제론弟論』·『아학편兒學編』·『동치설童穉說』) 중의 하나로 지적하였다.[1] 또 이 책은 한국 유학교육의 주체성을 드러내는 동몽교재인 하려下廬 황덕길黃德吉의 『동현학칙東賢學則』, 진계進溪 박재형朴在馨의 『해동속소학海東續小學』, 양전陽田 이상호李祥鎬의 『동학東學』에 영향을 미쳤다.[2]

이처럼 주요한 내용 및 가치를 지닌 책이지만 지금까지 이 책의 체제 및 내용에 대한 개괄적인 소개[3]와 교육 내용에 대한 총론적인 연구는 있었지만[4] 여기에 담겨져 있는 순암의 초등교육사상에 대한 각론적이고 체계적인 연구는 미흡한 실정이다. 그래서 본 연구의 목적은 『하학지남』에 나타난 초등교육사상의 분석을 통해 순암 안정복의 초등교육사상의 체계 및 성격을 구명하는 데 있다. 이와 같은 연구 목적에 따라 문헌 연구로써 진행될 연구 내용은 아래와 같다.

첫째, 순암 초등교육사상의 기반이 되는 『하학지남』의 구성 및 개괄적인 내용을 살펴본다.

둘째, 초등교육사상을 원리·내용적 측면의 지·행론(독서론·학문론·인격론)과 실천·방법적 측면의 교육론(생활교육론·태도교육론·인간교육론)으로 나누어 분석·해석한다.

셋째, 위에서 분석·해석한 결과를 종합하여 순암 초등교육사상의 체계 및 성격, 그리고 현대 교육적 의의를 알아본다. 이것을 결론으로 한다.

2. 『하학지남』의 구성 및 내용

『하학지남』은 수권·상권·하권으로 되어 있는데 전체적인 구성은 다음과 같다. 수권과 상·하권은 서로 실제생활의 적용·실천[用]과 원리·내용[體]의 관계에 있다. 그리고 원리·내용보다 실천·적용이 앞선다. 즉 수권에서의 일용편日用編은 상·하권에서의 원리적 내용[體]이 실제로 어떻게 삶 속에서 실

---

1 정순목(1983), 「일러두기」, 『한국유학자료집해』 (1), 학문사.
2 정순목(1989), 『조선시대의 교육명저 순례』, 배영사, 206~207면.
3 최동희(1976), 「신후담·안정복의 시학 비판에 대한 연구」, 고려대 박사학위논문; 강길수 (1983), 「안정복 하학지남」, 『한국의 고전 연구』, 한국정신문화연구원; 정순목, 앞의 책.
4 이채구(1992), 『안정복의 교육사상 연구』, 원광대 박사학위논문.

천·적용되어야 하는가[用]라는 구조의 틀로 한다. 그리고 상권과 하권도 역시 서로 체(상권)와 용(하권)으로 나누어져 유기적이고 실제적인 앎·삶·됨이 될 수 있게 한 것이다. 따라서 전체적으로 볼 때는 원리·내용인 상권보다 실천·방법인 수권과 하권을 더욱 강조하여 순암의 실학적 자세를 엿볼 수 있게 한다. 다시금 각권은 편編·장章으로 구성되어 있다. 전체적인 구성 및 개략적인 내용은 다음과 같다.

1) 수권

수권에서는 일용편을 다루었는데 여기서는 하루를 12시간(子丑寅의 12시로 오늘의 24시)으로 나누어 각 시간마다 할 일을 상세히 다루고 있다. 이와 같이 일용편을 첫머리에 둔 것에서 체(원리·내용)보다는 용(실천·방법)을 더 강조하는 순암의 자세를 엿볼 수 있는 것이다.

2) 상권

상권은 독서讀書·위학爲學·심술心術의 세 편으로 구성되어 있으며 이것은 다시 다음과 같은 내용의 장목으로 구성되어 있다.

독서편은 ① 독서의 목적, ② 독서의 차례, ③ 독서의 방법, ④ 속소학사서續小學四書, ⑤ 속제경續諸經, ⑥ 속성리저서續性理著書, ⑦ 독사讀史, ⑧ 상론尙論의 8장으로 구성되어 있고, 사자寫字와 작문의 두 장이 덧붙어 있다.

순암은 독서편에서 순자荀子의 말을 인용하여 '학문을 하는 일은 이치를 연구하는 데 있고 이치를 연구하는 것보다 앞서는 것이 없고 궁리를 하는 가장 중요한 것은 독서에 있다'고 하면서 이치를 연구하는 데 가장 중요한 것으로 독서를 들었다.

위학편에서는 학문하는 공부는 다만 두 길이 있는데 지知로써 선善을 밝히는 내용과 행行으로써 몸을 성실히 하는 것인데 그 지향하는 바는 경敬이라는 글자에 있다. 그리고 성誠 또한 공功을 거두는 방법이 된다고 하였다. 여기서는 그 순서와 조리條理를 열거한 것이다. 그 내용은 총론장을 포함해서 12장, 즉 ① 총론總論, ② 입지立志, ③ 변화기질變化氣質, ④ 궁리窮理, ⑤ 역행力行, ⑥ 존양存養, ⑦ 성찰省察, ⑧ 극치克治, ⑨ 돈독敦篤, ⑩ 논경論敬, ⑪ 논성論誠, ⑫ 이단異端으로 구성되어 있다.

심술편은 8장으로 구성되어 있는데 그 내용은 ① 성의誠意, ② 정심正心, ③ 양기養氣, ④ 조존操存, ⑤ 희로喜怒, ⑥ 일욕逸慾, ⑦ 기량器量, ⑧ 성실誠實의 장으로 구성되어 있다. 순암은 이 심술편을 학문에서 가장 중요한 것으로 여기고 있다.

3) 하권

하권은 위의威儀·정가正家·처기處己·접인接人·출처出處의 다섯 편으로 구성되어 있는데 이들은 각기 다음과 같은 내용의 장으로 구성되어 있다.

위의편은 ① 총론總論, ② 경신敬身, ③ 정용正容, ④ 근언謹言, ⑤ 의복衣服, ⑥ 음식飮食의 6장의 내용으로 구성되어 있다. 이와 같은 위의편에 대해서 순암은 비록 심술을 바르게 하여 마음을 다스렸을지라도 위의가 단정치 못하면 안 된다고 하였다. 결국 내면과 외면의 조화를 강조하고 있다.

정가편은 ① 총론總論, ② 노경老敬, ③ 상례喪禮, ④ 제례祭禮, ⑤ 우애友愛, ⑥ 부부夫婦, ⑦ 교양敎養, ⑧ 관례冠禮, ⑨ 혼례婚禮, ⑩ 돈목敦睦, ⑪ 어하御下, ⑫ 치산治産, ⑬ 검약儉約의 13장의 내용으로 구성되어 있다. 순암은 정가편을 총괄하여 마음이 이미 바르게 되고 몸이 이미 닦아졌다면 가정이 바르게 된다고 하여 마음·몸·가정의 순으로 바르게 할 것을 강조하고 있다.

처기편은 ① 지신指身, ② 처사處事, ③ 조수操守, ④ 양명養命, ⑤ 개과改過, ⑥

우애友愛, ⑦ 출입왕래出入往來의 7장의 내용으로 구성되어 있다. 순암은 이 편에서 선비가 이 세상을 살아가자면 당연히 처기하는 도리를 살펴야 한다. 리理가 밝지 못하고 의義가 전일하지 못하면 떳떳함을 얻을 수 없다고 하면서 처기의 중요성을 강조하고 있다.

접인편은 ① 장유長幼, ② 사우師友, ③ 접빈接賓, ④ 대인待人, ⑤ 돈의敦義, ⑥ 처세處世, ⑦ 거향居鄕의 7장의 내용으로 구성되어 있다. 순암은 접인편의 성격을 이미 처기하는 도를 살렸다면 당연히 인간관계를 살려야 한다고 하면서 처기 다음의 중요한 도를 인간관계로 보고 있다.

출처편은 ① 총론總論, ② 사군事君, ③ 치도治道, ④ 거관居官의 4장의 내용으로 구성되어 있다. 이 편에 대해서 순암은 이미 처기하는 길을 살피고 접인하는 술을 알았으면 가히 벼슬할 만하나 거취와 취사는 오직 의義를 따라야 한다고 보고 있다. 즉 처기와 접인의 단계를 밟으면 벼슬살이를 해야 되지만 거취와 취사는 오직 의에 따라야 된다고 강조하고 있다.

3. 초등교육사상

1) 지知·행론行論

(1) 독서론

순암은 독서의 중요성을 주자朱子가 말한 '학문을 하는 도는 이치를 궁구하는 데 있고, 이치를 궁구하는 도는 반드시 독서하는 데 있다'고 하며 독서를 지·행의 기본으로 보았다. 여기서는 독서의 순서와 독서의 방법에 대해서 살펴보고자 한다.

① 독서의 순서

순암이 생각하는 독서의 순서는 다음과 같다(『下學指南』上卷,「讀書第一」, 讀書
之序章).

先讀　小學　　　　　　　　　　次讀　詩傳
　　　大學 兼 或問　　　　　　　　　　書傳
　　　論語 兼 或問　　　　　　　　　　周易 兼 啓蒙
　　　孟子 兼 或問 以立其本　　　　　　春秋 兼 三傳
　　　近思錄　　　　　　　　　　　　　二程全書 以盡其用
　　　家禮　　　　　　　　　　　　　　朱子大全 兼 語類
　　　心經　　　　　　　　　　　　　　伊洛淵源錄兼理學通錄
　　　　　　　　　　　　　　　　　　　性理大全
　　　　　　　　　　　　　　　　　　　禮記 兼 儀禮及通解周禮

兼讀　先看綱目續綱目 明史綱目以正其義
　　　兼看自治通鑑等 諸編年史以會其要
　　　次看歷代正史 以通其變
　　　亦看東國諸史

위와 같은 순암의 독서 순서와 목적은 성리학자들과 일맥상통하는 것으로,
먼저 초학자의 기본서인 『소학』에서 출발하여 사서四書 그리고 성리학서인 『근
사록』·『가례』·『심경』 순으로 하는 것을 기본으로 하고 있다. 이는 주자학적
사회질서를 그대로 계승하고자 하는 순암의 현실인식을 반영한 것으로 볼 수
있다. 그 다음으로 읽을 책이 오경 및 성리학과 관련된 책이며 이는 선독 책을
기본으로 하는데, 순암은 차독次讀의 각 서書에 대한 독서의 성격을 다음과 같
이 강조하고 있다(『下學指南』上卷,「讀書第一」, 讀書之序章).

- 『시전詩傳』에서는 성정에 대한 사정邪正과 선악에 대한 포계褒戒를 가려낸다.
- 『서전書傳』에서는 요堯·순舜의 2제와 우禹·문文·무武 3왕의 천하를 다스리는 경법經法을 배운다.
- 『주역周易』겸『계몽편啓蒙編』에서는 길흉의 존망과 진퇴의 소장消長을 알아낸다.
- 『춘추春秋』겸 삼전三傳에서는 권선징악의 심오한 진리를 밝힌다.
- 『예기禮記』·『주례周禮』에서는 천리天理의 절문節文과 인사人事의 의칙儀則을 밝혀낸다.
- 『이정전서二程全書』와『주자대전朱子大全』겸『어류語類』,『이락연원록伊洛淵源錄』겸『이학통해理學通解』,『성리대전性理大全』등에서는 의리를 찾아 자기 마음을 무르익힘으로써 이를 활용해야 한다.

마지막으로 독서해야 할 책은 사서류史書類가 대부분이다. 먼저『강목綱目』·『속강목續綱目』·『명사강목明史綱目』을 봄으로써 사관을 바로 세우고『자치통감』등 여러 편년사를 봄으로써 그 요점을 캐고, 중국 역대의 정사正史와 우리나라의 여러 역사를 겸하여 봄으로써 고금을 이해하고 현실을 비판해야만 한다고 순암은 보고 있다.

이상과 같은 순암이 견지하고 있는 독서의 순서는 지식의 기본을 확립할 수 있는 자료와 이것을 응용할 수 있는 자료를 제시해 두고 변화해 가는 양상을 이러한 기본과 그 응용에 표준을 두고서 현실을 보아야 한다는 데에 근거하여 독서의 체계를 세우고 있다. 이러한 순암의 독서 순서는 높이 평가된다고 볼 수 있다.

② 독서의 방법

순암은 독서 효과를 장자張子의 말을 인용하여 다음과 같이 설명하고 있다.

"글을 꿰뚫은 근본적인 뜻을 얻은 뒤에라야 그 글이 또한 쉽게 기억되고 글을 보는 사람도 자기가 의심되는 것을 해석하고, 자기가 통달하지 못한 것을 밝게 하여 매양 보고 매양 알아서 새롭게 알아지는 것이 있으면 곧 학문이 진전되는 것이다. 의식이 없는 곳에 의식이 있게 되면 이것도 학문이 진전되는 것이다"(『下學指南』 上卷, 「讀書第一」, 讀書之法章).

　　이처럼 순암은 독서의 효과를 근본적인 의미의 이해, 의심되는 바의 해석, 새로운 지식의 획득, 새로운 것에 대한 문제의식으로 이해한다. 그는 위와 같은 독서의 효과를 얻기 위해서 구체적으로 주자의 독서 방법을 인용하고 있다 (『下學指南』 上卷, 「讀書第一」, 讀書之法章).

　　ㄱ. 순서점진順序漸進 : 구句・문文・장章・편編・서書 순으로 독파한다.
　　ㄴ. 숙독정사熟讀精思 : 마치 그 글이 자기한테서 나온 것처럼 익숙하게 외우고 기억할 수 있어야 한다. 즉 완전히 이해하여야 한다.
　　ㄷ. 허심함영虛心涵泳 : 마음의 선입감을 버리고 자기의 의사에 맞도록 하여야 한다.
　　ㄹ. 절기체찰切己體察 : 글을 읽는 데는 성현들의 말들을 자기에게 맞게 받아들여야 한다.
　　ㅁ. 착계용력着繫用力 : 조급하게 굴지 말고 과단성 있게 공부하여야 한다.
　　ㅂ. 거경지지居敬持志 : 전적으로 정밀하고 순수한 마음으로 독서해야 한다.

　　이와 같은 6조의 독서 방법을 순암은 독서를 하기 전에 가져야 할 정신적 자세와 사전 준비로 이해하고 있다. 또 순암은 독서는 본문상에 있는 것만의 뜻을 이해하여야만 된다는 것을 강조하면서 "독서는 본문상에 있는 것 외의 다른 뜻을 구할 필요가 없다. 다만 본문상에 있는 뜻만 구해야 그 뜻을 제대로 볼 수 있다"는 퇴계 선생의 말(『下學指南』上卷, 「讀書第一」, 讀書之法章)을 인용하고 있다. 이처럼 순암은 철저한 단선주의單線主義 독서를 강조한다고 볼 수 있다.

또 순암은 독서를 잘할 수 있는 방법으로 정양靜養을 귀중하게 여겨 "문물을 알아서 몸과 마음을 밝게 하고 천리의 설명을 잘 이해하는 것이 독서와 궁리의 법에 가장 긴요하다"는 퇴계 선생의 말(『下學指南』上卷, 「讀書第一」, 讀書之法章)을 인용하여 강조하고 있다. 그리고 순암은 넓게 읽는 것보다 정독하는 방법을 선택하도록 하고 있다.

이상과 같은 순암의 독서 방법을 종합하면 독서하기 전 및 독서 시 갖추어야 할 정신자세, 독서 시 구해야 할 뜻의 범위, 정독의 독서 요령 등을 강조하고 있다. 또 순암은 각 서書에 대한 구체적인 독서 방법에 대해서 설명하고 있다. 그 내용은 아래와 같다.

● 『소학』및 사서

"수신修身하는 대법이 『소학』에 구비되어 있기 때문에 『소학』을 제일 먼저 읽어야 한다"는 주자의 주장을 순암도 그대로 수용하여 『소학』을 제일 먼저 읽도록 하고 있다. 순암은 『소학』을 읽는 법을 『소학』을 제일 중요시한 한훤당寒暄堂이 점필재에게 배운 "진실로 배움에 뜻이 있다면 마땅히 『소학』부터 배워야 한다. 화창한 바람과 비가 온 뒤의 달과 같이 상쾌하고 깨끗한 마음이 이 『소학』속에 들어 있기 때문이다"란 말(『下學指南』上卷, 「讀書第一」, 讀小學四書章)로 설명하고 있다. 이처럼 『소학』은 심성의 공부와 몸가짐을 바르게 하는 데에 필독서였다. 이런 성격의 『소학』을 조선시대 지배층은 주자학을 통치이념으로 하는 조선 초기부터 아동의 필독서로 강조하여 인간교육 및 체제 옹호의 양면성을 지향하였다.

● 『대학』

정자의 말처럼 "『대학』은 처음 배워 덕에 들어가는 문이 바로 이 『대학』이다."(『下學指南』上卷,「讀書第一」, 讀小學四書章) 그래서 『대학』은 옛사람의 큰 학문과 방법을 담고 있기 때문에 『대학』을 잘 읽어서 그 뜻을 이해하고, 옛사람의 학문하는 방법을 잘 알아야 한다. 이에 따른 순암도 유서봉柳西峯의 다음과 같은 말을 인용하여 『대학』 읽는 법을 구체화하고 있다.

> 『대학』은 덕에 들어가는 규모이다. 집으로 말하자면 여기저기에 필요한 곳에 시렁이 여유 있게 있는 것과 마찬가지이다. 6경과 『논어』・『맹자』・『중용』은 창으로서 벽과 문틀에 끼워 넣은 것과 같다. 그래서 다른 경서를 읽을 때도 이 『대학』 한 권을 두고서 때때로 항상 이것을 보는 것이다(『下學指南』上卷,「讀書第一」, 讀小學四書章).

이처럼 순암은 덕에 들어가는 규모이고 사물의 이치를 발명케 하는 『대학』을 항상 곁에 두고서 보아야 한다는 『대학』의 독서 방법을 강조하고 있다.

• 『논어』

"『논어』가 글이 된 것은 도를 전하고 후세에 모범이 될 만한 의견을 세우고, 성인의 학문을 깊이 얻을 수 있는 것이기 때문이다"는 정자의 말(『下學指南』上卷,「讀書第一」, 讀續小學四書章) 속에서 『논어』의 성격을 알 수 있다. 즉 공자의 언행을 기록해 놓은 책이다. 그래서 순암도 『논어』의 독서 방법을 주자의 말을 인용하여 다음과 같이 역설하고 있다.

> 『논어』를 각 장마다 자세히 살펴보면 두세 개씩의 단락에 지나지 않는다. 먼저 여러 가지 설이 다른 것과 같은 것을 다 통달한 연후에 성인의 말씀의 본뜻을 탐구하기를 계속하면 저절로 마땅히 효험이 있을 것이다(『下學指南』上卷,「讀書第一」, 讀小學四書章).

이처럼 순암이 이해하는 『논어』의 독서법은 여러 설의 같음과 다름을 구별한 뒤 성인의 말씀의 본뜻을 탐구하는 단계적인 방법에 있다.

• 『맹자』

"성인의 도를 구하는 사람은 반드시 『맹자』로부터 읽어야 한다"는 한창걸韓昌傑의 말(『下學指南』 上卷, 「讀書第一」, 讀小學四書章)처럼 『맹자』는 성인의 도를 간직한 책이다. 그래서 『맹자』를 읽는 법을 순암은 양귀산楊龜山의 "『맹자』라는 책 한 권은 단지 사람의 마음을 바르게 하도록 하는 것이다. 그래서 사람의 마음을 바르게 하면 하지 못할 일이 없다"고 한 말(『下學指南』 上卷, 「讀書第一」, 讀小學四書章)로 설명하고 있다. 이처럼 그가 이해하고 있는 『맹자』의 독서법은 먼저 독서자의 마음가짐부터 바르게 하여야만 『맹자』의 의미를 이해할 수 있다는 데에 있다.

• 『중용』

공부가 길고 규모가 큰 책인 『중용』의 독서법을 순암은 다음과 같이 정자의 말을 인용하여 설명하고 있다.

『중용』을 읽는 사람은 높은 곳에 발돋움하여 올라가려 하지 말고 이상한 것에 놀라지 말아야 한다. 반드시 글의 구절을 깊이 생각하고 문의를 잘 읽어서 그 귀결을 잘 맞추어 보아야 한다. 반드시 보지도 듣지도 않은 가운데 삼가고 두려워하며, 그 실제로 실천하고 편안하고 한가로우며 흡족한 것을 바라면서 힘들어 쌓기를 오래 하면 박후하고 고명하게 될 것이다. 계속하여 갑자기 자기도 모르게 그런 지경에 이를 수 있게 될 것이다(『下學指南』 上卷, 「讀書第一」, 讀小學四書章).

이처럼 『중용』의 독서에서 순암은 구절과 문의文義를 잘 읽어서 그 귀결을 맞추고 그 실제를 실천하여 마음 상태를 편안하게 계속 가지고 독서를 할 때에만 박후하게 된 후 고명하게 된다는 독서법을 강조하고 있다.

그래서 주자는 사서의 독서 순서를 『대학』·『논어』·『맹자』·『중용』 순으로 하였다. 그 이유는 『대학』을 읽어 그 규모를 정하고, 그 다음 『논어』를 읽어 그 근본을 세우고, 『맹자』를 읽어 그 준수함을 보고, 『중용』을 읽어 옛사람의 미묘함을 구하기 때문이다. 이것이 전통 사서의 독서 순서가 된 연유이다.

• 『시경』

"『시경』을 배우지 않으면 말을 할 수 없다"고 공자가 말할 정도로 『시경』은 인간의 심기心氣를 담고 있는 책이라 볼 수 있다. 그래서 『시경』을 읽음으로써 얻을 수 있는 효과를 순암은 다음과 같이 주자의 말을 인용하여 설명하고 있다.

> 『시경』에 있는 말 중 좋은 것은 가히 사람의 착한 마음을 감동케 하여 분발하게 할 수 있다. 그리고 악한 것은 가히 사람의 방탕한 뜻을 징계하여 줄 수가 있다. 그리하여 사람으로 하여금 그 본성의 바른 것을 얻게 하여 줄 수 있다(『下學指南』 上卷, 「讀書第一」, 讀諸經章, 詩經).

이처럼 『시경』은 인간의 정조교육에 필요한 것이다. 그래서 순암은 『시경』의 독서법을 정자의 다음과 같은 말을 인용하여 역설하고 있다.

> 주남장周南章(『시경』, 제1편, 제1장)과 소남장召南章(『시경』, 제1편, 제1장)을 읽지 않으면 담장에 얼굴을 정면으로 마주하고 있는 것 같아서 아무것도 모른다. 『시경』 읽기를 완료함에 있어서는 갑자기 담장에 얼굴을 마주하고 있는 것 같지 아니하고 앞이 훤히 보이게 되는 것 같아진다. 바야흐로 이것으로 『시경』을 읽은 효험이 있는 것이다. 대개 독서에 다만 이렇게 하는 것이 오로지 『시경』을 읽은 좋은 방법이다(『下學指南』 上卷, 「讀書第一」, 讀諸經章, 詩經).

이처럼 순암은 『시경』을 처음부터 끝까지 숙독함영熟讀涵泳하여야만 자연히 화기가 가슴속에서 흘러나올 수 있다는 독서법을 강조하고 있다.

• 『서경』

"『서경』을 보는 것은 모름지기 삼제삼왕의 도를 보는 것이다"라는 말처럼 『서경』은 백성을 다스리는 법을 닦고 있는 책이다. 이와 같은 성격의 『서경』 독서법을 순암은 주자의 말을 인용하여 구체적으로 다음과 같이 설명하고 있다.

> 『상서尚書』를 읽어서는 성인의 마음을 구해야 한다. 요임금 같으면 그 치민治民을 자세히 살펴보고 순임금 같으면 그 임금을 섬긴 것을 자세히 살펴보아야 한다. 또 탕서湯書(『서경』, 제3편, 제1장)에서 말하기를 나는 상제를 두려워하여 감히 바르게 하지 않을 수 없다고 하였으니 숙독하면 어찌 탕왕의 어진 마음을 보지 못하리요?(『下學指南』 上卷, 「讀書第一」, 讀諸經章, 書經).

이처럼 순암도 주자의 『서경』을 읽는 법을 따라 숙독으로 어질게 치민하는 것을 배워야 하는 것으로 『서경』의 독서법을 생각하고 있다.

• 『예기』

공자가 말하기를 "예를 배우지 아니하면 나설 수가 없다"고 하였다. 이처럼 『예기』는 우리 삶 특히 인간관계와 관련된 책이다. 그래서 주자는 "예를 알지 못하면 이목이 더할 바가 없고 수족이 쓸 바가 없다. 아울러 예를 배우려면 의례를 보아야 한다"(『下學指南』 上卷, 「讀書第一」, 讀諸經章, 禮記)고 하였다. 이는 결국 순암의 『예기』 독서법을 반영한 것인데 여기서도 실천으로서의 독서를 강조하고 있다.

• 『주역』

『주역』이 글이 된 것은 문자의 조祖요 의리의 종宗이기 때문이란 주자의 말
처럼 『주역』은 문자와 의리의 근원을 담고 있는 책이라 볼 수 있다. 그래서 정
자程子는 "시時를 알고 세勢를 아는 것이 『주역』을 배우는 커다란 방향"이라고
하였다. 이에 순암은 다음과 같은 퇴계 선생의 말을 인용하여 『주역』의 독서
법을 역설하고 있다.

> 『주역』은 리理와 수數에 대한 연원의 글이니 진실로 가히 읽지 아니해
> 서는 안 되는 것이다. 다만 『논어』·『맹자』·『중용』·『대학』을 배우는
> 사람의 일용공부에 절실한 것 같지는 않다. 그러므로 선현들이 말하기를,
> 배우는 것이 막대하게 급한 것이 아니라 그 실상은 궁리진성窮理盡性을 배
> 우는 것이 막대하고 급한 것이다(『下學指南』 上卷, 「讀書第一」, 讀諸經章, 周
> 易).

이처럼 순암의 『주역』 독서법은 우주 및 인간의 생성 원리에 대한 이해에
치중할 것을 강조하는 데에 있다.

• 『춘추』

정자는 "『춘추』가 있는 것은 법률에 결단을 내리는 예例가 있는 것 같다" 하
였는데, 이는 곧 『춘추』는 사물의 시시비비를 가리는 내용을 담고 있음을 의미
한다. 그래서 순암도 『춘추』의 독서법을 다음과 같이 주자를 인용하여 구체화
하고 있다.

> 『춘추』를 보는 법은 모름지기 일부 『좌전左傳』을 보아 터득하고 처음부
> 터 끝까지 관통하여야 한다. 그래야 바야흐로 능히 대략 성인이 가필한 것
> 과 삭제한 것을 더불어 당시사의 대의를 볼 수가 있다(『下學指南』 上卷, 「讀
> 書第一」, 讀諸經章, 春秋).

이처럼 순암의 『춘추』 독서법은 좌전부터 시작해서 처음부터 끝까지 관통하여야만 춘추를 완전히 이해할 수 있다는 데에 있다.

• 성리서性理書

"모름지기 공자·맹자·정자·장자 이렇게 네 사람의 문자를 보아야 비로소 그 착실한 것을 강구하여 얻을 수가 있다. 그 밖의 제자는 능히 과실이 없을 수가 없다"고 한 주자의 말을 따라 순암도 『심경』·『근사록』·『주자대전』·『성리대전』 등의 성리서 읽기를 권하였다. 그래서 순암은 퇴계 선생의 말을 인용하여 성리서를 읽어야 하는 이유를 다음과 같이 강조하고 있다.

"도에 들어가는 문을 알고자 하면『주자대전』가운데서 이를 구해야 힘써 행하는 방법을 쉽게 알 수 있다. 그래서 배우는 사람은 반드시 먼저 자기 자신의 허물을 알아야 한다. 그리고 「태극太極」·「서명西銘」·『계몽啓蒙』 등의 글로써 많이 가르쳐야 한다"(『下學指南』 上卷, 「讀書第一」, 讀性理諸書章).

이러한 필요성에 따른 순암의 성리서 독서 방법은 "깊이 생각하고 구체적으로 인식하여 점점 학문을 하는 진로를 깨달아 비로소 의리의 학문을 알게 되었다"(『下學指南』 上卷, 「讀書第一」, 讀性理諸書章)는 퇴계 선생의 독서 방법에 있다. 그래서 순암은 『퇴계집』의 「학자지지남學者之指南」을 읽도록 하고 있다.

• 『사학史學』

주자는 사서史書는 번성하는 것이고 경서經書는 냉담한 것으로 보았다. 그래서 순암도 주자의 사서 독서 방법을 인용하여 다음과 같이 설명하고 있다.

사서를 읽을 때는 마땅히 대윤리大倫理와 대기회大機會, 대치란大治亂의 득실을 유의해서 보아야 하며 또 사서를 보면 옳은 것도 있고 옳지 않은 것도 있다. 그 옳은 것을 보면 그 옳지 않은 것을 구하고 그 옳지 않은 것을 보면 그 옳은 것을 구해야 한다(『下學指南』上卷,「讀書第一」, 讀史書章).

또 순암은 주자의 사서 독서법을 더 구체화한 여동래呂東萊가 말한 사서 독서법을 인용하여 설명하였다.

사서를 볼 때에는 반드시 자신이 그 시대의 사건 속에 있는 것과 똑같이 그 사건의 이해와 그 당시의 화란을 생각해 보아야 한다. 그리고 반드시 책을 털어 놓고 내가 만약 이러한 일을 당했다고 한다면 어떻게 이에 대처할 것인가를 스스로 생각해 보아야 한다. 이와 같이 해야 유익함이 있다(『下學指南』上卷,「讀書第一」, 讀史書章).

이처럼 순암의 사서 독서 방법은 반드시 대윤리大倫理・대기회大機會・대치란大治亂의 득실에 유의하면서 한 사건이 일어난 그 시대의 상황을 생각함과 아울러 자신의 일처럼 여겨 이에 대한 주체적인 대처까지도 생각하도록 하는 데에 있다. 이와 같은 순암의 사서 독서법은 상당히 진보적이며 실제적이라고 볼 수 있다.

(2) 학문론

순암은 학문을 두 가지 도로 보았는데, 그 하나는 지知로써 선善을 밝히는 것이고 다른 하나는 행行으로써 몸을 성실히 하는 것이다. 그래서 순암은 학기學記에서 말한 "옥도 쪼아서 다듬지 않으면 그릇이 될 수 없고 사람도 배우지 않으면 도를 알지 못한다"(『下學指南』上卷,「爲學第二」, 總論章)라는 말로 학문을 해야만 하는 이유를 설명하고 있다.

그런데 순암은 옛날의 학자들은 하나 즉 유자儒者로 학學만을 배웠는데 요즈음의 학자들은 유자의 학 외에 문장의 학과 훈고의 학도 배우고 있다면서 현세태 학자들의 배우는 자세를 비판하고 있다. 특히 요즈음 학자들은 내 몸에 배도록 하는 실질적인 공부인 위기지학爲己之學보다 남이 나를 알아주도록 하기 위해서 공부하는 위인지학爲人之學을 한다고 꼬집고 있다. 여기서 순암의 학문적 태도가 수기修己를 치인治人보다 더 중요시함을 알 수 있다. 이는 바로 순암의 학문적 태도가 정통 성리학자의 학문적 태도에 근본을 두고 있음을 나타내는 것이다.

① 입지立志

사람이 힘들여서 무엇을 좀 하고자 할지라도 뜻이 서 있지 아니하면 잠깐하다가 거두어 버리게 되어 도에 들어갈 수가 없다. 그러므로 반드시 뜻을 세우고 또 먼저 궁리하는 것이 필요하다고, 순암은 학문의 선결문제로 공부하는 자의 입지 즉 목표를 들고 있다.

그래서 구체적으로 요쌍봉饒雙峯의 "사람에게 뜻이 없으면 취향이 비루하며 더불어 고명광대한 일을 의논할 수 없다"(『下學指南』 上卷, 「爲學第二」, 立志章)는 말을 인용하여 입지의 필요성을 역설하고 있다. 때문에 뜻이 먼저 확립되어야만 행동이 이것을 따르게 되고 앞으로의 행동이 고무 진작된다고 강조하고 있다. 이처럼 입지는 앞으로의 행동을 결정짓는 동기화의 구실을 한다고 볼 수 있다. 그래서 순암은 이율곡의 다음과 같은 말을 인용하여 학문에서 입지의 중요성을 강조하고 있다.

> 지志라는 것은 기氣를 다스리니 지志가 한결 같으면 기氣가 동동動하는 것이니 배우는 사람이 평생 동안 글을 읽어도 성공을 하지 못하는 것은 다만 입지가 서 있지 못했기 때문이다. 뜻이 서지 못하면 세 가지 병이 생긴다. 즉 불신不信·부지不知·불용不用이 나타난다(『下學指南』 上卷, 「爲學第二」, 立志章).

이처럼 순암은 입지를 학문을 대성케 하는 제일 중요한 요건으로 보고 있다.

② 기질의 변화

배우는 데는 뜻을 세우는 것이 필요하다. 그러나 기질을 변화시킬 줄 모르면 뜻이 향하는 바를 알 수가 없기 때문에 바른 것을 잃는다고 순암은 학문에서 기질변화의 중요성을 이해하고 있다. 그래서 공자·주자를 배우는 사람은 반드시 기질을 변화시켜야 한다고 강조하고 있다. 특히 왕양명의 다음과 같은 말을 인용하여 기질변화의 중요성을 구체화하고 있다.

> 변화기질은 평상시에는 항상 아무것도 보는 바가 없다가 이해관계가 있는 일을 당하게 되면 나타나는 것이다. 그러므로 굴욕적인 일을 만나면 평상시 같으면 분노할 것을 분노하지 않으며, 근심하고 두려워할 만한 일이 닥쳐도 근심하고 두려워하지 아니한다. 이는 변화기질을 제대로 힘써 터득한 사람이다(『下學指南』上卷,「爲學第二」, 變化氣質章).

이처럼 학문의 효과는 기질변화를 의미한다고 순암은 이해하고 있다. 그래서 순암은 "배우는 자는 능히 기질을 변화시켜야 한다"(『下學指南』上卷,「爲學第二」, 變化氣質章)는 주자의 말로 학문에서 기질변화의 중요성을 다시금 강조하고 있다. 다음은 기질을 변화시키는 구체적인 방법에 대해서 순암은 "『논어』에 있는 주主·충忠·신信 이 세 글자가 가장 간절한 것이다"(『下學指南』上卷,「爲學第二」, 變化氣質章)라고 한 퇴계의 말을 인용하여 설명하고 있다.

기질의 변화에 대한 구체적인 내용과 방법은 시대에 따라 다를지 모르지만 학문에서 꼭 필요한 요건이라 볼 수 있다. 특히 학문에 입문하는 자에게는 더욱 그러하다.

③ 궁리

치지致知는 조리條理로부터 비롯되는 것이다. 치지부터 먼저 하지 않고 행하는 데만 힘쓰게 되면 "마치 눈먼 사람이 애꾸눈의 말을 타고 한밤중에 깊은 연못에 임하는 것과 마찬가지이다"라는 순암의 궁리에 대한 견해는 선비의 학문은 행함에 앞서 궁리를 우선으로 삼은 것으로 요약된다. 여기서 알아야 할 것이 궁리 즉 치지의 개념이다. 『대학』에서 치지는 격물에 있다는 주자의 견해를 순암은 따르는데, 구체적인 내용은 아래와 같다.

치지는 극진한 데까지 밀어 올리는 것이고, 지知는 식識과 같은 것이다. 나의 지식을 극진한 데까지 밀어 올려서 그 아는 바가 극진한 데까지 이르게 하는 것이 치지이다. 격格은 지至이며 물物은 사事와 같은 것이다(『下學指南』上卷, 「爲學第二」, 窮理章).

이처럼 궁리는 사물의 이치를 극진한 데까지 연구해서 그 극진한 것이 이르지 않는 곳이 없게 하는 것이라 볼 수 있다. 그런데 궁리를 하는 데는 여러 가지 단서가 필요하다. 그래서 순암은 주자의 설을 인용하여 다음과 같이 설명하고 있다.

독서를 통하여 도리를 강구하여 밝히기도 하고 혹은 고금의 인물을 논하여 그 옳고 그름을 분별하기도 하며 혹은 일에 응하고 물건에 접해서 그것이 거기에 해당하는지 아닌지를 구하는 것이 모두 궁리다(『下學指南』上卷, 「爲學第二」, 窮理章).

이처럼 순암은 궁리의 단서를 독서, 고금의 인물, 사물의 응대에서 찾고 있다. 순암은 주자의 말을 인용하여 궁리의 개념을 구체화하고 있다.

천하의 만물에는 반드시 다 각각 그러한 까닭이 있으며 그 당연한 법칙이 있으니 이른바 이치라는 것이다. 치지하는 도는 무슨 일을 보면 그 물건이 어떻게 된 것인지를 궁구하는 것이 격물이다. 격물의 끝에 이르는 것을 치지라 한다(『下學指南』上卷, 「爲學第二」, 窮理章).

순암은 궁리를 사물의 이치를 궁구하는 격물의 끝에 이른 것으로 이해하고 있다. 다시금 정자의 말을 인용하여 궁리의 개념을 명쾌하게 결론짓고 있는데 그 내용은 다음과 같다.

궁리란 천하의 모든 이치를 다 궁구하는 것에 이르게 하는 것은 아니다. 다만 한 가지의 이치만 궁구하는 것에 이르는 것도 아니다. 오로지 쌓고 또 쌓기를 많이 한 후에 저절로 마땅히 무거운 짐을 벗은 것처럼 경쾌하게 깨닫는 곳에 있게 되는 것을 말한다(『下學指南』 上卷, 「爲學第二」, 窮理章).

이러한 순암의 궁리에 대한 견해는 내 몸부터 절실하게 공부하여 나아가 천하 만물의 이치를 저절로 깨닫게 되도록 하는 것에 있다고 볼 수 있다.

④ 역행力行

역행이란 조리條理를 마치는 것이다. 그래서 순암은 역행을 지만큼 중요하게 여긴다. 이러한 사실은 순암의 다음과 같은 말 속에 잘 나타나 있다.

역행에 힘쓰지 않고 지知에만 힘쓰는 것은 이른바 자기 집에 무진장한 치문治門을 버리고 주발을 가지고 빈아貧兒에게 가서 무엇을 빌리는 것과 같은 것이다. 비록 거침없이 유창하게 말 잘하는 말주변이 있다고 할지라도 군자는 그것을 귀중하게 생각하지 않고 역행을 귀중하게 여긴다(『下學指南』 上卷, 「爲學第二」, 力行章).

그래서 순암은 역행의 중요성을 공자의 말을 인용하여 다음과 같이 설명하고 있다.

아는 것이 인仁에 미치게 되더라도 능히 이를 지키지 못하면 비록 지식을 얻었을지라도 반드시 그것을 잃게 된다. 그래서 정正으로써 거하고 화

和로써 행해야 한다. 또 배우는 데는 역행을 귀중하게 여기고 빈말을 귀중하게 여기지 않는다(『下學指南』 上卷, 「爲學第二」, 力行章).

그런데 순암은 오늘날 학자들의 결점을 역행을 하지 않는 데에 있다고 지적하면서 실제적인 일에 힘쓰는 공부를 서두르지 말고 천천히 해나가기를 강조하고 있다.

⑤ 존양存養

존양은 본성을 잃지 않고 그 착한 성품을 기르는 것을 말하는데, 존存이라는 것은 잡고 놓치지 않는 것을 말하고 양養이라는 것은 순하게 하여 해치지 않는 것을 말한다. 이와 같은 개념의 존양에 대한 순암의 견해는 다음과 같다.

경敬 자를 존양한다는 것은 미발未發하기 전의 부분이 많다는 것이다. 경자를 마음에 두고 잃지 않는다는 것은 경이 이미 발한 후에 길러가며 그 것을 해치지 않으면 본래의 근원이 점점 견고해져서 밖으로 달아날 근원 이 없는 것이다(『下學指南』 上卷, 「爲學第二」, 存養章).

이는 바로 마음을 한 곳에 모아 인간이 본래 지닌 착한 심성을 기르는 것을 의미한다. 그래서 순암은 존양의 중요성을 다음과 같은 정자의 말을 인용하여 "배우고서 존양하지 못하고 존양하고서 보존하지 못하면 이것은 공염불이나 마찬가지이다"(『下學指南』 上卷, 「爲學第二」, 存養章)라고 강조하고 있다.

이와 같은 성격을 지닌 존양하는 마음을 순암은 정자와 주자의 말을 인용하여 구체적으로 밝히고 있다.

반드시 일이 있는 뒤에야 마음을 바르게 하려고 하지 말고 잊어버리지 도 말며 무리하게 도와서 오히려 해가 되게 하지도 말아야 한다. 이것이 존양하는 도이다(정자의 말. 『下學指南』 上卷, 「爲學第二」, 存養章). 경敬으로써 주를 삼으면 내외가 숙연하여 잊지 않고 돕지 아니하여도 마음이 저절로 존양한다. 경으로써 주를 삼아야 함을 알지 못하면서 존양하고자 하면 한낱 마음을 굳세게 잡은 것이 한낱 마음의 밖에서 잡고자 함을 면치 못할 것이다(주자의 말. 『下學指南』 上卷, 「爲學第二」, 存養章).

이처럼 순암은 존양의 구체적인 방법으로 정심正心과 경敬을 중시하고 있다.

⑥ 성찰省察

성찰이란 공자의 말처럼 "마음속으로 반성하여 부끄러움이 없어서 근심하지 않고 두려워하지 않는 것"(『下學指南』 上卷, 「爲學第二」, 省察章)을 말한다. 그래서 순암은 성찰의 성격을 "성찰에는 살핀다는 성의 뜻이 많이 있으니 홀로 무엇을 알고자 할 때는 그 기미를 살펴야 한다. 또 물건을 접촉할 때는 그것이 진실된 것인지 망령된 것인지를 살펴보면 아는 것이 더욱 밝아질 것이다"(『下學指南』 上卷, 「爲學第二」, 省察章)라고 보고 있다.

이와 같은 성격의 성찰이 필요할 때는 무슨 일이 바야흐로 달려올 때와 무슨 생각이 싹틀 때라고 보고 있다. 그래서 순암은 구체적으로 성찰할 때를 회재悔齋 선생의 말을 통해 강조하고 있다.

나는 날마다 세 가지씩 내 자신을 반성하는데 하늘을 섬기는 데 미진한 것이 없는가, 임금과 어버이를 섬기는 데 정성스럽지 못한 점이 있었는가, 마음가짐에 바르지 못한 점이 있었는가 하는 것이다(『下學指南』 上卷, 「爲學第二」, 省察章).

결국 성찰은 자신에 대한 반성으로 하늘, 부모와 임금, 자신의 마음가짐에 대해서 살펴보는 마음의 함양이라고 볼 수 있다.

⑦ 극치克治

극치는 성찰된 다음의 단계로 "극치는 성질이 한쪽으로 치우치는 것을 좇아서 이기기 어려운 것을 이겨 나간다는 것이다"라는 사상채謝上蔡의 말처럼(『下學指南』 上卷, 「爲學第二」, 克治章) 자기의 사사로운 욕심을 이기고 예禮로써 마음을 절제하는 것이라 볼 수 있다.

극치를 할 수 있는 방법은 안연顏淵이 인仁을 물었을 때 거기에 대한 공자의 대답에 잘 나타나 있다. 그래서 순암도 이것을 인용하여 "자기 욕심을 누르고 예의범절을 좇은 것이 인이다. 그러므로 예가 아니면 보지도 말고, 예가 아니면 듣지도 말며, 예가 아니면 말하지 말고, 예가 아니면 행동하지 말아야 한다"(『下學指南』 上卷, 「爲學第二」, 克治章)는 것으로 극치의 방법을 제시하고 있다.

이것을 좀 더 구체적인 방법으로 설명하기 위해서 순암은 주자와 정암靜庵의 말을 인용하여 다음과 같이 역설하고 있다.

극기에 별다른 묘법이 있는 것은 아니다. 비유하자면 외로운 군대가 졸지에 강적을 만나서 다만 있는 힘을 다하여 죽기를 각오하고 싸워 보는 것과 같다. 배우는 사람이 급히 먼저 힘써야 할 일이 의義와 리利를 분별하는 것보다 더 절박한 것이 없다. 사욕이 싹트는 것은 모두가 이에서 나오는 것이다. 생각의 처음을 좇아서 이를 추구하는 사욕의 근본을 뿌리째 제거해 버리고 난 후에야 학문하는 데 편안하다고 할 수 있다(『下學指南』 上卷, 「爲學第二」, 克治章).

이처럼 순암은 극치의 방법을 극한 상황에서도 용기로써 자신에 최선을 다하는 강한 자세의 견지와 의義와 이利를 분별하는 데 있다고 보고 있다.

극기 중 극克하는 방법이 치지致知에 근본을 두고 있기 때문에 격물格物해야만 극기를 할 수 있다. 이처럼 순암은 자기 욕심을 절제하고 극복하는 방법으로 예禮, 이利와 의義의 분별, 격물, 용기 등을 강조하고 있다.

⑧ 돈독敦篤

극기는 마땅히 돈독하여야 한다는 순암의 견해로 보아 이것은 극기의 한 방법이 될 수도 있다. 그래서 순암은 『주역』에서 말한 천체에는 운행의 질서가 있으니 군자는 그것을 본받아서 스스로 힘써 쉬지 아니한다고 하여 돈독의 의미를 구체화하고 있다. 아울러 "아침에 도를 들으면 저녁에 죽어도 좋다. 독실하게 학문을 믿고 좋아하여 죽도록 착한 도를 지켜야 한다"는 공자의 말(『下學指南』 上卷, 「爲學第二」, 敦篤章)을 인용하여 순암은 독실하게 지향할 바를 설명하고 있다.

그래서 순암은 김경숙金敬淑의 "잠깐이라도 노력을 계속하지 않으면 오래된 공이 함께 없어져 버리는 것이다"란 말과 동자董子의 "강력하게 힘써 학문을 하면 듣고 보는 것이 넓어져서 아는 것이 더욱 밝아질 것이다. 또 강력하게 힘써서 도를 행하면 덕이 날마다 일어나서 공이 크게 따를 것이다"란 말(『下學指南』 上卷, 「爲學第二」, 敦篤章)을 인용하여 돈독의 효과를 강조한다.

이처럼 순암은 돈독의 효과를 공功의 지속, 학문의 발전, 덕의 번창 등으로 보고 있다. 그래서 순암은 배운 사람이 가장 경계해야 할 것으로 한가로움과 진취의 기력 없이 망설이는 것으로 보고 있다.

⑨ 경敬

순암은 경을 아는 것과 행하는 것에 관통되는 것으로서 배우는 사람에게 처음부터 끝까지 제일 중대한 공부가 되는 것으로 이해하고 있다. 그래서 경은 모든 선의 근원이며 함양·성찰·격물·치지 그리고 각종 공부가 모두 경을 좇아서 나오는 것이다. 그러므로 이 모든 것이 경에 근거를 두고 의지해야 한다는 주자의 말(『下學指南』 上卷, 「爲學第二」, 論敬章)을 인용하여 경의 중요성을 설명하고 있다. 또 정자도 정신을 한 곳에 모으는 것이 경이며 한결 같아서 더 나아갈 데가 없는 것을 경이라 하였다(『下學指南』 上卷, 「爲學第二」, 論敬章).

그래서 순암은 퇴계의 말을 인용하여 더 구체적으로 경을 다음과 같이 설명하고 있다.

경을 설명한 말은 비록 많으나 정程·사謝·윤尹·주朱의 네 사람들보다 더 적절하게 설명한 사람은 없다. 초학의 계획을 삼은 것은 정돈되어 가지런히 하고 엄숙한 것 위에 공부를 하는 것만 같은 것이 없다. 무엇을 찾거나 구해도 아니 되는 것이다. 다만 이것은 일상생활에서 지켜야 할 법도 위에 입각해서 아주 잠깐 동안이라도 몹시 조심하고 두려워하고 공경하는 마음으로 하여금 방종하지 못하게 하여야 한다. 이렇게 하기를 오랫동안 한 뒤에는 자연히 영리하여지고 자연히 마음속에 한 물건이라도 기어든 것을 용납하지 않을 것이며 조금이라도 소홀히 하는 법이 없을 것이다(『下學指南』上卷, 「爲學第二」, 論敬章).

이처럼 순암에 있어서 경은 정제整齊하고 엄숙한 것으로 일상생활에서 쉽게 생기는 방종·잡념 등을 경계하여 자신의 삶에 최선을 다하는 것이라 볼 수 있다. 그래서 순암은 『주역』의 말을 인용하여 경의 역할을 설명하고 있다. 즉 경이라는 것은 그 마음을 수렴하여 거기에 일물一物이라도 끼어들지 못하게 하는 것을 말한다. 그래서 군자는 경으로써 마음속을 곧게 하고 겉모양을 반듯하게 하는 것이다. 그러므로 경敬과 의義가 확립되며 덕이 외롭지 않은 것이다. 순암은 위와 같은 경의 역할로 인해서 "근본이 되는 강령을 마땅히 경으로 주를 삼아야 한다"는 주자의 말(『下學指南』上卷, 「爲學第二」, 論敬章)을 인용하여 경의 중요성을 재차 강조하고 있다. 그리고 순암은 경을 지향하는 방법으로 정좌靜座를 주로 들고 있다.

⑩ 성誠

순암은 "경敬은 상하를 모두 관철하고 시종을 관통하도록 하는 공부의 실상이지만 힘써 공부를 끝까지 성취시키는 것은 성誠의 공이다. 학문의 지극한 공과 성인의 능한 일은 경과 성에 와서 미치게 된다"(『下學指南』上卷, 「爲學第二」, 論誠章)고 성의 의미를 설명하고 있다.

이와 같은 성의 의미를 순암은 다시 주자의 말을 인용하여 더 구체적으로 설명하고 있다. 즉 성이라는 것은 성인의 근본이다. 그래서 성은 오상의 근본이며 백행百行의 근원인데 알기는 쉽고 행하기는 어려우나 과단성 있고 확실하게 하면 어려운 것도 없다(『下學指南』 上卷, 「爲學第二」, 論誠章).

또 순암은 성과 경의 관계를 상보적 관계로 보고 있다. 이러한 사실은 그가 주자의 다음과 같은 말을 인용한 곳에서 잘 나타나 있다.

> 성誠이 도道에 있으면 곧 실유實有의 이치가 되고, 성이 사람에게 있으면 곧 실연實然의 마음이 된다. 그래서 성을 유지하는 것은 주재主宰가 전적으로 경敬 자에 있으니 지금 다만 실제로 경에만 용력用力을 하면 된다(『下學指南』 上卷, 「爲學第二」, 論誠章).

순암은 성을 유지하게끔 하는 주체가 경이므로 경에만 힘쓰면 자연히 성은 유지된다고 보고 있다. 결국 성이란 진실된 삶의 자세라 볼 수 있다.

(3) 인격론人格論

순암은 학문의 요점이 인격의 함양에 있다고 보고 있다. 그래서 순암은 성의誠意・정심正心・의기義氣를 중심으로 인격에 대하여 설명하고 있다. 그런데 인격은 학문과 서로 상호 보완의 관계에 있기 때문에 순암은 학문론의 존양存養・성찰省察・경敬과 합해서 인격을 살펴보는 것이 좋다고 한다.

① 성의誠意

성의는 학문론의 성찰의 공을 말하는 것인데 구체적인 의미를 순암은 주자의 말을 인용하여 "성誠은 실實이고 의意라는 것은 마음이 발하는 것이고 그 마음이 발하는 것을 성실하게 하여 반드시 스스로 겸손하게 하고 스스로 속이는 일이 없도록 해야 한다"는 것으로 설명하고 있다(『下學指南』 上卷, 「爲學第二」, 誠意章). 이는 바로 마음이 발한 바를 겸손하고 속임 없이 성실히 실천하는 것을 의미한다고 볼 수 있다.

이와 같은 의미를 지닌 성의는 사람이 학덕을 닦으러 들어가는 문이라고 순암은 그 중요성을 강조하고 있다. 또 성의의 실천 방법으로는 경으로써 먼저 삼아야 하며, 성의는 천리 위에 있는 것이니 뜻을 행함에 정성스럽지 못하면 도리어 인욕에 빠진다고 강조한다. 이처럼 성의를 실천하는 방법을 순암은 마음의 집중과 참된 마음을 갖는 것으로, 의義와 이利를 분별하는 것으로 생각하고 있다.

② 정심正心

"그 몸을 닦고자 하면 먼저 그 마음을 바르게 해야 된다"는 『대학』의 말을 인용하여 순암은 정심의 중요성을 강조하고 있다(『下學指南』上卷, 「爲學第三」, 正心章). 또 정심은 앞서 말한 성의의 후에 오는 것인데, 순암은 성의와 정심의 관계를 대개 뜻이 성실하면 참으로 악함이 없고 실제로 착함이 있게 되는데, 그 까닭은 능히 이러한 착한 마음을 두어서 그 몸을 교정하기 때문이라는 말처럼 상호보완적인 관계로 보고 있다.

그래서 순암은 정심을 실천하는 방법으로 존양과 성찰, 경을 들고 있다. 그 중에서 경을 제일 중요시한다. 그 이유는 고요할 때는 경으로써 지키고, 움직일 때도 경으로써 그에 응하면 자연히 마음이 그 바름을 얻어서 혼매하고 유주遊走하고 편격되는 근심이 없을 것이기 때문이다(『下學指南』上卷, 爲學第三, 正心章). 이처럼 경은 마음을 바르게 하는 데 기본이 되는 것으로 순암은 이해하고 있다.

③ 의기義氣

순암은 마음이 비록 바른 것을 얻었다 할지라도 정심을 보양하고 기를 바르게 하는 것을 치밀하게 하여야만 무슨 일이든지 다 의에 합당하게 하여 스스로 반성해서 항상 바르게 된다고 생각하고 있다. 그래서 "심성을 기르는 데는 욕심을 절제하는 것보다 더 좋은 것이 없다"는 맹자의 말(『下學指南』上卷, 「爲學第

三」, 義氣章)을 인용하여 의기의 방법을 강조하고 있다. 이것을 순암은 호운봉胡雲峯의 말을 인용하여 구체적으로 다음과 같이 설명하고 있다.

> 맹자의 서書에 있는 3개의 양養자가 참으로 절실한 말이니 의기義氣·양성養性, 그리고 양심養心이 그것이다. 이 세 가지를 합해 보면 기氣는 리理에서 생기는데 양기를 잘하는 사람은 양성을 잘하는 데 있다. 성은 마음에 갖춘 것이며 양성을 잘하는 사람은 양심을 잘하는 데 있다. 마음은 욕심과 통하는 것인데 양심을 잘하는 사람은 욕심을 적게 하는 데 있다. 욕심을 적게 하고 또 적게 해서 욕심이 없는 데까지 이르게 되면 심존心存하고 성존性存하는 것이니 기는 말할 것도 없다(『下學指南』 上卷, 「爲學第三」, 義氣章).

이처럼 양기를 위해서 양성과 양심을 잘하면 되는데, 그러면 구체적으로 어떤 기氣를 기를 것인지가 문제된다. 이에 대해서 순암은 호연지기를 들고 있다. 먼저 호연지기의 개념부터 살펴보면 이것은 정의와 정도에 합하여 도움이 되는 것이며 이 정의와 정도가 없으면 마음의 굶주림이 오게 된다. 그래서 호연한 기는 정의가 모여서 자신의 마음속에서 저절로 생겨나는 것이다. 이처럼 호연한 기는 모름지기 마음속에 그 바름을 얻었을 때만이 취할 수가 있는 것이다. 이처럼 호연지기는 사사로운 인심을 억제하고 바른 마음을 가질 때 얻을 수 있다(『下學指南』 上卷, 「爲學第三」, 義氣章).

"사람은 모름지기 세상을 덮을 만한 기가 있어야 한다"는 주자의 말을 인용하여 순암은 호연지기의 중요성을 주장하고 있다. 그런데 여기서 주의할 점은 순암은 의리와 객기를 구별하여 배운 자는 반드시 먼저 객기를 제거해야 된다는 것이다. 그래서 객기를 먼저 제거하고 난 뒤 호연지기를 함양할 것을 주장한다.

2) 교육론

(1) 생활교육론

순암은 생활교육을 제일 강조한다. 이는 생활교육을 『하학지남』 수권에 구성하는 것으로도 알 수 있다. 이러한 면은 순암의 실학적 실천면을 반영하는 것이라 볼 수 있다. 여기서 다루고자 하는 내용은 몸 처신, 부모의 공양, 일처리, 물건의 접함 등으로 그날 마땅히 해야 할 일 등을 열거하여 실제적인 생활교육에 관해서 다루고자 한다.

① 아침생활

인시寅時(오전 3~5시)

먼동이 틀 시간으로, 일어난다. 일어나면 침구를 정돈하고 부모에게 문안을 드린다. 그 다음에는 가묘에 가서 재배례再拜禮를 행한다. 그러고 나서는 집 안팎을 청소한다. 그 다음에는 무릎을 꿇고 몸을 바르게 하여 글을 읽어서 학문하는 방법을 구한다(『下學指南』 首卷, 「日用編」, 夙興章, 寅時).

묘시卯時(오전 5~7시)

해가 뜰 무렵으로, 의관을 정제하고 부모님이 계신 곳으로 나아가 부모님이 일어나시면 배알한다. 다시금 독서를 한다(『下學指南』 首卷, 「日用編」, 夙興章, 卯時).

② 낮생활

진시辰時(오전 7~9시)

아침식사를 한다. 다시금 부모님이 계신 곳으로 나가서 반찬 갖춘 것을 살펴본다. 특히 부모님이 좋아하시는 것을 생각하여 미리 준비하여야 한다. 진지상을 올리고 난 뒤 식사를 하는데, 순암은 동자례童子禮를 인용하여 다음과 같이 구체적인 식사예법을 설명하고 있다.

> 무릇 반찬을 존장尊長에게 낼 때는 먼저 탁자를 가져다가 깨끗이 괜 연
> 후에 두 손으로 식기를 받들어서 그 위에 놓아야 한다. 그릇은 반드시 물
> 기를 닦고 청결하게 하여야 한다. 그리고 고기 안주와 나물은 반드시 차례
> 대로 나열해 놓는다. 웃어른이 좋아하시는 것을 보아서 자주 잡수시는 것
> 을 그 앞에 가까이 옮겨 드린다. 웃어른이 그만두고 쉬라고 명하시면 곧
> 옆으로 물러섰다가 다 잡수시고 나면 나아가서 이를 거둔다. 너도 거기서
> 먹으라는 말씀이 있으시면 곧 읍하고 잡수시던 그 자리로 나아가 앉아서
> 먹는다(『下學指南』首卷,「日用編」, 日間章, 辰時).

이러한 면은 시대상·사회상을 반영한 것이지만 오늘날 계승해야 할 측면도
많다.

사시巳時(오전 9~11시)

독서를 하고 의심되거나 어려운 것이 있으면 질문하도록 한다. 특히 퇴계도
모든 생도들이 앞에 나아가서 배움을 받을 때 화기和氣로 마음을 온화하게 하
여 가르쳐 깨우쳐 주고 거듭 일러 순순히 가르쳐서 처음부터 끝까지 의심되거
나 어두운 곳이 있으면 훤히 트이게 가르쳐 주었다는 말을 인용하여(『下學指南』
首卷,「日用編」, 日間章, 巳時) 순암은 독서에서 아동 자신의 학습태도, 교사 역할
의 중요성을 강조하고 있다. 그리고 다시금 독서의 중요성을 장자의 말을 인용
하여 강조하고 있다.

> 독서를 적게 하면 상고하여 조사하는 것에서 유래하는 의로움과 정치함
> 을 얻지 못한다. 대개 글은 이 마음을 유지하게 해주는 것이니 일시라도
> 내버려 두게 되면 곧 일시에 게으르게 된다. 독서하면 이 본심이 언제나
> 존재하게 되고 독서를 하지 않으면 의리를 보지 못하게 된다(『下學指南』首

卷,「日用編」, 日間章, 巳時).

오시午時(오전 11시~오후 1시)

다시 부모님이 계신 곳으로 나아가 문안을 드린다. 문안의 구체적인 방법에 대해서는 순암은 『격몽요결』의 내용을 인용하여 다음과 같이 설명하고 있다.

　낮에 부모를 받들어 모시는 데는 항상 기쁜 안색과 상냥스러운 모습으로 응대하는 것을 공경스럽게 해야 하며 좌우로 모시어 봉양하는 데는 지극히 정성스럽게 해야 한다. 그리고 밖에 나가거나 나갔다가 들어올 때는 반드시 절을 하고 말씀을 드리고 뵈어야 한다(『下學指南』 首卷,「日用編」, 日間章, 午時).

이처럼 부모를 대할 때는 기쁜 안색, 상냥스러운 태도로 부모님을 응대·공경하고, 정성스럽게 봉양하며 나가고 들어올 때도 부모님께 말씀드리는 생활태도를 순암은 강조하고 있다.

미시未時(오후 1~3시)

독서하고 난 뒤 의심되는 바를 강론한다. 특히 이때 순암은 개인차에 따른 강론을 다음과 같이 강조하고 있다.

　재성이 총명한 사람도 있고 둔한 사람도 있는 것이니 일률적으로 이야기할 수는 없다. 비록 여러 차례 이끌어서 가르쳐 줄지라도 능히 깨닫지 못하면 마땅히 딱하게 생각하여 좀 더 열심히 읽으라고 말을 하고 심히 꾸짖기만 해서는 안 된다(『下學指南』 首卷,「日用編」, 日間章, 未時).

또 오랫동안 글을 읽으면 정신과 기운이 곤핍하여지는 것이니 혹은 고요하게 앉아서 본원을 함양해야 된다고 하여 적절한 휴식의 필요성을 말하고 있다.

쉬는 방법으로는 바르게 단정히 앉기, 단정한 걸음걸이, 수영, 산수의 풍경 보기 등을 들고 있다.

신시申時(오후 3~5시)

다시 부모님 계신 곳으로 나가서 배화陪話(윗사람을 모시고 이야기함)를 오래도록 해드린다. 그리고 독서를 하는데 경서를 읽거나 사기史記를 읽어서 다시 연구를 더한다. 특히 이때는 의심을 갖는 독서 태도를 강조하는데 구체적인 것은 양귀산의 다음 말을 인용하여 설명한 것에 잘 나타나 있다.

> 배우는 사람은 마땅히 의심나는 바가 있어야 이에 능히 덕이 진전되는 바가 있다. 그러므로 모름지기 글에 대해서 힘을 쓰는 것이 깊어야 의심이 일어난다. 의심이 없는 데서 글을 읽어서 의심이 있게 되면 바야흐로 이것이 진전인 것이다(『下學指南』首卷, 「日用編」, 日間章, 申時).

이처럼 순암은 덕과 학습 진전의 원동력이 되는 의심을 갖게 하는 독서생활을 강조하고 있다. 특히 건강상으로 순암은 양생서의 말을 인용하여 "하루 중에 가장 경계해야 할 것은 저녁밥을 너무 배부르게 먹어서는 안 된다"는 것으로 적당한 양의 저녁식사를 강조하고 있다. 이것은 오늘날 현대 의학적 측면뿐 아니라 심리적 측면에서도 타당성을 갖고 있는 것이다.

③ 밤생활

유시酉時(오후 5~7시)

다시 부모님이 계시는 곳으로 나아가서 방이 따뜻한가 차가운가, 창문과 지게문에 바람 샐 틈이 없는가를 점검한다. 삿자리와 돗자리를 가지런하게 하고 이불과 요를 펴드린다. 그리고 부모님께 이야기를 해드린다든지 아니면 모시고 자기도 한다.

술시戌時(오후 7~9시)

화재를 막고 도둑을 조심해야 하는 것과 부모님께 해드릴 반찬의 저장 그리고 낮에 읽은 것을 다시 복습하는 것이 이때의 주된 생활이다. 이때의 생활의 실제를 퇴계 선생의 일화를 들어 자신의 삶을 관조할 것을 순암은 다음과 같이 역설하고 있다.

퇴계 선생은 평일에 항상 몸을 떠나지 않았고 글을 읽는 곳에서는 항상 남과 더불어 함께 있지 않았다. 그래서 강학·응접을 할 때는 좌우가 고요하고 사람이 없었다. 그는 일찍이 독침완학獨寢玩學하는 서재 안에서 밤이 되면 일어나 창문을 열고 앉아서 달이 밝고 별이 씻은 듯 반짝이고 강산이 고요한 모양을 보며 고요한 마음으로 아직 천지가 나누어지기 전의 상태인 홍몽의 뜻을 잠잠하게 생각하였다(『下學指南』 首卷, 「日用編」, 夜寐章, 戌時).

해시亥時(오후 9~11시)

이 시각은 사람이 자는 시각으로 천천히 누워서 잔다. 특히 취침 시에는 그 다음날 할 바를 생각해야 한다. 이에 순암은 "해야 할 일이 없으면 안심하고, 해야 할 일이 있으면 곧 반드시 합리적이고 마땅히 도를 얻을 처방을 생각해야 된다"는 율곡의 말(『下學指南』 首卷, 「日用編」, 夜寐章, 亥時)을 인용하여 자신의 견해를 밝히고 있다. 잠잘 때는 여러 가지 복잡한 생각은 하지 말고 오직 눈을 감고 평온하게 자야 한다. 특히 양서養書에서 말한 "먼저 마음이 자고 뒤에 눈이 자도록 한다"(『下學指南』 首卷, 「日用編」, 夜寐章, 亥時)는 것을 인용하여 편안한 마음으로 잠을 잘 것을 강조하고 있다.

자시子時(오후 11시~오전 1시)

편안하게 흠씬 자며 혹 잠을 깰 때가 있더라도 망령된 생각을 하지 말아야 한다. 이때는 양기가 시작되는 때이므로 고요하게 하여 이를 길러서 흔들리지 않도록 해야 한다. 혹 누가 급하게 부르는 일이 있더라도 즉시 경솔하게 벌떡 일어나지 말고 천천히 주위를 살피고 생각한 뒤에 일어나서 대답해야 한다.

축시丑時(오전 1~3시)

적당한 양의 수면을 하고, 밤중에 깨달은 바가 있을 때는 반드시 기록해 두는 생활을 강조했다. 이러한 사실은 다음과 같은 조남명의 말을 인용한 데서 잘 나타나 있다.

> 잠을 자다가 깨더라도 눈을 감고 편안히 누워서 정신을 수렴하여 혼란하지 않게 한다. 그러나 밤중에 하는 공부가 극진하게 많은 것이니 너무 많이 자는 것은 절대로 좋지 못하고 새롭고 깨닫는 의리가 있는 곳이 있으면 등불을 켜고 기록해 두어야 하는데 잊어버리는 것을 대비해서이다(『下學指南』首卷, 「日用編」, 夜寐章, 丑時).

(2) 태도교육론

인격으로 도야하여 그 내면을 다스렸을지라도 그 태도로써 그 밖을 정리하지 못하면 속에 있는 성실한 마음이 견고하지 못할 수가 있다면서 순암은 내면적인 인격과 외향적인 태도를 동시에 중요시하고 있다. 그래서 『시경』의 "삼가하고 조심하는 위의威儀·태도를 지니게 되면 그 덕이 반듯하게 되는 것이고 공경하고 삼가는 위의는 백성들의 본보기가 되는 것이다"(『下學指南』下卷, 「威儀第四」, 總論章)라는 것을 인용하여 태도교육의 필요성을 역설하고 있다.

① 경신敬身

경신은 자신의 몸을 공경스럽게 여기는 것을 말한다. 그래서 순암은 "군자는 언제나 몸가짐을 공경스럽게 행한다. 몸을 공경스럽게 하는 것이 제일 큰 것이 된다. 몸이라는 것은 어버이의 가지이니 감히 공경스럽게 하지 아니할 수 없는 것이다"(『下學指南』下卷, 「威儀第四」, 敬身章)라는 공자의 말을 인용하여 부모로부터 물려받은 몸이기 때문에 우선적으로 몸을 공경해야 된다고 보고 있다. 이는 유가의 최고 실천덕목인 효의 시작인 부모로부터 받은 신체를 온전히 잘 보전하는 것의 반영이라 볼 수 있다.

이와 같은 성격의 경신의 구체적인 실천 방법을 순암은 장남헌張南軒의 말을 인용하여 다음과 같이 설명하고 있다.

> 너의 의관을 바르게 하고 네 몸을 게으르게 하지 말고, 네가 보고 들은 것을 삼가라. 네 몸가짐을 법도에 넘게 하지 말고, 너는 거짓말 같은 것을 하지 말고, 본심을 좇아서 하고 네가 하는 것은 법도를 밟아서 하라. 네가 움직이는 바를 공경스럽게 하고, 그 형통은 일을 막지 말고, 네게 있는 본심을 곧게 하라. 그 근본을 잃지 말고, 외양을 엄숙하게 하며 중심을 잃지 않고 보존하며 중심은 능히 견고하게 하라(『下學指南』 下卷, 「威儀第四」, 敬身章).

이처럼 의관, 용모, 보고 들은 것, 몸가짐, 언어, 거처로 나누어서 경신의 방법을 순암은 구체적으로 제시하고 있다. 특히 이 중에서 언어에 대해서는 "실 없는 말로 하는 농담 같은 것은 일을 해롭게 할 뿐 아니라 지志와 기氣를 상하게 하는 것이다. 그래서 실없이 농담하는 것은 기질을 지키는 일단이 되기도 하는 것이다"라는 장자의 말(『下學指南』 下卷, 「威儀第四」, 敬身章)을 인용하여 경신에서 말의 중요성을 재삼 강조하고 있다.

② 정용正容

정용은 몸의 자세를 바르게 하는 것을 말한다. 순암은 정용의 구체적인 방법을 『곡례曲禮』와 「옥조玉藻」의 말을 인용하여 설명하였다. 그 내용은 다음과 같다(『下學指南』 下卷, 「威儀第四」, 正容章).

- 발의 모양은 무겁게 해야 한다.
- 손의 모양은 공손하게 해야 한다.

- 눈의 모양은 단정하게 해야 한다.
- 입의 모양은 고요하게 다물고 있어야 한다.
- 목소리의 모양은 고요하게 해야 한다.
- 머리의 모양은 바르게 해야 한다.
- 기상의 모양은 엄숙하게 해야 한다.
- 서 있는 모양은 덕이 있게 해야 한다.
- 얼굴빛의 모양은 장엄하게 해야 한다.
- 귀를 기울여서 엿들으려고 하지 말아야 한다.
- 격양된 목소리로 대답하지 말아야 한다.
- 몸가짐을 게을리하거나 행동을 거칠게 하지 말아야 한다.
- 돌아다닐 때는 거만한 자세를 하지 말아야 한다.
- 서 있을 때 몸을 한쪽 다리에만 의지하여 기울어지게 서 있지 말아
  야 한다.

이와 같은 바른 몸가짐에 대한 구체적인 방법은 조선 후기라는 시간·공간의 제약에 따르는 것도 있지만 오늘날도 지켜야 할 것이 대부분이다.

③ 근언謹言

근언은 말을 삼간다는 의미인데 순암은 언잠의 다음과 같은 말을 인용하여 말의 삼감의 중요성을 밝히고 있다.

사람 마음의 움직임은 말로 인하여 베풀어지게 되는 것이니 헛된 소리하는 것을 금해야 마음속이 고요하고 전일하여질 수가 있다. 하물며 이것이 구기樞機되어 전쟁을 일으킬 수도 있고 좋은 일도 생겨날 수 있으니 길흉과 영욕이 오직 그 부르는 바에 달려 있다. 너무 쉽게 말을 하면 흐트러지게 되어 몸이 방자해지고 물건도 거스르게 된다. 나가는 말이 어긋나면 오는 말도 어긋나게 되는 것이니, 법이 아니면 말을 하지 말고 공경스럽고

정성스럽게 말을 해야 한다(『下學指南』下卷, 「威儀第四」, 謹言章).

이처럼 말은 사람의 마음을 움직이는 동인이기 때문에 인간의 길흉과 영욕, 그리고 인간관계의 정립과 깊은 관련이 있다. 그래서 헛된 말, 너무 쉽게 하는 말, 너무 번거로운 말, 법도에 어긋나는 말 등은 서로 삼가야 한다. 이에 순암은 "여러 사람이 무리지어 하루 종일 지내면서도 하는 말이 의롭지 못하고 하찮은 재간만 부리기를 좋아하는 사람은 곤란한 사람들이다"(『下學指南』下卷, 「威儀第四」, 謹言章)라는 공자의 말을 인용하여 말하는 태도를 좀 더 구체화하고 있다. 또 남의 허물을 말하는 것을 삼갈 것과 말보다 실천을 앞세울 것을 강조하고 있다.

④ 의복

여기서는 옷을 바르게 입은 것을 말한 것인데『효경孝經』에 나오는 선왕의 법도에 맞는 옷이 아니거든 감히 입지 말아야 한다는 것을 인용하여 순암은 의복은 반드시 법도에 맞게 입을 것을 주장하고 있다. 그래서 구체적으로 옷을 입는 법도를 학칙의 말을 인용하여 다음과 같이 설명하고 있다(『下學指南』下卷, 「威儀第四」, 衣服章).

- 옷을 너무 색다르고 화려하고 사치스럽게 입지 말아야 한다.
- 너무 더럽고 때가 묻고, 떨어진 옷을 입어서는 안 된다.
- 격식을 갖추지 않고 너무 간단하게 옷차림을 해서는 안 된다.
- 하는 일 없이 한가로이 집에 있을 때도 옷소매나 옷고름을 헤치거나 옷을 벗어서는 안 된다.
- 아무리 덥더라도 신과 버선을 벗어서는 안 된다.

이러한 순암의 옷 입는 방법에는 현재에도 지켜야 할 부분이 많다고 볼 수 있다.

⑤ 음식

여기서는 음식을 먹을 때의 태도를 다루고 있다. 순암이『곡례』의 말을 인용하여 밝힌 구체적인 식사 태도는 다음과 같다(『下學指南』 下卷, 「威儀第四」, 飮食章).

- 남과 함께 음식을 먹을 때는 너무 배부르게 먹지 말아야 한다.
- 남과 함께 밥을 먹는 데 손에 불결한 것이 묻지 않게 해야 한다.
- 밥을 두드려 뭉치지 말고, 밥숟가락을 너무 크게 떠서 밥을 떨어뜨리지 말아야 한다.
- 밥을 먹을 때 물을 마시듯 소리 내어 들이마시지 말아야 한다.
- 씹을 때 쩍쩍 소리를 내어서는 안 된다.
- 먹던 생선이나 고기를 도로 그릇에 놓지 말아야 한다.
- 좋은 음식만 골라서 먹어서는 안 된다.
- 밥을 헤저으면서 먹어서는 안 된다.
- 국은 훅 들이마시지 말아야 한다.
- 국에다 간을 맞추려고 이것저것 넣지 말아야 한다.
- 젖은 고기는 이로 끊고 마른 고기는 이로 끊지 말아야 한다.

이와 같은 식사 태도는 오늘날 아동들에게 꼭 교육시켜야 할 식사 태도라 볼 수 있다.

특히 순암은 "입과 배의 욕심에는 끝이 없지만 매양 더욱 절약하여 검소하게 먹는 것이 또한 복을 아끼고 수명을 연장하는 도이다"라고 하며 적당한 양의 식사와 검소한 식단을 권장하고 있다.

(3) 인간교육론

① 가정교육

순암은 "아버지는 아버지다워야 하고 아들은 아들다워야 하고, 형은 형다워야 하고 아우는 아우다워야 하며, 남편은 남편다워야 하고 아내는 아내다워야 집안의 법도가 바르게 된다. 집안의 법도가 바르게 되면 천하도 바르게 안정된다"는 『주역』의 말(『下學指南』 下卷, 「正家第五」, 總論章)을 인용하여 집안의 법도는 가족 구성원들이 각자의 역할을 다함으로써 안정되고, 나아가 모든 안정의 기본이 되는 것으로 보고 있다. 그래서 인간교육에서 가정교육을 가장 중요시한 것 같다. 이러한 사실은 「정가편正家編」을 다른 편보다 많게 총론을 포함해서 13장으로 구성한 데서 알 수 있다.

가정교육에서 가장 중요한 내용은 가내家內의 도道인 부자유친父子有親과 부부지의夫婦之義와 존비장유尊卑長幼의 질서이다. 그래서 가정교육의 구체적인 내용은 윤리를 바르게 하고 사의思義를 두텁게 하는 것이다.

효도와 공경

이는 부모와 자식 간에 지켜야 할 덕목으로 자식은 부모에 대하여 효도하고 공경해야 된다는 것이다. 그래서 순암은 "천지의 바탕으로서는 사람이 가장 귀중한 것이며 사람의 행실로서는 효도보다 더 중요한 것이 없다"(『下學指南』 下卷, 「正家第五」, 孝敬章)는 공자의 말을 인용하여 효의 가치성을 강조하고 있다. 이에 따른 구체적인 효의 실천 방법으로는 효자가 어버이를 섬기는 데는 몸가짐을 공경스럽게 하고, 봉양은 즐겁게 해야 하며, 병환이 들면 근심하고, 상을 당하면 슬퍼해야 하며, 제사는 엄숙하게 지내야 한다는 것이다.

만약에 부모가 허물이 있을 경우 해야 할 자식의 도리를 순암은 공자와 증자의 말을 인용하여 자신의 견해를 밝히고 있다. 그 내용은 다음과 같다.

부모를 섬기되 간언할 때는 감정을 상하지 않도록 온순하게 하고 부모가 나의 뜻을 들어주지 않더라도 또한 공경스럽게 하여 부모에게 어기는 일이 없어야 한다. 그리고 부모가 나에게 수고로움을 끼쳐도 원망하지 말아야 한다. 부모가 사랑해 주면 그 기쁨을 잊지 못하는 법이며 부모가 미워도 두렵게 생각하고 원망해서는 안 된다. 부모가 허물이 있으면 간하여 드리되 거역해서는 안 된다. 이른바 군자의 효라는 것은 부모가 도리에 알맞도록 먼저 뜻을 두고 말씀드려야 한다(『下學指南』 下卷, 「正家第五」, 孝敬章).

이러한 효도의 길은 부모의 끝없는 자애로운 사랑에 대한 자식의 하나의 보답 형식으로서 인간됨의 첫걸음이라고 할 수 있다.

거상

여기서는 상을 당했을 때 지켜야 할 규범에 대한 것인데 순암은 "부모의 상은 호화롭게 치르는 것보다 슬픈 마음으로 치러야 한다"(『下學指南』 下卷, 「正家第五」, 居喪章)는 공자의 말을 인용하여 형식보다 내용을 더 중시하는 자신의 견해를 밝히고 있다. 그래서 구체적인 것은 단궁檀弓의 말을 인용하여 다음과 같이 설명하고 있다.

- 부모가 처음 돌아가신 때에는 근심으로 아무 정신 없어 궁함이 있는 것과 같이 해야 한다.
- 염을 하고 나면 당황하여 어찌할 줄 몰라하며 무엇을 찾는 것이 있는 데 그것을 찾지 못하는 것과 같이 해야 한다.
- 장례행사를 치르고 나서는 너무나 엄숙하여 무엇을 보아도 보이지 않는 것과 같이 해야 한다.
- 소상을 지내고 나면 슬퍼 탄식하는 모양을 해야 한다.
- 대상이 끝나면 텅 빈 사람처럼 해야 한다.

이처럼 상을 당했을 경우에는 각 시기에 따라 마음가짐의 양태를 달리해야 한다.

제사

제사는 애경愛敬으로 정성을 다하는 것을 위주로 하여 지내며 몸의 건강상태, 가정의 경제 상태에 따라서 분수에 맞게끔 지내도록 순암은 강조하고 있다. 그래서 주자의 말을 인용하여 다음과 같이 제사를 모시는 방법을 더 구체화하고 있다.

모든 제사는 애경하는 정성을 주로 하여야 한다. 가난하면 집의 유무에 맞추어서 지내고 몸에 병이 있으면 근력을 헤아려서 지내야 한다. 그리고 재력이 넉넉한 사람은 의례대로 갖추어서 제대로 지내야 한다(『下學指南』下卷, 「正家第五」, 祭祀章).

또 소박한 제사를 지낼 것을 퇴계의 "제사를 지내는 날에는 술과 음식을 베풀어 동네사람들을 모이게 하여 풍성하게 대접하는 것은 예가 아니다"(『下學指南』下卷, 「正家第五」, 祭祀章)라는 말을 인용하여 재삼 강조하고 있다.

우애

"어진 사람은 자기의 아우에게 노함을 간직하지 아니하고 원망을 간직하고 있지 아니하며 다만 아우를 친애할 따름이다"(『下學指南』下卷, 「正家第五」, 友愛章)라는 맹자의 말을 인용하여 순암은 형제간의 우애를 강조하고 있다. 나아가 결혼 이전과 결혼 이후의 형제간의 우애 차이를 순암은 『안씨가훈安氏家訓』을 인용하여 다음과 같이 설명하고 있다.

형제라는 것은 모습을 나누고 기질이 이어진 사람들이다. 바야흐로 그 어렸을 때는 부모님이 왼쪽으로 끌고 오른쪽으로 끌며 앞의 옷깃과 뒤의 옷자락에 감싸고 다녔다. 먹을 때는 한 상에서 같이 먹었고, 옷은 형이 입던 옷을 아우가 입었으며, 배울 때는 업을 같이 하였다. 그리고 놀 때는 함께 놀았으니 비록 도리에 어긋나는 짓을 하는 사람일지라도 능히 서로 사랑하지 않을 수가 없는 것이다. 급기야 정성을 다하여서 각각 그 아내를 사랑하고 각각 그 자식을 사랑하게 되어 비록 우애가 돈후한 사람일지라도 조금은 쇠미해질 수가 있다. 그리고 여자들 동서간은 남자 형제에 비하면 약간 소홀할 수가 있다. 그러나 이제 소홀한 사람으로 하여금 부모에게 함께 받은 두터운 은혜를 절량節量하는 것은 오히려 그릇을 밑바닥은 네모나게 하고 뚜껑은 둥글게 하는 것과 같으니 합당하지 않은 것이다. 오직 우애와 공경심이 깊고 지극하여 다른 형제가 별짓을 다하더라도 뚜렷한 우애심을 가지고 있는 사람이라야 형과 아우, 손아래 동서와 손위 동서 간의 우애에 차이점이 없게 될 수 있는 것이다(『下學指南』 下卷, 「正家第五」, 友愛章).

이와 같은 순암의 견해는 장가들어 여자가 자신의 가문에 들어와서 결혼 전보다 서로 많이 다투는 현실을 예리하게 파헤쳐서 결혼 전과 같은 형제간의 우애를 유지토록 하는 예방적 효과를 지니고 있는 것이라 볼 수 있다.

부부

군자의 도는 부부에서 시작되는 것이라는 『중용』의 말을 인용하여 순암은 부부의 중요성을 말하고 있다. 그래서 순암은 부부간에는 예의와 공경이 반드시 필요한 것이라고 보고 이러한 자신의 견해를 퇴계 선생의 다음과 같은 말을 인용하여 역설하고 있다.

부부는 인륜의 시작이며 만복의 근원이니 비록 지극히 친밀할지라도 또한 지극히 바르게 하고 지극히 삼가야 할 처지이다. 그런데도 세상 사람들은 도무지 부부간의 예의와 공경을 잊어버린다. 그리고 성급하게 서로가 너무 친근하여 드디어 상대방을 얕보고 자기만 잘난 체하며 업신여기고

깔보는 데까지 이르게 될 뿐만 아니라 못하는 것 없이 모든 것을 다하게
된다. 이것은 모두 서로가 공경하지 않는 것에서 생겨나는 것이다. 그러므
로 마땅히 처음부터 삼가야 한다(『下學指南』 下卷, 「正家第五」, 夫婦章).

특히 남녀가 분별이 없으면 금수와 마찬가지라는 『예기』의 말을 인용하여
순암은 남녀의 분별을 강조하고 있는데, 여기서 문제되는 것이 별(別)이란 개념
이다. 별이란 남녀의 등차적인 대립관계가 아닌 인격의 독립성과 역할상의 차
이를 말한다. 그래서 순암은 "여자는 안에서 위치를 바로잡아야 하고 남자는
밖에서 위치를 바로잡아야 한다. 남녀가 위치를 바르게 하는 것은 천지의 큰
의리이다"라고 한 『주역』의 말을 인용하여 별의 의미가 부부간의 역할상의 차
이란 것을 분명히 하고 있다.

자녀의 교육

자녀를 가르치는 다섯 가지 방법을 순암은 『자경편自警編』을 인용하여 자신
의 견해를 다음과 같이 설명하고 있다(『下學指南』 下卷, 「正家第五」, 敎養章).

- 자녀의 성품을 착한 곳으로 인도해 주어야 한다.
- 자녀의 뜻을 넓혀 주어야 한다.
- 자녀의 재주를 양성시켜 주어야 한다.
- 자녀의 기를 북돋아 주어야 한다.
- 자녀의 병을 다스려 주어야 한다.

이 다섯 가지의 자녀교육 방법은 자녀의 입장에서나 부모의 입자에서 볼 때
도 손색이 없는 것이라 볼 수 있다. 순암은 자녀의 교육에서 고려해야 할 것으
로 성품·뜻·재주·기질·질병을 들고 있다.

또 순암은 "자손들에게 무슨 허물이 있으면 혹독하게 꾸짖지 아니하고, 그
대신 깨우치고 가르쳐 주기를 거듭 반복하여 그들로 하여금 스스로 느껴서 깨

달게 해주었다"는 퇴계 선생의 일화를 인용하여 아동의 허물은 혹독한 꾸중보다는 스스로 허물을 깨닫게 하는 감발적感發的 교육방법을 강조하고 있다.

검소와 절약

유가에서의 검소한 덕을 인용하여 순암은 검소와 절약의 중요성을 강조하고 있다.

> 주자朱子 : 검소한 덕이 가장 좋은 것이니 모든 이가 검소하면 실수가 없다.
> 공자孔子 : 예는 사치하는 것보다 차라리 검소한 것이다.
> 곡례曲禮 : 가난한 사람은 재물로써 예를 하려고 해서는 안 된다.

이처럼 순암은 생활의 검소함을 강조하여 형식보다 내용을 더 중시하고 있다. 아울러 순암은『자경편』을 인용하여 다음과 같이 검소의 필요성을 역설하고 있다(『下學指南』下卷,「正家第五」, 儉約章).

- 탐을 내어 욕된 것을 초래하는 것은 검소하게 하여 청렴한 것을 지키는 것만 못하다.
- 남에게 무엇을 간섭하고 청구하며 의리를 침범하는 것은 검소하게 하여 절개를 온전하게 하는 것만 같지 못하다.
- 침노하여 원수를 모으는 것은 검소하게 하여 복을 기르는 것만 같지 못하다.
- 거리낌 없이 제멋대로 행동하여 욕심을 쫓아다니는 것은 검소하게 성품을 편안하게 하는 것만 못하다.

그러나 순암은 검소는 해야 되지만 너무 가난한 것을 경계하였다. 이러한 사실은 다음과 같은 유서애柳西厓의 말을 인용한 것에서 잘 나타나 있다.

가난한 것이 비록 선비의 떳떳한 분수이기는 하나 너무 지나치게 가난하게 되면 또한 스스로 견디기 어려울 것이다. 그러므로 오직 마땅히 옛 사람들이 어떠한 일을 잘 처리한 것을 생각해서 스스로 이것을 견디어 나가야 한다(『下學指南』下卷,「正家第五」, 儉約章).

즉 순암은 검소한 것과 가난한 것을 구별하여 검소하게 생활은 해야 되지만 가난 그 자체를 가치 있게 생각하지 않고 있다. 검소와 절약의 생활을 강조한 순암의 견해는 물질적 풍요 속에 사는 우리에게 시사하는 바 크다.

② 처신교육

순암은 선비가 세상에 태어나서 마땅히 자기 몸을 처신하는 도리를 살펴야 한다고 자기처신교육의 필요성을 강조하고 있다. 여기서는 자기 자신에 대한 처신과 일에 대한 처리를 어떻게 할 것인가를 다루고 있다.

자신에 대한 처신

순암은 자기 자신에 대한 처신교육은 획일적인 교육이 아닌 개인차 특히 가정의 내력, 입지 및 신념, 몸가짐 등을 고려한 교육을 강조하고 있다. 여기에 따른 처신교육의 구체적인 방법을 순암은 여동래呂東萊의 말을 인용하여 다음과 같이 설명하고 있다.

무릇 사람이란 자질이 각각 두뇌가 명석한 사람도 있고 우둔한 사람도 있다. 규모가 큰 사람도 있고 작은 사람도 있다. 그러므로 일률적으로 그것을 가지런히 하기 어렵다. 반드시 여러 해를 두고 살아온 집안의 기미를 잃지 말아야 하고 향하는 바를 바르게 해야 하며 마음 살피는 바를 건실하게 하여야 한다. 그리하여 마땅히 그 믿어야 할 바를 믿고 마땅히 그 부끄러워해야 할 바를 부끄러워해야 하며 몸가짐을 겸손하게 하며 감히 헛되이 교만스럽게 굴지 말아야 한다. 무슨 일을 당하면 살피기를 자세히 하여 감히 쉽게 처리하지 말아야 한다. 이와 같이 하면 비록 도달하는 바가 멀거나 가깝거나 간에 요컨대 이것이 군자가 되는 길 위에 있는 사람인 것이다(『下學指南』 下卷, 「處己第六」, 持身章).

특히 몸가짐에는 태도를 점잖게 하고 침착하게 해야 되며, 사람을 대하는 데`는 반드시 아주 오래도록 사귈 것으로 생각해야 되기 때문에 그 모든 형편이 어떠한지를 살펴보면서 해야 되는 것이다. 한때 한번 잠깐 무슨 일을 처리한 것이 문득 흔들림이 있게 되면 수습하기 어려운 것이다. 이처럼 몸가짐을 신중하게 하기를 순암은 바라고 있다. 또 배우는 사람은 자신의 처신을 반드시 온화하고 부드럽게 해야 하고 온화하고 부드러워지면 가히 학문이 진전될 수 있는 것이라 하여 순암은 온화하고 부드러운 학문태도를 견지하고 있다. 그 외에도 겸손 및 공손, 교만하지 말 것 등으로 자기 자신에 대해서 처신할 것을 강조하고 있다.

일처리

일처리는 의로써 신중하고 의연하게 또 인내심을 지니고 하기를 강조하고 있다. 그래서 순암은 허노재許魯齋의 "일을 급하고 분주하게 빨리 하지 말고 질서정연하게 하여 감히 태만하지 말아야 한다"는 말(『下學指南』 下卷, 「處己第六」, 處事章)을 인용하여 일처리에 대한 태도를 더욱 구체화하고 있다.

또 순암은 주자의 말을 인용하여 일처리에 대한 자신의 견해를 밝히고 있는데, 그 내용을 요약하면 다음과 같다.

- 한 가지 일을 마치고 나서 다음 일을 시작한다.
- 혈기만 믿고 일을 해서는 안 된다.
- 언제나 차분한 마음으로 일을 처리해야 한다.

③ 대인관계 교육

대인관계는 여러 측면이 있지만 여기서는 가장 실제적인 측면인 어른과 어린이, 스승과 제자 그리고 친구를 중심으로 살펴보기로 한다.

어른과 어린이

어른과 어린이의 관계는 어른에 대한 어린이의 공경이 주된 교육 내용이다. 그래서 순암은 맹자의 "내 집안 노인을 공경하듯 그러한 마음이 남의 집 노인에게까지도 미치게 하여야 한다"는 말을 인용하여 나이 많은 자를 공경하는 경장敬長을 강조하고 있다. 이에 순암은 좀 더 구체적으로 어른을 섬기는 도리를 퇴계의 말을 인용하여 다음과 같이 설명하고 있다.

> 나이가 나보다 더 많으면 아버지같이 섬겨야 하거나 형과 같이 섬겨야
> 할 차이가 있는데 이것은 대체로 말하는 것이다. 그 사이에 다시 현우賢愚
> 와 귀천의 차등이 있기 때문에 신분에 따라 좀 더 융성하게 대접해야 할
> 자리가 있고 덜 대접해도 될 자리가 있다. 또한 가히 분별하지 않을 수 없
> 는 자리가 있다. 이와 같이 각각 그 형편에 따라서 여러 가지가 동일하지
> 않은 경우가 있으므로 강경하게 한마디로 단정하기 어렵다(『下學指南』 下
> 卷, 「接人第七」, 長幼章).

이처럼 순암은 나이 많은 자를 공경하는 방법을 보편적으로는 아버지와 형 같이 섬겨야 하지만 대상에 따라 시의時宜 적절하게 하도록 하고 있다. 즉 자신보다 나이가 많아도 현우와 귀천의 신분에 따라 차등 있게 대접할 것을 강조하고 있다. 물론 이것은 신분제 사회의 속성을 반영한 것이지만 어떤 측면에서는 상당히 현실성이 있는 것이라 볼 수 있다.

장유에서는 어린 사람이 나이 많은 사람을 공경하듯 나이 많은 사람이 어린이를 사랑하는 것을 포함하고 있다. 그래서 순암은 "내 집안의 어린이를 사랑하는 마음으로 남의 집 어린이까지도 사랑하여야 한다"(『下學指南』 下卷, 「接人第

七」, 長幼章)는 맹자의 말을 인용하여 어른의 어린이에 대한 사랑을 강조하고 있다. 결국 이러한 순암의 견해는 어린이는 어른을 공경하고, 어른은 어린이를 사랑할 때만이 어른과 어린이의 진정한 관계가 정립된다는 데에 있다.

스승과 제자

스승을 공경하는 것이 배우는 도중에 가장 어려운 것이라고 순암은 보았다. 그래서 『학기學記』의 "무릇 배우는 도라는 것은 스승을 공경하는 것이 가장 어려운 일이다. 스승이 엄한 연후에 도가 높아지는 것이며 도가 높아진 연후에야 백성들이 교화를 알게 되는 것이다"라는 말을 인용하여 순암은 제자로부터 공경받을 수 있는 스승은 엄해야 된다는 견해를 견지하고 있다.

순암은 스승의 자질로서 학식과 인격을 들고 있다. 그래서 순암은 "참뜻을 이해하지 못하고 남의 질문을 기다리기 위해 단순히 고사를 외우기만 하는 학문을 한 사람은 남의 스승이 될 수 없다"고 하였다(『下學指南』 下卷, 「接人第七」, 師友章). 또 스승이 가르치고 싶어도 아동이 배우고 싶은 마음이 분발하지 않으면 안 된다고 보고 있다.

> 배우고 싶은 마음이 분발하지 않으면 계발시켜 줄 수가 없다. 뜻을 알고는 있으나 말을 하지 못하며 더듬거리고 있지 않으면 말을 일러 줄 수 없다. 한 모퉁이를 들어 가르쳐 주어서 다른 세 모퉁이를 알지 못하면 더 이상 가르쳐 줄 수가 없다(『下學指南』 下卷, 「接人第七」, 師友章).

이처럼 스승의 가르침에 아동의 성취동기 부여의 중요성을 강조하고 있다. 스승을 모시고 싶을 때는 반드시 속수束脩의 예禮 이상을 행하기를 순암은 바라고 있다. 또 스승이 제자를 가르치는 방법에는 적극적인 방법과 소극적인 방법을 병행할 것을 주장하고 있다.

순암은 제자가 스승을 섬기는 태도로 사제 동행과 스승 사후의 추모를 강조하고 있다. 이러한 사실은 다음과 같은 『예기』의 말을 인용한 데서 잘 나타나 있다.

　스승을 섬기는 데는 범하는 일이 없어야 하고 숨기는 일도 없어야 하고 좌우로 스승을 취양해야 한다. 그리고 일정하게 정해진 곳이 없이 스승이 가는 곳으로 따라다니며 배워야 한다. 또 스승이 돌아가시면 마음으로 3년 간 복을 임해야 한다(『下學指南』 下卷, 「接人第七」, 師友章).

친구

순암은 『곡례』의 "천자로부터 서인에 이르기까지 벗으로 인해서 이루어지지 않은 것이 없다"라는 말을 인용하여 친구의 중요성을 강조하였다. 그래서 순암은 사귀어도 좋은 친구와 사귀어서는 안 되는 친구의 구별을 공자의 말을 인용하여 다음과 같이 설명하고 있다.

　사귀어 유익한 벗이 셋 있고 사귀어서 손해 보는 벗이 셋 있다. 벗이 정직하고 성실하고 많이 알면 그런 사람은 유익한 벗이다. 그리고 남에게 아첨하여 그 비위나 맞추고 성실하지 못하고 말만 앞세우고 실천이 없으면 그런 사람은 손해가 되는 벗이다(『下學指南』 下卷, 「接人第七」, 師友章).

이처럼 순암은 벗을 사귀는 덕목으로 정직·성실·견문·실천을 들고 있다. 그 밖에도 신용·공경·선행 등도 들고 있다. 또 순암은 "친구간에는 서로 옳은 일을 하고 잘못된 일은 고치도록 간절하게 권해 줘야 된다"고 한 맹자의 말을 인용하여 친구로서 지켜야 할 서로의 도리를 강조하고 있다.

4. 결론

1) 순암 초등교육사상의 체계 및 성격

일반적으로 순암의 실학사상은 이익을 만난 35세 이후 형성된 것으로 생각하지만 그를 만나기 이전에 순암 나름대로 독자적이고 체계화된 실학사상이 형성되어, 그것이 『하학지남』의 찬술에 그대로 반영되었다. 결국 『하학지남』은 순암이 29세 때 이미 실학사상의 기초가 확립되었음을 보여 주는 동시에 그의 미래의 청사진을 보여 주는 책이라고 볼 수 있다.

순암의 사상은 기본적으로는 주자학적인 측면에 근본을 두고 있지만 현실적·실제적·실천적인 면을 강조하였다. 그래서 주자학적인 관점에서 본다면 같음 속에 다름이 있는 것이 순암 실학사상의 체계이다. 이에 따라 그의 초등교육사상 체계도 원리·내용적인 지·행과 실천·방법적인 교육이 서로 연계되어 있지만 실천·방법적인 면을 더 중시하는 데 있다.

이러한 체계에 따른 순암의 초등교육사상의 성격은 다음과 같다.

첫째, 비현실적이고 비실제적인 면을 떠난 현실적이고 실제적인 면을 지향하는 생활교육이다.

둘째, 인식과 학문 그리고 인격과 태도가 서로 연계된 교육이다.

셋째, 뜻을 세우고 그 뜻에 따라 생각·행동·실천하는 교육이다.

넷째, 인간관계를 중시하는 교육이다.

2) 순암 초등교육사상의 현대 교육적 의의

살아 있는 교육사상은 전통적인 것과 현대적인 것이 따로 존재할 수 없다. 참으로 전통적인 것이 현대적인 것이고, 현대적인 것이 바로 전통적 가치를 지닌다. 때문에 비록 순암의 초등교육사상이 오늘날 존재하지 않는 옛 선비를 위한 사상이었지만 오늘날 재창조되어야 할 그의 초등교육사상의 현대적 의의는 다음과 같다.

첫째, 인간교육이다.

현재 우리의 교육은 서구 중심의 행동과학의 인간관에 따른 교육으로 인간을 떠난 지식 편중의 교육으로 일관되어 왔다. 때문에 교육부재에 따라 인간매몰시대의 교육이 되고 있다. 그래서 무엇 때문에 교육을 하느냐, 교육의 결과가 왜 이러냐의 원초적인 물음에 대답할 도리가 없다.

둘째, 삶의 교육이다.

인간은 삶을 통해서 삶의 의미와 가치를 지닌다. 아울러 인간은 삶을 통해서 또한 삶의 의미와 가치를 창조한다. 이러한 인간의 의미와 가치를 지니고 있는 삶 속에서만 진정한 교육이 가능하다. 오늘날 인간의 가치가 자신의 삶과 유리된 채 단순한 교환가치로 전락하고 있다. 또 삶과 유리된 지식이 최고의 가치가 되고 있다. 그러나 언제나 확고하고 분명한 것은 지식 그 자체가 삶의 목표가 될 수 없다는 것이다. 삶에 있어서 지식은 단순히 삶의 목표에 필요한 수단일 뿐이라는 것이다.

셋째, 인간의 사회화를 강조한 교육이다.

인간이 사회적 관계의 동물이라는 것은 그들이 지니고 있는 능력의 상호 보완성을 지적한 말이다. 따라서 가정에서는 부모와 형제간의 관계의 교육이고, 학교에서는 스승과 친구와의 관계의 교육이고, 사회에서는 자기보다 연장의 수많은 사람과 섞임에서의 관계의 교육이다. 이 관계 속에서 참된 자아실현을 통한 성숙한 인간성이 길러진다. 그런데 오늘날 교육은 인간의 사회화를 외면하고서는 참된 개인화는 이루어질 수 없다는 사실을 외면한 채 지나치게 개인 중심의 이기주의 교육을 지향하고 있다.

순암 안정복의 공부론과 그 의미

1. 서론

순암 안정복은 성호에 이어 퇴계학통을 이어받은 근기남인의 적전이다. 또한 그는 이상정李象靖을 포함한 영남남인과 사상적 연대를 통하여 이른바 성호좌파의 서학운동에 강하게 저항한 성호우파의 핵심적 인물이다. 동시에 그의 학문은 개방적인 면모보다는 자기방어적인 이데올로기의 성격을 강하게 지닌 것으로 이해된다.[1] 그러나 이런 계보학적 이해에 지나치게 집착하면 그 인물에 대한 객관적인 평가를 놓칠 수가 있다. 실학자로서의 순암의 경우도 결코 예외가 아니다. 물론 도통에 근원한 계보학적 이해는 사상사의 복잡한 물줄기를 비

---

[1] 이봉규(2000), 「順庵 安鼎福의 儒敎觀과 經學思想」, 『韓國實學硏究』 2, 한국실학학회, 66면.

교적 명료하게 이해할 수 있고, 사상의 계기적繼起的 발전과정을 용이하게 파악해 볼 수 있다는 장점이 있다.

순암 자신은 그가 가장 조술한 인물이 퇴계와 성호였음을 누누이 밝히고 있고 근기남인을 학문적으로 영도하려는 적극적 의지를 자주 엿볼 수 있다. 또한 순암은 서학연구로 비롯된 남인 세력의 위기를 보수적인 척서斥西의 논리로 극복하고자 하는 노력도 자주 나타난다. 그러나 그의 사상 속에서는 도통 내부의 해석체계를 벗어나서 그의 시대를 독자적으로 살펴보는 시각이 명백하게 존재한다. 순암은 성리학과 서학이 공히 조선 후기의 모순을 극복할 적합한 대안이 되지 못한다고 판단하고, 이를 극복할 새로운 사상적 대안을 모색하고 있었다. 본고에서는 그의 공부론을 통하여 순암이 지향한 새로운 이데올로기의 모습과 그 의미를 살펴보고자 한다. 결론부터 말하자면, 그가 퇴계에 의해서 정초된 심학적 공부론을 어떻게 극복하고, 도구적 이성에 근거한 실학적 공부론으로 전환해 갔는지를 밝히고자 한다.

2. 순암의 하학론과 '형形'의 개념

순암은 여러 곳에서 그의 학문의 본령이 형이하학에 있음을 밝히고 있다. 그는, "대체로 학문을 할 적에 마땅히 그 당시의 폐단을 살펴보아야 할 것"[2]이라고 하여 그의 학문이 당대 학문에 대한 반성과 비평에 근거한 것임을 말해 주고 있다. 순암도 성리학의 공론화를 우려하고, 새로운 학문적 대안을 모색하고 있다. 그는 그 대안으로 형이하학에 충실한 공부를 할 것을 제안한다. 우선 그의 말을 들어 보자.

---

2 『順庵先生文集』 卷8, 「答南宗伯」. "凡爲學 當觀時弊."

오늘날 학자들은 대체로 형이하학形而下學을 탐탁지 않게 여긴 나머지 성명性命·이기理氣·사단칠정四端七情의 분변에만 마음을 쏟아 오늘 배웠다 하면 그 다음날 그 도리에 관해 말합니다. 비록 자신의 학문이 하늘과 사람의 이치를 꿰뚫었다고 하더라도 그 귀추歸趨을 따져 보면 기생이 『예경禮經』을 외우는 것이나 다름이 없으니 이게 과연 무슨 유익함이 있겠습니까. 퇴계退溪의 시대에는 이 도道의 근원이 본디 밝혀지지 않았기 때문에 반드시 주렴계周濂溪의 『태극도설太極圖說』을 우선으로 삼았는데, 시의時義가 그러했기 때문입니다. 그 당시에 조남명曺南冥이 "손으로 청소하고 시중을 들어야 하는 것은 모르고 입으로 천리天理만 말한다"고 비판하였는데 이는 퇴계 선생의 본의를 몰라서 그런 것입니다. 금세에는 의리義理의 설이 이미 보편화되었으므로 학자들의 소행이 사실 남명이 지적한 말에서 벗어나지 못하고 있습니다. (…) 형이하학을 하여 실질적인 것을 얻는다면 안의 명덕明德으로부터 밖의 신민新民에 이르기까지 이것에 포괄되어 있으므로 허망하고 요원한 것을 떠들어 대고 말을 지리하게 하여 실용實用이 없는 짓을 할 필요가 없을 것입니다.[3]

순암에 따르면 추상화되고 허문화된 성리학적 공부론은 마치 기생이 『예경禮經』을 외우는 것과 같다. 그는 퇴계의 시대에는 도의 근원이 밝혀지지 않았기 때문에 형이상학에 대한 논의가 필요하였으나, 그의 시대에는 오히려 조남명曺南冥이 "손으로 청소하고 시중을 들어야 하는 것은 모르고 입으로 천리天理만 말한다"고 비판한 것이 적실한 세태임을 주장한다.[4] 그는 하학下學의 실천성

---

3 위의 책. "今之學者 大抵不屑於下學 而徒從心於性命理氣四七之辨 今日爲學 明日便說此道理 雖自謂學貫天人 夷考其歸 與娼家之誦禮無異 此果何益哉 退溪之時 此道之原本不明 故必以濂溪圖說爲先 時義然矣 當時南冥有手不知灑掃應對之節 而口談天理之譏 此則不知老先生本意而然也 當今之世 義理之說 已爛漫矣 學者所行 實出於南冥之語 (…) 下學而得其實 則內自明德 外至新民 包于此矣 不必高談虛遠 支離辭說 無實用也 人之爲學 不過修己治人兩端事 於此而有實然之工 於此而有實然之識 則試之吾身 措諸事業 無不可矣."

속에서만 명덕과 신민의 참다운 실현을 이루어 낼 수 있다고 보았다. 그러나 당시의 유자들은 상달上達에만 집착할 뿐 일상에서는 도덕적인 삶과 거리가 멀어 결국 학문과 덕성이 분리되는 모습을 보인다고 질책한다.

우리는 여기에서 순암이 이야기하고 있는 하학과 상달이 과연 어떤 의미를 지니고 있는지를 좀 더 주목해 볼 필요가 있다. 앞의 인용문을 문맥 그대로 읽으면, 순암은 그의 당대에는 이미 의리의 설이 보편화되었기 때문에 퇴계 식의 상달에 관한 공부보다는, 남명의 주장처럼 하학공부에 좀 더 치중할 것을 주장하고 있는 것으로 보인다. 그러면 상달은 필요 없다는 말인가? 아니면 상달에 관한 이론적 논의가 필요 없다는 주장인가? 그 요점은 상달에 관한 성리학의 무실성無實性에 있었다. 이 부분은 순암 공부론의 성격을 이해하는데 매우 중요한 분기점이 될 수 있으므로 좀 더 자세한 검토가 요구된다. 기실 이 논쟁은 학學과 도道의 관련성을 어떻게 설정할 것인가에 대한 문제로서, 유학사의 공부론이 안고 있는 가장 뜨거운 논의처 중의 하나다.

주지하다시피 그 유명한 퇴계와 남명의 논쟁도 하학과 상달의 논리적 관계를 여하히 설정할 것인가에서 비롯된 것이다. 남명은 퇴계에게 보낸 편지 속에서, "요즈음 학자들은 손으로 쇄소灑掃하는 절도를 알지 못하고 입으로 천리만을 말함으로써 기세도명하려 하고 있습니다"[5]라고 하여 퇴계의 공부법을 문제시하였던 것이다. 이것은 퇴계의 공부론이 리理를 매개로 하여 하학과 상달의 연결처를 찾고자 하나 그것이 과연 타당한 것인가를 질문하고 있는 것으로 볼 수 있다. 즉 퇴계의 공부론에서는 형이상자와 형이하자의 세계가 아무런 충돌 없이 통일성을 유지하고 있는가 하는 점을 의문시하고 있는 것이다. 말하자면 학문이 일상생활과 유리되어 학문을 위한 학문이 됨으로써 마침내 허학虛學이 될 수 있음을 경계한 것이다.

---

4 위의 책. "當時南冥有手不知灑掃應對之節 而口談天理之譏."
5 『南冥集』卷2, 「與退溪書」.

그러면 과연 퇴계는 하학을 홀시하였는가? 기실 퇴계는 기회가 있을 때마다 하학의 중요성을 강조하고, 공부가 결코 일상을 떠나지 말아야 함을 주장하였다. 퇴계가 이굉중에 보낸 편지에서 "일상생활의 측면에서 본다면 사물은 형이하인데 그 사물의 갖춰 있는 이치는 형이상이다. 대개 사물은 이치를 갖춰 있지 않은 것이 없고 어떤 처소에도 그렇지 않은 것이 없다"[6]라고 강조한 것은 유자들이 자칫 현실의 세계를 떠난 다른 세계에서 도를 구하고자 할 위험성이 있음을 경계한 것이다. 그에 따르면 도체道體는 우리가 일상생활에서 숨쉬고 말하고 행위하고 수작하는 모든 순간에 잠시의 간단도 없이 유행流行하고 있는 것이다. 퇴계의 『성학십도』는 그가 일상생활의 한순간 한순간마다 얼마나 치열하게 도의 실체를 규명하기 위하여 부심하고 있었던가 하는 것을 잘 보여 주고 있다.[7]

그러면 과연 이 양자의 차이는 무엇인가? 하학을 강조한다는 사실에서는 퇴계나 남명, 순암은 외견상 커다란 차이를 보이지 않는다. 문제는 각자의 공부론에서 하학을 어떻게 정위定位시킬 것인가의 차이에서 비롯된다. 우리는 이점을 확인하기 위해서 우선 순암이 말하는 하학下學의 실체가 과연 무엇인가를 가늠해 볼 필요가 있다. 그의 『하학지남』은 이 문제를 풀 수 있는 중요한 열쇠가 된다. 그는 서문에서 다음과 같이 말하고 있다.

그런데 후세에는 학문을 논하는 때에 반드시 '심학心學'이니 '이학理學'이니 하는데, 심心과 리理 두 자는 형태나 그림자가 없어서 더듬거나 잡을 수 없는 것이니 모두가 공중에 매달린 말이다. 공자가 말하기를, "평소 거처할 때에 공손히 하고, 일에 임하여 공경히 하며, 남과 사귈 때는 충성을 다

---

6 『文集』 卷35, 「答李宏仲」. "就日用而看 事物爲形而下 所具之理爲形而上 蓋無物不有 無處不然 凡形而上 皆太極之理 凡形而下 皆陰陽之器也."
7 이에 관한 자세한 논의는 정순우(1997), 「퇴계사상에 있어서의 '日常'의 의미와 그 교육학적 해석」, 『퇴계의 사상과 그 교육학적 해석』, 한국정신문화연구원 참조.

한다" 하였고, 또 말하기를, "말은 충신忠信하게 하고, 행실은 독경篤敬하게
하라" 하였으니, 과연 여기에 힘을 쏟아 잠시도 놓지 않고 오랫동안 익혀
나간다면 청명淸明이 몸에 있어서 지기志氣가 신통하여 마음을 잡으려 하
지 않아도 저절로 지켜지고 이치를 연구하려 하지 않아도 밝아져서 저절
로 상달의 경지에 이르는 것이다. 후세의 학자는 하학을 비천卑淺하다 하
여 탐탁히 여기지 않고 항상 천인성명天人性命과 이기사칠理氣四七의 말에
만 얽매이며, 가만히 그 행실을 따져 보면 일컬을 만한 것이 없으면서도
상달을 모르는 것만 부끄럽게 여긴다. 그리하여 종신토록 학문을 해도 덕
성德性이 끝내 성립되지 못하고 재기才器가 끝내 성취되지 못하여 여전히
학문을 하지 않은 사람의 모양을 하고 있으니 과연 무슨 유익함이 있겠는
가. 이는 하학의 공부를 몰라서 그런 것이다.[8]

　　순암은 앞의 서문에서 매우 중요한 몇 가지 선언을 하고 있다. 우선 첫째로
는 성리학이 추상화되고 비현실화되어 학문적인 효용성이 상실되었다는 주장
이다. 이것은 그의 하학공부에서 매우 중요한 의미를 지니고 있다. 즉 사물에
대해 궁리하되, 리理를 매개로 하여 이기론적 체계 속에서 해석하지 않으려는
의도라고 할 수 있다. 물론 순암도 동학들과의 학문적인 논쟁과정에서 이기론
이나 사칠론 같은 성리학적 주제에 대하여 스스로의 의견을 피력하고 있다. 그
러니 이러한 노력들은 대부분 균열 현상을 보이던 성호학파 내부의 이론적 결
속을 위한 것으로, 그 스스로가 자인하고 있듯이 그의 능동적인 학문적 욕구에
서 비롯된 것은 아니다.

───────

8 『順庵先生文集』卷19,「題下學指南」．"後世論學 必曰心學 曰理學 心理二字 是無形影無摸
捉 都是懸空說話也 子曰 居處恭 執事敬 與人忠 又曰 言忠信行篤敬 果能於此下工 斯須不
舍 積習之久 淸明在躬 志氣如神 心不待操而存 理不待究而明 自能至於上達之境矣 後世學
者 却以下學爲卑賤而不屑焉 常區區於天人性命理氣四七之說 夷考其行 多無加稱 而唯以
不知上達爲羞吝 終身爲學 而德性終不立 才器終不成 依然是未曾爲學者貌樣 果何益哉 是
不知下學之工而然也."

또한 앞의 서문에서 확인해 볼 수 있는 것은, 수사학洙泗學의 세계로 회복하여 그것이 지시하는 바의 공부를 통해 상달의 세계로 진입할 것을 주장하고 있다는 것이다. 그는 『논어』를 하학을 위한 기본서로 간주한다. 그는, "공자 문하에서 사람을 가르치는 도리는 『논어』한 책에 갖추어져 있어서 하학의 공부를 하는 데 실로 의지할 바가 있다. 비록 명민하였던 자공子貢으로서도 성性과 천도天道에 대해서는 공자로부터 말씀을 들을 수가 없었다. 그런데 오늘날의 학자들은 하학의 실지 공부를 하찮게 여기면서 한갓 성명性命과 이기理氣의 설說에만 마음을 쓰고 있다. 그러나 그들의 언행을 가만히 살펴보면 학문하는 자의 모양새가 아니니, 이는 갈보들이 예禮에 대해 떠드는 것과 무엇이 다르겠는가"⁹ 라고 주장한다.

이렇게 성리학을 극복하기 위한 방편으로 수사洙泗의 세계를 다시 회복하고자 하는 노력은 당시 실학파들이 지니고 있는 일반적 성향이다. 순암은 수사학이 지닌 가장 큰 특징을 '형상形象'이 있는 세계를 대상으로 학문을 한다는 것에서 찾고 있다. 형상이 있다는 것은 곧 구체적인 삶이 있는 일상과 역사를 말한다. 그는 『논어』야말로 모두 형상이 있는 것을 대상으로 가르침을 세운 책으로서 하학의 가장 중요한 교재가 된다고 보았다.¹⁰ 그에게 있어 이 '형形'이란 개념은 매우 중요하다. 그의 말을 들어 보자.

형이상위지도形而上謂之道・형이하위지기形而下謂之器란 대목의 형形 자는 상계上界와 하계下界가 접한 곳인데, 형形은 도道과 기器의 사이에 위치하였다. 이로 말미암아 올라가면 무형無形의 도道가 되고, 이로 말미암아

---

9 『順庵先生文集』 卷28, 「順庵先生行狀」. "孔門敎人 具於論語一書 於下學實有依據 雖以子貢之明敏 性與天道 不可得以聞也 今之學者 不屑於下學實地 徒從心於性命理氣之說 夷考其言行 未曾有爲學底貌樣 與娼家之誦禮何異哉."

10 『順庵先生文集』 卷2, 「上星湖先生序」. "學貴上達 莫要於下學 論語一部 皆就有形象處立敎."

내려가면 유형有形의 기器가 된다. 그러므로 형形·도道·기器 세 가지는
서로가 떨어지지 않아 도道도 기器이고 기器도 도道인 것이다. 만약 윗것이
도道, 아랫것이 기器이라고 한다면, 이는 양단兩斷을 내어 두 조각이 되므
로 일사一事와 일물一物이 모두 도道과 기器를 갖추고 있는 뜻을 볼 수 없
을 것이다. 그러므로 형形 자를 넣어 말해야만 비로소 위아래가 합하여 일
개의 사물이 된다는 것을 알 수 있다. 『역』을 예로 들어 말하자면 역서易
書는 형形이고 역서가 된 소이는 도道이고 역서가 만들어져 괘를 긋고 손
가락 사이에 시초를 끼는 의의가 드러나는 것은 기器이다. 사람을 예로 들
어 말하자면 몸은 형形이고 말하고 움직이는 것은 기器이고 말하고 움직이
게 된 소이는 도道이다. 인사人事를 예로 들어 말하면 아버지와 자식, 임금
과 신하는 형形이고, 아버지와 자식 간에 인仁을 위주로 하고 임금과 신하
간에 의의義을 위주로 하는 것은 도道이고, 인仁에서 발로하여 효도가 되고
의義에서 발로하여 충성이 되는 것은 기器이다. 이 세 글자로 미루어 보면
만사萬事와 만물萬物이 그렇지 않은 것이 없다.[11]

이렇게 형形은 도道와 기器 사이에 존재한다. 형形은 도와 기 사이에서 돌쩌
귀와 같은 역할을 담당하여 이 형을 경유해 올라가면[由是而上] 도가 되고, 이것
을 경유해 내려가면 기가 된다. 그러므로 형形 자를 넣어 말해야만 비로소 위
아래가 합하여 한 개의 물사物事가 된다는 것이다. 순암은 사람을 예로 들어 몸
은 형形이고 말하고 움직이는 것은 기器이고 말하고 움직이게 된 소이는 도道라
고 하였다. 이제 그에게 있어 몸은 도道와 기器의 세계를 맺어 주는 핵심적인

---

11 『順庵先生文集』 卷7, 「答安正進問目」. "形而上下之形字 是上下界至處 形居道器之間 由是
而上 爲無形之道 由是而下 爲有形之器 形道器三者不相離 而道亦器 器亦道矣 若但以上下
謂之道器 則是作兩截而成二片 不見一事一物莫不各具道器之意 須著形字說然後 方見得上
下合爲一箇物事矣 如以易言之 易書卽形也 所以爲易書卽道也 易書作而畫卦揲蓍之義著焉
者卽器也 以人言之 人身形也 言語動作器也 所以爲言語動作者道也 以人事言之 父子君臣
形也 主仁主義道也 發於仁而爲孝 發於義而爲忠器也 以此三者推之 萬事萬物 莫不然矣."

위치에 자리하게 된다. 진리란 고원한 그 무엇이 아니라 사람의 용모와 말, 그리고 일상생활의 동정動靜 그 자체 속에서 자연스럽게 리理의 유행을 볼 수 있고, '천서天敍'와 '천질天秩'이 다 그 가운데 들어 있는 것이다. 이러한 맥락에서 그는 안씨顏氏의 사물四勿과 증자曾子의 삼귀三貴와 같은 실천윤리를 매우 귀하게 생각한다.[12]

여기에서 우리는 그가 남명南冥의 생각에 왜 깊은 공감을 하였는가를 알 수 있다. 그의 하학공부는 일상 속에서 리理의 유행을 찾고자 하는 것이지, 리理의 근원성과 궁극窮極을 문제시하는 것은 아니다. 그러나 순암의 공부론에서는 상달上達의 세계에 대한 체계적인 진술이 별달리 발견되지 않고 있다. 바로 이 지점에서 순암은 퇴계의 사유체계로부터 일정한 이탈을 보여 준다. 퇴계의 시대에서, 퇴계의 가장 심각한 고민의 하나는 배움의 주무대인 일상의 세계가 곧바로 지선至善의 세계, 진리의 세계가 될 수 없다는 점에 있었다. 퇴계가 학의 세계와 도의 세계가 과연 같은가 다른가에 대해 율곡과 치열한 논쟁을 전개한 것도 바로 이러한 인식에 근거한다. 퇴계 공부론의 가장 중요한 특질의 하나는 형이상자의 세계와 형이하자의 세계를 가치론적으로 엄격히 구분하고 있는 것에 있다.[13] 퇴계의 이기론적 구도 속에서는 순선한 도의 세계인 형이상자의 세계와 유위무욕有爲有欲한 기氣의 세계인 형이하形而下자는 가치론적으로 그 성격을 달리할 수밖에 없다.

또한 퇴계의 공부론에서는 가치론적으로는 분리되어 있으나 현실적으로는 결코 분리될 수 없는 이 두 차원의 세계를 여하히 매개할 것인가 하는 것이 가장 큰 문제로 대두되었다. 퇴계에 따르면 현상의 세계에서는, 즉 '재물상간在物上看'에서는 도와 기의 세계가 혼륜하여 분리될 수 없다고 본다. 형이상과 형이하는 따로 떼어 놓을 수 없고, 하학下學과 상달上達은 상호 분리될 수 없는 세계

---

12 『順庵先生文集』卷8, 「與柳敬之瞰書」.
13 이에 관한 자세한 논의는 정순우(1997), 앞의 논문 참조.

인 것이다. 형이하로서의 기는 형이상으로서의 리의 '전지재구田地在具'이다. 그러나 그는 일상의 구체적 삶 속에서 도道의 세계로 넘어가는 과정이 얼마나 어려운지를 너무나도 잘 알고 있었다. 일상의 세계 속에서 어떻게 도의 세계를 관철할 수 있는가 하는 것이 공부의 요체가 된다.[14]

퇴계는 이렇게 하학과 상달의 논리적 통일성을 확보해 가는 과정에서, 일상에 대한 의미규정을 선진유가의 설명체계로부터 이학적理學的 구도로 환치시켜 나갔다. 그러나 순암의 경우에는 일상 속에 내재한 궁극적 실체나 본질을 찾기보다는, 일상을 규정짓는 인간 상호간의 관계 혹은 그 관계에 최선의 질서를 부여하는 문제 등에 더욱 많은 관심을 기울이고 있다. 이에 그는 하학의 중심으로서 예禮를 강조한다. 그는, "횡거橫渠가 남을 가르칠 때는 반드시 먼저 예禮로 하였다. 예는 근거할 바가 있는 것으로서 일상생활에서의 절실함이 이보다 더한 것이 없다. 그러므로 공자가 '입어예立於禮'를 말한 것이다. 주자의 『소학小學』은 곧 횡거의 뜻이다"[15]라고 하여 『소학』도 예에서의 일부로 간주한다. 물론 퇴계도 일상 속에서 인간의 원초적 관계가 만들어 내는 다양한 삶의 문제에 상당한 학문적 관심을 기울였다. 그러나 그의 궁극적인 관심은 그 평범한 일상성의 배후에 깔려 있는 '비일상적' 본질, 형이상학적 실체의 규명에 더욱 관심이 깊었다. 순암은 퇴계의 이러한 기도를 다시 원시유가의 본래적 구도로 환치시키고자 한 것이다.

또한 순암은 퇴계의 공부론에서 드러나는 안연류의 무위유학적無爲儒學的 요소[16]에 대하여 깊이 찬동한 것으로 보이지 않는다. 퇴계의 공부론에서는 생의生意가 가득한 자연 속의 생생지리生生之理를 어떻게 우리 삶의 영역으로 끌고

---

14 자세한 논의는 정순우(1997), 앞의 논문, 237~283면 참조.

15 『順庵先生文集』 卷16, 「函丈錄」. "橫渠敎人 必先以禮 禮有所據 而日用之切 莫過於是 故孔子曰 立於禮 朱子小學書 卽橫渠之意也."

16 無爲儒學의 개념에 관해서는 김형효(2003), 『물학·심학·실학』, 청계, 제13장 참조.

올 수 있는가 하는 것이 중요한 과제였다. 이를 위해서는 인간이 사욕을 버리고 자연을 닮아 가는 과정이 필요하다. 따라서 지식의 궁극적인 텍스트는 곧 자연인 것이다. 자연의 무욕성을 배우려는 인간들의 노력, 즉 인간의 자연화自然化가 퇴계 공부론의 한 축을 이룬다. 퇴계의 공부론에서 미발未發의 영역은 명백히 사욕의 티끌이 개재되지 않는, 현실에서는 부재한, 순수의 공간이다. 그것이 곧 퇴계의 심학적心學的 공부론의 한 특질을 이루고 있다.

그러나 이러한 퇴계의 사상은 자칫 구체적인 역사와 현실로부터 이탈할 수 있다. 순암은 천리天理를 논하면서 일상을 떠나 버리면 그 학문은 세계에 대해 해악이 될 수 있음을 우려하였다. 순암이 하학下學을 '형상形象'이 있는 세계로 한정하고자 한 것은 후일 다산의 생각에서도 공히 드러난다. 다산에 있어서도 하학의 범위는 객관적인 경험과 양탁量度[17]이 가능한 일용행사의 세계에 한정된다. 다산은 하학의 세계를 견문지의 영역으로 한정하고, 본체론적인 심성론과 분리하고자 한다.[18]

현실에 대한 순암의 관심은 자연스럽게 역사에, 특히 동사東史에 관한 깊은 관심으로 확장된다. 그는 역사에서 무엇인가를 성취하고자 한다. 그의 유학은 무위의 삶을 긍정하고 희망하는 안연적인 태도와는 구별된다. 물론 그의 저서에는 자연을 동경하고 희구하는 모습을 자주 보여 주고 있다. 그가 당호를 '자연사自然社'라고 명명하고, 처사적 삶을 동경하는 모습을 보여 주는 모습 등은 그 한 예가 될 것이다. 그러나 후술할 것이나, 그는 형기를 지닌 인간의 욕구를 전적으로 배제하지 않는다는 점에서 결코 무위 유학의 모습을 지니고 있지 않다. 그의 유학은 현실의 삶을 승인하고 이를 도덕적인 세계로 변화시키고자 하는 당위의 유학에 그 중심을 두고 있다. 그런 점에서 그의 유학은 자연

---

17 『與猶堂全書』, 「論語古今註」. "格量度也."

18 정순우(2001), 「다산 공부론에 있어서의 '德性'의 문제」, 『茶山學』, 다산학술문화재단, 296~297면.

(Physis)으로서의 도보다는 규범(Nomos)으로서의 도를 추구하였다고 말할 수 있다. 퇴계에서의 하학下學은 자연으로서의 도와 규범으로서의 도를 결합하는 매개처로서 그 의미를 지니고 있었으나, 순암의 하학론에서는 그러한 모습이 잘 드러나지 않고 있다.

그것은 순암의 『하학지남』은 선비들이 준행해야 할 일종의 규범서와 유사한 형태를 취하고 있는 것을 보아서도 알 수 있다. 『하학지남』에는 주로 주자·정자·퇴계 등 선현들의 글 중에서 일상생활에서 본받아야 할 도덕과 규범에 관한 내용들이 중심을 이룬다. 체제와 형태상 율곡의 『격몽요결』과 상당히 유사한 모습을 보여 주고 있는 『하학지남』의 상권과 하권은 몸과 마음의 공부에 관한 방대한 어록집이다. 『하학지남』은 순암이 스스로 토로하고 있듯이, "참으로 볼 만한 것이 있으나 번거롭고 쓸데없는 부분을 아직 정리하지 못하였다"[19]는 인상을 강하게 드러낸다. 『하학지남』이 이렇게 번거로운 느낌을 주는 이유는 하학이 상달의 세계, 즉 형이상학의 세계와 긴밀히 연결되어 서로 조응하고 있던 성리학적 체계를 벗어나 있기 때문인 것으로 이해된다. 순암의 공부론에는 하학에 대한 자세한 논의가 있으나 그것이 지향하는 도의 실체에 관해서는 뚜렷한 전망이 없다.

이러한 양상은 수권首卷의 「일용편日用篇」에 실려 있는 '숙흥장'과 퇴계의 「숙흥야매잠도」의 차이를 살펴보면 쉽게 알 수 있다. 수권의 「일용편」은 숙흥장·일간장·야매장 등으로 구분되어 하루 24시간을 시간 단위로 하여 행하여야 할 처신과 법도를 제시하고 있다. 그의 이러한 분류 방식은 다산과 유사하다. 다산은 「숙흥야매잠」을 진백이 작성한 이유를 우리들이 날마다 하는 일에 정한程限을 정하기 위하여 만든 것으로 찾고 있다.[20] 순암과 다산이 「숙흥야매

---

19 『順庵先生文集』卷14, 「示弟鼎祿子景曾遺書」. "所著書下學指南 儘有可觀 而頗煩冗未刪."
20 『與猶堂全書』『詩文集』卷22, 「陶山私淑錄」. "吾人日用事 爲貴有程限 唯其無程限 故乍振旋壞 瓦解土崩."

잠」을 이렇게 하루의 일정표나 시간표로 이해하는 것은, 퇴계가 이것을 그의 경론敬論의 가장 중심적인 해설서로 잡았던 것과는 엄청난 차이를 드러낸다. 퇴계는 「숙흥야매잠」을 철저히 성리학적 공부론의 관점에서 재구성하였던 것이다. 즉 「숙흥야매잠도」에 나타난 퇴계의 가장 큰 관심사의 하나는 이 평범한 일상의 삶을 어떻게 하면 도의 세계와 연결시킬 수 있을까 하는 점이었다. 일상의 소소한 이치를 배우는 하학의 세계가 필경 상달의 세계로 진입하는 관문 구실을 한다는 믿음을 그는 「숙흥야매잠도」에 실어 두고 있다. 경이 그 고리역할을 담당하는 것이다.

이러한 성리학적 공부론과 비교할 때, 순암의 숙흥장은 아침에 일어나서 선비가 행할 처신과 법도에 관한 종합 목록의 성격을 지니고 있다. 이러한 순암의 작업은 퇴계가 「숙흥야매잠도」를 그의 경학敬學의 구도로 환치시켜 놓은 것을 해체하는 첫 작업과 같다. 이러한 그의 작업은 후일 다산으로 하여금 진백이 이 잠을 통해 일상을 심성론적 차원으로 환원시킨 것을 '행사行事'의 무대로서의 일상으로 돌려놓도록 하는 출발점이 되었다고 본다.

3. 미발설未發說을 통해서 본 순암의 성리론

그러면 과연 순암은 성리학적 공부론을 완전히 폐기하고 새로운 길로 접어들었는가? 결론부터 이야기하자면, 그는 아직도 많은 부분에서 성리학적 공부론을 동의하고 있다. 특히 미발未發에 대한 그의 견해는 기존의 주자학적 해석을 사실상 묵수하고 있다. 순암은 이 문제에 관해 이병휴와 그의 제자들이었던 이기양·권철신 등과 상당한 논란을 벌였다. 그리고 순암은 이들 신서파信西派에 대항하여 주자와 퇴계의 견해를 적극적으로 옹호하는 입장을 개진하고 있다. 이러한 순암의 태도는 후일 미발설을 극력 배척하였던 다산의 태도와는 확연하게 구별되는 부분이다. 우선 순암이 정산貞山 이병휴李秉休에게 보낸 두 통의 편지를 살펴보도록 하자.

가. 지난번에 사홍이 편지를 보내왔는데, 『중용』수장首章의 '미발未發'의 뜻을 설명하면서 너무나도 낭자하게 옛 학설의 일체를 엎어 놓았습니다. 이 대목은 의리의 큰 대목인데 정자·주자가 어찌 못 보았겠습니까? 사홍이 또 말하기를 "성인은 정靜에 관한 공부가 없고, 경敬은 선학禪學에 가까우며, 주자의 격치格致에 관한 해석은 또 귀로 듣고 입으로 흘리는 폐단이 되고 있다"고 하고, 이에 기명이 더불어 맞장구를 쳤습니다. 이러한 기습氣習이야말로 그 얼마나 걱정되고 민망한 일입니까?[21]

나. 더욱 민망스러운 것은 정주가 "희로애락이 아직 발하지 않았을 때 공부해야 한다[未發用工]고 한 말은 선禪에 가깝다고 하고, 『중용』의 계구戒懼는 고요한 가운데 존양存養하는 공부가 아니라고 하는 것입니다. 만약 그들 주장대로라면, 염락 이후의 경敬과 정靜에 관해 논한 문자들은 다 없애 버려야 마땅할 것입니다. 그들이 한 말을 보면 오직 동動 가운데에서만 공부를 하고 정靜 차원의 공부는 전혀 빼 버리고 있으니, 이게 말이나 되는 일입니까?[22]

앞의 편지들로 판단하면, 순암은 명백하게 미발 시의 존양存養공부를 인정하고, 동정動靜을 아우르는 경敬공부의 필요성을 수용하고 있음을 볼 수 있다. 이 편지를 문맥대로 받아들인다고 하면 사실상 그는 중화신설中和新說에 근거한 기존 성리학자들의 공부법과 하등의 차이점을 발견할 수 없다. 과연 그런가? 순

---

21 『順庵先生文集』卷4,「與李景協書 己丑」. "向來士興有書 論中庸首章未發之義 太狼藉 一反舊說 此義理大頭腦 程朱豈覰不得也 於此不信從 則其弊當如何 觀此書以後 心氣不安 殆累日未定也 士興亦云聖人無靜工夫 敬近禪學 朱子格致之訓 又爲口耳之弊 旣明從而和之 此等氣習 豈非大可憂憫者乎."

22 위의 책,「與李景協書 乙未」. "其所可悶者 以程朱未發用工之語 謂之涉禪 而以中庸戒懼之意 謂非靜存之工 若如其說 則濂洛以後論敬論靜文字 皆當毁之矣 觀渠所論 只在動上用工 而厥一靜字 是豈可成說乎."

암으로서는 이기양과 권철신 등 근기남인의 효장들을 중심으로 번져 나갔던 서학의 맹렬한 기세에 어떤 형태로든 이론적 방호벽을 치지 않을 수 없었던 다급한 심정이었음을 이 편지에서는 보여 주고 있다. 미발설이 왜 이들 신서파의 주요한 공격 목표가 되었는가?

신서파가 미발설을 공격한 이유는 물론 이 문제가 인간의 본성에 관한 가장 첨예한 논쟁처의 하나일 뿐만 아니라 유학 공부론의 핵심을 이루고 있기 때문이다. 따라서 조선조 후기의 각 학파들의 분화는 이 주제에 관한 해석에서부터 뚜렷하게 갈라지는 경향을 보이고 있다. 남인 계열의 인물들은 대체로 순암처럼 퇴계의 학설을 따르고 있었고, 미발 시의 함양공부가 필요하다는 것은 서인 계열의 인물에 있어서도 예외는 아니었다. 예로, 우암 송시열의 경우에도 미발 시 존재하는 지각작용의 성격에 관해 논의를 전개하였지 미발 시의 함양공부에 대하여 부정한 것은 아니었다. 또한 순암의 바로 전 시기에 이간李柬과 한원진韓元震 사이에 있었던 호락논쟁湖洛論爭에서도 미발 시 선악善惡의 유무에 관한 서인 계열의 오랜 논쟁을 정리한 것이었다. 그런 점에서 이들 신서파들의 미발에 대한 공척은 매우 새로운 해석을 드러내 주고 있다. 우리는 그들 주장이 담고 있는 의미를 파악하기 위해 잠시 주자 당시의 논의를 잠시 들여다볼 필요가 있다.

미발설은 결국 마음의 본체를 어디에 둘 것인가에 대한 논변이라고 할 수 있다. 이 논쟁의 중심에는 불교와의 차별성이 언제나 문제시되었다. 잘 알고 있는 바와 같이 마음을 다스려 도의 세계로 진입하고자 하는 유자들의 열망은 남송대에 주자에 의해 공부론으로 완성된다. 즉 본체론적인 공부론을 중시하던 도남학道南學과, 현상론적인 공부론을 강조하던 호상학湖湘學의 두 흐름이 주자를 통하여 종합되었던 것이다.

주자는 처음 연평延平 이동李侗을 통해 양시楊時로부터 시작된 도남학의 전통을 내려받았다. 양시는 그의 사상을 특징짓는 이일분수론理一分殊論에서, 이일理一과 분수分殊를 체용관계로 놓고 이일을 체로, 분수를 용으로 정의하고 있다. 이것은 공부론에서 용用으로서의 구체적인 현상이나 사실보다는, 체로서의 이

일리一을 우선시함을 의미한다. 일상의 세계 어디에나 존재하는 분수分殊로서 삶의 이치보다는 묵좌증심黙坐澄心하여 미발 시에 드러나는 이일理一의 세계를 체인하라는 것이다.

그러나 주자는 이후 장남헌張南軒을 통해 받아들인 호상학湖湘學을 수용하면서 기존의 도남학에서 제기하였던 미발설에 강한 의문을 제기한다. 미발설에 대한 부정으로부터 이른바 주자의 중화구설이 제출된다. 호상학의 주장으로는 사람의 마음이란 언제나 이발의 상태에 있고, 미발은 이발의 마음속에 내재해 있는 본체로서의 성性인 것이다. 따라서 마음속에는 미발의 때란 따로 존재하는 것이 아니기에 별도의 공부가 필요 없는 것이다. 이에 주자의 중화구설에서 이 미발은 사실상 공부가 불가능한 암흑의 세계로 이해되었다. 사람들의 일상적 삶이란 언제나 이발의 상태에 있는 것이고, 오직 "이발에 근거해서 미발을 볼 수 있을 뿐"[23]인 것이다.

그러나 이러한 주자는 이내 미발 시에 공부가 필요 없다는 중화구설에서 커다란 결함을 발견한다. 그 생각이 중화신설을 통하여 정리된다. 그는 미발의 상태란 결코 캄캄하여 어두워 살필 수 없는 상태가 아니라고 단언한다. 그는 성性을 미발의 상태로 인정하는 심통성정心統性情의 심성론에 의거해 모든 사람들의 마음에는 미발지시未發之時와 이발지시已發之時가 함께 자리하고 있다고 말한다.[24] 그는 호상학자들이 불교적인 경향에 빠져 미발에 대해 전적으로 잘못된 인식을 하고 있는 것으로 비판한다. 그는 "미발지전은 오로지 언제나 이처럼 깨어 있으니 어두워 살필 수 없는 것이 아니다. 만약 어두워 살필 수 없다면 도리가 어떻게 거기에 존재하겠는가? 또한 어떻게 대본이 될 수 있겠는가? (…) 지각은 비록 동하지만 그 미동을 해치지 않으니 희로애락과는 또한 구별되는 것이다"[25]라고 하여 미발 상태가 결코 어두움이 아니고 지각知覺이 살아

---

23 『晦庵先生朱文公文集』 卷32, 「答張敬夫」 34書.
24 『中庸或問』. "衆人之心 莫不有未發之時 莫不有已發之時."

움직이는 상태임을 말한다. 주자는 "만약 견문이 아직 없는 상태를 미발처로 본다면 이는 다만 정신이 혼미한 사람일 뿐"[26]이라고 주장한다. 중화신설에서 주자는 장식의 선찰식후존양先察識後存養을 반대하고 선존양후찰식先存養後察識을 내세운다.

> 어찌 반드시 마음의 싹을 드러내기를 기다려 그 뒤를 살피고, 그 싹을 살핀 후에 보존해야 합니까? 처음부터 존양하지 않고 일에 따라서 철식察識한다고 하면, 아마도 넓고 망망하여 손대 볼 것도 없게 될 것입니다.[27]

주자의 이러한 견해는 지금까지 어둠 속에 묻어 두었던 미발에 대한 존양공부를 다시 회복하게 하는 것이다. 특히 주자는 장남헌과의 토론과정에서 미발시기 존양공부를 쇄소응대진퇴의 소학공부로 보면서 동정動靜에 각각 공부를 두어야 한다는 입장을 개진한다.[28] 이러한 그의 변화는 놀라운 해석상의 차이를 드러낸다. 이제 미발은 평범한 현실의 일상세계로 내려온다. 즉 구설 시기에는 미발과 이발을 형이상하의 구분과 동일시하였고, 따라서 형이하의 이발 상태에서 공부함으로써 형이상의 경지를 아우를 수 있는 방법으로 불교의 고원한 추상성을 극복하고자 하였다. 반면 신설 시기에는 미발과 이발을 모두 형이하의 세계로 보고 양자가 맡은 공부의 영역에 차이를 두고자 한 것이다.[29] 그는 미발에 대한 새로운 정의를 통해 미발은 '특별한 일이 없고 사려할 필요

---

25 『朱子語類』. "未發之前 須常惺惺地醒 不是暝然不省 若暝然不省 則道理何在 成甚麼大本. 知 覺雖是動 不害其爲未動 若喜怒哀樂 則又別也."
26 『朱子語類』卷48, 「答呂子約」15. "若必以未有見聞爲未發處 則只是一種神識昏昧底人."
27 『朱子大全』卷32, 「答張敬夫」. "豈可必待發以後察 察以後存耶 此從初不曾存養 便欲隨事 察識 竊恐浩浩茫茫 無下手處."
28 이에 관한 자세한 논의는 金美榮(1998), 「朱熹의 佛敎批判과 工夫論 硏究」, 고려대학교 박사학위논문, 72면 참조.
29 위의 논문, 73면.

가 없는 한가한 때[日用間空閑時]' 정도를 가리킨다. 그래서 미발은 이발의 '임사시 臨事時'와 상대적인 차이밖에 없는 '무사시無事時' 혹은 '평시'나 '평일'과 상호교환 이 가능한 말이 된다.[30]

그러면 과연 순암은 미발未發의 의미를 어떻게 규정하였을까? 순암의 미발 설을 이해하기 위해서는 우선 순암이 공척攻斥한 이기양의 미발설을 좀 더 검토 할 필요가 있다. 이기양은 앞서의 편지처럼 주자의 미발설을 부정한다. 미발 시의 공부는 선학禪學에 가깝다는 것이다. 즉 이기양은 "사려와 희로애 락을 구분하여 눈으로 보고 귀로 듣고 마음으로 생각하고 말하는 것에서 희 로애락이 아직 발하지 않은 것을 미발이라고 했다"는 것이다.[31] 또한 이기양 은 "사려작용과 보고 듣는 지각작용 이전을 중中이라 하면 잠든 사람과 입정 한 스님도 중이라고 말할 수 있겠는가"라고 하여 지각 이전 상태를 미발로 보는 것을 비판했다. 이러한 태도는 주자학에서 사려가 돋아나지 않고 사려 미맹思慮未萌, 즉 사물이 감각기관에 아직 다가오기 이전을 미발로, 사물이 감 각기관에 이르는 순간부터를 이발로 규정한 것을 비판한 것이다. 그는 이러 한 관점에서 주자학의 경敬공부를 선학禪學으로 비판한다. 안영상에 따르면, 이기양의 이러한 태도는 이미 성호의 주장 속에서 그 단초를 찾을 수 있 다.[32] 즉 성호에서도 이미 인식이 성립하는 과정[思量]까지를 미발로, 그리고 이 사량思量에서 다시 희로애락의 감정이 일어나면 그때에 비로소 이발로 설 명하고 있는 것이다.[33] 한편 성호와 이기양의 이러한 미발설은 천주교 영혼

---

30 최진덕, 「朱子의 中和新說과 敬의 공부론」,(미발표논문), 10면.

31 서종태(1989), 「성호학파의 양명학 수용 ─복암 이기양을 중심으로─」, 『한국사연구』 66, 한 국사연구회.

32 안영상(2002), 「천주교 영혼설이 조선후기 사상계에 끼친 영향」, 『한국사상사학』 19, 한국사 상사학회, 387~388면.

33 『星湖全書』, 心經附註疾書, 中庸. "若思量而知其爲何物, 則雖未及於喜怒而不可道未發, 此 所以發子思言外之意."

설의 영향을 받은 것으로 추정하고 있다.[34]

그러나 순암은 이기양의 이러한 주장은 신서파 인물들이 사실상 주자의 미발설을 오독誤讀하거나 왜곡한 것으로 성리학에서의 경敬이나 계구戒懼의 개념을 왜곡한 것이라고 공박한다.

> 정자가 말하기를 "이미 지각이 있으면 바로 그게 동動이다. 어떻게 정靜이라고 말할 수 있겠는가"라고 하였는데, 그대는 고요히 동하지 않을 때에는 지각까지 없다고 여기십니까? 정자가 말한 지각은 지각의 용用을 말한 것입니다. 주자가 말하기를 "정靜 가운데 사물이 있다는 것은 다만 지각이 어둡지 않다는 것이다. 이는 대체로 심心의 체體가 영명하여 지각의 이치가 형연炯然히 늘 잠재해 있으니, 비록 고요히 동하지 않을 때라도 어찌 지각의 이치가 없겠는가 (…) 정자가 희로애락이 발로되기 이전을 정靜이라고 한 것은 옳다. 그러나 정靜 가운데 사물이 있다는 말은 난처難處하다"고 하였습니다. 정靜 가운데 사물이 있다는 것은 주자가 말한 '지각이 어둡지 않다'는 것입니다.[35]

이렇게 순암은 주자설에는 명백하게 미발 시에도 지각知覺은 발동하고 있으며, '지각이 있으면 동動이다'라는 정자의 말은 다만 지각의 용用을 지칭한 것일 뿐임을 주장한다. 이에 순암이 보기에 신서파들이 미발의 상태를 지각활동도 없는 깜깜한 암흑의 상태로 비판하는 것은, 미발설을 선학禪學으로 몰아가고자하는 종교적 이유가 있다고 보고 있다. 따라서 이기양에 대한 순암의 비판은 미발론에 대한 서학적 해석을 비판한 것으로 파악할 수 있으며, 그 과정에서

---

34 안영상, 앞의 논문, 389면.
35 『順庵先生文集』卷8, 「答李思興序 別紙」. "程子曰 既有知覺 却是動 怎生言靜 盛論謂寂然不動時 并與其知覺亦無耶 程子所言知覺 卽就知覺之用處言 朱子曰 靜中有物 只是知覺不昧 盖心體靈明 知覺之理 炯然長存 雖在寂然不動時 豈無知覺之理乎."

성호의 미발 해석에 대해서도 의문을 제기하고 있는 것으로 보인다. 순암의 미발설은 앞서 보았듯이 주자의 해석을 따르고 있고, 직접적으로는 퇴계의 학설을 수용하고 있는 것이다[36] 그러나 불행하게도 순암의 논설에는 더 이상 이 미발의 본체가 과연 어떤 성격을 지니고 있으며, 또한 미발 시의 존양공부는 어떻게 할 것인가에 대한 구체적인 논의가 결여되어 있다. 다만 순암은 심성론의 해석과정에서 이상정李象靖의 혼륜설을 수용하면서 미발시만 아니라 사단칠정 인심도심이라는 이발已發 상태에서도 혼륜 관계가 성립하는 것으로 보았다고 한다.[37] 그의 이러한 혼륜설의 수용이 과연 그의 미발 시의 공부에 어떤 영향을 줄 것인가는 명확하게 예단하기 어렵다. 다만 미발·이발을 관통하는 혼륜설의 수용은 정靜의 상태에서의 신독愼獨보다는 구체적인 행위 속의 경敬공부를 더욱 강조하는 경향으로 나아갈 개연성이 높다. 우리는 그 가능성을 서사西土에 대한 다음과 같은 비판 속에서 읽어 볼 수 있다.

> 유자의 극기克己공부는 내면적인 것인 데 반하여, 서사의 말은 형기形氣를 도외시하고 마귀에서 연유한다고 하니, 안과 밖, 긴하고 헐함에 있어서 둘은 자연히 서로 같지 않다.[38]

순암은 서사西土들이 자기 몸을 원수로 생각하는 것은 윤리에 크게 어긋나는 것으로서, 사람에게 이 몸이 있는 이상 형기形氣의 욕망이 없을 수 없음을 주장한다.[39] 사람의 몸을 승인하는 이러한 태도는 그의 경敬공부의 성격에도 상당한

---

36 『順庵先生文集』 卷1, 「與韓士凝書 庚寅」. "四七之說, 不惟鈍根難通. 大抵今世學者之弊, 以此爲汲汲先務, 而反忽於下學日用, 此自量己之才分, 不及先輩十百之一二, 則至如性命原頭, 能究得先輩之不得之理也. 是以固守退溪之訓. 不敢外此而更求別意也."

37 안영상(2001), 「順庵 安鼎福의 四端七情說」, 『韓國實學硏究』 3. 한국실학회, 66~70면.

38 『順庵先生文集』 卷17, 「天學問答」. "儒者克己之工由於內 西士之言 舍形氣而謂由於魔鬼 內外緊歇之別 自不同矣."

39 위의 책, "人有此形氣 則形氣之慾 雖聖人不能免."

영향을 주게 된다. 몸의 욕망에 대한 그의 이러한 적극적인 긍정은 퇴계의 경공부에서 보이는 강한 종교성을 약화시키게 된다. 이로 볼 때 순암은 미발론을 통해 한편으로는 이기경을 포함한 성호좌파의 이론적 공격을 막아내고, 다른 한편으로는 지나치게 주정적主靜的인 성격으로 치닫고 몸의 욕망을 부정시하였던 기존의 존양공부에 대한 새로운 해석을 시도하고 있는 것으로 이해된다.

4. 순암의 공부론과 '상제'

앞서 우리는 이기양과 권철신 등이 미발의 상태에서 사려를 인정함으로써 계구戒懼의 마음가짐에서 상제上帝를 마중할 수 있는 터전을 열고 있었음을 보았다. 그들은 영혼 저 깊은 곳에서 두려운 마음으로 상제의 임재를 고대할 수 있는 이론적 근거를 확보한 것이다. 이렇게 성호좌파를 중심으로 유학의 공부론이 신앙적이고 종교적인 차원으로 옮겨 가고 있었다. 그 중심에 서학의 '상제'가 자리하고 있었다. 순암은 다음과 같이 서학의 상제론을 강하게 비판하고 있다.

> 우리 유가에서 말하기로는, 상제上帝가 내려주신 성품과 하늘이 명하신 성품은 모두 하늘에서 품부받은 것이다. 『시경』에 "상제가 네 곁에 계시니[上帝臨汝]"라고 하였고, 또 "상제를 대한 듯이 하라[對越上帝]"고 하였고, 또 "천명을 두려워하라[畏天命]"고 하였는바, 이 모두는 계구戒懼와 근독謹獨의 공부가 아닌 것이 없고, 상제를 높이 떠받드는 도가 아닌 것이 없다. 서양 사람들이 상제를 자기들의 사주私主로 생각하여 밤낮으로 기도하면서 지은 죄를 용서받기를 구하는데, 이것은 불가佛家에서 참회懺悔하는 일과 뭐가 다른가.[40]

순암은 이렇게 유학에서의 상제는 마음공부를 위한 계구戒懼와 신독愼獨의 대상으로서 존재한다고 믿었다. 그에 따르면, 상제上帝는 리의 근원[理之原]으로서 이 천지만물을 만들었다. 또한 "천지만물은 저절로 생겨날 수 없고 반드시 천지만물의 이치가 있기 때문에 이 천지만물이 생겨난 것"[41]이다. 그러나 유가의 상제는 서학에서와 같은 창조주의 개념은 아니다. 또한 인간의 선악을 판단하고 주재하는 인격적인 주재자는 아니다. 순암은 상제의 개념을 경敬공부를 통해 만나게 되는 존재자로 이해한다. 그의 「자경自警」이라는 시에는 상제에 관한 다음과 같은 내용이 보인다.

가난을 편안히 여겨 약도 먹지 않고	安貧拋藥餌
옛것이 좋아 산을 사랑한다네	好古愛山林
뜰에 난 풀에서 생명의 의미를 찾고	庭草看生意
시냇가 소나무는 마음이 곧아 좋지	澗松許直心
나이 늙으면 함부로 굴기 쉬워	年衰易放曠
뜻을 세움에 항상 잠언箴言으로 경계 삼지	志立常規箴
공경을 위주하는 공부가 있으니	主敬工夫在
날로 상제를 대하듯 삼간다네.	日監上帝臨.[42]

순암의 이러한 상제관은 퇴계의 공부론에서 나타나는 상제의 모습과 유사하다. 퇴계의 공부론에서는 일상적 세계를 '경敬'의 차원으로 유지시키고자 하는 끊임없는 노력이 나타난다. 그는 심心과 신身이 항상 경敬의 상태를 유지할 때만 사물과 객관세계의 진정한 모습이 드러난다고 보았다. 그런 상태에서 퇴계

---

40 『順庵先生文集』卷28,「順庵先生行狀」. "吾儒言上帝降衷天命之性 皆稟於天者也 曰上帝臨汝 曰對越上帝 曰畏天命 無非戒愼謹獨之工而尊事上帝之道也 彼以上帝爲私主 晝夜祈懇求免罪過 何異於佛家之懺悔乎."
41 『국역순암집』III, 244면, 『順菴先生文集』卷17,「천학문답」.
42 『順庵先生文集』卷1, 詩,「自警」.

는 상제上帝을 마주한다. 그에게 있어 상제는 "높이높이 따로 떨어져 있는[高高在上]" 객관적 대상이 아니라, "언제나 임재하여 오늘 이곳을 살피는[日監在玆]" 종교적 대상으로 파악하고 있다. 그는 본연지성을 회복하는 것이 하늘을 섬기는 가장 올바른 길임을 강조한다. 앞의 시에서 순암이 뜰에 난 풀에서 생명의 의미를 찾고, 시냇가 소나무의 직심直心을 좋아하는 이유도 바로 본연지성을 회복하는 공부의 한 방법이며, 이것이 곧 상제를 섬기는 사천事天의 태도와 맞닿아 있는 것으로 본 것이다. 순암이 보기에 천天은 상제로서의 천과 태극으로서 천이 함께하고 있는 것이다.

상제는 주재主宰에 대한 호칭으로서 만물의 총체적인 주재자[總主]라는 말인데, 우리 유자가 이미 말한 것이다. 사람들이 하늘을 일컫는 데는 두 가지가 있다. 그 하나는 주재하는 하늘로서, '하늘이 명한 성性'이라고 하거나 '천명을 두려워한다'고 하는 것들인데, 이 하늘은 곧 리理이다. 하나는 형기形氣의 하늘로서, 이 하늘은 곧 물物이다. 주자周子의 그림은 '태극太極이 양의兩儀를 낳는다'는 공자의 말에서 근본한 것으로, 주재한다는 관점에서 말하면 상제上帝이지만, 무성무취無聲無臭의 측면에서 말하면 태극이며 리理이니, 상제와 태극을 둘로 나누어 말할 수 있겠는가. 그들이 말하기를, "옛날의 군자가 천지의 상제를 공경했다는 말은 들었지만 태극을 받들어 모셨다는 말은 듣지 못하였다" 하고, 또 말하기를, "리理는 의뢰하는 것[依賴者]으로서, 사물이 있으면 그 사물의 이치가 있고 사물이 없으면 그 사물의 이치도 없으며, 임금이 있으면 신하가 있고 임금이 없으면 신하도 없다. 이와 같이 공허한 리理를 가지고 사물의 근원이라고 한다면 이것은 불로佛老와 다를 것이 없다"고 하는데, 이와 같은 말들이 과연 말이 되는 것인가? 상제는 리의 근원[理之原]으로서 이 천지만물을 만들었다. 천지만물은 저절로 생겨날 수 없고 반드시 천지만물의 이치가 있기 때문에 이 천지만물이 생겨난 것이다.[43]

순암은 여기에서 상제와 태극은 사실상 동일한 것이며, 리理의 근원이라고 주장한다. 이러한 그의 말은 물론 성리학에 그 이론적 근거를 지니고 있으나, 그의 이러한 상제론이 서학의 상제론을 무력화시키기 위한 방편으로 동원된 것임을 우리는 감안할 필요가 있다. 즉 순암의 상제론은 서학의 상제가 지니고 있는 인격적 주재자의 권능을 탈색시키고자 나온 이론적 대안임을 감안할 필요가 있다. 이런 의미에서 순암에서의 상제는 종교적인 초월자의 의미보다는 오히려 수양론이나 공부론의 대상으로 이해되고 있다. 필자의 생각으로는, 순암에 있어서의 상제는 초월적이고 절대적인 그 무엇이 아니라, '내면에서 울려 오는 양심의 소리' 정도로 이해하는 것이 정당한 것으로 이해된다. 우리는 이 점에서 순암에 있어서의 상제는, 비록 외피는 퇴계의 상제와 방불한 모습을 지니고 있지만 종교적인 차원을 벗어나 하학의 세계에 합리성과 도덕성을 제공해 주는 근거로 자리했던 것으로 이해할 수 있다. 즉 순암은 종교가 아니라 현실사회에 대한 합리적인 해석을 가능하게 해주는 이법理法과 이치理致라는 이성적理性的 힘이 조선조 사회를 구제할 것이라고 믿었던 것으로 보인다. 이것은 그의 공부론이 심학적인 차원으로부터 실학적인 차원으로 옮겨 가는 과정으로 이해할 수 있을 것이다.

5. 결어

순암은 공부工夫의 뜻에 대해 "공工 자는 여공女工의 공工 자와 같고, 부夫 자는 농부農夫의 부夫 자와 같습니다. 이는 사람이 학문을 하되, 여공이 부지런히 길쌈을 하고 농부가 농사에 힘쓰는 것처럼 해야 한다"[44]는 말에 동의한다. 그

---

43 『국역순암집』 III, 244면, 『順菴先生文集』 卷17, 「天學問答」.
44 『국역순암집』 II, 27면, 『順菴先生文集』 卷7, 「安正進(景漸)의 問目에 답하다」.

가 공부에서 성誠을 가장 중요시한 것은 그의 이러한 실천성을 보여 주는 것이다. 그는 성리학의 한계를 극복하기 위하여 수사학洙泗學의 실천성이 근거한 '하학'에 주목한다. 그의 하학론에 있어 '형形'과 '형상形象'의 개념은 매우 중요하다. 그는 『논어』야말로 모두 형상이 있는 것을 대상으로 가르침을 세운 책으로서, 하학의 가장 중요한 교재가 된다고 보았다. 순암은 '형形'은 도道와 기器 사이에 존재한다고 보았다. 형은 도와 기 사이에서 돌쩌귀와 같은 역할을 담당한다고 보았고, 사람에 있어서는 몸이 곧 '형'에 해당한다고 보았다. 몸이 도와 기의 돌쩌귀 역할을 한다는 순암이 생각은 퇴계의 심학적 공부론을 벗어나는 단초가 된다.

또한 퇴계에서의 하학은 자연으로서의 도와 규범으로서의 도를 결합하는 매개처로서 그 의미를 지니고 있었으나, 순암의 하학론에서는 그러한 모습이 잘 드러나지 않고 있다. 동시에 순암은 퇴계의 공부론에서 드러나는 안연류의 무위유학적無爲儒學的 요소에 대하여 깊이 찬동한 것으로 보이지 않는다. 퇴계의 공부론에서는 인간이 사욕을 버리고 자연을 닮아 가는 과정이 필요하다. 따라서 공부론의 궁극적인 텍스트는 곧 자연인 것이다. 퇴계의 공부론에서 미발未發의 영역은 명백히 사욕의 티끌이 개재되지 않은, 현실에서는 부재한, 순수의 공간이다. 그것이 곧 퇴계의 심학적 공부론의 한 특질을 이루고 있다. 그러나 순암은 결코 형기를 지닌 인간의 욕구를 전적으로 배제하지 않는다는 점에서 결코 무위 유학의 모습을 지니고 있지 않다. 순암은 천리를 논하면서 일상을 떠나 버리면 그 학문은 세계에 대해 해악이 될 수 있음을 우려하였다. 순암이 하학을 '형상'이 있는 세계로 한정하고자 한 것은 후일 다산의 생각에서도 공히 드러난다.

한편 순암은 미발설을 통해 계구戒懼의 상태에서는 지각이 없다는 신서파들의 공격을 부정하고 명백하게 미발 시에도 지각은 발동하고 있음을 주장한다. 그는 미발론에 대한 서학적 해석을 비판하고, 그 과정에서 성호의 미발 해석에 대해서도 의문을 제기한다. 한편 그는 서학과의 논쟁을 통해 사람에게 형기의 욕망이 없을 수 없음을 주장한다. 몸의 욕망에 대한 그의 이러한 적극적인 긍정은 퇴계의 경敬공부에서 보이는 강한 종교성을 약화시키게 된다. 이로 볼 때 순암은 미발론을 통해 한편으로는 이기경을 포함한 성호좌파의 이론적 공격을 막아내고, 다른 한편으로는 지나치게 주정적主靜的인 성격으로 치닫고 몸의 욕망을 부정시하였던 기존의 존양공부에 대한 새로운 해석을 시도하고 있는 것으로 볼 수 있다.

또한 순암의 상제론은 서학의 상제가 지니고 있는 인격적 주재자의 권능을 탈색시키고자 나온 이론적 대안으로 이해된다. 따라서 순암에 있어 상제는 종교적인 초월자의 의미보다는 오히려 수양론이나 공부론의 대상으로 이해되고 있다. 순암에 있어서의 상제는, 비록 외피는 퇴계의 상제와 방불한 모습을 지니고 있지만 종교적인 차원을 벗어나 하학의 세계에 합리성과 도덕성을 제공해 주는 근거로 자리했던 것으로 이해할 수 있다. 즉 순암은 종교가 아니라 이성의 힘이 조선조 사회를 구제할 것이라고 믿었던 것으로 보인다.

순암 안정복 문학의 일고찰

시詩와 전傳을 중심으로

최준하

1. 서론

순암 안정복이 활동하던 18세기 영·정조 시대는 정치적으로는 탕평의 안정기로 볼 수 있으나 사회경제적으로는 상공업의 발달에 따른 신분제의 변동이 격심해지고, 사상적으로는 남인실학과 북학사상이 성숙해 가던 시기이다. 이 시기에 많은 사서史書가 출간되는데 순암 역시 사서로서 격식을 가장 충실하게 갖춘 『동사강목』을 저술하게 된다. 이 저서는 조선 후기를 대표하는 사서로 평가되고 아울러 후대에 많은 영향을 끼쳐 개화기의 사서류는 『동사강목』을 토대로 재구성되었다고 말할 수 있다. 신채호는 그의 『조선상고사』 총론에서 한국사학사를 개관하면서 순암을 최초의 역사전문가로 평가하고 있다. 이렇듯 순암은 역사학에 깊은 조예를 갖고 있었다. 그래서 지금까지의 순암에 대한 연구는 역사학 측면[1]에서 주로 이루어졌고, 사상적인 면에서는 실학과 연관지어

연구된 것이 몇 편² 있을 뿐이다. 물론 문학에 대한 연구는 전무하다. 그래서 본고는 순암문학 연구의 단초라는 데에 의미를 두고자 한다. 물론 순암의 생애와 사상을 통해 그의 학문적 연원과 실학자로서의 일면을 살펴본 뒤 전무한 그의 문학연구 가운데 작품 수가 가장 많은 시문학과 산문 장르 중 특이한 형식으로 입전된 전문학傳文學을 분석하여 순암문학 특성의 일부분을 살펴보고자 한다. 물론 이 이외의 장르에 대한 연구는 순암문학에 대한 종합적 검토가 이루어질 시기로 미룬다.

2. 순암의 생애와 사상

순암 안정복은 1712년(숙종 38년)에 제천현 유원에서 광주안씨 가문에서 호조참판 광평군을 증직받은 극極의 아들로 태어났다. 역대로 현직顯職을 지내던 가문이었으나 남인이 정계에서 출척黜陟된 후여서 불우한 소년시절을 보냈다. 그래서 서울·영광·울산·무주 등지를 전전하면서 성장하였다. 무주에서 복거하던 25세 때에 조부의 사망으로 안씨 일가는 고향인 경기도 광주 경안면 덕곡리로 귀향하였다. 이때에 비로소 『성리대전性理大典』과 『심경心經』을 읽고 성리학에 눈을 뜬 후 그는 많은 저술을 시작하는데, 27세 때에는 『치현보治縣譜』, 『향사법鄕社法』 등을 짓고, 29세 때에는 실학사상을 바탕으로 한 『하학지남下學

---

1 김철준(1969), 「동사강목」, 『한국의 명저』, 현암사; 강세구(1986), 「순암 안정복의 동사강목에 관한 일고찰」, 『역사학보』 112호; 한영우(1988), 「안정복의 사상과 동사강목」, 『한국학보』 53호.

2 이용구(1972), 「순암 안정복의 생애와 사상」, 『강원대 논문집』, 6집; 변원림(1973), 「안정복의 역사인식」, 『사총』 17·18 합권호; 최동희(1976), 「안정복의 서학비판에 관한 연구」, 『아세아연구』 19-2, 고려대학교; 심우준(1985), 「순암 안정복 연구」, 일지사; 한상권(1987), 「순암 안정복의 사회사상」, 『한국사론』 17집; 이채구(1992), 「안정복의 교육사상 연구」, 원광대학교 대학원.

指南』과 중국 고대의 이상적 토지제도를 해설한 「정전설井田說」, 그리고 『내범內範』 등을 저술하였다. 30세를 넘어서면서부터는 광주지방에 거주하고 있는 선배 실학자와 교유를 시작하였다. 당시 광주 안산에서 새로운 학문을 개척하고 정립하면서 후진들의 교육에 열중하던 성호 이익(당시 66세)을 찾아 그를 스승으로 섬기면서 이른바 경세치용학을 배우기 시작하였다. 성호와의 학문적 교류는 성호가 타계할 때까지 20년 가까이 지속되었는데, 특히 『동사강목』은 성호와 6년 간의 서간 문답을 통해 서로의 의견을 교환한 후에 이루어진 것이다. 이처럼 순암과 성호의 학문 교류는 순암의 사상 형성에 큰 영향을 미쳤다. 그러나 순암이 성호의 문인이면서도 사상적으로 뚜렷한 개성을 가진 것은 그의 나이가 이미 장년에 이르러 그를 만났고, 또한 상당한 저술을 낸 후에 성호를 만났기 때문이다. 그래서 그는 자기 나름대로의 실학사상을 구축한 후 역사·지리는 물론 교육·토지제도 등 여러 분야에 걸쳐 경세치용학의 대가로 활약하였던 것이다. 그는 이 이외에도 언어 분야와 예학 분야에도 깊은 관심을 가져 음운에 관해서도 논의하고 상례·제례 등에 대해서도 성호·윤동규尹東奎 등과 상의하여 개혁을 주장하고 있는데, 이런 사실들은 모두 실학을 바탕으로 한 순암만의 독특한 문제제기였다고 생각된다.

순암은 이어 조부의 문음文蔭으로 잠시 출사(영조 25년, 38세)를 하지만 당시의 권력구조상 관직에 오래 머무를 수 없었다. 출사를 5년에 마치고(영조 30년, 43세) 고향에 내려와 61세에 다시 환로에 나갈 때까지 18년 간을 고향에서 많은 저술활동을 하였다. 이때에 저술된 것을 잠시 일별하여 보면 다음과 같다.

『희현록希賢錄』: 영조 33년(1757년)에 저술된 것으로 내용은 중국의 이윤伊尹·백이伯夷·유하혜柳下惠를 상권에 수록하고, 중권에는 제갈무후諸葛武候·도정절陶靖節 등을, 그리고 하권에는 안자顔子·주렴계周濂溪·정명도程明道 등을 수록하여 『희현록』이라 명하였다.

『임관정요臨官政要』: 그의 나이 46세(영조 33년, 1757년)에 저술한 것으로 실사구시를 바탕으로 한 지방행정관의 면모를 찾아볼 수 있는 그의 대표적 저서 중의 하나이다.

『동사강목東史綱目』: 그의 나이 48세(영조 35년, 1759년)에 완성된 것으로 실학자로서의 면모를 확연하게 보여 주는 그의 대표적 저서이다. 그는 이 저서에서 중국에 대한 사대주의적 역사관에서 벗어나 민족의 자주성과 정통성을 확보하려고 중국의 연호를 쓰지 않고 우리의 연호를 사용하고 있다.

이 시기에 저술된 것으로는 상기 저술 외에『성호사설류편星湖僿說類編』·『백선시百選詩』·『사감史鑑』·「육잠六箴」·『열조통기列朝通記』 등이 있는데, 이 시기는 명실공히 그의 사상과 학문이 가장 성숙된 시기라 말할 수 있을 것이다.

이후 그는 왕세손(뒤의 정조)의 교육을 맡는 등 다시 관직에 나섰다. 이와 같은 정조와의 인연으로 자신의 지방행정에 대한 학문적 지식을 직접 정사에 옮길 수 있는 기회를 갖게 된 것이다. 지방과 중앙을 오가며 관직을 72세까지 지내다가 73세부터는 향리에서 80세에 타계할 때까지 후진양성과 저술활동에 전념하였다. 특히 이 시기에 주목할 저술로는 천주교를 강하게 비판한『천학고天學考』와『천학문답天學問答』이었다. 그는 이 저술로 인하여 사후 순조에 의해 가선대부 동지중추부사의 벼슬이 추증되는 영광도 누렸던 것이다.

이상 그의 생애를 통해서 보듯이 그는 관인으로서는 성공하지 못하였으나 사상가와 저술가로는 성공한 남인 출신 실학의 대가였다고 말할 수 있겠다.

3. 순암문학의 고찰

1) 순암문학의 개관

순암의 연구는 역사학 분야와 실학과 연계된 사상적 측면만 연구되었을 뿐 문학 분야는 연구가 전혀 되어 있지 않다. 그래서 본고는 그의 생애와 학문적 연원 등을 통해 그의 문학이 어떻게 이루어졌는가를 살펴보고자 한다.

순암은 『순암집』이라는 저서를 남기고 있는데, 그의 문학작품은 이 문집의 권1 시에서부터 권27 순암선생행장에 이르기까지 다양한 장르가 수록되어 있다. 본고에서는 국립중앙도서관에 소장된 『순암집』을 저본으로 하여 여기에 수록된 작품을 장르별로 살펴보기로 한다. 내용은 아래 도표와 같다.

〈표 1〉

종류	작품 수	종류	작품 수	종류	작품 수
시詩	145	잠箴	2	애사哀詞	1
서書	240	명銘	3	묘갈墓碣	21
잡저雜著	95	찬贊	3	묘표墓表	1
서序	22	전傳	3	묘지墓誌	43
시기	2	설說	10	행장行狀	23
발跋	13	축문祝文	9	순암행장順菴行狀	1
제후題後	14	제문祭文	20	순암연보順菴年譜	1

상기 도표에서 알 수 있듯이 순암은 당대 학자들처럼 다양한 장르의 작품을 창작하였으며 또한 이 작품들을 문집으로 편찬 수록하고 있다. 편찬된 문집은 물론 당대의 일반 사대부들의 문집처럼 서거정의 『동문선』에서 분류한 장르와 순서에 의거해 편찬하고 있다.

조선조 사대부들은 대부분 문집을 남기고 있는데 그들의 문집 내용을 살펴보면 많은 양의 작품을 수록하고 있으며 작품 종류 역시 서거정의 『동문선』에 분류된 장르가 망라되어 있다. 그리고 여러 장르 가운데 특히 시 분야의 작품수가 유독 많이 수록되어 있는 것을 발견할 수 있는데 그 이유는 첫째, 조선조의 사대부들은 대부분 학습과정에서 『시경』 등을 학습함은 물론 평상시 시에 대하여 논의하기 때문이고, 둘째, 서로 시를 창작하여 작품을 주고받는(화답시) 등 시와 밀접한 생활을 하였기 때문이다. 그리고 더더욱 시 분야를 간과할 수 없었던 가장 큰 이유는 '과거科擧' 사장詞章 분야가 별도로 있었기 때문에 시 학습은 필수적이었던 것이다. 그런데 순암의 문집에는 장르는 다양하지만 작품의 수는 적은 편이다. 물론 그 이유는 순암이 문학보다는 역사학과 사상 특히 실학 분야에 집중적인 관심을 갖고 있었으며, 또한 그 분야에 많은 저서를 남기고 있었기 때문이다. 그래서 그를 문필가보다는 역사학자 또는 실학자로 부르고 있으며, 순암에 대한 후대의 연구 역시 역사와 실학 방면에 치우쳐 있는 것이다.

그렇다고 해서 순암의 문학작품을 간과해서도 안 될 것이다. 왜냐하면 그의 작품의 양이 문학성을 논하기 어려울 만큼의 과작이 아니며 장르 역시 일반 문집이 갖추고 있는 장르의 다양성을 갖추고 있기 때문이다. 본고에서 이와 같이 다양한 장르 가운데 유독 시와 전만을 분석코자 하는 이유는 먼저 운문으로 쓰여진 작품으로는 잠·명 등이 있지만 아주 소량(2~3편)이어서, 분석 가능한 작품의 양으로는 시 장르밖에 없기 때문이다. 그리고 산문으로는 제문·묘갈·묘표·행장 등의 작품이 다수 수록되어 있는데 이 작품들은 작품의 성격상(실용문) 별고에서 다루고자 한다. 본고에서 특히 전傳 장르를 다루고자 하는 이유는 여타의 문집에서 전 장르가 대부분 빠져 있는데 4편이나 수록되어 있고, 입전 소재와 형태가 다른 일반 전과 전혀 다르기 때문이다. 이런 몇 가지 문학적 특성을 고찰 정리하여 순암의 문학을 자리매김해 보고자 하는 것이 본고의 목적이다.

2) 시문학詩文學 고찰

본장에서는 순암문집의 다양한 장르 가운데 작품 수가 가장 많은 시 작품을 분석하여 순암문학의 특성을 살피는 단초로 삼고자 한다. 그는 145편의 시를 창작하였는데 이 작품들의 내용을 분석하여 본 결과 아래 세 가지 유형의 작품이 가장 많게 분류되었다. 유형으로는 '학문면려學問勉勵'와 '우국애정憂國哀情', 그리고 '강호한정江湖閑情' 형으로 분류할 수 있었다. 이들을 유형별로 분류하여 고찰하여 보자.

(1) 학문면려

순암은 당대의 강직한 선비이며 대표적인 실학자로서 짧은 출사기간을 빼고 대부분의 시간을 오로지 후학들의 '학문면려'에만 심혈을 기울였다. 이를 소재로 한 작품이 27편이나 된다. 이들 작품을 통해 순암은 자신이 추구하는 성리학설은 물론 역사·지리·행정 등의 분야까지 그의 해박한 지식이 표현되고 있다. 그리고 평생을 학문연구에 전념했던 그는 후손과 후학들에게 학문면려를 간곡하게 권면하고 있다. 이와 같은 내용이 가장 진솔하게 드러난 시는 아들과 손자에게 보낸 것으로 아래의 작품에 잘 드러나 있다.

시가아示家兒

군자는 큰소리치지 않는 법 / 큰소리는 알맹이가 없느니라.
성인이 보여 준 탄탄한 길은 / 거짓 없는 진실과 정신 집중이지
한평생 조심하고 또 조심해야 / 성명性命을 보전할 수 있느니라.
백 가지 천 가지 이 몸 밖 일들을 / 이것을 기준으로 해 나가도록 하라

집에서는 중같이 지내고 / 밖에 나가면 아낙처럼 처세하라
아낙은 늘 남을 무서워하고 / 중은 가난 싫다 않는단다.
담박하고 그리고 근신해야 / 집안이건 밖이건 근심 걱정 면하느니
조심하고 또 스스로 경계하여 / 소경이나 면해 보자꾸나.[3]

---

3 『順菴先生文集』卷1, 詩, 「示家兒」. "君子不夸言 夸言無其實 聖人示周行 無妄與主一 平生臨履意 可以保性質 身外百千事 視此以爲律 居家如釋子 處鄉如閨婦 閨婦恒畏人 釋子不嫌婁 淡泊而謹愼 出入免憂懼 戒爾又自警 聊欲代矇瞽."

이 시에서 순암은 허언虛言을 경계하면서 거짓 없는 진실된 삶과 항상 조신하는 마음자세로 처신하여야 성명性命을 보전할 수 있다 하며 이를 언행의 기준으로 삼아야 함을 강조하고 있다. 이렇게 욕심 없이 질박하게 근신하면서 학문면려 하기를 곡진하게 당부하고 있는 것이다.

서증소손書贈小孫

성인이 남겨 놓으신 교훈들 / 어린 시기를 놓치지 말아야지
나이 여덟아홉 그때가 / 바로 좋은 독서 시기란다.
일찍 일어나 동쪽 들창 아래서 / 책 펴들고 소리 내어 글 읽고
마음 차분히 눈은 똑바로 / 팔짱 끼고 무릎 꿇고 앉아
외운 다음에 다시 배워서 / 날마다 부지런히 읽어야지
책 속에는 뭐가 있다더냐 / 성인 말씀 거짓말이 아니란다.
조심히 받아들이고 잊지도 말고 / 하나하나 다 스승으로 삼아라.
먼 곳은 가까운 데서부터 가고 / 높은 데는 낮은 데서부터 오르느니라.[4]

이 시에서는 손자의 면학을 자상하게 일깨우고 있다. 특히 공부를 시작하는 시점을 여덟·아홉 살로 규정하고 있는 점이 특이하고, 몽학의 내용으로 옛 성현의 말씀을 배우고 익혀 그 말씀들을 스승으로 삼으라고 적시하고 있다. 그러면서 모든 학문의 방법은 가깝고 낮은 데서부터라는 학문의 기초단계와 그 중요성을 강조하고 있다.

이상의 두 작품에서 보듯이 순암은 학문하는 자세와 방법을 후손에게 자상하게 권학하고 있는 것이다.

---

4 위의 책, 「書贈小孫」. "聖人垂明訓 蒙養貴及期 年至八九歲 正好讀書時 早起東窓下 展卷聲吾伊 潛心目不逃 端拱坐必危 誦罷復受業 讀之日孜孜 書中何所有 聖言不我欺 愼受勿復忘 一一以爲師 陟遐必自邇 升高必自卑."

(2) 우국애정

두 번째 내용상의 특징으로는 애민의식을 바탕으로 한 '우국애정' 사상이다. 본래 유가의 근본사상은 충이다. 유가는 가장 현실적이어서 현실을 떠나서는 별 의미가 없다. 그러므로 현실인식의 바탕 위에서 국가가 위기에 처했을 때 이를 제민濟民하고 경세經世하려는 것이 유자 본연의 도리이다. 그리고 이것은 살신성인이라 한다. 이와 같은 우국충정의 자세를 후학들에게 강조하고 있다.

수광주부지지병정사각필산연만일률修廣州府志至丙丁事閣筆潸然謾一律

병자 정묘 그 치욕을 어찌 차마 말로 하랴
종묘사직을 그때는 법당에서 모셨다네.
전쟁으로 화의 끌어낸 되놈들은 잘 됐지만
화의 때문에 싸움 망친 우리 꼴은 뭐라던가
대궐 에워싼 섣부른 짓 대장으로서 할 일인가
아침에 대궐을 포위하니 밤에 남의를 만들었다네.
시운이 그러하면 별 도리가 없는 걸까
간사한 자 경계 삼아 광주부지廣州府志나 만들어야지.[5]

임진왜란에 이은 병자·정묘 양란의 수모를 되새기면서 시운에 편승하는 간사한 무리들을 경계하는 내용의 시이다. 종묘사직을 불가의 법당에 모셔야 할 만큼 백천간두의 절박한 상황에서 몸을 바쳐 싸워야 할 무인들과 종묘사직을 몸으로 지켜야 할 조정의 재상들이 자신들의 목숨을 유지하기 위해 피신한 사

---

5 위의 책, 「修廣州府志至丙丁事閣筆潸然謾一律」. "丙丁遺恥說難堪 廟社當年奉佛龕 以戰縱和胡計得 因和誤戰我謀慙 元戎窘策朝圍闕 宰相奇籌夜製藍 天運如斯無可奈 且修遺草戒奸婪."

실史實을 통렬하게 풍자 비판하고 있는 것이다. 순암의 우국충정 정신을 엿볼 수 있다. 또 다른 우국충정의 시를 살펴보자.

백마총행白馬塚行

일본 지역에 백마총이 있는데
왜인들이 대를 이어 그 무덤을 손질하며 하는 말이
옛날에 신라 왕이 쳐들어올 때
수만 명 정병이 바다에 떠밀려 오니
물귀신도 뒤로 주춤 해신海神도 길을 비켜
큰 바다 동쪽에는 거칠 것이 없었다네.
용 깃발을 휘날리고 타고를 울리면서
선발대가 곧바로 명석포를 공격하니
왜왕이 겁에 질려 화친을 청하고는
짐승 잡아 맹세 쓰고 신명께 고하였네.
(…)
어쩌다가 후세 들어 옛날과는 정반대로
우리나라 전역이 적의 침략 늘 당하고
지금도 해상에는 허구 많은 공갈배가
제 욕심 채우려고 해마다 손 벌린다네.
생각하면 그리 된 것 까닭이 왜 없겠는가
서생이 부질없이 국경을 안정시킬 계책 짜본다네.[6]

---

6 위의 책, 「白馬塚行」. "白馬塚在日域 倭人世世勤封築 謂昔羅王憤侵軼 精兵數萬浮海伐. 馮夷辟易海若奔 大海以東無涯藩 揚龍旆擊鼉鼓 前茅直擣明石浦 倭王失色事和親 刑牲載書告明神 (…) 歸來後世事反古 大東全地受侵侮 至今海上多虛喝 穀帛年年充其欲 靜思其故豈無因 書生謾有安邊策."

위 시는 왜국의 침략과 노략질에 대책 없이 당하기만 하는 조정에 대한 원망과 자신의 안타까움을 직설적으로 표현한 시이다. 멀리 신라시대에는 우리의 정병精兵들이 왜국을 쳐 왜왕으로부터 항복을 받아 내어 화친을 맺었다는 강한 신라인들의 용맹과 기개를 표현하고 있다. 왜인은 물론 물귀신과 해신까지도 신라인들의 용맹 앞에 무릎을 꿇었는데 오늘의 조선은 어찌하다가 조정과 백성 모두 나약하여 나라 전역이 왜국의 침략에 짓밟히고 있는가? 이에 선비인 순암 자신이 호국의 일념으로 방어지책을 모색하고 있는 것이다.

(3) 강호한정

세 번째 특징으로는 탈속과 강호지향을 통한 인생무상의 시세계이다.

조선조의 많은 사대부들은 출사와 귀향을 반복하면서 우국과 애민 그리고 자연 풍광을 시로써 표현하였다. 그러나 순암은 출사보다는 은둔하면서 학문면려와 자연에의 몰입 그리고 유한한 인생의 무상감을 읊조렸다.

순암은 「독좌서회獨坐書懷」에서 다음과 같이 표현하고 있다.

　　물고기 뛰고 솔개 나니 별천지가 이 아닌가
　　한 굽이 영장산 계곡 전생의 인연이라네.
　　청산 그림자 속에 지팡이 짚고 서 있고
　　꾀꼬리 노래 속에 책을 끼고 잠자지
　　구름 같은 세상사 모두가 허깨비요
　　사람 마음 거울 같아 닦고 또 닦아야지
　　읊조리며 돌아오는 그 흥은 지금도 있어
　　동고에 기대서서 시냇물을 구경한다네.[7]

---

7 위의 책, 「獨坐書懷」. "魚躍鳶飛別有天 靈長一曲是前緣 靑山影裡扶筇立 黃鳥聲中擁卷眠

『시경』대아大雅편 '한록旱麓'에 보면 "연비여천鳶飛戻天, 어약우연魚躍于淵"이라 하여 '솔개가 하늘을 날고 있고, 고기가 연못 속에서 뛰고 있다'며 성군에 의해 정도에 맞게 다스려지고 있는 태평스러운 세상을 비유한 내용의 시구가 있다. 이처럼 순암은 강호지향적 의식과 자연에의 회귀를 위 시를 통해 강렬히 표현하고 있다. 솔개와 고기가 평화롭게 노니는 자연은 순암이 추구했던 이상향이요 별천지이다. 그리고 영장산의 계곡에서 청산이 펼쳐 놓는 한 폭의 그림과 꾀꼬리 같은 산새들의 노래를 들으면서 독서 삼매경에 빠지는 순암의 삶은 분명코 신선과 같은 삶이리라. 그러기에 순암은 인생만사를 한탄하며 허깨비로 비유하고 있지 않은가. 부귀공명의 무상감은 '유감'의 시구 속에 절절하게 표현되고 있음을 알 수 있다.

유감有感

흙을 뭉쳐 떡 만들어 아이들을 놀려 대면
머리채를 서로 잡고 몰려오고 몰려가지
벼슬길 아귀다툼이 그와 다를 게 뭐라던가
저도 모르게 목숨 걸고 몸까지 죽이다니
주역은 박괘의 상효부터 봐야 옳고
마음 병에는 뱃속의 모적부터 없애야지
이 몸 한 번 가고 나면 남는 것이 뭐라던가
허구 많은 인간사 환상이요 거품이라네.[8]

위의 시는 부귀공명에 대한 순암의 관점이 가장 극명하게 드러난 시이다.

世事如雲都幻妄 人心似鏡要磨研 詠歸高興今猶在 徙倚東皐玩逝川."
8 위의 책, 「有感」. "團土作糕戲小兒 爭來爭去髮相持 宦塗傾奪曾何異 捨命捐身不自知 玩易 須從剝上爻 治心宜祛腹中蚩 此身度後無餘事 人世悠悠等幻泡."

그가 창작한 많은 시 가운데 이처럼 환로에 대한 환멸과 노골적 표현은 보이지 않는다. '벼슬을 좇는 사람들'을 머리채 서로 잡고 뒤엉켜 싸움질하는 철없는 어린아이들로 빗대어 표현하며 양식 없는 무리들로 규정하고 있다. 그리고 오로지 벼슬을 위해 마지막 보루인 목숨까지 내던지는 그들을 향해 인간사 환상이요 거품이라고 일갈하고 있는 것이다.

이상 순암 시의 분석을 종합해 보면 후손과 후학들에 대한 대학자로서의 권학과 끊임없는 면려를 당부하고 있으며, 다른 한편으로는 애민의식을 바탕으로 한 충효사상의 시가 상당수를 차지하고 있다. 이는 조선조 대부분의 식자계층 사람들의 충효정신과 애민의식을 강조하였는데 순암 역시 예외가 아니다. 마지막으로 순암 시의 특징은 강호지향과 자연회귀를 통한 인생무상의 표현이다. 출사와 은일을 반복하던 당시 사대부들의 강호지향과는 다른 의미를 갖고 있다. 순암에 있어서의 강호지향은 출사 후 일시적 귀향에서 느끼는 감상적 강호가 아니라 자연 속에 정착해 자연과 동화된 평생의 삶을 살면서 몸으로 느꼈던 자연이요 강호였던 것이다. 그러기에 그의 삶과 철학이 용해되어 있는 강호는 친숙하고 정감 어린 것이다. 자연에 동화된 평생의 삶이기에 그에게 있어 환로와 부귀영화는 한낱 보잘것없는 뜬구름과 같았던 것이다.

이처럼 순암에 있어 애국애민과 우국충정·학문면려·강호한정은 그의 삶의 중요한 지표요 사상의 근간이 되었다. 이와 같은 의식과 사상이 145편의 시 속에 용해되어 표현되었던 것이다.

3) 전문학傳文學 고찰

『순암집』의 편집 차례를 살펴보면 운문에 해당하는 장르로는 시(145)·잠(2)·명(3)·찬(3)·애사(1)밖에 없다. 그러나 산문 장르는 서書(240)·서序(22)·기(2)·발(13)·제후(14)·전(3)·설(10)·축문(9)·제문(20)·묘갈(21)·묘표(1)·묘지(43)·행장(23) 등 장르가 다양함을 알 수 있다. 이는 순암의 문학적 특징과 취미가 운문보다는 산문에 있었음을 나타내 주는 수치라 생각된다. 그리고 그가 전을 창작할 수 있었던 데에는 가계家系의 영향이 있었음을 알 수 있다.

순암의 조부 안서우安瑞羽(1664~1735)는 태안군수와 울산부사를 지낸 인물인데 그가 한문소설 『금강탄유록金剛誕游錄』을 지었다는 사실을 주목해야 한다. 이 작품은 신선을 동경하는 김생이라는 자를 철저하게 기만하여 결국 신선이라는 것이 존재하지 않는다는 사실을 말하고 있는데 여러 구성이나 사건 전개가 치밀하게 짜여 있는 뛰어난 작품이다. 이러한 가계 내의 전통이 순암에게 그대로 이어져 순암이 소설의 가치에 대해 일찍 인식하게 되는 동기를 제공하였다고 생각된다.

이와 같은 가계를 바탕으로 전류傳類의 「여용국전女容國傳」과 「영장산객전靈長山客傳」 그리고 잡기류雜記類의 「홍생원유기洪生遠游記」 등을 창작 또는 서술하였던 것이다. 이들 작품을 분석하여 그의 문학성을 살펴보기로 하자.

(1) 「여용국전」

'전'이란 한 인물의 행적을 적어서 후대의 사람들에게 감계鑑戒가 되는 내용으로 창작된 작품이다. 물론 3단 구성의 형식을 갖추어 창작된다. 전은 소설·설화 등과 더불어 산문문학을 구성하는 중요한 장르이며 자체 내의 유구한 역사적 전통과 뛰어난 작가군, 높은 문학성을 지닌 작품 등이 집적되어 있는 국문학의 중요한 한 분야이기도 하다. 순암이 입전한 두 편의 가전假傳 역시 높은 문학성을 지닌 작품으로 생각되어 본고에서 고찰해 보고자 하는 것이다.

조선 후기의 실학파 문인들이 남긴 가전 작품으로는 이익의 「할계전瞎鷄傳」·「우계전友鷄傳」, 박지원의 「호질虎叱」, 이덕무의 「관자허전管子虛傳」, 이옥李鈺의 「남령전南靈傳」, 유본학柳本學의 「오원전烏圓傳」 등이 있다. 이들의 작품에 대해서는 이미 몇 편의 논문을 발표한 바 있다. 본고에서는 순암의 가전 작품을 분석코자 한다.

「여용국전」은 일명 '효장황제장대기공록孝莊皇帝粧臺紀功錄'이라 하며, 여인들의 화장도구를 의인화한 가전으로 국가의 치란의 원리를 반영하고자 한 작품이다.

먼저 서사구조를 살펴보면 다음과 같다.

가) 여용국이 설립될 당시에는 열다섯의 보국輔國이 있었는데 이들 나라
들은 모두 여용국 임금의 경대鏡臺에 관한 일을 하였다.

나) 동원청銅圓淸의 자는 명경明鏡인데 그의 모습은 얼굴이 둥글고 정신
이 맑으며 광채가 났다. 그는 항상 황제 곁에서 황제의 모습을 살피
어 황제로부터 충애를 받았다.

다) 동원청 아래에는 15명의 신하가 있었는데 각자의 능력대로 황제의
정무를 도왔다.

라) 황제가 이른 새벽부터 정무에 힘써 풍속이 아름다워지고 정치와 법
령이 바로 서는 태평성대를 이루었다.

마) 황제의 마음이 안일해져 조회가 폐기되면서 나라의 기강과 정치가
문란해져 도적이 창궐하였다.

바) 도적의 괴수는 구리垢裏였는데 자신을 '흑면대왕黑面大王'이라 칭하
고, 검은 전포戰袍를 입고 검은 깃발을 세우고 광이산廣耳山과 오악
산五岳山 등을 점령하고, 이어 도적들은 흑두산 · 아미산 · 백석산 등
을 함락시켰다.

사) 동승상의 주청奏請으로 온통 나라가 도적들에게 점령되어 위태함을
확인한 후 황제는 동승상과 함께 구국의 방법을 상의했다.

아) 소쾌梳快와 소진梳眞이 토벌을 자청하였다. 황제가 쾌히 허락하여
두 장군이 흑두산의 도적을 크게 무찔렀다.

자) 구공垢公의 토벌은 수전水戰의 맹장인 관정灌井이 나서 적당賊黨을
완전 토벌하였다. 이에 크게 상을 내렸다.

차) 섭강鑷强이 출전하여 아미산의 모송毛鬆을 토벌하고, 양수楊樹가 출
전하여 백석산의 황염黃染을 토벌하였다. 이에 크게 상을 내렸다.

카) 나라가 평정되어 황제가 열다섯 신하에게 각기 상과 벼슬을 내리고
연회를 베풀었다. 모두 황은皇恩에 감격하고 충성을 다하였다.

타) 나라가 오랫동안 태평성대를 누렸다.

이상의 서사구조에서 보듯이 「여용국전」은 여인들의 화장도구를 의인화한 특이한 가전으로서 가전문학의 중요 주제 가운데 하나인 우언과 풍자의 기법을 사용하고 있다. 즉 임금의 나라에 대한 충정과 능력 있는 신하를 등용하여 나라를 다스리면 태평성대를 이룰 수 있고, 반대로 임금 자신의 나라에 대한 충정이 이완되고 유능한 신하를 멀리하면 도적이 창궐하여 나라가 어지러워진다는 사실을 풍자하고 있는 것이다. 이는 '여용국전'이라는 제명에서 볼 수 있듯이 여자의 얼굴은 효장황제로 표현되고 이 얼굴과 관계 있는 경대 즉 거울이 여용국의 황제가 가장 아끼는 신하로 의인화된다. 그리고 이 경대 주변에는 또 다른 열다섯의 신하 즉 화장도구가 의인화되어 황제를 돕는데, 황제의 초심이 흔들리면서 나라의 기강이 해이해지고 역시 열다섯의 신하들도 나태해져 도적이 창궐하게 된다. 그러나 황제의 각 성과 주변 신하들의 충성으로 나라가 다시 안정되고 태평성대를 이뤘다는 것을 형상화하고 있다. 여기서 작자는 국가의 치란은 통치자의 마음자세에 달려 있다는 것을 풍자적으로 표현하고 있는 것이다.

그리고 이 작품의 구성형식은 전형적인 전의 3단 형식을 그대로 본받고 있다.

(2) 「영장산객전」

자연 속에 묻혀 유유자적하며 인생을 즐기고 이인異人처럼 살다 간 한 은일자의 삶을 입전한 작품이다. 입전 인물은 영장산에 거주하면서 자호를 영장산객이라 스스로 칭하고 산속에 우거를 마련하고 자연을 벗하면서 중국의 백가서百家書를 비롯한 잡저까지 두루 섭렵하다가 뒤늦게 『성리대전』을 읽고 성리학에 심취한다. 그 후 출사의 기회가 오지만 원하는 바가 아니라며 사양하다가 결국 임금에 대한 예를 갖추기 위해 출사를 한다. 5년 간 봉직한 연후 다시 산속으로 은일하여 이인적 삶을 살다 간 한 인물의 일대기이다. 실학자인 순암의 사실적 표현이 두드러지게 나타나고 있다. 먼저 서사구조를 살펴보면 다음과 같다.

가) 객은 광주廣州 사람으로 성과 이름은 알지 못한다.

나) 객의 자호는 영장산의 객이라 하여 영장산객이라 자칭한다.

다) 병약하였지만 호학하여 백가서 외에 잡저를 두루 섭렵하다가 『성리대전』을 읽고 성리학에 심취한다.

라) 만녕전참봉萬寧殿參奉으로 출사하여 통훈대부通訓大夫에 이른다.

마) 부친상으로 사직하고 시묘한다.

바) 제갈량과 도연명을 사모하여 그들의 전을 짓고 그들처럼 뽕나무를 800그루를 심어 흉내를 내보았으나 그들의 절반에도 미치지 못함을 탄식한다.

사) 항상 남의 선을 칭송하고 타인의 장점을 배우려는 자세와 선공후사先公後私의 마음가짐, 그리고 화락하고 평이한 성품 등으로 처세를 잘한다는 평판을 듣는다.

아) 스스로 문사文辭에 재주가 없다고 여기어 저술된 다량의 분량을 탈고하지 않는 겸양을 나타낸다.

자) 평왈, 수련인修鍊人, 규각圭角이 없는 자, 광인狂人, 학인, 선인禪人, 박학다식한 사람 등 다양한 평을 들었으나 비사교적 성격으로 교유한 자가 전혀 없는 전형적 은사라는 평이 가장 적확한 평이다.

영장산인은 전형적인 은일자요 은사이다. 보통의 은사들은 출사하지 않고 은둔하여 살기만 하면 스스로를 은사로 여겼는데 영장산인은 그렇지 않다. 왜냐하면 그는 중국의 대표적 은사였던 도연명과 제갈량을 사모하여 그들에 대하여 입전도 하고, 그리고 그들 삶의 궤적을 본떠 몸소 실행에 옮겨 본 것을 보더라도 영장산인은 분명한 은사이다. 영장산인이 스스로 말하기를

망령되이 옛사람으로서 자부하였더니 사물도 같지 않다는 것을 아는 모양이다. 제갈량에게는 4분의 3이 미치지 못하고 도연명에게는 5분의 1이 미치지 못하니 내가 누구를 속이겠는가.[9]

라 하여 제갈량과 도연명의 삶처럼 살아 보려 하였으나 미치지 못함을 인정하고 있다. 그리고 그는 많은 저술을 하였음에도 탈고하지 않는 소극성과 겸양을 보이고 있는데, 이는 대부분 은사들의 일반적 성격과도 부합한다 할 수 있다. 또한 비사교적이면서 스스로 고독한 분위기를 만들고 즐기려는 점도 은사들의 일반적 성향인데 영장산인도 예외가 아니다. 그는 일찍이 사우師友 없이 독학을 하였으며 평결 부분에서 지적하였듯이 "성격이 소졸하여 일찍이 남과 더불어 교유를 하지 않았고, 서로 오가는 사람이 없어 삼경三逕의 아래에 풀이 무성하였다"라는 내용처럼 그는 철저한 은일자였다. 그리고 그의 짧은 출사도 도연명의 출사와 유사하다. 그는 이처럼 철저하게 은일의 삶을 살았지만 한편으로는 그에 대하여 평하기를 남의 선을 좋아하고 배움에는 사람을 가리지 않았으며 출사 시에는 선공후사의 자세로 봉직하였고 타인들에게는 화락을 중요시 여겼다고 평을 하고 있다. 그래서 그는 주변으로부터 도인, 광인, 지조가 높은 사람, 선객, 그리고 노장老莊에 심취한 사람, 박학다식한 학자 등의 다양한 평판을 받은 전형적인 은일자였다.

표현상의 특징으로는 비유법의 사용이다. 백가서와 잡저 등을 공부하였으나 소득이 없어 『성리대전』을 읽고 크게 깨닫게 되었음을 비유하고 있다.

> 자기 집에 무진장 있는 것을 버려두고 깡통 들고 남의 대문에서 비렁뱅이 노릇을 했다는 것은 옛사람이 먼저 깨달은 말이 아니겠는가.[10]

이처럼 『성리대전』 같은 보배를 두고 백가서와 잡저 같은 책에 탐닉하였던 것을 마치 비렁뱅이가 깡통을 들고 남의 집에 기웃거리는 형상으로 비유하고

---

9 『順菴先生文集』 卷19, 傳, 「靈長山客傳」. "謂人日 妄許以古人 而物亦知其不似矣 於葛不及四分之三 於陶不及五分之一 吾誰欺乎."
10 위의 책. "歎曰 抛却自家無盡藏 沿門持鉢效貧兒 非古人先得語乎."

있는 것이다. 그리고 또 다른 표현상의 특징으로는 사실적 묘사를 하고 있다는 점이다. 제갈량과 도연명을 흉내내기 위하여 뽕나무 800그루를 심었으나 600 그루가 말라 죽었다는 사실묘사와 이 이외의 영장산인에 대한 묘사 역시 사실 적임을 알 수 있다.

(3) 「홍생원유기」

본 「홍생원유기」는 김시습의 『금오신화』와 같은 전기소설적인 요소를 갖추고 있는 지괴담이다. 그의 기록 동기나 유래담을 확인할 수는 없으나 순암이 지괴류의 이야기를 듣고 와서 이것을 기록해 놓은 것이다.[11] 서사단락을 정리하여 보자.

> 가) 홍생은 한남漢南에 살고 있는 광사狂士였는데 산수山水를 사랑하였다.
> 나) 자연도紫烟島에 승지勝地가 있다는 말을 듣고 집을 지으려 하는데 90세가 된 이웃 노파가 적극 만류하시만 홍생은 듣지 않고 결국 집을 짓는다.
> 다) 무인년에 역질이 유행하였는데 홍생이 병에 걸렸다. 이때 그의 나이 31세였다.
> 라) 혼미 중에 한 대감이 들어와서 청도淸都에 가자고 유혹하여 홍생이 마침내 승낙하자 대감이 홍생을 데리고 하늘로 올라간다.
> 마) 홍생은 죽은 것과 같이 되었으나 가슴은 오히려 따뜻하여 장사지내지 못한다.
> 바) 하늘로 간 홍생은 자신의 몸이 어린애같이 되었음을 느끼는데 이윽

---

11 「홍생원유기」의 최초 기록이 안정복이 아니라는 설이 최근 제기되어 있어 이 문제에 대하여는 추후 살펴보기로 한다.

고 남관南關이라는 곳에 당도한다.

사) 대감이 어느 집에 가서 홍생이 자신의 집터에서 살았으므로 어린애
로 만들어 잡아왔음을 말하고 다시 온다면서 사라진다.

아) 집주인은 홍생에게 『효경』·『소학』·『주역』 등을 가르치는데 한결
같이 선학들이 마련한 규칙대로였다.

자) 하늘에서 서른 해를 보내고 홍생은 다시 살아나는데 이때는 죽은
지 30일 되던 날이었다.

위의 서사단락에서 확인할 수 있듯이 이 작품은 이승에 사는 자가 죽어서
저승을 여행하고 돌아온 이야기를 적어 놓은 전형적인 지괴류의 작품이다. 그
런데 주목할 만한 것은 「심청전」의 경우처럼 신선이나 저승의 세계에서 보내
는 하루가 이승에서 1년에 해당하는 것이 일반적인데 이 작품에서는 정반대로
저승에서 보낸 30년이 현세의 30일과 대치되고 있다는 사실이다. 물론 안정복
자신도 작품 속에서 이것을 지적하면서 더욱 이상한 일이라고 의문을 표시해
놓고 있다. 이 점이 순암에 의해 창작된 것이 아니라 홍생이라는 인물의 경험
담을 듣고 그대로 기록해 놓았다는 사실을 알 수 있는 것이다.

나아가 순암은 작중인물인 홍생에 대하여 남파南坡 홍우원洪于遠(1605~1687)의
재종손再從孫인 실제 인물이라고 주註하고 있다. 이것은 비록 허탄한 지괴류의
작품이지만 끝까지 사실성을 확보하려는 순암의 노력을 엿볼 수 있게 한다. 홍
생의 정확한 생존연대는 확인할 수 없지만 대략 순암보다 20여 년 연상일 것
으로 짐작된다. 그리고 홍생이 이런 신기한 경험을 한 것이 31세 때의 일이라
고 명백히 밝히고 있는 점 등으로 미루어 보아 홍생의 이야기는 그 당시에 유
행했거나 혹은 그가 순암과 가까운 사이여서 이 이야기를 듣고 있다가 후에 기
록해 놓은 것으로 보인다.

이상 세 편의 산문작품을 분석하여 알 수 있듯이 「여용국전」은 여성의 화장
품이라는 특이한 소재를 갖고 가전을 쓰고 있으며, 「영장산객전」 역시 독특한
성격의 소유자인 한 은일자를 입전하고 있다. 그리고 「홍생원유기」는 지괴담

을 흥미 있게 사실적으로 기록하고 있다. 세 편 모두 전의 일반적 형식인 3단 형식을 갖추고 있다.

4. 순암문학의 문학사적 가치

이 장의 목적은 지금까지의 논의를 다시 한 번 정리하여 순암의 문학이 한문학에서 어떠한 위치와 모습을 갖고 있는가에 대하여 살펴보고자 함에 있다.

실학의 중요성은 "역사를 변혁하려는 인간의 의지가 충일된 한 시대의 사조"[12]로 파악되고 있는데, 이와 같은 실학의 사조가 한국의 풍토에서 발아되면서 한문학은 찬란한 발전을 가져왔다. 비록 봉건사회의 형식적인 범위는 벗어날 수 없었으나 그들의 정신적인 자세와 문학의 내용은 근대적 정열을 품고 반항과 새로운 창조의 휴머니티를 절규하였음을 그들의 여러 저서나 작품에서 분명히 찾아볼 수 있다. 연암문학을 위시한 실학파들의 문학작품들이 이에 속할 것이며, 또한 이들의 작품은 한국적 근대문학의 획기적인 한 봉우리를 이루었던 것이다. 다양한 학문에 대한 관심과 그에 대한 업적을 남긴 순암이었지만 그의 문학세계 역시 다른 실학파들의 문학세계 못지않게 중요한 문학사적 가치를 갖고 있다 하겠다.

순암의 문학세계는 다른 실학파들처럼 기존 지배층에 대한 신랄한 비판과 풍자를 통해 문학을 형상화하지는 않았다. 그러나 그는 시문학을 통해 나약한 선비이지만 나라를 위하는 우국충정의 기개와 국태민안에 대한 애국정신을 투철하게 표현하고 있다. 그리고 고고한 선비로서 후학들의 학문면려도 강조하고 있다. 연암이나 다산처럼 직설적 비판과 풍자는 보이지 않지만 우국충정의

---

[12] 정창렬(1981), 「실학」, 『한국학연구입문』, 지식산업사, 287면.

국가관과 문인으로서의 섬세한 감정과 사실적 표현이 그의 시에 잘 드러나고 있다.

그리고 그의 전문학은 중요한 문학사적 가치가 있다 하겠다. 왜냐하면 「여용국전」에서 여성의 화장도구를 소재로 입전하고 있는데, 이는 전문학사에서 전혀 볼 수 없는 소재의 특이성을 갖고 있는 것이다. 그리고 이 가전을 통해 다른 실학파 문인들처럼 우국충정과 국태민안을 풍자하고 있다. 「영장산객전」에서는 인생을 유유자적하며 삶을 살아가는 은일자의 올곧은 인생관 등을 사실적 수법으로 묘사하고 있으며 「홍생원유기」 역시 지괴담을 흥미 본위로 서술하되 사실성을 확보하려는 시도가 엿보인다.

이상에서 보듯이 순암의 문학은 실학파 문인들처럼 비판적이고 풍자적이지는 않지만 사실성을 확보하면서 우국과 고고한 선비적 삶을 시와 가전을 통해 표현하고 있음을 알 수 있다. 그리고 특이한 소재로 입전한 「여용국전」 등은 전문학사적傳文學史的 가치가 높다 하겠다.

5. 결론

지금까지의 논의를 요약하여 서술하면 아래와 같다.

첫째, 순암의 연대기를 살펴보면 그는 문학보다는 역사·철학에 조예가 깊어 그 분야의 많은 저술을 하였으며, 성호 이익을 스승으로 삼아 경세치용의 실학을 완성한 남인 출신 실학의 대가였다.

둘째, 『순암집』에는 다양한 장르의 작품이 수록되어 있으나 순암문학에 대한 정리가 지금까지 전무한 상태이다.

셋째, 순암문학을 시문학과 전문학으로 구분하여 문학적 특성을 살펴본바 시문학의 특성으로는 학문면려와 우국충정·강호한정 등이 두드러지게 표현되어 있었다.

넷째, 전문학의 분석은 여자의 화장품을 의인화하여 입전한 「여용국전」과 도연명을 흉내내며 은일자로 일생을 살아간 「영장산객전」, 그리고 지괴담을 기록한 「홍생원유기」 등을 분석하여 순암의 특이한 작품 소재, 실학자다운 사실적 표현 등을 살펴볼 수 있었다.

다섯째, 순암문학의 문학적 가치는 시문학과 전문학의 분석을 통해 정리하였고, 다른 장르의 작품과 「홍생원유기」의 순암 저술 여부 등은 추후에 다시 고찰하기로 하며 이상의 정리로 결론을 대신하고자 한다.

18세기 광주廣州와 문학

순암 안정복의 「영장산객전靈長山客傳」을 중심으로

윤재민

1. 머리말

「영장산객전靈長山客傳」은 순암順菴 안정복安鼎福(1712~1791)이 지은 자전自傳 작품이다. 1754년(43세) 6월 부친상을 당하여 안정복은 사헌부감찰의 벼슬을 그만두고 광주의 옛집에서 여막을 지켰다. 이 무렵 심한 병을 앓고 죽음을 생각하며 이대로 여기서 여생을 마치겠다는 뜻을 품고는, 자신의 삶을 자전의 양식으로 돌아본 것이 바로 이 작품이다.

기본적으로 자전은 실전實傳이 아닌 탁전托傳에 속하는 양식이다. 자전은 작가가 자신을 가공적인 제3의 인물로 형상화한다. 자전의 주인공은 작가 자신을 닮되, 형사形似의 측면보다는 신사神似의 측면에서 닮아야 한다. 또한 자전은 신사神似를 구현하는 방법에서 주인공의 정신적 풍모를 과장과 해학의 수법으로 그려내되, 그 과장과 해학이 오히려 신사神似를 부조적浮彫的으로 강화하도록 그려내는 것이 요긴하다.

「영장산객전」은 안정복이 자신의 정신적 풍모를 나름의 과장과 해학으로 형상화한 작품이다. 그러나 이 과장과 해학의 바탕에는 안정복 자신의 실제 개인사적 배경뿐 아니라 그가 가지고 있거나 가지고 싶어했던 정신적 지향이 깔려있다. 이 정신적 지향은, 성인으로서의 나이만 따진다면 지금까지 살아온 해보다 앞으로 살아갈 해가 더 많았던(안정복은 당시로서는 드물게 80세까지 장수했다), 이 작품이 지어진 43세 때의 안정복뿐 아니라 이후의 안정복에게도 일정하게 유효하다는 것이 본고의 관점이다. 본고가 분석해 보려고 하는 것은 바로 이것이다.

2. 「영장산객전」 번역

논의의 편의를 위하여 「영장산객전」의 전편 번역을 먼저 분절 표시하여 제시하면 다음과 같다.

> [1] 객은 광주廣州 사람이다. 성은 모요, 이름은 모요, 자는 모다. 그 자字를 따라서 거처하는 집의 편액을 '순順'이라 하였으니, '천하의 일은 이치를 따를 뿐이다'라는 뜻이다. 영장靈長은 산 이름으로, 그 속에서 독서를 한다 하여 영장산객靈長山客을 자호自號로 하였다.

> [2] 어려서는 병을 안고 살더니 자라서는 배우기를 좋아하여 읽지 않은 책이 없었다. 배움에 사우師友가 없이 오직 마음이 내키는 대로 맡겨서 제자백가를 두루 읽어 관중管仲, 상앙商鞅, 손무孫武, 오기吳起, 감공甘公, 석신부石申夫, 경방京房, 곽박郭璞, 창공倉公 순우의淳于意, 편작扁鵲의 책을 연구하지 않은 것이 없었다. 이렇게 공부하기를 여러 해, 끝내 아무 소득이 없자 뒤늦게 그 잘못을 깨달았지만, 그러나 여전히 석연히 버리지는 못하였다. 나이 26세에 『성리대전性理大全』을 읽고

비로소 이 학문이 귀한 줄을 알고는, "'자기 집의 무진장無盡藏을 버려 두고서, 남의 집 대문에서 깡통 들고 거지 아이 본뜨네'라고 한 것은 옛사람의 먼저 깨달은 말이 아니겠는가?"라고 탄식하고, 드디어 『성리대전』을 손수 베껴 입으로 외웠다.

[3] 그러나 널리 역대의 역사를 공부하여 치란治亂의 자취를 탐구하고 안위安危의 기미를 살피며, 제작制作의 근원을 변별하고 시비의 단서를 구별하기를 또한 여러 해 동안 마지아니하니, 이 때문에 내면으로 향하는 도학공부가 또한 전일하지 못했다. 범박하게 공부한 나머지라 비록 가슴속에 얻은 것은 없었지만 언론으로 펼쳐 내면 간혹 들어 볼 만한 것이 있는지라, 뜻을 같이하는 선비들이 또한 간혹 실제로 얻은 것이 있다고 생각하기도 했지만, 그러나 그 속을 찾아보면 텅 비어 아무것도 없었다.

[4] 이 때문에 허명으로 세상을 속여서, 기사년(1749, 38세) 여름에 천거로 후릉참봉厚陵參奉에 제수되었으나 나가지 않았고, 겨울에 또 만녕전참봉萬寧殿參奉에 제수되자 고명沽名의 혐의를 피하려 왕명에 응하였으나, 이것은 원래 좋아해서 그런 것은 아니었다. 신미년(1751, 40세) 2월에 의영고봉사義盈庫奉事로 승진하고, 임신년(1752, 41세) 2월에 정릉직장靖陵直長으로 승진하고, 계유년(1753, 42세) 10월에 귀후서별제歸厚署別提로 승진하고, 갑술년(1754, 43세) 2월에 사헌부감찰로 옮기고 품계가 통훈대부에 이르렀으니, 모두 자급資級의 순서를 따른 것이었다. 이해 6월에 부친상을 당하여 영장산의 옛집에서 여막을 지켰는데, 그만 병이 나자 여기서 여생을 마치겠다는 뜻을 품고는 문을 닫아걸고 교유를 끊은 채 딴 마음을 갖지 않고 죽음을 기다렸으니, 이때 나이 마흔셋이었다.

[5] 객이 평일에 제갈량과 도연명의 사람됨을 사모하였으나, 이들을 기록한 진수의 『삼국지』와 진송晉宋의 전傳이 상략詳略을 답습하고 빠뜨린 것도 실로 많다 하여, 마침내 널리 전기를 채집하여 두 사람의 전을 만들고는 늘 외우고 읽으며 기뻐하기를 서로 만난 듯 하였다. 그리고

집 주위에 제갈량을 본떠서 뽕나무 800그루를 심고, 도연명을 본떠서 버드나무 다섯 그루를 심었다. 그런데 뽕나무는 600그루가 말라죽고 버드나무는 한 그루가 시들어, 일찍이 웃으면서 남에게 말하기를, "망녕되게 옛사람으로 자허自許하였더니 저 물건들도 내가 저들과 같지 않다는 것을 알았구나. 제갈량보다는 4분의 3이 모자라고 도연명보다는 5분의 1이 모자라니, 내가 누구를 속이겠는가?"라고 하였다.

[6] 글을 읽을 때는 늘 대의만을 보고 심한 이해를 구하지 아니하였으니, 또한 두 사람이 행한 바를 사모한 것이다. 자질과 성품이 비루하고 어두우며 성기고 우활하여 백에 한 가지 뛰어난 것도 없으나, 한 가지 자허自許하는 일은 남의 선을 보면 좋아하고 남의 뛰어남을 보면 자기를 굽히고 배우기 원하는 것이다. 남과 거스르는 일이 없고 남을 책하기를 깊이 하지 않으니, 이 때문에 일찍이 한 번도 남에게 얼굴빛이 달라질 일을 당한 적이 없다. 벼슬살이 5년 동안 분에 맞게 분주하여 한 사람도 채찍질한 적이 없고 사私로써 공公을 해치지 않았으며, 융통성 없이 원칙만을 고수하여 세속을 어기지 않았으니, 이에 아랫사람들은 그 간편함을 즐거워하고 사람들은 그 낙이樂易함을 사랑하였다. 모르는 사람들은 이를 두고 처세를 잘한다고 생각하지만 이 또한 마음에 두지 않았다.

[7] 집이 가난해 책이 없어서 편술하기를 기뻐하여 잊어버리는 것에 대비하였으나, 글 짓는 것은 좋아하지 않았으니 또한 문사에 재주가 짧음을 알아서 그런 것이다. 상자 안에 가득한 저술들은 모두 아직 탈고하지 않은 것들인데, 비록 연산燕山의 돌(보잘것없는 것을 보배로 여김의 비유)처럼 보배로 여기지만, 있어도 그만 없어도 그만인 것들로 괜히 심력만 소비하고 분분히 요긴하지도 않은 것들이었다.

[8] 야사씨野史氏는 말한다. 내가 객의 마을 사람들로부터 객의 사람됨에 대해 자세히 들었다. 깊은 데 거처하며 드물게 나오는 것은 수련하는 자와 비슷하고, 향리에서 오르락내리락하는 것은 향원鄕愿과 비슷하고, 큰소리치며 옛날을 말하는 것은 광자狂者와 비슷하고, 남에게서 바

라는 것이 없는 것은 개결介潔한 자와 비슷하고, 늘 종일토록 책을 보
는 것은 학문하는 자와 비슷하고, 때때로 눈을 감고 정좌靜坐하는 것
은 선禪을 배우는 자와 비슷하고, 낮음과 약함으로 남에게 굽힘은 노
자老子에게서 얻은 바가 있는 자와 비슷하고, 운명에 미루고 맡기는
것은 장주莊周와 마음이 맞은 자와 비슷하다. 그 말은 넓으면서도 다
단多端하여 요령을 알기 어려우니, 그 넓은 것을 요약하여 하나로 한
다면 거의 어그러짐이 없을 것이 분명하다. 그러나 성품이 간졸簡拙하
여 일찍이 남과 교유하지 않았으니, 그는 "한 사람을 사귀는 것은 한
사람과 절교하는 것만 못하다"라고 말하기도 하였다. 그래서 그와 서
로 왕래하는 사람이 없었으니, 삼경三逕 아래는 풀만 무성하였다. 이
렇게 일생을 마쳤으니, 그는 아마도 일사逸士의 기풍을 들은 자리라![1]

---

1 『順菴集』卷19,「靈長山客傳」,『韓國文集叢刊』230, 민족문화추진회, 2001, 187~188면. [1]
客, 廣州人. 姓某名某字某, 因其字而扁所居室曰順, 曰: '天下之事, 順理而已.' 靈長, 山名
也. 讀書其中, 而自號靈長山客. [2] 幼抱羸疾, 長而嗜學, 於書無所不讀. 學無師友, 唯意所
適, 泛濫于百家, 而管商孫吳甘石京郭倉扁之書, 靡不研究. 積累年而無所得, 晚覺其非, 而
猶未釋然棄之也. 年二十六, 得性理大全而讀之, 始知此學之貴而歎曰: '抛却自家無盡藏, 沿
門持鉢效貧兒, 非古人先得語乎?' 遂手鈔而口誦之. [3] 旁治歷代之史, 究治亂之迹, 審安危
之機, 辨制作之源, 別是非之端, 亦累年不已也. 由是而向裏之工, 亦不專焉. 泛博之餘, 雖未
有得, 而發爲言論, 或有可聽, 故同志之士, 亦或以爲實有焉, 蓋求其中, 則空空也. [4] 因此
虛名欺世, 己巳夏, 薦除厚陵參奉, 不出. 至冬, 又除萬寧殿參奉, 嫌於沽名而應命, 然非其好
也. 辛未二月, 陞義盈庫奉事, 壬申二月, 陞靖陵直長, 癸酉十月, 陞歸厚署別提, 甲戌二月,
遷司憲府監察, 階至通訓, 皆循資也. 是年六月, 遭外艱歸, 守廬于靈長舊宅, 疾作而有終焉
之志, 杜門息交, 不貳而歿之. 時年四十三矣. [5] 客平日, 慕諸葛亮陶淵明之爲人, 而陳壽之
志, 晉宋之傳, 詳略相仍, 遺闕實多, 遂旁採傳記, 而爲二傳, 常常諷讀, 欣然如相遇焉. 效嚬
而種桑八百柳五於居宅之左右. 桑枯六百, 柳萎其一, 嘗笑謂人曰: '妄許以古人, 而物亦知其
不似矣. 於葛不及四分之三, 於陶不及五分之一, 吾誰欺乎?' [6] 讀書, 常觀大義, 不求甚解,
亦慕二人之爲也. 姿性, 鄙暗疎迂, 百無一能, 而有一事自許者, 見人之善, 則好之, 見人之
能, 則屈己而願學焉. 與物無忤, 責人不深, 以是未嘗一失色於人. 從宦五年, 任分奔走, 不鞭
一人, 不以私害公, 不膠固而違俗, 下樂其簡便, 而人愛其樂易, 不知者以爲善於涉世, 亦不
以爲意也. [7] 家貧無書, 喜編述, 備遺忘, 而不喜屬文, 亦知其短於文辭而然也. 所著述, 盈
籠, 具未脫藁, 雖燕石自珍, 而有亦可, 無亦可, 徒然殫心力, 紛紛不緊也. [8] 野史氏曰: 余

3. 영장산객의 삶과 안정복

「영장산객전」을 위와 같이 8개 분절로 나눌 때, [1]은 인물을 제시하고 소개하는 부분이다. [1]만을 다시 보자.

> [1] 객은 광주 사람이다. 성은 모요, 이름은 모요, 자는 모다. 그 자字를 따라서 거처하는 집의 편액을 '순順'이라 하였으니, '천하의 일은 이치를 따를 뿐이다'라는 뜻이다. 영장은 산 이름으로, 그 속에서 독서를 한다 하여 영장산객을 자호로 하였다.

위에 제시된 정보를 실제 사실을 전달하는 것으로 본다면, 여기서 우리가 알수 있는 사항은 이 글의 주인공이 본관은 광주고 자에 '순'자(또는 그 의미)가 쓰이며 광주의 영장산에서 살아 자호가 영장산객이라는 것 정도이다. 이렇게 소략한 정보로 이 글의 주인공이 누구인지를 알아내기는 곤란한 일이다. 더구나이 글이 실전이 아니라 탁전이라고 한다면, 위의 정보들도 어디까지가 사실 또는 허구인지 더욱 알 수 없는 일이다. 안정복에 대한 정보, 가령 안정복의 본관이 광주고 자가 백순百順이며(순암順菴은 그의 호이다) 광주의 영장산에서 살았다는 사실 등을 어느 정도 알고, 또 이 「영장산객전」이 안정복의 작품임을 알고 나서야 비로소 우리는 이 작품이 안정복의 자전이며 영장산객은 이 작품의 주

從客之里人, 詳聞客之爲人, 深居簡出, 類修鍊者, 升沉鄕里, 類鄕愿者, 嘐嘐日古, 類狂者, 無求於人, 類介者, 常終日看書, 類爲學者, 或瞑目靜坐, 類學禪者, 卑弱屈人, 類有得於老氏者, 推運任命, 類會心於莊周者. 其言, 博而多端, 難以要領, 約其博而一之, 則庶乎其不悖矣, 信夫! 然性簡拙, 未嘗與人交遊, 其言曰: '交一人, 不如絶一人.' 是以人無有相往還者, 三逕之下, 草萊成蔭. 以是而終焉, 其或聞逸士之風者歟?」『順菴集』은 권1~권10은 『韓國文集叢刊』 229에, 권11~권27은 『韓國文集叢刊』 230에 나뉘어 수록되어 있는바, 이하 이 책의 인용은 권수와 면수만을 밝힌다.

인공에게 안정복이 특별히 부여한 칭호임을 짐작할 수 있는 것이다.

그런데 위의 글은 영장산객이 광주의 영장산에서 살았다는 정보는 제시하고 있지만, 그가 태어날 때부터 이곳에서 살았는지 아니면 언제부터 이곳에서 살기 시작했는지 하는 정보는 알려 주고 있지 않다. 사실 이른바 '광주의 실학자 안정복'은 태어날 때부터 광주에서 살지는 않았다. 광주는 안정복의 선영이 있는 곳이다. 안정복이 태어난 곳은 제천이다. 『순암집』에 실려 있는 연보에 따르면, 안정복의 조부[2]는 서울의 청파리靑坡里에 세 들어 살다가 안정복의 모친이 임신을 하자 가속을 거느리고 제천현堤川縣 유원楡院에 있는 친척 윤훈갑尹訓甲의 집으로 옮겨 가 살았고, 바로 여기에서 안정복이 태어났던 것이다. 안정복은 4세 때인 숙종 41년(1715)에 모친을 따라 제천에서 상경하여 건천동에 있는 외가에서 살았다. 6세 때인 숙종 43년(1717)에는 모친과 함께 외할머니를 따라 외가의 농장이 있는 영광靈光의 월산月山으로 가서 살았다. 9세 때인 숙종 46년(1720)에는 다시 모친을 따라 서울로 돌아와 남대문 밖 감정동藍井洞에서 살았다. 14세 때인 영조 원년(1725)에는 조부를 따라 울산의 임소로 내려갔다. 이듬해 조부가 체차되고 난 뒤에는, 조부가 전라도 무주茂朱의 읍저邑底에 집을 정하여 안정복은 거기에서 10여 년을 살면서 그 사이 결혼(18세 때)도 하였다. 안정복의 온 가족이 광주의 경안면慶安面 덕곡리德谷里에 집을 짓고 살기 시작한 것은 그의 조부가 세상을 뜬 직후인 영조 12년(1736) 그의 나이 25세 때 이후이다. 저간의 사정을 안정복은 「계북신사병서溪北新舍幷序」에서 다음과 같이 술회하기도 하였다.

병오년(1726, 15세)에 나는 조부를 따라 울산 임소에서 돌아와 호남의 주계朱溪에서 살았다. 을묘년(1735, 24세)에 조부께서 세상을 떠나시자 병진년

---

2 順菴의 조부 安瑞羽는 蔚山府使를 지낸 贈禮曹參議, 부친 安極은 贈戶曹參判廣平君, 모친 贈貞夫人 李氏는 孝寧大君 李補의 후손인 李益齡의 딸이다.

(1736, 25세) 봄에 광주 경안의 덕곡 선영에 반장返葬하고, 그해 겨울에 내
가 먼저 이곳으로 옮겨 오고, 정사년(1737, 26세) 봄에 온 가족이 다 이사했
다.[3]

이상에서 알 수 있듯이 실제의 안정복은 태어나서 소년·청년 시절을 거치
며 광주에 복거卜居를 정하기까지 경향 각지를 전전했다. 안정복은 '특정의 향
촌에서 나서 자라고 또 그곳을 근거지로 하는 향촌 사족'이 아니었다. 어린 시
절을 주로 서울에서 보내고 그 외 외가와 관직의 부침에 따라 전전한 그의 조
부를 따라 옮겨 다닌 안정복의 수학기 생활은 오히려 도시적 배경 아래에서 이
루어졌다고 보아야 할 것이다.

다음의 [2]는 영장산객의 수학기 모습을 보여 주는 부분이다.

[2] 어려서는 병을 안고 살더니 자라서는 배우기를 좋아하여 읽지 않은
책이 없었다. 배움에 사우師友가 없이 오직 마음이 내키는 대로 맡겨
서 제자백가를 두루 읽어 관중, 상앙, 손무孫武, 오기, 감공甘公, 석신
부石申夫, 경방京房, 곽박, 창공倉公 순우의淳于意, 편작扁鵲의 책을 연
구하지 않은 것이 없었다. 이렇게 공부하기를 여러 해, 끝내 아무 소
득이 없자 뒤늦게 그 잘못을 깨달았지만, 그러나 여전히 석연히 버리
지는 못하였다. 나이 26세에 『성리대전性理大全』을 읽고 비로소 이
학문이 귀한 줄을 알고는, "'자기 집의 무진장無盡藏을 버려두고서, 남
의 집 대문에서 깡통 들고 거지 아이 본뜨네'라고 한 것은 옛사람의
먼저 깨달은 말이 아니겠는가?"라고 탄식하고, 드디어 『성리대전』을
손수 베껴 입으로 외웠다.

---

3 『順菴集』卷1, 「溪北新舍幷序」, 350면. "歲丙午, 余隨王父, 自蔚山任所返, 寓于湖南之朱溪.
乙卯, 王考捐世, 丙辰春, 返葬于廣州慶安之德谷先塋. 其年冬, 余先移于此, 丁巳春, 擧家皆
移."

그런데 위의 영장산객의 수학기 모습은 그대로 안정복의 그것으로 보아도 무방하다. 곧 위의 내용은 다음의 「연보」 내용과 정확하게 일치하는 것이다.

영조 13년 정사(1737). 선생의 나이 26세. ○ 봄에 『성리대전』을 읽으셨다.

선생은 어려서부터 마음속으로, "선비가 이 세상에 태어나서 그저 한 가지 재주[一藝]로 이름을 이루어서는 안 될 것이다"라고 생각하셨다. 그래서 경經·사史·시詩·례禮 이외에 음양陰陽과 성력星曆, 의약과 복서卜筮로부터 손(孫起)·오(吳子)·불(佛家)·노(도가道家)의 책, 패승稗乘과 소설의 유에 이르기까지, 문자가 생긴 이래 문헌 중에 증거할 수 있는 것은 널리 보지 않은 것이 없어서 15~16세 때부터 이미 그 해흡該洽함이 일컬어졌다. 이때에 이르러 비로소 성리의 학문에 뜻을 두고는 탄식하여 말하기를, "처음에는 일물一物이라도 알지 못하는 것을 부끄러워하였으나 끝내는 신심身心이 귀한 줄을 알지 못했으니, 이른바 '속눈썹이 바로 눈앞에 있는데도 사람들이 보지 못한다'라고 하는 바로 그 꼴이구나"라고 하였다. 드디어 『성리대전』을 잠심 완구玩究하며 손으로 베끼고 입으로 외웠다.[4]

위의 기록들로 볼 때 안정복이 새삼 도학에 뜻을 두고 정진하기 시작한 것은 광주에 거처를 정한 이후의 일이다. 이 이전의 안정복은 도학보다는 오히려 박학을 추구하였던 것이다. 그러면 이 박학의 성격은 어떤 것이었을까? 우선 생각할 수 있는 것은 앞서 지적한바 안정복의 생활의 도시적 배경이다. 17세기

---

4 『順菴集』, 「年譜」, 365면. "十三年丁巳, 先生二十六歲. ○ 春, 讀 『性理大全』. 先生自幼少時, 意謂: '士生斯世, 不可以一藝成名.' 其於經史詩禮之外, 陰陽星曆, 醫藥卜筮, 以至於孫吳佛老之書, 稗乘小說之類, 自有書契以來, 文獻之可徵者, 無不博觀, 自十五六歲, 已稱其該洽. 至是, 始留意於性理之學而歎曰: '始焉恥一物之不知, 終焉不知身心之貴, 則所謂: "睫在眼前人不見"也.' 遂潛心玩究, 手鈔而口誦."

후반 이래 18세기 이후 가일층 발전하기 시작한 서울의 도시적 환경은 서울을 일정하게나마 온갖 서적과 사상의 집산지로 변모시켰고 이 과정에서 박학적 학문 분위기가 조성되었던 것이다[5]. 또 생각할 수 있는 것은 위의 도시적 배경과 전혀 무관한 것만은 아니겠지만, 그러나 이것과 일정하게 구별되는 것으로서, 박학은 어쨌든 그것의 목표가 따로 분명하게 있지 않는 한 당시의 사대부 문인 지식인층에게 일반적이었다고 할 관인으로의 진출에 기본이 되는 교양 바로 그것이기도 하다는 것이다. 과거공부든 문장공부든 학문 그 자체든 박학은 이 모든 것의 바탕으로 요긴한 것이다.

그러나 이상의 두 가지 지적은 안정복의 박학 추구가 갖는 그 일반적 배경에 대한 설명으로서는 의미가 없지 않겠지만, 안정복이 추구했던 박학 그 자체의 성격에 대한 설명으로는 여전히 미진한 감이 있다. 사실 위 「연보」의 "경·사·시·례 이외에 음양과 성력, 의약과 복서로부터 손·오·불·노의 책, 패승과 소설의 류에 이르기까지, 문자가 생긴 이래 문헌 중에 증거할 수 있는 것은 널리 보지 않은 것이 없"다고 한 언급으로 볼 때, 이것은 일종의 백과전서적 관심을 보여 주는 것으로 이해해도 좋을 것 같다. 그러나 앞의 「영장산객전」의 "배움에 사우가 없이 오직 마음이 내키는 대로 맡겨서 제자백가를 두루 읽어"라고 한 표현으로 볼 때, 여기서의 박학은 특정한 이론적 지도나 지향이 미처 형성되기 이전의, 젊은이의 왕성한 지적 호기심 그것에 불과한 것으로 보인다. 물론 젊은이의 이러한 왕성한 지적 호기심이 나름의 이론적 지향을 형성하면서 백과전서적 관심으로 확대 심화될 가능성을 배제할 수는 없을 것이다. 그러나 안정복은 젊은 날의 자신의 박학에서 '목적'과 '의미'를 찾을 수 없었고,

---

5 17세기 후반 이래 18세기 서울의 도시적 양상에 대해서는 李佑成(1963), 「18세기 서울의 都市의 樣相」, 『鄕土서울』 17호(『韓國의 歷史像』, 創作과批評社, 1982에 재수록) 26~64면, 이 태진(1994), 「조선 시대 서울의 都市 발달 단계」, 『서울학연구』 1, 서울시립대학교 부설 서울학연구소 참조.

대신 도학에서 '목적'과 '의미'를 새롭게 찾았던 것이다.

그러나 그렇다고 해서 이 박학이 안정복에게 전혀 무의미했던 것이라고 할 수는 없다. 곧 안정복에게서 이 박학과 도학 사이의 관계를 불연속적 단절로만 해석할 수는 없을 것이라는 말이다. 왜 그런가? 다음의 글을 보자.

> [3] 그러나 널리 역대의 역사를 공부하여 치란의 자취를 탐구하고 안위의 기미를 살피며, 제작의 근원을 변별하고 시비의 단서를 구별하기를 또한 여러 해 동안 마지아니하니, 이 때문에 내면으로 향하는 도학공부가 또한 전일하지 못했다. 범박하게 공부한 나머지라 비록 가슴속에 얻은 것은 없었지만 언론으로 펼쳐 내면 간혹 들어 볼 만한 것이 있는지라, 뜻을 같이하는 선비들이 또한 간혹 실제로 얻은 것이 있다고 생각하기도 했지만, 그러나 그 속을 찾아보면 텅 비어 아무것도 없었다.

박학에서 도학으로 '사상적인 대전회'를 이룬 이후의 영장산객의 소식을 전하는 글이다. 여기 이 영장산객의 소식 또한 안정복의 그것으로 바로 이해해도 잘못이 없다. 역대의 역사연구는 바로 사학가로서 안정복의 모습이기도 한 것이다. 그런데 바로 여기서 주목되는 것은 도학으로 귀의한 이후에 왜 안정복에게서 사학가의 면모가 또한 두드러지게 나타나는가 하는 것이다. 이것은 물론 안정복 개인의 취향이나 관심사 내지는 주변의 학문적 환경과 관련하여 이해해야 할 것이긴 하지만, 그러나 또한 예의 저 박학과의 관련성도 배제할 수 없을 것이다. 오히려 이전의 박학적 관심은 좀 더 적극적으로 그의 역사연구에 중요한 자양분이 되었을 터이다.

위의 글에서 안정복은 언뜻 자신의 역대의 역사연구가 그의 도학적 내성內聖 공부에 장애가 된 듯한 발언을 하고 있다. 그러나 이 표현은, 이 글이 바로 자신을 대상으로 하는 자전自傳이라는 점을 상기할 때, 일정하게 가감해서 이해해야지 액면 그대로 받아들여서는 곤란하다. 사실 영장산객이든 안정복이든 그 누구든 도학에의 귀의가 곧바로 내성內聖의 완성을 보장해 주는 것은 아니다. 이 점에서 위의 글은 내성공부에 대한 안정복의 끊임없는 관심과 그 반성의 표현으로 볼 것이다. 사실 도학의 관점에서도 수기와 치인, 내성과 외왕外王은 본질적으로 상호 배제의 대상이 아니다. 오히려 치인, 곧 외왕을 고식적으로 대하면서 수기, 곧 내성에만 주목하는 태도야말로 편협한 도학의 모습이라 할 것이다. 안정복은 이러한 편협한 도학에 안주하지 않았다. 안정복의 지향은 기본적으로 수기와 치인, 내성과 외왕을 아울러 갖추는 데 있었다. 역대 역사의 연구는 바로 이 외왕과 직결되는 것이기도 하다.

다음에 보이는바 관직생활의 모습도 이 외왕에 대한 관심을 잘 보여 주는 것이다.

> [4] 이 때문에 허명으로 세상을 속여서, 기사년(1749, 38세) 여름에 천거로 후릉참봉厚陵參奉에 제수되었으나 나가지 않았고, 겨울에 또 만녕전 참봉萬寧殿參奉에 제수되자 고명沽名의 혐의를 피하려 왕명에 응하였으나, 이것은 원래 좋아해서 그런 것은 아니었다. 신미년(1751, 40세) 2월에 의영고봉사義盈庫奉事로 승진하고, 임신년(1752, 41세) 2월에 정릉직장靖陵直長으로 승진하고, 계유년(1753, 42세) 10월에 귀후서별제歸厚署別提로 승진하고, 갑술년(1754, 43세) 2월에 사헌부감찰로 옮기고 품계가 통훈대부에 이르렀으니, 모두 자급資級의 순서를 따른 것이었다. 이해 6월에 부친상을 당하여 영장산의 옛집에서 여막을 지켰는데, 그만 병이 나자 여기서 여생을 마치겠다는 뜻을 품고는 문을 닫아걸고 교유를 끊은 채 딴 마음을 갖지 않고 죽음을 기다렸으니, 이때 나이 마흔셋이었다.

위에 보이는 영장산객의 관직생활 및 부친상으로 귀가하여 여막생활을 하는 모습 또한 안정복의 그것과 일치하는 것이다. "문을 닫아걸고 교유를 끊은 채 딴 마음을 갖지 않고 죽음을 기다린다"고 하였지만, 안정복은 이때 죽지 않았고 오히려 당시로서는 드물게 80세까지 장수했음은 앞서 지적한 바와 같다. 또한 안정복의 벼슬살이가 이때를 마지막으로 한 것도 아니다. 안정복은 1765년 7월(54세)에 제용감주부濟用監主簿에 제수되었으나 병으로 부임하지 않았고, 8월에 다시 의금부도사義禁府都事로 옮겨졌으나 역시 부임하지 않았다. 그러다가 1772년 5월(61세) 익위사익찬翊衛司翊贊으로 제수된 이래 1790년 6월 79세에 동지중추부사同知中樞府事로 제수되고 광성군廣成君에 습봉襲封되기까지 목천현감木川縣監(1776~1779)을 비롯한 여러 벼슬을 역임하였다.

결국 25~26세 무렵 광주에 거처를 정한 이후 38세 겨울에 벼슬길에 나서기까지의 12년여 간, 그리고 43세 무렵 부친상으로 벼슬을 그만둔 이후 61세에 다시 벼슬길에 나가기까지의 18년여 간, 주로 스승인 성호 이익 및 성호 문하 인사들과의 교류를 중심으로 학문과 저술에 몰두하던 광주에서의 삶을 제외한 25년여에 달하는 안정복의 관직생활은 그의 현실에 대한 적극적 관심, 곧 바로 저 외왕에 대한 그의 관심을 잘 반증하는 것이다. 실학자 안정복의 모습 또한 바로 이 외왕에 대한 그의 관심과 무관한 것이 아닐 터이다.

4. 영장산객의 인물 형상과 안정복

다음은 영장산객의 평소 언행을 그린 것인데, 역시 안정복의 평생 정신적 지향을 잘 보여 주는 것이기도 하다.

> [5] 객이 평일에 제갈량과 도연명의 사람됨을 사모하였으나, 이들을 기록한 진수의 『삼국지』와 진송晉宋의 전傳이 상략詳略을 답습하고 빠뜨린 것도 실로 많다 하여, 마침내 널리 전기를 채집하여 두 사람의 전을 만들고는 늘 외우고 읽으며 기뻐하기를 서로 만난 듯하였다. 그리고 집 주위에 제갈량을 본떠서 뽕나무 800그루를 심고, 도연명을 본떠서 버드나무 다섯 그루를 심었다. 그런데 뽕나무는 600그루가

말라죽고 버드나무는 한 그루가 시들어, 일찍이 웃으면서 남에게 말하기를, "망녕되게 옛사람으로 자허自許하였더니 저 물건들도 내가 저들과 같지 않다는 것을 알았구나. 제갈량보다는 4분의 3이 모자라고 도연명보다는 5분의 1이 모자라니, 내가 누구를 속이겠는가?"라고 하였다.

제갈량과 도연명의 사람됨을 사모하는 영장산객의 모습은 안정복의 그것과 상통하는 것이다.

먼저, 제갈량에 대한 안정복의 사모는 당시의 일반적 유자들에게서는 쉽게 찾기 힘든 자못 이채로운 것이다. 안정복은 1782년 71세 때에 지은 「독설능시유감병서讀薛能詩有感并序」에서도, 설능薛能이 공을 이루지 못하고 죽은 제갈량을 기평譏評하여 "당시에 제갈량은 무슨 일 이루었나? / 다만 종신토록 와룡臥龍으로 있어야 마땅했다"[6]라고 시를 지은 데 대해 비판하고, 다음과 같이 자신의 감회를 시로 표현하기도 하였다.

成敗論人失正平　　성패로 사람을 논하면 바르지 않나니
要看大節施譏評　　요컨대 대절을 보고 기평을 해야 하지.
莫言諸葛成何事　　제갈량 무슨 일 이루었나 말하지 말라
直揭彝倫萬古明.　　떳떳한 인륜 높이 들어 만고에 밝혔다네.[7]

사람을 논할 때 성패보다 그 대절을 보아야 한다고 한 데에서 정통론을 전개하는 유자의 모습을 새삼 확인하게도 되지만, 제갈량에 대한 안정복의 특별한 사모는 역시 사학가로서의 면모와 함께 외왕에 대한 그의 짙은 관심을 잘

---

6 『順菴集』 卷1, 「讀薛能詩有感并序」, 355~356면. "能詩曰: '當時諸葛成何事? 只合終身作臥龍.' 譏諸葛不能成功而死也."
7 위와 같음.

보여 주는 것이다.

다음으로, 도연명은 관료사회에 염증을 느끼고 전원에 은거한 인물이다. 그러나 도연명이 은거한 그 전원은 현실을 거부하는 방외方外의 그것이 아니라 사람들이 부대끼며 살아가는 이 현실세계 안에 위치한 것이었다. 도연명이 거부한 것은 부정적 정치현실이었지 현실 일반이 아니었다. 도연명은 외왕에 대한 추구가 어려운 자리에서 내성을 추구하는 유자의 한 전범으로, 특히 주자를 포함하여 후세 유자들의 귀감이기도 하였다. 안정복 또한 이러한 유자의 관점에서 도연명을 이해하고 귀감으로 사모하였던 것이다. 「영장산객전」의 영장산객이 기본적으로 도연명의 「오류선생전五柳先生傳」의 오류 선생과 그 풍모가 상통하는 인물형으로 그려지고 있는 것 또한 이 점에서 이해된다.

결국 안정복에게 제갈량이 외왕의 측면에서 전범이 되는 인물이라면, 도연명은 내성의 측면에서 전범이 되는 인물이라고 할 수 있다. 안정복은 관직에 나가서는 제갈량처럼 살고자 하였고, 관직에서 물러나서는 도연명처럼 살고자 했다고도 할 수 있겠다.

[6] 글을 읽을 때는 늘 대의만을 보고 심한 이해를 구하지 아니하였으니, 또한 두 사람이 행한 바를 사모한 것이다. 자질과 성품이 비루하고 어두우며 성기고 우활하여 백에 한 가지 뛰어난 것도 없으나, 한 가지 자허自許하는 일은 남의 선을 보면 좋아하고 남의 뛰어남을 보면 자기를 굽히고 배우기 원하는 것이다. 남과 거스르는 일이 없고 남을 책하기를 깊이 하지 않으니, 이 때문에 일찍이 한 번도 남에게 얼굴빛이 달라질 일을 당한 적이 없다. 벼슬살이 5년 동안 분에 맞게 분주하여 한 사람도 채찍질한 적이 없고 사私로써 공公을 해치지 않았으며, 융통성 없이 원칙만을 고수하여 세속을 어기지 않았으니, 이에 아랫사람들은 그 간편함을 즐거워하고 사람들은 그 낙이樂易함을 사랑하였다. 모르는 사람들은 이를 두고 처세를 잘한다고 생각하지만 이 또한 마음에 두지 않았다.

위의 "글을 읽을 때는 늘 대의大義만을 보고 심한 이해를 구하지 아니[讀書 常觀大義 不求甚解]"한다고 한 것은 도연명의 「오류선생전」의 "독서를 좋아했지만 깊이 이해하기를 구하지 아니하였다[好讀書 不求甚解]"[8]라고 한 표현에서 연원한 것이긴 하지만, 또한 안정복의 실천도학적 성격을 잘 보여 주는 언명이기도 하다. '대의만을 보고 심한 이해를 구하지 아니'한다고 한 표현은 사물에 대한 새로운 이해를 거부하는 수구적 관점으로 해석될 수 없다. '심한 이해'가 곧 진보적 견해를 가리키는 것은 아니기 때문이다. 사물에 대한 새로운 이해가 필요한 자리에서 안정복이 비록 과감하기보다는 보수적인 태도를 주로 노정하고 있는 것은 분명하지만, 안정복의 관점에서 볼 때 이것은 아직 그 약효 실험이 끝나지 않은 신약에 대한 조심스런 몸가짐 바로 그것이라고 할 수 있다. 이러한 안정복의 태도를 잘 보여 주는 한 예는 1781년 70세 때 지은 시 「만음漫吟」의 다음 내용이다.

好古非無志	옛 성현의 도를 좋아하는 뜻 없는 것 아니지만
循今愧乏才	지금을 따르자니 재주가 모자람이 부끄럽네.
先賢沒已遠	선현들 돌아가신 지 이미 오래이니
後學誰復開	후학들 누가 다시 개도開導할까?
舊習倘銷去	구습舊習을 혹 없앴다 했더니
新知日漸來	신지新知가 날로 더 오네.
勿忘而勿助	잊지 말되 조장하지도 말라는 맹자孟子의 가르침
此事儘難哉!	이 일이 참으로 어렵구나![9]

"구습舊習을 혹 없앴다 했더니 / 신지新知가 날로 더 오네." 등산에서, 산마루

---

8 「五柳先生傳」, 李成鎬 譯(2001), 『陶淵明全集』, 문자향, 290~291면.
9 『順菴集』 卷1, 「漫吟」, 355면.

를 다 올랐다 했더니 다시 새로운 산마루들이 안전에 전개되는 형세다. 신지는 새로이 해결해야 할 과제다. 그런데 이 과제는 단순히 지知의 문제만은 아니다. 구습을 없앤다고 한 데에서 알 수 있듯이, 안정복에게 신지는 바로 지와 행이 결합된 도덕적 실천의 문제인 것이다. 바로 그렇기 때문에 안정복은 신지에 대해 명확한 지침을 내려주어 후학을 개도할 위대한 스승(선현은 지금 없다!)을 자임하기보다는 오히려 '잊지 말되 조장하지도 말라勿忘而勿助는 맹자의 가르침'을 새삼 강조하고 있는 것이다. '물망이물조勿忘而勿助'는 신지에 대한 조급한 결론을 경계하는 표현이지 신지 그 자체를 부정하는 표현은 아닌 것이다. 새로운 산마루가 나타났다고 해서 못 본 체 되돌아 내려갈 수는 없지 않은가!

사실 안정복에게 '글을 읽을 때 깊이 이해하기를 구하지 아니함讀書不求甚解'은 바로 인생의 지침과도 같은 말이었다. 비슷한 표현이 퇴계의 말로 인용되어 1760년 안정복의 나이 49세 때의 다음의 글에 보인다.

> 퇴계 이자李子는, "글을 읽을 때는 굳이 깊이 이의異疑를 찾을 것이 아니요, 본문 위에 드러나 있는 그 뜻을 찾으면 된다"라고 하셨다. 이 말은 참으로 옳으면서도 간이簡易한 말씀이다.[10]

안정복은 이와 조금씩 표현을 달리하긴 하였지만 역시 같은 맥락에서 이해되는 내용을 여러 군데에서 누차 강조하였다.[11] 안정복은 내성을 추구함에 있

---

10 『順菴集』卷6,「答權旣明哲身別紙」, 449면. "退溪李子曰: '讀書不必深求異疑, 當於本文上, 求見在之義.' 此語的當簡易."

11 1755년 44세 때의 작품 「答邵南尹丈書」에서, "論學一節, 正合今人頂針. 誰不讀書, 而眞實體當四字, 可謂日星昏衢矣. (…) 我朝前輩, 有'自警編理學, 古文眞寶文章'之語, 其所尙卑矣, 而樹立成就, 非後人所及. 由此益知此道之難明也. 盖游走於章句物理之上, 反忽於身心日用之間, 故不知不覺之中, 未免有蹉節之患, 其於執事所謂眞實體當者, 未暇及焉, 何歎如之? 常以此自警, 而病困垂死, 無以自振, 今何幸奉聞先獲之言!"(『順菴集』卷3, 388면)이라 한 것과 1762년 51세 때의 시 「鄭君顯讀孟子, 示以二絶」에서 "(一) 接人常驗知言訓, 處獨

어서도 특히 하학下學을 통해 상달上達에 이를 것을 강조한 학자로 알려져 있거니와,[12] '글을 읽을 때 깊이 이해하기를 구하지 아니함'은 바로 이 하학, 곧 도학의 생활적 실천을 특히 강조하는 태도와 직결되는 것이다.

안정복은 하학의 실천이 없이 성性과 리理만을 따지는 태도를 늘 경계하였다.[13] 이 점에서 도학은 안정복에게 학문 추구의 대상이라기보다, 종교적인 의미에서 생활의 지침이요 실천의 근거였다. 바로 이러한 도학적 실천을 바탕으로 한다면, 그 위에 전개되는 논의는 성이든 리든 기든 심지어 서양의 천주학설이든 모두가 토론의 대상이 될 수 있는 것이었다. 그 사람과 그 사람의 말을 구분하는 것,[14] 곧 이단사설 중에서도 합리적 핵심은 언제든 수용할 수 있다는 태도, 이것이 바로 안정복의 기본 관점이었다.[15] 비록 도학적 실천을 전제로

宜思養氣章. 動靜不違方有得, 此心都在好商量. (二) 洙泗教從行處說, 鄒書直指見人心. 諸儒訓釋牛毛似, 須把本文仔細尋"(『順菴集』卷1, 347~348면)이라 한 것, 그리고 1769년 58세 때의 작품 「答李景協書」에서 "是以與其强究別意, 不若守先儒之訓而不失之耳"(『順菴集』 卷4, 414면)이라 한 것 등 참조.

12 姜世求(1994), 「『下學指南』을 통해 본 安鼎福 學問의 性格」, 『진단학보』 78호, 震檀學會. 223~242면. 참조.

13 『順菴集』 卷8, 「答南宗伯漢朝書」(1786년 75세 때 작품), 513면. "才分短劣, 而常謂: '孔門教人, 不過『孝經』『論語』.' 此二書, 皆於下學有依據處言之. 是以性與天道, 雖以子貢之明悟, 有不得聞也. 下學之久, 涵養德性, 心氣靈明, 上達一事, 隨其工夫所到, 而得之有淺深矣. 凡爲學, 當觀時弊, 今之學者, 大抵不屑於下學, 而徒役心於性命理氣四七之辨, 今日爲學, 明日便說此道理, 雖自謂學貫天人, 夷考其歸, 與娼家之誦禮無異, 此果何益哉?" 참조.

14 『順菴集』 卷8, 「答黃莘叟書」(1788년 77세 때 작품), 510면. "有可廢之人, 而無可廢之言, 此君子知言之義也." 참조.

15 안정복은 1785년 74세 때의 작품 「答李士興書」에서 士興 李基讓에게, 耶蘇가 만약 옳다면 바로 그 耶蘇의 관점에서 자신을 설득해 보라고 요구하면서, 天主學에 대한 자신의 질문에 답서가 없는 것을 따지고 있는바, 이것은 비록 天主學에 대한 자신의 부정적인 견해가 이미 확고하다 하더라도 天主學 문제조차도 자유로운 사상적 토론의 대상이 될 수 있다는 안정복의 태도를 잘 보여 주는 것이다. 『順菴集』 卷8, 「答李士興書」, 506면. "耶蘇, 救世之名也. 旣云救世, 則指導其昏愚, 使之開悟, 可也. 何必有所問而不答, 掩其書而自秘, 不使昏愚者有所開悟, 其果爲天主救世之意耶? 先儒謂釋氏之學, 不過一私字, 豈以天主之學, 同歸於釋氏私己之套耶? 果是眞道, 則高明無自私焉, 快賜一通文字, 以解迷見. 覺不覺在此, 而不在

한다는 제약 아래에서이긴 하지만, 안정복은 기본적으로 언론의 자유를 인정하는 사람이었던 것이다.[16] 이 점에서 안정복은 융통성 없는 닫힌 도학가가 아니라 열린 도학가였다. 위 [6]의 "융통성 없이 원칙만을 고수하여 세속을 어기지 않았"다고 한 것도 바로 안정복의 열린 도학가로서의 태도를 잘 보여 주는 것이다.

[7] 집이 가난해 책이 없어서 편술하기를 기뻐하여 잊어버리는 것에 대비하였으나, 글 짓는 것은 좋아하지 않았으니 또한 문사에 재주가 짧음을 알아서 그런 것이다. 상자 안에 가득한 저술들은 모두 아직 탈고하지 않은 것들인데, 비록 연산燕山의 돌(보잘것없는 것을 보배로 여김의 비유)처럼 보배로 여기지만, 있어도 그만 없어도 그만인 것들로 괜히 심력만 소비하고 분분히 요긴하지도 않은 것들이었다.

위의 글은 앞의 [2]에 나타난바 박학과도 관련되는 언명이다. 박학은 무엇보다 독서·저서와 직결되는 것인데, 독서와 저서는 안정복에게 고칠 수 없는 벽癖이었다. 물론 위의 글에서 박학적 태도를 무매개적으로 확인할 수는 없다. 위의 글에 나타나는 표면적인 모습은, 안정복 자신이 편술하기를 기뻐한 것은 집이 가난해서라는 것, 문사에 재주가 없어서 글 짓는 것은 좋아하지 않았다는 것, 자신은 비록 자신이 지은 글을 대단한 것으로 여기긴 하지만 사실은 쓸데없는 것들이라는 것 등이다. 엄격한 도학자의 안목으로 본다면, 이러한 표명은

於執事矣. 鄙物之於執事, 相從幾多年矣, 前後贄說, 亦不知幾多語句, 而相信之心, 無異金石, 則其是其非, 豈無領會處耶?" 참조.

16 이와 관련해서는 다음의 글 참조. 『順菴集』卷5, 「答李士賓書」(1761년 50세 때 작품), 445면. "國以言路之開而治, 學以講磨之熟而明, 大小無異道也. 天下之義理無窮, 當局者迷, 自用者小, 則豈可以私智小見, 而距天下之正論乎? 星湖先生, 盛德高才精微博大之學, 今古罕比, 然於其所著述, 或有言句之可疑者, 而稟質焉, 言若可採, 則曾無吝情, 改舊從新, 是平日所願學而不能者也."

그야말로 신심성명身心性命에 쓸모없는 글짓기에 대한 경계로서가 아니라면 역설적인 겸사의 표현으로 이해될 성질의 것이다. 그러나 위의 표명이야말로, 바로 다음에 보게 되겠지만 융통성 없는 닫힌 도학가의 면모와 구별되는, 안정복 자신의 내면의 진솔한 표현으로 좀 더 세밀하게 분석할 가치가 있는 그러한 것이다.

안정복은 이「영장산객전」을 지은 지 몇 해 지나지 않은 1756년 45세 때의 시「제초서롱題鈔書籠」과「제저서롱題著書籠」에서도 거듭 자신의 기서벽嗜書癖과 창작 욕구를 노래했다. 안정복에게서 쉽게 예상되는(?) 도학가의 모습보다 오히려 문학가의 모습이 약여躍如하여 안정복의 내면을 엿볼 수 있는 글이므로 길지만 두 작품의 전문을 인용한다.

「제초서롱題鈔書籠」

沉疾已在躬	깊은 병 이미 몸에 있는데도
嗜書猶不廢	책 좋아하는 버릇 오히려 그만두지 못하네.
每聞有奇籍	매양 기이한 책 있다는 소리만 들으면
多方必圖致	무슨 수를 쓰든지 꼭 구하려 하네.
旣無買書錢	원래 책 살 돈 없으니
乃有鈔書意	이에 책 베낄 생각을 가졌네.
垂首坐終日	머리 수그리고 온종일 앉아 베끼고
復以燈火繼	다시 등불 밝혀 계속하네.
蠅頭畵蚯蚓	파리 대가리 같은 글씨로 지렁이를 그려도
曾不爲愧恥	일찍이 부끄러워하지 않으며,
力疲倩人手	힘이 지치면 남의 손을 빌리어
卷終斯置已	책이 다 끝나야만 그만두네.
成編亦艱難	책을 이루는 것 또한 어려운 일이지만
把玩自珍貴	잡고 어루만지며 자못 진귀하게 여긴다네.

家人屢挽止	집안 사람들 누누이 말리면서
勞瘵恐成祟	병의 빌미가 될까 저어하고,
亦蒙朋友笑	또한 친구들의 웃음거리가 되니
旣宦安用是	"벼슬도 마쳤는데 어디에 쓰려나?" 하고.
自知身有病	몸에 병이 있는 줄 스스로도 잘 아니
不作長久計	훗날을 위한 계책이 아니며,
偏好固莫捐	치우친 기호嗜好 진실로 버릴 수 없으니
聊爾從吾志	애오라지 내 뜻을 따를 뿐이라네.
有一子一弟	아들 하나 동생 하나 있지만
不知誰可遺	모르겠네! 누가 물려줄 만한지?
我但要披閱	나는 그저 펼쳐 보기만 하면 그뿐
豈復思後世	어찌 또 후세를 생각하랴?
逢愚聚亦散	어리석은 놈 만나면 모아도 흩어질 테고
賢必能添寘	뛰어난 놈이라면 거기에 더 보태겠지.
不如供目前	그저 눈앞에 놓아 두고
一卷有餘味.	한 권 남는 맛 느끼는 게 최고라네.[17]

「제저서롱題著書籠」

惟我漢山業	우리 한산漢山(광주)의 가업은
相承八百年	팔백 년을 서로 이어왔네.
家世本清貧	집안이 본디 청빈하여
曾不有簡編	일찍이 서적들 없었네.
辛勤數十載	수십 년 애쓰고 애써서

---

17 『順菴集』卷1,「題鈔書籠」, 342면.

求之心頗專	구하기를 자못 전심을 다하였네.
經史與子集	경과 사 그리고 자와 집을
裒稡亦略全	모으고 모아서 또한 대략 갖추었네.
一一堅紙裝	하나하나 질긴 종이로 장정하고
辛苦手自穿	고생고생 손으로 직접 뚫고 꿰매었네.
當怒讀卽喜	성이 나도 읽으면 곧 기뻐지고
當病讀卽痊	병이 나도 읽으면 곧 나았지.
恃此用爲命	이것을 믿고 내 목숨으로 삼아서
縱橫堆滿前	종횡으로 앞에 가득 쌓았네.
當時作書者	당시에 이 책 지은 사람들
非聖必是賢	성인聖人이 아니라면 필시 현인일 터
豈待開卷看	꼭 책을 펴고서야 볼 것인가?
撫弄亦欣然	어루만지고 놀아도 또한 기쁘다네.
讀之積年歲	읽기를 여러 해가 쌓여
卷帙踰百千	권과 질이 백과 천을 넘으니,
胸中如有物	가슴속에 무엇이 있는 듯
輪困欲自宣	꿈틀꿈틀 스스로 나오려 하네.
遂起著書意	결국 글 쓸 생각 일으켜
編輯夜忘眠	이리저리 엮느라 밤에 잠도 잊으니,
家人與朋友	집안 사람들과 친구들
視之若狂癲	나를 보기를 미친 사람처럼 하네.
燕石謾自珍	연산燕山의 돌을 부질없이 보배로 여기는 것이지만
子雲曾草玄.	양자운도 일찍이 『태현경』을 지었는걸.[18]

위의 작품들에서 우선 주목되는 것은, 안정복이 책을 읽고 글을 쓰는 것은

---

18 『順菴集』卷1,「題著書籠」, 342면.

일단 어떤 다른 목적을 위해서가 아니라 그야말로 그것이 너무도 좋고 또 그렇게 하지 않을 수 없어서라고 하는 점이다.

"훗날을 위한 계책이 아니며"라고 한 것은 직접적으로는 벼슬살이를 위해서 독서를 하는 것은 아니라는 언명이지만, "치우친 기호嗜好 진실로 버릴 수 없으니 / 애오라지 내 뜻을 따를 뿐이라네"라고 한 것은 벼슬살이뿐 아니라 그 어떤 다른 목적에 앞서 독서 그 자체가 자신의 버릴 수 없는 '편호偏好'임을 말하는 것이다. 엄격한 도학가道學家의 관점에서 보면 언뜻 완물상지玩物喪志라고 비난받을 수도 있는 태도를 안정복은 당당하게(?) 표명하고 있는 것이다. 더군다나 "매양 기이한 책 있다는 소리만 들으면 / 무슨 수를 쓰든지 꼭 구하려 하네"라고 한 그 '기적奇籍'은 당연히 성리性理 서적들에만 한정되는 것이 아니다. 안정복의 독서목록을 작성해 보아야 좀 더 분명해지겠지만,[19] 그의 저술들이나 문집의 기록만을 일별一瞥해 보아도 그의 독서 대상이 참으로 호한浩汗했다는 것은 쉽게 짐작할 수 있고, 또 '기적奇籍'이라는 표현은 도학 서적에는 본디(?) 어울리지 않는 표현이기 때문이다. "성이 나도 읽으면 곧 기뻐지고 / 병이 나도 읽으면 곧 나았지. / 이것을 믿고 내 목숨으로 삼아서 / 종횡으로 앞에 가득 쌓았네"라고 한 데에서는 그야말로 책과 독서가 자신의 목숨, 곧 거의 신앙인의 종교 그 자체처럼 묘사되고 있다. 재미있는 것은 '이것을 믿고 내 목숨으로 삼아서[恃此用爲命]'라고 하였을 때의 '목숨으로 삼다[爲命]'라는 표현은, 그 첫 표현이 누구로부터 시작되었는지는 과문寡聞한 탓에 잘 모르겠지만, 명말 청초의 문인이자 희곡 작가로도 유명한 이어李漁(1611~1676?)가 자칭 자신에게는 사명四命이 있다고 하면서, 봄은 수선水仙과 난화蘭花로 명命을 삼고 여름은 연蓮으로 명命을 삼고 가을은 추해당秋海棠으로 명命을 삼고 겨울은 납매臘梅로 명을 삼는다[20]고

19 안정복의 독서 범위의 일단을 엿볼 수 있는 자료로는 姜景勳(1995), 「順菴 安鼎福의 乞册書札에 대하여 - 安山과 海巖의 南人詞壇을 중심으로」, 『古書研究』 12호, 保景文化社 참조.

20 邱琇環·陳幸蕙 選註(1999), 『閒情逸趣 『明淸小品』』, 時報出版, 163면 참조. 李漁는 특히

한 그것과 그 발상이 완전히 일치한다는 것이다. 안정복이 이어李漁의 작품을 읽었으리라는 추측(그냥 해보는 추측이라고 해도 그 가능성에서 그 역逆의 가능성보다 더 높음)도 해볼 수 있겠다.

"가슴속에 무엇이 있는 듯 / 꿈틀꿈틀 스스로 나오려 하네. / 결국 글 쓸 생각 일으켜 / 이리저리 엮느라 밤에 잠도 잊으니, / 집안 사람들과 친구들 / 나를 보기를 미친 사람처럼 하네. 연산燕山의 돌을 부질없이 보배로 여기는 것이지만 / 양자운도 일찍이 『태현경』을 지었는걸"이라고 표현한 것도 그저 자신의 창작욕구에 대한 강조 내지는 겸사의 표현이라고만 볼 것이 아니다. 이 부분은 바로 앞의 [7]에 대한 주석으로도 볼 수 있는바, 그가 비록 '글 짓는 것은 좋아하지 않았'고, 또 '아직 탈고하지 않은' '상자 안에 가득한 저술들'은 '있어도 그만 없어도 그만인 것'들로 괜히 심력만 소비하고 분분히 요긴하지도 않은 것'들이었다고, 마치 문학자 안정복이 도학자 안정복에게 고해성사하듯 자신을 반성하고 있지만, 그러나 안정복은 바로 이「영장산객전」을 쓴 2년 뒤「제초서롱題鈔書籠」과「제저서롱題著書籠」시를 짓는 시점에서도 여전히 자신의 이른바 '연석만자진燕石謾自珍'을 전혀 뉘우치지(?) 않고 오히려 양자운揚子雲에 비겨 합리화하고 있는 것이다. 여기서 오히려 거꾸로 '있어도 그만 없어도 그만인 것'들에 '괜히 심력만 소비'하는 안정복의 모습을 새삼 확인할 수 있는 것이다.

　　[8] 야사씨野史氏는 말한다. 내가 객의 마을 사람들로부터 객의 사람됨에
　　　　대해 자세히 들었다. 깊은 데 거처하며 드물게 나오는 것은 수련하는
　　　　자와 비슷하고, 향리에서 오르락내리락하는 것은 향원鄕愿과 비슷하
　　　　고, 큰소리치며 옛날을 말하는 것은 광자狂者와 비슷하고, 남에게서

蓮을 제재로 한 小品「芙蕖」에서, "予夏季倚此爲命者 (⋯) 予四命之中, 此命爲最"(같은 책, 161~162면)라고 하여, 여름에 蓮을 命으로 삼는 이유와 자신의 四命 중에 蓮이 최고임을 언명한 적이 있다.

바라는 것이 없는 것은 개결介潔한 자와 비슷하고, 늘 종일토록 책을 보는 것은 학문하는 자와 비슷하고, 때때로 눈을 감고 정좌하는 것은 선禪을 배우는 자와 비슷하고, 낮음과 약함으로 남에게 굽힘은 노자에게서 얻은 바가 있는 자와 비슷하고, 운명에 미루고 맡기는 것은 장주莊周와 마음이 맞은 자와 비슷하다. 그 말은 넓으면서도 다단하여 요령을 알기 어려우니, 그 넓은 것을 요약하여 하나로 한다면 거의 어그러짐이 없을 것이 분명하다. 그러나 성품이 간졸簡拙하여 일찍이 남과 교유하지 않았으니, 그는 "한 사람을 사귀는 것은 한 사람과 절교하는 것만 못하다"라고 말하기도 하였다. 그래서 그와 서로 왕래하는 사람이 없었으니, 삼경三逕 아래는 풀만 무성하였다. 이렇게 일생을 마쳤으니, 그는 아마도 일사逸士의 기풍을 들은 자리라!

위의 [8]은 영장산객에 대한 야사씨의 총평이다. 여기 영장산객과 야사씨는 모두 작가 안정복이 자신을 가공적인 제3의 인물로 형상화한 존재들이다. 따라서 이 총평은 작가의 자신에 대한 이중적인 성격 묘사라 할 수 있다. 곧 일차적으로는 야사씨의 영장산객에 대한 평가의 내용에서, 이차적으로는 영장산객을 이렇게 평가하는 야사씨의 평가의 태도에서 그렇다는 말이다.

그런데 위의 글에서 특히 주목되는 면모는 대상을 바라보는 너그럽고 여유 있는 태도이다. 이러한 태도는 닫힌 도학가에게서는 기대하기 어려운 자질이 아닌가 한다. 이러한 태도는 바로 세상을 바라보는 안정복의 시각 바로 그것이기도 하다. 천주교 교리에 대한 비판자 안정복의 모습에서 만일 서슬 푸른 닫힌 도학가의 모습을 본다면, 이것은 안정복을 제대로 보았다고 하기 곤란할 것이다. 왜냐하면 천주교 교리에 대한 안정복의 비판은 천주교 교리에 빠져드는 젊은 학인들에 대한 우려에서 나온 것이긴 하지만, 이 우려의 바탕에는 기본적으로 애정이 깔려 있기도 하기 때문이다. 물론 이 애정은 그 젊은 학인들이 바로 안정복의 동당同黨의 후배나 자제들이어서 특히 그러했던 것이긴 하지만 말이다.[21]

5. 맺음말

「영장산객전」은 순암 안정복이 지은 자전自傳 작품이다. 작가가 자신을 가공적인 제3의 인물로 형상화하는 자전은 기본적으로 실전實傳이 아닌 탁전托傳에 속하는 양식이다. 그런데 「영장산객전」은 그 주인공의 형상과 작가 자신, 곧 실제의 안정복의 모습이 거의 일치한다고 보아도 좋을 정도로 형사形似의 측면에서 서로 무척 닮은 작품이다. 탁전이면서도 실전의 성격이 강한 셈이다. 그러나 또한 실전으로 환원할 수 없는 부분, 곧 나름의 과장과 해학이 전혀 없는 것은 아니다. 오히려 작품 전편의 분위기를 이끌어 가면서 작가가 나름대로 신사神似의 측면에서 자신의 정신적 풍모와 지향을 드러내고자 하는 것은 바로 이 부분이라고 할 수 있다. 작가의 문학적 면모가 두드러지는 바로 이 부분은 그동안 학계에서 상대적으로 소홀했던 안정복의 또 다른 일면이기도 하다.

「영장산객전」의 주인공 영장산객의 일생과 언행 및 이를 형상화하고 평가하는 서술자의 태도에서 주목되는 면모는 대상을 바라보는 너그럽고 여유 있는 열린 자세이다. 이러한 열린 자세는 바로 세상을 바라보는 안정복의 시각 바로 그것이기도 하다. 영장산객이 그런 것처럼 안정복이 비록 어려서부터 박학을 추구하다 나이 26세에 도학으로 사상적 대전회를 하였다 하더라도, 안정복은 도학을 맹종하느라 현실에 전혀 맹목이었던 닫힌 도학가가 아니었다. 도학은 안정복에게 학문 추구의 대상이라기보다 생활의 지침이요 실천의 근거였다. 영장산객이 그런 것처럼 안정복이 제갈량과 도연명을 삶의 위대한 모범으로 존숭한 것은 우연이 아니다. 도연명과 제갈량은 각기 내성과 외왕의 체현자로

---

21 이와 관련해서는 1785년에 일어난 이른바 秋曹摘發事件 이후 쓰여진 다음의 글 참조.「答南希顔必復書」,『順菴集』卷7, 483면. "近來天學有邦禁, 而秋官善處, 而不至連累, 可幸. 此學, 多出於切緊間, 故前日頗費辭斥之. 盖出於相愛之血忱, 而反生疑阻, 顯有疎外之漸, 其不幸大矣!"

서 안정복에게 전범이 되는 인물이었다. 안정복의 지향은 기본적으로 수기와 치인, 내성과 외왕을 아울러 갖추는 데 있었던 것이다. 안정복에게서 실학적 태도를 찾을 수 있다면, 바로 이러한 열린 도학가의 면모에서 가능할 것이 아닌가 한다.

순암의 편지에 나타난 글쓰기 방식 연구

허순우

1. 서론

오늘날의 편지가 실용문적 성격을 강하게 띠고 있다면, 조선 중·후기 서간은 실용적 성격과 아울러 문예문적 성격을 지닌 것들을 많이 접할 수 있다.[1] 조선시대 문인들의 문집을 보면 '서書' 항목이 있어서, 그 문인이 보낸 편지글이 공개적으로 자료화되어 있고, 오늘날 옛것을 연구하는 연구자들에게 역사적·문화적 혹은 문학적 자료로서 읽히고 분석된다.

---

[1] 김풍기(2001), 「조선 중기 고문의 소품문적 성향과 허균의 척독」, 『민족문화연구』33호, 고려대학교 민족문화연구소; 정민(2003), 「연암 척독소품의 문예미」, 『한국 한문학 연구』31호, 한국한문학회 참조. 일반적인 의미의 서간과 척독은 세분화될 수 있겠지만, 넓은 의미에서 척독 역시 서간으로 볼 수 있다.

문집에 실린 옛 문인들의 편지 가운데는 비록 공개되긴 했지만 개인 간의 사사로운 편지이기 때문에 크게 의미화되지 못하는 경우가 있는가 하면, '다산과 연천의 경학 논쟁'이나 '이황과 기대승의 논쟁', 혹은 '유배지에서 쓴 다산의 글', 박지원·이덕무·허균 등의 척독과 같이 유명하게 알려진 글이 있고, 또 그러한 글에 대해서는 문학적 혹은 사상적·역사적 의미를 찾고자 하는 연구들이 이루어졌다.[2]

본 논문에서 논의의 대상으로 삼은 순암의 편지는 성호와 성호 문인들에게 순암이 보낸 것이다.[3] 17년 간 단 4번의 대면이 있었을 뿐이면서도 편지를 활용하여 긴밀하게 학문적 교류를 나누었던 순암과 성호의 관계나, 그 외 성호 학통의 문인들 사이에서 편지 교류가 이루어진 환경적 조건을 생각한다면, 지속적인 인간적 교류이면서 동시에 학문적 교류이기도 한 순암의 편지가 갖는 의의를 생각해 볼 수 있을 것이다.

그가 스승 혹은 동학에게 보낸 편지는 비록 사상적·문예미적으로 뛰어난 성과를 내포한 것이 아니라고 하더라도, 그 글 안에는 순암이라는 인물에 대한 많은 정보들이 있고 또 삶에 대한, 학업에 대한 그의 진지함이 나름의 글쓰기 방식으로 강렬하게 표현되어 있다.

이 논문에서는 먼저 순암의 생애와 여러 기록들에 나타나는 그의 성품, 그리고 그의 편지에 나타난 글쓰기 방법을 살펴볼 것이다. 이러한 분석을 바탕으로 그에게 있어 편지글 쓰기가 어떤 의미를 지니는 작업이었는지, 또 그가 편지를

---

2 심경호(2003), 「박지원과 이덕무의 희문 교환에 대하여」, 『한국 한문학 연구』 31호, 한국한문학회; 김성진(2003), 「허균의 척독에 대한 일고찰」, 『한국 한문학 연구』 31호; 홍인숙(2004), 「이덕무 척독 연구」, 『한국 한문학 연구』 33호; 김왕규(2001), 「독서 교육의 관점에서 본 정약용의 서간문」, 『어문연구』 109권, 한국어문교육연구회; 김문식(2000), 『다산과 대산, 연천의 경학논쟁』, 한길사.

3 『순암집』 27권 가운데 書는 2권부터 9권까지 8권이 있으며, 그 가운데 성호에게 보낸 편지가 25편, 소남 윤장에게 보낸 편지가 33편, 정산 이경협 등에게 보낸 편지가 21편이다.

쓰면서 가장 집중한 문제 혹은 목적은 무엇이었는지를 살펴보려 한다.

2. 순암의 성품과 편지를 통한 학문적 교류

순암의 생애와 학문적 기반을 살펴보는 일은 그가 편지라는 교류 방식에 주목하게 된 이유와, 그의 편지 서술 기법을 이해하게 하는 기본적 정보가 될 수 있다. 순암(1712~1791)은 조선 후기의 역사학자이며 실학자이다. 그가 이익이나 성호 학통의 문인들과 편지를 주고받으며 수학하게 된 이유 중의 하나는 그의 성장과정에서 찾을 수 있다. 그는 어릴 때부터 병이 많았다. 또 관직 이동이 잦았던 할아버지, 일생을 처사處士로 지낸 부친을 따라 자주 이사를 하였기 때문에 그는 10세가 되어서야 겨우 『소학』에 입문할 수 있었다. 그 뒤 일정한 스승이나 사문師門 없이 친·외가 내에서 학문을 연마했다.

그는 가학을 기본으로 경사經史 이외에 음양陰陽·성력星曆·의약醫藥·복서卜筮 등의 기술학과 손자孫子·오자吳子 등의 병서, 불교·노자老子 등의 사상, 그리고 패승稗乘, 소설 등에 이르기까지 읽지 않은 것이 없었다. 특히 역학에도 조예가 깊어, 이 때문에 방술가方術家라는 말을 듣기도 했다.

이렇게 혼자서 학문을 연마하고 저술활동을 하다가 1746년 광주에 있던 성호 이익을 찾아가 문인이 되었다.[4] 성호와의 만남은 그의 사상에 변화를 주었고 성호 문인들과 학문적 토론을 진지하게 나눌 수 있는 계기가 되었다.[5] 이러한 교류는 비록 그의 학문적 소신이나 고집, 혹은 그의 성격을 완전히 변화시키는 계기가 되지는 못했지만, 다양한 문답을 통해 기존에 그가 가졌던 학문에 대한 관점을 논리적으로 검증받는 기회가 되었으며, 역사서 『동사강목』을 저

---

4 황덕길, 안홍렬 역(1996), 「순암선생행장」, 『국역순암집』 권5, 민족문화추진회.
5 강세구(1999), 『성호학통 연구』, 혜안; 심우준(1985), 『순암 안정복 연구』, 일지사.

술하게 되는 기본 바탕이 되기도 했다.

스승 성호를 비롯한 많은 문인들과 편지교류를 하면서도 순암은 편지를 교류하기 이전부터 자신이 지녔던 학문에 대한 소신은 대부분 굽히지 않았다. 이러한 그의 태도는 타인의 기록이나 그 자신이 작성한 편지글에서도 잘 드러난다.[6]

순암의 성품 가운데 타인의 충고를 즐겨 듣고 타인의 재주를 보면 체면을 가리지 않고 배우려는 적극적인 자세는 오랜 기간 끊임없이 여러 문인들과 편지를 통한 교류를 하면서 학문을 습득할 수 있게 한 성격적 특성이었을 것이며, 직언을 잘하고 아첨하는 것을 경계하는 성격은 학문적 소신을 쉽게 굽히지 않았던 이유를 짐작하게 하는 특성이다.

직선적인 성격 탓에 실제 그는 동료 문인들과 관계가 원만하지 못했으며, 이러한 문제를 순암 자신도 인식하고 있었다. 뿐만 아니라 이에 대해 고민을 하고 그 고민을 편지로써 스승에게 털어놓기도 하였다.

너무 오래 벗들과 떨어져 있다 보니 습성이 방만하여지고 자긍심·오만심이 날로 자라고 있는데 그 병의 원인을 살펴보면 사서를 편찬하는 일이 그 빌미가 되고 있는 것 같습니다. 그래서 윤장께서도 늘 권계하셨으니, 역사를 편찬하는 일이 단지 마음을 괴롭히고 신병에 해롭다는 이유에서만

---

6 그는 성격이 급하고 직언을 잘하였다. 타고난 성품이 급하고 정밀하지 못하며 입조심이 부족하다고(『순암집』, 「제숙부인창녕성씨문 을묘」) 스스로 말하고 있으며, 상대방의 언행에 못마땅한 점이 있으면 서슴지 않고 지적하는 버릇이 있었다(『순암집』, 「답남생한탁서」). 이러한 성격은 많은 오해를 불러일으키기도 하여 그 자신 스스로 자주 자성하였다. 노년기에 접어들어 『동사강목』을 정리하는 데 도와주는 사람이 없었다든가, 천주교에 입문한 권철신이나 이기양 등이 그를 멀리한 데는 그의 직선적인 비판과도 무관하지 않을 것이다. (…) 이러한 직설적인 성격 때문에 자연히 아첨을 매우 혐오하였고, 친구 사이에도 아첨을 한다거나 추켜세우는 것을 경계하였다. 더불어 그 자신은 남의 충고를 즐겨 듣고 다른 사람의 능한 재주를 보면 체면을 가리지 않고 배우고자 하였다(『순암집』, 「영장산객전」). 강세구, 위의 책, 72~73면 참조.

은 아니었던 것입니다. 이러하고 보면 사우師友관계를 어찌 소홀히 할 수 있겠습니까 (…) 윤장은 저술은 전혀 불가한 것으로 주장하고 있는데 그야 물론 실속 있는 내실의 공부에 치중해야 한다는 생각에서겠지만, 사람들을 깨우쳐 일을 성취하는 뜻은 다소 부족하다는 느낌입니다. 옛 분들의 저술은 부득이한 것이었습니다만 후인들의 저술은 그만두어도 되는데 그만두지 않는 것들이 많으니, 이 점은 알아두어야 할 것 같습니다(「성호 선생께 올림. 무인년」).[7]

위 예문은 『동사강목』을 저술하면서 순암과 성호 문인들이 겪었던 갈등의 한 부분을 보여 주는 예이다. 순암의 직선적인 성격과 타인에게 충고나 조언을 구하면서도 실제 조언을 쉽게 수용하지 않는 그만의 학문적인 소신은 그 자신도 인식하였듯 원만하지 못한 교우관계를 형성하게 한 원인이었다. 예문 가운데 전반부는 그 스스로 느낀 교우관계에서의 갈등에 관한 내용이며, 후반부는 그럼에도 자신의 소신을 굽히지 않고 스스로의 입장을 스승에게 설명하는 내용이다.

직선적이고 강한 그의 성격은 원만하지 못한 교우관계 측면에서는 갈등을 불러일으켰을지 모르나, 다른 측면에서 보면 그러한 성격이 염치를 가리지 않고 배움에 몰두하게 했고, 또 역사서 『동사강목』을 저술하게 한 하나의 힘이 되기도 한 것이다. 그의 이와 같은 성격이 그의 편지글에서는 어떠한 글쓰기 방식을 통해 표출되는지, 또 편지글 쓰기는 그에게 어떤 의미를 지니는 작업이었는지 살펴보겠다.

---

7 『順庵集』卷2, 23면. "索居之久 任放成習 矜傲日長 究厥病源 未必非太史公爲祟也 此尹丈 所以前後勸戒 非但爲勞心害病而發也 師友箴戒 其可忽哉 (…) 尹丈專以著書爲不可 是雖 切於向裏近實之工 而似欠開物成務之意也 盖古人著書 不得已也 後人著書 可已而不可已 者多 此意則誠不可不知也."

3. 편지글 쓰기 방법

1) 논리와 이성의 중시

　순암의 편지글 쓰기 방법 중 두드러지는 특성은 그의 글이 감성에 기대는 부분은 적은 반면 많은 부분이 고증과 논리에 기대고 있다는 점이다. 비유나 시적인 표현, 정감에 호소하는 표현 등은 적고, 역사를 근거로 고증하고 또 논리적으로 반박하는 표현과 내용이 그의 편지 대부분에서 발견된다.

　역사를 근거로 어떠한 사건에 대해서든 증명하려 하는 것은 고증학에 조예가 깊었던 그의 관심이 편지글에도 반영된 것이라고 할 수 있다. 또 그의 편지가 궁극적으로는 스승과 동학들 사이에서 오가며 학문 토론의 장이 된 것에 주목한다면 논리적인 서술태도를 보이는 것은 필연적이라고 할 수 있다. 그렇지만 그의 학문에 대한 관심과 진지함이 내용뿐 아니라 그의 편지 기술방식 자체에도 반영되어서, 그의 편지에서는 문학적 비유나 정서적인 표현 등을 찾아보기 힘들다.

　스승이나 동학 간에 학문에 대해 논하는 '토론의 편지'는 말할 것도 없고, 그러한 편지가 아닌 경우에조차 그의 글쓰기는 정감적이기보다는 이성적이고 건조하다는 느낌을 준다.

　　보름달 모임은 즐거웠으나 예절이 소략하여 그게 흠이었고 또 너무 시끄러워서 차라리 조용한 곳에서 차분히 만나는 것만 못했다오. 나는 하나도 해놓은 일이 없이 노쇠와 질병이 빌미가 되고 있으니 이 일을 어찌합니까. 성인께서도 늘그막에 『주역』을 읽으셔서 가죽끈이 세 번이나 끊어졌으며, 또 이르기를, "발분하여 밥 먹기를 잊고 즐거워서 걱정도 잊은 채 늙음이 다가오고 있는 것조차 모른다"고도 하셨는데, 후인이 어떻게 감히 늙고 병들었다 하여 스스로 포기할 수 있겠습니까. 이러한 구절을 되풀이하여 읊고 또 읊음에 나도 모르게 등에 땀이 젖었다오. 공도 몹시 곤궁하고

군색하지만 역시 이러한 뜻으로 자신의 진정한 즐거움을 배양해 보는 것
이 어떻겠습니까(「정용경에게 보냄. 경자년」).[8]

위의 인용문은 그의 편지 가운데 학문적 토론이 아니라 개인적인 정감을 표
현하려 한 글의 한 예이다. 편지의 목적이 학문적 토론에 있지 않았음에도 보
름달 모임의 즐거움조차 있는 그대로의 즐김으로 받아들이지 않고 예절의 소
략함과 소란함을 지적하는 것에서 시작하여 결국 성인을 본받아 학문에 정진
해야겠다는 자기 다짐으로 이어지는 모습을 보인다. 이와 같은 편지글은 순암
의 개인적인 품성을 반영하는 이성적 글쓰기의 특성을 잘 보여 주고 있다.

　재능을 감추라고 하신 교훈은 삼가 가슴에 새겨 잊지 않겠으나, 이름을
고치는 일은 아무래도 평정한 도리상 흠이 될 듯합니다. 이름을 아무리 고
치더라도 이 몸은 여전히 그 사람 그대로일 것이니, 이 문제는 제 자신의
본분사를 다하여 스스로 잘 지키면 그만일 것입니다. 이에 감히 명을 따르
지 못하오니, 어떻게 생각하시는지요?(「성호선생께 답함. 기사년」).[9]

학문적인 논의를 전개하는 편지는 물론이고, 학문적 논쟁을 떠나 일상의 문제
에 관해 지적을 받은 경우에도 순암은 자신의 생각을 논리적으로 풀어내고 있음
을 위 인용문에서 확인할 수 있다. 방술가로 불리는 제자가 걱정되어 이름을
바꾸라고 성호가 순암에게 권유를 하자, 평정한 도리, 명칭과 대상의 관계, 행동
의 중요함 등을 근거로 자신의 의견을 짧을 글 속에서 분명히 드러내고 있다.

---

8 『順庵集』卷6, 44면. "望日之會可樂 而禮節草草可欠 亦涉擾擾 實不如靜地穩晤也 僕一無猷
爲 衰病作祟奈何 聖人晚來讀易 韋編三絶 且曰發憤忘食 樂以忘憂 不知老之將至 後人其敢
以衰病自廢耶 三復諷吟 不覺汗背 公之窮窘甚矣 亦以此意培埴自有之樂如何."
9 『順庵集』卷2, 3면. "謹當服膺 而改名事 終欠平正道理 名雖改而此身則猶夫人也 此當盡其
在我者而自守之耳 故未敢卽承命 未審如何."

이처럼 순암은 학문적인 논쟁에 핵심이 있는 편지에서는 물론이고, 일상적인 문제를 다루는 많은 편지들을 대할 때도 그 나름의 진지함을 잃지 않고 언제나 근거를 들어 상대에게 설명하고 상대를 설득하려 하였다.

2) 인사말의 축소와 본문의 확대

순암이 편지를 쓰면서 일반적으로 '편지'라고 하면 기대하게 되는 첫인사, 본문, 끝인사의 형식적 규범을 그다지 염두에 두지 않았다는 것도 하나의 특징이다. 순암의 편지는 형식에 맞게 쓰기보다는 마음에 떠오르는 대로 궁금한 내용들, 마음에 담아 뒀던 이야기들을 순서 없이 풀어내는 것이 특징이다. 특히 『이자수어』 편찬이 한창이었던 1752년에서 1754년까지 성호와 나눈 편지나, 『동사강목』을 저술하면서 성호·윤동규 등과 나눈 학문적인 편지들은 사적인 안부를 제외한 채 시작되는 경우가 대부분이다.

> 『강목』이 범례와 다른 곳이 많은데, 당唐부터 그 이하는 더욱 심합니다. 사람의 흥과 졸을 쓰는 것이 각기 범례가 있는데, 관작을 쓰고 졸을 쓰고 그리고 그 시호 밑에다 아무라고 주석을 단다면 그것은 그가 죽은 뒤의 호칭을 죽기 이전에 붙인 것으로 안 될 일이 아니겠습니까? (…) 대종이 그의 죄를 명명백백하게 바로잡지 못하고 도적이 하는 짓을 하여 그를 죽였으니, 도살했다고 쓴 것은 대종을 흠잡은 것이지 보국과는 무관한 것인가 합니다. 어떻게 생각하시는지요?(「성호선생께 올림」 갑술년).[10]

---

10 『順庵集』卷2, 9면. "綱目與凡例相違者多 而自唐以下尤甚 書人薨卒自有其例 書爵書卒而
註其諡曰某 盖不可以死後之稱 加于未卒之前也 (…) 代宗不能明正其罪 而行盜賊之事殺之
書盜殺 所以病代宗也 無關於輔國 伏未知如何."

위 인용문은 『동사강목』을 저술하면서 성호에게 보낸 편지이다. 안부 인사나 끝인사 없이 『동사강목』에 관한 이야기로 편지를 시작하여, '도살'하다는 표현을 쓴 것에 대한 의견을 묻는 것으로 끝을 맺고 있다. 이처럼 편지의 일반적인 격식에 신경을 쓰지 않는 글쓰기는 곳곳에서 발견된다.

스승의 안부를 묻거나 자신의 근황을 이야기하다가도 갑자기 그런 일상사에서 연유되는 학문적 궁금증이 있으면 바로 그것에 대해 글을 쓰기도 한다. 정묘년 성호 선생께 올리는 편지와 같은 경우 성호 선생의 제자가 된 것에 대한 기쁨을 이야기하고, 자주 찾아뵙지 못하는 것에 대한 안타까움을 토로하는 내용으로 전체 편지의 4/5 정도를 써 내려가다가, 돌연 예설을 보내 주겠다는 언급을 기억해 내고는 역易의 이치, 그중에서도 궤변에 관해 의심나는 것을 적어 가르침을 구하는 내용으로 성호에게 보내는 첫 편지의 끝을 맺고 있다.

보통 조선시대의 경우 15세기부터 17세기까지는 별지의 형태로 이기설을 논하거나, 서신에서 상대방의 서신 내용을 절록節錄하면서까지 장문의 형태로 의론을 전개하는 방식이 주요한 의미를 지녔으며,[11] 순암 또한 그의 서신에서 별지를 활용한 글쓰기를 부분적으로 하고 있다. 그러나 그는 의론을 전개하면서 기존의 격식인 별지를 활용하기보다는 본문에서 자신의 생각을 쏟아 내는 경우가 더 많다.

소품문이나 문예문으로서의 편지쓰기[12]를 의도적으로 하고 있지 않음에도 또 다른 방식으로 격식에 매이지 않으면서 자신의 학문적 호기심을 풀어내는 것에 집중하는 글쓰기를 그의 편지글 안에서 보여 주고 있는 것이다. 이때 격식에 매이지 않은 글쓰기를 했다는 분석은 그의 글이 자유분방하고 감정에 충

---

11 심경호, 앞의 논문, 107면.

12 기존의 서와 대비되는 의미에서 소품문·문예문을 이해할 수 있을 것이다. "연암의 척독은 그의 치밀한 글쓰기 전략과 수사 장치의 활용을 통해 안받침되어 주제를 구현하고 문예미의 완성을 이룩한 것이다"(정민, 앞의 논문, 82면)와 같은 지적은 소품문이 문예문적 특성을 지닌 글이었음을 이해하게 한다.

실한 글쓰기를 하고 있다는 의미가 아니라, 형식적인 측면에서 격식에 충실하지 않았다는 의미이다. 다음 장에서 자세히 살펴보겠지만 그의 편지는 내용에 있어서 감정의 분출은 거의 드러나지 않고, 진지한 학문적 토론이 대부분을 차지한다. 소품문이나 문예문으로서 편지쓰기를 했던 문인들과 순암의 편지는 외적인 형식 면에서는 격식의 지양이라는 공통점을 지닐지 모르나, 그러한 격식의 지양이 발생하게 된 이유에 있어서는 차이를 보이는 것이다.

3) 형식적 겸양과 직설적 어휘의 사용

순암은 상대방으로부터 지적을 받은 문제와 관련하여 먼저 상대방의 의견이 옳음을 인정하는 태도를 보인다. 그러나 그가 실제 말하고자 하는 것의 무게중심은 상대방의 의견에 대한 동의와 수용이 아니라 그 뒤에 이어지는 자신의 의견에 있다. 긍정, 칭찬, 자기 겸손과 같은 글을 앞에 배치하는 것은 곧 자기 논리를 펴기 위한 형식적 서두이다.

> 『사설』은 하교에 따라 타당하다고 여겨지는 대로 제 의견을 말씀드리겠지만, 그러나 내용을 수정하는 일에 있어서는 마치 보석 가게에 들어간 것처럼 눈에 보이는 것이면 모두가 진귀한 보물 아님이 없으니, 그중에서 무얼 고른다는 것이 너무도 어려워 대단히 두렵습니다. 이번에 보내온 사설 끝 권을 보았더니 일일칠조 조항 끝에 말씀하신 장경성은 아마 틀린 것이 아닌가 합니다. 언젠가 청인이 쓴 자서를 보았더니 『일통지』를 인용하여 말하기를, "광동의 경우는 조수의 차가 크고 작음이 장성·단성에 따라 결정되지 달의 차고 기욺과는 관계가 없다. 한 달에서 절반은 동으로 흐르고 절반은 서로 흐르는 것 역시 큰 바다 속의 변국이다" 하였습니다(「성호선생께 올림. 신사년」).[13]

위 인용문은 『성호사설』에 관해 순암이 자신의 의견을 밝힌 편지인데, 전반부에는 "모두가 진귀한 보물이 아닌 것이 없다"라는 표현으로 『성호사설』의 내용에 대해 긍정을 표하고, 후반부에 『성호사설』의 단점을 지적하는 글쓰기를 하고 있다. 겸양의 글쓰기가 조선시대 편지쓰기의 관습과도 같은 것이었다는 점을 인정한다고 하더라도, 긍정을 하다가 곧바로 직접적인 단점 지적으로 내용을 변화시킨다든지, 예문의 뒤에 이어지는 구절에서 "의심할 나위 없이 삭제해야 할 구절이다[此條刪之無疑]"라는 단정적인 언어 표현을 주저 없이 붙이는 것은 주장을 관철하기 위해 순암이 선택한 설득하는 글쓰기의 방법 가운데 하나라고 할 수 있을 것이다.

월초에 우리 집 아이가 인에서 원양에게로 가 장석의 장초를 가져왔기에 읽어 보았더니 흡사 직접 뵙고 말씀을 듣는 것 같아서 사모의 마음을 가누기 어려웠습니다. 다만 그 문장이 범위가 넓어 좋기는 해도 꼭 그 경전 논의의 줄거리들을 다 쓰려고 했기 때문에 아무래도 좀 잡란해서 서사의 체제가 잘 안 된 것 같았습니다. 어리석은 생각으로는 언행만을 대략 써서 그것을 원장으로 하고 후록을 별도로 만들어서 저술에 관한 것은 따로 쓰거나 아니면 차라리 연보를 상세하게 꾸미는 것이 좋지 않을까 합니다(「소남 윤장에게 보냄. 무자년」).[14]

윤동규에게 보낸 위의 편지도 마찬가지로 긍정과 부정을 함께 배치하면서

---

13 『順庵集』卷2, 36면. "僬說當作下教 從當論稟 然而節刪文字 如入玻瓈之肆 溢目珍寶 無非可愛 裁擇甚難 是可懼也 伏見此來僬說末卷 一日七潮條末所言長星庚星似誤矣 曾見淸人所箸字書 引一統志云 廣東瓊州海潮大小 隨長星短星 不關月之盈虧 半月東流 半月西流 亦大海中之變局也 所謂長星 卽今曆日未張所記是也."

14 『順庵集』卷3, 34면. "月初迷兒自仁轉訪元陽 始得丈席狀草而讀之 怳若更承警欬 悲慕難勝 苐其文章 浩博可愛 而必欲詳箸其論經大旨 故未免雜亂 有失乎敍 著述大致 不然則詳著爲年譜可矣."

자신의 의견을 주저 없이 밝히는 순암의 글쓰기가 드러나는 예이다. "사모의 마음을 가누기 어렵다"와 같은 표현과 "잡란해서 서사의 체제가 안 된 것 같다"는 표현을 동시에 사용하는 것은, 겸양의 의례성을 생각하더라도 순암의 성격, 학문에 대한 소신이나 주관을 잘 드러내는 그의 글쓰기 방법이라고 지적할 수 있을 것이다.

특히 그 언어적 표현의 측면에서 볼 때 지극한 겸양의 언어를 사용하다가 직설적인 어휘로 상대방의 논리적 단점이나 표현상의 문제점을 지적하는 것은, 일반적으로 상투적인 겸양을 형식적으로 앞세우고 완곡하게 자신의 의견을 나타내는 타 문인의 글쓰기와는 차이를 보이는 특징으로 지적할 수 있다.

4. 편지글의 특징과 의의

1) 학문에 대한 무궁한 관심

순암 편지의 표현적 특성은 일반적인 서간에서 기대할 수 있는 격식을 파괴하고 바로 본론으로 들어가 자신의 궁금증을 밝히는 글쓰기, 타인의 의견을 수용하는 듯하면서도 결국은 자신의 학문적 소신을 굽히지 않는 직설적인 글쓰기, 또 감성보다는 이성에 의존하는 글쓰기 등으로 정리할 수 있으며, 이는 넘쳐나는 호기심과 궁금증을 풀어내는 그의 표현 방법이라고 의미를 부여할 수 있다.

어려서부터 자주 이사를 했고, 또 허약하여 정식으로 공부를 하지 못했던 그의 형편과 학문 탐구에 대한 욕구는 편지라는 의사소통의 수단을 만나 해소되고 분출될 수 있었다. 그렇기 때문에 그에게 있어서 편지는 친교의 장이면서 동시에 학업의 장이었고, 그중에서도 학업의 장으로서 편지의 기능이 그에게는 중요했던 것으로 보인다.

순암의 학문에 대한 관심은 그의 편지글 곳곳에서 발견되는데 학문하는 자세에 대한 직접적인 서술, 학문적으로 교류하는 편지를 서술하는 태도 등에 관해 기록한 내용을 살펴보면 그것을 알 수 있다.

재주가 남다른 자는 고인들 말을 다 믿을 필요가 없다고 생각하고 별도의 제 갈 길을 먼저 찾고 있고, 기백이 약한 자는 고인들 말이면 하나도 의심할 것이 없다 하여 문의에 얽혀 빠져나오지 못하니, 이 양자는 모두 옳지 않습니다. 제 생각 같아서는 성현의 글을 평정한 마음으로 익히고 읽고 그 문대로 뜻풀이를 하여 되도록 글 뜻을 평이하고 명백한 쪽으로 보아, 자기 사견을 주장하지도 말며 별다른 뜻을 세우지도 말아야 할 것입니다. 그저 읽고 또 읽어 비록 의심이 점차 생기더라도 의심되는 대목을 가지고 전현이 말하지 못했던 것이라고만 생각하지 말고, 고인의 말과 맞는지를 찾아보다가 아무리 찾아봐도 맞지 않으면 그때 가서 혹 사우에게 묻는다든지 해서 옳고 그름을 바로잡아야 할 것입니다(「소남 윤장에게 보냄. 계유년」).[15]

선생께서 춘추가 이미 높으시고 미천한 저도 나이 벌써 많은 것이 늘 염려스러워, 세월이 더 가기 전에 날마다 곁에서 모시고 지내면서 직접 가르침을 받고 싶었습니다(「성호선생께 답함. 신미년」).[16]

위 인용문은 학문하는 자세에 대해 기록한 것, 혹은 학문에 대한 관심과 욕구를 보여 주는 편지이다. 고증학적 연구방법을 지녔던 그의 학문에 대한 태도

---

15 『順庵集』 卷3, 6면. "才高者以古人之言 不必盡信先尋別路 氣弱者以古人之言 爲無可疑 繳疑文義 二者均爲不是矣 愚意欲將聖賢之書 平心熟讀 隨文解義 務使文義平易明白 不主私見 不立別意 讀之之多 雖疑端漸生 不可以所疑者 謂前賢未發之旨 而求合於古人之說 求合不得然後 或質之師友 以正其得失而已."

16 『順庵集』 卷2, 24면. "常念先生春秋旣高 賤子年又晼晚 每欲及時日在函丈 躬承警咳."

를 분명하게 드러내 주는 자료이면서 동시에 그가 편지를 주고받으면서 얻고
자 했던 것이 무엇인지를 보여 주는 글이기도 하다. 오랜 시간 고민하고 생각
해도 답을 얻을 수 없는 문제에 대해 결국은 사우師友에게 물어서 바로잡아야
한다는 구절은, 실제 스승이나 벗을 찾을 수 없었던 그의 조건상 그가 편지쓰
기를 통해 얻고자 했던 것이 무엇인지를 짐작하게 하는 부분이다. 그리고 오랜
시간 고민한다는 표현은 결국 자신의 주관이 거의 정립되어 쉽게 남의 의견을
수용하지 않을 뿐 아니라 논리적으로 설득하고 논박하려 하는 그의 학문에 대
한 소신과 자신감을 짐작하게 한다.

순암이 편지라는 글쓰기 행위에서 기대했던 것은 단순한 감정의 소통이나
교류가 아니라 학문에 대한 소통이었으며, 또 어떤 의미에서는 자신이 갈고 닦
은 학문적 기반을 굳건히 하는 하나의 장인 동시에, 자신의 학문에 대한 지식
을 분출할 수 있는 분출구로서 서간이 기능해 주기를 바랐던 것이라고 생각할
수 있다.

그래서 그는 편지를 주고받는 사람의 자세, 스승과 제자, 혹은 동학 사이에
서 토론할 때 가져야 하는 자세 등을 그의 편지에 적고 있다.

> 의리상 당연히 숨김이 없어야 하는 사이여서 참람하고 외람된 말을 마
> 구 하였으니 황공하고 황공하옵니다. 계절을 따라 더 많은 축복을 받으시
> 어 사모하는 이들 마음에 위안을 주시기를 엎드려 빌면서 이만 줄이옵니
> 다(「성호선생께 올림. 정묘년」).[17]

> 저번에 한 차례 올렸던 서한이 내용은 비록 거칠고 잘못되었어도 사실
> 은 제 속마음을 털어놓은 것이었습니다. 악을 숨기는 소인은 되고 싶지 않

---

17 『順庵集』卷2, 2면. "義當無隱 故辭涉僭猥而不知止 主臣主臣 餘伏祝若序增福 以慰膽仰不
宣."

아서 제 스스로 그 고루함을 다 말씀 올렸던 것입니다(「성호선생께 올림. 무
진년」).[18]

　　얼마 전 윤장이 약간의 규계를 해주시기에 얼마나 감사했는지 모릅니
다. 요즘 보면 세상의 친구 사이에 왕복하는 서한들이 상대를 추어올리는
말만 많이 쓰지 상대의 나쁜 점을 지적하는 일은 실로 없습니다. 이 이유
는 세상이 험하여 자칫 다툼거리를 만들 염려가 있기 때문에 오직 아첨하
는 내용으로 서로 좋게 하자는 것입니다(「성호선생께 올림. 무인년」).[19]

　　위 예문들은 모두 편지를 주고받는 태도에 관한 순암의 시각과 학문적 논의
를 할 때의 자세 등이 드러난 글이다. 그는 기본적으로 진실한 마음을 숨기는
것이 소인배가 하는 일이라고 생각했고, 특히 서간에서 상대를 추어올리는 말
만 많이 쓰고 단점을 지적하지 않는 것은 진실의 표현이 아니라 아첨일 뿐이라
고 말하고 있다.
　　그에게 편지는 일종의 학교였을 것이므로, 학교가 친목의 장일 뿐 학문 교류
의 장이 되지 못한다면 그는 그러한 서신 교류에 만족하지 못했을 것이다. 그
렇기 때문에 끊임없이 자신이 솔직하게 편지를 적고 있다는 사실을 말하고, 또
상대방도 자신의 진심과 욕구를 이해해 주고 함께 응답해 주기를 요구하고 있
는 것이다.
　　그래서 격식을 차리는 글쓰기보다는 궁금한 내용을 풀어내는 것이 순암에게
중요했고, 자신이 가진 학문적 소신을 드러내기 위해 형식적 겸양과 직설적 어
휘와 논박을 함께 배치하는 글쓰기를 했으며, 또 감성적이기보다는 이성적이고

---

18 『順庵集』 卷2, 2면. "前上一書 雖甚狂謬 實出衷赤 不欲爲掩惡之小人 而自盡其固陋矣."
19 『順庵集』 卷2, 34면. "向日尹丈曩施規勉 感幸何喩 近來世間交際往復書 每多獎與之言 實
　　無攻惡之事 盖世道交喪 恐致爭端 惟以諛辭相悅也."

현실적인 글쓰기 방식을 취할 수 있었던 것이라고 생각한다. 그의 편지는 학문에 대한 열정이 집약적으로 표현된 장이며, 그 열정을 드러내기 위해 선택한 글쓰기 방법들은 앞서 살펴보았던 바와 같다.

2) 일상의 비일상화

이제 학문적 토론이라는 기본적인 목적이 유사한 여타 문인들의 서간과 순암 편지 사이의 차이를 살펴봄으로써 순암의 편지 글쓰기가 갖는 그만의 또 다른 특성을 확인해 보겠다.

> 정사에서의 하룻밤은 해를 넘겨 날짜를 잡은 것인데, 만남은 더디고 헤어짐은 빠르니 위로됨은 짧고 서운함은 길어집니다. 지난번 정산으로부터 손수 쓴 글을 한 차례 전해 보여 주셨는데, 그 편에 몇 마디 적어서 붙여 보냈습니다. 과연 즉시 보셨습니까? 봄날이 점차 길어지는데 초연한 생활 여전하고 기분도 화평하고 여유로우신지요? 언제나 사모하고 우러르매 진실로 이 마음이 애달픕니다. (…) 처음 사귀는 마당에 질박하고 진실한 태도를 중시해야 할 것입니다. 고분고분 동의하고 찬미하는 것은 성격상 하지도 못합니다. 예전부터 알고자 했던 것에 대해 마치 가려운 곳을 긁어주는 것 같아 이렇게까지 경도됨을 저절로 금할 수 없습니다. 탓하지 말기를 바랍니다. 한두 가지 질문은 별지에 조목별로 적었습니다. 자세한 가르침 주시기를 간절히 바랍니다. 그리고 끼니를 거르지 않는다는 소식을 삼가 기다리며 절할 뿐입니다. 기하의 형편은 예전과 같습니다. 춘궁기를 당하여 독이 비는 일이 갈수록 심합니다. 숙수로 받들면서도 어른들이 즐거운 마음을 다할 수 있게 해보지만, 진실로 고인에게 부끄러울 따름이니 어쩌겠습니까? 이만 줄입니다(「대산이 다산에게 보낸 편지. 1822」).[20]

위 인용문은 '대산과 다산의 경학논쟁'으로 유명한 편지글 가운데 한 편이다. 이 글에는 안부를 묻는 서두와 안녕을 기원하는 끝부분이 기록되어 있으며, 학문적인 궁금증은 별지를 두어 적고 있다. 또한 순암이 그러했듯 진실한 태도를 중요시한다거나 무조건적인 동의가 의미 없음에 대해서도 언급하고 있다.

그러나 순암이 처음으로 성호 선생과 주고받은 편지에서 안부를 묻다가 돌연 예설에 관한 이야기로 초점을 옮기고 끝인사와 같은 격식을 차리지 않은 것이나 윤동규 등과 주고받은 격식을 무시한 편지와 비교해 본다면 같은 학문적 의견을 주고받는 편지글이라도 순암의 편지와는 그 글쓰기에 차이가 있음을 알 수 있다. 위 예문에서는 일상사에 대한 관심을 보여 주는 날씨에 관한 서술이나 식사에 관한 부분이 있어서 순암의 편지와는 다른 정서적 여유가 묻어난다.

숲 속 낡은 집에서 친구와 오순도순 도륭의 『파라관청언』을 한참 동안 읽다가 돌아와 등잔 아래 누웠는데, 이는 정신을 수양하기 위해서였네. 이후에도 그 여운을 음미하면 마냥 기쁘기만 하더군. 문득 서루徐樓의 촛불 아래에서 굴원의 『이소경』을 큰소리로 읽을 때면, 하늘의 별이 반짝이고 주위 손님들의 얼굴빛이 변하던 기억이 난다네. 그런데 『파라관청언』을 읽으면 기뻐지고 『이소경』을 읽으면 슬퍼지는 것이 어찌 그리도 다른가. 내가 『파라관청언』만 즐기고 『이소경』을 슬프게 생각해서가 아니라네. 글이 신기하면 정신이 살게 되고 정신이 살아 있으면 성령性靈이 모이게 되니, 누가 그것을 막을 수 있겠는가. 나의 계집종이 아무리 연약하다 해도 책 두 질은 너끈히 감당할 수 있으니, 매화감 위에 있는 『한위총서』를 꺼내

---

20 활자본, 1책, 「第一集 詩文集：書」, 34면, 필사본『與猶堂全書』25책. "精舍之夜 經年乃卜 而往遲來速 慰短悵長 頃自鼎山 傳示手書一番 旋以數語附告 果卽關覽否 春日漸舒 伏惟燕 處超然 氣度 冲裕 悠悠瞻仰 展矣實勞 (…) 交除之初 當崇質愨 唯諾贊美 性所不能 而宿昔 憤悱 如癢得爬 自不禁傾倒至此 不罪幸甚 一二質問 疏在別紙 切望回賜鐫諭 而庖廩之繼 恭俟亟拜耳 記下省狀如昔 而當春空 匱轉甚 唼菽盡懂 良怪古人 奈何 不備."

보내 주게. 굶주린 사람을 보게 되면 금전을 주어 구제하고 책을 읽고자 하는 선비에게는 아끼던 책도 찾아서 빌려 주는 것이 선비의 일이라네. 나도 가난하고 그대도 가난하니 재물로 서로를 구제하기는 참으로 쉽지 않네. 나도 책이 없고 그래도 책이 없지만, 그대는 남에게 책을 빌리면 나에게까지 보여 주길 바라네. 아! 홀로 자신의 식견만 넓히고 벗과 함께하지 않는 일을 차마 그대는 하지 못할 것이네. 책을 빌려 주는 것은 바로 천하의 큰 보시라네(「윤가기에게」, 『아정유고』 8).[21]

위 인용문은 이덕무가 윤가기에게 보낸 편지글 가운데 하나이다. 물론 편지를 주고받는 사람간의 친밀함의 정도에 따라 같은 내용이라도 표현의 방법이 달라질 수 있다는 것은 고려되어야 할 것이다. 다만 위 예문을 인용한 것은 독서에 대한 욕구, 그리고 책을 나눠 읽기를 권하는 것 등을 표현하는 방식이 앞서 살펴본 순암이 정용경에게 한 것과 차이가 있음을 보이기 위함이다. 이덕무의 편지는 분위기 묘사와 비유적인 표현들이 쓰임으로써 정서적인 측면에 기대어 주제를 표출하고 있다면, 앞서 살펴본 순암이 정용경에게 보낸 편지는 자기반성적이고 분석적이어서 이성적으로 말하고자 하는 바를 드러낸다는 차이가 있다. 이는 물론 앞서도 말한 것처럼 친밀함의 차이에서 비롯되는 다름일 수도 있겠지만, 기본적으로 편지글을 대하는 목적·의도 등의 차이에서 기인하는 다름일 수도 있을 것이다.

순암은 어떠한 내용을 다루든 언제나 일상적인 말하기를 하지 않고 학문적

---

21 『아정유고』, 「尹曾若可基」. "夕林老屋 把故人臂 滿誦『波羅館淸言』 歸臥燈底 政欲頤神葆精 追味餘韻 充然自欣 忽想徐樓燭影中 大讀楚人『騷』, 星斗動芒 賓主變色 欣暢鬱悒 何其殊也 匪吾樂此而悲彼 文奇則精神活 精神活則性靈會 夫孰能禁之哉 是婢雖纖 可任書二套 梅花龕上 『漢魏叢書』 出而付之 人飢 捐金錢而周之 士欲讀書 搜珍藏而借之 士大夫事也 我貧 曾若又貧 以財相周固不易 我無書 曾若又無書 然借於人而又及我 嗟乎 獨資吾慧識 而不與朋友共 曾若不忍也 是天下之大布施."

인 말하기를 하고 있기 때문에 다른 문인들과 동일한 주제를 다뤄도 그 분위기 혹은 문체 면에서 차이를 보인다. 일상의 문제로 시작하는 듯한 서간도 결국은 학문적인 토론이나 의문으로 끝을 맺는다. 일상과 일상 아닌 것의 경계설정이 어려운 것이기는 하지만, 순암의 경우 건강에 관한 문안 인사에서도 보름달 밤의 사교적 모임에서도 문안 그 자체나 놀이 그 속에 빠져들지 못하고 있음이 분명하게 드러난다.

학문에 대한 관심이 지대하다 해도 스승·동학·후학 등에게 보낸 편지에 일상의 소소한 내용들은 거의 담지 않고 배움·논리·고증 등으로 채운다는 것은 어려운 일일 것이다. 그러나 순암은 편지 곳곳에서 일상적인 이야기마저 비일상적인 교훈이나 가르침으로 끝맺고 있다. 이러한 특성은 편지뿐 아니라 그의 시에서도 드러나는데, 주제 면에서도 학문이나 자신에 대한 경계 등이 높은 비율로 다뤄지고 있다.

결국 순암은 쉽게 얻을 수 없는 배움의 기회를 서신 교류를 통해서 얻고자 했으며, 그의 욕구는 그의 글쓰기 방법을 통해서 여실히 드러났다고 할 수 있다. 그러한 글쓰기는 의도된 것이 아니더라도 그의 관심과 욕구를 표출하는 방법으로써 충분히 기능하였고, 또 뒤집어 생각해 보면 그의 욕구와 관심 때문에 그러한 표현이 가능했다고 볼 수도 있다.

그의 글이 한문으로 된 편지여서 번역에 기대어 이해하여야 하기 때문에 세밀한 문체적인 특징 분석까지 나아가지는 않았다. 그러나 자기 반영으로서의 글쓰기, 자신의 욕구 투영으로서의 글쓰기 등 형식적 측면에서 드러나는 특성을 순암의 편지글에서 분명히 살펴볼 수 있다.

5. 결론

역사가로 잘 알려진 순암의 편지를 '글쓰기 방식'을 중심으로 살펴보았다. 그가 『동사강목』을 쓰기까지 그 기반에는 성호나 성호학파 문인들과 지속적으로 편지를 주고받으면서 생각을 가다듬어 가고 확신을 세워 갔던 과정이 있었다. 순암의 고지식함과 직선적인 성격이 논리에 치중하는 편지를 쓰게 되는 하나의 원인이었으며, 그러한 편지쓰기는 곧 그의 학문에 대한 열정과 관심을 오늘날의 독자에게 보여 주는 하나의 자료로서 남아 있다.

오랜 기간 지속된 그의 학문적 탐구를 위한 편지쓰기는 어느 날 갑자기 깨달음을 얻는 것과는 또 다른, 꾸준히 공부하는 사람의 자세를 생각하게 한다. 염치를 가리지 않고 궁금한 것을 묻고 탐구하며, 편지 교환에 진지하게 임했던 자세는 학문하는 자로서 순암의 태도를 잘 보여 주는 자료이다.

진리탐구라는 목적에 충실했던 순암의 편지는 편지 장르에 대한 이해의 폭을 넓혀 주는 자료이면서 동시에 그의 글쓰기를 이해하게 하는 자료이고 그의 삶에 대한 열정과 욕심 등을 드러내 주는 작가이해의 자료로서 의미가 있다. 또한 그의 글쓰기 방법은 그 개인의 특성인 동시에 그가 함께 공부하고 교류하였던 문인들의 특성을 드러내 주는 자료로 확대 해석할 수도 있기 때문에 가치가 있다.

18세기는 소품문이 유행하고 편지글도 하나의 문예문으로 인식되어 희문·기문을 주고받는 사람들이 생겨나기 시작하던 때였다. 이러한 때 보수적인 학풍을 지닌 순암과 성호 문인들이 유지했던 글쓰기 방식을 살펴본 이 연구는 '경세치용經世致用'과 '실사구시實事求是'라는 실학과 사이의 학파적 차이를 간접적으로 인식하게 하는 자료인 동시에 '실사구시'적 학풍을 지닌 순암을 비롯한 성호 문인들의 문학관을 확인하게 되는 계기로서, 앞으로 더욱 논의가 확대될 수 있다. 이와 같은 논의는 생각해 볼 과제로 남긴다.

순암 안정복의 상례제구喪禮諸具와 상례 복식관

이은주

1. 머리말

이 연구는 순암 안정복(1712~1791)의 문집인 『순암집』에 기록되어 있는 수의
壽衣 관련 기록을 중심으로 순암의 상례 복식관을 이해하기 위한 것이다.

순암은 그의 글에서 사례四禮와 관련된 의례에 대한 개인적인 견해를 본인
스스로 또는 주변 인물들의 질문에 답하는 형식으로 다루고 있다. 관례에 대해
서는 손자의 관례를 치르면서 관례의 절차와 절차에 따라 착용한 복식 등을 기
록으로 남겼으며, 혼례에 대해서도 절차와 혼례복으로 사용되고 있는 신랑의 1
품 장복, 신부의 홍장삼 등을 다루고 있다. 그 외에 제례와 관련하여 복제服制
등에 대해서는 많은 부분을 할애하여 다룸으로써 후손들의 효사상을 중시하고
있었으며 마지막으로 상례에 대해서는 본인의 임종을 준비하면서 스스로 당신
의 상례에 적용하기를 희망하는 내용들을, 그리고 절차와 함께 복식 종류를 제
시하였다. 그러나 그 내용 대부분이 남성 중심의 의례복식에 편중되어 있어서

아쉬움을 남기고 있다. 이는 안정복이 평소 지니고 있던 여성에 대한 인식[1]과
도 무관하지 않을 듯하다.

그의 문집에 담겨 있는 사례 복식에 대한 내용들을 체계적으로 정리하는 작
업이 필요하다고 판단되지만 이번 글에서는 수의와 염의殮衣 등 상례와 관련된
복식을 우선적으로 다루고자 한다. 순암이 살았던 시대와 근접한 시기의 유물
자료들을 함께 소개하면서 순암의 기록들을 이해할 수 있도록 할 것이며 다른
문헌 자료들과의 비교를 통해 순암의 의례복식과 관련된 인식이나 사고방식
등을 확인해 보고자 한다.

2. 안정복의 생애와 그의 예학

순암 안정복은 숙종 38년(1712) 12월 25일에 충청도 제천 외가에서 전前 이
조판서 안극安極(1696~1754)의 장자長子로 태어났다. 역대로 현직顯職을 지냈던 가
문이었으나 남인이 정계에서 세력을 자주 잃으면서 여러 번 낙향을 하였다. 유
년기에는 가정 사정과 조부의 전근으로 제천·서울·영광·울산·무주 등지
로 옮겨 다녔기에 정착된 수학활동을 하지 못했다.

4세 때는 모친을 따라 서울 건천동에 있는 외가에서 살았으며, 다시 6세 때
는 외조모의 사망으로 전남 영광에 있는 외가에 가서 살았다. 9세 때는 조부가
남대문 밖 남정동에 집을 마련하여 서울에 올라가 살았으며 이때부터 안정되
어 공부를 하기 시작하였다. 먼저 『소학』을 익히기 시작하였는데 문장의 이해
가 빠르고 의미 파악이 분명하여 늦게 공부를 시작하였지만 실력을 탄탄히 쌓
기 시작하였다. 14세(1725) 때 조부 안서우安瑞羽(1664~1735)가 울산부사로 부임

---

1 김보경(2004), 「順庵 安鼎福의 여성 인식」, 『한국고전여성문학연구』 8, 179~219면 참조.

하게 되어 다시 이사하였으나 이듬해 파면됨에 따라 전라도 무주로 옮겼다.

25세(1736) 때 조부가 세상을 떠나면서 선영이 있는 광주군 덕곡리로 이사하였으며 26세에 『성리대전』과 『심경』을 읽었다. 1740년 29세 때는 『하학지남』을 찬하였으며 1746년 35세에 성호 이익(1681~1763)을 배알하고 스승으로 섬기면서 성호의 문인들과 폭넓은 교류를 하기 시작하였다. 특히 이익은 안정복에게 예를 강조하였다. 일상생활에서 가장 긴절한 것은 예보다 더한 것이 없다고 하면서 몸으로 행하고 함양하면 덕성은 저절로 다스려지는 것이므로 이것이 인재를 만드는 기본 바탕이 된다고 하였다. 이기론의 논쟁을 공허한 것으로 생각해 온 안정복에게 이익의 예에 대한 사상이 큰 영향을 미쳤을 것으로 짐작된다.[2]

순암은 38세(1749) 때 후릉참봉에 제수되었으나 부임하지 않았으며 이듬해 종사랑에 제수되었다. 1751년 의영고봉사에 승진되었고 1753년 귀후서별제가 되었으며 그 후 사헌부감찰을 거쳐 43세(1754)에 관직에서 물러났다. 덕곡으로 돌아온 순암은 후학 양성과 저술에 힘썼다. 그 후 학문으로 이름이 나면서 61세(1772)에는 익위사익찬이 되었고 왕세손(정조)의 사부가 되어 64세(1775)까지 관직에 있었다.

숙종 20년(1694)에 남인이 정계에서 축출되었고 이러한 상황에서 순암은 과거시험에 응하지 않은 채 80세(1791)로 사망할 때까지 관직으로 상경하거나 65세(1776)에 목천현 현감으로 부임한 때를 제외하고는 덕곡에서 생활하였다.

순암은 수많은 저술을 남겼는데 퇴계의 언행을 모아 놓은 『이자수어李子粹語』를 편집하기도 했다. 『이자수어』의 교정을 보면서 성호에게 퇴계를 '이자李子'라고 지칭하고 우리나라에서 존경과 사모의 대상으로 퇴계 이상이 없으므로 퇴계를 이자라고 지칭해도 이의가 없을 것이라는 내용을 서문에 넣자는 주장을 하였다[3]고 한다. 그만큼 순암이 퇴계를 숭앙하였음을 알 수 있다.

---

2 姜世求(1995), 「柳馨遠·李瀷과 安鼎福의 學問的 傳承關係」, 『實學思想研究』 5·6, 124~126면.

1757년에는 『희현록希賢錄』과 『임관정요』를 완성했다. 특히 『임관정요』는 유형원의 『반계수록』과 『성호사설』을 참고하여 보완과정을 거치면서 완성되었다.[4] 또 1759년 그의 대표적 업적의 하나라 할 수 있는 『동사강목』을 완성했다. 이들 저술을 볼 때 문학이나 역사·지리 등 광범위한 분야에 관심과 소양을 갖추었음을 알 수 있다.

안정복은 역사·지리 분야 외에 성리학에도 큰 관심을 가졌다. 철학과 관련된 순암의 성리학은 성호학파의 이기논쟁에서 중요한 위치에 서게 되었으며 불교 비판과 천주교 배척, 양명학 비판 등으로 벽위론闢衛論을 전개하기도 하였다. 또한 순암은 역사학을 기반으로 하는 현실개혁사상도 지녔다. 순암의 학문은 스승 성호의 우파로서 성호의 영향을 가장 많이 받았다고 할 수 있으며, 근기퇴계학파近畿退溪學派로서 그 정신은 황덕길黃德吉과 허전許傳으로 이어졌다.[5]

3. 「송종록逸終錄」의 상례제구를 통해 본 순암의 상례 복식관

현실개혁사상도 지녔던 순암이 제시한 상례 절차와 상례제구의 구체적인 내용은 다음과 같다.

1) 「송종록」 을유년(1765, 54세) 기록

예란 고금의 차이가 있는 것이다. 『의례』는 옛날의 예이고 『가례』는 지

---

3 김영숙(2006), 「安鼎福의 詠史詩에 나타난 역사·문학성과 역사인식」, 『退溪學과 韓國文化』 38, 287면.
4 姜世求, 앞의 글, 118면.
5 이우성(1983), 「韓國儒敎學史上: 退溪學派의 形成과 展開」, 『韓國의 歷史像』, 창작과비평사, 194면.

금의 예이고 『비요』는 두 가지를 절충한 것이다. (…) 지금 늙으신 어버이가 살아 계신 마당에 병세가 이와 같아서 거듭 걱정만 끼쳐 드리고 있으니 불효가 크다 하겠다. 그러니 살례殺禮를 써야 하겠다.

호흡이 끊어지면 부음을 통고하지 말고 — 오직 용호, 원양, 양근, 시호, 단성에게만 알리도록 한다 —

목욕을 시키지 말고 (손발만 씻긴다)

반함은 설치하되 시행은 말고

옷은 시복時服을 쓰되, 전에 입던 것을 빨아서 쓰며

이불은 대렴금을 쓰되, 성호 선생처럼 지금紙衾을 쓰지는 못하더라도 단금單衾이면 족하다

조석전은 폐지하고 혹시 새로 나온 식물이 생기거든 단천單薦으로 곡할 것이며 삭전朔奠만 행하고 월반전月半奠은 폐지하여라.

나머지는 『상위일록喪威日錄』을 따르되 재량껏 줄여서 하면 될 것이다.

명정에는 '한남일사안공지구漢南逸士安公之柩'라는 8자만 쓰고, 관 위에 시속을 따라 명정을 쓰려거든 관작官爵을 갖추어서 관례대로 쓰면 될 것이다.[6]

2) 「추록追錄」 갑진년(1784, 73세) 기록

갑술년(1754, 43세)에 친상親喪을 당한 뒤로 병으로 몸을 가누지 못하는 사람이 되고 말았다. (…) 금년에 나이가 73세이니 (…) 기묘년(1759)과 을유년(1765)에 남겼던 말을 근간으로 하되 이를 다시 가감하여 아래에 적는 바이니 의당 따라서 해야 할 것이다.

---

6 『順菴集』 卷14. 각 항목의 번호는 연구자가 편의상 부가한 것이다.

1. 부복復 : 호흡이 끊어진 한참 후에 복을 하되, 반드시 곡을 그쳐야 한다. 혹시 넋이 돌아오는 일이 있어도 울음소리가 요란하면 편안히 여길 수 없기 때문이다.

2. 설치楔齒 : 성호 선생이 정한 예에 따라 반함을 행하지 않는다면 이것도 하지 않는다.

3. 여각전餘閣奠 : 병들었을 때 먹던 음식으로 즉시 진설한다.

4. 목욕 : 평소에 몸을 남에게 드러내 보인 적이 없는데 죽었다고 다를 것이 없다. 얼굴과 손발만 씻는다.

5. 수의

   1) 소단삼小單衫 : 속칭 '적삼赤衫'이라 한다. 주紬를 사용한다.

   2) 소단유小短襦 : 속칭 '작은 저고리'이다. 솜을 두되, 면포 겉감에 명주 안감을 넣는다.

   3) 장유의長襦衣 : 속칭 '동옷'이다. 안팎을 모두 명주를 쓴다.

   4) 상복겹의上服裌衣 : 속칭 '핫겹옷'이다. 명주 안감을 받친다.

   5) 도포道袍 : 베를 사용한다. 옛사람이 사용하였던 시복時服의 뜻이다. 심의는 평소 입던 옷이 아닌데 어떻게 죽은 후에 갑자기 쓰겠는가. 조사朝士의 반열에 있었으니 의당 공복公服을 사용하여야 할 것이다. 그러나 이것은 나의 본심이 아니니 어떻게 죽고 사는데 따라 차이를 두겠는가. 쓰지 않는 것이 좋겠다. 또 비록 사용하고자 한들 어떻게 마련할 수 있겠는가.

   6) 대대大帶 : 흑증黑繒을 사용한다

   7) 단고單袴 : 속칭 '속곳'이다. 명주를 사용한다.

   8) 바지[袴] : 솜을 두되, 면포를 사용한다.

   9) 망건網巾 : 흑증을 사용한다.

   10) 당건唐巾 : 흑증으로 하며 뒤에 드림[手脚]이 있다. 복건幅巾도 좋으니 형편에 따라 사용한다.

   11) 멱건幎巾 : 흑증을 사용한다. 솜을 두되, 흰 명주[素紬] 안감을 받친다.

12) 악수握手 : 사용할 필요가 없으며 염할 때에 두 손을 가슴과 배 아래로 나란히 드리워서 평소 공수拱手하던 뜻을 나타내게 하는 것이 좋겠다.

13) 신발[履] : 역시 사용할 필요가 없다. 죽은 자가 신발을 신고 장차 어디로 간단 말인가.

6. 반함[含] : 하지 않는다. 성호 선생이 하신 말씀이 있으니 진정 믿을 만하다.

7. 혼백魂帛 : 종이를 사용한다. 흔히 흰 모시를 쓰는데 그럴 필요 없이 종이를 쓴다.

8. 명정銘旌 : 흰 종이를 쓸 것이며 붉은 색으로 할 필요가 없으니 구柩만 표시하면 되며 '漢山逸士安公之柩'라고 쓴다.

9. 습전襲奠.

10. 치금緇衾 : 면포緜布로 하되, 솜을 두며 표지標識하지 않는다. 세속 사람들은 표지를 하는데 이는 예가 아니다.

11. 베개[枕] : 형편에 따라 적절하게 한다.

12. 산의散衣 : 세탁한 것을 사용한다. 새 옷일 필요가 없다. 너의 조부가 평소에 입던 옷 이외에 달리 여벌의 옷이 없으나 있는 것을 가지고 위아래를 입힐 것이다.

13. 보공補空 : 시속에 따라 편의片衣를 사용하는데 새 솜[新綿]이나 세탁한 옷[澣衣]을 사용한다.

14. 교포絞布 : 삼베[麻布]를 사용한다.

15. 소렴전小斂奠 : 만일 습襲과 소렴小斂을 함께 하면 당연히 합전合奠한다.

16. 관棺 : 미리 마련한 것이 없으면 집 뒤에 내가 가꾸어 둔 나무를 베어 쓰되, 속히 만들어서 날짜를 끌지 말아야 한다. 지금 세상의 자제들이 평소에 미리 준비하지 못하여 이미 자식된 도리를 잃어 놓고는 죽은 뒤에 비로소 좋은 관재를 구하기 시작하여 비싼 값을 치르면서 보기에 좋게 하느라 오랜 시일을 끈다. 난처한 일이 있어도 돌보지

않을 뿐만 아니라 검소함을 숭상하던 죽은 자의 뜻마저 어기니 모두
가 불효이다.

17. 대렴금大斂衾 : 베를 사용하여 단금單衾으로 한다. 우계牛溪와 성호
    가 모두 지금을 사용하였으나 지금 또한 갖추어지지 못했으니 단금
    으로 하는 것이 좋다.

18. 천금天衾과 지요[地褥] : 속례이므로 사용할 필요가 없다.

19. 부고하지 않는다. 마을에는 알리지 않아도 알 것이며 그 나머지 평
    소에 서로 허여한 사람이 아니라면 내가 죽고 사는 것이 무슨 상관
    이 있기에 굳이 알리겠는가. 일절 하지 않는 것이 좋다. 인천의 권실
    權室에게는 특별히 사람을 보내어 알려야겠지만 그 나머지는 모두 그
    럴 필요가 없다.

20. 조석전朝夕奠 : 설행하지 않는다. 아침에 한 그릇의 맑은 물만 떠놓
    고 곡한다.

21. 만사輓詞와 제문祭文을 받지 않는다 : 나를 아는 자는 자연 말이 있
    을 것인바, 남에게 억지로 청하여 마음에도 없는 실속 없는 말을 구
    해서 비웃음과 업신여김을 살 필요가 없다.

22. 치전致奠을 받지 않는다 : 내 평생에 남의 음식을 받으면 마음이 늘
    편하지 않았다. 일절 받지 않는 것이 좋겠다.[7]

3) 순암의 상례제구를 통해 본 상례 복식관

순암이 을해년(1755) 성호 선생에게 올린 편지 중에 사례 특히 상례에 관한
관심과 궁금증에 대한 열의를 보이는 내용이 보인다.

---

7 『順菴集』 卷14. 각 항목의 번호는 연구자가 편의상 부가한 것이다.

5월 이후로 예서를 읽기 시작하였는데 『가례』를 위주로 하면서 상례부터 시작하였으며 나머지 삼례를 참고하고 『통전』과 선유들의 학설을 참고하고 있으나 의심스럽고 모순되는 점이 많아 속 시원히 알 수 없어 탄식하고 있습니다.[8]

그 후 10여 년이 지나면서 『순암집』에는 순암 본인이 사망하였을 때 후손들이 상례 절차를 진행함에 있어 도움이 될 수 있도록 순암이 평소 생각하고 있던 절차와 상례제구를 간략하게 정리하여 제시하였다. 을유년(1765) 54세 때에 적어 둔 「송종록」이라는 것이 그것이다. 그리고 다시 73세가 된 갑진년에 추록이라 하여 다시 염습구를 포함한 상례제구를 구체적으로 보완·정리하여 그 내용을 추가하였다.

순암은 습襲 단계의 초기 필수 작업인 목욕도 얼굴과 손발을 닦는 정도로만 간략히 하라고 하였으며 습구襲具의 주요 품목인 악수握手나 신발 등도 사용하지 말도록 하였다. 『가례』에 백견白絹을 사용하도록 한 혼백魂帛, 그리고 강백絳帛을 사용하라고 한 명정銘旌을 흰색 종이로 과감하게 대용하도록 한 것을 볼 수 있다. 아울러 조석전朝夕奠·만사輓詞·치전致奠 등을 과감하게 생략한 것을 볼 수 있다. 그리고 현훈玄纁에 대한 언급도 보이질 않으니 사용하지 않는 것으로 생각하였기 때문일 것이다.

성호 역시 관棺의 목재, 관 속의 옷 등을 아름다운 것을 쓸 필요가 없을 뿐만 아니라 옷이 많으면 삭은 것이 쌓여서 오히려 시체에 방해가 되므로 죽은 자에게는 득이 되지 않는다고 하였는데, 그 내용과도 일치한다.[9] 또한 대렴금도 성호가 사용했다고 하는 종이 이불[紙衾]은 아니지만 솜이불이나 겹이불 대신 소략한 홑이불[單衾]을 사용하도록 하였다.

---

8 『順菴集』 卷2, 「答上星湖先生書 乙亥」.
9 『星湖僿說』 卷25, 「郭威紙斂」.

이 내용을 통해 허례허식보다는 당시 상황에 가장 적절하게 그리고 간략하게 해결할 수 있는, 즉 예의 적용에 대한 실용성과 합리적 사고를 읽을 수 있다. 남의 이목이 두려워 따라하는 것이 아니라 과감하게 생략하고 변용할 수 있는 자신감이 엿보인다.

순암은 "나는 항상 세속을 따르는 것을 무방하다고 여긴다"[10]고 하였다. 이러한 구절을 통해 그의 사고 속에 잠재해 있는, 풍속을 거스르지 않는 수용적 태도를 읽을 수 있다. 성호 역시 역사적 고증을 통하여 전통을 계승하는 과정 속에서 변화를 수용하는 유연한 사고를 지녔던 것[11]과 일맥상통한다고 하겠다.

그러나 순암의 상례제구에서 읽을 수 있는 순암의 사고는 풍속의 수용과는 거리가 있다. 순암은 그러한 사회적 분위기 속에서도 본인의 수의에 시복時服을 사용하도록 하였다. 시복이라 함은 당시 순암의 시대에 입던 평상시의 옷을 말한다. 이는 수의도 새로 제작한 신의新衣를 사용하지 말고 평소 순암이 입었던 옷, 즉 유의遺衣를 사용하라고 한 것으로 이해된다. 또한 시속에 없는 특별한 옷을 사용하지 말라는 것이기도 하다. 예컨대 심의深衣는 평소 입지 않는 옷이니 굳이 사용할 필요가 없다는 것이다. 17세기까지는 평상시 입던 옷으로 수의를 사용하는 것이 일반적이었으나 18세기 이후 차츰 옷의 형태가 신체에 밀착되는 형으로 변화되면서 넉넉한 크기의 수의를 새로 장만하고, 특히 수의용 상복上服으로 심의를 사용하기 시작하였다.

이상의 내용에 따르면 순암이 평소 상례에 관한 관심과 궁금증에 대한 열의를 보이면서 후손들에게 효심을 강조하고 실천하도록 하였으나 본인의 상례를 준비하면서는 결국 상례의 번거로움을 줄이는 것이었다. 당대의 사람들에게 절대적인 예서였던 『가례』의 규정에 도전장을 낸 것으로도 볼 수 있다. 또한 당시 수의를 새 옷으로 장만하는 풍속을 따르지 않고 평상시 입던 옷으로 수의

---

10 『順菴集』 卷12, 「橡軒隨筆」 上.
11 이민주(2007), 「『星湖僿說』을 통해 본 이익의 服飾觀」, 『성호학보』 4, 19~20면.

와 염의에 사용하는 등 철저하게 간소하고 생략함으로써 남에게 폐가 되지 않는 상례 절차를 원했음을 알 수 있다.

따라서 풍속을 수용하는 유연한 사고를 지녔던 순암도 사망 이후의 세계에 대해서는 큰 의미를 두지 않고 실용적으로 대처하면서 상례로 야기되는 폐단을 자신의 상례제구를 통해 개혁의 의지를 보였다. 또한 간소화함으로써 남을 배려하고자 하는 일관적 태도를 보이고 있음을 확인할 수 있다.

4. 순암의 상례제구에 대한 이해

「송종록」을유년(1765, 54세) 기록과 갑진년(1784, 73세) 「추록」의 내용을 기초로 순암이 본인의 상례에 사용하고자 하였던 상례제구에 대하여 살펴보고자 한다. 본래 상례제구란 상례에 소용된 모든 물건들을 지칭하는 것이지만 여기에서는 『순암집』에 제시되어 있는 복의와 염습의, 치관제구 등의 일부만을 다루고자 한다.

1) 복復에 사용된 상복上服

복은 죽은 사람의 혼기魂氣가 백魄에서 떨어져 나가므로 혼을 불러 다시 백에 돌아오게 하려는 것이다. 『가례』에 따르면 시자 한 사람이 죽은 사람의 옷[上服]을 왼손으로 깃을 잡고 오른손으로 허리춤을 잡아 지붕에 올라 북면하여 옷을 흔들면서 혼을 부르는 과정이다.[12] 이 과정에 대해 순암은 복은 호흡이 끊어진 한참 후에 복을 하되, 넋이 돌아오는 일이 있어도 울음소리가 요란하면

---

12 『家禮』 卷4, 「喪禮」.

편안히 여길 수 없으니 곡을 그치라고 하였다.

　본래 복의는 유의를 사용하는 것[13]이기 때문에 별도 언급은 없지만 당연히 순암이 평소 사용하였던 포袍 종류 중 하나를 택해서 하였을 것이라는 짐작이 가능하다.

　한편 권철신에게 임인년(1782, 71세)에 복의復衣의 처리방법에 대해 논의한 내용이 보인다. 『상례보편喪禮補編』에는 복의는 습이나 염에 사용하지 않는다[14]고 하였다. 그리고 복의는 주로 영좌靈座에 모셔 두는 것[15]으로 기록되어 있다. 장사 치른 후에 다른 의복과 같이 사용하는 것이라고 하였으니 소각하도록 하였을 것으로 짐작된다.

　　복의復衣는 풍속에 따라 혼상魂箱에 넣어 두어야지 혼백과 같이 묻어서는 안 된다고 하였다. 복의를 묻지 않는다면 어느 곳에 두어야 하는가라는 질문에 복의는 이미 중주重主를 세운 이상 다른 의복과 같다. 복의는 소용이 없어져 다른 의복과 같으니 묻을 필요 없다. 예에 '죽은 사람의 의복은 제청祭廳에 둔다'고 하였으니 장사 치른 뒤에 다른 의복과 같이 사용하는 것이다.[16]

2) 습구

(1) 소단삼小單衫

속칭 '적삼赤衫'이라고 하는 옷인데 명주[紬]를 사용하라고 하였다. 이 옷은 수

---

13 『文孝世子 殯宮魂宮都監儀軌』(1786)
14 『喪禮補編』卷1, 復.
15 『貞純王后 殯殿魂殿都監儀軌』(1805)
16 『順菴集』卷7.

의로 사용된 옷들 중에서 가장 안에 입는 상의에 해당된다.

순암의 사망 시기와 가장 근접한 시기에 사망한 이익정李益炡(1699~1782)[17]의 묘에서 수의로 사용된 적삼(그림 1)이 발굴되었다. 18세기 말 적삼의 모습을 확인할 수 있다. 등길이는 65cm, 화장은 103cm, 품은 63cm 정도이며 옆트임은 12cm이다. 홑으로 만든 이 옷의 수구에는 한삼이 달려 있다.[18]

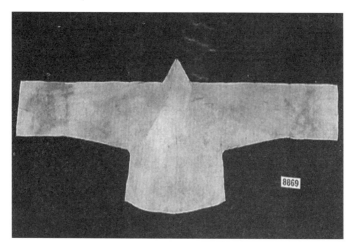

〈그림 1〉 적삼(이익정 묘 출토)

(2) 소단유小短襦

순암은 소단유라는 옷을 "속칭 자근 져고리이다. 솜을 두어 무명으로 만들며

---

17 본관 全州, 자 明叔, 시호 靖簡. 密昌君 樴의 아들. 1723년(경종 3) 진사가 되고 호조정랑을 지낸 뒤 1736년(영조 12) 정시문과에 병과로 급제, 정언이 된 후 집의·승지·예조참판 등을 거쳐 1740년 경기도관찰사가 되었다. 이듬해 병조참판에 이어 대사헌·대사간 등을 역임하고 1744년 이조참판 재직 중 동지사 겸 사은사의 부사로 청나라에 갔으나 국위를 손상했다는 탄핵을 받아 파직되었다. 1746년 병조참판으로 복직되어 예조판서·의금부판사·공조판서(정2품)·돈령부판사 등을 지냈다.

18 고부자(2001), 「상암동 출토 全州李氏 益炡(1699~1782) 유물연구」, 『韓國服飾』 19, 120면.

명주[紬] 안감[內供]을 받친다"고 하였다. 작은 저고리라고 하였지만 지금의 보통 저고리를 의미한다.

『초산일기[楚山日記]』에는 송시열(1607~1689)의 수의로 백주 솜저고리[白紬襦赤古里]가 사용되었음[19]을 볼 수 있으며 최숙(1638~1698) 묘[20]나 이연응(1818~1879) 묘[21] 등에서도 적삼 위에 저고리(그림 2)를 수의로 사용하였다.

〈그림 2〉 소단유에 해당되는 저고리(이연응 묘 출토)

그러나 적삼 위에 저고리를 착용하는 방식은 일반적인 방식이라 할 수 있다. 그럼에도 습구의 하나로 반드시 사용되었던 것은 아니었다. 이익정(1782) 묘에서는 적삼 위에 저고리 없이 소창의를 사용한 것이 확인되었으며 그 앞선 시기의 의원군 이혁[李爀](1722)의 묘에서도 저고리 없이 소창의가 사용된 것으로 확

---

19 『宋書續拾遺』 卷2, 「楚山日記」 3.

20 朴聖實(1996), 「華城 鳩浦里 出土服飾 小考」, 『韓國服飾』 14, 55면.

21 이은주(2001), 「이연응 묘의 출토복식에 대한 고찰」, 경기도박물관 편, 『전주이씨 묘 출토복식 조사보고서』, 271면.

인되었다.

(3) 장유의長襦衣

장유의는 속칭 '동옷'이라고 하는 옷인데 안팎을 모두 명주[紬]를 사용한다고 하였다. 순암은 저고리 위에 장유의를 입히도록 하였는데 이 옷은 소창의小氅衣라고 하는 옷이다.

소창의는 소매는 좁고 길이는 저고리보다는 길고 포 종류보다는 약간 짧은 길이이며 옆이 트인 것이 특징이다.[22] 평상시 남자들이 저고리 위에 입거나 저고리 대신 입었던 옷인데, 순암은 소창의를 수의로 사용하면서 저고리 위에 입히도록 한 것이다. 그 형태는 이익정 묘에서 출토된 소창의[23]를 통해 짐작할 수 있다. 그런데 이익정 묘의 수의용 소창의(그림 3)는 바느질과 소재로 보아 평상시 입었던 옷이 아니라 수의 일습으로 제작된 옷 중의 하나로 보인다.

〈그림 3〉 소창의(이익정 묘 출토)

---

22 이은주·조효숙·하명은(2005), 『길짐승흉배와 함께하는 17세기의 무관 옷 이야기』, 민속원, 94~95면.
23 고부자, 앞의 글, 118면.

(4) 상복겹의上服袷衣

상복겹의는 속칭 '핫겹옷'이라고 언해한 옷인데 명주(紬) 안감을 받친다고 하였다. 이 명칭은 당시의 다른 기록에서는 잘 보이지 않는 명칭이지만 송시열의 장례 과정을 기록한 『초산일기』에 소렴구의 하나로 야복野服·창의氅衣·중치막中赤莫 등과 함께 내사內賜된 남겹의藍袷衣가 기록되어 있다.[24]

『순암집』에 기록되어 있는 관례 복식 중에 상복겹의를 유추할 만한 자료가 보인다. 초가初加에 사용할 수 있는 대수창의大袖氅衣와 대수겹의大袖袷衣라는 기록이 보인다. 이 중 대수겹의는 수의로 사용하도록 한 '상복겹의'와 관련이 있을 것으로 짐작된다.

〈그림 4〉 중치막(이익정 묘 출토)

대수창의는 흔히 창의氅衣 혹은 대창의大昌衣로 불리던 옷이므로 겹의는 분명 창의는 아님을 알 수 있다. '겹의'는 인조仁祖의 대렴의大斂衣에도 사용되었던 옷으로 곤룡포·도포·철릭과 함께 사용되었다.[25] 따라서 대수겹의는 소매 넓은

---

24 『宋書續拾遺』 附錄 卷2.

옷 중에서 도포와 창의, 철릭을 제외하고 나면 남는 중치막으로 유추해 볼 수 있다. 순암이 제시한 수의의 열거 순서로 보아도 중치막이 무리는 없다. 중치막은 소창의와 유사한 형태이지만 소매가 넓고 길이가 약간 더 길면서 보다 간략한 포의 의미를 지닌 옷이다. 본래 도포의 받침옷으로는 창의를 흔히 사용하였는데 중치막을 사용한 것은 다소 이례적이다. 그러나 평소 순암의 사고로 보아 간편한 중치막을 대창의 대신 사용하게 하였을 가능성은 충분히 있다. 이익정의 묘에서 출토된 수의용 중치막은 〈그림 4〉[26]와 같다.

(5) 도포道袍

순암은 '상복겹의' 위에 베로 만든 도포를 사용하도록 하였는데, 이는 "옛사람이 시복時服을 사용하였던 뜻이다. 즉 심의는 평소 입던 옷이 아니므로 죽은 후에 갑자기 쓸 수는 없기 때문이다"라고 하였다. 그리고 "조사朝士의 반열에 있었으니 의당 공복公服을 사용하여야 할 것이나 그것은 나의 본심이 아니었으니 쓰지 않는 것이 좋겠다"고 하였다. 이때의 공복이라 함은 복두幞頭와 홍포紅袍를 의미하는 것이 아니라 관리의 대표적인 관복인 흑단령黑團領을 의미하는 것이다. 순암이 관직에 있던 인물이므로 단령을 착용할 수도 있지만 본래 관직에 있는 것을 본인이 희망했던 것이 아니고 어쩔 수 없이 관직생활을 할 수밖에 없었던 것이므로 관복을 상복으로 사용하는 것을 바라지 않은 것이다.

도포는 18세기 유자儒者들의 평상복이자 의례복이었다.[27] 순암은 관례 때도 도포를 사용하도록 하였는데 재가再加에는 사대부의 평상복인 세속의 도포, 특히 흰색의 도포[素袍]를 사용하도록 하였으며 삼가에는 공복이나 난삼을 썼던

---

25 정말숙(2005), 「조선시대 王의 斂襲衣襨에 관한 연구」, 단국대학교 석사학위논문, 47면.
26 고부자, 앞의 글, 119면.
27 『京都雜誌』卷1, 「風俗 巾服」.

것에 근거해서 유생의 관복인 청색 도포[靑袍]를 입도록 하였다.[28] 『임원경제지林園經濟志』에 도포는 유복儒服이기도 하며 조제용弔祭用으로는 마포麻布 백포白袍를 사용한다[29]고 한 내용과도 일맥상통한다.

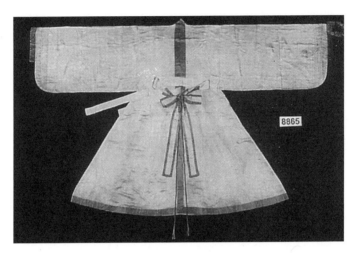

〈그림 5〉 수의용 심의(이익정 묘 출토)

조선 후기 예서에는 수의용 상복上服으로 주로 심의를 사용하도록 하였다. 그리고 심의가 준비되지 않았으면 단령이나 직령을 사용하라고 하였다. 출토되는 수의 상복을 보면 17세기의 신경유(1633 : 출토연도)나 김여온(1665), 최숙(1698), 밀창군(1746)[30] 등은 단령을 수의용 상복上服으로 사용하였다. 점차 심의를 수의로 사용하는 경향이 확대되었으니 송시열(1689)이나 이익정(1782) 등은 심의를 사용하였다. 이익정의 묘에서는 도포가 3점이나 수습되었지만 이는 모두 보공용으로 사용된 것이다.[31] 의원군(1722)은 심의를 가장 겉에 사용하기는

28 『順菴集』卷14, 「冠禮酌宜節次」.
29 『林園經濟志』, 「贍用志」卷3, 服飾之具.
30 박성실(2004), 「서울 상암동 출토 全州李氏 密昌君 服飾 考察」, 『韓國服飾』 22, 106면.

〈그림 6〉 보공용 도포(이익정 묘 출토)

하였지만 특이하게도 심의와 단령을 함께 사용하였다.[32]

(6) 대대大帶

수의에는 남녀 모두 대대를 사용하는데 순암은 도포용 대대로 검은 비단黑繒을 사용하도록 하였다. 관례 때는 초가初加에 대수창의나 대수겹의에 치대緇帶를 사용하라고 하였고 재가에는 혁대革帶를, 그리고 삼가 때는 청포에 청사대青絲帶, 즉 청색의 세조대細條帶를 사용하도록 하였다. 수의용으로 사용한 대대는 관례 초가에 사용한 치대에 가깝다고 할 수 있다.

---

31 고부자, 앞의 글, 94, 117면.

32 김미자(2001), 「의원군 묘의 출토복식에 대한 고찰」, 경기도박물관 편, 『전주이씨 묘 출토복식 조사보고서』, 212면.

(7) 홑바지[單袴]

순암은 속바지인 '단고'에 대해 "속칭 속것이라고 하는데 명주紬를 사용하라"고 하였다. 단고라는 것은 살에 닿는 홑바지를 말한다. 홑바지이므로 안쪽에 시접이 생기게 마련인데, 김여온(1665)과 이연응(1879)의 수의용 홑바지처럼 시접 부분이 살에 닿지 않도록 겉으로 드러나게 제작하는 경우도 있다.

예서禮書에서는 단고에 검소한 소재를 사용할 것을 권하였다. 면포·삼베·명주 등이 확인된다. 그러나 실제 사용례를 보면 백방주白紡紬(송시열), 화화주禾花紬(윤염), 백공단(김수근·김병국) 등이 있고 출토된 경우는 명주가 많고 말기에 이르러서는 공단이 흔히 사용되었다.

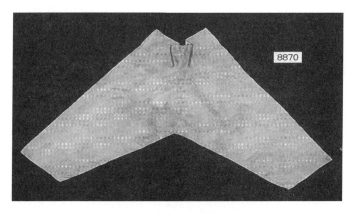

〈그림 7〉 수의용 홑바지(이익정 묘)

(8) 바지[袴]

순암은 무명 솜바지를 사용하라고 하였다. 바지는 단고와 형태는 같으나 겹이나 솜을 두고 만들어 단고 위에 겹쳐 사용하는데 예서에도 대부분 주와 면포의 솜바지를 제시하고 있다. 그러나 실제 사용 기록에는 백주유고白紬襦袴(송시열)와 백주(윤염), 면포 솜바지(안정복), 백십량주 겹고(김수근), 백공단겹고(김병국)

가 확인되었으며 출토 사례에서는 명주 겹바지(최숙·김여온·의원군), 공단 솜바지(이익정), 공단 겹바지(이연응) 등이 확인되었다.[33] 안정복의 경우만 면포가 사용되었을 뿐, 그 외는 모두 백색의 주 종류 또는 공단이 사용되어 역시 견직물이 사용되었음을 알 수 있고 색상은 백색이 흔히 확인된다. 솜바지와 더불어 겹바지도 사용되었으나 말기로 가면서 솜바지보다는 겹바지가 선호되었다.

그리고 순암은 언급하지 않았지만 바지에는 당연히 허리띠와 대님이 동반되는 것이므로 이에 대한 것도 짐작해 볼 수 있다.

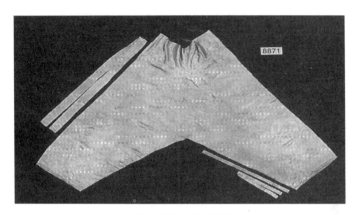

〈그림 8〉 수의용 바지(이익정 묘)

(9) 망건網巾

망건은 조선시대 남성들이 머리를 정리하는 기본적인 복식물이다. 평소에는 말총으로 제작한 것을 사용하였지만 수의용으로는 주로 옷감으로 만든 망건을 사용하였다. 순암은 대대와 같은 소재인 검은 비단[黑繒]을 사용하라고 하였다.

---

33 이은주·박성실(2002), 「조선시대 壽衣에 대한 역사적 고찰」, 『韓國의 壽衣文化』, 신유, 66~102면.

실제 상례 기록에 현단(송시열),[34] 공단(윤염),[35] 모단(윤염), 모색대공단(김수근),[36] 흑공단(김병국 망건),[37] 숙갑사(김병국 복건) 등이 확인되는 것으로 보아 실제 사례에서도 색상은 검정색이었으며 소재는 견직물 특히 공단이 흔히 사용되었음을 알 수 있다. 『상례비요喪禮備要』나 『사례편람四禮便覽』에 제시된 소재보다는 좋은 소재를 사용하였음도 알 수 있다. 그리고 이익정(1782)처럼 생시에 사용하던 말총 망건을 그대로 사용한 경우[38]도 있다.

(10) 당건唐巾

수의용 관모로는 조선 전기부터 복건이 흔히 사용되었으며 간혹 소모자小帽子를 사용한 경우도 있었다. 또한 단령을 수의로 사용한 경우는 사모를 사용하기도 하였다.

순암은 폭건幅巾도 좋으니 형편에 따라 사용하라고 하였지만 뒤에 드림이 있는 검은 비단의 당건을 사용하기를 희망하였다. 순암이 당건을 사용하라고 한 것은 성호의 영향이라고 볼 수 있다. 순암이 처음으로 성호에게 인사드리는 날 성호는 당건을 쓰고 있었다. 그 상황을 다음과 같이 기억하고 있었다.

병인년(1746) 10월 16일 집을 떠나 17일 오후에 성호를 찾았는데 머무는 곳은 외사外舍 3칸에 앞의 한 칸은 토청土廳이고 뒤의 두 칸은 방으로 만든 것이었으나 규모가 매우 소박하고 누추하였다. 방에 들어가 선생께 절을

---

34 『宋書續拾遺』附錄 卷2.

35 尹行恁, 『泣血錄』, 文玉杓 外譯(1999), 『朝鮮時代 冠婚喪祭(Ⅳ) : 喪禮篇(3)』, 韓國精神文化研究院, 52면.

36 『正文公慎終錄』(金洙根 喪事, 1854年), 溫陽民俗博物館 編(1989), 『京畿道 半月地域 安東金氏 墳墓 發掘調査報告書』, 409~423면.

37 『忠文公慎終錄』(金炳學 喪事, 1904年), 위의 책, 383~402면.

38 고부자, 앞의 글, 94면.

올리니 공손하게 답례하셨으며 눈을 들어 보라 하니 보통 사람보다 큰 키에 수염이 아름다웠으며 눈빛이 사람을 쏘아 보았다.

머리에 당건唐巾을 썼는데 검은 명주로 된 것으로 두 끈이 2~3자 남짓 늘어졌으며 당건 위에는 포건布巾을 겹쳐 썼으니 지난 5월에 실내室內의 상을 당했기 때문이다. 밤중이 지난 후 포건을 벗고 당건만 썼는데 두 가닥을 뒤로 늘어뜨린 뜻은 무엇이며 시속의 제도와 같지 않은 것은 어째서이냐고 여쭈니 웃으면서 말씀하시기를 '이것은 사각건四角巾의 유제이다. 옛날에는 건을 방폭方幅으로 만들었는데 두 모서리에 소대小帶를 달고 두 모서리에는 대대大帶를 달아서 뒤로 늘어뜨렸다. 분상의 복제에만 사용되는 것이 아니다. 지금의 당건은 앞을 동심결同心結로 하여 소대를 둘러서 묶고 또 머리 부분에서 감아 맸는데 모두 사각건의 유의遺意인 것이다. 나는 그 끈을 길게 해서 뒤로 늘어뜨린 것뿐이다' 하였다.[39]

성호는 당건이 사각건의 유제라고 하였는데 『상례언해喪禮諺解』에 제시되어 있는 사각건의 도상은 〈그림 9〉와 같다.

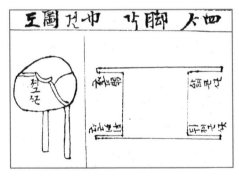

〈그림 9〉 사각건(『상례언해』)

---

39 『順菴集』卷16.

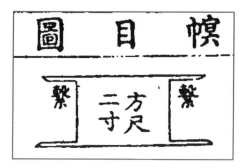

〈그림 10〉 멱목(『사례편람』 卷3)

(11) 멱건幎巾

멱건은 일반적으로 멱목幎目 또는 명목瞑目이라고 하는 습구襲具의 하나이다.
일종의 얼굴 덮개이다. 관모를 쓴 후에 얼굴을 덮은 후 머리 뒤로 끈을 묶는
다. 순암은 검은 비단[黑繒]에 솜을 두되, 안감은 흰 명주[素紬]를 사용하라고 하
였다.

예서에는 멱목에 치백緇帛(『상례비요』·『사례편람』)이나 주紬를 쓴다고 기록되어
있고 실제에서는 송시열처럼 현단玄段을 사용한 경우, 김수근처럼 모색 공단에
홍공단 안감을 사용한 경우, 김병국처럼 안팎 모두를 흑공단으로 사용한 경우
등 다양하다. 전기의 멱목은 검은 색과 붉은 색을 겉감과 안감에 사용하였는데
후기에는 색상에 겉만 검은 색이 유지되고 안감에 반드시 붉은 색을 사용하지
는 않았다.

(12) 악수握手

악수는 손을 싸는 것인데 1쌍을 사용하여 좌우의 손을 각각 싸는 것이 보통
이다. 『순암집』에는 순암 59세(1770) 때 악수는 한 손을 쓰는 것이 옳은가를 질
문한 이경협의 글이 실려 있다.

구씨丘氏의 『가례의절嘉禮義節』과 『국조오례의』에 두 손을 쓰는 것으로 되어 있으니 중국과 우리나라에서 두 손을 쓴 지가 오래된 것입니다. 그 후 우리나라에서는 다시 한 손을 썼기 때문에 퇴계·고봉이 그 잘못을 밝히고 두 손을 쓰는 것으로 확정하였으므로 지금까지 고칠 수가 없었습니다. 언젠가 사계沙溪의 설을 보았더니 악수는 한 손을 쓰는 것이 옳다고 하면서 잇대어 붙잡아 맺는 것은 연결시켜 밀려나지 못하게 하는 것으로 신에 고리를 연결하는 것이나 악수에서 잇대어 붙잡는 것이 같은 뜻이라고 하였습니다. 기명이 한 말도 여기에서 나온 말인데 그 주장이 어떠한지 설파하여 주시기 바랍니다.[40]

그러나 순암의 답은 의외이다. 악수에 대한 답변이 아니라 활을 쏠 때 왼팔에 두르는 습에 대한 언급을 하고 있다.

악수에 대하여 오른손에는 결決을 끼고 왼손에는 팔찌를 끼지 않는다. 『의례』와 『예기』를 상고해 보면 볼 수 있다. 조선조 중엽에는 하나만 썼는데 기고봉奇高峯이 이에 대한 말을 하여 변별까지 하였다.[41]

『가례』에는 악수로 손을 싼다고만 하였을 뿐 사용하는 악수의 개수가 제시되어 있지 않다. 아마도 이러한 연유에서 혼란이 있었던 것으로 보인다. 그러나 『국조오례의』나 『상례비요』 등에는 분명하게 2개를 사용하라고 기록하고 있으며[42] 출토된 경우에도 악수가 소실되어 하나만 남은 경우는 있어도 두 손을 하나의 악수로 묶었다는 사례는 아직 보고된 바 없다. 이익정의 묘에서도 2개의 악수가 수습되었다.[43]

---

40 『順菴集』 卷4.
41 『順菴集』 卷12.
42 『國朝五禮儀』 卷8, 「凶禮 大夫士庶人喪儀」.

그런데 순암은 악수를 사용하지 말라고 하였다. 굳이 악수로 손을 쌀 필요가 없다고 생각한 것이다. 단지 염할 때에 두 손을 가슴과 배 아래로 나란히 드리워서 평소 공수拱手하던 뜻을 나타내게 하는 것이 좋다고 하였다. 이는 상당히 합리적인 생각이라고 할 수 있는데 당시 옷의 소매가 길었기 때문에 손이 드러나지 않으니 소매로 덮는 것만으로도 충분하였으므로 사용하지 않아도 된다고 한 것이다.

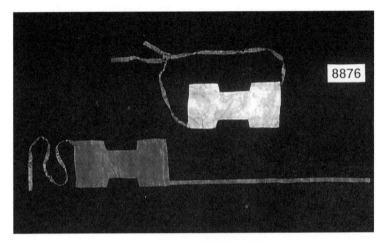

〈그림 11〉 악수(이익정 묘 출토)

(13) 신발[履]

순암은 죽은 자가 신발을 신고 갈 것이 아니니 신발 역시 사용할 필요가 없다고 하였다. 그러나 일반적으로 습신이라 하여 소략하게 만들어 신기는 경우 (그림 12)[44]도 있고 실제 사용했던 신발을 사용하는 경우도 있다. 특히 단령을

---

43 고부자, 앞의 책, 126면.
44 단국대학교 石宙善紀念博物館, 『靴·鞋·履』, 2004, 136면.

입힌 경우에는 흑화[45] 또는 흑화를 모방한 신발을 사용하기도 하며 그 외의 경우에는 운혜雲鞋라는 신발을 사용하였다. 이익정의 묘에서는 운혜(그림 13)가 출토되었다.[46]

〈그림 12〉 습신(정온 묘 출토)

〈그림 13〉 운혜(이익정 묘 출토)

---

45 위의 책, 80면.
46 위의 책, 62면.

3) 대소렴구와 치관제구

(1) 치금緇衾

치금은 수의를 착용한 시신을 싸는 소렴금小殮衾으로 짐작된다. 순암은 검은 솜이불을 사용하라고 하면서 표지를 하지 않는다고 표지하였는데 이것이 무엇인지는 알 수 없다. 이것을 사용하는 것은 예가 아니라고 하였다.

(2) 베개[枕]

순암은 베개는 형편에 따라 사용하라고 하였다. 실제 출토되고 있는 베개는 다양하다. 실제로 사용하던 베개를 그대로 사용한 경우도 있으며[47] 이익정 (1782) 묘[48]나 이연응(1879) 묘 등에서처럼 소략하게 만들어 사용하는 경우도 있다. 또는 이응태(1586) 묘의 경우처럼 옷을 접어 사용한 경우 등이 있다.

(3) 산의散衣

산의란 잡옷[雜衣]으로 포袍·오襖와 같은 종류의 옷들을 말하는데 소렴과 대렴 단계에서 수의를 입은 시신을 싸거나 덮거나 고이는 용도로 다양하게 사용하는 옷들을 말한다. 순암은 굳이 새 옷으로 할 필요 없이 세탁한 옷을 사용하라고 하였다. 평소에 입던 옷 이외에 달리 여벌의 옷은 없으나 그렇더라도 있는 것을 가지고 사용하라고 한 것이다.

또 『국조오례의』에는 소렴에 19칭을 사용하고 대렴에 30칭을 사용하는데

---

47 경기도박물관 편(2005), 『연안김씨 묘 출토복식』, 54면.
48 고부자, 앞의 글, 148면.

반드시 지킬 필요는 없다[49]고 하였다. 실제 출토되는 경우에도 이 원칙을 제대로 지킨 사례는 거의 없다. 그래서 순암은 본인이 가지고 있는 옷만을 사용하라고 한 것이다.

(4) 대렴금大斂衾

우계와 성호가 모두 종이이불[紙衾]을 사용하였으나 준비가 안 되었으니 베로 만든 홑이불[單衾]을 사용하라고 하였다. 『임원경제지』에 의하면 속제俗制의 대렴금은 솜을 두며 소렴금처럼 이불깃도 있는데 크기는 약간 짧고 좁다[50]고 하였다.

(5) 교포絞布

교포란 이불로 싼 시신을 묶는 끈이다. 순암은 삼베 교를 사용하라고 하였다. 왕실에서는 백초白綃[51]와 같은 비단 종류를 사용하기도 하였지만 그 외에는 일반적으로 삼베를 사용하였다. 소렴금으로 시신을 싼 후 소렴용 교포를 사용하여 묶은 후 다시 산의 등을 사용하여 시신을 정방형으로 만든 후 대렴용 이불로 싸며 그것을 다시 대렴용 교포로 묶는다.

교포에는 펴는 방향에 따라 횡교橫絞와 종교縱絞로 구별된다. 그리고 소렴과 대렴에서는 횡교의 개수가 다르다. 소렴 교포의 경우에는 우선 시신의 가로 방향에 해당되는 짧은 길이의 횡교를 펴는데 끝을 각각 3갈래로 가른 횡교 3폭을 깔고 양 끝은 세 가닥으로 나누어 9가닥을 만든다. 그 위에 사람 키 방향으

---

49 『國朝五禮儀』 卷8, 「凶禮 大夫士庶人喪儀」.
50 『林園經濟志』, 「鄕禮志」 卷5, 喪祭禮.
51 『國朝五禮儀』 卷7, 「凶禮 國恤顧命」.

로 양 끝을 세 가닥으로 각각 나눈 긴 종교 한 장을 편 후 소렴금을 깐다. 시
신을 올려놓고 묶게 된다. 대렴용 종횡교도 같은 순서로 하되, 횡교에 5가닥을
사용하는 것이 다르다.

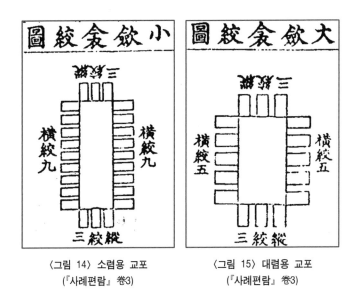

〈그림 14〉 소렴용 교포　　　　〈그림 15〉 대렴용 교포
(『사례편람』 卷3)　　　　　　(『사례편람』 卷3)

(6) 보공補空

보공은 관 내부에 생기는 빈 공간을 채우기 위해 사용하는 복식류를 말한다.
순암은 시속에 따라 편의片衣나 새 솜[新綿], 한의澣衣, 즉 세탁한 옷 등을 사용하
라고 하였다. 경우에 따라서는 종이를 사용하기도 한다.

(7) 천금天衾과 지요[地褥]

상례에서 사용하는 천금은 관 뚜껑 바로 밑에 덮개로 사용하는 관 크기의
겹이불이라 할 수 있으며 지요는 칠성판 위에 돗자리를 깔고 그 위에 까는
겹이불에 해당된다. 순암은 천금이나 지요는 속례이므로 사용할 필요가 없다

고 하였다.

(8) 명정銘旌

명정은 사망한 날에 마련하는데 죽은 이의 신분과 성씨 등을 적어 두는 깃발 종류이다. 장례일에는 장례 행렬의 앞에 세워 관과 함께 장지로 가지고 가서는 매장할 때 관 위를 덮는 용도로 사용한다.

『가례』에 의하면 붉은 비단絳帛으로 만드는데 너비는 온폭으로 하고 길이는 품계에 따라 달리하는데, 3품 이상은 9자, 5품 이상은 8자, 6품 이하는 7자를 사용하며 '모관모공지구某官某公之柩'라고 쓰고 대나무로 깃발을 만들어 영좌의 오른쪽에 기대어 둔다[52]고 하였다.

예서禮書에도 언급되어 있듯이 보통 붉은 비단으로 만드는 것이 일반적이지만 순암은 붉은 색으로 할 필요가 없으니 흰 종이를 사용하라고 하였다. 단지 구柩만 표시하면 되므로 '한산일사안공지구漢山逸士安公之柩'라고 쓰도록 당부하였다.

(9) 혼백魂帛

혼백은 영좌靈座를 설치하고 그 위에 올려놓는 옷감이다. 『가례』에는 백견白絹을 사용한다고 하였다. 순암의 지적을 통해 당시에는 흰색의 모시를 사용하였음을 알 수 있는데 순암은 흰 모시 대신에 명정의 재료와 동일한 흰 종이를 사용하도록 하였다.

---

52 『家禮』 卷4, 「喪禮」.

5. 맺음말

이 연구는 순암 안정복(1712~1791)의 문집인『순암집』중「송종록送終錄」에 제시되어 있는 상례 절차와 제구諸具 내용을 통해 순암의 복식관을 밝혀 보고 당시 순암이 사용하고자 한 염습의斂襲衣가 어떠한 것이었는지 관련 기록들과 선행 연구 성과 그리고 출토유물 등을 통해 살펴보고자 한 것이다. 그 내용을 정리해 보면 다음과 같다.

숙종 38년(1712)에 태어난 순암은 유년 시절, 남인이 정계에서 어려워지면서 여러 지역으로 옮겨 다니다가 25세가 되던 해에 조부가 세상을 떠나자 선영이 있는 광주군 덕곡리로 이사하면서 정착된 생활을 시작하였다. 1746년 35세의 나이로 성호 이익을 처음 배알하고 성호를 스승으로 섬기면서 성호 문인들과도 폭넓게 교류하였으며 성호학통을 계승하는 근기퇴계학파의 주요 인물이 되었다.

순암이 제시한 상례제구 역시 합리성과 실용성 등을 강조한 성호학통과 무관하지 않음을 확인할 수 있었다. 순암이 제시한 상례 절차와 상례제구의 구체적인 내용은 (1) 복復, (2) 설치楔齒, (3) 여각전餘閣奠, (4) 간략한 목욕, (5) 시복時服을 사용하는 수의. 소단삼小單衫－소단유小短襦－장유의長襦衣－상복겁의上服袷衣－도포道袍－대대大帶－단고單袴－바지[袴]－망건網巾－당건唐巾－멱건幎巾, (6) 흰 종이 혼백魂帛, (7) 흰 종이 명정銘旌, (8) 습전襲奠, (9) 치금緇衾, (10) 생략 가능한 베개[枕], (11) 평소의 세탁한 옷을 사용하는 산의散衣, (12) 편의片衣와 새 솜, 세탁한 옷[한의澣衣]을 사용하는 보공補空, (13) 삼베 교포絞布, (14) 소렴전小斂奠, (15) 대렴大斂, (16) 관棺, (17) 대렴금大斂衾, (18) 맑은 물로 올리는 조석전朝夕奠 등으로 정리되었다.

순암은 습襲 단계의 초기 필수 작업인 목욕도 얼굴과 손발을 닦는 정도로만 간략히 하라고 하였으며 습구襲具의 주요 품목인 악수握手나 신발 등도 사용하지 말도록 하였다. 혼백魂帛·명정銘旌을 흰색 종이로 과감하게 대용하도록 하였으며 천금天衾과 지요[地褥], 조석전朝夕奠, 만사輓詞와 제문祭文의 생략, 치전致奠

등도 과감하게 생략하도록 하였다.

　순암은 평소 상례에 관한 관심과 궁금증에 대한 열의를 가지고 있었으며 효심에 대한 강조는 하였어도 그의 상례를 준비하면서 주장한 것은 결국 상례의 번거로움을 줄이는 개혁이었다. 또한 당시 새로 수의를 장만하는 풍속을 따르지 않고 평상시 입던 옷으로 수의와 염의를 하는 등 철저하게 간소하고 생략함으로써 남에게 폐가 되지 않는 상례가 되기를 원했음을 알 수 있다. 따라서 순암의 상례 복식관은 실용성에 기초한 합리성, 변화를 허용한 융통성, 타인에 대한 배려, 더 나아가서는 개혁의지 등으로 일관되어 있음을 확인할 수 있었다.

원문 수록 서지

이 책에 실린 논문이 게재된 책과 저널을 아래와 같이 밝힙니다.

제1부 서학 분야

1. 최동희(1976), 「안정복의 西學 비판에 대한 연구」, 『아세아연구』 19-2(56호), 고려대
　　　아세아문제연구소
2. 김홍우(1986), 「정조조의 천주교 비판 - 안정복과 이헌경을 중심으로」, 『한국정치학회
　　　보』 20, 한국정치학회
3. 이원순(1986), 「안정복의 天學論攷」, 『조선서학사연구』, 일지사
4. 강재언(1990), 「조선유교의 천주교 비판 - 18세기의 안정복을 중심으로」, 『사상』 792
5. 금장태(2003), 「順菴 安鼎福의 서학비판이론」, 『철학사상』 16, 서울대 철학사상연구소
6. 한자경(2005), 「18세기 조선 유학자들의 『천주실의』 비판」, 『철학연구』 69, 한국철학회
7. 함영대(2010), 「순암 안정복의 서학인식과 『天學問答』」, 『성호학보』 7, 성호학회

제2부 교육·문학 기타 분야

1. 윤남한(1974), 「『하학지남』 사본」, 『고서해제』, 국회도서관보
2. 하우봉(1988), 「순암 안정복의 일본인식」, 『전라문화논총』 2, 전북대 전라문화연구소
3. 이채구(1990), 「안정복의 下學指南」, 『교육연구』 9, 원광대학교 교육문제연구소
4. 정락찬(1994), 「順菴 安鼎福의 初等教育思想 - 『하학지남』을 중심으로」, 『교육철학』
　　　12, 한국교육철학회
5. 정순우(2003), 「순암 안정복의 공부론과 그 의미」, 『한국실학연구』 6, 한국실학학회
6. 최준하(2003), 「順庵 安鼎福 文學의 一考察: '詩'와 '傳'을 중심으로」, 『語文研究』 43,

어문연구학회

7. 윤재민(2004), 「18세기 광주와 문학 -순암 안정복의 「靈長山客傳」을 중심으로」, 『한국실학연구』 8, 한국실학학회

8. 허순우(2005), 「순암의 편지에 나타난 글쓰기 방식 연구」 『한국문화연구』 9, 이화여대 한국문화연구원

9. 이은주(2008), 「순암 안정복의 喪禮諸具와 喪禮服食觀」, 『성호학보』 5, 성호학회

찾아보기

집필진(원고 게재 순)

최동희 · 고려대 명예교수
김홍우 · 서울대 명예교수
이원순 · 서울대 명예교수
강재언 · 전 하나조노대 교수
금장태 · 서울대 명예교수
한자경 · 이화여대 교수
함영대 · 고려대 연구교수
윤남한 · 전 중앙대 교수

하우봉 · 전북대 교수
이채구 · 전 우송공업대 교수
정낙찬 · 영남대 교수
정순우 · 한국학중앙연구원 교수
최준하 · 충남대 교수
윤재민 · 고려대 교수
허순우 · 이화여대 전임연구원
이은주 · 안동대 교수

순암연구총서 05

순암 안정복의 서학인식과 교육사상

1판 1쇄 인쇄 2012년 10월 20일
1판 1쇄 발행 2012년 11월 20일

집필진 | 금장태 · 정순우 외
편집인 | 순암선생 탄신 300주년 기념사업회

펴낸이 | 김준영
출판부장 | 박광민
편집 | 신철호 · 현상철 · 구남희
디자인 | 이민영
마케팅 | 박정수 · 유인근
관리 | 조승현 · 김지현
외주디자인 | 김상보 · 김영이

펴낸곳 | 성균관대학교 출판부
등록 | 1975년 5월 21일 제1975-9호
주소 | 110-745 서울특별시 종로구 성균관로 25-2
전화 | 02)760-1252~4 팩스 | 02)762-7452
홈페이지 | http://press.skku.edu

ⓒ 2012, 금장태 · 정순우 외
ISBN 978-89-7986-960-6 94150
        978-89-7986-955-2 (세트)
값 32,000원

* 잘못된 책은 구입한 곳에서 교환해 드립니다.